최해와 역주 『졸고천백』

최해와 역주 『졸고천백』

채 상 식 편

혜안

책을 펴내면서

崔瀣(1287~1340) 선생은 고려 충렬왕 13년에 출생하여 충혜왕 원년까지 생존한 인물로 사대부 출신의 신진 관료였다. 그가 활동한 14세기 전반기의 고려사회는 원의 정치적 간섭에 의해 이미 해체의 단계로 접어들었으며, 한편으로 이를 극복하기 위한 노력들이 서서히 나타나고 있었다. 원 간섭이라는 제약이 있긴 했으나 성리학이라는 새로운 무기를 통해 개혁을 시도하려는 노력은 신진 관료들에 의해 주도되고 있었다.

최해는 이러한 신진 관료로 분류되는 인물로 정치일선에서 중요한 관직을 역임하지는 않았으나 주로 문한직으로 활동하면서 많은 글을 남겼다. 그가 남긴 詩文 중 시는 『東文選』에 33편이, 그 나머지는 『拙藁千百』(2권)에 남아 있다. 그리고 그가 관직에서 물러나 우리의 역대 시문을 뽑아 편집한 『東人之文』은 중요한 일차자료이다. 『東人之文四六』은 그 전문이 알려져 있고, 『東人之文五七』도 잔편이지만 소개된 바 있다.

이러한 『동인지문』의 구성 방식에 따른다면, 최해 자신의 글을 엮어 간행한 문집은 현전하는 『졸고천백』 2권 이외에도 『동문선』에 전하는 33편의 시를 포함하여 엮은 시집으로서 『拙藁五七』이 있었을 가능성은 크지만, 이에 비해 시대적 분위기와 『동문선』에서 그의 병려문이 찾아지지 않는 점으로 보아 『拙藁四六』은 없었을 것으로 본다.

그러면 최해가 이러한 시문집을 찬집하여 남긴 연유는 무엇일까. 무엇보다도 먼저 그 자신이 海東詩文의 宗祖로 알려진 최치원의 후예로서 대단히 높은 자부심을 가졌고, 원에서 관직 생활을 할 때 우리나라의 시문을 보기를 원하는 중국 문인에게 보여줄 마땅한 책이 없어 부끄러움을 느낀 것이 보다 직접적인 동기로 작용했을 것이다. 더불어 그의 좌주인 金台鉉이 만든『東國文鑑』에서도 적잖은 영향을 받았을 것이다. 곧 최해는 그의 개인적인 성향과 당시 시대적인 상황에 의해서 우리의 전통을 계승하고 문화적인 자부심을 잃지 않으려는 태도를 가졌다고 할 수 있다.

이번 기회에 최해가 남긴 자료 가운데『졸고천백』만은 일반인들도 쉽게 접할 수 있도록 판독과 역주를 시도하였다. 탈・오자 등 판독상 어려운 부분은『졸고천백』의 목판본을 중심으로 여러 자료집과 대조하여 나름의 정확한 내용을 수록할 수 있도록 노력하였다.

이러한 작업은 부산대학교 사학과에서 1980년대 말에서 1990년대 초반에 당시 고대사, 중세사를 전공하는 강사와 대학원생들의 연구 분위기를 제고하기 위한 매개로서『졸고천백』을 윤독하는 모임을 통해 시작되었다. 그러다가 1995년에 부산대 한국민족문화연구소의 연구지원을 받아 개별 논문 한 편(구산우)과 해제(위은숙)를 더해 역주를 일차적으로 마무리할 수 있었다. 그러나 책임연구자를 맡은 편자가 연구소에 제출한 보고서는 체제면과 내용면에서 크게 미진하였다.

그러다가 2004년에 편자와 당시 부산대 강사와 대학원생 몇 명이 처음 시작한다는 자세로 다시 윤독하여 대폭 수정, 보완하여 2006년도에는 새롭게 완성본을 만들었다. 이때 참여자는 가장 수고를 아끼지 않은 김현라 선생과 박사과정 중인 김상희와 편자 등이었다. 당시 최옥환 선생을 비롯한 최해 선생의 후손들이 관심을 갖고 후원해 주었음을 밝혀둔다. 그래도 작업의 결과는 미흡함을 감출 수 없었다. 이는 워낙 최해 선생의 글이 어렵기도 하지만, 2006년에 최채기 선생이 국역한 수준 높은 번역본이 민족문화추진회에서 간행되었기 때문이었다. 그러나 그간 근 6여 년의 시간이 지났지만 부산대에서 연구자로 만난 인연으로 시작하여 일단 마무리가 된 공동작업을 묵히기에는 아깝다는 생각이 들었다. 더욱이 최근에 고려대 한국사학과 이진한 교수가 본격적인 역주 작업에 착수한 사실을 접하고서(『한국사학보』 49~52, 고려사학회, 2012~1213), 부족하지만 그간의 작업을 마감하는 것이 좋겠다는 생각이 들었다.

올해 편자는 재직하고 있는 대학의 연구년 지원을 받아 시간적 여유가 있던 차에 지난 초여름부터 이전에 작업한 원고의 미비한 내용을 대폭 보충하여 마감하였다. 물론 최채기 선생과 이진한 교수의 글 등을 많이 참고하였다. 따라서 역주와 원문 교감의 미비점은 모두 편자의 책임이다. 그리고 편자가 쓴 최해에 관한 글 두 편을 포함하여 단행본으로 묶어도 좋겠다는 생각이 들었다. 이에 부산대 한국민족문화연구소의 번역총서로 넣을 수 있도록 김동철 소장이 배려해 주었고, 도서출판 혜안에서 출판하도록 주선해 주었다. 감사를 전한다. 그리고 지난 가을에는 부산대에서 강의하는 정영현 선생이 교정 등 막바지 일을 많이 거들었다. 부족한 부분은 앞으로 우리 학계의 역량으로 극복되리라 믿는다.

이러한 사정을 명기하면서 비록 편자의 명의로 간행되지만 이곳 부산대에서 만난 同業 인연들이 모여 만든 성과임은 분명하다. 처음 뜻을 모아 윤독회에 참여한 연구자들과 뒤에 2차 윤독회에 참여한 모두를 별도로 명시하였다. 그리고 구산우 교수의 글은 『지역과 역사』 5(부산경남역사연구소, 1999), 편자의 두 편 글은 각각 『고려시대연구』 1(한국정신문화연구원, 2000), 『고려시대연구』 2(한국정신문화연구원, 2000) 등에 실린 논문인데, 제목과 내용을 수정, 보완하였음을 밝혀둔다. 끝으로 편집과 교정을 맡아 수고하신 도서출판혜안의 김태규 님께 고마움을 전한다.

2013년 늦은 가을날 금정산 기슭에서 채상식 쓰다.

윤독회 참가자 명단

채상식 부산대 사학과 교수
정용숙 부산대 역사교육과 명예교수
김기섭 부산대 사학과 교수
구산우 창원대 사학과 교수
김보정 부산대 사학과 강사
김복희 해운대여중 교사
김상희 부산대 대학원 사학과 박사 수료
김현라 부산대 한국민족문화연구소 전임연구원
백승옥 부산박물관 학예연구실장
백승충 부산대 역사교육과 교수
선석열 부산대 사학과 전임대우강사
위은숙 영남대 민족문화연구원 상임연구원
이보순 부산대 대학원 사학과 석사 수료
이수훈 부산대 사학과 교수
이정희 부경대 사학과 강사
이종봉 부산대 사학과 교수
전기웅 부산대 한국민족문화연구소 기금교수
정용범 부경대 사학과 강사
조명제 신라대 사학과 교수
홍연진 부산시사편찬위원회 상임위원
황금남 부산대 대학원 사학과 석사 수료

일러두기

1. 본 역주본의 저본은 일본 尊經閣 소장본의 영인본에 기초하여 아세아문화사에서 간행한 『拙藁千百』(1972)이다.

2. 이 책의 구성은 논문 세 편과 해제를 먼저 싣고, 이어 전문의 역주와 원문교감본을 수록하는 방식을 택하였다.

3. 역주본과 원문교감본에서 각 작품의 순서는 『拙藁千百』에 수록된 순서에 의거하였다. 편의상 아라비아 숫자로 일련번호를 매겼다.

4. 역주는 직역을 원칙으로 하였다. 다만 문맥상 뜻을 잘 전달하기 위하여 의역을 하기도 하였다. 번역문을 먼저 싣고, 그 뒤에 해당 원문을 실었다. 주석은 각주로 처리하였다. 번역문은 불필요한 한자표기를 줄이되, 한자가 필요한 경우는 괄호 안에 넣어서 처리하였다. 각주는 원문의 형태를 살리기 위해 한자의 경우 그대로 표기하였다. 원문은 정확한 판독이 필요한 경우에만 각주로 수정·표시하였다.

5. 원문교감본은 저본을 판독하여 교감한 것이다. 판각상의 정오 내용, 사서·문집·금석문 등에 수록된 글과 비교하여 정확한 내용이 되도록 하였다. 교감 내용은 각주로 처리하였다.

6. 맞춤법과 띄어쓰기는 한글 맞춤법과 표준어 규정을 따랐다.

7. 문장부호 및 인용문 표시는 다음과 같이 처리하였다.
   ( ) : 번역문과 음이 같은 한자를 표기할 때 사용.
   “ ” : 번역문 중 대화내용 및 전거를 인용할 때 사용.
   ‘ ’ : 강조 부분과 각주 중 원문 인용구를 묶을 때 사용.
   「 」 : 문집의 개별작품 및 논문제목을 표기할 때 사용. 다만 사서의 편목명에는 사용하지 않았다.
   『 』 : 개인저서 및 사서와 문집 등의 책명을 표기할 때 사용.

목 차

譯註와 原文 223

『졸고천백』 권2 拙藁千百卷之二 332

拙藁千百卷之二 461

崔瀣의 저술 활동과 사상적 단면

구산우 | 창원대 사학과 교수

1. 머리말

崔瀣는 충렬왕 13년(1287)에 출생하여 忠惠王 원년(1340)까지 생존한 신진 관료의 한 사람이다. 그가 성장하여 주로 활동한 시기인 14세기 전반기에는 원의 정치적 간섭에 따른 고려 내부의 정치적 변동과 정치세력의 부침이 자주 일어났다. 그의 생애를 살펴보면, 그는 이 시기에 정치적으로 중요한 관직을 역임한 바가 없고, 주로 文翰職에서 활동했을 뿐이다.

그가 문한직만을 주로 역임했다고 해서 정치적으로 중요한 활동을 하지 않았다고 단정할 수는 없을 터이다. 그러나 그가 남긴 글이나 활동 상황 및 그에 관한 기록들을 두루 살펴보면, 그가 생리적으로 정치에 잘 맞지 않는 인물이라는 것을 쉽사리 발견할 수 있다. 한편 그가 문한직에 있을 때 정치적 입장이 담긴 몇 편의 외교문서를 쓴 적이 있었다. 하지만 이 또한 그 자신의 정치적 의중이 고스란히 반영된 것이라 보기 어려운 측면이 적지 않다. 말하자면 그는 정치적으로 뚜렷한 족적을 남긴 인물은 아니었다. 그의 삶이 역동적인 것이 아니었던 탓인지 여태껏 역사학계에서는 그에 관해서 그다지 큰 관심을 보이지 않았고, 1990년대에 들어와서 몇 편의 전론적 연구가 이루어졌다.[1)]

최해는 정치 활동에서는 이렇다 할 족적을 남기지 않은 반면, 저술 활동에서는 당대의 누구보다도 두드러진 성과를 남겼다. 44세 이후 관직 생활에서 물러나 죽을 때까지 10여 년의 기간 동안, 그는 매우 빈한한 생활 가운데서도 저술 활동에 몰두하여 역사와 문학의 두 측면에서 반드시 기억해야 할 중요한 작품들을 남겼다. 우선 趙云仡이 詩·文을 뽑아 편집한 『三韓詩龜鑑』에 批點을 가하는 형태로 이 책의 편찬에 참여한 사실을 들 수 있다. 『三韓詩龜鑑』은 趙云仡이 편집한 것으로 알려져 있지만, 실질적으로는 최해의 작품인 것이다.

뿐만 아니라 그 스스로 우리의 역대 문장을 찬집하는 일에 착수하여 詩·文·騈儷文의 셋으로 이루어진 방대한 분량의 詩文選集인 『東人之文』을 남겼다. 『東人之文』 가운데 현전하는 부분의 내용이나 여기에 수록된 작자만을 대충 훑어보더라도, 그는 그때까지 어느 누구도 감히 꿈꾸지 못했던 역대의 문장을 총망라한 詩文選集을 최초로 편찬하였음을 알 수 있다. 사료의 집대성이라는 측면에서나 문학사적인 맥락에서도 『東人之文』은 조선전기의 『東文選』으로 계승되는 종합적 시·문선집의 원형으로 볼 수 있다는 점에서, 그 의미가 매우 크다. 국문학 뿐만 아니라 역사학의 측면에서도, 이 점은 크게 주목해도 좋을만한 가치가 있는 것이다.

아울러 그는 어릴 때부터 詩作에도 뛰어난 재질을 보여 많은 빼어난 작품을 남겼을 뿐만 아니라, 『拙藁千百』에 실린 적잖은 散文도 남겼다. 그의 이런 저술상의 성취에는 崔致遠의 후예로서 집안에 대대로 이어져온 학풍, 과거에 장원으로 급제한 아버지 崔伯倫의 훈도가 그 밑바탕에서

1) 高惠玲, 「崔瀣의 생애와 사상」, 『李基白先生古稀紀念韓國史學論叢(上)』, 1994/『高麗後期 士大夫와 性理學 受容』, 2001 ; 朴漢男, 「崔瀣의 生涯와 仕宦」, 『成大史林』 12·13, 1997a ; 朴漢男, 「14세기 崔瀣의 『東人之文四六』 편찬과 그 의미」, 『大東文化研究』 32, 1997b ; 채상식, 「崔瀣의 思想的 傾向과 佛教認識」, 『고려시대연구』 I, 한국정신문화연구원, 2000 ; 金仁昊, 「李奎報와 崔瀣의 佛教認識과 批判論」, 『韓國史의 構造와 展開』, 2000.

작용하였을 것이다. 아울러 그 자신이 元 制科에 급제할 정도의 높은 학문 수준을 지니고 있었고, 역대의 문장을 이해함에 있어서 지닌 그의 뛰어난 鑑識眼 및 문장력이 두루 어우러진 결과라고 보아야 할 것이다.

본고에서는 그의 가계와 부친 崔伯倫에 대해서 살펴보고, 이어서 그의 관직 생활, 저술 활동과 師友 관계, 士大夫 의식과 사상적 단면에 대해서 살펴보고자 한다. 본고를 통해 원의 정치적 간섭이라는 요소가 고려 정국에 어지러운 그림자를 깊게 드리우고 있던 시기에 활동하면서, 비슷한 처지에 있었던 신진 관료들과도 뚜렷이 구별되는 다소 이채로운 삶을 살았던 최해의 인간적 모습에 대해 한발 더 가까이 다가갈 수 있기를 기대해 본다.

2. 가계와 부친 崔伯倫

崔瀣는 충렬왕 13년(1287) 개경에서 출생하였다. 본관은 慶州로서, 신라 말 고려초의 대표적 지식인이자 문장가로 이름 높은 崔致遠의 후예이다.[2] 그의 삶을 이해함에 있어서, 그가 최치원의 후손이라는 점은 각별히 유념할 필요가 있다. 그는 최치원의 직계 후손임을 내내 자랑스러워했고, 최치원의 문학 정신을 줄곧 이으려 했다. 그의 字는 彦明父,[3] 壽翁[4] 등으로, 號는 拙翁,[5] 拙齋,[6] 拙齋翁,[7] 猊山農隱,[8] 猊山,[9] 農隱[10] 등으로 다양하게 불렸는

2) 『高麗史』 卷109, 崔瀣傳.

3) 『高麗史』 卷109, 崔瀣傳.

4) 『高麗史』 卷109, 崔瀣傳 ; 閔思平, 「呈壽翁」, 『及菴先生詩集』 卷2.

5) 『高麗史』 卷109, 崔瀣傳 ; 李穀, 「大元故將仕郎遼陽路盖州判官高麗國正順大夫檢校成均大司成藝文館提學同知春秋館事崔君墓誌」, 『稼亭集』 卷11 ; 李齊賢, 「後儒仙歌爲崔拙翁作示及菴」, 『益齋亂藁』 卷4 ; 李齊賢, 「送金海府使鄭尙書國俓得時字」, 『益齋亂藁』 卷4 ; 李齊賢, 『櫟翁稗說』 前集2 ; 閔思平, 「送鄭諫議之官金海得見字」, 『及菴先生詩集』 卷1 ; 閔思平, 「次雲窩詩韻(李培中)」, 『及菴先生詩集』 卷

데, 이 가운데 拙翁·猊山農隱은 스스로가 칭한 호이다. 한편 자신이 쓴 글에서 스스로를 儒密後人으로 기록한 적이 있으나,[11] 이를 호나 자로 볼 수 있을지는 분명하지 않다.

그의 가계는 대대로 경주에 토착한 在地吏族이었으며, 아버지 대에 비로소 科擧를 통해 중앙으로 진출하였다. 말하자면 그의 가문은 원래 향촌지배층의 후예로서, 당시 과거 등을 통해 활발히 중앙으로 진출하고 있었던 전형적인 신진 관료의 하나였다. 그의 증조 崔光袖가 경주 司兵을 지내고, 조부 崔勣이 받은 檢校軍器監이 부친 최백륜이 중앙의 고위관직에 진출함으로써 추증된 것이라는 점이 이를 잘 말해준다.[12] 그의 어머니는 上護軍으로 致仕한 任綏의 딸인데,[13] 그녀와 최백륜 사이에서 맺어진 혼맥 역시 당시 신진 관료가 추구하던 혼인관계의 일반적 모습이다.

최해의 외가 쪽 인물 가운데 당시 기록에서 유일하게 확인되는 이는 이모부 崔雲이다. 최운의 본관은 東州 昌原縣이며 가계는 宰樞를 역임한 인물을 내리 배출한 쟁쟁한 가문이었고, 그는 司馬試에 합격하여 입사한

---

2 ; 閔思平, 「儒仙歌(崔拙翁)」, 『及菴先生詩集』 卷3.

6) 閔思平, 「奉呈拙齋」, 『及菴先生詩集』 卷2 ; 鄭誧, 「罷擧後次拙齋韻」, 『雪谷先生集』 上.

7) 閔思平, 「送鄭諫議之官金海得見字」, 『及菴先生詩集』 卷1.

8) 『高麗史』 卷109, 崔瀣傳 ; 李穀, 「大元故將仕郎遼陽路盖州判官高麗國正順大夫檢校成均大司成藝文館提學同知春秋館事崔君墓誌」, 『稼亭集』 卷11.

9) 成俔, 『慵齋叢話』 卷8.

10) 田祿生, 「附錄 遺事」, 『壄隱先生逸稿』 卷5 ; 田祿生, 「尊慕錄附」, 『壄隱先生逸稿』 卷6 ; 成俔, 『慵齋叢話』 卷8.

11) 崔瀣, 「頭陀山看藏庵重營記」, 『拙藁千百』 卷1.

12) 高惠玲, 앞의 논문, 241쪽.

13) 高惠玲, 앞의 논문, 241~242쪽.
한편 李穀, 「大元故將仕郎遼陽路盖州判官高麗國正順大夫檢校成均大司成藝文館提學同知春秋館事崔君墓誌」, 『稼亭集』 卷11에서는 최해의 외조부가 上護軍이 아닌 大護軍으로 致仕한 것으로 기록하였다. 이하 이 자료를 「崔瀣墓誌」로 약칭하기로 한다.

후 內侍와 문·무반직을 두루 역임했던 인물이며, 최해의 이모는 최운이 재취한 부인이었다.[14] 최해의 동기 혈육은 동생으로서 監察糾正을 역임한 崔澑 오직 한 사람뿐이었다.[15]

당시의 신진 관료 가문이 대개 그러하듯이, 그의 가문이 중앙으로 진출하게 된 계기는 그의 아버지 최백륜이 과거에 합격한 데서 비롯되었다. 최백륜은 충렬왕 8년에 시행된 과거에 장원으로 급제하여 관계에 들어간다.[16] 최백륜이 과거에 응시할 때의 知貢擧는 知密直司事 李尊庇, 同知貢擧는 承旨 郭預이며,[17] 최백륜이 장원으로 급제한 사실은 「崔瀣墓誌」뿐만 아니라 다른 자료에서도 확인되며 元에도 알려졌다.[18]

과거에 급제한 이후 최백륜은 다음과 같은 활동을 펼쳤다. 충렬왕 11년에 원에서 乃顔大王의 반란이 일어났을 때, 고려는 원으로부터 반란을 진압하는 데 필요한 군사를 보내줄 것을 요청받았다. 이에 대해 충렬왕은 열성을 보이려는 듯이 몸소 열병하는 한편, 羅裕·孔愉 등을 시켜 留京 侍衛軍을 뽑게 하고 禁學 兩館의 儒生까지도 징발하였는데, 여기에 趙宣熱과 함께 최백륜이 상원 급제자의 자격으로 巡馬에 소속되었다.[19]

이 일이 있은 지 한참이 지난 충렬왕 29년에야 그의 활동에 관한 기록이 다시 나타난다. 그 해에 최해가 과거에 급제하여[20] 成均學官으로 보임된

---

14) 崔瀣, 「皇元高麗故通憲大夫 … 上護軍崔公墓誌銘」, 『拙藁千百』 卷1.

15) 李穀, 「崔瀣墓誌」, 『稼亭集』 卷11.

16) 『高麗史』 卷109, 崔瀣傳 ; 李穀, 「崔瀣墓誌」, 『稼亭集』 卷11.

17) 『高麗史』 卷73, 選擧1 科目1 選場 忠烈王 8年 11月. 이때 座主·門生으로 맺어진 郭預와 최백륜의 관계는 최해에게도 문학적 영향을 끼친다. 이는 곽예가 쓴 賞蓮詩에 최해가 次韻하여 시를 남긴 사실에서 알 수 있다(崔瀣, 「追次郭密直預賞蓮詩韻」, 『東文選』 卷20).

18) 權近, 「東賢事略 崔侍制諱瀣」, 『陽村集』 卷35 ; 『登科錄前編』 卷2, 高麗列朝榜下 忠烈王朝(奎古 4650.10).

19) 『高麗史』 卷81, 兵1 兵制 五軍 忠烈王 11年 5月, "王聞乃顔大王叛 請擧兵助討 遂閱兵 羅裕·孔愉等 調留京侍衛軍 至發禁學兩館儒生 及第趙宣烈·崔伯倫 皆以壯元及第 屬巡馬".

후, 成均學諭 자리가 비자 어느덧 최해가 그 물망에 올랐다. 이때 낭시 정승인 崔有渰이 李守를 천거한 것에 맞서, 감히 최백륜은 자신의 아들 최해를 밀었다. 여기서 두 사람이 벌인 대립이 실로 날카로웠던 듯한데, 그 과정에서 최백륜이 최유엄을 비난하는 말씨가 자못 불손하여 결국 孤蘭島로 귀양가게 된 것으로 사료에서는 전한다.[21] 그러나 사료에 나타난 현상적 모습만으로 당시의 상황을 올바로 이해하기에 어려울 때가 종종 있다. 따라서 그것은 각도를 달리하면 얼마든지 다르게 해석될 수 있다.

최유엄에 관한 기록에서는 이 사건이 나타나지 않으므로, 실제로 최백륜이 얼마나 불손한 언사를 한 것인지를 분명히 알려주는 다른 자료는 없다. 설혹 최백륜이 정승 최유엄에게 심한 욕을 했다고 하더라도, 과연 그것이 최백륜을 유배지로 몰아넣을 만큼의 무거운 죄인지에 대해서는 다소 의구심이 들 수도 있겠다.

하지만 이는 권문세족과 신진 관료가 부릴 수 있는 정치적 힘의 차이에서 빚어진 결과일 것이다. 최유엄은 崔滋의 아들인데 충렬왕에게 발탁된 초기에는 한때 정치적 위기를 맞기도 했으나, 당시의 실력자인 趙仁規의 지원으로 이를 극복하고서 충렬왕대에 이미 재상의 반열에 올랐다.[22] 최유엄 자신이 재상에 오름으로써, 그의 가문 海州崔氏는 아버지와 그의 형제 崔有侯 및 자신이 2대에 걸쳐 내리 3명의 재상을 배출하는 쟁쟁한 문지로 발돋움하였다.[23]

---

20)『登科錄前編』卷2, 高麗列朝榜下 忠烈王朝 ; 許興植,『高麗科擧制度史硏究』附錄 Ⅱ : 高麗禮部試登科錄, 1981, 290쪽 ; 朴龍雲,『高麗時代 蔭敍制와 科擧制硏究』資料 : 科試 設行과 製述科 及第者, 1990, 448쪽.

21)『高麗史』卷109, 崔瀣傳, "登第 補成均學官 學諭闕員 瀣與李守者爭 政丞崔有揜欲與守 伯倫罵有揜 語頗不遜 配伯倫于孤蘭島".

22)『高麗史』卷110, 崔有渰傳, "崔有揜 平章事滋之子 … 忠烈久聞其名 卽位 除監察雜端 … 上疏直言時事 忤旨 流大靑島 承旨趙仁規 白王曰 有揜勵節奉上 不可輕弃 固請再三 王怒稍解 召還復職 … 歷右常侍・判三司都僉議贊成事".

23)『高麗史』卷102, 崔滋傳, "崔滋 … 加守太師・門下侍郎同中書門下平章事・判吏部

당시 권력의 핵심인 재상을 여럿 배출한 가문을 일러 忠宣王 復位敎書에서는 이른바 '宰相之宗'으로 표현하였다.[24] 해주최씨는 '宰相之宗'으로 꼽힌 15개 가문의 하나인데, '재상지종'은 당시의 지배세력으로 등장한 이른바 권문세족과의 관련성에 주목하여 당시 지배세력의 실체를 밝히려는 일련의 연구가 나온 바 있다.

먼저 '宰相之宗'으로 표현된 가문은 고려전기 이래의 문벌귀족, 무신집권기에 武臣으로 성장한 가문, 무신란 이후 새 관인층으로 성장한 가문, 對元關係의 전개 과정에서 신흥세력으로 등장한 가문을 가리키는 것으로서, 해주최씨는 이 가운데 첫째 부류에 속한다고 본 견해가 있다.[25] 한편 충렬왕대에 재상을 배출한 가문의 분석을 통해 '재상지종'의 실체를 밝힌 연구에 따르면, 당시 '재상지종'은 5명 이상의 재상을 배출한 가문을 규정한 것이 가장 실질적인 것이고, 2~4명의 재상을 배출한 가문도 '재상지종'에는 들지 못하지만 권문세족으로 볼 수 있다고 이해하였다.[26] 이에 의하면, 재상을 3명 배출한 해주최씨는 실질적 의미의 '재상지종'은 아니지만, 그에 다음 가는 권문세족에 드는 셈이다.

또한 이 시기의 지배세력을 가리키는 용어 가운데 世族이란, 3대 이상에 걸쳐 5품 이상의 관인을 배출하면서 적어도 1인 이상의 宰樞급 인물을 배출한 가문이며, 이 규정에 따라 해주최씨는 충렬왕대의 세족 가문의 하나로 볼 수 있다고 파악하였다.[27] 한편 '재상지종'에는 왕비를 배출한 것으로 유명한 가문, 여러 대에 걸쳐 재상을 배출한 가문, 충선왕과 혼인을 맺었던 가문이 포함되는데, 이 가운데 해주최씨는 두 번째의 부류에 속하며,

---

事 … 子有侯 密直副使・文翰學士".

24) 『高麗史』 卷33, 忠宣王 復位年 11月 辛未.

25) 閔賢九, 「高麗後期의 權門世族」, 『한국사』 8, 국사편찬위원회, 1974, 27~30쪽.

26) 李益柱, 「高麗 忠烈王代의 政治狀況과 政治勢力의 性格」, 『韓國史論』 18, 서울대 국사학과, 1988, 205~207쪽.

27) 金光哲, 「高麗後期 世族의 家系와 그 특징」, 『高麗後期世族層硏究』, 1991, 58~60쪽.

'새상시종'은 당시 기록에 나타나는 '權勢之家'와는 다른 존재라고 보는 견해도 있다.[28)]

최유엄의 가문 해주최씨는 忠宣王 復位敎書에서 '宰相之宗'의 하나로 지목되었지만, 재상을 겨우 3명 배출했으므로 실질적 의미의 '재상지종'은 아니었다. 하지만 그의 가문이 세족 혹은 권문세족으로서 신흥가문이 쉽게 넘볼 수 없는 최고의 지배세력인 것은 부인될 수 없는 사실이다. 더구나 그는 당시 정계의 실력자인 조인규의 후원까지 받고 있었다. 반면 최백륜은 그 스스로가 장원 급제하여 중앙정계에 진출했다고는 하나, 향촌지배층이라는 中間階層 신분을 이제 겨우 벗어나 갓 중앙정계에 발을 들여 놓은 신진 기예에 지나지 않았다. 이러한 상황에서 최유엄과 최백륜 두 사람이 成均學諭 자리를 두고서 각기 다른 적임자를 추천하는 자리에서 맞붙은 것이다.

따라서 이미 선대부터 막강한 정치적 위세를 쌓아올린 최유엄에 맞서 최백륜이 정치적 영향력을 행사한다는 것은 어쩌면 애초부터 불가능한 일이었는지도 모른다. 역설적으로 말한다면, 최백륜이 최유엄에게 그토록 심하게 저항한 것은 바로 그 때문이었을 가능성이 크다. 말하자면 자질이나 업무의 성격과는 무관하게 정치적 후견인의 영향력에 따라 특정 직위의 적임자가 결정되는 관료사회의 분위기에 저항하는 항변의 목소리가 최백륜이 최유엄을 심하게 비난하는 형태로 나타난 것이 아닐까 싶다. 나아가서 여기에는 신진 관료와 권문세족이라는 門地의 격차에서 비롯되는 현실적 정치세계의 벽에 대한 최백륜의 울분이 배어 있음을 알 수 있다.[29)]

---

28) 金塘澤, 「忠宣王의 復位敎書에 보이는 '宰相之宗'에 대하여」, 『歷史學報』 131, 1991/ 『元干涉下의 高麗政治史』, 1998.

29) 최해의 언행으로 미루어 보면, 아마 최백륜도 최치원의 후손으로서 자부심이 매우 높았던 것 같다. 더욱이 최백륜 자신이 장원급제한 인물이고 보면, 그의 드높았던 자신감을 유추하기란 그다지 어렵지 않다. 따라서 崔有渰이 바로 앞선 시기의 문호였던 崔滋의 아들이라고 하더라도, 유학적 소양이나 가풍의 측면에서

최치원의 후예, 그리고 과거에 장원 급제한 신진 기예로서 가졌을 법한 최백륜의 자부심이 이 사건을 계기로 큰 상처를 입었을 것이라는 점은 쉽게 추측된다. 이 사건은 최백륜 뿐 아니라 최해 자신도 관련된 것이므로 최해에게도 적지 않은 흔적을 남긴다. 『고려사』 崔瀣列傳에 나타나는 최백륜의 유배지인 孤蘭島는 최해가 쓴 시에서는 高巒島로 표현되었다. 최해는 고란도의 정경과 거기를 오가면서 느낀 감회를 읊은 시를 몇 편 남겼다. 이들 시편에서 주목되는 점은 이때 최해가 아버지와 함께 귀양길에 동행했다는 사실이다.

이는 「三月自高巒而還路過村莊」에서 자신을 '無官'으로 표현하고,[30)]「高巒感興十二韻」[31)]을 다시 옮긴 자료에서 이 시가 최해가 謫居할 때 쓴 것이라는 注記를 덧붙인 점에서[32)] 알 수 있다. 또 다른 시에서 최해는 당시 자신의 처지를 '밝은 조정의 버린 물건'(可是盛朝爲棄物)으로 표현하였다.[33)] 여기서 謫居라는 표현을 쓴 것이나 그때의 시구를 보면, 그가 아버지와 함께 귀양길에 동행했을 가능성이 크다. 다만 그는 귀양가는 주제가 아니므로, 그 형률로부터 자유로웠고, 그것이 이때 그의 작품으로 표현될 수 있었던 것이다.

한편 최해가 21세 되던 해의 除夜에 쓴 다음 시에서 다음과 같은 사정을 짐작할 수 있다.

결코 최백륜이 최유엄에 뒤진다고 느끼지는 않았을 법하다. 그런 가운데 이 사건이 벌어지고 결국 힘의 우열에 의해 밀리게 되었으므로, 그에 대한 울분이 불손한 언사로 터져나왔을 것이다.

30) 崔瀣, 「三月自高巒而還路過村莊」, 『東文選』 卷20, "每過村家心語口 無官不去竟何如".

31) 崔瀣, 「高巒感興十二韻」, 『東文選』 卷11.

32) 『新增東國輿地勝覽』 卷20, 保寧縣 山川 高巒島, "高麗崔瀣嘗謫居 有詩曰 …".

33) 崔瀣, 「五月二十日題」, 『東文選』 卷20.

(1) 스스로 생각하기를, 부모 계시거니　　自謂有怙恃
즐기지 않고 시름해 무엇하리.　　不樂愁何爲
이때부터는 몸 단속 적어지고,　　是時少檢束
방랑하면서 날마다 술 마셨네.　　放浪日含巵
다만 나이 젊음을 스스로 믿었거니,　　但倚富年華
이름과 벼슬이 더딜 줄 알았으랴.　　豈慮名宦遲
세상 일 어그러짐 많아서 괴로워라,　　世事苦多乖
하늘이여, 사람의 마음대로 안 되었네.　　天也非人私
(崔瀣, 「二十一除夜」, 『東文選』 卷4)

이 시는 최해가 21세까지의 모습을 자전적으로 쓴 「二十一除夜」의 한 부분이다. 여기서 최해는 과거에 합격한 후에 자신이 처한 정신적 상태를 방황과 좌절의 모습으로 그리고 있다. 특히 '이름과 벼슬이 더디고 세상일이 많이 어그러져' 자신의 뜻대로 풀리지 않음을 한탄한 것은 바로 成均學諭 자리를 둘러싸고 입은 부친과 자신의 패배감을 특유의 자조적 시구로 표현한 것이다.[34]

한편 최백륜은 최해가 20세 되던 해인 충렬왕 32년(1306) 여름에 비로소 귀양살이에서 풀려나 동남쪽의 지방관으로 다시 등용된다. 같은 해에 최해는 어머니를 여읜다.[35] 한 집안의 경사와 흉사가 동시에 닥쳤던 것이다. 최백륜이 동남쪽의 지방관으로 나아간 사실을 최해는 「二十一除夜」에서 "仍按東南轡"로 표현하였는데, 이를 두고 중국 고사와 연관시켜 최백륜이 동남쪽의 按察使로 나아간 것으로 파악한 견해가 있다.[36]

그러나 이는 관련 기록을 엄밀히 살펴보지 않고서 내린 잘못된 주장이다.

34) 만년에 崔瀣가 李齊賢을 만나 지은 시에서도 이때의 심정을 똑같이 토로한 사실에서도(崔瀣, 「上巳益齋席上得盛字」, 『東文選』 卷4), 이 사건이 최해에게 남긴 상처가 매우 깊었음을 알 수 있다.

35) 崔瀣, 「二十一除夜」, 『東文選』 卷4, "何圖纔及冠 焂忽悶母慈".

36) 양주동 번역, 성락훈 교열, 『국역동문선』Ⅰ, 민족문화추진회, 1984, 140쪽.

최해가 쓴 「跋先書」에 의하면, 최백륜은 元貞·大德 연간에 尙州牧의 通判으로 재직했음을 알 수 있다.[37] 元貞·大德 연간은 충렬왕 21~33년으로서, 시기적으로나 지역적으로 동남쪽에 있는 상주목의 위치가 정확히 맞아떨어진다. 따라서 「二十一除夜」의 "仍按東南轡" 부분은 최백륜이 尙州牧의 通判에 재직한 사실을 나타낸 것으로 보아야 한다.

최백륜은 관계에 복귀한 후 상주목의 통판으로 활동하였다. 牧의 通判은 고려전기 지방제도의 운용 틀이 완비되는 顯宗 9년에 구성된[38] 屬官의 하나인 判官을 睿宗 11년에 고친 직임이다.[39] 判官 즉 通判은 수령을 보좌하는 속관 가운데서도 수령 다음 가는 제2인자로서, 맡은 업무는 수령의 보좌, 지방 행정업무의 총괄, 각 부서간 행정업무의 조절과 이를 수령에게 보고하는 것이었다.[40] 고려전기부터 이 시기까지, 속관과 지방장관을 비롯한 外官은 중앙의 고위관료로 성장하려는 사람이라면 누구나 반드시 거쳐야 되는 이를테면 필수적 경로로서, 최백륜도 여기에서 예외가 아니었다.

「跋先書」를 보면, 최백륜이 상주목의 통판으로 활동할 때, 최해도 함께 상주에 머물면서 '兒記'로서 아버지 일을 도왔던 것으로 보인다.[41] 그리고

---

37) 崔瀣, 「跋先書」, 『拙藁千百』 卷1, "元貞·大德間 先生(崔伯倫 : 필자) 通判尙牧邑人少所與 許予尙爲兒記".

38) 高麗前期 각급 지방단위의 外官과 屬官의 기본 진용이 구성되는 시기가 顯宗 9년이라는 점에 대해서는 具山祐, 「高麗 顯宗代 鄕村支配體制 개편의 배경과 성격」, 『한국중세사연구』 1, 1994/ 『高麗前期 鄕村支配體制 硏究』, 혜안, 2003, 473~475쪽 참조.

39) 『高麗史』 卷77, 百官2 外職 大都護府 睿宗 11年, "改大都護·牧判官 爲通判".

40) 高麗時代 屬官의 구성과 기능에 대해서는 金晧東, 「高麗 武臣政權時代 地方統治의 一斷面」, 『嶠南史學』 3, 1987 ; 朴宗基, 「高麗時代 外官 屬官制 硏究」, 『震檀學報』 74, 1992/ 『지배와 자율의 공간, 고려의 지방사회』, 2002 ; 박종기, 「고려시대의 지방관원들」, 『역사와 현실』 24, 1997/ 앞의 책 참조.

41) 본고 주 37) 참조. '兒記'라는 직임은 屬官의 정식 명칭이 아니지만, 최해의 젊은 나이를 감안하여 '어린 書記'라는 뜻으로 尙州牧에서만 임시로 사용된 직임이었을 가능성이 있다.

최해가 남긴 詠史詩 가운데 하나인 「四皓歸漢」에서 漢 高祖 대의 張良의 지략을 칭송한 시 가운데 四皓를 '商山'의 客으로 표현한 대목이 있다.[42] 이 부분을 회고조의 단순한 詠史詩로 해석하지 않고 자신의 경험과 관련된 것으로 보면서, 아울러 尙州의 지명 別號가 商山이라는 점[43]에 착안하면, 「四皓歸漢」은 상주목에서의 경험이 직접적 소재가 되었을 가능성이 높다.

이윽고 최백륜은 民部議郎을 역임하고, 원으로부터 高麗王京儒學敎授를 제수받았으며 中顯大夫에 오른다.[44] 관련 기록에는 최백륜이 이들 관직에 있었던 정확한 시기가 나타나지 않지만, 상주목의 통판을 지낸 직후에 민부의랑을 거쳐 高麗王京儒學敎授를 역임했으며, 그 시기는 충렬왕대 후반이었을 것이다. 이는 征東行省이 설치된 시기가 이 무렵이라는 점에서 알 수 있다.

최백륜이 지낸 高麗王京儒學敎授는 정동행성의 관리로서, 당시 정동행성의 관원은 주로 신진 관료나 고려와 원의 특수한 외교상황에서 새로운 세력으로 등장한 국왕 측근세력으로 구성되었다. 충렬왕대 초기에 신진 관료였던 그가 이 시기에 정동행성의 관리로 진출한 것은 그를 비롯한 신진 관료가 국왕 측근세력의 존재를 인정하고 그들과 타협했기 때문이며, 동시에 그것은 일부 신진 관료에 대해 충렬왕이 펼친 회유책의 하나였다. 신진 관료로서 정동행성의 관리로 참여한 인물로는 그 이외에도 安珦, 朴全之, 鄭瑎, 金台鉉 등이 있는데, 이들은 유학과 관련하여 원에 잘 알려진 인물들이었으며, 같은 座主・門生 관계로 묶이는 동질성을 가진 집단이다.[45] 이 가운데 특히 金台鉉은 최해가 응시한 과거를 주재한 知貢擧,

---

42) 崔瀣, 「四皓歸漢」, 『東文選』 卷20 ; 김달진 번역, 성락훈 교열, 『국역동문선』Ⅱ, 민족문화추진회, 1984, 443쪽 주 83) 참조.

43) 『高麗史』 卷57, 地理2 尙州牧, "別號上洛(成廟所定) 又號商山".

44) 『高麗史』 卷109, 崔瀣傳 ; 李穀, 「崔瀣墓誌」, 『稼亭集』 卷11, "考諱伯倫 壯元及第 名聞于朝 授高麗王京儒學敎授 累遷本國民部議郎 階中顯大夫".

45) 충렬왕대 정동행성의 官員 구성과 그 의미에 대해서는 李益柱, 앞의 논문, 210~211

이를테면 최해의 좌주였는데 최해가 평생토록 사부로 섬긴 인물이다. 후술하듯이 최해의 시문 선집인 『東人之文』은 김태현의 『東國文鑑』의 직접적 영향을 받았을 뿐만 아니라 그 내용을 추려서 편찬된 것이었다. 김태현이 죽자, 최해가 직접 그의 묘지를 쓸 만큼 그는 최해 부자와 밀접한 관계를 맺었다.[46)]

충선왕 복위년(1308)에 최백륜은 務農使가 되었다.[47)] 이때 전국 여러 곳에 務農使를 파견한 것은 중간 수탈로 말미암아 심각한 양상으로 발전하고 있었던 향촌사회의 모순을 누그러뜨리기 위한 대책이었다. 당시 향촌사회에서는 豪强之家에 투탁한 민은 날로 부유해진 반면, 그렇지 않은 다른 사람들은 부세 부담에 짓눌려 형편이 날로 찌드는 상황이 심화되고 있었다.[48)] 당시 집권세력은 이 현상이 오로지 奉使者 즉 지방에 내려간 사신이 '徇私背公', 즉 중간 수탈을 일삼았기 때문에 일어난 것으로 파악하였다. 이런 상황에서 務農使는 그 폐단을 없애기 위해 파견한 것이었다. 務農使로 활동한 것을 끝으로 최백륜은 역사의 기록에서 사라지고 만다.

최백륜의 歿年은, 최해가 충숙왕 14년(1327)에 쓴 「跋先書」에서 최백륜을 돌아가신 아버지를 뜻하는 先大夫로 표현한 것으로 보아,[49)] 충숙왕 14년 이전인 것은 확실하지만 정확한 시기는 알 수 없다.

이상으로 최해의 가계와 부친 최백륜에 대해서 살펴보았다. 그의 가문은 대원관계를 중심축으로 고려 정국이 전개되고, 그에 따라 정치주도세력에 큰 변화가 일어나는 시기에 중앙정계에 활발히 진출한 신진 관료 가운데

쪽 ; 張東翼, 「前期 征東行省의 置廢에 대한 檢討」, 『大丘史學』 32, 1987/ 『高麗後期外交史硏究』, 1994, 53~55쪽 참조.

46) 崔瀣, 「金文正公墓誌」, 『拙藁千百』 卷1.

47) 『高麗史』 卷33, 忠宣王 復位年 10月 庚子, "召諸道務農使李厚・陸希贊・崔伯倫等".

48) 『高麗史』 卷33, 忠宣王 復位年 10月 庚子, "諭之曰 … 凡民匿于豪强之家者 日益富逸 孑遺殘民 困於賦斂 此 專是奉使者 徇私背公之致也".

49) 崔瀣, 「跋先書」, 『拙藁千百』 卷1, "此書三紙 先大夫先生與周少監 所王復也".

하나였다. 한편 그의 가문은 학문적 전통이 얕은 다른 신진 관료들과는 달리 최치원의 후예로서 가문 대대로 일구어 온 학풍을 지니고 있었다. 최해가 자주 언급했듯이, 최해 부자는 최치원의 후예로서의 자부심이 대단히 높았다. 최백륜이 정동행성 관리인 高麗王京儒學敎授를 지낸 것도 그의 家學 전통이나 장원급제 경력에 잘 어울리는 것이었다. 뿐만 아니라 뒷날 최해가 최치원을 비롯한 우리 역대의 문장을 뽑아 책을 만든 것도 가문의 학풍과 무관하지 않다.

하지만 그의 가문이 아무리 훌륭한 학문적 전통을 계승했다고 하더라도 현실의 정치세계에서는 신흥 가문으로서 도저히 뛰어넘을 수 없는 벽이 엄존하였다. 成均學諭 자리를 두고 신진 관료인 그의 아버지가 권문세족인 崔有渰에 밀려 쓰라린 좌절을 맛본 것은 그 대표적인 실례이거니와, 그의 가계가 지닌 이같은 면모는 같은 慶州崔氏의 어느 가계와도 구별되는 독특한 것이다.

경주최씨는 고려초기부터 활발히 上京從仕하여 崔承老나 崔沆의 가계처럼 가문의 학풍을 배경으로 주로 文翰職에 종사하면서 고관을 배출한 경우가 적지 않았다.[50] 이들 가계는 같이 중앙정계에 활동하면서부터 일족으로서의 동질성을 회복시켜 나가면서 밀접한 관련을 맺게 되었다. 하지만 그의 가계는 在地吏族으로서 이미 고려전기에 중앙귀족으로 성장한 경주최씨의 가계와는 사뭇 달랐고, 따라서 중앙정계에 진출한 이후에도 그의 가계는 다른 가계와 동렬에 서서 교섭할 수도 없었다. 최백륜과 최해가 정계에 몸을 담으면서 이미 그 전부터 활동하던 경주최씨의 어떤 인사와도 교류한 흔적이 없음은 물론이고, 그로부터 정치적 지원을 받은 자취를 전혀 남기지 않은 것은, 그의 가계가 吏族層의 후예로서 당대에 겨우 중앙정

50) 高麗前期 慶州崔氏의 가계와 동향에 대해서는 李樹健, 「高麗前期 支配勢力과 土姓」, 『韓國中世社會史硏究』, 1984, 199~202쪽 ; 金晧東, 「崔殷含-承老 家門에 관한 硏究」, 『嶠南史學』 2, 1986, 20~21쪽 참조.

계에 발을 들여놓을 수 있었던 상황에서 비롯된 것이 아닌가 한다.

3. 관직 생활

충렬왕 13년(1287)에 출생한 최해는 어려서부터 뛰어난 문학적 재능을 발휘하였다. 그는 이미 9세 때에 詩를 잘 지었고, 이후 성장하면서도 학문이 날로 늘어 선배들도 그의 재능을 인정하고 따르게 되었다고 한다.[51] 그가 21세 때의 除夜에 지은 시인 「二十一除夜」를 보면,[52] 시에 능한 그의 면모를 한눈에 느낄 수 있다.

이 시는 그 때까지의 성장 과정을 솔직하게 읊은 이른바 '自傳詩'로서, 다른 기록에서 보이지 않는 사항이나 심정을 부분적으로 밝히고 있어, 그의 성장 과정을 이해하는 데에 매우 참조된다. 예컨대 앞서 본 성균학유 천거사건을 둘러싸고 받은 상처는 그 단적인 예이고, 그가 11세부터 15세까지 이름을 알 수 없는 스승 밑에서 공부한 사실을 밝히고 있다.

이어서 다음에서 보듯이

(2) 열여섯 살에 科擧꾼에 섞이어,	十六充擧子
士版에 들어 서로 따르게 되었네.	士版得相隨
열일곱에 春官(禮部)에 응시하여	十七戰春官
합격하고 기꺼이 눈썹 치뜨네.	中策欣揚眉

(崔瀣, 「二十一除夜」, 『東文選』 卷4)

그가 16세에 士版에 든 후 17세에 禮部試에 합격하였음을 말해 준다. 여기서 士版이란 士를 등록한 士籍이며, 사판에 든다는 것은 國子監試에

51) 『高麗史』 卷109, 崔瀣傳, "瀣幼穎悟 九歲能詩 旣長學日進大 爲先輩所服".

52) 崔瀣, 「二十一除夜」, 『東文選』 卷4.

합격하여 進士의 신분을 획득했음을 뜻한다.[53] 그가 16세에 치른 국자감시의 동기로는 朴仁祉가 있는데, 뒷날 최해가 박인지의 부친인 朴華의 墓誌銘을 쓴 것은 이 때문이다.[54] 그가 17세가 되던 충렬왕 29년에 예부시에 합격한 것은 다른 기록에서도 확인된다.[55] 이때 시행된 과거에서 知貢擧는 密直司事 金台鉉, 同知貢擧는 秘書尹 金祐였으며, 장원 朴理를 포함하여 모두 33명을 뽑았는데,[56] 동기로는 李承休의 아들인 李衍宗이 있다.[57]

예부시에 합격한 최해는 미입사직인 成均學官[58]에 보임되었으나, 이후 자리가 비게 된 초입사직 종9품[59]인 成均學諭 자리를 두고 崔有渰이 천거하는 李守에게 밀려 좌절을 맛보고 부친과 함께 귀양길에 올랐음은 앞서 언급하였다. 최백륜이 尙州牧의 通判으로 관계에 복귀할 때까지도 그는 중앙관직을 얻지 못하고, 상주목의 '兒記'로서 비공식적으로 아버지 일을 도울 따름이었다. 최해가 중앙관직을 얻지 못한 시기는 「二十一除夜」에서 보듯이 21세까지 이어졌다.

입사 초기의 좌절에서 벗어나 21세, 즉 충렬왕 33년에 최해가 얻게

53) 許興植, 「高麗의 國子監試와 이를 통한 身分流動」, 『韓國史研究』 12, 1976/ 앞의 책, 144쪽.

54) 崔瀣, 「故密直副使致仕朴公墓誌」, 『拙藁千百』 卷2, "銘曰 嗚呼 公(朴華 : 필자)之次子仁祉 在大德六禩 嘗與同學司馬試 爲進士 距今三十有四年矣".

55) 『登科錄前編』 卷2, 高麗列朝榜下 忠烈王朝 ; 許興植, 앞의 책, 290쪽 ; 朴龍雲, 앞의 책, 448쪽.

56) 『高麗史』 卷73, 選擧1 科目1 選場 忠烈王 29年 6月.

57) 李承休가 세운 看藏庵을 중창한 사정을 밝힌 기문을 崔瀣가 쓴 것은 이 같은 두 사람의 인연 때문이다(崔瀣, 「頭陀山看藏庵重營記」, 『拙藁千百』 卷1, "至治三年秋 李君德孺 造于僕曰 先動安先生 … 德孺其季也 名衍宗 嘗與僕同癸卯科 今爲左思補知製敎").

58) 『高麗史』 권109, 崔瀣傳, "登第 補成均學官". 崔瀣가 禮部試에 합격한 후 처음 보임된 成均學官은 入仕職이 아니었다. 이는 成均館 직제의 틀이 처음 완비되는 文宗代부터 崔瀣의 생존 시기까지 종9품의 入仕職 끝자리에도 成均學官이 나타나지 않는 사실에서 알 수 있다(『高麗史』 卷76, 百官1 成均館).

59) 『高麗史』 卷76, 百官1 成均館.

된 중앙관직은 정9품[60]의 藝文春秋館 檢閱이다.[61] 이후에도 그는 다시 어떤 일에 얽히어 長沙監務로 폄직되었다.[62] 이때 그가 좌천된 계기가 된 사건이 무엇인지 분명히 드러나지는 않는다. 다만 장사감무로 폄직된 느낌을 나타낸 시에서, 이때의 일을 두고 그는 "썩은 선비가 주책없이 스스로 화를 불렀다"(腐儒無狀自招尤)는 표현으로 심하게 스스로를 자책하였다.[63] 또한 임지인 長沙縣에 도착하여 지은 시에서 榮·辱이 순환하는 것을 자연의 이치로 여기고, 결국 자신이 재주가 없어 폄직된 것으로 체념하였다.[64] 그는 장사현에서 3년 이상을 보냈다.[65] 이윽고 그는 다시 정8품[66]의 藝文春秋館 注簿로 중앙관계에 되돌아왔다.

두 번의 큰 좌절을 맛보면서 20대를 실로 어렵사리 보낸 최해는 30대가 되면서 인생 여정이 크게 호전되었다. 34세가 되던 忠肅王 7년(1320)에 그는 長興庫使의 직위에 있으면서 丹陽府注簿 安軸, 司憲糾正 李衍宗과 함께 元 制科에 응시하는 재원으로 선발된다.[67] 이듬해에 치러진 제과에서 그는 세 사람 가운데 혼자만 합격하여 원의 遼陽路盖州判官에 임용된다.[68] 제과를 치르고 고려로 귀국한 이후에도, 최해는 제과에서 장원으로 급제한 宋本을 비롯한 여러 인사들과 계속 교유하였다.[69]

---

60) 『高麗史』 卷76, 百官1 藝文館, "(忠烈)三十四年 忠宣 倂文翰·史官 爲藝文春秋館 … 檢閱二人 正九品".

61) 『高麗史』 卷109, 崔瀣傳, "瀣選藝文春秋檢閱".

62) 『高麗史』 卷109, 崔瀣傳, "以事貶長沙監務".

63) 崔瀣, 「責任長沙監務」, 『東文選』 卷20.

64) 崔瀣, 「到縣和人韻」, 『東文選』 卷20, "榮辱循環理自然 有誰哀怨向蒼天".

65) 崔瀣, 「縣齋雪夜」, 『東文選』 卷20, "三年竄逐病相仍 一室生涯轉似僧".

66) 『高麗史』 卷76, 百官1 藝文館·春秋館.

67) 『高麗史』 卷35, 忠肅王 7年 10月 丁巳, "遣丹陽府注簿安軸·長興庫使崔瀣·司憲糾正李衍宗 應擧于元".

68) 『高麗史』 卷74, 選擧2 科目2 制科, "(忠肅王) 七年 十月 遣安軸·崔瀣·李衍宗 應擧 八年 瀣 中制科 勅授遼陽盖州判官"; 『登科錄前編』 卷1, 中朝 高麗.

69) 崔瀣, 「拙詩六韻呈壯元修撰宋本 … 共爲一笑」, 『東文選』 卷18; 崔瀣, 「閔仲玉璿東

그의 열전 기록에서는 제과에 합격한 이후의 동향을 다음과 같이 기록하였다. 제과에서 합격한 후 그가 귀국할 때, 고려 조정에서는 藝文·成均·典校의 세 館이 모두 迎賓館에 나아가 맞을 만큼 기뻐했고, 그에게 藝文應敎를 제수하였다.[70] 그러나 그는 遼陽路盖州判官에 부임한 지 5개월 만에 돌연 병을 핑계 삼아 고려로 귀국하였으며, 이후 檢校·成均大司成에 오른 것으로 나타난다.

여기서 그가 5개월 만에 遼陽路盖州判官을 사직한 이유로 든 것은 실상 그 직책이 "地僻職冗"하다는 것이었다. 이를테면 임지가 궁벽진 곳이고, 자신의 직책도 쓸모없는 것이라는 이유를 들었다. 하지만 다음의 사례를 보면, 이는 형식적 이유에 불과한 것임을 알 수 있다. 遼陽路盖州判官이라는 직책은 원 제과에 합격한 인물 가운데 오직 그만이 역임한 것은 아니고 훗날 安軸도 역임하였고, 이와 비슷한 직책인 大寧路(錦州)判官에 李仁復과 尹安之가 임명되어 활동한 사례가 있다는 점을 본다면,[71] 그가 사임한 배경에는 또 다른 실질적 이유가 있었을 것이다.

이와 관련하여 훗날 고려에 왔다가 되돌아가는 張國琛에게 준 글에서 밝힌 그의 고백이 참고된다. 이에 따르면, 그가 遼陽路盖州判官을 사직한 것은 制科의 성적이 낮아 下州의 수령에 임명되었고, 따라서 "碌碌奔走"한 그 직책이 자신의 성미에도 잘 맞지 않았기 때문이라고 고백하였다.[72] 원 제과에서 얻은 그의 성적은 43명 가운데 21등이었다.[73] 형식에 얽매이지

覲西回亂道爲別」, 『東文選』 卷20 ; 崔瀣, 「送盧敎授西歸序」, 『拙藁千百』 卷1.

70) 『高麗史』 卷109, 崔瀣傳, "忠肅八年 應擧于元 中制科 授遼陽路盖州判官 及東還 藝文·成均·典校三館 出迎于迎賓館 遷藝文應敎 始赴盖州 地僻職冗 居五月 移病 東歸 累官至檢校·成均大司成".

71) 高惠玲, 「高麗 士大夫와 元 制科」, 『國史館論叢』 24, 1991/ 앞의 책, 101쪽 표 Ⅱ-10 참조.

72) 崔瀣, 「送張雲龍國琛而歸序」, 『拙藁千百』 卷2, "至治中 濫應賓興 觀光天子之庭 喜或其如願 顧因科劣 得倅下州 碌碌奔走 非性所堪 移病而免".

73) 崔瀣, 「送奉使李中父還朝序」, 『拙藁千百』 卷2, "登左牓者纔四十三人 予幸忝第二十

않는 자유분방한 그의 성격으로 볼 때,[74] 이러한 그의 고백이 그의 열전 기록보다 훨씬 자료적 가치가 높다는 것은 두말할 나위도 없다.

더구나 그가 원의 벼슬살이를 짧게 그만둘 수밖에 없었던 보다 구체적인 배경을 암시하는 시구가 있어 주목된다.

(3) 중국의 科場에서 용맹을 뽐내어 賈勇中朝戰藝場
중국의 장원 宋本과도 백중하였네. 磊落夏宋伯仲行
君은 어찌하여 고향 생각하였던가. 君胡爲乎思故鄕
燕南 鬼怪들이 바야흐로 횡행하여 燕南鬼怪方疇張
온갖 말을 퍼뜨리며 소란했기 때문이었네. 萬口相和喧蜩螗
(李齊賢, 「後儒仙歌爲崔拙翁作示及菴」, 『益齋亂藁』 卷4)

위의 기록은 최해와 절친했던 李齊賢이 이미 죽은 최해를 회상하면서 쓴 시의 한 부분이다. 이 시구는 최해가 고려로 되돌아올 수밖에 없었던 이유가 '燕南鬼怪'로 표현된 세력의 발호 때문이었음을 암시하고 있다. 여기서 '燕南鬼怪'로 표현된 무리란 그 무렵 瀋王을 옹립하려던 세력일 것이며, 그가 이제현과 함께 심왕을 옹립하려는 세력에 맞서 대립했고, 이 때문에 5개월 만에 고려로 되돌아올 수밖에 없었음을 알 수 있다.[75] 심왕을 옹립하려는 세력과 대립한 자신의 이모부 崔雲의 자세를 칭송한 그의 글에서도,[76] 이러한 최해의 정치적 입장을 잘 알 수 있다.

이 시의 후반부에는 최해가 고려로 귀국한 후에 竹軒이 啓를 올려 최해가

一名".

74) 『高麗史』 卷109, 崔瀣傳, "瀣又不善伺候 放蕩敢言".

75) 鄭景柱, 「拙翁 崔瀣 文學의 역사적 성격」, 『韓國文學論叢』 11, 한국문학회, 1990, 81쪽.

76) 崔瀣, 「皇元高麗故通憲大夫 … 上護軍崔公墓誌銘」, 『拙藁千百』 卷1, "大德癸卯 以世家子 隨王璵 宿衛闕庭 號都魯花 而璵因太尉王久遭讒釁 有非覬心 至丁未春 事發 璵及黨與 皆誅竄 而公獨以不附 拜大護軍".

다시 '白玉郎'이 되었다는 구절이 있다.77) 이는 고려로 돌아온 후 한때 최해가 관직을 얻지 못했는데, 죽헌의 도움으로 다시 관직을 얻었음을 말해주는 대목이다.78) 죽헌은 이 시를 지은 이제현의 사돈이면서, 동시에 이제현과 최해 두 사람과 모두 친하게 지낸 閔思平의 장인인 金倫이다.79) 따라서 이제현은 김륜이 최해를 천거한 사실을 누구보다 소상히 알았을 것이다. '白玉郎'이 어느 관직인지는 분명하지 않으나, 고려에 귀국한 후에 최해가 역임한 관직을 보면, 그것은 藝文應敎였을 가능성이 높다.

한편 그의 墓誌에서는 원 제과에 응시한 전후 시기에 그가 역임한 관직에 대해서 보다 자세히 기록하였다. 이에 따르면, 그는 원 제과에 응시할 때의 관직인 長興庫使를 역임한 이후, 成均館丞・藝文應敎을 지내고, 최종적으로 檢校・成均大司成에 임명되기 이전에도 典校・典儀副令을 역임했음을 알 수 있다.80) 또한 검교・성균대사성과 함께 훈직으로 藝文館提學・同知春秋館事를 제수받았다. 그의 관직 역임 상황을 부정할 만한 명백한 또 다른 자료가 보이지 않고, 오히려 충숙왕 10년(1323)에 그가 성균관승과 예문응교에 재직했으며,81) 예문응교는 충숙왕 13년까지 재직했음을 보여주는 기록을 본다면82) 이는 수긍할 수 있는 것이라 여겨진다.

---

77) 李齊賢, 「後儒仙歌爲崔拙翁作示及菴」, 『益齋亂藁』 卷4, "竹軒爲啓琴書堂 可人更有白玉郎".

78) 鄭景柱, 앞의 논문, 81쪽.

79) 金龍善 編, 「金倫墓誌銘」, 『高麗墓誌銘集成』, "公姓金氏 諱倫 字無己 號竹軒 … 女一適驪興君閔思平".

80) 李穀, 「崔瀣墓誌」, 『稼亭集』 卷11, "拜長興庫使 遷成均館丞 藝文應敎 典校・典儀二副令 檢校・大司成 君之所歷如是".

81) 李承休, 「看藏庵重創記」, 『動安居士集』 雜著一部. 「看藏庵重創記」는 李承休의 문집인 『動安居士集』을 편찬할 때에 崔瀣가 쓴 「頭陀山看藏庵重營記」를 옮겨놓은 것이다.

82) 崔瀣가 쓴 외교문서는 「國王與中書省請刷流民書」, 「又謝不立行省書」, 「又與翰林院爲太尉王請謚書」의 셋이 있다. 앞의 두 문서는 忠肅王 12년에, 마지막 것은 충숙왕 13년에 쓴 것으로서, 이 문서들은 모두 그가 藝文應敎에 있으면서 쓴

忠肅王 즉위년(1313)에 처음 시행되어 16회까지 시행된 원의 과거제는 종족별 신분제에 따라 운영되어, 과거 응시과목의 적용에 있어서 蒙古·色目人이 漢人·南人에 비해 훨씬 유리한 조건을 안고 있었다.[83] 응시 과목의 내용을 보면, 朱子 性理學이 官學으로 정착되었음을 알 수 있다.

고려는 충숙왕 원년(1314)에 처음 元 制科에 응시한 이후 恭愍王 2년(1353)까지 모두 12회에 걸쳐 한 번에 대개 3명씩을 뽑아 원 제과에 응시시켰다. 고려에서 보낸 3명의 응시자 가운데 원 제과에 합격한 사람은 통상 1명이었으며, 당시 고려인으로서 원 제과에 합격한 자는 모두 15명이었다. 원 제과에 합격한 고려인은 대부분 父·祖父대부터 중앙관인으로 진출한 신진 가문 출신으로서, 이들은 고려에서 과거에 급제한 후 평균적으로 10여 년이나 하위 관직을 역임한 후에야 비로소 원 제과에 응시하는 기회를 얻을 수 있었다. 따라서 가문의 입지가 얕았던 신진 관료가 원 제과에 합격한다는 것은 곧 관직의 상승을 통해 미래를 보장받을 수 있는 첩경으로 간주되었다. 이러한 사실은 당시 원 제과에 급제한 인물의 관직 승진 상황을 보면 쉽사리 알 수 있다.

당시 고려에서 최해를 포함한 3명을 원 제과에 응시하게 한 것은 이전부터 줄곧 지켜온 고려의 일관된 방침이었던 것 같다. 그리고 응시 과목의 내용으로 보아, 최해가 합격한 것은 그가 주자 성리학에 밝은 사대부로서 이름을 뽐내기에 모자람이 없는 영예였음에 틀림없다. 그가 기회 있을 때마다 자랑삼아 이 사실을 밝힌 것[84]은 그 구체적인 근거라 할 수 있다.

한편 제과에 합격한 후에 역임한 그의 관직은 제과에 응시하기 이전에

것이다(『拙藁千百』 卷2).

83) 元 科擧制의 성격과 元 制科에 응시한 高麗 士大夫에 대해서는 柳浩錫, 「高麗時代의 制科應試와 그 性格」, 『宋俊浩敎授停年紀念論叢』, 1987, 62~70쪽 ; 高惠玲, 앞의 논문, 1991 참조.

84) 崔瀣, 「送奉使李中父還朝序」, 『拙藁千百』 卷2.

비해 그다지 높아지지 않았다.[85)] 이는 다른 사람의 경우와는 매우 대조되는 현상이다. 또한 그가 최종 역임한 관직은 정3품의 成均大司成인데, 이는 원 제과에 급제한 다른 인물들이 거의 모두 2품 이상의 고위관직, 즉 宰樞의 반열에 오른 사실과도 너무나 뚜렷이 구별된다.[86)] 이는 "다른 사람의 눈치를 잘 살피지 않고 누구도 감히 하기 어려운 말을 放蕩하게 말하며 다른 사람의 잘잘못을 말하기를 좋아하는"[87)] 그의 호방하고 직선적인 성품이 당시의 정국에서 신중하지 못한 처신으로 인식되어 다른 인물에게 환영받지 못했음을 말해준다.

이상에서 살펴본 것을 바탕으로 그의 생애와 활동을 간단히 정리하면 <표 1>과 같다.[88)]

그의 나이 44세 이후 그는 정계에서 은퇴하여 적성에 잘 맞는 저술 활동에 본격적으로 몰두하였다. 그가 정계에서 은퇴한 나이에 대해서, 忠肅王 복위 4년(1335)에 그가 쓴 글[89)]에 있는 "今玆退安里巷 十有三年"의 구절을 근거로 충숙왕 10년(1323)으로 보는 견해가 있다.[90)] 그러나 이 구절의 앞 부분을 살펴보면, 이는 최해가 고려가 아닌 원에서 관직 생활을 그만둔 시기가 13년이 되었다는 것으로 해석되어야 한다.

---

85) 이는 그가 元 制科에 응시할 때의 관직인 長興庫使가 종5품이고(『高麗史』 卷77, 百官2 長興庫), 그가 원 제과에 합격한 이후에 제수받은 藝文應教가 정5품이라는 사실(『高麗史』 卷76, 百官1 藝文館)에서 알 수 있다.

86) 元 制科에 급제한 인물들이 역임한 최고 관직에 대해서는 高惠玲, 앞의 논문 1991, 127쪽 <표 Ⅱ-15> 참조.

87) 『高麗史』 卷109, 崔瀣傳, "是其性 不善於伺候 而又好酒 數爵而後 喜說人善惡 凡從耳而入者 口不解藏故 不爲人所愛重 輒擧輒斥而去" ; 李穀, 「崔瀣墓誌」, 『稼亭集』 卷11, "君又不善伺候 放蕩敢言 而喜說人善惡 故輒擧輒斥 卒不大用".

88) 高惠玲, 앞의 논문, 1994, 245쪽의 <표 Ⅳ-1>을 참조하여 작성하였다.

89) 崔瀣, 「送奉使李中父還朝序」, 『拙藁千百』 卷2.

90) 千惠鳳, 「東人之文四六解題」, 『高麗名賢集』 5, 1980, 4쪽.

〈표 1〉 崔瀣의 활동과 생애

연도	나이	활동
1287(忠烈王 13)	1	開京에서 출생. 父 崔伯倫 母 任氏. 本貫 慶州
1295(忠烈王 21)	9	詩를 능하게 지음
1297~1301	11~15	스승을 두어 공부함
1302(忠烈王 28)	16	國子監試 합격
1303(忠烈王 29)	17	禮部試 합격. 成均學官이 됨. 成均學諭 천거 사건으로 孤蘭島에 귀양간 아버지와 함께 그 곳에 감
1306(忠烈王 32)	20	아버지가 귀양에서 풀려나 尙州牧 通判으로 등용됨에 따라 崔瀣도 尙州牧의 '皃記'로 아버지 일을 도움. 어머니를 여읨
1307(忠烈王 33)	21	藝文春秋館 檢閱로 入仕함
1307년 이후	21~	長沙縣 監務로 폄직되어 3년 이상을 재직함. 藝文春秋館 注簿가 됨
1320(忠肅王 7)	34	長興庫使가 됨. 安軸·李衍宗과 함께 元 制科에 응시하는 재원으로 선발됨
1321(忠肅王 8)	35	元 制科 급제. 元의 遼陽路盖州判官에 임용되어 5개월간 재직함. 이후 成均館丞, 藝文應敎(~1326), 典校·典儀副令, 檢校·成均大司成 역임. 藝文館提學·同知春秋館事를 제수받음
1330년 이후	44~	관계에서 은퇴하여 저술 작업에 몰두함
1338(忠肅王 복위9)	52	『東人之文』 완성
1340(忠惠王 1)	54	卒

따라서 이는 최해가 관직 생활에서 은퇴한 시기가 충숙왕 복위 2년(1333) 무렵임을 보여준다. 한편 그가 藝文應敎에 있던 1326년에 작성한[91] 글이 마지막이라는 점을 근거로, 1326년 즉 그의 나이 40세에 정계에서 은퇴했다고 보는 견해도 있다.[92] 하지만 후술하듯이 1330년 무렵까지도 그가 관직에 있었을 가능성을 보여주는 기록이 있으므로, 이는 잘못된 견해가 아닌가 한다.

忠惠王 원년(1340)에 작성된 崔安道 墓誌에 따르면, 최해는 1330년 무렵에 한 '隷豎'의 무고를 받아 그 오해를 풀려고 그에게 갔으나 여의치 않자, 국왕의 측근이었던 崔安道를 찾아가 그 사정을 하소연한 일화를 소개하고

91) 본고 주 82) 참조.

92) 高惠玲, 앞의 논문, 1994, 245쪽의 <표 Ⅳ-1> 및 243쪽의 주 9) 참조.

있다.[93] 이 사건은 그 '隷竪'의 위세가 하늘을 찌를 듯이 드세어서 결국 불문에 부쳐지게 되었고, 이를 계기로 최해는 최안도의 인간 됨됨이를 새롭게 보게 되어 그의 墓誌를 짓게 되었음을 밝히고 있다.

관련 기록을 보면, 최안도는 최해가 그 높은 자존심을 한풀 꺾고 차마 입 밖에 꺼내기 어려운 부탁을 청할 만한 사람이라고 보기에는 잘 어울리지 않는 인물이었다.[94] 그렇지만 적어도 여기서 보이는 여러 정황은 상식적으로 그가 관직 생활에서 은퇴한 후에 일어난 일이라고는 도저히 믿기 어렵다. 따라서 그는 44세 때인 1330년까지는 관직에 있었던 것으로 보아야 마땅하다. 시기적으로 보아 그가 元 制科에 합격했으면서도 다른 사람과는 달리 이후 宰樞에 오르지 못했던 것은 바로 이 무고 사건과도 무관하지 않을 것이다.

평소 理財에 밝지 못해 겪어야 했던 최해의 어려운 경제적 형편[95]은 관직에서 은퇴한 후 더욱 심해졌던 것 같다. 만년에 獅子山 아래에서 은거하면서 지은 자신의 자서전인 「猊山隱者傳」에서,[96] 그는 獅子岬寺의 승려로부터 토지를 빌어 경작하는 처지를 빗대어 호를 猊山農隱이라 지었고,

---

93) 崔瀣, 「崔大監墓誌」, 『拙藁千百』 卷2, "予性嬾而怯於鬪 憶在十年時 見誣於一隷竪淂幸於王者 雖予之嬾 不淂不一往見之 則時賢士大夫 咸在客次 其門如市 少頃竪出客延拜曲膝 猶恐爲後 予謂士不當如是 欲以禮相見 竪漫視之 遂上馬不顧而去 予且媿且恨而退曰 事來旣非意 雖無辨奚傷 聞崔密直日接於王 … 密直望見予於衆人之中 特降位次 先爲之禮 問所以來意 乃曲爲之地 時竪勢方熾 而抑之甚力 故事終於不直而已 然感密直無爲先容 而接納士流 有古義俠風".

94) 崔瀣, 「崔大監墓誌」, 『拙藁千百』 卷2 ; 『高麗史』 卷124, 嬖幸2 崔安道傳에 의하면, 崔安道의 가계는 원래 在地吏族으로서 조부대부터 武班職으로 중앙에 진출하였으며, 그의 모친이 宮婢였고 그 자신은 忠宣・忠肅王의 측근으로 활동하면서 깨끗하지 못한 행적을 많이 남기고 있어, 최해의 성향과는 여러 모로 잘 어울리지 않는 인물이라는 사실을 알 수 있다.

95) 李穀, 「崔瀣墓誌」, 『稼亭集』 卷11, "平生不理家人生産".

96) 『高麗史』 卷109, 崔瀣傳, "晩從獅子岬寺僧 借田而耕 開園曰取足 自號猊山農隱 其銘座右曰 … 取足奚自 愼勿可諼 隱者素不樂浮屠 而卒爲其佃戶 盖訟夙志之爽以自戱耳" ; 崔瀣, 「猊山隱者傳」, 『拙藁千百』 卷2.

불교에 결코 호의적이지 않으면서도 마침내 그 佃戶가 되었다고 표현한 것에서 그의 어려운 사정을 짐작할 수 있다. 그 자신의 다른 시에서도97) 말년에 어려운 처지를 확인할 수 있다.

그는 두 번 결혼하여 딸만 셋을 두었으며 아들을 얻지 못했다. 그리고 만년에 매우 빈한했기 때문에, 그가 죽은 후 장례조차도 친구들의 도움으로 겨우 치를 수 있었다.98)

4. 저술 활동

최해에 관한 가장 일차적인 기록인 『高麗史』 崔瀣列傳과 그의 墓誌에 따르면, 최해가 남긴 글은 우리의 역대 名賢의 詩·文을 모은 『東人之文』 25권과 『拙藁』 2권이 있는 것으로 전한다.99) 이 밖에도 최해는 『東文選』에 수록된 33편의 詩를 비롯한 여러 편의 글을 남기고 있다.

한편 成俔은 최해가 『三韓龜鑑』 한 帙을 撰하고 『農隱集』 한 질도 남긴 것으로 보았으나,100) 이에 대해서는 정확한 부연 설명이 뒤따라야 한다.

---

97) 崔瀣, 「上元會浩齋得漏字」, 『東文選』 卷6, "我衣縕袍人輕衺 人居華屋我圭竇 天翁賦與本不齊 我不人嫌人我詬"; 崔瀣, 「遷居」, 『東文選』 卷20, "莫怪遷居無物載 聖賢經典尚盈車".

98) 李穀, 「崔瀣墓誌」, 『稼亭集』 卷11, "卒 葬其山之東 家甚貧 凡知君者爭致賻 乃克葬". 한편 崔瀣가 재취한 부인에게서 얻은 두 딸 가운데 한 사람은 田祿生과 결혼하였다. 이는 1963년에 간행된 『慶州崔氏大譜』와 1924년에 간행된 『潭陽田氏世譜』에서 알 수 있다(尹炳泰, 「崔瀣와 그의 東人之文四六」, 『東洋文化研究』 5, 경북대, 1978, 191쪽). 田祿生이 최해의 사위였다는 사실은 田祿生의 문집 『壄隱先生逸稿』에서 명시적으로 드러나지는 않으나, 이 책의 권5, 附錄 遺事와 권6, 尊慕錄에서 田祿生이 崔瀣를 사숙했던 흔적을 볼 수 있다.

99) 『高麗史』 卷109, 崔瀣傳, "嘗選本國名賢詩·文 題其目曰東人之文 凡二十五卷 所著拙藁二卷 行於世"; 李穀, 「崔瀣墓誌」, 『稼亭集』 卷11, "常選本國名賢所著 題其目東人之文 凡二十五卷".

100) 成俔, 『慵齋叢話』 卷8, "三韓龜鑑一帙 猊山崔瀣所撰 … 農隱集一帙 拙翁崔瀣所著".

우선 그가 『農隱集』을 남겼다는 성현의 언급은 그의 저술 상황을 일차적으로 전해주는 『고려사』 최해열전과 그의 墓誌에서는 확인되지 않는 사항이다. 『農隱集』이 현전하지 않는다는 점을 감안한다면, 『農隱集』이란 아마 『東人之文』을 가리키는 것이 아닐까 한다.

그리고 『三韓龜鑑』이란, 趙云仡이 精選하고 최해가 批點을 가한 『三韓詩龜鑑』을 말하는 것이 아닐까 한다.[101] 『三韓詩龜鑑』은 신라 최치원부터 충렬왕대에 이르기까지 이름난 시인 45명이 남긴 206題의 詩 247首를 수록한 詩選集으로서, 恭愍王 23년 조운흘이 관직에서 물러난 이후에 편찬된 것으로 보인다. 현전하는 『三韓詩龜鑑』에 따르면, 이 책의 편찬 과정에서 두 사람이 한 역할은 "拙翁崔瀣 批點 石磵趙云仡 精選"으로 표현되었다.[102]

그런데 최해(1287~1340)와 조운흘(1332~1404)의 생존 연대를 비교하여 살펴보면, 최해가 죽는 해에 조운흘은 겨우 9세에 지나지 않았으므로, 조운흘이 選詩한 후에 崔瀣가 批解와 批點을 가한다는 것은 당초부터 불가능한 일이었다.

따라서 엄밀히 말해 『三韓詩龜鑑』은 최해의 시선집인 『東人之文五七』을 모본으로 삼아 조운흘이 재차 편집한 시선집인 것으로 추정된다. 그렇다면 『三韓詩龜鑑』은 넓은 의미로 보아 최해의 작품으로 간주해도 좋은 것이다.[103] 『三韓詩龜鑑』의 첫머리에서, 批點者인 최해를 조운흘에 앞세워 기록해 둔 것은 이 때문이다. 무엇보다도 『三韓詩龜鑑』에 수록된 시편 206題 247首 가운데, 최해가 圈點이나 貫珠의 형태로 비점을 가한 시가 무려 171題 197首로서 전체의 80%가 넘는다는 것도 『三韓詩龜鑑』이 최해의

---

101) 『三韓詩龜鑑』에 대해서는 다음의 글 가운데 특히 金乾坤의 것이 書誌的으로나 자료 고증의 측면에서 자세하게 설명되어 있어 많이 참고하였다. 李炳疇, 「三韓詩龜鑑 紹介」, 『東岳語文論集』 15, 동국대, 1981 ; 金乾坤, 「三韓詩龜鑑 硏究」, 『정신문화연구』 31, 1986.

102) 金甲起 譯註, 『三韓詩龜鑑』, 이화문화출판사, 1998.

103) 金乾坤, 앞의 논문.

실질적인 작품으로 간주해도 좋은 근거가 된다.

최해의 대표적 저작인 『東人之文』은 최치원에서 충렬왕대까지의 이름난 詩·文을 選集한 것으로서,[104] 최해는 이 가운데 詩는 『東人之文五七』, 文은 『東人之文千百』, 騈儷文을 『東人之文四六』이라 각기 이름 붙이고, 이를 총칭하여 『東人之文』이라 하였다.[105] 『동인지문』 25권 가운데 현전하는 『동인지문사육』은 모두 15권으로 구성되어 있고,[106] 현재 발견된 殘卷의 상태로 보아 『동인지문오칠』은 모두 9권으로 구성된 것으로 추정되므로, 결과적으로 『동인지문천백』은 겨우 1권에 불과한 적은 분량을 가진 셈이 된다.[107]

그런 관점에서 『동인지문천백』은 계획에만 그치고 아예 편찬되지 않았거나, 나머지 1권은 『동인지문천백』이 아니라 『동인지문사육』과 『동인지문오칠』의 總目 혹은 卷首로 보는 견해가 제기된 바 있다.[108] 한편 일반적으로 목록을 전체 卷數에 포함시켜 서문을 쓴 사례가 없다는 것을 근거로 삼아, 일단 완성된 『동인지문』을 다음에 보완하여 간행하는 과정에서 권수가 증가했을 가능성을 제기한 견해도 있다.[109]

『東人之文』의 구성 방식에 따른다면, 최해 자신의 글을 엮어 간행한

104) 『東人之文』에 대한 이른 시기의 해제로서는 홍기무, 「『東人之文』 해제」, 『력사과학』 1955년 7호 참조.

105) 崔瀣, 「東人之文序」, 『拙藁千百』 卷2, “起於新羅崔孤雲 以至忠烈王時 凡名家者 得詩若干首 題曰五七 文若干首 題曰千百 騈儷之文若干首 題曰四六 摠而題其目曰 東人之文”; 崔瀣, 「東人四六序」, 『拙藁千百』 卷2.

106) 『高麗名賢集』 5(성균관대 대동문화연구원 간행)에 수록된 『東人之文四六』 참조.

107) 최근 발견된 『東人之文五七』에 대해서는 『季刊書誌學報』 16(1995)에 수록된 영인본을 참조할 것.

108) 『東人之文五七』의 殘卷과 『東人之文』의 구성에 대해서는 辛承云, 「麗刻本 『東人之文五七』 殘本(卷7~卷9)에 對하여」, 『圖書館學』 20, 1991 ; 辛承云, 「『東人之文五七』(殘本) 解題」, 『季刊書誌學報』 16, 1995 참조.

109) 許興植, 「『東人之文五七』의 殘卷과 『高麗史』의 補完」, 『季刊書誌學報』 13, 1994/『고려의 문화전통과 사회사상』, 2004, 500쪽.

문집은 현전하는 『拙藁千百』 2권 이외에도 『東文選』에 전하는 33편의 시를 포함한 시집으로서 『拙藁五七』도 있었을 가능성이 크다. 반면 시대적 분위기나 『東文選』에서 그의 병려문이 한편도 찾아지지 않는 점으로 보아, 『拙藁四六』은 남기지 않았을 가능성이 크다.110)

특히 『東人之文四六』이나 『東人之文五七』은 다른 기록에서 찾아볼 수 없는 중요한 역사적 사실을 많이 담고 있다는 점에서 사료적 가치가 매우 높다.111) 최해가 『三韓詩龜鑑』에 비점을 가하는 형태로 자신의 높은 비평 수준을 보여주면서 『東人之文五七』이나 『東人之文四六』과 같은 詩·文集을 選集할 수 있었던 배경은 무엇일까. 이에 대한 전체적 양상을 파악하기란 어렵다. 그러나 그 스스로가 海東 詩文의 宗祖로 널리 알려진 최치원의 후예로서 대단히 높은 긍지를 가졌고, 어릴 때부터 주위의 인정을 널리 받을 만큼 빼어난 시작 솜씨를 가졌다는 것에서도 그 계기의 일단을 추정할 수 있다.

하지만 보다 구체적인 계기는 다른 측면에서 찾아야 할 것이다. 우선 두보의 시에 대하여 최해가 이제현에게 품격 높은 시평을 들려준 것에서 보듯이,112) 시에 대한 최해의 감식안이 매우 높았다는 점을 들 수 있다. 아울러 원에서 관직 생활을 할 때에 우리의 詩·文을 보기 원하는 중국 사람에게 보여줄 만한 마땅한 책이 없음을 부끄럽게 여기고, 이때부터 類書를 찬집할 뜻을 10년이나 간직하였다는 점을 중요하게 고려해야 할 것이다.113) 그의 높은 감식안과 유서 편찬의 의지가 『동인지문오칠』과

110) 許興植, 앞의 논문, 1994, 499쪽.

111) 千惠鳳, 「麗刻本 東人之文四六에 對하여」, 『大東文化硏究』 14, 1981 ; 許興植, 앞의 논문, 1994 ; 朴漢男, 앞의 논문, 1997b ; 채상식, 「『東人之文四六』의 사료가치와 전산화」, 『고려시대연구』 II, 한국정신문화연구원, 2000.

112) 李齊賢, 『櫟翁稗說』 後集一, "四更山吐月 殘夜水明樓 塵匣元開鏡 風簾自上鉤 崔拙翁瀣言人謂後二句皆言月 非也 塵匣元開鏡 以言水明樓耳 如夔府詠懷詩 峽束蒼江起 巖排古樹 朝海言蒼江 亦詩家一格也".

『동인지문사육』을 편찬하는 직접적인 동기로 작용했을 것이다. 이에 더하여 그의 스승인 金台鉉이 만든 『東國文鑑』에서도[114] 적잖은 영향을 받았을 것이다. 훗날 李穡은 이에 관한 중요한 기록을 남겼는데, 이에 따르면 김태현이 지은 『동국문감』은 수록 내용의 방대함을 자랑하는 것이라면, 최해의 선집은 바로 '내용의 정수를 선택한 것(簡擇之精)'을 자랑으로 삼는 것이라 하였다.[115] 이는 최해의 선집이 김태현의 『동국문감』을 발전적으로 계승한 것이면서도, 그의 안목을 통해 걸러진 것임을 말해준다. 이상에서 보았듯이, 그가 펼친 저술 활동은 당대의 누구보다도 폭넓은 것임을 잘 알 수 있다.[116] 그의 저술 가운데 현전하는 것만을 보더라도 그는 『三韓詩龜鑑』으로부터 詩·文 選集인 『東人之文五七』 9권, 『東人之文四六』 15권과 함께 자신의 문집인 『拙藁千百』 2권, 『東文選』에 수록된 33편의 시를 남겼다.

이 가운데 『東人之文五七』과 『東人之文四六』에 대해서는 서지학 분야에서 매우 자세한 분석이 이루어졌으므로 여기서 재론할 필요가 없을 것이며,[117] 여기서는 본고의 서술 내용과 직접 관련되는 『東文選』에 수록된

---

113) 崔瀣, 「東人之文序」, 『拙藁千百』 卷2, "而與中原俊士 得相接也 間有求見東人文字者 予直以未有成書 對退且耻焉 於是 始有撰類書集之志 東歸十年 未嘗忘也".

114) 『高麗史』 卷110, 金台鉉傳. 『東國文鑑』의 내용은 기록이 없어 전혀 알 수 없지만, 책명으로 보건대 우리나라의 시문 선집인 것으로 유추된다. 邊東明, 「金台鉉의 『東國文鑑』 편찬」, 『震檀學報』 103, 2007.

115) 李穡, 「贈金敬叔秘書詩序」,『牧隱文藁』 권9. "古今著書者衆矣 吾三韓近世 獨快軒文正公爲傑然 其門人稱鷄林崔拙翁 又其次也 裒輯之富 稱快軒 簡擇之精 稱拙翁 然未能盛行於世 工匠之拙也 簡秩之重也".

116) 최해의 저술에 대해서는 이미 제시한 논문들 이외에도 다음 논문이 참조된다. 今西龍, 「尊經閣叢刊『拙藁千百』に就きて」, 『朝鮮』 188, 1931/ 『高麗及李朝史硏究』, 1974 ; 任鍾淳, 「拙藁千百 解題」, 『拙藁千百』, 아세아문화사, 1972 ; 李春熙, 「拙藁千百 解題」, 『高麗名賢集』 2, 1973 ; 尹炳泰, 앞의 논문.

117) 이런 점에서 최근 역사학 방면에서 『東人之文四六』에 수록된 崔惟淸의 詩文을 분석하여 당시의 정세와 대외관계를 밝힌 다음의 연구성과는 주목된다. 朴漢男, 「崔惟淸의 生涯와 詩文分析－『東人之文四六』 등에 수록된 詩文을 중심으로」,

시와『拙藁千百』에 대해서만 언급할 것이다.

먼저『동문선』에 수록된 최해의 시와 그 내용을 간추려 살펴보면 <표 2>와 같다.

〈표 2〉『東文選』에 수록된 崔瀣의 詩와 그 내용[118]

권수	제목	형식	내용
4	次韻答鄭載物	五古	末世觀, 권세에 아부하지 않는 자세
〃	吳德仁生日	〃	道가 쇠퇴한 末世에 대한 인식
〃	二十一除夜	〃	21세까지의 자신을 되돌아봄
〃	三月二十三日雨	〃	봄 가뭄으로 인한 농가의 참상
〃	送尹樂正莘傑北上	〃	尹莘傑의 곧은 절개를 칭송
〃	上巳益齋席上得盛字	〃	만년의 李齊賢과의 교유
6	上元會浩齋得漏字	七古	가난함을 비웃는 세태에 대한 반감
9	呈分司那懷廉訪	五律	分司 廉訪을 칭송
〃	太尉王挽詞	〃	忠宣王 挽詞
〃	金童公主挽詞	〃	忠肅王妃 金童公主 挽詞
11	高巒感興十二韻	五排	부친 유배지를 왕래하며 느낀 감흥
15	己酉三月褫官後作	七律	자신의 굽은 삶을 부끄러워함
〃	李正夫之公見次復成一首	〃	향수, 현실세계로부터의 도피
〃	鄭載物以二博…遂爲唐律奉呈	〃	직위 승진에 뒤처진 鄭載物을 위로
〃	次李正夫贈別詩韻	〃	李之公 送別
〃	在松山書院夏課次…珦所著韻	〃	性理學 도입에 공이 큰 安珦 추모
〃	與諸敎官分詠西漢名賢得張良	〃	西漢 張良의 智謀를 읊은 詠史詩
〃	送李林宗直郞歸舊隱	〃	관직을 버리고 귀향하려는 심정
18	拙詩六韻呈…諸公共爲一笑	七排	元 制科 합격자로서의 자부심
19	己酉三月褫官後作	五絶	관직을 박탈당한 후의 느낌
〃	雨荷	〃	權門世家와 부호층을 풍자
〃	風荷	〃	詠物詩
20	遷居	七絶	사대부로서의 자부심
〃	追次郭密直預賞蓮詩韻	〃	郭預의 시에 次韻한 賞蓮詩
〃	三月自高巒而還路過村莊	〃	부친 유배지에서 돌아올 때의 감흥
〃	五月二十日題	〃	부친을 따라 유배지에 간 느낌

『國史館論叢』24, 1991.

118) <표 2>는 朴菖熙,「『東文選』著者名別 作品目錄」,『亞細亞硏究』12-4, 1969, 358~359쪽을 참조하여 작성하였다.

〃	次大同江船窓權一齋韻	〃	權漢功의 시에 次韻한 대동강 정경
〃	四皓歸漢	〃	詠史詩
〃	太公釣周	〃	太公의 생각을 읊은 詠史詩
〃	責任長沙監務	〃	長沙 監務로 좌천된 느낌
〃	到縣和人韻	〃	長沙縣에 도착한 느낌
〃	縣齋雪夜	〃	入仕 후 3년간 겪은 어려움
〃	閔仲玉璿東觀西回亂道爲別	〃	元 制科 장원 宋本에게 보내는 시

* 권수는 해당 시가 『東文選』에 수록된 권수를 나타냄.
  형식 항목의 五古는 五言古詩, 七古는 七言古詩, 五律은 五言律詩, 七律은 七言律詩, 七排는 七言排律, 五絶은 五言絶句, 七絶은 七言絶句를 말함.

『東文選』에 수록된 최해의 시는 五言古詩 6편, 七言古詩 1편, 五言律詩 3편, 七言律詩 7편, 七言排律 1편, 五言絶句 3편, 七言絶句 11편을 포함한 총 33편이다.[119)]

생전에 최해가 쓴 시는 『동문선』에 수록된 33편보다 훨씬 많았을 것이라는 점은 두말할 나위도 없겠으며, 여러 장르의 시가 빠짐없이 『동문선』에 수록된 것을 보면, 그가 어릴 때부터 뛰어난 시작 솜씨를 과시했다는 것은 결코 지나친 과장만은 아니었음을 잘 말해준다.

『拙藁千百』에 수록된 글의 작성 연대와 관련 인물과 사항을 나타내면 <표 3>과 같다.

『졸고천백』에 수록된 총 43편의 글 가운데 32편은 『동문선』에 수록되었으나, 11편의 글은 수록되지 않았다. 한편 현재 연구자들에게 널리 이용되는 『동문선』 번역서에서 권62에 수록된 「答鄭判樞可臣書」를 최해의 작품으로 보고 있고[120)] 『동문선』에 수록된 저자의 작품 목록을 별도로 자세히 정리한 글에서도 동일하게 보았으나,[121)] 이는 잘못된 견해이다.

---

119) 최해의 시가 갖는 문학적 의미에 대한 이해는 필자의 능력 밖의 것이므로, 여기서는 언급하지 않는다.

120) 민족문화추진회, 『국역동문선』 V, 1984.

121) 朴菖熙, 앞의 논문, 359쪽.

〈표 3〉『拙藁千百』에 수록된 글의 작성 연대와 관련 인물 및 상황[122]

순서	제목	작성연대	관련되는 인물과 사항
1	送安梁州序	1314~20	安輯(安軸 동생)
2	海東後耆老會序	1320	李瑱(李齊賢 부친)
3	頭陀山看藏庵重營記	1323	李衍宗(崔瀣 禮部試 동기)
4	李益齋後西征錄序	1323	李齊賢의 『後西征錄』 序文
5	送盤龍如大師序	1324	如大師(李齊賢 형)
(6)	有元高麗國故重大匡 … 閔公墓誌	1324	閔宗儒(閔思平 祖父)
7	皇元高麗故通憲大夫 … 崔公墓誌	1325	崔雲(崔瀣 이모부)
(8)	問擧業諸生策二道	1326	策問
(9)	慶氏詩卷後題	1326~27	『慶氏詩卷』 題文
10	故司憲持平金君墓誌銘	1327	金開物, 金銛(崔瀣 제자)
(11)	跋先書	1327	周公梓(崔伯倫과 교류)
12	禪源寺齋僧記	1328	崔誠之(崔文度 부친)
13	送僧禪智遊金剛山序	1329	僧 禪智
(14)	大元故征東都鎭撫 … 元公墓誌	1330	元善之
(15)	金文正公墓誌	1330	金台鉉(崔瀣의 座主・스승)
16	故相安竹屋像贊 爲其子益之作		安碩(安軸 부친)
(17)	安當之關東錄後題	1331	安軸의 『關東瓦注』 後題
(18)	永嘉郡夫人權氏墓誌銘	1332	永嘉郡夫人(李齊賢 妻)
19	春軒壺記	1333	崔文度(崔瀣와 교류)
20	軍簿司重新廳事記	1334	軍簿司, 金就起
21	送盧教授西歸序(이상 권1)	1334	盧伯敬(元人, 崔瀣와 교류)
22	送鄭仲孚書狀官序	1334	鄭誧(崔瀣 제자)
(23)	平原郡夫人元氏墓誌	1335	平原郡夫人(李齊賢 장모)
24	送奉使李中父還朝序	1335	李穀(崔瀣와 교류)
25	壽寧翁主金氏墓誌	1335	淮安府院君 珣
(26)	故密直宰相閔公行狀	1336	閔頔(閔思平 부친)
27	東人之文序	1336	『東人之文』 序文
28	唐城郡夫人洪氏墓誌	1336	唐城郡夫人, 鄭誧
29	故杞城君尹公墓誌	1337	尹莘傑, 朱暉(崔瀣 친구)
30	有元故武德將軍 … 元公墓誌	1337	元忠(崔瀣와 同里 거주)
31	故密直副使致仕朴公墓誌	1336	朴仁祉(崔瀣 國子監試 동기)
32	國王與中書省請刷流民書	1325	對元 外交文書
33	又謝不立行省書	1325	〃
34	又與翰林爲太尉王請謚書	1326	〃

122) <표 3>은 尹炳泰, 앞의 논문을 참조하여 작성하였다.

35	代權一齋祭母文	1338~40	權漢功(崔瀣와 교류)
36	送張雲龍國琛而歸序	1335	張國琛(元人, 崔瀣와 교류)
37	東人四六序	1338	『東人之文四六』 序文
38	猊山隱者傳		崔瀣의 自敍傳
39	故政堂文學李公墓誌	1338	李彦冲
40	全栢軒墓誌	1339	全信(崔瀣와 교류)
(41)	永州梨旨銀所陞爲縣碑	1339	權漢功을 대신하여 지음
42	崔御史爲大人慶八十序	1339	崔大中
43	崔大監墓誌(이상 권2)	1340	崔安道(崔瀣의 정치후견인)

* 순서란 항목에서 ( )가 표시된 것은 『東文選』에 수록되지 않은 글임. 관련 사항 항목의 내용은 그 글과 관련되는 중심 내용이나 최해와의 교류 관계, 또는 최해에게 글을 청한 사람을 나타낸다.

鄭可臣의 歿年은 충렬왕 24년(1298)이므로,[123] 만약 정가신이 죽은 그 해에 「答鄭判樞可臣書」를 최해가 썼다고 가정하더라도, 이때의 최해 나이는 겨우 12세에 불과한데, 이 글의 내용은 12세의 어린 나이로 썼다고 보기에는 도저히 어렵다고 판단되기 때문이다. 따라서 「答鄭判樞可臣書」는 최해의 글이 아닐 것이다.

5. 師友 관계

앞에서 제시한 <표 2>와 <표 3>에 보이는 최해의 글을 중심으로 그의 師友 관계에 대해서 살펴보기로 한다. 『高麗史』 崔瀣列傳이나 李穀의 「崔瀣墓誌」에서는 그가 "독서를 통해 文辭를 깨우치고 師友에 의존하지 않고서 超然히 自得하였다"[124]고 하여, 마치 그가 사우와 전혀 교류하지 않은 인물인 것처럼 묘사했다. 하지만 그는 이제현을 비롯하여 같은 시대의 몇몇 인물과는 어릴 적부터 깊이 교유하였음이 확인되므로, 이 부분에

123) 『高麗史』 卷105, 鄭可臣傳.
124) 『高麗史』 卷109, 崔瀣傳 ; 李穀, 「崔瀣墓誌」, 『稼亭集』 卷11.

대해서는 다른 각도에서 정확히 이해할 필요가 있다.

여기서 주목되는 것은 그의 학문하는 태도이다. 이에 따르면 그는 "異同을 論함에 이르러서는 그 올바름[正]을 알면 비록 老師宿儒로서 당시의 儒宗이라 하더라도 詰問하거나 꺾어서 자신의 생각을 확고부동하게" 가졌다고 한다.125) 따라서 그가 '不資師友'했다는 부분은, 그가 사유하는 과정과 학문을 이루어 가는 방법에 있어서 남들과는 구별되는 독특한 면모, 말하자면 기존의 권위에 의존하지 않고서 독자적으로 깨우치려는 자세를 지녔음을 보여주는 것이라고 여겨진다. 따라서 이는 그가 師友와 교유하지 않았음을 말해주는 것은 결코 아니라고 여겨지므로, 최해의 스승에 대해서는 보다 구체적으로 살펴볼 필요가 있겠다.

그의 자전적 시편에 의하면 그가 과거에 급제하기 이전인 11~15세까지 스승 밑에서 공부했던 사실은 알 수 있으나,126) 이때의 스승이 누구이며 최해가 그에게서 받은 학문적 영향이 어떠한지, 이후로 두 사람의 교류가 지속적으로 이어졌는지에 대해서는 전혀 알 길이 없다. 한편 최해와 친했던 安軸의 부친 安碩을 최해가 스승으로 섬겼다고 보는 견해가 제기되었으나, 관련 기록을 검토해 보면 이는 받아들이기 어렵다.127)

최해가 오랫동안 섬긴 유일한 스승은 金台鉉이다. 김태현은 충렬왕대 후반에 최해의 부친 최백륜과 함께 征東行省의 관리로 재직한 바 있고,

---

125) 『高麗史』 卷109, 崔瀣傳, "瀣 … 至論異同 苟知其正 雖老師宿儒 爲時所宗者 且詰且折 確持不變".

126) 崔瀣, 「二十一除夜」, 『東文選』 卷4, "我年方十一 問字始從師 自一至於五 學海迷津涯".

127) 高惠玲, 앞의 논문, 1994, 256쪽에서는 崔瀣의 『拙藁千百』 卷1에 있는 「宋安梁州序」과 「故相安竹屋像贊」의 두 기록을 근거로, 최해의 스승이 安碩이었다고 보았다. 이 두 기록은 崔瀣가 安碩 및 安軸 형제와 친밀하게 지냈음을 보여주고는 있지만, 安碩이 최해의 스승이었다고 볼 수 있는 분명한 근거는 어디에도 없다. 이는 安碩과 安軸 형제에 관한 다른 기록에서도 마찬가지이다(『高麗史』 卷109, 安軸傳 및 安軸附 安輔傳 ; 金龍善 編, 「安軸墓誌銘」·「安輔墓誌銘」, 『高麗墓誌銘集成』).

충렬왕 29년에 최해가 합격한 禮部試를 주재한 知貢擧로서 이후 최해와 座主·門生관계를 맺게 되었다. 당시 좌주와 문생은 과거급제자와 考試官이라는 명목적 관계가 아니라 師弟관계, 더 나아가 심지어 父子에 준하는 관계로까지 발전되었음을 상기한다면,[128] 최해와 김태현 두 사람 사이도 마찬가지의 돈독한 관계가 형성되었을 것이다.

최해가 스스로를 김태현의 문인으로 표현하면서 받들어 섬긴 지가 30년 가까이 되었다고 밝힌 점이나,[129] 최해가 어릴 때부터 궁금해 하던 投壺之禮에 관한 圖序를 김태현에게 얻어 보고서 그 대강을 짐작했다고 한 점[130]은 두 사람이 과거 급제 이후에도 오랫동안 사제관계를 유지하였음을 잘 보여주는 실례이다. 최해가 역대 문장을 뽑아 『東人之文』을 편찬한 것은, 가문의 학풍과도 무관하지 않겠으나 그의 스승인 김태현이 『東國文鑑』을 만든 것에서도[131] 일정한 영향을 받았을 것이다.

최해가 가장 가까이 사귄 인물은 益齋 李齊賢이다. 이제현은 최해와 동갑으로서[132] 어릴 때부터 깊이 사귀었으며, 두 사람은 서로의 자질을 누구보다 더 높게 평가한 사이였다. 일찍이 최해가 술주정을 부리면서 廣明寺 승려를 놀려준 적이 있었는데, 누구도 알지 못하는 이 일화를 이제현이 소개한 것도 이런 분위기에서 이해할 수 있다.[133]

---

128) 李楠福, 「麗末鮮初의 座主·門生關係에 關한 一考察」, 『藍史鄭在覺博士古稀記念東洋學論叢』, 1984/『高麗後期 新興士族의 研究』, 2004 ; 柳浩錫, 「高麗後期 座主·門生 關係의 變化와 그 性格」, 『國史館論叢』 55, 1994.

129) 崔瀣, 「金文正公墓誌」, 『拙藁千百』 卷1, "二孤 以遺命屬門人崔某 銘其墓 某事公近三十年 常懼無似有負 知待至如謨 德垂之不朽 宜讓能者 然公之治命 不可辭也 謹百拜 泣而銘之" ; 金龍善 編, 「金台鉉墓誌銘」, 『高麗墓誌銘集成』.

130) 崔瀣, 「春軒壺記」, 『拙藁千百』 卷1, "予少時始讀經傳 則知投壺之禮 … 及見司馬文正公(金台鉉 : 필자)圖序 則雖得其大概 又無師友可以問而質之".

131) 『高麗史』 卷110, 金台鉉傳.

132) 李齊賢, 「後儒仙歌爲崔拙翁作示及菴」, 『益齋亂藁』 卷4, "同庚故人鬢蒼浪 含糊模稜坐巖廊".

133) 李齊賢, 『櫟翁稗說』 前集二, "崔拙翁瀣 使酒佯狂 嘗過廣明寺 僧徒見其來皆遯 翁戲

이제현이 지은 시 속에는 최해와 막역한 사이였음을 보여주는 것이 여러 편 남아 있다. 그 가운데 謹齋 安軸이 죽은 후에 남긴 다음의 시가 주목된다.

(4) 益齋가 젊었을 때 서로 따른 이는 益齋少日日相從
다만 當之와 拙翁이었다네. 只有當之與拙翁
사십 년 지나는 동안 모두가 죽어가고 四十年來俱物化
나만이 눈물 흘려 서풍에 뿌리노라. 獨將衰淚洒西風
(李齊賢, 「悼安謹齋(當之軸)」, 『益齋亂藁』 卷4)

여기서 當之는 최해와 함께 元 制科에 응시하러 간 安軸의 字이며,[134] 拙翁은 최해의 호이다. 이제현이 어려서부터 두 사람이 죽을 때까지 친밀하게 교유했음을 알 수 있다. 최해는 일찍이 "선비는 헤어진 지 사흘 만에 만나도 刮目相對할 만큼 학문이 나아진다고 했는데, 나는 益齋에게서 이를 보았다"고 할 정도로 이제현에 대해 높이 평가한 바 있다.[135]

여기에 화답하여 이제현은 최해를 평생의 三益友[136]로 여기면서 뒷날에 서로 다시 刮目하여 상대하자는 시를 남겼으며,[137] 최해가 죽은 후 지은 시에서도 비록 최해가 세상 사람들에게는 비웃음을 샀지만, 자신은 평생 동안 최해를 두려워했다고 토로하였다.[138] 당시 최고의 문장가로 일컬어졌

爲禪語 題其壁云居士 一日因送客 過廣明寺 入一寮 寮主蹤穡而走 唯侍者在 居士踢侍者三 侍者無語 後有擧似空巖 巖曰 我若是侍者 當時 便沽酒呈居士看".

134) 『高麗史』 卷109, 安軸傳, "安軸 字當之".

135) 『高麗史』 卷110, 李齊賢傳, "崔瀣嘗歎曰 士別三日 刮目相待 吾於益齋見之矣".

136) 三益友란 사귀어서 자기에게 도움이 되는 세 가지 벗으로서 곧은 벗, 믿음직한 벗, 견문이 많은 벗을 말한다(『論語』 季氏, "孔子曰 益者三友 損者三友 友直 友諒 友多聞 益矣 友便辟 友善柔 友便佞 損矣").

137) 李齊賢, 「和崔拙翁(進退格)」, 『益齋亂藁』 卷1, "寄語平生三益友 他時刮目更相從".

138) 李齊賢, 「送金海府使鄭尙書國俓得時字」, 『益齋亂藁』 卷4, "平生拙翁吾所畏 與世齟齬人共嗤 東人遺文手自錄 又有拙藁皆倔奇".

던 이제현의 이런 고백은 친한 친구에 대한 일반적이고 상투적인 칭송이 아니라는 것은 여러 기록에서 확인된다는 사실을 고려한다면, 최해의 문학사적 위치를 가늠하는 데에 중요하게 참조할 만한 대목이라 하지 않을 수 없겠다.

따라서 둘 사이의 긴밀한 관계에서 볼 때, 최해가 이제현의 가족에 관한 글을 유난히 많이 남긴 것도 당연한 것이다. 이제현의 부친인 李瑱이 중심이 되어 만든 海東後耆老會의 序文,[139] 이제현의 형인 如大師 즉 體元에게 준 서문,[140] 이제현의 부인과 장모의 墓誌[141] 등을 최해가 지었다. 한편 최해가 이제현의 손위 동서인 洪義孫과도 同年友로서 지냈으며,[142] 이제현과 친하게 지냈던 全信・白頤正이나 이제현의 사돈인 金倫과도 친하게 어울렸던 것[143]도 이제현과의 친밀한 관계가 밑바탕이 되었을 것이다. 앞서 보았듯이 김륜은 최해가 원의 관직 생활을 그만두고 고려로 귀국했을 때 예문응교에 천거한 사람이었다.

한편 이제현이 지은 『後西征錄』의 序文을 최해가 끝내 사양하지 못해 쓰게 되었다. 그 말미에 朱子가 歐陽修의 한 聯句를 가리켜 "詩로 말하사면 제일등의 시이고, 議論으로 말하자면 제일등의 의론이다"라고 한 대목을 상기시키면서, 최해도 여기에 느낀 바가 있어 기록으로 남겨둔다는 구절이

139) 崔瀣, 「海東後耆老會序」, 『拙藁千百』 卷1.

140) 崔瀣, 「送盤龍如大師序」, 『拙藁千百』 卷1. 如大師의 법명은 體元이며 그가 李齊賢의 家兄이라는 점에 대해서는 蔡尙植, 「體元의 著述과 華嚴思想」, 『奎章閣』 6, 1982/『高麗後期佛敎史硏究』, 1991, 198~199쪽 참조.

141) 崔瀣, 「永嘉郡夫人權氏墓誌銘」, 『拙藁千百』 卷1 ; 崔瀣, 「平原郡夫人元氏墓誌」, 『拙藁千百』 卷2.

142) 崔瀣, 「平原郡夫人元氏墓誌」, 『拙藁千百』 卷2, "女適中政院長史瀋陽洪義孫 … 予於洪長史 爲同年友 又受知李匡靖(李齊賢 : 필자) 爲不淺 銘其敢拒而耶".
洪義孫의 본관을 나타내는 첫 글자인 瀋자는 원본에서 마지막의 田자 부분이 결획되어 있다. 이는 瀋(陽)王에 대한 피휘자인 것으로 보인다.

143) 崔瀣, 「全柏軒墓誌」, 『拙藁千百』 卷2, "晩自號柏軒 以寓歲寒後凋之意 與彝齋・竹軒・益齋三先生 交甚懽 每相會 不以予爲狂鄙 引與游 故得接從容焉".

있다.[144] 이는 둘 사이의 학문적 신뢰가 매우 두터웠음을 보여줄 뿐만 아니라,[145] 최해가 '詩'와 '議論'으로 상징되는 이제현의 文章과 經綸을 매우 높이 평가했음을 단적으로 보여주는 실례이다.

또한 소동파가 지은 시 구절의 뜻을 미처 이해하지 못한 최해에게 이제현이 이를 설파해 주고, 두보의 시에 대하여 최해가 이제현에게 품격 높은 시평을 들려준 것[146]도 두 사람이 나눈 문학적 교유의 깊이를 말해주는 구체적 실례로 꼽힌다.

정계에서 은퇴한 50세 이후의 만년에 이제현을 만난 자리에서, 최해는 10대와 20대 초반의 시절을 회고하는 시를 지었다. 여기에는 최해가 이 시절에 "스스로 功名을 사랑하여, 시끄러움을 좋아하고 고요함을 싫어했다. 분주히 달렸으나 끝내 이룸이 없었고, 나아가나 물러서나 매양 좋아하지 않았다"는 구절이 있다.[147] 이는 이 시절에 최해가 순탄한 입사를 통해 공명을 높일 수 있는 기회가 成均學諭 천거 사건으로 무산되고, 이후에도 겪게 되었던 어려움을 토로한 것으로서, 자신과 동갑이면서 누구보다도 자신의 처지를 잘 아는 이제현이 아니라면 감히 말하기 어려운 고백이라고 보아야 할 것이다.

최해의 사후에 그를 위해 지은 後儒仙歌에서,[148] 이제현은 최해가 최치원의 후손으로서의 자부심과 원 제과에서 발휘한 그의 능력을 높이 평가했다. 그리고 원에서의 관직 생활을 짧게 마무리했던 것도 瀋陽王 옹립에 반대하는 정치적 입장 때문이라는 사실을 비유적으로 표현하고, 역대 문장을

144) 崔瀣,「李益齋後西征錄序」,『拙藁千百』卷1, "晦菴夫子 嘗稱歐公一聯云 以詩言之 是第一等詩 以議論言之 是第一等議論 予於此亦有所感 姑書以賡命云".

145) 高惠玲, 앞의 논문, 1994, 255쪽.

146) 본고 주 112) 참조.

147) 崔瀣,「上已益齋席上得盛字」,『東文選』卷4, "亦自喜功名 愛諠不愛靜 奔馳意無成 進退兩交病".

148) 李齊賢,「後儒仙歌爲崔拙翁作示及菴」,『益齋亂藁』卷4.

鑑識하는 眼目이 매우 공평했음을 높이 기렸다.

최해나 이제현과 어릴 때부터 친하게 지냈던 인물로는 安軸을 들 수 있다. 최해, 이제현과 안축의 친교는 안축의 문집인 『謹齋集』 跋文에서도 확인된다.149) 안축은 忠肅王 8년의 원 제과에 최해와 함께 응시했으나 합격하지 못했다. 그는 충숙왕 11년에 시행된 원 제과에 합격하여 최해가 지낸 遼陽路盖州判官에 임명된 바 있으며, 江陵道存撫使에 재직한 경험을 바탕으로 문학적 가치가 매우 높은 『關東瓦注』를 지었다.150)

그의 부친 安碩은 관직 생활은 하지 않았으나 과거에 급제하였으며, 그의 두 동생인 安輔와 安輯도 모두 과거에 급제하였다. 최해가 後題를 쓴 안축의 『關東錄』151)이란 바로 『關東瓦注』일 것이며, 『關東瓦注』의 서문은 이제현이 썼다.152) 뿐만 아니라 梁州의 수령으로 나가는 안집을 격려하기 위해 최해가 그곳에서 들은 견문을 토대로 글을 써주면서 안석을 찾아 뵙고 가기로 마음먹은 것이나,153) 안석의 像을 贊하는 글을 쓴 것154)은 최해가 안석 부자와 친밀한 관계였음을 잘 보여주는 것이다.

최해의 사후에 이제현이 최해를 기리면서 쓴 시가 後儒仙歌인데, 이제현이 이 시를 지어 보여준 이는 閔思平이다.155) 이제현의 또 다른 시에서,

---

149) 安軸, 『謹齋集』 跋文, "吾先祖謹齋先生 … 名振華夷 其友曰李益齋 曰崔拙翁 曰李稼亭 曰白淡庵 諸公也 相與之扶正斥邪".

150) 安軸과 그의 가계에 대해서는 『高麗史』 卷109, 安軸傳 및 安軸附 安輔傳 ; 金龍善 編, 「安軸墓誌銘」, 『高麗墓誌銘集成』 ; 高惠玲, 「安軸의 활동과 사상」, 앞의 책 참조.

151) 崔瀣, 「安當之關東錄後題」, 『拙藁千百』 卷1.

152) 『關東瓦注』가 수록된 『謹齋集』 卷1 (첫 부분), "當之學士存撫江陵道 集其所爲詩若文 名之曰 關東瓦注 … 前政堂文學李齊賢序" ; (말미), "今觀當之此錄 詞意精妙 自成一家 … 至順辛未孟冬崔瀣謹題".

153) 崔瀣, 「送安梁州序」, 『拙藁千百』 卷1, "梁之州 予鷄林故里 百有餘里 今年夏 予旣除服 自故里廻 適竹屋相公 出鎭合浦 爲謁公 往於是道".

154) 崔瀣, 「故相安竹屋像贊」, 『拙藁千百』 卷1.

155) 李齊賢, 「後儒仙歌爲崔拙翁作示及菴」, 『益齋亂藁』 卷4.

민사평이 최해의『東人之文』과『拙藁千百』을 鄭國俓에게 주어 간행하는 데 직접적인 계기를 마련했다는 사실을 밝힌 점으로 보아,[156] 민사평도 최해와 밀접한 사이였음을 알 수 있다. 최해보다 8년 후배인 민사평이 최해와 돈독하게 교유하였고 최해의 문집을 출간하는 데에도 힘썼던 사실은 민사평의 墓誌銘[157]과 최근에 발견된 민사평의 시집인『及菴先生詩集』에서도 확인된다.[158]

『及菴先生詩集』에 의하면, 이제현의 後儒仙歌는 민사평이 쓴 儒仙歌[159]에 호응하여 지은 것이라는 점을 알 수 있으며, 이 밖에도『급암선생시집』에서는 최해를 회고하거나 최해에게 바치는 몇 편의 시를 싣고 있다.[160] 민사평의 조부는 閔宗儒, 부친은 閔頔인데,[161] 생전에 최해가 민종유의 묘지와 민적의 행장을 쓴 것[162]도 이처럼 밀접한 민사평과의 관계 속에서 이해될 수 있을 것이다.

최해는 사대부 자제들이 학습에 열중한 후 휴식할 때의 마땅한 놀이로서 投壺를 보급하는 데에 큰 역할을 한 崔文度에 관한 기록을 남겼다. 여기서 이제현과 안축이 최문도의 투호 보급에 대한 銘과 賦를 이미 썼다는 것으로

---

156) 李齊賢,「送金海府使鄭尙書國俓得時字」,『益齋亂藁』卷4, "鄭嘗爲全羅道按廉使時及菴閔相 授以崔拙翁東人之文及拙藁 鄭皆刻梓以傳".

157) 金龍善 編,「閔思平墓誌銘」,『高麗墓誌銘集成』, 562쪽, "善交游 嘗與拙齋崔先生友善 尤篤喜其文 出力刊行".

158) 閔思平,「送鄭諫議之官金海得見字」,『及菴先生詩集』卷1, "東人文數卷 拙翁手所撰 觀其用意深 … 所以欲刊行". 내용으로 보아 閔思平의 이 시는 李齊賢의「送金海府使鄭尙書國俓得時字」(『益齋亂藁』卷4)에 화답하여 쓴 것으로 보인다.『及菴先生詩集』은『季刊書誌學報』1(1990)에 소개된 바 있고, 최근 영인된 민족문화추진회,『韓國文集叢刊』3에도 수록되었다.

159) 閔思平,「儒仙歌(崔拙翁)」,『及菴先生詩集』卷3.

160) 閔思平,「奉呈拙齋」,『及菴先生詩集』卷2 ; 閔思平,「呈拙齋」,『及菴先生詩集』卷2 ; 閔思平,「次雲窩詩韻(李培中)」,『及菴先生詩集』卷2.

161)『高麗史』卷108, 閔宗儒傳 및 閔宗儒附 閔頔傳.

162) 崔瀣,「有元高麗國故重大匡 … 閔公墓誌」,『拙藁千百』卷1 ; 崔瀣,「故密直宰相閔公行狀」,『拙藁千百』卷2.

보아,[163] 최문도는 이 세 사람과 모두 친했음을 알 수 있다. 최문도는 최해보다 5년 후배로서 崔誠之의 아들이며 그의 맏사위가 鄭誧, 둘째 사위가 閔璿이고, 성리학 서적을 널리 수집하여 강습한 인물이다.[164] 후술하듯이 정포는 최해의 몇 안 되는 문인인데, 정포가 최해의 문인이 되었던 계기는 최문도와 최해의 밀접한 사이에서 비롯되었을 것이다. 불교에 우호적이지 않았던 최해가 禪源寺에 재원을 주어 寶를 마련하게 한 최성지에 관한 記文을 쓰게 된 것[165]도 최문도와의 친분 때문이었다.

한편 최해가 죽은 후 그의 묘지를 쓴 李穀도 그와 친하게 지냈다. 최해의 동생 崔瀶가 이곡에게 형의 墓誌銘을 지어줄 것을 청하면서 이곡만큼 최해를 아는 사람이 없다고 표현하였다.[166] 충숙왕 복위 3년에 元 制科에 합격하고 고려로 일시 되돌아온 이곡을 치하하기 위해, 생전에 최해가 글을 쓰면서 이곡과 친밀한 사이임을 밝힌 점에서도,[167] 두 사람 사이의 관계를 짐작할 수 있다.

權漢功을 대신하여 최해가 권한공의 어머니를 제사하는 글을 지었고,[168] 권한공의 시에 次韻하여 대동강의 정경을 읊은 시를 남긴 것으로[169] 보아,

---

163) 崔瀣, 「春軒壺記」, 『拙藁千百』 卷1, "益齋李相與謹齋安君 旣銘而賦之矣".

164) 崔瀣, 「春軒壺記」, 『拙藁千百』 卷1, "春軒崔侯 學古孝悌人也 病子弟汎學 無師未有以正之者 則廣收程朱氏之書 與之講習焉".
崔文度에 대해서는 『高麗史』 卷108, 崔誠之附 崔文度傳 ; 李齊賢, 「有元高麗國匡靖大夫都僉議參理上護軍春軒先生崔良敬公墓誌銘」, 『益齋亂藁』 卷7 ; 權近, 「崔參理諱文度」, 『陽村先生文集』 卷35, 東賢史略 참조.

165) 崔瀣, 「禪源寺齋僧記」, 『拙藁千百』 卷1.

166) 李穀, 「崔瀣墓誌」, 『稼亭集』 卷11, "其弟監察糾正瀶 以所爲行狀 來乞墓銘曰 吾兄之才 不愧于古 而吾兄之志 不行于世 … 以列其行 則吾負吾兄矣 知吾兄莫如子 宜爲銘".

167) 崔瀣, 「送奉使李中父還朝序」, 『拙藁千百』 卷2, "予與中父厚 旣美其行 且訟予拙而復勗之云".

168) 崔瀣, 「代權一齋祭母文」, 『拙藁千百』 卷2.

169) 崔瀣, 「次大同江船窓權一齋韻」, 『東文選』 卷20. 최해가 次韻한 權漢功의 시는 「皇慶癸丑酒酣得四書于大同江軒窓」(『東文選』 卷21)이다.

최해는 권한공과도 친분이 있었을 가능성이 있다. 권한공은 충선왕의 총애를 받은 인물로 崔誠之와 함께 銓注를 주관하면서 뇌물을 받은 바 있고, 瀋王을 추대하려는 세력의 중심 인물이었다.[170] 그런 점에서 빈한한 생활을 하면서도 이름을 더럽히지 않는 것을 자랑스럽게 여기고, 특히 심왕 옹립에 반대했던 최해로서는 친분 관계를 유지했다고 보기에는 잘 어울리지 않는 인물이다. 따라서 최해가 어떤 연유로 권한공과 관련된 글을 남기게 되었는지는 의문으로 남는다.

이 밖에도 최해는 朱悅의 손자, 朱印遠의 아들[171]인 朱暉와도 친했다. 주휘의 권유로 최해가 주휘의 외숙인 尹莘傑의 묘지를 짓게 된 것이나[172] 최해가 윤신걸의 절개를 칭송하는 시를 남긴 것[173]은 이를 반영한다. 최해처럼 윤신걸은 조부대부터 자신까지 과거를 통해 중앙관직으로 나아간 신진관료 가문이었고, 五經에 밝은 인물이었다.[174] 한편 최해는 오랫동안 顯宗의 11세 후손인 淮安府院君의 門客 노릇을 했으며,[175] 서로 시를 주고받은 인물로서는 李之公,[176] 閔璿,[177] 鄭子厚,[178] 吳德仁,[179] 李直郞[180] 등이 있다.

---

170) 『高麗史』 卷125, 姦臣1 權漢功傳.

171) 『高麗史』 卷123, 嬖幸1 朱印遠傳.

172) 崔瀣, 「故杞城君尹公墓誌」, 『拙藁千百』 卷2, “夫人朱氏 以予嘗友其姪暉 俾暉來請曰 … 予與暉厚 安可拒之”.

173) 崔瀣, 「送尹樂正莘傑北上」, 『東文選』 卷4, “先生中有恃 物莫外相牽 願言一終始 名節兩俱全”.

174) 『高麗史』 卷109, 尹莘傑傳, “時博士只占一經 多非其人 嚴其選 必通五經 然後爲之 莘傑被薦 爲四門大學博士”.

175) 崔瀣, 「壽寧翁主金氏墓誌」, 『拙藁千百』 卷2, “予客長君久”. 여기서 長君은 壽寧翁主의 맏아들인 淮安府院君 珣으로서, 그는 顯宗의 11세 후손이다.

176) 崔瀣, 「李正夫之公見次復成一首」, 『東文選』 卷15 ; 崔甀, 「次李正夫贈別詩韻」, 『東文選』 卷15.

177) 崔瀣, 「閔仲玉璿東觀西回亂道爲別」, 『東文選』 卷20.

178) 崔瀣, 「次韻鄭載物(子厚)」, 『東文選』 卷4 ; 崔甀, 「鄭載物以二博 … 遂爲唐律奉呈」, 『東文選』 卷15.

179) 崔瀣, 「吳德仁生日」, 『東文選』 卷4.

최해는 제자를 거의 두지 않아 그에게서 배운 문인은 손꼽힐 만큼 적다. 당대의 문장가로 널리 인정받았던 그에게 문인이 적었던 데에는 다음과 같은 여러 이유가 있었다. 다소 괴팍한 그의 성격 탓도 그 원인으로 작용했겠으나, 文翰職에 오래 있으면서도 한 번도 과거를 주관하는 座主를 맡지 않아 자신의 門生을 만들 기회가 없었던 것에서 일차적인 이유를 찾을 수 있다. 아울러 관직에서도 비교적 빨리 은퇴하여 불우하게 생활했으며, 사귀는 사람조차도 그다지 많지 않았기 때문일 것이다. 게다가 최치원의 후예이면서 원 제과에 급제하였던 학문적 자부심, 어릴 때부터 주위로부터 인정받던 뛰어난 문학적 재능으로 말미암아 자신의 기대에 부응하는 제자를 쉽사리 발견할 수 없었던 것도 중요한 원인이 되었을 것이다. 이는 자신의 재능에 대한 지나친 자부심으로 빚어진 일화에서 능히 미루어 짐작할 수 있다.[181)]

그나마 몇 안 되는 최해의 제자 가운데 가장 대표적 인물은 鄭誧이다.[182)] 정포는 鄭瑎의 아들이자 최문도의 사위로서 최해에게서 배웠고, 최문도의 천거로 이제현에게도 인정받은 인물이다. 정포의 아들인 鄭樞가 이제현의 門生이었으므로 정포가 37세로 요절한 후, 정추가 편집한 정포의 문집 서문을 이제현이 쓰게 되었다.[183)] 정포의 부친 정해가 최해의 부친 최백륜과

180) 崔瀣, 「送李林宗直郎歸舊隱」, 『東文選』 卷15.

181) 이런 점에서 최해의 오만하기까지 한 자부심 때문에 일어난 다음의 일화는 흥미롭다. 일찍이 崔瀣가 東萊縣의 海雲臺를 지나면서 그 곳의 소나무에 새겨진 당시 合浦萬戶 張瑄의 시를 두고 "惡詩를 만나 저 나무가 厄을 당했다"고 말하고서는 그 시를 지워버렸는데, 최해가 安東에 이르러 張瑄이 이 소식을 듣고서 쫓아오자 이를 따돌리고 개경으로 되돌아온 적이 있다. 이는 당시 유학자 사이에 큰 웃음거리가 되었다고 전한다(『高麗史』 卷109, 崔瀣傳). 최해에게 조롱의 대상이 된 張瑄도 비록 回回人이지만 과거에 어엿이 합격한 인물이라는 점에서(朴龍雲, 앞의 책, 453쪽), 과연 최해의 문학적 자부심이 어느 정도였는지를 잘 알 수 있다.

182) 鄭誧에 대해서는 李齊賢, 「雪谷詩序」, 『東文選』 卷85 ; 『高麗史』 卷106, 鄭瑎附鄭誧傳 참조. 최근 그의 생애와 道教觀을 살펴본 연구가 나왔다. 金澈雄, 「雪谷鄭誧의 생애와 道教觀」, 『韓國史學報』 1, 1996.

함께 같은 시기에 征東行省의 관리로 근무한 적이 있었던 것[184]도 정포가 최해의 문인이 되는 중요한 계기가 되었을 것이다.

정포의 시문은 최해의 '語法'을 이어받아 俗氣가 없었던 것으로 일컬어지는데,[185] 그의 시 가운데서 최해의 시를 次韻한 것을 발견할 수 있다.[186] 忠肅王 복위 3년에 원에 보내는 사절의 書狀官으로 임명된 정포에게, 최해는 중국과의 역대 외교관계를 간략히 회고하면서 서장관으로서 지켜야 할 올바른 처신과 서장관 임무를 수행하면서 배움에 많은 성취가 있기를 당부하는 글을 넉넉히 지어주었다.[187] 원 제과에 합격하고 일시 귀국한 李穀에게 최해가 서문을 지어준 것에 호응하여 정포도 시를 지은 것에서 보듯이,[188] 정포는 이곡과도 친분이 두터웠음을 알 수 있다. 정포 이외에 최해의 제자로 확인되는 인물은 金開物의 아들 金鈷인데, 최해가 김개물의 묘지를 쓴 것은 이런 인연이 작용하였다.[189]

이상에서 살펴보았듯이, 최해가 교유한 인물들은 주로 과거에 급제한 신진 관료들로서 후대에 자신의 문집을 남길 정도로 문필 활동을 활발히 펼쳤으며, 특히 이제현의 경우에서 보듯이 성리학이 도입되어 새로운 사상으로 뿌리내리는 과정에서도 중요한 역할을 한 인물들이었다.[190] 당대

---

183) 李齊賢, 「雪谷詩序」, 『東文選』 卷85, "雪谷鄭仲孚 崔春軒子壻 而學於崔拙翁 拙翁亢少許可人 … 將薦之天子 而仲孚病不起 有子曰樞 … 樞編爲前後集共二卷 … 因書拙語其端 歸諸鄭氏 樞今爲都官郎中 寔予門生也".

184) 『高麗史』 卷106, 鄭瑎傳, "嘗受宣命 爲征東行省郎中 又爲儒學提擧".

185) 李穡, 「鄭氏家傳」, 『牧隱文藁』 卷20, "雪谷 字仲孚 喜從鷄林崔拙翁游 得其語法故其詩文無俗氣".

186) 鄭誧, 「罷舉後次拙齋韻」, 『雪谷先生集』 上.

187) 崔瀣, 「送鄭仲孚書狀官序」, 『拙藁千百』 卷2.

188) 鄭誧, 「送中父李翰林還朝」, 『雪谷先生集』 上.

189) 崔瀣, 「故司憲持平金君墓誌銘」, 『拙藁千百』 卷1, "君(金開物 : 필자)再娶 生一男五女 男鈷 … 君不以俗士待我 而命其子來學於余 故謹爲之銘".

190) 鄭玉子, 「麗末 朱子性理學의 導入에 대한 試考」, 『震檀學報』 51, 1981.

학자들과 사숙관계를 갖지 않고 독자적으로 학문을 깨우치려는 자세를 가졌고, 또한 교제의 폭이 그다지 넓지 않았던 최해가 이들과 깊이 교유했다는 것은 최해의 학문이 성리학에 바탕을 두었음을 잘 말해준다.[191)]

6. 사대부 의식과 사상적 단면

국문학 방면의 많은 연구에서 잘 밝혀졌듯이, 최해는 사대부로서 지독하게 강한 자의식을 지녔고, 당대에 대한 현실 인식에서도 나름의 뚜렷한 입장을 갖고 있었다.[192)] 여기서는 그가 남긴 글을 통해 그의 사대부 의식과 사상적 경향에 대해서 살펴보기로 한다.

관직 생활에서 은퇴하기 훨씬 전부터, 그에게 관직 생활은 생리에 잘 맞지 않는 것이었다. 하나의 예를 들면 관직 생활에서 은퇴하는 李直郎에게 준 시에서, 그는 다음과 같이 읊고 있다.

(5) 관직 생활이란 흡사 광대의 놀음 衣冠恰似倡優戲
되 말의 녹을 다투어 처자식을 살찌게 하네. 升斗爭敎妻子肥
부러워라, 그대는 나라일 다하고 가네만, 却羨已收匡國策
불쌍하게도 나는 山을 살 밑천이 없다네. 自憐苦乏買山貲
(崔瀣, 「送李林宗直郎歸舊隱」, 『東文選』 卷15)

위의 시에서 보듯이, 그에게 관직 생활이란 녹을 챙겨 처자식을 배불리 먹이는 데에 불과한 한갓 광대놀음으로 비쳤던 것이다. 세태에 따라 입신을 꾀하고 처자식을 배불리 먹이는 것은 비릿한 '庸人'들이나 할 짓이며,

---

191) 高惠玲, 앞의 논문, 1994.

192) 이에 대해서는 金宗鎭, 「崔瀣의 士大夫意識과 詩世界」, 『民族文化硏究』 16, 고려대, 1982 ; 鄭景柱, 앞의 논문 참조.

君子의 도리와는 애초부터 거리가 멀다고 꼬집은 글에서도,[193] 이런 그의 인식은 잘 보인다.

그래서 그는 티끌 같은 관직 생활을 떨치고 고향으로 돌아가는 것을 정녕 오랫동안 꿈꾸었던 것이다.[194] 이는 그가 그 시대를 성인이 사라지고 바른 것을 저버리고 오로지 기이함만을 찾는 세태로 보고,[195] 순박한 풍속과 도가 쇠퇴한 말세로 보았기 때문에[196] 비롯된 것이다.

최해는 옛것이나 옛 성현의 도에 비추어 자신을 추스르려는 尙古 의식을 투철하게 지녔으며,[197] 부귀를 얻기 위해 몸을 굽히지 않는 곧은 절개를 대단히 높게 평가하였다.[198] 따라서 그는 비록 가난하게 살아도 사대부로서의 자부심은 대단히 높았다. 이사할 때 실을 물건이 없음을 부끄러워하지 않고 오히려 聖賢의 經典이 수레에 가득 찼음을 자랑한 것이나,[199] 가난한 자신을 비웃는 세태에 대하여 도리어 오기에 가까울 정도의 반감을 드러낸 시에서도[200] 이를 잘 알 수 있다.

최해의 의식이 권세가에 대한 반감으로 나타나고 있었음은 다음의 시에서 잘 드러난다.

---

193) 崔瀣, 「故司憲持平金君墓誌銘」, 『拙藁千百』 卷1, "東方人性多慢 又不力學 以養氣 故或圖隨世立身 飽煖妻孥 庸人是之 而有乖於君子之論".

194) 崔瀣, 「李正夫之公見次復成一首」, 『東文選』 卷15, "十年塵土夢鄕關 暗想漁舟載月還".

195) 崔瀣, 「在松山書院 … 安文成珦所著韻」, 『東文選』 卷15, "時當去聖欲從誰 盡棄常經競好奇".

196) 崔瀣, 「次韻鄭載物(子厚)」, 『東文選』 卷4, "先儒去逾遠 誰復回淳風" ; 崔瀣, 「吳德仁生日」, 『東文選』 卷4, "非道久猾夏 命世大賢無 … 邇來道亦衰 寥寥歲月逾".

197) 崔瀣, 「己酉三月褫官後作」, 『東文選』 卷15, "尙友前修眞枉尺 有時掮卷仰高山".

198) 崔瀣, 「送尹樂正莘傑北上」, 『東文選』 卷4, "窮達各其分 惟道貴如絃 … 願言一終始 名節兩俱全".

199) 崔瀣, 「遷居」, 『東文選』 卷20, "莫怪遷居無物載 聖賢經典尙盈車".

200) 崔瀣, 「上元會浩齋得漏字」, 『東文選』 卷6, "我衣溫袍人輕裘 人居華屋我圭竇 天翁賦與本不齊 我不人嫌人我詬 … 君乎添酒復回燈 轟飮直到傳曉漏".

(6) 어찌 권세에 아첨하고 싶지 않으랴만, 豈不欲媚竈
본 뜻을 끝까지 지키려네. 素志庶有終
왕후들의 훌륭한 저택 사이에, 王侯第宅間
도리어 좁은 집을 닫고 있노라. 却掃一畝宮
(崔瀣, 「次韻鄭載物(子厚)」, 『東文選』 卷4)

이 시의 전반부에서 최해는 尙古 의식이 쇠퇴한 당시의 세태가 자신과는 너무 맞지 않아 울고 싶은 심정임을 절절히 표현하였는데, 그럼에도 불구하고 이 대목에 이르러서는 권세가에 빌붙어 자신의 의지를 결코 꺾지 않겠다는 결연한 자세를 내보이고 있다. 또한 李穡이 지적했듯이, 권세를 배경으로 부정하게 부를 쌓은 富豪層을 풍자한 시에서도 최해의 이 같은 자세가 다시금 잘 나타난다.[201]

한편 최해는 왕에게 총애를 받는 '隸豎'의 무고를 받은 적이 있는데, 이를 풀기 위해 그에게 찾아간 최해가 거기서 당시의 이름난 사대부들이 '隸豎'에게 서로 뒤질세라 무릎을 굽혀 인사하는 광경을 놀라운 심정으로 목격하고서, 자신도 그런 자리를 찾아간 한 사람으로서 느낀 부끄러움과 회한을 솔직히 고백한 것[202]도 그의 사대부 의식을 잘 보여준다.

사대부 의식을 보여주는 그의 시가 상대적으로 많은 것에 비해, 민에 대한 인식을 구체적으로 보여주는 시는 다음의 것이 거의 유일하다.

(7) 작년에는 기후가 고르지 못해 去歲乖雨暘
농가에선 모내기도 못하였네. 農家未插秧
백성들은 모두 굶주림 속에 떨어져 萬民落饑坎
서로 보니 얼굴 빛 처량하여라. 相視顔色凉

201) 崔瀣, 「雨荷」, 『東文選』 卷19, "貯椒八百斛 千載所其愚 何如綠玉斗 竟日量明珠(牧隱云 此詣不廉饒富者)".
202) 본고 주 93) 참조.

금년 봄도 또다시 가뭄이 들어　　今年春又旱
두 손 잡고 흉년을 근심하나니.　　拱手愁愆陽
우물은 말라서 푸른 진흙 되고,　　青泥井水涸
붉은 피처럼 아침 해는 빛나네.　　赤血朝暾光
거리에는 굶어 죽은 시체가 많고　　道路多餓殍
들에는 농사가 어그러졌네.　　郊原阻農桑
(崔瀣,「三月二十三日雨」,『東文選』卷4)

문학적 과장이 개입되었을 가능성이 전혀 없지는 않지만, 최해는 이 시에서 봄 가뭄에 겪는 당시 농가의 참상을 생생히 그리고 있다. 또한 비가 내린 이후의 심정을 읊은 이 시의 후반부에서, 최해는 마치 봄 가뭄으로 말미암은 농가의 어려움이 단 한 번 내리는 비로 모두 해결되는 것인 양 여기고, 또한 그것이 백성을 저버리지 않는 하늘의 배려라고 기뻐하는 모습을 애써 표현하려고 했다.

최해가 지금의 경남 양산시인 梁州의 생활 환경과 농업 관행에 대한, 당시로서는 그 누구도 남기지 못했던 매우 구체적인 견문을 기록하였다는 점을 염두에 둔다면,[203] 농촌과 농업경제에 대한 최해의 인식도 단순히 피상적인 것이라고만 치부할 수는 없겠다. 하지만 당시 농가의 어려움이 기후라는 자연 조건의 제약에 의해서만 일어나는 것은 아니며, 수취제도나 대토지소유의 확산과 관련된 경제 구조적 측면에서도 비롯되는 것이라는 점을 상기한다면, 농민의 현실에 대한 최해의 인식은 아직 구조적 수준까지는 이르지 못했음을 알 수 있다. 또한 최해가 농민의 참상을 그린 시를 드물게 남긴 것도 이런 맥락에서 이해될 수 있을 것이다.[204]

그나마 최해의 사회 인식을 보여주는 것으로는 그가 藝文應教에 재직하

---

203) 崔瀣,「送安梁州序」,『拙藁千百』卷1.

204) 高惠玲, 앞의 논문, 1994, 246쪽.

던 忠肅王 13년(1326)에 작성한 다음 기록이 주목된다.

(8) 근년에 土田이 모두 개간되었으나 국가의 수입이 늘어나지 않고, 인구가 점차 늘어났으나 백성은 정해진 거처가 없다. 창고에는 재산이 모두 메말랐고 관리의 녹봉이 부족하며, 선비들은 염치를 닦는 이가 드물고 집집은 兼幷을 다툰다. 풍속은 혼효해지고 사람들은 원한을 품고 있으나, 비록 억울함이 있어도 풀어줄 곳이 없다. (崔瀣, 「問擧業諸生策二道」, 『拙藁千百』 卷1)

여기서 최해가 土田이 개간되었으나 국가 수입이 늘어나지 않았다고 한 것은 수취제도의 문제점을 지적한 것으로 보이는데, 이 밖에도 그는 민의 유망, 국가재정의 부족, 권세가의 토지 겸병, 풍속의 문란, 爭訟의 불치 등을 당시의 현실에서 일어난 중요한 사회문제로 인식하였음을 보여준다. 이러한 사회문제를 해결하기 위한 자신의 대안이 다른 글에서 전혀 보이지 않고, 또한 이 글마저도 매우 단편적인 것이어서 그의 인식을 구체적으로 평가하기는 어려우나 자신의 현실 인식을 총체적으로 축약시켜 보여준다는 점에서는 주목되는 측면이 있다.

다음으로 최해의 불교관에 대해 살펴보기로 한다.[205] 같은 시대에 산 어느 사대부와도 달리 최해는 승려와 교류한 시를 전혀 남기지 않았다. 『拙藁千百』에서도 불교나 승려와 관련된 글은 전체 가운데 겨우 서너 편에 불과하다. 이는 최해가 불교에 호의적이지 않았음을 단적으로 보여주는 것이며, 동시에 그의 사상을 이해하는 데에 매우 중요한 사실이다.

관련 기록을 보면, 동시대의 인물 가운데 이런 모습을 보인 이는 그가 거의 유일할 것이다. 그와 절친했던 이제현은 물론이거니와, 그보다 후배들

205) 崔瀣의 불교관에 대해서는 宋昌漢, 「崔瀣의 斥佛論에 대하여」, 『大丘史學』 38, 1989 ; 高惠玲, 앞의 논문, 1994 ; 邊東明, 「性理學의 初期 受容者와 佛敎」, 『李基白先生古稀紀念韓國史學論叢(上)』, 1994/ 『高麗後期性理學受容研究』, 1995 참조.

인 여러 성리학자들의 관련 기록을 보아도 이 사실은 매우 특징적인 것이다. 한편 당시의 습속으로 보면 그의 생존기간에 불교·사원과의 접촉은 거의 본연에 가까운 것인데, 성장한 이후 그의 기록에서 불교·사원·승려에 관한 것이 드물게 나타나는 것은 매우 이채로운 것이다. 한편 그의 성장·청년기에 불교·사원과 생활상으로 가까웠던 것은 廣明寺 승려를 골려준 최해의 일화를 이제현이 기록한 것에서[206] 단적으로 알 수 있다.

최해는 불교와 유교의 관계를 正道와 異端의 이분법적 맥락에서 파악하였다. 이와 관련해서 다음의 글을 살펴보기로 한다.

> (9) 천하의 理는 하나뿐이니 달리 道를 구한다면 이는 바로 異端이다. 지금 동방에서 道로써 사람을 가르치는 자가 말하기를 儒는 外가 되니 어찌 함께 버리지 않겠는가 하였다. 이 말이 한 번 나오니 화답하는 이가 날로 많아지고, 오직 그 무리를 좇아서 믿을 뿐만 아니라 스스로 儒者라 하는 자까지도 좇아서 미혹되었다. (崔瀣, 「問擧業諸生策二道」, 『拙藁千百』 卷1)

여기서 최해는 유교를 正道, 불교를 異端으로 규정하였음을 잘 알 수 있는데, 특히 불교를 이단이란 용어로 규정한 것은 그가 최초라고 한다.[207] 사대부로서 자의식이 강했던 그가 불교를 이단으로 규정한 것이 상식을 벗어난 것이라고는 볼 수 없지만, 그렇다고 그의 불교관이 철저한 배불론적인 것으로 파악되어서는 곤란하다. 이는 그가 불교의 明心見性之說이 유학의 논리를 본받은 것으로 여기면서, 達人과 君子 즉 사대부라도 불교의 도에 맛들이면 저버리지 못하는 것에도 나름의 이유가 있다고 이해한 것[208]에서 잘 알 수 있다. 따라서 그는 유학의 견지에서 불교를 해석하려는

---

206) 본고 주 133) 참조.

207) 高惠玲, 앞의 논문, 1994, 259쪽.

208) 崔瀣, 「頭陀山看藏庵重營記」, 『拙藁千百』 卷1, “就其明心見性之說而觀之 似亦祖吾

입장이었다고 여겨진다.

최해가 불교보다는 유교를 우위에 두고서 유교의 견지에서 불교를 이해하려는 인식을 가졌던 입장에 대해서는 다음의 글에서도 잘 나타난다.

(10) 나는 일찍이 말하기를 儒教만 알고 佛教를 알지 못하여도 佛者가 되는 데 해로울 것이 없으나, 불교만 알고 유교를 알지 못하면 불자가 될 수 없다고 하였다. (崔瀣, 「送盤龍如大師序」, 『拙藁千百』 卷1)

여기서 최해는 불자가 되기 위해서는 반드시 유교를 알아야 한다고 생각하였음을 알 수 있으며, 이 글의 후반부에서 최해는 불교에서 親愛를 끊고서 수행하는 것에 대해서도, 양친을 친애하는 마음이 없으면 사람 자체가 없게 되므로 결국 부처마저도 구할 수 없다는 논리로 비판하였다.[209]

한편 최해는 곳곳마다 탑묘가 있을 만큼 불교가 성행하고 그 무리가 권세가에 의탁하여 부를 축적하고 민을 괴롭히며 사대부를 종처럼 여기는 사회 풍토를 꼬집으면서도, 그것이 유학자로서는 취할 바는 아니지만 부처의 허물은 아니라고 이해하였다.[210] 따라서 최해는 功德 신앙의 성행이 가져온 사회적 폐단을 지적하면서도 그것이 불교 본연의 폐단과는 무관한 것으로 파악하였음을 알 수 있다. 그리고 관의 비호를 등에 업고 팽창을 거듭하던 사원 경제와 사원 세력의 발호로 말미암아 민이 당하는 고통이나, 공덕 신앙 때문에 일어난 추문에 대해서 최해가 언급한 것[211]도 마찬가지의

儒而爲者 達人・君子 有味其道樂而不捨者 亦有以夫".

209) 다른 글에서도 崔瀣는 석가가 雪山에서 수행한 뜻을 망각한 채 당시의 승려가 수행을 게을리하고 있다고 지적하였다(崔瀣, 「送僧禪智遊金剛山序」, 『拙藁千百』 卷1, "釋氏之法 使修其道 必試之忍勞耐苦 然後有得焉 故其師有雪山六年之行 然則苦學是法 有志勤修者 不入于山 亦無以有爲也 邇年不然").

210) 崔瀣, 「頭陀山看藏庵重營記」, 『拙藁千百』 卷1, "僕竊見 天下奉佛大過 舟車所至 塔廟相望 其徒皆拊權擅富 蠱毒斯民 而奴視士夫 故爲吾儒所不取焉 是豈佛之過歟".

211) 崔瀣, 「送僧禪智遊金剛山序」, 『拙藁千百』 卷1, "山中菴居 歲增且百 其大寺則有報

맥락에서 이해될 수 있을 것이다.

그는 공덕 신앙의 성행이 가져온 사회적 현상에 대해서는 부정적으로 파악하였지만, 공덕 신앙 자체에 대해서는 긍정적으로 보았다. 이는 그가 "불교는 芒昧하여 사람이 볼 수 없으나, 참으로 성심껏 즐겁게 보시한다면 아름다운 果報를 冥冥한 가운데서 얻게 되는 이치가 의심할 바 없다"고 파악한 글[212]에서 단적으로 드러난다.

이상의 검토를 통해 최해는 유교를 우위에 두고서 이분법적 시각에서 불교를 이단으로 이해하였음을 알 수 있다. 또한 그는 공덕 신앙이 가져온 사회적 현상에 대해서는 비판적이었으나, 공덕 신앙의 기능 그 자체에 대해서는 부정적으로 바라보지 않았다.

다음으로 최해가 중국과의 외교 자세에서 보이는 고려의 주체성에 대해서 어떻게 인식했는지를 살펴보기로 한다. 먼저 원간섭기 이전 고려와 중국의 관계에 대해서는 다음의 글이 참고된다.

(11) 神聖(太祖 : 필자)께서 나라를 열어 三韓을 통일함에 이르러, 衣冠과 典禮가 新羅를 이어받고 16·17대 왕까지 대대로 仁義를 닦았다. 華風을 더욱 사모하여 西로는 宋에 조회하며, 北으로는 遼·金을 섬겨 점점 熏陶되고, 인재가 번성했으며 文章이 찬연하여 볼 만한 것이 있었다. (崔瀣, 「東人之文序」, 『拙藁千百』 卷2)

(12) 國祖께서 이미 중국의 책봉을 받아 대대로 계승하고, 하늘을 두려워하지 않음이 없고 충성스럽고 겸손한 예를 다해 事大한 것은 그 章表가 體를

德·表訓·長安等寺 皆得官爲營葺 殿閣穹窿 瀰漫山谷 … 至如常住經費 與財有庫典寶有官 負郭良田 遍于州郡 又以江陵·淮 二道年租 入直于官 盡勒輸山 … 上自公卿 下至士庶 携妻挈子 爭往禮之 … 兼有寡婦·處女 從而往者 信宿山中 醜聲時聞 人不知怪 或有近侍函命 馳驛降香 歲時不絶 而官吏畏勢 奔走竢命 供億之費 動以萬計 山居民困於應接 至有怒且詈曰 山胡不在他境者".

212) 崔瀣, 「禪源寺齋僧記」, 『拙藁千百』 卷1, "予惟佛敎 芒乎昧乎 人所不睹 然苟以誠心樂施 其得美報於冥冥 理無疑也".

얻은 것이다. (崔瀣, 「東人四六序」, 『拙藁千百』 卷2)

여기서 최해는 원간섭기 이전 고려의 외교가 宋은 물론 遼·金에 이르기까지 사대관계를 통해 우리의 문물이 번성할 수 있었다는 관점에서, 일종의 小中華로서의 자부심을 가졌음을 잘 알 수 있다. 이는 최해가 "三韓은 예부터 중국과 통교하여 文軌가 같지 않은 바가 없다"고 피력한 글에서도 다시금 확인된다.[213]

한편 이 같은 인식의 이면에는 우리의 문화 수준을 중국에 비해서 낮추어 보려는 최해의 이중적 자세가 도사리고 있는 것이라 할 수 있다. 최해의 이런 태도는 元에 대해서도 마찬가지였다. 원에 대한 최해의 인식을 보여주는 다음의 글을 살펴보기로 한다.

(13) 다행히 하늘이 皇元을 열어 列聖이 대대로 天下 文明을 이끌었고, 科擧를 두어 士를 뽑은 것도 이미 7회나 된다. 德化가 크게 미치고 文軌가 다르지 않아, 비록 나처럼 疎淺한 사람도 일찍이 외람되이 金榜에 이름을 걸고 中原의 俊士와 접촉할 기회를 얻었던 것이다. (崔瀣, 「東人之文序」, 『拙藁千百』 卷2)

(14) 天子께서 東國이 으뜸으로 귀화한 것으로써 대대로 尙主를 허락하고 王省의 권한을 위임하면서 그 幕屬을 두게 하고 (천자의) 朝廷이 뽑아서 제수하지는 않았다. (崔瀣, 「送盧教授西歸序」, 『拙藁千百』 卷1)

(13)에서 보듯이, 최해는 元을 중국 문명의 정통을 계승한 국가로 인식하였다. 이는 최해 스스로가 元 制科에 합격하여 중국의 이름난 인사와 교류한 사실을 자랑스럽게 여겼으므로 지극히 당연한 귀결이다. 그리고 (14)에서 보듯이 그는 원간섭기에 고려가 지켜낸 자주성의 결과에 대해서도 원이

---

213) 崔瀣, 「送鄭仲孚書狀官序」, 『拙藁千百』 卷2, "三韓古與中國通 文軌未嘗不同 然其朝聘不以歲時 故寵待有出於常夷 盖所以來遠人也".

은혜를 베풀어 가능했던 것으로 보았다. 원에 대한 최해의 이 같은 비주체적, 혹은 굴종적 자세는 또 다른 글에서도 엿보인다.[214] 따라서 그는 원에 대한 고려의 지위가 부마국으로서 전락된 것이 아니라, '장인과 사위의 관계로 맺어진 일가' 즉 은혜가 가득 미치는 한 집안의 돈독한 관계로 발전한 것으로 이해할 수밖에 없었던 것이다.[215]

이상에서 최해의 사대부 의식과 사상적 단면에 대해서 살펴보았다. 그는 당대를 末世로 인식하고서, 옛것이나 옛 성현의 도에 비추어 자신을 되돌아보는 尙古 의식을 투철하게 지녔다. 또한 절개를 굽히지 않는 것을 높이 평가하였으며, 권세가에 대해서는 강한 반감을 내보였다. 사대부로서의 자의식이 매우 강한 것과는 대조적으로, 그는 민의 어려움과 그에 대한 구체적인 해결 방안을 모색하는 기록을 거의 남기지 않았던 점에서 보면, 경세가로서 修己治人하는 자세가 그다지 두드러지지는 않았다. 한편 그는 유교를 우위에 두고서 이분법적 시각에서 불교를 이단으로 파악하였으며, 功德 신앙이 가져온 사회적 현상에 대해서는 비판적이었으나, 공덕 신앙의 기능 그 자체에 대해서는 부정적이지 않았다.

최해는 원간섭기 이전 고려가 중국과의 사대관계를 통해 문물이 번성할 수 있었다는 小中華로서의 자부심을 가졌다. 그 이면에는 우리의 문화수준을 중국에 비해서 낮추어 보려는 그의 이중적 자세가 도사리고 있었다. 따라서 그는 원을 중국 문명의 계승자로 인식하였을 뿐만 아니라, 원간섭기에 고려가 지켜낸 자주성의 결과에 대해서도 원이 은혜를 베풀어 그렇게 된 것으로 이해할 만큼 원에 대해서는 비주체적 자세를 지녔다. 그 스스로가

214) 崔瀣, 「問擧業諸生策二道」, 『拙藁千百』 卷1, "許王自署官僚 國中風俗 一切不革其舊 天下多方 有民有社者 唯一三韓 而又四邊無警 人老止戈 聖德廣大 天地莫喩". ; 채웅석, 「원간섭기 성리학자들의 화이관과 국가관」, 『역사와 현실』 49, 2003.

215) 崔瀣, 「送鄭仲孚書狀官序」, 『拙藁千百』 卷2, "自臣附皇元以來 以舅甥之好 視同一家 事敦情實 禮省節文 苟有奏稟一个乘傳 直達帝所 歲無虛月 故在不復擇人 恩至渥也".

元 制科에 합격한 것을 자랑스럽게 여긴 인물로서, 어쩌면 이는 그가 도달한 당연한 귀결인 것으로 보인다.

최해와 같은 시기에 활동한 유교 지식인은 성리학의 民本論을 민의 流亡과 관련해서 익히고 스스로가 그 해결의 주체로 여기고 있었고, 당시의 사회변화에 대해서 사회구조적 시각이 아닌 윤리도덕적, 개별적 차원에서 접근하였던 것으로 파악된다.[216] 또한 그들은 원을 정통성을 계승한 天子國으로 인식하면서도 고려가 중국의 언어나 문화와는 다른 독립 자주국으로서의 면모를 갖기를 기대했으며, 불교에 대해서도 비판적 입장을 가졌으나 본격적인 斥佛論은 제기하지 않았던 것으로 알려진다. 이 같은 맥락에서 본다면, 최해의 사대부 의식과 사상적 단면은 이들과 비록 부분적 편차가 없지는 않으나, 논리상 대체적으로 일치하는 것임을 알 수 있다.

7. 맺음말

崔瀣는 13세기 말에서 출생하여 14세기 전반기에 주로 활동한 인물이다. 그는 당시 중앙으로 활발히 진출한 신진 관료 가운데 한 사람이었다. 그의 가계는 대대로 경주에 토착하여 鄕吏層으로 활동한 在地吏族이었으며, 아버지 崔伯倫이 과거를 통해 관직 생활에 나아감으로써 중앙으로 진출하는 발판을 마련하였다.

그의 아버지 최백륜은 과거에 장원 급제한 인물로서, 忠烈王 11년에 원의 군사력 원조 요청에 응하여 편제된 巡馬에 소속된 사실이 확인될 뿐이고, 과거에 급제한 이후의 초기 행적이 잘 드러나지 않는다. 최백륜의

216) 崔瀣와 같은 시기에 활동한 14세기 전반기의 유교 지식인의 동향에 대해서는 도현철, 「14세기 전반 유교지식인의 현실인식」, 『14세기 고려의 정치와 사회』, 1994 참조.

관계 활동에서 큰 시련을 겪은 것은 충렬왕 29년에 成均學諭 천거를 둘러싸고 일어난 사건이다. 자신의 아들 최해를 이 자리에 밀기 위해 최유엄과 맞붙었던 최백륜은 최유엄의 위세에 밀려 결국 귀양길에 오르게 된다.

아버지의 귀양살이에는 최해도 함께 한 흔적이 보이며, 최백륜은 3년간의 귀양 생활 끝에 관계에 복귀하여 尙州牧의 通判으로 활동한다. 이후 최백륜은 民部議郎을 거쳐 征東行省 관원인 高麗王京儒學教授를 역임한다. 忠宣王 복위년에 지방관의 중간 수탈을 막기 위해 파견된 務農使 활동을 끝으로 최백륜은 더 이상의 자취를 남기지 않았다.

최해는 아버지에 뒤이어 그 자신도 과거에 합격함으로써 순탄한 관직 생활과 신진 관료로서의 기반을 다질 수 있는 발판을 마련하였다. 그러나 그는 곧이어 터진, 아버지 崔伯倫이 연관된 成均學諭 천거 사건에 휘말려 미처 入仕하지도 못한 채 생애 첫 번째의 좌절을 맛본다. 감수성이 예민한 성장기인 10대 후반에 겪었던 좌절은 생애 내내 그의 정서에 깊은 상처를 남겼다. 그의 나이 20세에 아버지가 귀양에서 풀려나 尙州牧 通判으로 다시 등용됨에 따라, 그도 정식 관직은 아니지만 그 곳의 '兒記'로서 아버지 일을 도왔다. 이듬해에 그도 역시 藝文春秋館 檢閱로 입사하여 관계에 발을 들여놓게 되지만, 또 한 번 일에 연루되어 지방관인 長沙縣 監務로 폄직되어 3년 이상을 보내고서 다시 중앙관직에 되돌아오는 곡절을 거친다.

이후 그는 10여 년간 그다지 존재가 두드러지지 않는 중앙 관직을 전전하였는데, 長興庫使로 있던 34세 때에 元 制科에 응시하는 재원으로 선발되고 이듬해에 원 제과에 합격함으로써, 그의 인생에서 새로운 전기를 맞게 된다. 이는 그가 崔致遠의 후손으로서의 자부심, 신진 관료의 한 사람으로서 그간 쌓아올린 자신의 학문을 시험할 수 있는 더없이 좋은 기회였음은 말할 나위도 없다. 원 제과에 합격함으로써 그는 자신의 학문과 문명을 내외에 과시할 수 있었고, 따라서 이 무렵이 그의 생애에서 가장 각광받던 전성기라 할 수 있다.

하지만 그는 元에서의 관직 생활을 겨우 5개월 만에 그만두고 고려로 귀국할 수밖에 없었다. 그것은 그가 원에서 받은 관직이 한직이었으며 그의 성미에도 맞지 않는 직책이라는 표면적 이유를 들었지만, 실상은 그 무렵에 고려 정국에 큰 소용돌이를 일으키고 있던 瀋王 옹립에 반대하는 그의 정치적 입장 때문이었다.

고려로 귀국한 이후 그는 주로 文翰職을 역임했으며, 정3품의 成均大司成을 끝으로 관직 생활에서 물러난다. 당시 원 제과에 합격한 인물들은 대개 관직이 크게 뛰어오르고, 또한 대부분이 宰樞의 반열에 올랐음에 비해 그는 그렇지 않았다. 이는 정치적 처신에 능하지 못한 그의 성품이 크게 작용했을 뿐만 아니라, 입사 초기부터 겪은 몇 번의 정치적 좌절로 말미암아 정치에 염증을 느끼게 된 것과도 무관하지 않다.

관계에서 은퇴한 이후 빈한한 생활에서도 한시도 그는 유학자로서의 자부심을 잃지 않았으며, 한편 오래 전부터 꿈꾸어 오던 우리의 역대 문장을 뽑아 책으로 편찬하는 일을 비롯한 저술 활동에 비로소 착수한다. 그가 펼친 저술 활동은 당대의 누구보다도 폭넓고 깊은 것이었다. 그의 저술 가운데 현전하는 것만을 보더라도, 그는 趙云仡이 選集한 『三韓詩龜鑑』에 수록된 시에 批點을 가한 것으로부터, 자신의 詩·文 選集인 『東人之文五七』 9권, 『東人之文四六』 15권, 『拙藁千百』 2권뿐만 아니라, 『東文選』에 수록된 33편의 시를 남겼다.

최해는 金台鉉을 스승으로 섬기면서, 李齊賢을 비롯하여 이 시기에 도입되는 性理學이 새로운 사상으로 뿌리내리는 과정에서 중요한 역할을 하면서 자신의 文集을 남긴 몇몇의 인물들과 깊이 교유하였다. 그는 당대 학자들과 사숙관계를 갖지 않고 독자적으로 학문을 깨우치려는 자세를 가져 교제의 폭이 그다지 넓지 않았다.

최해의 사대부 의식과 사상적 단면은 같은 시기 유교 지식인의 그것과 대체적으로 일치한다. 그는 당대를 聖人이 사라진 末世로 인식하고, 옛 聖賢의 道에 비추어 자신을 되돌아보는 尙古 의식을 투철하게 지녔다. 또한 그는 절개를 굽히지 않는 것을 높이 평가하여, 권세가에 대해서는 강한 반감을 갖고 있었다. 사대부로서의 자의식이 강한 것과는 달리, 그는 경세가로서 修己治人하는 자세가 강렬하지는 않았다. 한편 그는 유교를 우위에 두고서 이분법적 맥락에서 佛敎를 異端으로 파악하였으며, 功德 신앙이 가져온 사회적 현상에 대해서는 비판적이었으나 공덕 신앙의 기능 그 자체에 대해서는 긍정적으로 바라보았다.

최해는 원간섭기 이전 고려가 중국과의 사대관계를 통해 문물이 번성할 수 있었다는 일종의 小中華로서의 자부심을 가졌고, 그 이면에는 우리의 문화 수준을 중국에 비해서 낮추어 보려는 그의 이중적 자세가 엿보인다. 따라서 그는 원을 중국 문명의 계승자로 인식하였을 뿐만 아니라, 원간섭기에 고려가 지켜낸 자주성의 결과에 대해서도 원이 은혜를 베풀어 그렇게 된 것으로 이해할 만큼 원에 대해서는 비주체적 자세를 지녔다.

崔瀣의 사상적 경향과 불교인식

채상식 | 부산대 사학과 교수

1. 머리말

崔瀣는 충렬왕 13년(1287)에 출생하여 충혜왕 원년(1340)까지 생존한 인물로 사대부 출신의 신진 관료였다. 그가 활동한 14세기 전반기는 원의 정치적 간섭에 따라 이미 고려사회는 해체의 단계에 접어들었으며, 한편으로 이를 극복하기 위한 노력들이 서서히 나타나기 시작하였다. 원 간섭이라는 일정한 한계를 갖고 있긴 했으나 성리학이라는 새로운 무기를 통해 개혁을 시도하려는 노력은 신진 관료들에 의해 주도되고 있었다.

최해는 이러한 신진 관료로 분류되는 인물로 정치일선에서 중요한 관직을 역임하지는 않았으나 주로 文翰職으로 활동하면서 많은 글을 남긴 편이다. 그가 관직자보다 문필가로 남긴 많은 글들은 당시의 사정을 이해하는데 중요한 의미가 있다. 그가 남긴 詩文 중 詩는 『東文選』에, 그 나머지는 『拙藁千百』에 남아 있다. 그리고 그가 관직에서 물러나 우리의 역대 詩文을 뽑아 편집한 『東人之文』은 일차자료로서 중요한 자료이다. 이미 알려진 『東人之文四六』은 그 전문이 성균관대 대동문화연구원에서 영인 간행한 『高麗名賢集』 5권에 소개되었고, 2009년에는 계명대학교 동산도서관에 소장되어 있는 7~9권 역시 『東人之文四六』이라는 제목으로 영인 간행된 바 있다. 『東人之文五七』도 잔편이지만 소개된 바 있다.

본고는 『졸고천백』의 역주 작업을 한 산물로서 최해에 대해 나름의 정리가 필요하다는 의도를 갖고 시도한 것이다. 따라서 기존의 연구성과를[1] 바탕으로 그의 생애와 저술에 대해 살펴보고, 『졸고천백』을 중심으로 그의 저술동기와 불교에 대한 인식태도가 어떠한가를 검토하고자 한다.

2. 최해의 생애

최해의 생애를 알려주는 자료는 李穀이 지은 「大元故將仕郎遼陽路盖州判官高麗國正順大夫檢校成均大司成藝文館提學同知春秋館事崔君墓誌」(『稼亭集』 권11)과 『고려사』 권109, 최해전이 기본적이며, 아울러 그 자신이 자서전으로 쓴 「猊山隱者傳」(『졸고천백』 권2)과 21세까지의 그 자신을 회고한 「二十一除夜」(『東文選』 권4) 등을 들 수 있다. 이들 자료를 중심으로 그의 가계와 활동상을 연대순으로 정리하면 다음과 같다.

崔瀣年譜

충렬왕 13년(1287) 開京에서 출생. 本貫은 慶州. 曾祖 光袖 慶州 司兵.

---

1) 崔瀣에 대해서는 서지학 분야를 비롯하여 역사학에서도 많은 관심을 갖고 있다. 중요한 연구만 들면 다음과 같다.
尹炳泰, 「崔瀣와 그의 '東人之文四六'」, 『東洋文化研究』 5, 경북대 동양문화연구소, 1978 ; 千惠鳳, 「麗刻本 東人之文四六에 대하여」, 『大東文化研究』 14, 1981 ; 金宗鎭, 「崔瀣의 士大夫意識과 詩世界」, 『民族文化研究』 16, 1982 ; 尹炳泰, 「'東人之文四六' 再考」, 『鶴山趙鍾業博士華甲紀念論叢』, 1990 ; 高惠玲, 「崔瀣의 생애와 사상」, 『李基白先生古稀紀念韓國史學論叢』(上), 1994 ; 許興植, 「"東人之文五七"의 殘卷과 "高麗史"의 補完」, 『季刊書誌學報』 13, 1994 ; 辛承云, 「"東人之文五七" 解題」, 『季刊書誌學報』 16, 1995 ; 박한남, 「崔瀣의 生涯와 仕宦」, 『成大史林』 12·13합, 1997 ; 具山祐, 「14세기 전반기 崔瀣의 저술활동과 사상적 단면」, 『지역과 역사』 5, 부산경남역사연구소, 1999.

	祖父 勣 檢校軍 器監. 父 崔伯倫 과거를 통해 중앙의 고위관직에 진출. 母 上護軍으로 致仕한 任綏의 딸.
충렬왕 28년(1302)	國子監試 합격.
충렬왕 29년(1303)	科擧에 급제하여 成均學官이 됨(知貢擧 金台鉉).
충렬왕 32년(1306)	成均學諭 추천건으로 崔瀣와 李守가 자리를 다툼. 이때 崔有渰과 최백륜이 대립함으로써 최백륜이 최유엄을 비난하는 말씨가 자못 불손하다 하여 孤蘭島로 귀양 감. 그의 부가 귀양에서 풀려나 尙州牧 通判으로 등용됨에 따라 그곳의 '兒記'로 부친 일을 도움.
충렬왕 33년(1307)	藝文春秋館 檢閱(정9품)이 됨.
충선왕 원년(1309)	長沙監務로 폄직됨. 長沙縣에서 3년 이상을 재직함.
충숙왕 7년(1320)	藝文春秋館 注簿(정8품)이 됨. 長興庫使로 있으면서 安軸·李衍宗과 함께 元 制科에 응시하는 인원으로 선발됨.
충숙왕 8년(1321)	元 制科에 혼자 합격. 遼陽路盖州判官에 임용됨. 5개월 만에 사직하고 귀국하자, 藝文·成均·典校의 세 館이 모두 迎賓館에서 맞이함.
충숙왕 10년(1323)	成均館丞·藝文應敎知製敎(정5품) 역임. 이후 충숙왕 13년까지 이 관직을 맡음.
충숙왕 13년(1326)	典儀·典校副令 역임.
충숙왕 17년(1330)	檢校成均館大司成·藝文提學·同知春秋館事(정3품)를 역임하다가 隷堅의 무고로 관직에서 물러남.
충숙왕 후5년(1336)	『東人之文』 편찬.
충숙왕 후7년(1338)	『東人之文四六』 편찬.
충혜왕 후1년(1340)	6월에 卒함.

위에서 정리한 최해의 행적 가운데 좀 더 구체적으로 언급할 내용은 다음과 같다. 첫째, 그의 가계와 과거 합격 후의 사정에 대해 검토하기로 한다. 둘째, 원 제과 합격 후 관직에 5개월 정도 봉직하고 물러난 사정이

어떠했는지를 음미하고자 한다.

최해는 대대로 경주에 토착한 향리 집안 출신이었으나 그의 父인 최백륜이 과거를 통해 중앙관직자로 진출함으로써 신진 관료로 부상하였다. 그의 曾祖 光袖는 慶州 司兵이었으며, 祖父 勳은 檢校軍器監이었는데 이는 최해의 父 崔伯倫이 중앙의 관직에 진출함으로써 추증된 것이었다. 어머니는 上護軍으로 致仕한 任綬의 딸이며, 그의 이모부로 崔雲이 확인된다.[2] 그의 아버지 최백륜은 충렬왕 8년에 시행된 과거에 장원으로 급제하였다.[3] 최해 가문은 비록 그의 부인 최백륜이 과거를 통함으로써 비로소 중앙의 신진 관료로 부각되었지만, 崔致遠의 후예라는 자부심은 대단히 컸던 것 같다. 다음의 인용은 이러한 분위기를 잘 말해준다.

> 우리 집안의 文昌公은 나이 12세에 서쪽으로 유학가서, 18세인 함통 15년 과거에 합격하여, 中山尉를 지내고 淮南의 高侍中을 보좌하여 막료가 되었으며, 관직은 侍御史內供奉에 이르렀다. 28세에 조서를 받들어 귀국하니 사람들에게 지금까지 전하여 美談이 되었다. (중략) 신라에 돌아옴에 미쳐서는 나라가 크게 어지러워 길이 막혀서 復命할 수가 없었다. 그 평생을 논한다면 부지런히 일하였으나 영광된 것은 족히 많은 것이 없다고 하겠다.[4]

이와 같이 최치원의 후예로서 신진관료 출신인 최해는 그가 지은 「二十一除夜」(『東文選』 권4)에 16세에 士版 곧 國子監試에 합격한 후 17세에 禮部試에 합격하였음을 언급하고 있다. 곧 충렬왕 29년에 과거에 급제하였는데,[5] 이 과거의 知貢擧는 密直司事 金台鉉, 同知貢擧는 秘書尹 金祐였으며,

---

2) 崔瀣, 「皇元高麗故通憲大夫(중략)上護軍崔公墓誌銘」, 『拙藁千百』 권1.

3) 『高麗史』 권73, 選擧1 科目1 選場, 忠烈王 8년 11월.

4) 崔瀣, 「送奉使李中父還朝序」, 『拙藁千百』 권1.

5) 許興植, 『高麗科擧制度史研究』 「附錄Ⅱ:高麗禮部試登科錄」, 일조각, 1981, 290쪽.

장원인 朴理를 포함하여 모두 33명을 뽑았다.[6] 이 가운데 특히 김태현은 최해가 그의 座主로서 평생 師父로 섬겼으며, 최해가 직접 그의 묘지를 쓸 만큼 밀접한 관계를 가진 인물이었다. 이는 최해가 그를 가리켜 "그가 저술한 詞와 敎는 체를 이루었고 詩는 맑고 고와서 가히 즐길 만하였다. 또 東人의 글을 모아 『東國文鑑』이라 하니 『文選』에 필적할 만하였다"[7]라고 한 표현에서 짐작할 수 있다.

한편 예부시에 합격한 최해는 成均學官에 보임되었으나, 이후 자리가 비게 된 종9품의 初入仕職인 成均學諭 자리를 두고 政丞인 崔有渰이 천거하는 李守에게 밀려 좌절을 맛보게 되었다. 이때 최백륜과 최유엄은 첨예하게 대립하였던 것 같다. 그 과정에서 최백륜이 최유엄을 비난하는 말씨가 자못 불손하여 孤蘭島로 귀양가게 되었다.[8] 이는 신진 관료 가문이 갖는 정치력의 한계에서 비롯된 것으로, 최해는 정신적으로 크게 좌절한 것 같다. 이는 최해가 21세까지의 모습을 자전적으로 쓴 「二十一除夜」라는 시에 '나이 스물에 이름 없으니 뉘라서 大丈夫라 일컬을 건가'라는 구절과 만년에 이제현에게 보낸 다음의 시에 잘 나타난다.

> 생각하면 大德(1297~1307) 시절에 내 나이 한창 젊었나니
> 스스로 공명을 사랑하여 시끄러움 좋아하고 고요함 싫어했다.
> 분주히 달렸으나 끝내 이룸 없었고 나아가나 물러가나 매양 좋지 않았네
> 내 나이 이제 반백이 넘었건만 천명을 안다 어찌 감히 말하리.[9]

한편 최해는 관직에서 물러나 지내다가 20세가 되던 해인 충렬왕 32년

6) 『高麗史』 권73, 選擧1 科目1 選場 忠烈王 29년 6월.
7) 崔瀣, 「金文正公墓誌」, 『拙藁千百』 권1.
8) 『高麗史』 권109, 崔瀣傳.
9) 崔瀣, 「上巳益齋席上得盛字」, 『東文選』 권4.

(1306) 여름에 귀양살이에서 풀려나 尙州牧의 通判으로 등용된 그의 아버지를 따라 이곳에서 머물면서 '兒記'로서 아버지 일을 거들었다.[10] 21세가 된 충렬왕 33년에 정9품의 藝文春秋館 檢閱이 되었으나, 이후에 다시 어떤 일에 얽혀 長沙監務로 다시 폄직되었다. 당시의 사정은 잘 드러나지 않으나, 다음의 시는 주목된다.

> 썩은 선비가 주책없이 스스로 화를 불러왔거니
> 어찌 감히 곁 사람들에게 까닭을 변명하리
> 몸으로 나라 은혜 지고도 조그마한 갚음도 없었으니
> 내 이 걸음은 그리 시원한 것이 아니네[11]

최해는 長沙縣에서 3년 이상을 보낸[12] 뒤 다시 정8품의 藝文春秋館 注簿로 되돌아왔다. 20대를 이렇게 보낸 최해는 34세가 되던 충숙왕 7년(1320)에 長興庫使의 직위에 있으면서 丹陽府注簿 安軸, 司憲糾正 李衍宗과 함께 元 制科에 응시하는 인원으로 선발된다.[13] 이듬해에 치러진 제과에서 세 사람 가운데 혼자만 합격하여, 그는 遼陽路盖州判官에 임용된다.[14]

그러나 최해는 遼陽路盖州判官에 부임한 지 5개월만에 그 직책이 '地僻職冗'하다고 여기고 병을 핑계 삼아 고려로 귀국하였다.[15] 최해가 5개월만에 遼陽路盖州判官을 사직한 또 다른 이유는 없었을까. 이와 관련하여 최해가 원 제과에 합격하였으나, 그렇게 좋은 성적을 얻지 못한 점을 음미하지 않을 수 없다. 그는 항상 열등감에 젖어 있었던 것 같은데, 이와 관련된

---

10) 崔瀣, 「跋先書」, 『拙藁千百』 권1.
11) 崔瀣, 「責任長沙監務」, 『東文選』 권20.
12) 崔瀣, 「縣齋雪夜」, 『東文選』 권20 및 具山祐, 앞의 논문, 48쪽.
13) 『高麗史』 권5, 忠肅王 7년 10월 丁巳.
14) 『高麗史』 권74, 選擧 2, 制科 忠肅王 7년 10월・8년.
15) 『高麗史』 권109, 「崔瀣傳」.

자료는 다음과 같다.

1) 다시 기억하건대 至治 원년에 역시 나 자신도 외람되게 조정의 부름을 받았는데 이해에 과거 합격자가 오히려 정액에 차지 못하여 左牓에 오른 자가 겨우 43인이었다. 나는 다행히 제 21등에 뽑혀서, 盖牟別駕에 제수되었으나 관에 부임한 지 수개월만에 병으로써 면직을 요청하고 지금은 이에 물러나서 고향에 안주한 지 13년이 되었다. 웅대한 뜻은 날로 없어져서, 더 이상 비등할 기세가 없어졌다.[16)]

2) 나는 젊었을 적에 글을 읽으면서 비로소 천하가 넓다는 것을 알고 사방을 유람할 뜻이 있었다. 나라에 벼슬하게 되어 이에 직무에 얽매이게 되자 날아서도 계단조차 넘을 수 없다는 한탄을 절실히 품었다. 至治 연간에 외람되이 賓貢에 응하여 천자의 궁정을 구경하게 되어 혹은 소원과 같이 된 것을 기뻐하였으나, 도리어 과거의 성적이 열등함으로 인하여 작은 고을의 수령이 되어 자그마한 일에 바쁘기만 하였다. (이에) 본성에 견딜 수가 없어 병을 핑계하고서 사면하였다.[17)]

최해 자신이 직접 쓴 이상의 글에서 그가 遼陽路盖州判官을 사직한 것은 制科의 성적이 낮아 下州의 수령에 임명되었을 뿐 아니라 그 직책이 자신의 성격에도 맞지 않았던 것으로 표현하고 있다. 이와 같이 자부심이 대단히 컸던 최해로서는 당연한 처신이었는지 모른다. 이는 뒤에서 다시 언급하겠지만 최해가 제과에서 좋은 성적을 얻지 못한 것은 그 자신이 시문에는 뛰어난 재주가 있었으나, 제과에서 중시하던 성리학에 대한 이해 부족에서 연유한 것인지도 모른다.

한편 당시 그가 원에서의 벼슬살이를 짧게 그만 둘 수밖에 없었던 보다

16) 崔瀣, 「送奉使李中父還朝序」, 『拙藁千百』 권2.
17) 崔瀣, 「送張雲龍國琛而歸序」, 『拙藁千百』 권2.

구체적인 사정에 대해서는, 李齊賢의 「後儒仙歌爲崔拙翁作示及菴」(『益齋亂藁』 권4)이라는 시를 주목하여 이 시에 보이는 '燕南 鬼怪'로 표현된 곧 瀋王을 옹립하려던 세력의 발호 때문이었을 것으로 보는 견해도 있다.[18] 이에 따르면 최해는 이제현과 함께 瀋王을 옹립하려는 세력에 맞서 대립했으며, 이러한 연유로 5개월이라는 짧은 기간만에 그는 고려로 되돌아올 수밖에 없었다고 보고 있다.

그러나 그가 정치적인 위치와 관직의 위계로 보아 과연 심왕을 옹립하려는 세력과 대립할 정도였는지는 의문이 든다. 이제현이 훗날 당시를 회고하면서 그들의 처신을 과장되게 표현한 것인지도 모르며, 다만 그들 세력을 탐탁찮게 보았을 가능성은 높다고 하겠다. 무엇보다도 그가 관직을 그만둔 일차적인 연유는 낮은 성적으로 인한 그 자신의 자부심이 무너진 점과 맡은 직책에 대한 불만에 의한 것이라고 하지 않을 수 없다.

한편 최해는 고려에 귀국한 후 몇 년간 관직에 나아가지 못하다가 최해와 이제현 등과 모두 친하게 교유한 閔思平의 장인인 金倫의 도움으로[19] 충숙왕 10년(1323)에 成均館丞과 藝文應敎에 재직했으며, 이 가운데 주로 藝文應敎는 충숙왕 13년까지 재직한 기록이 보인다. 특히 예문응교로 있으면서 崔瀣가 쓴 「國王與中書省請刷流民書」, 「又謝不立行省書」, 「又與翰林院爲太尉王請謚書」 등의 외교문서는 주목된다. 앞의 두 문서는 충숙왕 12년에, 다음은 충숙왕 13년에 썼다.[20]

한편 최해는 44세 이후[21] 정계에서 은퇴하여 저작 활동에 몰두하였다. 그가 정계에서 은퇴한 시기에 대해서는 충숙왕 복위 4년(1335)에 그가

---

18) 鄭景柱, 「拙翁 崔瀣 文學의 역사적 성격」, 『韓國文學論叢』 11, 1990, 81쪽 및 具山祐, 앞의 논문, 49~50쪽.

19) 具山祐, 위의 논문, 50쪽.

20) 이 글들은 『拙藁千百』 권2에 수록되어 있다.

21) 具山祐, 앞의 논문, 53~54쪽에서 밝힌 견해를 따른다.

쓴 글에[22] '今玆退安里巷 十有三年'의 구절을 근거로 충숙왕 10년(1323)으로 보는 견해가 있다.[23] 그러나 이는 문맥상 최해가 원에서 관직 생활을 그만둔 시기가 13년이 되었다는 것을 의미한다. 따라서 최해가 관직 생활에서 은퇴한 시기가 충숙왕 복위 2년(1333) 무렵임을 말해준다. 한편 그가 藝文應敎에 있던 1326년에 작성한 글이 마지막이라는 점을 근거로, 1326년 즉 그의 나이 40세였다고 보는 견해도 있다.[24] 그러나 다음의 인용을 음미하면 1330년 무렵까지도 그가 관직 생활을 하였을 가능성을 보여준다.

> 나는 천성이 게으르고 싸우는 데에는 겁이 많다. 생각하면 10년 전에 왕에게 총애 받는 한 隷竪의 誣告를 받아 나같이 게으른 사람도 (그에게) 한번 가보지 않을 수 없었는데, 당시 이름난 사대부들이 모두 손님 자리에 있고 그 문은 저자와 같았다. 조금 후에 예수가 나오니 손님들이 오랫동안 절하여 무릎을 굽히는데 혹시라도 뒤질세라 하였다. 나는 선비로서 이렇게 하는 것이 아니라 여기고서 예절에 따라 서로 인사하려 했으나, 예수는 거만하게 보고는 마침내 말에 올라 뒤돌아보지도 않고 가버렸다. 나는 부끄럽기도 하고 한스럽기도 하여 물러나서 말하기를 "일이 그렇게 풀릴 줄은 뜻밖이었으나 비록 해명할 기회가 닿지 않는다 해도 근심할 것이 있겠는가"라 하였다. 들으니 崔密直이 날마다 왕을 접하면서 말하는 것이면 받아들여지지 않는 것이 없어 세상의 칭찬을 듣고 있다고 하므로, 혹시 (그에게) 권하면 (왕을) 뵙고 별도로 아뢸 수 있을 것이라 생각하고, 나는 (그의 집) 문 담장 옆으로 가서 기다렸다. 密直이 곧 나를 여러 사람 가운데서 바라보고는, 특별히 차례를 뛰어넘어 먼저 인사하면서 온 까닭을 물으므로 곧 자세히 말하였다. 이때 그 예수의 위세가 한창 성하여 억누르기가 힘들어서 일은 마침내 불문에 부치고 말았다.[25]

22) 崔瀣, 「送奉使李中父還朝序」, 『拙藁千百』 권2.
23) 千惠鳳, 「東人之文四六解題」, 『高麗名賢集』 5, 1980, 4쪽.
24) 高惠玲, 앞의 논문, 1994, 881~882쪽.
25) 崔瀣, 「崔大監墓誌」, 『拙藁千百』 권2.

위의 인용은 최해가 1340년에 작성한 「崔安道墓誌」인데, 최해가 1330년 무렵에 무고를 받아 그 오해를 풀기 위해 국왕의 측근이었던 崔安道를 찾아가 그 사정을 하소연한 내용이다. 그리고 이를 계기로 최해가 그의 墓誌를 짓게 되었음을 밝히고 있다. 여기서 최해가 무고를 당한 사정을 그가 관직 생활에서 은퇴한 후에 일어난 일이라고 보기 어렵다. 따라서 그는 적어도 44세 때인 1330년까지는 관직에 있은 것으로 보아야 할 것이다. 시기적으로 보아 그가 元 制科에 합격한 자로서 이후 다른 사람과는 달리 宰樞에 오르지 못했던 것도 아마 이 사건과도 무관하지 않을 것으로 보는 견해가[26] 타당하다고 생각한다.

그리고 최해의 만년의 생활은 특히 경제적으로 궁핍했던 것 같은데, 이는 만년에 獅子山 아래에서 은거하면서 지은 자신의 自敍傳이라 할 수 있는 「猊山隱者傳」[27]에 잘 드러나 있다. 그는 獅子岬寺의 승려로부터 토지를 빌어 경작하는 처지에 빗대어 자신의 호를 猊山農隱이라 하고 자신이 평소에 불교를 좋아하지 않았지만 마침내 그 佃戶가 되었다고 한 것에서 그 사정을 짐작할 수 있다.

이상에서 최해의 가계와 활동상을 살펴보고 몇 가지 구체적인 설명이 필요한 내용을 검토해 보았다. 그의 가문은 원에 의해 고려정국이 이끌어지고 그에 따라 정치주도 세력에 큰 변화가 일어나는 시기에 중앙정계에 활발히 진출한 신진 관료 가운데 하나였다. 그의 가문은 최치원의 후예로서 자부심이 대단히 높았다. 그의 父인 최백륜이 정동행성 관리인 高麗王京儒學敎授를 지낸 것도 그의 家學 전통이나 장원급제 경력과도 잘 어울리는 것이었다. 뿐만 아니라 뒷날 최해가 최치원을 비롯한 우리나라 역대 문장을 뽑아 책을 만든 것도 가문의 학풍과도 무관하지 않을 것이다. 하지만 그의

---

26) 具山祐, 앞의 논문, 54쪽.

27) 『高麗史』 권109, 崔瀣傳 및 崔瀣, 「猊山隱者傳」, 『拙藁千百』 권2.

가문이 훌륭한 학문적 전통을 계승했다고 하더라도 현실의 정치세계에서는 신흥 가문으로서 뛰어넘을 수 없는 벽이 엄연히 존재하였다. 成均學諭 자리를 두고 신진 관료인 그의 부가 권문세족인 최유엄에게 밀려 좌절을 맛본 것은 그 대표적인 실례이며, 같은 경주최씨의 다른 가계와도 구별되는 것이다.

3. 저작동기와 사상적 경향

『고려사』 권109, 최해전과 그의 묘지에 의하면, 최해가 남긴 글은 우리의 역대 名賢의 詩・文을 모은 『東人之文』 25권과 『拙藁』 2권이 있는 것으로 전한다. 이밖에도 최해는 『東文選』에 수록된 33편의 시를 남겼다.

『東人之文』은 최치원에서 충렬왕대까지의 이름난 詩・文을 찬집한 것으로서, 최해는 이 가운데 詩 부분을 『(東人之文)五七』, 文을 『(東人之文)千百』, 駢儷文을 『(東人之文)四六』이라 각기 이름 붙이고, 이를 총칭하여 『東人之文』이라 하였다. 『동인지문』 25권 가운데, 현전하는 『東人之文四六』은 모두 15권으로 구성되어 있고, 현재 발견된 殘卷의 상태로[28] 보아 『東人之文五七』은 모두 9권으로 구성된 것으로 추정되므로, 결과적으로 『東人之文千百』은 1권에 불과한 적은 분량을 가진 셈이 된다. 따라서 『동인지문천백』은 계획에만 그치고 아예 편찬되지 않았거나, 나머지 1권은 『동인지문천백』이 아니라 『동인지문사육』과 『동인지문오칠』의 總目 혹은 卷首였을 가능성이 제기된 바 있다.[29] 한편 목록을 전체 권수에 포함시켜 서문을 쓴 사례가

28) 최근 발견된 『東人之文五七』은 『季刊書誌學報』 16, 1995에 영인하여 수록하였으며, 이를 소개한 글은 다음과 같다.
許興植, 「"東人之文五七"의 殘卷과 "高麗史"의 補完」, 『季刊書誌學報』 13, 1994 ; 辛承云, 「"東人之文五七" 解題」, 『季刊書誌學報』 16, 1995.

29) 『東人之文五七』의 殘卷과 『東人之文』의 구성에 대해서는 辛承云, 위의 해제 참조.

없다는 것을 근거로, 일단 완성된 『동인지문』을 다음에 보완하여 간행하는 과정에서 권수가 증가했을 가능성을 제기한 견해도 있다.[30]

『동인지문』의 구성 방식에 따른다면, 최해 자신의 글을 엮어 간행한 문집은 현전하는 『拙藁千百』 2권 이외에도 『동문선』에 전하는 33편의 시를 포함하여 엮은 시집으로서 『拙藁五七』이 있었을 가능성은 크지만, 시대적 분위기나 『동문선』에서 그의 병려문을 찾을 수 없는 점으로 보아 『拙藁四六』은 남기지 않았을 가능성이 크다.[31]

그러면 최해가 이러한 詩文集을 選集하여 남긴 것은 어디에서 연유하는 것일까. 일반적으로 그 자신이 海東詩文의 宗祖로 알려진 최치원의 후예로서 대단히 높은 자부심을 가졌고, 어릴 때부터 주위의 인정을 널리 받을 만큼 빼어난 詩作 솜씨와 시에 대한 남다른 鑑識眼를 가졌다는 것에서 그 계기를 찾을 수 있으며, 원에서의 관직 생활을 할 때 우리나라의 시문을 보기를 원하는 중국 사람에게 보여줄 마땅한 책이 없어 부끄러움을 느낀 것이 보다 직접적인 동기로 작용했으며, 그의 스승인 金台鉉이 만든 『東國文鑑』에서도 적잖은 영향을 받았던[32] 것으로 보고 있다.

이러한 견해는 수긍할 수 있지만, 이와 관련하여 사상적인 맥락에서 다음의 두 가지 측면을 심층적으로 접근할 필요가 있다고 생각한다. 첫째, 이러한 시문의 찬집은 주자성리학에 대한 최해의 인식수준과 사상적 경향성과 관련된 측면은 없는가, 둘째, 역설적으로 원간섭기의 시대적인 상황 속에서 우리의 전통 학문·문화를 재구성하려는 최해의 사상적인 경향 곧 역사의식이 작용한 측면은 없는가 하는 점이다.

앞서 언급한 바와 같이 최해가 원 제과에 합격하였으나 그렇게 좋은 성적을 얻지 못한 것을 항상 마음에 두고 있었던 사실을 알 수 있는데,

30) 許興植, 앞의 논문, 『季刊書誌學報』 13, 6쪽.
31) 許興植, 위의 논문, 5쪽.
32) 具山祐, 앞의 논문, 58쪽.

그러면 그가 왜 원 제과에서 좋은 성적을 내지 못했을까. 이는 그가 비록 시문에는 뛰어난 인물이었으나, 성리학을 철저하면서도 깊이 이해하지 못한 점과 관련된다고 하겠다. 당시 원에서는 1314년 주자학을 관학화하고 과거제를 실시하면서 과거의 시험과목을 四書五經으로 하였는데, 그 주석은 朱子의 註가 주로 쓰였다.[33] 당시 사정을 정확히 파악하기는 힘들지만 고려에서는 충목왕 즉위년(1344) 8월에 이르러서야 朱子의 『四書集註』가 과거과목으로 채택된 점을[34] 감안할 필요가 있다. 최해는 원 제과에 응시하려는 사실만으로 이미 성리학을 접촉한 것으로 볼 수는 있지만[35] 성리학을 철저하게 수업할 기회를 갖지 못한 것 같다. 그렇다면 이미 원의 지식인 사회에 보편화된 주자학을 채택한 원 제과에서 그가 좋은 성적을 내지 못한 것은 당연한 결과인지도 모른다. 최해가 남긴 『졸고천백』과 그의 시를 통해 볼 때, 물론 묘지명이 주를 이루는 『졸고천백』의 성격상 사상적인 경향성을 표현한 글이 적다고 하지만, 그가 儒學을 대단히 강조하고 있지만 성리학에 철저한 이해를 보이고 있는 면모는 잘 드러나지 않는다.

우선 그의 자서전격인 「猊山隱者傳」의 다음 구절은 음미할 필요가 있다.

> 은자는 어릴 적에도 이미 하늘의 이치를 아는 듯이 흉내를 냈으며, 공부함에 미쳐서는 한 귀퉁이에 머물지 않고 겨우 그 취지만을 아는 정도에만 그쳐 어느 하나도 완전하게 마친 것이 없었으니, 그것은 넓게 보기만 하고 깊이 파고들지 않았기 때문이었다.

이 구절에서 적어도 최해는 그 자신의 표현처럼 '넓게 보기만 하고 깊이 파고들지 않는' 성향을 가진 인물임을 알 수 있다. 이는 그가 문장가로서

33) 『元史』 권81, 志 31 選擧 1, 科目. 도현철, 「14세기 전반 유교지식인의 현실인식」, 『14세기 고려의 정치와 사회』, 민음사, 1994, 559쪽.

34) 도현철, 위의 논문, 558~559쪽.

35) 高惠玲, 앞의 논문, 883쪽.

의 소양을 갖고는 있지만 사상가로서의 면모를 갖고 있었다고는 볼 수 없게 한다. 그에 관한 자료의 성격상 한계는 있지만 그의 유학에 대한 인식은 四書보다는 五經을 중시하는 표현[36]이라든가, 그가 1326년에 시행한 과거에서 출제한 다음에 인용하는 「問學業諸生策二道」[37]라는 策問이 유학에 대한 일반적인 내용을 담고 있는 것에서도 짐작할 수 있다.

> 묻는다. (생각건대) 하늘이 民을 낳고 민은 常道를 굳게 지키니 천하의 이치는 하나일 뿐이다. 달리 道를 구한다면 실로 異端이라고 한다. 지금 무릇 도로써 동방에서 사람을 가르치는 자가 이르기를 "儒는 外가 되니 대개 모두 버려야 한다"라고 한다. 이 말이 한번 나오니 화답하는 자가 날로 많아 그 무리가 취신할 뿐만 아니라 스스로 유로써 이름하는 자에 이르기까지 쫓아서 혹하고 있다. (중략)
>
> 묻는다. 무릇 修己治人하여 집안에서 나라에 나아감은 儒者의 학이다. 孟子가 말하기를 "어려서는 배우고 자라서는 이를 행하고자 하는 것이다"[38]고 하였으니 장차 다스림을 책하고 先代를 본받는 것은 가까운 것으로 부터 시작해야 한다. 제군들은 科擧의 業에 모두 힘을 쏟는 것은 장차 大科에 응하려는 것이며 그 뜻은 또한 그 배운 바를 행하고자 하는 것이다. 뜻은 천하 국가에 있는데 어찌 한때의 이름을 취하여 일신의 영예만을 도모할 뿐이겠는가.

이상의 인용에서 보는 바와 같이 신진 관료로 진출한 사대부 출신이 갖는 유학에 대한 일차적인 소양은 발견할 수 있다. 그러나 성리학에 대한 깊은 이해가 있었음을 보여주는 내용은 보이지 않는다. 가령 安珦을 추모하는 시[39]를 통해 간접적이나마 당시 사대부들과 맥을 함께 한 사상적인

---

36) 崔瀣, 「次韻答鄭載物子厚」 및 「吳德仁生日」, 『東文選』 권4.

37) 崔瀣, 『拙藁千百』 권1.

38) 『孟子』 권2, 梁惠王章句 下, '夫人幼而學之 壯而欲行之'.

39) 崔瀣, 「在松山書院夏課次東庵追慕安文成珦所著韻」, 『東文選』 권15.

경향을 가졌음을 유추할 수 있다. 또한 단편적인 자료지만 陰陽과 氣에 대해 그의 견해를 밝힌 다음의 글은 보인다.

> 사람은 陰陽을 바탕으로 생겨나는 것이다. 태어남은 氣가 모인 것이요, (기가) 흩어지면 죽는다. 그 사이에 막히거나 통달하고, 얻거나 잃으며, 길거나 짧고, 느리거나 빠른 것은 역시 타고나는 것이니 이상할 것이 없다. (그러나) 진실로 그대로 둔 채로 (인품을) 닦지 않으면 끝내는 초목과 함께 썩어 없어져 버려 (세상에) 알려지지도 않을 것이며 또한 陰陽 사이에서 만물 가운데 빼어나다고 이를 수 없다.[40]

결국 최해는 원 제과에 응시할 정도로 성리학을 수업하기는 하였으나 본인의 표현처럼 그렇게 철저한 이해를 가진 인물로 보기 어려우며, 이보다는 시문에 더 능력과 관심이 있었던 인물로 파악된다. 이러한 최해는 원의 체제에 직접적으로 저항할 수 있는 의식은 가지고 있지 않았으나, 그의 개인적인 성향과 당시 시대적인 상황에 의해서 우리의 독자적인 전통문화에 대한 자부심과 이를 정리하려는 방향으로 나아갈 수밖에 없었다. 이러한 최해의 태도는 단적으로 『東人之文』의 찬집에서 찾을 수 있으며, 직접 그가 쓴 『졸고천백』에서도 두드러지게 나타나고 있다. 이와 관련된 자료들을 몇 예만 들면 다음과 같다.

> 1) 다행히 하늘이 皇元을 열어 列聖이 서로 계승하여 천하를 문명으로 이끌었고, 科擧를 마련하여 선비를 뽑은 것도 벌써 7번이나 되었다. 덕화가 크게 미치고 文軌가 다르지 않은지라 비록 나같은 疏淺함으로도 역시 일찍이 외람되이 이름을 金牓에 걸고 중원의 빼어난 선비들과 더불어 서로 접촉할 기회를 얻었던 것이다. 간혹 東人의 문자를 보기를 원하는 자가 있으면 나는 곧장 아직 책으로 만들어진 것이 없노라고

40) 崔瀣, 「故政堂文學李公墓誌」, 『拙藁千百』 권2.

대답하고는 물러나서 또한 부끄러워하였다. 이에 비로소 類書를 편찬할 뜻을 두고 동으로 돌아와서 10년을 두고 일찍이 잊은 적이 없었다. 지금 집안에 간직되어 있던 문집을 찾아내고, 본가에 없는 것은 두루 남에게 빌리어 모두 모아서 채집하여 그 다르고 같음을 교정하였다. 신라 崔孤雲에서 시작하여, 忠烈王 때에 이르기까지 무릇 名家라고 일컫는 사람들의 시 몇 편씩을 모아 제목을 五七이라 하고, 문장 몇 편을 모아 제목을 千百이라 하고, 병려문 몇 편을 모아 제목을 四六이라 하고, 총괄하여 제목을 東人之文이라고 하였다.

아, 이 편찬은 본시 병란에 불타다 남은 것과 좀먹은 抄錄의 나머지에서 얻은 것이니 감히 집성된 서적이라고 말할 수는 없을 것이다. 그러나 동방의 작문체제를 보려고 한다면, 가히 이를 버리고 다른 것을 구할 수가 없다. 또한 나는 일찍이 말하기를 "말이 입에서 나와 글이 이루어지는 데 중국 사람의 학문은 그들의 고유한 것으로 말미암아 나아가므로 정신을 많이 허비하지 않는 까닭에 세상에 뛰어난 인재들은 앉아서 해낼 수가 있지만, 우리 동방의 사람들은 언어가 이미 華夷의 구별이 있으니, 타고난 자질이 참으로 명민한 자가 아니라면 천백배의 힘을 기울여 그 학문에 임하니 어찌 성공함을 얻겠는가. 오히려 一心의 妙에 의지하여 천지사방에 통한다면 털끝만큼도 차이가 없으니, 그 뜻을 얻음에 이르러서는 어찌 스스로 굽히어 그들에게 많이 양보하겠는가. 이 책을 보는 자는 먼저 이와 같은 점을 알아야 할 것이다."라고 하였다.[41]

2) (몽고는) 왕이 관료들을 직접 임명하고 나라 안의 풍속 모두가 그 옛 풍습을 바꾸지 않도록 함을 허락하였다. 천하의 여러 나라에서도 백성이 있고 사직이 있는 것은 오직 三韓 하나뿐이다.[42]

3) 지금 편집한 책이 아직 (원에) 臣服하기 이전의 문자를 많이 취하였기 때문에 처음 보는 사람이 놀라지 않을까 하는 의구심을 가져 그 단서를

41) 崔瀣, 「東人之文序」, 『拙藁千百』 권2.
42) 崔瀣, 「問擧業諸生策二道」, 『拙藁千百』 권1.

이끌어 題한다.[43]

4) 동방의 옛 풍속에 남자는 반드시 유년에 승려를 따라 글을 배웠는데, 용모가 뛰어난 남자가 있으면 僧俗이 모두 이를 받들어 仙郞이라 불렀다. 모인 무리가 百千에 이르렀으며, 그 풍류는 신라에서 비롯된 것이었다. 공이 10세 때 僧舍에 나가 배웠는데 성품이 총명하여 책을 받으면 곧 깨쳤다. 용모가 그림과 같이 뛰어나고 모습이 빼어나게 우아하여 보는 사람들은 모두 그를 좋아하였으며, (그가) 이르는 곳에는 뛰어난 인물들이 모여들었다. 충렬왕이 이것을 듣고 궁중에 불러 國仙이라 지목하고, 또한 한 나라의 호걸과 같이 國士라 칭했다.[44]

5) 나는 어린 시절 비로소 經傳을 읽어서 投壺의 禮를 알았다. (이는) 君子가 손님과 주인을 즐겁게 하기 위하여 만든 것으로 아직 그 제도는 다 헤아리지 못하였다. 그 후 司馬 文正公의 圖序를 보게 되어 비록 그 대강은 파악할 수 있었으나 또한 師友가 없어서 가히 물어볼 수가 없었다. 그러므로 항상 海東에서 생장하여 中原의 사대부와 서로 만나 화살을 들고 몸에 익히도록 청할 수 없음을 한스럽게 생각하였다.[45]

6) 근자에 普德菴 중이 지었다는 「金剛山記」를 가져와서 나에게 보여주는 자가 있어 이를 읽어보니 모두 도리에 어긋나는 터무니없는 설이고 하나도 믿을 만한 것이 없다. 그 가운데 '불금상 53신구가 서역으로부터 바다에 떠서 漢 平帝 元始 4년 甲子에 이 산에 이르니 그로 인해 절을 세웠다'고 하는 설이 있다. 무릇 불법이 동으로 흘러온 것은 한 明帝 永平 8년 乙丑을 그 시초로 하고, 우리나라에 전해진 것은 또한 梁 武帝 大通 元年 丁未가 시초이므로 (이는) 을축에서 401년의 오랜 기간이 뒤진다.[46]

---

43) 崔瀣, 「東人四六序」, 『拙藁千百』 권2.
44) 崔瀣, 「故密直宰相閔公行狀」, 『拙藁千百』 권2.
45) 崔瀣, 「春軒壺記」, 『拙藁千百』 권2.
46) 최해의 견해에 의하면 중국에 불법이 전해진 해는 A.D. 65년(漢 明帝 永平 8년)이고

(따라서) 진실로 저 실을 믿는다면 중원에서도 조용하여 부처가 있는시도 모르던 62년 이전에[47] 우리나라 사람들이 이미 부처를 위하여 廟를 세운 것이 되니, 그것은 심히 웃음거리가 될 만하다. 다른 것도 이와 같다.[48]

위의 인용들을 음미하면 최해가 성리학에도 그렇게 철저한 이해를 가진 인물은 아니며, 우리의 독자적인 전통에 대한 자부심과 이를 나름대로 고증하고 정리하려는 태도를 가진 인물임을 알 수 있다. 이러한 그의 사상적 경향이나 태도는 원간섭기의 체제 속에서 사회모순을 극복하기 위한 노력을 하긴 하지만 성리학이라는 새로운 사상적 무기보다는 복고적인 기반을 중시하는 방향에 섰던 인물이었음을 말해준다.

4. 불교인식 태도

앞서 살핀 바와 같이 최해는 성리학에 깊은 이해를 가졌다기보다 시문에 능력과 관심을 보인 인물이며, 이를 통해 과거의 전통을 정리하려 한 경향성을 보였다고 할 수 있다. 그렇다면 이러한 그의 태도를 통해서 이미 고려사회에 뿌리를 내리고 있던 불교에 대한 그의 인식태도도 가늠할 수가 있다. 막연하게 선입견을 가지고 최해를 배불론자로 파악하는 것은 피상적인 태도라고 할 수 있다. 그러면 『졸고천백』에 보이는 최해가 쓴 불교관계 글을 통해 그가 가진 불교인식은 어떠하였는지 살펴보기로 하자. 이에

우리나라에 전해진 해는 A.D. 527년(梁 武帝 大通 원년)이므로, 우리나라는 중국보다 462년이 뒤지게 된다. 그런데 최해는 401년이 지난 뒤라고 하고 있기 때문에 61년의 오차가 생긴다. 이는 아마 최해가 丁未의 해를 착각하여 A.D. 467년으로 보고 계산하지 않았나 생각된다.

47) 중국에 불교가 유입된 것이 漢 明帝 永平 8년(65)이고, 53불이 우리나라에 들어온 것이 漢 平帝 元始 4년(A.D 4)이므로 61년이 된다.

48) 崔瀣, 「送僧禪智遊金剛山序」, 『拙藁千百』 권1.

관한 자료를 연대순으로 정리하면 다음과 같다.

〈표〉『拙藁千百』에 수록된 불교관련 자료

순서	제목	작성년대	관련 사항
1	頭陀山看藏庵重營記	1323	李衍宗(崔瀣 禮部試 동기)
2	送盤龍如大師序	1324	如大師(李齊賢 형)
3	禪源寺齋僧記	1328	崔誠之(崔文度 부친)
4	送僧禪智遊金剛山序	1329	僧 禪智
5	猊山隱者傳	晩年	崔瀣의 自敍傳

위에 제시한 자료들의 내용을 소개하면서 최해가 불교를 어떻게 이해하고 접근하였는지를 살펴보기로 한다.

첫째, 「頭陀山看藏菴重營記」는 『動安居士集』 雜著 1에도 거의 비슷한 내용의 「看藏庵重創記」가 실려 있다. 이 글은 至治 3년(충숙왕 10년, 1323) 가을에 李承休의 아들인 李德孺의 부탁을 받아 쓴 글이다. 이 글의 내용에 의하면 動安居士 이승휴는 충렬왕의 뜻을 거슬러 파면된 후 외가가 있었던 삼척으로 내려와서 容安堂이라는 별채를 지어 은거하면서 불경을 공부하고 『帝王韻記』와 『內典錄』을 저술하였다고 한다.[49] 뒤에 용안당을 三和寺의 승려에게 희사하고 편액을 바꾸어 看藏菴이라 하고 토지를 기증하여 常住의 자본으로 삼게 하였다고 한다. 그후 이승휴 사후 24년 만에 그의 둘째아들로 출가하였던 曇昱의 주도하에 허물어져 있던 간장암을 당시 關東을 진무하고 있던 藝文 辛蕆의 도움을 받아 重營하였다. 李德孺의 이름은 衍宗으로 최해와 같은 해인 충렬왕 29년(1303)에 과거에 급제하였으며 충숙왕 7년(1320)에도 安軸, 최해와 더불어 元의 制科에 응시한 同門友였다.[50] 그러한 인연으로 이 글을 쓰게 된 것으로 보인다. 이 글에 보이는 그의 불교인식이 어떠한지 살펴보기로 하자.

49) 『高麗史』 권106, 李承休傳.
50) 『高麗史』 권106, 李承休傳 附 衍宗.

> 내가 가만히 생각해 보건대, 천하 사람이 부처 받들기를 너무 지나치게 하여 배와 수레가 닿는 곳마다 塔廟가 서로 바라보게 되었고, 그 무리들이 모두 權門에 빌붙어 부를 마음대로 하며 백성에 해독을 끼치고 선비를 종처럼 여기는 까닭에 우리 儒者로서는 취할 바가 못 되지만 이것이 어찌 부처의 허물이겠는가. 모름지기 부처는 善을 좋아하고 선하지 아니한 것을 좋아하지 않으며, 그 '明心見性'의 말을 취해 보면 마치 우리 유자를 본받아서 하는 것과 같고, 達人君子가 그 도에 맛을 들여서 즐거워하고 버리지 못하는 것도 역시 까닭이 있는 것이다.

이상의 글에서 최해는 불교를 유학과 대립되는 것으로는 보지 않고, 다만 불교의 혹신으로 인한 폐단과 권문세가와 유착되어 백성에게 해독을 끼치는 부분에 대해서는 비난하고 있다.[51] 이에 비해 그가 불교의 선사상에서 표방하는 '明心見性'을 그렇게 부정적으로 보지 않는 것은 주목된다.

이는 앞서 인용한 「동인지문서」에서 "우리 동방의 사람들은 언어가 이미 華夷의 구별이 있으니, 타고난 자질이 참으로 명민한 자가 아니라면 천백배의 힘을 기울여 그 학문에 임하니 어찌 성공함을 얻겠는가. 오히려 一心의 妙에 의지하여 천지사방에 통한다면 털끝만큼도 차이가 없으니, 그 뜻을 얻음에 이르러서는 어찌 스스로 굽히어 그들에게 많이 양보하겠는가"라고 한 '一心의 妙'와 사상적인 맥락을 같이 하는 것이다.

둘째, 「送盤龍如大師序」는 泰定初(충숙왕 11년, 1324)에 화엄종단의 청에 의하여 如大師가 盤龍寺에 主法으로 추천되어 떠나려 할 때 일행 중에서 그에게 贈呈한 詩에 최해가 서문을 붙인 것이다. 여대사는 李瑱의 둘째아들이자 李齊賢의 형이며 법명은 體元이다.[52]

---

51) 高惠玲, 앞의 논문, 887~891쪽에 의하면 고려후기에 불교에 의한 사회적 폐단을 직시하여 이를 적극적으로 비난하는 것은 사대부들 가운데 최해로부터 비롯된 것이라 한다.

52) 體元에 대해서는 다음의 논문이 참고된다. 蔡尙植, 「體元의 저술과 사상적 경향」,

이 글에 의하면 반룡사는 李眉叟 곧 李仁老의 大叔인 闍梨 寥一이 개설한 사찰이었다. 반룡사는 현재 경북 고령에 위치하고 있으며, 14세기 초반에는 인접한 해인사, 법수사와 더불어 당시 화엄종단을 대표하는 사찰의 하나였다. 이 글에서 최해의 불교인식 태도를 살필 수 있는 구절은 다음과 같다.

> 나는 일찍이 "儒를 알고 佛을 모르면 부처가 되는 길을 말할 수 없고, 불을 알고 유를 모르면 능히 부처가 될 수 없다"고 하였다.53) 그러나 세상에서 부처를 말하는 자는 "부처가 되려면 먼저 모름지기 (부모와의) 친애를 끊어야 한다"고 하였다. 무릇 인간의 도리는 부모를 친애하는데서 근원하였으니 부모와 인연을 끊으면 사람이 아닌데 누가 佛者가 되겠으며, 이로써 佛을 구한들 저으기 깨닫는 바가 없을 것이다. 이에 一公이 외로운 몸으로 마침내 그 門을 크게 일으켰으니 과연 (친한 마음을) 끊은 것이겠는가. 부모를 친애하는 마음은 모든 행위의 바탕이라, 따르고 행하면 유교나 불교나 무슨 차이가 있겠는가. 생각건대 社를 맺고 무리를 모아 眞乘을 천명한 지 더욱이 오래되고 큰 것은 이를 연유로 하지 않음이 없다.

위의 내용에서 최해는 불교의 윤리관 즉 人倫을 저버리는 것을 비판하고 있다. 그러나 如大師는 승려임에도 太尉上王(충선왕)의 총애를 받아 僧秩이 높아지고 名刹의 주지직을 제수받았으나 노부모를 봉양하기 위하여 그것을 거절하였고, 또한 형제간에도 우애가 깊었음을 칭송하고 있다.

이와 같이 최해는 궁극적으로 불교에 대해 부정적이라고는 할 수 없다. 즉 "儒만 알고 佛을 알지 못하면 부처가 되는 길을 말할 수 없고, 불만 알고 유를 알지 못하면 능히 부처가 되지 못한다"라는 구절은 주목된다.

『高麗後期佛教史研究』, 1991 ; 정병삼, 「고려후기 體元의 관음신앙의 특성」, 『불교연구』 30, 2009.

53) 본문에 '余嘗謂 知儒而不知佛 不害爲佛'이라 한 것 중 '害'는 『東文選』 권84에는 '言'으로 되어 있다. 문맥상 『東文選』의 기록이 타당하다고 생각된다.

셋째, 「禪源寺齋僧記」는 致和 元年(충숙왕 15년, 1328) 7월에 쓴 글로서, 松坡 崔誠之가 선원사에 쌀 150석을 희사하여 常住寶로 삼아 기일마다 亡嬪 卞韓夫人 金氏와 죽은 아들 讞部議郞 崔文進의 명복을 빌기 위한 재를 올리고, 또한 자신의 복을 빌기 위하여 飯僧한 내용을 담고 있다. 최성지의 아들 최문도는 최해와 친분이 있었다.

선원사는 崔怡가 창건한 선종사찰로 최이의 眞殿寺院으로[54] 충숙왕 연간에도 여전히 번성하여 동방의 제2총림이라 할 정도로 번창한 사찰이었다. 이 글에서도 최해의 불교인식이 그렇게 부정적이지 않은 면모를 보여주는데, 그 구절은 다음과 같다.

> 佛法이 中國에 행한 지가 이미 1264년이다. 그 무리가 대개 四民보다 배가 되는데, 이르는 곳마다 사람들이 다투어 보시하기를 좋아하고 부르지 않아도 스스로 모이는 까닭으로 능히 무리를 지어 살고 편안히 먹는 것이다. 진실로 천하에 크게 음덕이 있지 않으면 누가 능히 이와 같이 하겠는가. (중략) 내가 생각하건대 불교는 芒昧하여 사람이 볼 수 없는 것이나 진실로 마음을 다하여 布施하면 아름다운 과보를 冥冥한데서 얻게 되니 (그) 이치를 의심할 것이 없다.

넷째, 「送僧禪智遊金剛山序」는 天曆 己巳(충숙왕16, 1329) 3월 甲申에 僧 禪智가 금강산에 들어갈 때 지어 준 것이다. 이 글도 그의 불교인식의 경향을 보여주고 있다.

> 釋氏의 법은 그 도를 닦게 하려면 반드시 勞苦를 인내하는 것을 시험하여 그런 연후에 깨침이 있게 된다. 그러므로 師가 雪山에서 6년의 苦行이 있었던 것이다. 그렇다면 만약 이 법을 배우기 위하여 勤修에 뜻이 있는

---

54) 『高麗史』 권129, 崔忠獻傳.

자는 산에 들어가지 않고서는 또한 아무것도 이룰 수가 없다. 요사이는 그렇지 아니하여 산중의 암자도 해마다 불어나 또한 백이나 된다. 큰 절로는 報德, 表訓, 長安 등이 있으며, 모두 官의 힘을 얻어서 운영하였다. 殿閣이 穹窿하고 산골짜기에 널리 분포하며 金碧이 輝煌하여 사람의 눈을 현혹시킨다. 常住의 경비에 이르러서는 재물을 담당하는 창고와 보물을 맡은 관이 있고 負郭良田이 州郡에 두루 미쳐 있다. 또 강릉・회양 2도의 일년 조세가 관에 바로 들어가야 하는데 모두 억지로 산으로 수송케 하여, 비록 흉년이 들어도 조세 등의 일부분을 면제해 주는 것이 없으며, 매양 사람들을 보내서 해마다 의복과 양식, 기름과 소금 등을 지출하게 하는데 반드시 빠짐이 없도록 하였다. 그 중은 대체로 종속되지 않아 역을 피하고 민도 徭役을 피하여 항상 수천만 인이 편안히 앉아서 먹을 것만을 기다리니, 한 사람도 설산에서 수행하여 득도를 했다는 말을 들은 적이 없다. 더욱 심한 것은 사람을 誑誘하여 말하기를 '한번 이 산을 보게 되면 죽어서도 惡道에 떨어지지 않는다'고 하는 것이다. 그리하여 위로는 公卿으로부터 아래로는 士庶에 이르기까지 처자를 거느리고 다투어 예를 올리니 (겨울철의) 심한 눈보라와 여름철에 장마로 길이 막히는 것을 제외하고는 산으로 가는 사람들이 길에 죽 늘어서서 끊어지지 않았다. 아울러 과부와 처녀가 따라와서 산중에 자고 가는 일도 있어서 추한 소문이 때때로 들리지만 사람들은 해괴하게 여기지 않았다. 혹은 近侍가 명령을 받들고 역말을 달려서 降香하는 것이 해마다 끊이지 아니하니, 관리들은 그 세력이 두려워 분주하게 명을 기다리고, 供億의 비용이 자칫하면 만으로써 헤아리게 되니, 산 근처에 사는 백성들이 응접하기에 곤란하여 성을 내고 또 욕하면서 말하기를 '이 산은 어찌하여 다른 地境에 있지 않을까'라고 하는 자까지도 있었다.

아 사람이 이 산을 사랑하는 것은 보살이 여기에 머문 때문이며, 보살을 공경하는 것은 능히 사람을 드러나지 않게 복되게 해주기 때문이다. 그러나 그 冥冥之福은 이미 알 길이 없으니 머리 깎은 자들이 자랑하여 이 산을 팔아서 자신의 배를 불리고 따뜻하게 입을 것만을 도모하니, 백성이 그 해를 받게 되었으니 오히려 무슨 말을 하겠는가. 이런 까닭으로 나는

> 사대부로 산에 가는 자를 보면, 비록 힘껏 이를 말리지는 못하나, 마음속으로는 그윽이 이를 비천하게 여긴다. 지금 불자 禪智師가 이 산으로 가게 되므로, 인하여 내가 평소 가슴 속에 품고 있으면서 입 밖으로 내어 말하지 못했던 것을 써서 그에게 준다. 師는 이미 浮屠가 되었는데 어찌하여 입산이 늦었는가. 산중에 만약 사람이 나와 더불어 말하면, 마땅히 반드시 나의 말을 옳게 여기는 자가 있을 것이다.

이상의 인용에서는 불교를 신랄하게 비판하고 있음을 발견할 수 있다. 곧 승려의 본분은 고행을 통하여 중생을 구제하는 것이지만 이를 도외시한 당시 승려들과 사찰의 세속적 타락이 극심함을 비판하고 있다. 또한 앞에서 이미 인용한 구절이지만, 普德菴 승려가 지은 「金剛山記」에 한국의 불교전래를 중국보다 앞선 漢 平帝 元始 4年(A.D. 4)으로 잡고 있는 것을 비판하고, 梁 武帝 大通 元年 즉 法興王 14年(527)에 시작되었다고 하였다. 곧 삼국 중 신라에서의 불교공인을 중심으로 불교전래를 이해하고 있다.

한편 이 글은 앞에서 인용한 구절에 비해 불교의 폐단을 적나라하게 비방하고 있으나, "이 산을 사랑하는 것은 보살이 여기에 머문 때문이며, 보살을 공경하는 것은 능히 사람을 드러나지 않게 복되게 해주기 때문이다. 그러나 그 冥冥之福은 이미 알 길이 없으니"라는 구절은 최해 자신이 불교 자체에 대한 비판이나 부정의 단계에는 이르지 못했음을 말해준다.

이와 관련하여 최해는 도교에 대해서도 "나와 저들의 도가 다르므로 또한 심히 따지려고 하지 않는다."고 하여 불교와 마찬가지로 도교를 완전히 부정한 것으로는 보이지 않는다. 곧 성리학의 원리에 심취하여 불교와 도교를 '異端'으로 인식한 단계로까지 심화된 사상체계를 확립한 것으로는 볼 수 없다. 다시 말하면 그는 유학만을 강조하는 배타성은 크지 않았다고 할 수 있다.

다섯째, 「猊山隱者傳」은 崔瀣의 자서전에 해당한다. 『東文選』 권100과

『고려사』 권109, 최해전에도 수록되어 있다. 「猊山隱者傳」은 형식적으로는 최해가 자신을 가탁하여 저술한 託傳이다. 저술한 연대는 정확하게 나타나 있지 않으나 『拙藁千百』이 대체로 연대순으로 배열되어 있다는 점을 감안한다면, 바로 앞의 「東人四六序」가 後至元 戊寅年(충숙왕 후7년, 1338) 여름에 편집을 끝내면서 지은 것이고, 바로 뒤의 「故政堂文學李公墓誌」가 戊寅 10월에 죽어 同年 섣달 丁酉에 장례를 치른 李彦沖의 묘지명이므로 그 사이 곧 최해가 죽기 2년 전인 戊寅 여름에서 겨울 사이에 찬술되었을 것이다.

이 글에서는 만년에 자신의 생애에 대해 냉철한 반성을 해학적으로 표현하고 있다. 일정한 재능을 가지고 있었으나 세상에 쓰이지 못한 자신의 처지를 성격적인 결점에서 말미암은 것으로 단정한 것은 주목된다.

> 일찍이 (그가) 스스로 말하기를, “나와 서로 내왕하던 사람들은 모두 좋은 사람이었다. 그런데도 (나와) 사이가 좋지 않은 사람들이 많아서, 여러 사람에게 (두루) 인정받기란 진실로 힘든 일이다.”라고 하였다. 이것은 그의 단점인 동시에 장점도 되는 것이었다. 늘그막에 師子岬寺의 중을 좇아 땅을 빌려 경작하고서, 農園을 열어 ‘取足’이라 이름하고 스스로 호를 猊山農隱이라 하였다. 그는 자리 곁에 銘을 지어 이르기를, “너의 땅과 농원은 三寶로부터 받은 두터운 은혜이다. 取足은 어디서 온 것인가를 부디 잊지 말라.”라고 하였다. 은자는 평소에 불교를 좋아하지 않으면서도 마침내 그의 佃戶가 되었으므로, 대개 일찍부터 품은 뜻이 어그러짐을 하소연하여 스스로를 조롱한 것이다.

佛家를 싫어하면서도 만년에 獅子岬寺의 승려에게서 전답을 빌어 佃戶로서 살아야 했던 불우한 처지를 자조적으로 읊고 있다. 여기서 ‘三寶의 두터운 은혜를 잊지 말라’는 구절로 보아 그가 근본적으로 불교를 비판하는 것은 아니라는 점과 이전에 비해 누그러진 태도를 발견할 수 있다.

이상에서 최해가 남긴 글 가운데 불교와 관련된 내용을 살펴보고 이를 통해 그가 불교에 대한 인식이 어떠했는가를 검토해 보았다. 그러나 이러한 그의 불교인식의 경향이 앞서 언급한 바와 같이 성리학이라는 새로운 이론틀에서 나온 것은 아니며, 불교 자체에 대한 비판보다는 불교를 둘러싼 폐해를 비판하는 수준임을 알 수 있다.

이는 『동인지문』의 편찬에서 보는 바와 같이 최해는 詩文의 정리 등을 통한 복고적인 경향을 보였을 뿐 성리학을 깊이 이해한 경향은 보이지 않는 점과도 관련된다. 더욱이 그가 송대의 성리학자들이 극복하고자 하였던 사륙병려문을 『동인지문사육』으로 정리하여 편찬한 점만 보아도 성리학을 깊이 이해한 사상가로 보기는 어렵다. 그렇다고 그가 새로운 사조였던 성리학 수용을 몰각했다는 의미는 아니며, 새로운 사상보다는 우리의 독자적인 학문과 전통문화에 대해 더욱 자부심을 가졌던 인물이라고 할 수 있다.

따라서 그를 성리학이라는 새로운 무기를 가지고 불교 자체에 대한 비판을 적극적으로 표방한 단계에 이른 곧 斥佛論의 단초를 연 인물로 평가하는 것은[55] 의문이 든다. 가령 최해가 과거의 策問에 천하의 도가 아닌 것은 '異端'이라고 한 구절[56]을 적시하여, 불교를 이단으로 인식한 최초의 인물이 최해라는 견해는[57] 신중하게 검토할 필요가 있다고 본다.

---

55) 최해가 보인 불교인식의 태도는 여말의 배불론자들과는 달리 불교 자체에 대한 비판 단계에는 이르지 않은 것으로 보는 것이 현 학계의 공통된 견해이다(宋昌漢, 「崔瀣의 斥佛論에 대하여」, 『大丘史學』 38, 1989 및 高惠玲, 앞의 논문 ; 具山祐, 앞의 논문 등). 이에 비해 철저한 성리학 신봉자의 입장에 서서 척불론의 선구를 이룬 인물이 崔瀣라는 견해도 있다(邊東明, 「性理學의 初期 受容者와 불교」, 『李基白先生古稀紀念 韓國史學論叢』(상), 일조각, 1994 ; 『高麗後期 性理學受容硏究』, 일조각, 1995). 그러나 필자는 최해를 성리학에 철저한 이해를 가진 사상가로 보기는 어렵다고 생각한다.

56) 崔瀣, 「問擧業諸生策二道」, 『拙藁千百』 권1.

57) 高惠玲, 앞의 논문, 888쪽 ; 金仁昊, 「李奎報와 崔瀣의 佛教認識과 批判論」, 『韓國史

그는 천하의 이치는 하나임에도 사대부들조차 유학이 아닌 '異端의 道'를 지나치게 신봉하고 있음을 비판하고 있다. 그는 유자로서 척불의 규범을 이룬 韓愈를 지지하는 셈인데, 다만 이 글에서 異端을 불교만을 지칭한 것으로 단정할 수 있을지는 의문이다. 유학을 강조하기 위해 유학 이외의 사상 전반을 범칭한 것은 아닌가 한다.

최해의 불교인식은 당시 사대부들이 본격적으로 불교를 비판하기보다는 불교를 둘러싼 폐해와 모순을 비판하는 일반적인 경향과도 그 맥을 같이 하며, 다만 부분적으로 불교에 대한 그의 냉소적이면서 격렬한 표현은 그 자신의 성격과 불우한 처지가 작용한 산물로 보아야[58] 할 것이다.

의 構造와 展開』, 혜안, 2000.

58) 邊東明, 앞의 논문, 954쪽에서 최해의 불교배척론이 깊은 교유관계를 맺고 있던 李齊賢과 대비되는 것은 자신의 불우했던 현실 곧 정치적인 출세여부에서 싹이 텄던 것으로 본 것은 수긍할 만하다. 그렇지만 사상적으로 최해가 이제현에 비해 철저한 성리학 신봉자인지는 의문이다.

『東人之文四六』의 자료가치
-특히 金富軾 『文集』의 복원 시도-

채상식 | 부산대 사학과 교수

1. 머리말

崔瀣(1287~1340)가 1338년(충숙왕 복위 7)에 편찬한 『東人之文四六』은 신라 말에서 고려시기에 이르는 시기에 지은 四六文을 결집한 것이다. 이에 대한 연구는 서지학적인 접근만 이루어졌을 뿐[1] 역사적인 접근은 최근에 박한남에 의한 연구[2] 외에 거의 없는 형편이다. 이는 무엇보다도 현전하는 판본의 상태가 그렇게 좋지 않기 때문에 판독상 어려움이 많은 점이 가장 큰 이유일 것이다.

따라서 『東人之文四六』에 수록된 자료 하나하나에 대한 검토보다 전체적인 성격을 살피는 것을 우선으로 하려 한다. 『동인지문사육』에는 국가공무와 관련된 事大表狀에서부터 狀, 啓, 祝文 등 다양한 글이 실려 있어 당시의 외교사정이나 국가통치 규범, 특히 예법체계 등을 이해하는데 크게 도움을 주는 자료들이 수록되어 있다. 이러한 글들의 내용과 이를 지은 찬자에

---

1) 尹炳泰, 「崔瀣와 그의 '東人之文'」, 『東洋文化研究』 5, 慶北大, 1978 및 千惠鳳, 「麗刻本 '東人之文四六'에 대하여」, 『大東文化研究』 14, 1981.

2) 朴漢男, 「崔惟淸의 생애와 詩文分析-'東人之文四六' 등에 수록된 詩文을 중심으로-」, 『國史館論叢』 24, 1991 ; 朴漢男, 「14세기 崔瀣의 『東人之文四六』 편찬과 그 의미」, 『大東文化研究』 32, 1997.

대한 검토를 통해 최해가 『동인지문사육』을 편집한 동기가 무엇이었는지를 살필 수 있을 것이다. 그리고 『동인지문사육』에 수록된 자료와 조선시기에 만들어진 『고려사』, 『東文選』 등에 남아 있는 자료들을 비교, 검토함으로써 『동인지문사육』에만 남아 있는 자료가 고려시기 연구를 보완할 수 있는 사료적 가치를 지니고 있음을 알 수 있을 것이다. 또한 『동인지문사육』에 수록된 글의 찬자 가운데 문집이 현전하지 않는 인물이 많이 있으나, 특히 주목해야 할 인물인 金富軾의 경우 『동인지문사육』에 수록된 글을 중심으로 『동문선』, 『신증동국여지승람』, 『대각국사외집』 등에 수록된 자료를 수습하여 그의 문집 복원을 시도해 볼 수 있을 것이다.

본고는 고려시기 연구를 위한 기초적인 자료를 정리하는 방향에서 시도했기 때문에 구체적인 자료 분석·검토를 통한 연구라고는 하기 어렵다. 다만 다음의 두 가지 방향에서 자료정리를 시도하고자 한다. 하나는 『동인지문사육』에 수록된 자료의 특징과 그 가운데 주목할 만한 문제를 파악하기 위해 전체목차, 그에 따른 협주, 찬자 등을 일목요연하게 표로 만들어 보았다. 또 하나는 가칭 『김부식문집』 복원을 위해 『동인지문사육』을 중심으로 그가 남긴 글들을 정리해 보았다. 앞으로 김부식 연구에 기초적인 작업이 되었으면 한다.

2. 『東人之文四六』의 편찬 동기

최해는 충렬왕 13년(1287)에 출생하여 충혜왕 원년(1340)까지 생존한 인물로 사대부 출신의 신진 관료였다. 그가 관직에서 물러나 우리의 역대 詩文을 뽑아 편집한 『東人之文』은 일차자료로서 중요한 자료이다. 『東人之文四六』은 그 전문이 성균관대 대동문화연구원에서 영인 간행한 『高麗名賢集』 5권에 소개되었고, 『東人之文五七』도 잔편이지만 소개된 바 있다.

최근에는 계명대학교 동산도서관에 소장된 진주판(보물 710-6호)을 영인하여 소개되기도 하였다.[3] 이는 고려대학교 만송문고 소장본(보물 710-5호)과 함께 진주판으로 7~9권 1책뿐인 잔편이긴 하지만 선본이라 판독에 크게 도움이 되었다.

『고려사』 권 109, 최해전과 그의 묘지에 의하면, 최해가 남긴 글은 우리의 역대 名賢의 詩・文을 모은 『東人之文』 25권과 『拙藁』 2권이 있는 것으로 전한다. 이밖에도 최해는 『東文選』에 수록된 33편의 시를 남겼다.

『동인지문』은 최치원에서 충렬왕대까지의 이름난 詩・文을 選集한 것으로서, 최해는 이 가운데 詩 부분을 『(東人之文)五七』, 文을 『(東人之文)千百』, 騈儷文을 『(東人之文)四六』이라 각기 이름 붙이고, 이를 총칭하여 『東人之文』이라 하였다. 『동인지문』 25권 가운데, 현전하는 『東人之文四六』은 모두 15권으로 구성되어 있고, 현재 발견된 殘卷의 상태로[4] 보아 모두 9권으로 구성된 것으로 추정되므로, 결과적으로 『東人之文千百』은 1권에 불과한 적은 분량을 가진 셈이 된다. 따라서 『동인지문천백』은 계획에만 그치고 아예 편찬되지 않았거나, 나머지 1권은 『동인지문천백』이 아니라 『동인지문사육』과 『동인지문오칠』의 總目 혹은 卷首였을 가능성이 제기된 바 있다.[5] 한편 목록을 전체 권수에 포함시켜 서문을 쓴 사례가 없다는 것을 근거로, 일단 완성된 『동인지문』을 다음에 보완하여 간행하는 과정에서 권수가 증가했을 가능성을 제기한 견해도 있다.[6]

---

3) 『東人之文四六』, 계명대출판부, 2009. 여기에는 李鍾文, 「해제」가 수록되어 있다.

4) 최근 발견된 『東人之文五七』은 『季刊書誌學報』 16, 1995에 영인하여 수록하였으며, 이를 소개한 글은 다음과 같다.
許興植, 「"東人之文五七"의 殘卷과 "高麗史"의 補完」, 『季刊書誌學報』 13, 1994 ; 辛承云, 「"東人之文五七" 解題」, 『季刊書誌學報』 16, 1995.

5) 『東人之文五七』의 殘卷과 『東人之文』의 구성에 대해서는 辛承云, 위의 해제, 참조.

6) 許興植, 앞의 논문, 6쪽.

『동인지문』의 구성 방식에 따른다면, 최해 자신의 글을 엮어 간행한 문집은 현전하는 『졸고천백』 2권 이외에도 『동문선』에 전하는 33편의 시를 포함하여 엮은 시집으로서 『拙藁五七』이 있었을 가능성은 크지만, 시대적 분위기나 『동문선』에서 그의 병려문이 찾아지지 않는 점으로 보아 『拙藁四六』은 남기지 않았을 가능성이 크다.7)

그러면 최해가 이러한 詩文集을 選集하여 남긴 것은 어디에서 연유하는 것일까. 일반적으로 그 자신이 海東詩文의 宗祖로 알려진 최치원의 후예로서 대단히 높은 자부심을 가졌고, 어릴 때부터 주위의 인정을 널리 받을 만큼 빼어난 詩作 솜씨와 시에 대한 남다른 鑑識眼를 가졌다는 것에서 그 계기를 찾을 수 있으며, 원에서의 관직 생활을 할 때에 우리나라의 시문을 보기를 원하는 중국 사람에게 보여줄 마땅한 책이 없어 부끄러움을 느낀 것이 보다 직접적인 동기로 작용했으며, 그의 좌주인 金台鉉이 만든 『東國文鑑』에서도 적잖은 영향을 받았던 것으로도 볼 수 있다.

그러나 이와 관련하여 사상적인 맥락에서 다음의 두 가지 측면을 심층적으로 접근할 필요가 있다고 생각한다. 첫째, 주자성리학에 대한 최해의 인식이 그렇게 철저하지 못한 산물이 이러한 시문의 찬집으로 나타난 것이며, 둘째, 역설적으로 원 간섭기의 시대적인 상황 속에서 우리의 전통을 재구성하려는 최해의 사상적인 경향 곧 역사의식이 작용한 것은 아닌가 한다.

최해는 원 제과에 합격하였으나 그렇게 좋은 성적을 얻지 못한 것을 항상 마음에 두고 있었는데, 그러면 그가 왜 원 제과에서 좋은 성적을 내지 못했을까. 이는 그가 비록 시문에는 뛰어난 인물이었으나, 성리학을 철저하면서도 깊이 이해하지 못한 점과 관련된 것은 아닌가 한다. 당시 원에서는 1314년 주자학을 관학화하고 과거제를 실시하면서 과거의 시험과

7) 許興植, 위의 논문, 5쪽.

목을 四書五經으로 하였으며, 그 주는 朱子의 註가 주로 쓰였다.[8] 당시의 사정을 정확히 파악하기는 힘들지만 고려에서 충목왕 즉위년(1344) 8월에 이르러서야 朱子의 四書集註가 과거과목으로 채택된 점을[9] 감안한다면, 최해는 성리학을 철저하게 수업할 기회를 갖지 못한 것으로 파악된다. 그렇다면 이미 원의 지식인 사회에 보편화된 주자학을 채택한 원 제과에서 그가 좋은 성적을 내지 못한 것은 당연한 것인지도 모른다. 최해가 남긴 『졸고천백』과 그의 시를 통해 볼 때, 물론 묘지명이 주를 이루는 『졸고천백』의 성격상 사상적인 경향성을 표현한 글이 적다고 하더라도, 그가 儒學을 대단히 강조하고 있지만 성리학에 철저한 이해를 보이고 있는 면모는 잘 드러나지 않는다.[10]

우선 그의 자서전격인 「猊山隱者傳」의 다음 구절은 음미할 필요가 있다.

> 은자는 어릴 적에도 이미 하늘의 이치를 아는 듯이 흉내냈으며, 공부함에 미쳐서는 한 귀퉁이에 머물지 않고 겨우 그 취지만을 아는 정도에만 그쳐 어느 하나도 완전하게 마친 것이 없었으니, 그것은 넓게 보기만 하고 깊이 파고들지 않았기 때문이었다.

이 구절에서 적어도 최해는 그 자신의 표현처럼 '넓게 보기만 하고 깊이 파고들지 않는' 성향을 가진 인물임을 알 수 있는데, 이는 그가 문장가로서의 소양을 갖고는 있지만 사상가로서의 면모를 갖고 있었다고는 볼 수 없게 한다. 그에 관한 자료의 성격상 한계는 있지만 그의 유학에 대한 인식은 四書보다는 五經을 중시하는 표현[11]이라든가, 그가 1326년에 시행

8) 『元史』 권81, 志 31 選擧 1, 科目. 도현철, 「14세기 전반 유교지식인의 현실인식」, 『14세기 고려의 정치와 사회』, 민음사, 1994, 559쪽.

9) 도현철, 위의 논문, 558~559쪽.

10) 高惠玲, 「崔瀣(1287-1340)의 생애와 사상」, 『李基白先生古稀紀念韓國史學論叢』, 1994.

한 과거에서 출제한 다음에 인용하는 「問學業諸生策二道」라는 策問이 유학에 대한 일반적인 내용을 담고 있는 것에서도 짐작할 수 있다.

최해는 安珦을 추모하는 시[12]를 통해 간접적이나마 당시 사대부들과 맥을 함께 한 사상적인 경향과 또 단편적인 자료지만 陰陽과 氣에 대해 그의 견해를 밝힌 글이 보이기도[13] 한다. 다시 말하면 원 제과에 응시할 정도로 성리학을 수업하기는 하였으나 본인의 표현처럼 그렇게 철저한 이해를 가진 인물로 보기 어려우며, 이보다는 시문에 더 능력이 있었던 인물로 파악된다.

이러한 최해가 원 간섭에 직접적으로 저항할 수 있는 의식은 가지고 있지 않았으나,[14] 그의 개인적인 성향이든 당시 시대적인 상황에 의해서든 결국 우리의 전통에 대한 자부심과 이를 정리하려는 방향으로 나아갈 수밖에 없었다. 이는 그가 쓴 『졸고천백』에서도 두드러지게 나타나고 있다. 다음의 인용은 주목된다.

> 다행히 하늘이 皇元을 열어 列聖이 서로 계승하여 천하를 문명으로 이끌었고, 科擧를 마련하여 선비를 뽑은 것도 벌써 7번이나 되었다. 덕화가 크게 미치고 文軌가 다르지 않은지라 비록 나같은 疏淺함으로도 역시 일찍이 외람되이 이름을 金牓에 걸고 중원의 빼어난 선비들과 더불어 서로 접촉할 기회를 얻었던 것이다. 간혹 東人의 문자를 보기를 원하는 자가 있으면 나는 곧장 아직 책으로 만들어진 것이 없노라고 대답하고는 물러나서 또한 부끄러워하였다. 이에 비로소 類書를 편찬할 뜻을 두고 동으로 돌아와서 10년을 두고 일찍이 잊은 적이 없었다. 지금 집안에 간직되어 있던 문집을 찾아내고, 본가에 없는 것은 두루 남에게 빌리어

---

11) 崔瀣, 「次韻答鄭載物子厚」 및 「吳德仁生日」, 『東文選』 권4.
12) 崔瀣, 「在松山書院夏課次東庵追慕安文成珦所著韻」, 『東文選』 권15.
13) 崔瀣, 「故政堂文學李公墓誌」, 『拙藁千百』 권2.
14) 高惠玲, 앞의 논문.

모두 모아서 채집하여 그 다르고 같음을 교정하였다. 신라 崔孤雲에서 시작하여, 忠烈王 때에 이르기까지 무릇 名家라고 일컫는 사람들의 시 몇 편씩을 모아 제목을 五七이라 하고, 문장 몇 편을 모아 제목을 千百이라 하고, 병려문 몇 편을 모아 제목을 四六이라 하고, 총괄하여 제목을 『東人之文』이라고 하였다.

아, 이 편찬은 본시 병란에 불타다 남은 것과 좀먹은 抄錄의 나머지에서 얻은 것이니 감히 집성된 서적이라고 말할 수는 없을 것이다. 그러나 동방의 작문체제를 보려고 한다면, 가히 이를 버리고 다른 것을 구할 수가 없다. 또한 나는 일찍이 말하기를 "말이 입에서 나와 글이 이루어지는데 중국 사람의 학문은 그들의 고유한 것으로 말미암아 나아가므로 정신을 많이 허비하지 않는 까닭에 세상에 뛰어난 인재들은 앉아서 해낼 수가 있지만, 우리 동방의 사람들은 언어가 이미 華夷의 구별이 있으니, 타고난 자질이 참으로 명민한 자가 아니라면 천백배의 힘을 기울여 그 학문에 임하니 어찌 성공함을 얻겠는가. 오히려 一心의 妙에 의지하여 천지사방에 통한다면 털끝만큼도 차이가 없으니, 그 뜻을 얻음에 이르러서는 어찌 스스로 굽히어 그들에게 많이 양보하겠는가. 이 책을 보는 자는 먼저 이와 같은 점을 알아야 할 것이다."라고 하였다.[15)]

이상의 글에서 최해는 언어가 다른 어려운 여건 속에서도 뛰어난 글을 남긴 우리 선대의 업적을 강조하고 있으며, 이를 통해 전통을 계승하려는 최해의 역사의식을 『동인지문』의 찬집에서 찾을 수 있다. 비록 원에 의해 예속된 상황이지만 문화적인 자부심을 잃지 않으려는 그의 태도가 역대 시문의 찬집으로 나타났던 것이다.

---

15) 崔瀣, 「東人之文序」, 『拙藁千百』 권2.

3.『東人之文四六』의 체재와 내용

현전하는 『동인지문사육』은 晩松文庫 所藏本으로 至正 14~15년(1354~1355)에 걸쳐 판각한 것으로 확인되는 福州板과 晋州板을 합쳐 15권으로 되어 있으며, 그 가운데 권13의 12면과 권14의 14면은 망실된 채 전해지고 있다. 하지만 현전하는 이 공민왕 초년의 복주판 및 진주판에 앞서 최해 사후 10년 경인 忠定王代 전라도 안렴사 鄭國徑에 의해 주도된 전라도판도 있는 것으로 보고 있다. 『동인지문사육』의 판본에 대한 검토는 이미 선학의 연구가 있어[16] 언급을 피한다.

『동인지문사육』의 내용은 신라 말 이래 원간섭기 초기까지의 四六文體를 모은 것이다.[17] 여기에 수록된 글의 찬자들은 崔致遠(26편), 朴寅亮(3), 金富軾(91), 崔惟淸(57), 金克己(61), 李奎報(42), 朴昇中(6), 鄭沆(7), 李頫(6), 李之氐(13), 崔惟善(5), 崔誠(18) 등으로 총 71명[18]에 달하고 편수는 492편[19]이다.

내용은 총 15권으로 宋, 遼, 金, 元과의 교류에서 사용한 事大表狀에서 冊文, 麻制, 敎書, 批答, 祝文, 道詞, 佛疏, 樂語, 上樑文, 陪臣表狀, 表, 牋, 啓, 詞疏, 致語 등 총 17종에 걸쳐서 다양하게 수록되어 있어 당시 외교사나 사상사 그리고 국가통치의 질서규범이나 예법체계에 대한 이해를 도울 수 있다. 특히 전체 분량의 3분지 1 정도가(권1~4, 권9) 외교관련 자료라는 점이 주목된다. 단적으로 말해 공문서를 편집한 것이라고 말할

---

16) 尹炳泰, 앞의 논문 및 千惠鳳, 앞의 논문.

17) 四六文이 아닌 경우는 <표> 5-15, 10-26이 해당되는데, 협주에 "非四六"이라고 명시되어 있다.

18) 찬자의 수에 대해 약간의 견해차가 있으나, 무명씨는 계산하지 않고 異名同人을 염두에 두면 71명이 된다(朴漢男, 앞의 논문, 1997).

19) 朴漢男, 위의 논문, 95쪽에는 문서형식을 기준으로 하여 463수로 보고 있다. 일단은 문서 하나하나를 분리해서 계산하면 493편이 된다.

수 있다.

그리고 각 글 하단에는 찬자의 이름뿐 아니라 글을 작성한 干支와 역사적 사실을 밝힌 협주가 많은 것은 중요한 의미를 갖는다. 이러한 협주의 내용은 비록 판독상의 어려움이 많으나 『동문선』, 『고려사』 등을 보완할 수 있는 사료적 가치를 지니고 있는 것으로 보인다.[20] 그리고 『동인지문사육』의 자료가치는 『동문선』을 편찬할 때 생략된 협주부분에서도 찾을 수 있지만, 그 못지않게 중요한 것은 『동문선』에 수록치 않은 119편의 글이라고 할 수 있다. 역사학 방면에서 이 자료를 주목하여 이용한 글은 앞서 언급한 박한남의 글 외에는 별로 보이지 않는다.

본고에서는 다음의 <표>에 그 전체 목차를 정리하고 비고란에 자료상 특기할 사항을 정리해 보았다. 이 <표>에는 전체 목차를 각 권에 따라 일련번호를 매겼으며, 가능한 대로 절대 연대를 찾아보았고, 전거는 『동문선』을 기준하여 대비하였다. 그리고 『삼국사기』·『고려사』 등의 사서와 『고운선생문집』·『동국이상국집』 등의 문집류를 참고하여 자료상의 차이점을 살펴보았다. 특히 <표>의 '비고'란에 " "로 표시한 것은 판독 가능한 협주 내용인데, 이를 통해 절대 연대와 당시의 사정을 어느 정도 짐작할 수 있다. 이 <표>에 나타난 구체적인 내용분석은 차후의 과제로 미룬다.

〈표〉 『東人之文四六』의 체제 분석

권수	번호	종류	제목	연대	지은이	전거	비고
						동문선	
			東人之文四六 序		崔瀣	권89	
권1	1-1	事大表狀	新羅謝唐賜地表	735			"開元二十三年聖德王行" 三國史記 聖德王 35年 六月條(736)

20) 가령 陪臣表狀에 김부식의 글인 「入宋謝差接伴表」가 실려 있는데 『高麗史』 등에는 이들 파견과 귀국에 대한 기록만 전하고 있는데 비해, 이 글에서는 출발에서 귀국에 이르기까지 모든 행로에 대한 상세한 기록이 수록되어 있다.

권수	번호	종류	제목	연대	지은이	전거 동문선	비고
	1-2		新羅賀正表		崔致遠	권31	文集:권1
	1-3		起居表		崔致遠	권39	文集:권1
	1-4		讓位表		崔致遠	권43	文集:권1
	1-5		謝嗣位表	897	崔致遠	권33	文集:권1, 신라 孝恭王의 嗣位表
	1-6		謝恩表		崔致遠	권33	東, 文集 말미에 臣無任이 생략, 文集:권1
	1-7		謝賜詔書兩函表	897	崔致遠	권33	文集의 말미에 無任賀聖~以聞의 글이 보임, 文集:권1, 『三國史記』 진성왕 11년조에 이 글의 간략한 기사가 보임.
	1-8		謝不許北國居上表		崔致遠	권33	東, 文集말미에 無任이 생략, 文集:권1
	1-9		遣宿衛學生首領等入朝狀		崔致遠	권47	文集:권1
	1-10		奏請宿衛學生還蕃狀		崔致遠	권47	文集 말미에 激切屛營之至가 있음, 文集:권1, 숙위학생으로 金武先, 楊穎, 崔渙, 崔匡裕 등이 보임.
	1-11		百濟遣使朝北魏表	472		권39	“癸丑年 蓋鹵王十八年 壬子□□”『三國史記』 권25 개로왕 18년조에 더 많은 내용이 보임. 『北史』 권3 孝文帝 2년 8월조 참조.
	1-12		新羅王與唐江西高大夫湘狀		崔致遠	권47	文集:권1
	1-13		與禮部裵尙書瓚狀		崔致遠	권47	文集:권1
	1-14		與青州高尙書狀		崔致遠	권47	文集:권1
권2	2-1		本國入宋起居表	1015	周佇	권44	“顯乙卯告奏使郭元”21) “宋溫州人” 東 : 本國入宋進奉起居表
	2-2		進奉表	1015	周佇	권44	
	2-3		太皇太后起居表	1090	李顗	권44	“宣庚午”
	2-4		進奉表	1090	李顗	권44	
	2-5		物狀	1090	李顗	권44	
	2-6		謝神宗遺留物表	1090	李顗	권34	“庚午”
	2-7		告不時計奏表	1108	李顗	권39	“睿戊子告奏校王維責去”

권수	번호	종류	제목	연대	지은이	전거	비고
						동문선	
	2-8		謝賜新樂表	1115	朴景綽	권34	"□□恩使王字之□□" 『高麗史』 권14, 예종 10년 7월조, 많은 양의 협주 판독 불가.
	2-9		謝賜禮器祭服薦享曲譜禮器款識等奏	1115	金富佾	권34	음악에 관한 많은 양의 협주가 있다.
	2-10		遣進士乞入學表	1115	金富佾		"睿乙未"
	2-11		謝親策權適等賜第還國表	1118	金富佾		"睿王親製" "戊戌謝恩使鄭克永"
	2-12		謝遣醫官敎習表		金緣	권34	"或云黃元"
	2-13		謝書詔不名表	1115	朴昇中	권34	"乙未李資諒李永等遣去" *『高麗史』 권14, 예종 11년 7월조에 이들의 使行 기록이 보이는데, 이로 보아 '乙未'는 '丙午'의 착오가 아닌가 한다. 四六에는 일부만 수록되어 있고 완성된 글은 동문선에 있음.
	2-14		謝遣使弔慰表	1123	金富軾	권35	"仁癸卯"
	2-15		謝密進廻儀表	1096	康滌	권35	"仁丙子"
	2-16		回詔諭表	1126	金富儀	권39	"丙午□□□"
	2-17		告賀登極使至明州回表		金富佾	권39	
	2-18		回津發使臣入金表	1128	金富儀	권39	"戊申"
	2-19		告不津發使臣入金表		金富佾		"是年告發使尹彦頤賚表"
	2-20		回詔諭表	1130	金富佾	권39	"庚戌四月三日"
	2-21		聘問表		金富佾	권39	
	2-22		入遼起居表	1056	崔惟善		"文丙申告奏使尹姜源廣賚云" 『高麗史』 권7, 文宗 5년조(1055)에 거란에 들어가는 기사가 보임.
	2-23		乞還鴨江東岸爲界狀		崔惟善	권47	
	2-24		謝毁罷鴨江前面亭子表	1057	崔惟善	권33	"丁酉" "前人"

권수	번호	종류	제목	연대	지은이	전거	비고
						동문선	
	2-25		乞抽毁鴨江城橋弓口狀	1059	崔惟善	권47	"己亥告奏使崔奭珍賫去" "前人"
	2-26		再乞狀	1060	吳學麟	권48	"庚子告奏使金仁□賫去" 東:再乞抽毁鴨江城橋弓口狀
권3	3-1		入遼乞罷榷場狀	1075	朴寅亮	권48	『高麗史』 권95, 朴寅亮傳
	3-2		賀登極表	1101	尹瓘	권31	"肅辛巳郭尙許慶等賫行"
	3-3		賀受徽號表	1102	鄭文	권31	"壬子李繼□朴景綽賫去"
	3-4		賀天安節表	1093	魏繼廷	권31	"宣癸酉"
	3-5		賀年表	1109	李德羽	권31	"睿己□"
	3-6		謝宣賜生日表	1093	崔公詞		"宣癸酉"
	3-7		謝橫宣表	1105	朴景綽	권34	"睿乙酉"
	3-8		謝宣諭封冊世子表	1100	高令臣	권34	"肅庚辰"
	3-9		謝冊世子	1100	朴景綽	권34	
	3-10		世子謝表	1100	朴景綽	권34	
	3-11		訃奏國母喪表	1112	朴景綽		"睿壬辰明懿之表　告哀使李德羽"
	3-12		謝勅祭國母表	1113	韓皦如	권34	"癸巳祭奠使耶律固副使王誥"
	3-13		回起復表	1113	朴昇中		"是喪"
	3-14		謝慰問表	1094	失名		"宣之喪甲戌遞爲使"
	3-15		告伐東女眞表	1108	朴昇中	권39	"睿戊子伐明月年告奏李汝霖行" 『東文選』과 四六을 비교할 때 글자가 많이 다름.
	3-16		謝獎諭平定女眞築設城子表	1109	朴昇中	권34	"己丑" "前人"
	3-17		回宣諭助伐女眞表	1114	朴昇中	권39	"甲午十一月"
	3-18		又	1115	韓皦如	권39	"乙未十一月"
	3-19		入金起居表	1126	金富軾	권44	"仁丙午進奉使鄭應文李侯進賀去 始稱臣也" 東:入金進奉起居表
	3-20		進奉表	1126	金富軾	권44	
	3-21		物狀	1126	金富軾	권44	
	3-22		謝宣諭表	1126	崔誠	권35	"丙午回謝使金子鏐柳德文"
	3-23		謝不收復保州表	1126	金富儀	권35	"丙午"
	3-24		回宣慶表	1127	金富佾	권39	"丁未"

권수	번호	종류	제목	연대	지은이	전거	비고
						동문선	
	3-25		謝宣慶表	1128	金富軾		"是年 回謝使崔濡宋觀" 『高麗史』 권15, 인종 6년 10월조 참조
	3-26		謝報諭表	1128	林存	권35	"戊申十一月"
	3-27		誓表	1128	金富軾	권35	"戊申"
	3-28		賀天淸節表		鄭克永	권31	
	3-29		賀萬壽節起居表	1140	崔惟淸	권31	"庚申"
	3-30		賀表	1140	崔惟淸	권31	
	3-31		物狀	1140	崔惟淸	권31	
	3-32		賀年起居表	1127	鄭沆	권31	"仁丁未"
	3-33		賀表	1127	鄭沆	권31	
	3-34		又起居表		崔惟淸	권31	
	3-35		賀表		崔惟淸	권31	
	3-36		物狀		崔惟淸	권31	
	3-37		又起居表	1139	崔惟淸	권31	"己未"
	3-38		賀表	1139	崔惟淸	권31	
	3-39		物狀	1139	崔惟淸	권31	
	3-40		又起居表		李元膺	권31	
	3-41		賀表		李元膺	권31	
	3-42		物狀		李元膺	권31	
권4	4-1		入金回宣賜生日表	1141	崔惟淸		"辛酉使臣趙興祥" 『高麗史』 권17, 仁宗 20년조에는 趙興商으로 나옴.
	4-2		謝物狀	1141	崔惟淸		
	4-3		謝宣賜生日起居表		崔惟淸		"前人"
	4-4		謝表		崔惟淸		
	4-5		物狀		崔惟淸		
	4-6		回橫宣表	1204	任永齡	권39	"熙初甲子本使□顧立"
	4-7		謝物狀	1204	任永齡	권39	
	4-8		告哀表	1146	崔惟淸	권39	"仁之喪二月李之茂爲使" 仁宗 薨
	4-9		稱嗣表	1146	崔惟淸	권39	
	4-10		回勅祭仁王表	1146	崔惟淸		"毅丙寅烏延遵禮爲使" "前人"
	4-11		謝物狀	1146	崔惟淸		
	4-12		謝勅祭仁王表	1146	崔惟淸		"是年鄭襲明爲使" "前人"
	4-13		回慰問表	1184	崔詵		"明甲辰恭睿之喪本使大仲尹"
	4-14		謝落起復表	1126	皇甫倬		"丙午"

권수	번호	종류	제목	연대	지은이	전거 동문선	비고
	4-15		回封冊表	1142	崔惟清	권34	"仁壬戌"
	4-16		謝冊表	1142	崔惟清	권34	"是年回謝使崔灌等賫去" "前人"
	4-17		又	1148	崔惟清	권34	"毅戊辰謝冊使金永夫"
	4-18		告奏表	1130	崔惟清	권39	"仁庚戌告奏使金端乞不制會投入人口"
	4-19		又		崔惟清	권39	"明西京□道梗取定州關路發使入朝"
	4-20		又	1175	郭陽宣	권39	"明乙未西京本告奏使鄭□取義州舊路入朝行以八月" 東:告奏表
	4-21		又	1183	崔詵		"明癸卯恭睿之喪"
	4-22		謝回付沒入人馬表	1128	金富儀	권35	"仁戊申"
	4-23		謝回付逃背人表	1140	郭東珣	권36	"仁庚申"
	4-24		回報哀表	1135	郭東珣		"太宗之喪仁乙卯"
	4-25		又	1136	李之氐		"太皇太后表丙辰"
	4-26		奉慰表	1136	鄭沆		"是喪尹彦植崔久儀爲奉慰兼祭奠使副", 『高麗史』 권22, 인종 14년 2월조 참조.
	4-27		祭奠事由表	1136	鄭沆		"是喪"
	4-28		忠憲王謝聖朝遣帥臣討平遼賊表	1218	李奎報	권37	"戊寅合眞札剌" 『高麗史』 권22, 고종 5년 12월조 참조. 李相:謝蒙古皇帝表(권28)
	4-29		謝宣諭表	1221	李奎報	권37	"辛巳朝廷□來宣差山□□□等十八人賫回" 李相:蒙古國使賫廻 上皇帝表(권28)
	4-30		忠敬王賀中統律元表	1260	金坵		"庚申"
	4-31		與南北朝臣交通狀附與宋太師蔡國公狀		金富軾		
	4-32		回宋使遠狀		金富軾	권48	
	4-33		與遼東京留守大王交聘狀	1090	崔洪嗣	권48	"宣庚午"
	4-34		又	1104	吳延寵	권48	"肅甲申"
	4-35		與金東京交聘狀	1131	崔惟清	권48	"辛亥"
	4-36		又		崔惟清	권48	

권수	번호	종류	제목	연대	지은이	전거 동문선	비고
	4-37		又		崔惟淸	권48	
	4-38		回金使遠狀		崔惟淸	권48	
	4-39		又		崔惟淸	권48	
	4-40		又		崔惟淸	권48	
	4-41		到館勞問狀		李奎報		李相:聖節日使到館日勞問狀(권32)
권5	5-1	冊文	王太后玉冊文	1108	李顗	권28	“睿太后柳氏坤成□崇明府” 肅宗의 妃인 明懿太后임. 『高麗史』 예종 3년 정월조 참조.
	5-2		又	1149	崔惟淸	권29	“毅己巳正癸卯冊任太后□□□□” 仁宗의 妃인 恭睿太后임. 『高麗史』 권17, 의종 3년 정월조 참조.
	5-3		王太子冊文	1054	崔惟善	권28	“文八年”
	5-4		又	1133	金富軾	권28	“仁癸卯二月十七日癸卯”
	5-5		冊王弟侾爲大寧候文		崔惟淸	권28	“睿母弟”
	5-6		冊王女爲公主文		盧旦	권28	“文女嫁樂浪伯” 文宗의 딸인 保寧公主임.
	5-7		冊王妹爲公主文	1124	金富軾		“仁妹” 睿宗의 딸로 承德, 興慶公主로 仁宗2年에 공주에 봉해짐.(『高麗史』 권91, 공주전)
	5-8		靖王諡冊文	1046	廉顯	권28	
	5-9		睿王諡冊文	1122	朴昇中	권28	
	5-10		禘大廟第二室加諡冊文		崔惟淸	권28	“仁” 惠宗義恭大王과 義和王后
	5-11		第三室		崔惟淸	권28	德宗과 敬成王后
	5-12		第四室		崔諴	권28	靖宗과 容信王后
	5-13		祫榮陵諡冊文		朴浩	권28	景宗과 獻肅王后
	5-14		敬順王后諡冊		李之茂	권28	
	5-15		靖王哀冊	1046	李靈幹	권28	“哀冊非四六”
	5-16		文王哀冊	1083	朴寅亮	권28	
	5-17		順德王后哀冊	1118	朴寅亮	권28	“仁初改諡文敬太后” 인종의 母로 이자겸의 둘째딸, 후에 인종조에 문경왕후로 시호를 바꿈(『高麗史』 권88 后妃1)

권수	번호	종류	제목	연대	지은이	전거 동문선	비고
	5-18	麻制	除任元厚門下平章崔湊中書平章李之氐政堂文學	1141	郭東珣	권25	"仁辛酉十月庚寅"
	5-19		除李之氐金正純並叅知政事		李公升		
	5-20		大寧候俆除守太保餘並如故		李逢原		
	5-21		除金富軾守太保餘並如故		崔諴		
	5-22		金富佾罷相判秘書省事		崔惟淸	권25	
	5-23		尹彦植可工部尙書		郭東珣	권25	
	5-24		延興宮大妃祖母金氏追封和義郡夫人		閔忠紹	권25	연흥궁주는 靖宗의 妃인 容信王后의 別稱.
권6	6-1	敎書	冊皇太子敎書		金富軾	권28	毅宗을 말함.
	6-2		王太子加元服敎書		崔洪胤	권23	
	6-3		王太子嘉禮日降使		李奎報	권23	李相:太子嘉禮敎書(권33)
	6-4		王子開福日降使		崔諴	권23	
	6-5		冊大寧候	1148	崔惟淸	권28	
	6-6		冊公主		盧旦	권28	연덕궁주 임씨의 둘째딸인 德寧公主를 말함.
	6-7		又	1124	金富軾	권28	東:冊公主(睿宗의 딸인 承德, 興慶公主를 말함)
	6-8		尙書令鷄林公吉禮		儲元賓	권23	
	6-9		王女興慶宮公主嘉禮日降使		崔諴	권23	연흥궁공주는 예종의 딸.
	6-10		賜安平伯璥		崔諴	권23	"前人" 안평백은 王璥을 가리킴.
	6-11		賜門下侍中文		朴浩		
	6-12		賜金富軾加授同德贊化功臣守太保餘並如故		崔諴	권25	

권수	번호	종류	제목	연대	지은이	전거	비고
						동문선	
	6-13		賜任元厚授門下侍郎同中書門下平章事		郭東珣	권25	
	6-14		賜李子淵中樞使右常侍		金顯	권25	
	6-15		賜金富佾守大尉判秘書事	1130	崔惟淸	권25	
	6-16		獎諭征西元帥金富軾		鄭沆	권23	
	6-17		回元帥金富軾平西獻捷		崔誠	권23	말미에 "賜元帥金富軾物幅"이라 하여 김부식에게 내린 물품의 물목이 적혀 있음. 東에는 元帥金富軾平西獻捷敎書로 되어 있음.
	6-18		獎諭征西都知兵馬金正純		崔誠	권23	"前人"
	6-19		宣召元帥		崔誠	권23	"前人"
	6-20		降使金富軾賜第		崔惟淸	권23	
	6-21		及第放牓	1061	金成槩	권23	"辛酉" 이자연이 과거를 주관(『高麗史』 권73, 선거1 睿宗 2년조)
	6-22		又	1151	金富弼	권23	任懿와 朴景綽 등이 과거를 주관(『高麗史』 권73, 선거1, 文宗5년조)
	6-23	敎書	又		金富軾	권23	
	6-24		故門下侍中魏繼廷配享睿宗		郭東珣	권23	仁宗연간(『高麗史』 권95, 위계정전)
	6-25		故叅知政事鄭克溫配享神宗		李奎報	권23	李相:故參知政事鄭克溫配享神宗大王敎書(권33)
	6-26		仁王罪己		李奎報	권23	"乙卯閏二月十八日下"
	6-27		回征西元帥賀年		崔允儀		
	6-28		回諸道外官賀年		崔允儀		
	6-29		又		崔惟淸		
	6-30		回征西元帥賀冬		崔允儀		
	6-31		回諸道外官賀仁成節起居		崔誠		

권수	번호	종류	제목	연대	지은이	전거 동문선	비고
	6-32		回諸道外官賀慶龍節		崔諴		
	6-33		回諸道外官賀八關會		崔諴		
	6-34		宰臣請御正殿聽政不允		李逢原	권29	
	6-35		再請不允		金富佾	권29	
	6-36		三請宜允		鄭沆	권29	
	6-37		韓安仁讓守□□□□□郎平章事不允		金富軾	권29	
	6-38		金富軾讓政堂文學不允	1130	崔惟淸	권29	『高麗史』 권16, 인종 8년 12월
	6-39		李某讓御史大夫同知樞密院事翰林學士承旨不允		崔惟淸	권29	
	6-40		宰臣任元厚再乞辭免不允		崔惟淸	권29	
	6-41		三辭不允		崔惟淸	권29	
	6-42		四辭不允		崔惟淸	권29	
권7	7-1	敎書	宰臣金富軾讓恩命不允	1136	崔諴	권29	
	7-2		門下平章文公仁乞退不允		崔諴	권29	"前人"
	7-3		任元敱讓東北面兵馬使兼知行營兵馬使不允		崔惟淸	권29	
	7-4		李仲讓同前兵馬使不允		李之茂	권29	東에는 李仲讓東北面兵馬事不允으로 되어 있음.
	7-5		平章崔濡辭知貢擧不允		崔諴	권29	
	7-6		再辭宜允		崔諴	권29	
	7-7		平章庾弼讓同知貢擧不允	1148	許洪材	권29	
	7-8		門下侍中金富軾累表乞退宜允	1142	崔惟淸	권29	

권수	번호	종류	제목	연대	지은이	전거	비고
						동문선	
	7-9		叅政李軌乞退宜允仍令致仕		鄭克永	권29	
	7-10		知樞密院事金富儀卒弔其孤	1136	崔誠	권23	金富儀가 졸한 시기는 仁宗14년(1136) 10월(『高麗史』 권16).
	7-11		肅王遺敎	1105	金緣	권23	肅宗 薨(1105) 『高麗史』 권12
	7-12		睿王遺敎	1122	金富軾	권23	『高麗史』 권14
	7-13		仁王遺敎	1146	亡名	권23	『高麗史』 권17
	7-14	批答	邵台輔讓部尙書知三司事不允批答	1091	朴浩	권29	
	7-15	批答	某讓戶部尙書餘如故不允批荅		崔惟淸	권29	
	7-16		崔弘義讓金吾衛上將軍攝刑部尙書不允		亡名甲	권30	東에는 작자가 權適으로 되어 있음.
	7-17		任元濬讓國子祭酒不允		崔惟淸	권29	
	7-18		李時敏讓給事中兼太子典內不允		崔惟淸	권29	東에는 李時敏讓給事中不允으로 되어 있음. 『高麗史』 권18, 백관2, 동궁관조에 '典內' 참조.
	7-19		鄭襲明讓秘書少監東宮侍讀學士知制誥不允		崔惟淸	권29	仁宗연간(『高麗史』 권98, 정습명전)
	7-20		文奎讓千牛衛大將軍不允		亡名甲	권30	
	7-21		上將軍李祿千請老三表依允		崔惟淸	권29	
	7-22		大將軍楊仁孟請老三表依允		崔惟淸	권29	
	7-23		禮部侍郎林光讓監試試官不允		崔惟淸		
	7-24		大司成金富軾讓撰圓敎國師碑不允	1101	權適	권30	

21) '顯乙卯'는 고려 현종 을묘년을 가리킨다. 이하 기재방식도 동일하다.

권수	번호	종류	제목	연대	지은이	전거 동문선	비고
	7-25	祝文	春享		金克己		김극기의 글은 明宗연간에 작성된 것으로 보임(兪升旦,「金居士集序」;成俔, 『용재총화』 권8).
	7-26		夏享		金克己		
	7-27		秋享		金克己		
	7-28		冬享		金富軾		
	7-29		薦氷		金克己	권110	"二月" 東:薦氷祝
	7-30		告望兼薦麥櫻桃		李奎報		"四月或以五月朔" 李相:告望大廟兼薦麥櫻桃祭祝(권40)
	7-31		告望兼薦麻		金克己		"□月"
	7-32		告朔兼薦稻		金克己		"九月"
	7-33		臘兼薦魚		李奎報	권110	東:臘兼薦魚祝 李相:大廟臘享兼薦魚祭祝(권40)
	7-34		閏告望		李奎報		李相:大廟閏月告望祝(권40)
	7-35		寒食		李奎報		李相:告望大廟兼薦麥櫻桃祭祝(권40)
	7-36		端午		金克己		
	7-37		五祀		金富軾		"四享分祀此卽冬享"
	7-38		中霤		金克己		"六月"
	7-39	社稷	春大社		金克己		
	7-40		后土		金克己	권110	東:后土祝
	7-41		大稷		金克己		
	7-42		后稷		金克己		
	7-43		秋大社		李奎報		李相:大社(권40)
	7-44		后土		李奎報		李相:后土祭祝(권40)
	7-45		大稷		李奎報		李相:大稷祝(권40)
	7-46		后稷		李奎報		李相:后稷祝(권40)
	7-47		臘大社		金富軾		
	7-48		后土		金富軾		
	7-49	社稷	大稷		金富軾		
	7-50		后稷		金富軾		
	7-51	釋奠二丁	先聖		金富軾		
	7-52		先師		金富軾		
	7-53		先聖		金克己		
	7-54		先師		金克己		
	7-55	圓丘	上辛祈穀上帝		李奎報		李相:上辛析穀圓丘祭祝(권40)

권수	번호	종류	제목	연대	지은이	전거	비고
						동문선	
	7-56		五帝通行		李奎報		李相:五帝通行祝(권40)
	7-57		□□		李奎報		李相:配帝祝(권40)
	7-58		□□□□		金克己		찬자인 金克己는 판독 가능하나 제목이 보이지 않음.
	7-59		配帝		金克己		
	7-60	籍田	上齊祈穀神農		金克己		
	7-61		后稷		金克己		
	7-62		仲農神農		李奎報		李相:仲農祭祝 神農(권40)
	7-63		后稷		李奎報		李相:권40
	7-64		後農神農		金克己		
	7-65		后稷		金克己		
	7-66		風師		金克己	권110	"立春後□"
	7-67		雨師		金富軾		"四月上辛"
	7-68		祈雨北郊		李奎報	권110	李相:祈雨望北效祭祝(권40)
	7-69		再郊		金克己	권110	
	7-70		藏氷司寒		李奎報		李相:立春藏氷司寒祭祝(권40)
	7-71		開氷司寒		李奎報	권110	李相:開氷司寒祭祝(권40)
	7-72		鎭祭		金克己	권110	
	7-73		報祀		金克己		
	7-74		馬祖		金克己		
	7-75	道詞	乾德殿醮禮靑詞		金富軾	권115	
	7-76		又		金富軾	권115	
	7-77		又		金富軾	권115	
	7-78		又		崔惟淸	권115	
	7-79		又		金克己	권115	
권8	8-1	道詞下	上元靑詞		李奎報	권115	李相:上元醮禮文 三獻靑詞(권40)
	8-2		冬至太一靑詞		金克己	권115	
	8-3		又		李奎報	권115	李相:太一醮禮文 三獻靑詞(권40)
	8-4	道詞	乾興節太一靑詞		金克己	권115	
	8-5		王本命靑詞		金克己	권115	
	8-6		又		李奎報	권115	李相:本命醮禮 靑詞(권40)
	8-7		北斗靑詞		李奎報	권115	李相:北斗下降醮禮文(권39)
	8-8		年交道場兼醮詞		李奎報	권115	李相:年交道場兼醮文(권40)
	8-9	佛疏	神聖王親製開泰寺華嚴法會疏	940	太祖		『補閑集』上에 일부 수록.

권수	번호	종류	제목	연대	지은이	전거	비고
						동문선	
	8-10		興王寺弘教院華嚴會疏		金富軾	권110	
	8-11		轉大藏經道場疏		金富軾	권110	
	8-12		又	1131	鄭知常	권110	"辛亥春"
	8-13		金光明經道場疏		金富軾	권110	
	8-14		消災道場疏		金富軾	권110	
	8-15	樂語	咸寧節御宴致語		韓安仁	권104	
	8-16		句合曲		韓安仁	권104	
	8-17		冊王太子御宴致語		鄭知常	권104	
	8-18		句合曲		鄭知常	권104	
	8-19		燈夕致語		林宗庇	권104	
	8-20		句合曲		林宗庇	권104	
	8-21		八關致語		林宗庇	권104	
	8-22		重修大內後大宴致語		朴椿齡	권104	
	8-23		西道君臣大宴致語	1168	尹鱗瞻	권104	"戊子四月九"
	8-24		西京龍堰宮大宴致語	1116	金富佾	권104	"丙申"
	8-25		西京大花宮大宴致語		李之氐	권104	
	8-26		句合曲		李之氐	권104	
	8-27		宴宋使日女隊念語大樂署行抛毬樂致語		李之氐	권104	"大樂署行" *이하 8편의 글을 포함하여 하나의 글을 이룸.
	8-28		入問		李之氐	권104	
	8-29		花心答		李之氐	권104	
	8-30		出退		李之氐	권104	
	8-31		蓮花隊致語		李之氐	권104	
	8-32		花心答		李之氐	권104	
	8-33		出退		李之氐	권104	
	8-34		喜相逢致語		李之氐	권104	
	8-35		出退		李之氐	권104	
	8-36	上梁文	宣慶殿上梁文		崔詵	권108	

권수	번호	종류	제목	연대	지은이	전거	비고
						동문선	
권9	9-1	陪臣表狀	入宋謝差接伴表	1116	金富軾	권34	"徽宗政和六年" "睿王丙申謝恩進奉李資諒等行" 東에는 맨 뒤에 陪臣某等誠惶誠懼頓首頓首謹言이 없음.
	9-2	陪臣表狀	謝郊迎表	1116	金富軾	권34	
	9-3		謝天寧節垂拱殿赴御宴表	1116	金富軾	권34	
	9-4		謝睿謨殿侍宴表	1116	金富軾	권34	
	9-5		謝宣示御製詩仍令和進表	1116	金富軾	권34	
	9-6		謝法服參徒三大禮表	1116	金富軾	권34	
	9-7		謝冬祀大禮別賜表	1116	金富軾	권34	
	9-8		謝許謁大明殿御容表	1116	金富軾	권34	
	9-9		乞辭表	1116	金富軾	권42	
	9-10		謝御筆指揮朝辭日表	1116	金富軾	권34	
	9-11		謝二學聽講兼觀大晟樂表	1116	金富軾	권34	
	9-12		謝宣示大平睿覽圖表	1116	金富軾	권34	
	9-13		謝赴集英殿春宴表	1117	金富軾	권35	
	9-14		謝回儀表	1117	金富軾	권35	"使行副使又賜給四千四百三十疋"
	9-15		謝獎諭表	1117	金富軾	권35	"使行"
	9-16		謝使副及上節都轄已下十九員各賜單公服表	1117	鄭知常	권34	
	9-17		謝釋奠陪位表	1117	金端	권35	"是行□以□書丞爲提轄爲晋句文字入朝"
	9-18		謝衣對銀絹表	1117	金端		
	9-19		謝許習大晟樂表	1117	林存	권35	

권수	번호	종류	제목	연대	지은이	전거 동문선	비고
	9-20		入金謝差接伴表	1203	金克己	권35	"章宗泰和三年" "神癸亥賀正使李延壽行"
	9-21		謝賜詔書兼藥物表	1203	金克己	권35	
	9-22		謝朝參次客省幕賜酒食衣對表	1203	金克己	권35	
	9-23		謝舘宴表	1203	金克己	권35	
	9-24		謝差舘伴表	1203	金克己	권35	
	9-25		謝館大宴表	1203	金克己	권35	
	9-26		謝花宴表	1203	金克己	권35	
	9-27		謝正旦赴御宴表	1204	金克己	권35	
	9-28		謝春幡勝表	1204	金克己	권35	
	9-29		乞辭表	1204	金克己		
	9-30		謝朝辭日衣對鞍馬禮物表	1204	金克己	권35	
	9-31		謝館餞宴表	1204	金克己	권35	
	9-32		謝離館表	1204	金克己	권35	
	9-33		謝差送伴表	1204	金克己	권35	
	9-34		謝東京賜餞宴表	1204	金克己	권35	
권10	10-1	表	賀年起居表	1204	金克己	권31	
	10-2		賀表	1204	金克己	권31	
	10-3		又		朴浩	권31	東:賀年表
	10-4		又		金富軾	권31	東:賀年起居表
	10-5		賀冬表		朴浩	권31	
	10-6		又		金富軾	권31	東:賀冬表
	10-7		賀節表文		朴浩	권31	
	10-8		賀八關表		朴浩	권31	
	10-9		又		金富軾	권31	"安西大都護行" 東:賀八關表
	10-10		賀新納王妃表		尹彦頤	권31	仁宗의 妃인 恭睿太后임
	10-11		賀冊王太子表	1200	金克己	권31	"神庚申四月東北面兵馬使行"
	10-12		剏立國學後學官謝上表		殷純臣	권36	
	10-13		諸生謝就養表		張仔	권36	
	10-14		幸學命講經諸生謝許難疑表		成上田	권36	
	10-15		又謝巡齋表		郭東珣	권36	東에는 諸生謝巡齋表로 되어 있음.

권수	번호	종류	제목	연대	지은이	전거	비고
						동문선	
	10-16		又謝幸學表		郭東珣	권36	"前人"
	10-17		賀幸國學表		金富軾	권31	
	10-18		伐女眞取其地築設城池實入丁戶訖獻功表		林彦	권44	東:뒷부분에 今差臣男知將仕郞大原錄事彦純謹奉表稱賀以聞 및 협주 생략.
	10-19		平西京獻捷表	1135	金富軾	권44	
	10-20		請御正殿聽政表	1122	鄭沆	권41	"宰府行仁初四月二十八日上"
	10-21		再請表		洪灌	권41	"五月二日上"
	10-22		三請表		金富佾	권41	
	10-23		先王忌辰陳慰表		朴浩		"宰府行"
	10-24		請延訪朝臣表		鄭克永	권41	東:말미에 俯伏殿門之外誠惶誠恐頓首頓首謹言이 생략.
	10-25		謝侍宴表		朴浩	권34	東:말미에 無任이 생략.
	10-26		進三國史記	1145	金富軾	권44	"非四六" 東:進三國史記表
권11	11-1		謝賜金帶表		金富儀	권35	
	11-2		謝賜物表		鄭襲明	권35	
	11-3		謝賜物母氏表		鄭知常	권34	
	11-4		讓東宮侍講學士表		李之氐	권43	
	11-5		讓寶文閣直學士御書檢討官表		金富軾	권43	
	11-6		讓衛尉卿翰林學士表		鄭克永	권43	
	11-7		代某再讓知御史臺事表		朴浩	권43	
	11-8		讓叅知政事判戶部事表		金富軾	권43	
	11-9		代李之氐讓守司空左僕射監修國史判禮部事表		李知深	권43	
권11	11-10		讓西北面兵馬使判中軍兵馬事表		金富軾	권43	
	11-11		代金仁存謝門下侍中表		郭東珣	권36	
	11-12		謝門下侍中表	1136	金富軾	권34	『高麗史』 권16, 인종 14년
	11-13		謝東北面兵馬使判行營兵馬事表		金富佾	권34	

권수	번호	종류	제목	연대	지은이	전거	비고
						동문선	
	11-14		謝知門下省集賢大學士表		李奎報	권36	東:謝知門下省事戶部尙書集賢殿大學士表 李相:同前謝表(권31) 로 제목이 되어 있고 글의 앞뒤에 云云이라는 문구가 달려 있음.
	11-15		謝刑部尙書知樞密院事表	1135	金富儀	권35	『高麗史』 권16, 인종13년
	11-16		謝樞密院副使御史大夫表	1126	金富軾	권34	『高麗史』 권15, 인종4년
	11-17		代文公美謝禮部尙書表	1127	郭東珣	권36	『高麗史』 권15, 인종5년
	11-18		代李仁實謝大司成兼直門下省充太子左庶子表		李知深	권35	
	11-19		謝左諫議大夫表		李奎報	권36	東:謝除左諫議大夫表, 李相:同前謝表(권31) 앞뒤로 云云이라는 문구가 있음.
	11-20		謝寶文閣待制表		李奎報	권37	東:謝除寶文閣待制表, 李相:同前謝表(권31) 앞뒤로 云云이라는 문구가 있고 본문 내용도 다른 부분이 있음.
	11-21		謝禮部員外郎表		朴浩	권34	
	11-22		代李某謝御史雜端表		士烈	권34	
	11-23		謝右拾遺知制誥表		朴浩	권34	
권12	12-1		謝左正言知制誥表		鄭襲明	권35	
	12-2		謝權知閤門祗候表		朴浩		
	12-3		謝直翰林院表		朴浩		
	12-4		謝權知直史館表		朴浩		
	12-5		代謝及第表		金富軾	권34	
	12-6		代請赴試表		金富軾	권41	
	12-7		廣州謝上表		尹彦頤	권35	
	12-8		上疏不報辭職表		金富軾	권42	찬자 이름 뒤의 협주에 "集無"
	12-9		二辭起復表		金富軾	권42	東:三辭起復表

권수	번호	종류	제목	연대	지은이	전거	비고
						동문선	
	12-10		辭知貢擧表		金富軾	권42	김부식이 지공거를 역임한 것은 인종2년, 8년, 17년이다(『高麗史』 권73, 선거).
	12-11		又		金富儀	권42	東:謝知貢擧表
	12-12		辭恩命表		金富軾	권42	
	12-13		再辭表		金富軾	권42	
	12-14		三辭表		金富軾	권42	"集無"
	12-15		代樞密柳公權辭職表		李奎報	권42	東,李相:柳樞密公權乞辭職表(권29), 四六:앞에 臣某言 생략.
	12-16		再辭表		李奎報	권42	東, 李相:第二表(권29) 四六:앞에 臣某言~特降手詔不允者가 생략.
	12-17		三辭表		李奎報	권42	東, 李相:第三表(권29) 四六:臣某言昨以寢疾累表乞退伏蒙今月日復降手詔不允者가 생략.
	12-18		代門下侍中李公壽請老表		郭東珣		
	12-19		引年乞退表		金富軾	권42	
	12-20		乞致仕表		金富軾	권42	
권13	13-1	牋	賀王太子受冊牋		金克己	권31	"東北面兵馬使行" 東:말미에 臣某等誠歡誠抃叩頭叩頭謹言 없음.
	13-2		賀年起居牋		朴浩		"東京留守行"
	13-3		賀牋		朴浩	권31	
	13-4		賀冬起居牋		朴浩	권31	"西北面兵馬使行"
	13-5		賀牋		朴浩	권31	
	13-6		賀生日起居牋		朴浩	권31	"西北面兵馬使行"
	13-7		賀牋		朴浩	권31	"長興節"
	13-8	狀	牧都護賀年宗室狀		李奎報	권48	"全牧賀延昌侯" 東:正旦賀狀 李相:正旦賀狀 上延昌侯(권32)
	13-9		又		李奎報	권48	"廣陵侯" 李相:正旦賀狀 廣陵侯(권32)
	13-10		賀年兩府狀		金富軾	권48	"安西大都護賀致仕林平章"
	13-11		又		金富軾	권48	"崔平章"

권수	번호	종류	제목	연대	지은이	전거	비고
						동문선	
	13-12		又		李奎報	권48	“全牧賀趙平章永仁 二首” 李相：冬至賀狀 趙平章永仁(권32)
	13-13		又		李奎報	권48	
	13-14		又		李奎報	권48	“奇平章洪壽 一首”
	13-15		賀冬宗室狀		李奎報	권48	“全牧賀廣陵候” 東:又 李相:冬至賀狀 廣陵侯(권32)
	13-16		又		李奎報	권48	“昌化伯” 李相:冬至賀狀 化伯(권32)
	13-17		賀冬兩府狀		金富軾	권48	“安西賀金平章”
	13-18		又		金富軾	권48	“崔相國”
	13-19		又		金富軾	권48	“李參政”
	13-20		又		金富軾	권48	“柳副樞”
	13-21		西北面兵馬使上新判兵馬狀		朴浩	권48	
	13-22		東北面兵馬屬官賀新帥狀		金克己	권48	
	13-23		新帥與舊帥狀		金克己	권48	
	13-24		定州分道將軍上新帥狀		金克己	권48	
	13-25		東京留守耿倅上新知留狀		朴浩		
	13-26		全州牧上按察賀年狀		李奎報		李相:正旦賀狀 賀正廉察使(권32)
	13-27		入宋使臣上引伴使狀	1116	金富軾	권48	『高麗史』 권14, 예종 11년 7월에 宋으로 떠남.
	13-28		杭州	1116	金富軾		
	13-29		廻次南京	1116	金富軾		
	13-30		宿州	1116	金富軾		
	13-31		泗州	1116	金富軾		
	13-32		楚州	1116	金富軾		
	13-33		高郵軍	1116	金富軾		
	13-34		楊州	1116	金富軾		
	13-35		潤州	1116	金富軾		
	13-36		常州	1116	金富軾		
	13-37	狀	蘇州	1116	金富軾		
	13-38		秀州	1116	金富軾		

권수	번호	종류	제목	연대	지은이	전거	비고
						동문선	
	13-39		越州	1116	金富軾		
	13-40		明州	1116	金富軾		
	13-41		謝館伴廻儀狀	1116	金富軾		
	13-42		謝潤州宴	1116	金富軾		
	13-43		謝杭州回儀狀	1116	金富軾		
	13-44		入金使臣回平州狀	1203	金克己		이연수와 함께 금에 다녀옴(兪升旦,「金居士集序」).
	13-45		上接伴使遠狀	1203	金克己		
	13-46		接伴初贈物	1203	金克己		
	13-47		再贈	1203	金克己		
	13-48		館伴初贈物	1203	金克己		
	13-49		再贈	1203	金克己		
	13-50		朝叅日客省幕贈場狀	1203	金克己		
	13-51		引進使贈物狀	1203	金克己		
	13-52		押宴官贈物狀	1203	金克己		
	13-53		送伴贈物	1203	金克己		
	13-54		宣州接遼使遠狀		朴浩		
	13-55		回程遠狀		朴浩		
	13-56	啓	上襄陽李相公讓館給啓		崔致遠	권45	문집:권1
	13-57		初投獻太尉啓		崔致遠	권45	東:말미에 謹啓가 생략. 桂苑:권17
	13-58		再獻啓		崔致遠	권45	東:말미에 謹啓가 생략. 桂苑:권17
	13-59		謝職狀		崔致遠	권47	東:말미에 謹狀이 생략. 桂苑:권17
	13-60		謝許奏薦狀		崔致遠	권47	東:謹奉狀陳謝謹狀이 생략. 桂苑:권17
	13-61		謝加料錢狀		崔致遠	권47	桂苑:권18
	13-62		謝許歸覲啓		崔致遠	권45	東:말미에 謹奉啓謝謹啓가 생략. (桂苑:권20
	13-63		謝行裝錢狀		崔致遠		桂苑(권20):말미에 云云이 보임.
	13-64		謝再送月料錢啓		崔致遠	권45	桂苑(권20) : 狀으로 되어 있음.
	13-65		謝賜弟栖遠錢狀		崔致遠		桂苑:권20
	13-66		別紙		崔致遠		
권14	14-1	啓	謝魏樞密稱譽啓		金富軾	권45	"繼廷"

권수	번호	종류	제목	연대	지은이	전거	비고
						동문선	
	14-2		入宋船次上朴學士啓		權適	권45	
	14-3		謝金樞密賜詩狀		崔惟淸		"尙州作" "富軾"
	14-4		上座主權學士謝及第啓		林宗庇	권45	"適" 四六:중간에 한 단락이 빠져 있다. 동문선에도 이곳의 기록은 소실되었음을 밝히고 있다.
	14-5	啓	投金侍郎啓		林椿	권45	"闡" 東:上金侍郎啓, 西河集:권6
	14-6		謝金侍郎薦擧啓		林椿	권45	東:謝金少卿啓
	14-7		上吳郎中啓		林椿	권45	西河集:권6
권15	15-1	啓	上李常侍啓		林椿	권46	"知命" 西河集:권6
	15-2		上安西太伴陳郎中啓		林椿	권46	"光脩"
	15-3		謝某官見訪啓		林椿	권46	東:謝見訪啓, 西河集:권6
	15-4		謝任秘監見訪啓		李奎報	권46	李相:권27
	15-5		謝趙相國篘薦啓		李奎報	권46	"永仁" 李相:권27
	15-6		上座主金相國謝衣鉢啓		金坵	권46	"仁鏡"
	15-7	詞疏	應天節齋詞		崔致遠	권114	桂苑:권15
	15-8		求化脩諸道觀疏		崔致遠	권110	桂苑:권15
	15-9		求化脩大雲寺疏		崔致遠	권110	桂苑:권15
	15-10		天成節祝壽齋疏		釋昫	권110	
	15-11		祝上羅漢齋疏		崔惟淸	권110	
	15-12		醮詞		崔惟淸		
	15-13	致語	尙州宴白語		金富儀	권104	"牧使李還點軍使韓柱安東知府洪若伊同宴" 東에는 제목이 尙州宴致語로 되어 있음.

* 四六 : 東人之文四六, 東 : 東文選, 李相 : 東國李相國集, 文集 : 孤雲先生文集, 桂苑 : 桂苑筆耕

4. 金富軾 『文集』의 복원 시도

『고려사』 권98, 金富軾傳에는 그의 문집 20권이 있다고 기록되어 있으나 현전하지 않는다. 더욱이 이와 관련된 내용이 남아 있지 않기 때문에 그 실체를 모르고 있는 실정이다. 그러나 『東人之文四六』에는 <표>의 12-8, 12-14 등 자료에서 보는 바와 같이 찬자인 金富軾을 밝힌 뒤 '集無'라는 협주가 보인다. 이는 '文集'에는 수록되어 있지 않다는 의미로 해석된다. 이로써 짐작컨대 적어도 최해가 『사육』을 편찬할 당시까지는 김부식의 문집이 남아 있었음을 알 수 있다. 어떻든 『사육』에는 김부식의 글이 91편에 이르고 있고, 이 가운데 『사육』을 참고로 하여 편찬한 『동문선』에 수록되어 있지 않은 글이 28편에 이르고 있다. 이를 기준으로 하여 『동문선』과 『신증동국여지승람』 등에 수록된 김부식의 詩·記 등을 비롯하여, 『大覺國師外集』에 수록되어 있으면서 그 비석도 현전하는 「靈通寺大覺國師碑銘」과 『朝鮮金石總覽』 등을 통해 판독 내용이 소개된 「普賢寺記」등을 결집하면 나름의 '문집' 체재로 복원이 가능하다고 생각한다. 복원 기준은 『동문선』 체재를 따르기로 한다.

다만 다음의 두 가지 미비점이 있음을 밝혀둔다. 하나는 『삼국사기』에 수록된 논찬과 『고려사』·『고려사절요』 등에 수록된 기록, 나아가 김부식이 직접 쓰지 않았더라도 그와 관련된 자료 등을 보충하면 어느 정도 완벽한 문집 체계를 갖출 수 있을 것이나, 본고에서는 생략하였다. 또 하나는 『사육』의 판본이 그렇게 선명하지 못하기 때문에 대부분 판독을 『동문선』에 의거한 사실이다. 이는 추후 더 나은 『사육』의 善本이 출현한다면 김부식의 문집 복원이 더욱 본격적으로 추진될 것이다.

1) 賦·詩

(1) 仲尼鳳賦

仲尼乃人倫之傑 鳳鳥則羽族之王 何其名之稱異 舍厥德以相將 愼行藏於用捨之閒 如知出處 正禮樂於陵遲之後 似有文章 夫子志在春秋 道屈季孟 如非

仁智之物 孰肖中和之性 相彼鳳矣 有一時瑞世之稱 此良人何 作百世爲師之聖 于以其文炳也 吾道貫之 揚德毛而出類 掀禮翼而聘時 金相玉振之嘉聲八音逸響 河目龍文之偉表 五彩雄姿 斯乃祖述憲章 東西南北 蹌蹌乎義之藪翽翽乎 詩書之域 過宋伐樹 應嫌栖息之危 在齊聞韶 若表來儀之德 則知非形之似 惟智所宜 游於藝而不遊於霧 至於邦而不至於岐 受饒瓦甂 乃是不貪之食 輿儒縫掖 那云何德之衰 盖進退誾如 屈舒歁彼 程公傾盖兮諒以不似 伯鯉趍庭兮堪云有子 樂稱堯舜 歸好生惡殺之時 無道桓文 遠毁卵覆巢之里 於戲巖巖德義 皓皓威儀 高尼山之岐嶷 非丹穴之捿遲 衰周之七十諸侯 鴟梟竟笑闕里之三千子弟 鳥雀相隨 小儒靑氈早傳 鏤管未夢 少年攻章句之彫篆 壯齒好典謨而吟諷 鑽仰遺風教教深期於附鳳(『東文選』 권1)

(2) 啞鷄賦

歲崢嶸而向暵 苦晝短而夜長 豈無燈以讀書 病不能以自强 但展轉以不寐百慮縈于寸腸 相鷄塒之在邇 早晩鼓翼以一鳴 擁寢衣而幽坐 見牕隙之微明遽出戶以迎望 衆昴澹其西傾 呼童子而令起 乃問鷄之生死 旣不羞於俎豆恐見害於狸猩 何低頭而瞑目 竟緘口而無聲 國風思其君子 嘆風雨而不已今可鳴而反默 豈不違其天理 輿夫狗知盜而不吠 猫見鼠而不追 校不才之一揆 雖屠之而亦宜 惟聖人之敎誡 以不殺而爲仁 倘有心而知感 可悔過而自新(『東文選』 권1)

(3) 五言古詩

結綺宮

堯階三尺卑 千載餘其德 秦城萬里長 二世失其國 古今靑史中 可以爲觀式隋皇何不思 土木竭人力(『東文選』 권4)

(4) 五言絶句

大興寺門子規

俗客夢已斷 子規啼尙咽 世無公治長 誰知心所結(『東文選』 권19)

東宮春帖子

曙色明樓角 春風着柳梢 鷄人初報曉 已向寢門朝(『東文選』 권19)

(5) 五言律詩

甘露寺次惠遠韻

俗客不到處 登臨意思淸 山形秋更好 江色夜猶明 白鳥孤飛盡 孤帆獨去輕 自慚蝸角上 半世覓功名(『東文選』 권9)

(6) 七言絶句

內殿春帖子

雪垠猶在三雲陛 日脚初昇五鳳樓 寶曆援時周太史 玉巵稱壽漢諸侯(『東文選』 권19)

宋明州湖心寺次書狀官韻

郡城南畔水無窮 曲徑浮橋闞復通 安得此身謝拘檢 扁舟容颺一江風(『東文選』 권19)

安和寺致齋

窮秋影密庭前樹 靜夜聲高石上泉 睡起凄然如有雨 憶曾蘆葦宿漁船(『東文選』 권19, 『新增東國輿地勝覽』 開城府上 佛宇條 安和寺)

酒醒有感

天淨雲飛署向殘 淸風落日小闌干 老來生計皆知足 方信劉伶席幕寬(『東文選』 권19)

聞敎坊妓唱布穀歌有感(睿王喜聽此曲)

佳人猶唱舊歌詞 布穀飛來櫪樹稀 還似霓裳羽衣曲 開元遺老淚霑衣(『東文選』 권19)

熏脩院雜詠

院靜僧閑夜向分 殘燈孤枕臥幽軒 自嗟情習何時盡 夢把花枝對酒尊
農家生計看來慣 市道交遊日漸疎 應被輪人堂下笑 白頭勤苦未捐書(『東文選』 권19)

西湖和金史館黃苻

老大無心泛五湖 不開書卷卽提壺 有時扶病來蕭寺 一簇江山似畵圖(『東文選』 권19)

東郊別業

水穀微黃風浩蕩 園蔬膩碧雨淋浪 有時閑步田邊踞 逢着於樵唉語長(『東文選』 권19)

臨津有感

秋風嫋嫋水洋洋 回首長橋思渺茫 惆悵美人隔千里 江邊蘭芷爲誰香(『東文選』 권19, 『新增東國輿地勝覽』 권12, 長端都護府 山川條 臨津渡)

赤道寺

聖祖樓船憩此中 江山王氣尚葱葱 當時故事無人識 除却堂堂十八公(『東文選』 권19)

(7) 七言律詩

燈夕

城闕深嚴更漏長 燈山火樹粲交光
綾羅縹緲春風細 金碧鮮明曉月涼
華蓋正高天北極 玉火盧相對殿中央
君王恭默疏聲色 弟子休誇百寶粧(『東文選』 권12)

題良梓驛

萬里江南人未歸 此中愁緖足堪悲
門前枯草秋霜後 窓外寒山夕照時
貧吏畏人如虺蜴 虛堂無主有狐狸
褒城古事無人間 唯有漁樵動所思(『東文選』 권12)

玄化寺奉和御製

襄城前馬忽超然 行遇孤雲一握天
警蹕聲高盈遠壑 羽林兵峭裂寒煙
奇花墮艶繙經座 甘露浮香上壽筵
酬奉文章爭落筆 侍臣才氣似唐賢(『東文選』 권12)

宋明州湖心寺次毛守韻

江山重複望難窮 更構層樓在半空

簷外蒼蒼河漢逼 階前浩浩海潮通
片帆孤鳥千家外 疏雨斜陽一氣中
想與衆心同所樂 騷人誰諷大王風(『東文選』 권12)

自宋回次書狀秘書海中望山
千載歸來却唉丁 雲帆數日出冥冥
早知海若觀難測 方恨天門夢易醒
月注波濤銀瀉白 雲横島嶼黛凝靑
君平昨夜占星象 應怪河間有客星(『東文選』 권12)

和副使侍郎梅岑有感
中華地盡水茫茫 百尺張帆指故鄕
天闊波濤浮日月 雨餘雲霧襯巒岡
黃昏沸沫驚心白 朱夏濃陰着面涼
雖喜正庭行復命 猶思帝所樂洋洋(『東文選』 권12)

西都九梯宮朝退休于永明寺
朝退離宮得勝遊 無窮物象赴雙眸
雲邊列岫重重出 城下寒江漫漫流
柳暗誰家沽酒店 月明何處釣漁舟
牧之曾願爲閑客 今我猶嫌不自由
(『東文選』 권12, 『新增東國輿地勝覽』 권51, 平壤府 樓亭 浮碧樓)

征西軍幕有感
山西留滯思愔愔 不覺東風散老陰

倦客拂衣江岸靜 行人催渡野洲深
鶯溪里巷三更夢 鳳闕樓臺一片心
峴首風流吾敢望 閑吟時復遣幽襟(『東文選』 권12)

軍幕偶吟

誰道朝廷好用兵 只因臣妾變豺狼
心緣思慮恒冰蘗 髮爲憂煎盡雪霜
曉枕聞雞忙似祖 牛窓捫蝨懶於康
君王英斷超唐憲 遮莫時人訪樂羊(『東文選』 권12)

觀瀾寺樓

六月人間暑氣融 江樓終日足淸風
山容水色無今古 俗態人情有異同
舴艋獨行明鏡裏 鷺鷥雙去畫圖中
堪嗟世事如銜勒 不放衰遲一禿翁(『東文選』 권12)

兜率院樓

末路區區不自閑 仲宣樓上獨開顔
路隨地勢相高下 人向官橋自往還
雨後春容粧樹木 朝來爽氣襲江山
野田巖叟不須避 我欲和光混世間
(『東文選』 권12, 『新增東國輿地勝覽』 권11, 坡州牧 驛院條)

謝崔樞密灌宴集

爲嘉東道主人情 文馬翩翩翠盖傾

禮重賓儀瞻秩秩 義深朋舊賦嚶嚶
酒尊屢到春添暖 舞袖初廻雪比輕
獨感留髡意尤重 從容談咲到三更(『東文選』 권12)

葺新堂後有感
掃開塵垢作虛堂 已覺栖遲興味長
蕭洒軒窓貧亦好 蹉跎書史老難忘
化含細雨春陰薄 山帶疏煙曉氣凉
老去酒觴去涓滴 客來時復更携觴(『東文選』 권12)

對菊有感
季秋之月百草死 庭前甘菊凌霜開
無奈風霜漸瓢薄 多情蜂蝶猶徘徊
杜牧登臨翠微上 陶潛悵望白衣來
我思古人空三嘆 明月忽照黃金罍(『東文選』 권12)

裕陵挽詞(睿宗)
昨日林亭玉輦遊 百官咫尺望珠旒
誰知竪入膏肓夢 便使民纏遏密憂
龍馭緲茫仙路秘 魚燈明滅壽宮幽
素輿空返城西路 目斷雲山血淚流(『東文選』 권12)

敬和王后挽詞(睿宗)
翩翩丹旐立宮墻 臣妾哀號淚滿裳
大姒嗣音家道正 莊姜無子國人傷

龍輴啓路雲煙慘 馬鬣因山樹木蒼
惆悵仙蹤何處問 黃泉碧落兩茫茫(『東文選』 권12)

哭金參政純
獨將功業到岩廊 壯氣憑凌莫敢當
東戰先登探虎穴 西征半夜出羊腸
君王訪事常前席 賓客追懽每後堂
張說乞身縱煙棹 可憐此計落空亡(『東文選』 권12)

(8) 七言排律
和羅倅李先生奇金郎中緣
今日朝廷寂異聞 李公聲價獨超倫 倦遊平昔諳時態 力學多年識道眞
皎皎胸襟蟠古劍 凌凌風節拔霜筠 雲間羽翮橫千丈 天上官班接七人
未報國恩期粉骨 敢將私計避嬰鱗 嚴如夏日摧姦議 輕却秋毫許國身
巨室縮藏空脾睨 儒夫感激立忠純 一言已破邦家弊 大用方宜社稷珍
誰謂便辭靑瑣闥 飜然出牧錦城民 無功在位寧爲退 不義多財豈似貧
繻袴疲氓誠小幸 牋毫餘事與誰陳 宸心委任維無外 文石何人蹈後塵
(『東文選』 권18)

2) 敎書 · 制誥 · 冊文 · 批答

及第放牓敎書

朕聞書典所載帝王已來 惟理道之多端 以求賢而爲急 虞舜之納大麓 賓于四門 皐陶之矢厥謨 敍其九德 宗周多士 盖由德行之興 炎漢得人 亦本賢良之擧 延及魏晋 迄于隋唐 或以策論觀其能 或以詩賦考其藝 設科之目 時有異同 選士之門 則無今古 肆予凉德 率舊明章 尙邦國之榮懷 須英雄之來輔 考槃在

澗 焉知無窮處之碩人 有卷者阿 庶幾見來游之君子 命知貢擧某官同知貢擧某官 俾之試可 各以名聞 雖鑒照之間姸蚩各辨 而簸揚之際糠粃在前 明揚造庭 申命射策 傾山採玉 已登和氏之場 剖蚌得珠 皆擅隋侯之價 進士某 可乙科及第 進士某等 可丙科及第 進士某 可同進士出身 某進士等 崎嶇十載 脫落一名 憫爾功夫 垂成而敗 沛然渥澤 爲仕之階 可恩賜及第 明經某等 勤過書婬學幾傳癖 非但味古人之糟粕 得以聞夫子之文章 不有褒嘉 孰爲勸勉 可本業某科及第 許之看牓 宜令所司知委者(『東文選』 권23, 『東人之文四六』 권6)

睿王遺教

教內外文武臣寮僧道軍民等 朕荷天地之景命 承祖宗之遺基 奄有三韓 十有八載 扶衰救弊 思與萬民而同休 旰食宵衣 未嘗一日而暫逸 而憂勞積慮 疾恙踰時 有加無瘳 遂至大漸 權國事(仁王諱) 濬哲之性 稟自天成 元良之資 鬱於人望 宜承末命 以卽王位 凡軍國大事 並取嗣君處分 喪服 以日易月 山陵制度務從儉約 方鎭州牧 只於本處擧哀 不得擅離理所 成服三日而除 於戱死生常道 人所難道 始終得宜 朕亦何憾 尙賴廟社儲祉 臣鄰協心 用輔嗣君 永康王室使我國祚 垂于無窮 咨爾多方 體予至意(『東文選』 권23, 『東人之文四六』 권7)

瑜伽業首座官誥

教 善學道者 不離文言 卽得解脫 故未始忘言 能見性者 不壞名相 卽見眞如故未嘗壞相 是以瑜伽唯識之宗趣 因明百法之指歸 備義學之筌蹄 入聖人之閫奧 惟時碩德 深契玄源 某 天資聰穎 慧性超殊 早斷蓋纏 精求講解 循靈基之軌轍 得玄奘之心肝 止水之淵 旣返流而不動 高堂之鏡 能應物而不藏 或說法以攝生 或繙經而對御 道用無礙 師子嚬伸 學人成群 旃檀圍繞 可謂副如來遺教爲季末之道師 故賁以寵章 增其名位 惟國舊典 非朕私恩 噫執柯伐柯 爲道不遠 以器受器 傳法非難 宜揚無盡之燈 以作將來之福云云(『東文選』 권27)

冊皇太子敎書

敎元子(毅王諱) 爾心識聰明 容儀端雅 旣貳體於宸極 須正名於國儲 爰擧典常 特頒寵渥 今遣使攝太尉佐理同德功臣開府儀同三司守太尉門下侍郞同中書門下平章事判尙書吏部事上柱國稷山縣開國伯食邑三千戶食實封三百戶崔洪宰 副使攝司徒守司空門下侍郞平章事判尙書禮部事監修國史上柱國南平縣開國伯食邑三千戶食實封三百戶文公仁等 持節備禮 往彼冊命爾爲王太子 兼賜印綬衣帶弓箭金銀器匹段米穀鞍馬等諸物 具如別錄 至可領也(『東文選』 권28, 『東人之文四六』 권6)

冊公主

敎仁人之相親也 愛之故欲其富 寵之故欲其貴 況朕無他兄弟 惟爾姊妹 友悌之念 式切中心 冊命之儀 率由舊典 非特申寡人同氣之眷 亦將慰先后在天之靈(『東文選』 권28, 『東人之文四六』 권6)

王太子冊文(仁癸丑二月十七癸卯)

王若曰 易以一索爲長男之位 記以三善爲世子之禮 是故古之王者 曷嘗不封立上嗣 以固宗廟社稷之本 以定君臣父子之分 此萬世不易之常典也 咨爾元子(毅王諱) 天賦英銳之生 幼挺岐嶷之表 稚不好弄 自知向學 讀書若夙習 揮翰若神助 德行協於元良 天序當於儲貳 必能承匕鬯之嚴 塞中外之望 朕於是奉若方冊之大訓 兼採士夫之公議 涓選嘉辰 俾膺顯冊 今遣使某官某副使某官某 持節備禮 冊命爾爲王太子 於戲惟至仁可以主重器 惟作善可以保令名 爾其順時 習敏厥修 踈遠邪佞之人 親近方正之士 惟忠孝之是務 非禮義則勿踐 丕承祖宗之耿光 以永邦家之景業 可不勉乎(『東文選』 권28, 『東人之文四六』 권5)

冊王妹爲公主文(仁妹)

王若曰 古之王者 親以仁貴 以禮分 茅裂土旣封立於宗英 豊器榮名 亦襄嘉於帝女 所以厚人倫 而勵俗非獨族類 以爲恩咨爾 王妹色麗 而和性柔 且惠行高人而無過 敎在妹而不勤 居室之善寢成鼓鍾之聲 自遠朕少衰考妣終 無弟兄痛深蓼莪罔極之懷恨 鈌華萼相輝之勢 故於同母之妹 常切在原之情愛焉 能勿寵乎 禮之所宜厚矣 肆優命數以示恩章 今遣某官某等 冊命爾爲公主 於戱周南美其女功爲絺爲綌大雅論其閨 則無非無儀勉從訓辭 以符春待

(『東文選』 권28, 『東人之文四六』 권5)

韓安仁 讓守中書侍郎[22] 平章事 不允

朕以冲眇之躬 當艱難之託 思與有一德之相 不二心之臣 同守成規 以光大業 況卿 名世俊德 覺民眞儒 肅祖知其能而拔之於稠衆之中 睿考愛其才而擢之於左右之列 近自樞府 入叅政機 屬予訪落之初 是謂責成之際 進忠退補 所益旣多 送往事居 其勤亦至 爰擧疇庸之典 以優進德之文 且恩禮之豊 爵命之數不如是 不足以繼先志而慰輿情也 宜體至懷 毋煩固辭(『東文選』 권29, 『東人之文四六』 권6)

3) 表箋·啓·狀

賀年起居表

正朔迭用於三微 寅爲人統 春秋備書於五始 元見天端 日月所臨 車書畢湊(中賀) 伏惟聖上 光烈文虎 包籠古今 時乘六龍 萬物以之利見 敬用五事 庶徵所以順行 履玆交泰之辰 介爾大平之福 春生草木 樂洽人民 伏念人民 伏念臣等僻守海隅 敻遙天闕 不獲仰廁朝列 抃舞丹墀(『東文選』 권31, 『東人之文四六』 권10)

22) 관직명인 '中書侍郎' 중 앞의 세 글자는 판독되지 않으나, 『高麗史』 권 97, 韓安仁傳에 따르면 中書侍郎 平章事를 역임했음을 확인할 수 있다.

賀冬表

四序相推 一陽方至 聖人演策 庸知來復之符 太史登臺 預備望書之法(中賀) 伏惟聖上 德包仁智 道貫神明 叙夏禹之彝倫 立用皇極 理唐高之曆象 敬授人時 當天統之吉辰 亞歲朝而展慶 集神休於北闕 保國壽於南山 伏念臣等 軒裳散材 江海遠臣 莫預稱觴之末 但增思幄之心(『東文選』 권31, 『東人之文四六』 권10)

賀八關表(安西大都護行)

祗率彝儀 張皇盛禮 至誠上格 群靈所以懷柔 和氣旁通 萬物靡不鼓舞(中賀) 恭聞太祖神聖大王之將興也 風塵澒洞 劍戟縱橫 應天順人 革三韓之積亂 刱業垂統 啓千載之永圖 以謂肅殺行而陽和來 雷霆作而膏澤洽 爰備燕樂以休神人 煥示將來 傳爲故事 恭惟聖上 位居天德 光繼禽明 性高舜之仁 常恐一夫之不獲 蹈曾閔之孝 故得百姓之懽心 應此令辰 載陳嘉會 濟濟九賓之序 洋洋六樂之音 喜動乾坤 春還草木 臣等限 居海邑 阻遠闕庭 不獲進卽朝行 抃舞宸陛(『東文選』 권31, 『東人之文四六』 권10)

賀幸國學表

臣某等言 伏覩聖上陛下以今月十三日駕幸國學 酌獻至聖文宣王 仍命大司成朴昇中講尙書說命三篇者 黃屋翠華 光臨黌宇 高冠大帶 盛集橋門 慶洽臣工 風傳寰海(中賀) 竊以經術所以明道 非其人則不行 學校所以養賢 待其時而後用 發明大典 允屬昌朝 恭惟聖上 道極高明 政由仁義 若高舜之稽古 體殷周之右文 乃據舊章 以興盛禮 拜聖師而奠爵 命博士以繙經 君子育材 行見菁莪之詠 虎臣獻馘 必成泮水之功 不唯推美於一時 抑亦垂休於萬祀 伏念臣等 幸逢明世 承乏宰官 仰咫尺之德威 捋光明之聖學 秋水時至 固莫測於望洋 春木之芚 實知榮於援手(『東文選』 권31, 『東人之文四六』 권10)

乞辭表

陪臣某等言高明在上 冒四海以靡遺 誠懇由中 表一言而可達 仰瀆德威之重 不勝震懼之深 (中謝) 伏念臣等 承乏使人 來脩聘禮 離鄕國已踰六朔 在京館將浹十旬 旣厚沐於異恩 亦縱游於樂所 蓼蕭零露 但自覺於霑濡 秋水望洋 浩不知於涯涘 永言感戀 豈忍辭違 然念使事已成 理當歸報 王程有限 勢不懷安 遂敷衽以上陳 若履冰而積懼 伏望體道善貸 法天必從 憐臣雖戀於聖朝 謂臣未遑於王事 渙然大號 賜以兪言 許令臣等 以今正月下旬離館 三月到明州 四月過洋歸國 則伏北海之驚波 永依聖德 致中天之寵旨 速慰君心 區區之誠 期於得請(『東文選』 권42, 『東人之文四六』 권9)

引年乞退表

伏以上之待下以仁 臣之事君以禮 當其强仕 病不盡忠 及其耄衰 患不知止 敢傾蟲蟻之懇 冒犯雷霆之威(中謝) 臣天機淺近 心術愚蒙 所學雖聖人之緖餘 其業則童子之雕篆 陳力就列 寢致高華 當軸執鈞 訖無輔相 旣不能獻可替否 以穆其政典 又不能黜幽陟明 以淸其官班 泛泛隨流 悠悠卒歲 算生我之日 已經六十八年 距致仕之時 纔有一十八月 往焉之事 固無足觀 今也不休 豈有所益 而況旣老且病 將 缺 而 缺 耳目失其聰明 步履殆其顚蹶 難容勉强以從事 豈合因循而在公 遂披腹心 乞賜骸骨 伏望回天日之照 推父母之慈 特降兪音 俾安老境 櫟社之木 雖拳曲而無傷 坎井之蛙 得跳梁而自樂(『東文選』 권42, 『東人之文四六』 권12)

乞致仕表

日暮塗遠 宜息其行 天高職俾 必從所欲 敢敷悃愊 (中謝) 臣起自寒門 濫從膴仕 夙宵一節 出入百爲 小器短材 訖無所立 殘年餘力 豈得自强 況禮典有致仕之文 道家胎知足之誡 或戀軒而不退 必貪餌而斯亡 宜收老身 以避賢路 伏望至仁大

度 惻然見憐 容倦島之知還 使遊魚而得所(『東文選』 권42, 『東人之文四六』 권12)

上疏不報辭職表(集無)

明聖作爲 謂無闕政 愚臣冒犯 合置常刑 (中謝) 臣有泥古之愚 無周身之智 當官論事 實昧變通 伏閤上書 不知忌諱 公乏分毫之益 私蒙媿恥之心 事至如斯 身何足惜 伏望擧國正典 罪臣狂言 更選忠良 以備諫職 望闕拜表 涕洟交切 謹先着白衫詣東上閤門祗候某臣 嘗受職牒告身幾道同在進納(『東文選』 권42, 『東人之文四六』 권12)

三辭起復表

草土臣某言 昨者再具表辭免起復從事 今月某日伏蒙特降教書不允仍斷來章者 危言屢貢 嚴命繼臨 拜詔語之愈深 恐私情之難遂 敢玆三瀆 仰叩重威 (中謝) 臣聞三年執喪 雖王公而遂服 百日從吉 因金革而制宜 故閔子有腰絰從事之嗟 而檜風著素冠勞心之制 苟行權於平世 則見戾於先王 伏念臣早以不天 少亡所怙 同彼諸幼 鞠於偏親 顧之復之 以免水火之傷 教之誨之 以至室家之定 洪惟恩義 何以報酬 方忻逮養於釜鍾 遽嘆纏悲於風樹 含至痛之未幾 荷訓辭之再頒 俾卽吉儀 復居公次 聞命惶駭 撫襟涕洟 昔臣父之卒也 童孩無知而不克服哀 今臣母之亡也 詔命强起而不許畢願 則非唯爲子之職永失 實恐移忠之道又虧 有累於臣 無補於國 伏望俯回淵聽 灼照悃悰 俾終祥禫之期 少慰昊天之慕 則欲報之德 下得盡其愚誠 不呼其門 上可全於孝理 皇天白日 臨照此心(『東文選』 권42, 『東人之文四六』 권12)

辭知貢擧表

昨奉教命 伏蒙聖慈以臣知貢擧者 推揚猥被 荒淺何堪 沐寵渥以踰涯 酒驚汗而洽背 (中謝) 竊以設弓旌而招士 有國之恒規 考名實以取人 爲時之重務

若匪宗工碩德 博學雄才 負和凝徹棘之舌 等行儉兼資之遺 則何以主持文柄 銓度士流 倘稍致於乖差 則終成於笑媿 如臣者 性鍾蹇鈍 器謝淵冲 幸叨負扆之知 久寘育材之地 殘編墜簡 徒涉獵以申勤 磔句灑辭 皆狂斐而取誚 每虞見逐 竊匪自寧 豈謂曲念羈蹤 特垂優奬 掩葑菲之下體 采箕斗之虛名 擢越於持槖之儔 俾司於撞鍾之選 雖重瞳恩厚 乃異顧於遠方 而陋質才微 何足臨於大事 敢罄知難之懇 仰干從欲之仁 伏望察以不能 愼其所與 特寢溫純之命 少安昏瞀之心 厚譴無辭 兪音是望(『東文選』 권42, 『東人之文四六』 권12)

辭恩命表

昨聞聖上以臣從事西京 特命有司擇日備禮降使錫命臣具狀辭免未蒙聖允者 天地至仁 靡極生成之造 甁罍小器 恐貽滿溢之災 敷危衽以自陳 望淵衷之曲照 (中謝) 臣遭逢盛際 忝據宰司 謀猷不適於時 議論未孚於衆 徒妨賢路 無補王明 至於受鉞臨戎 隳城執馘 此皆上賴君德 下仗人和 故得歲律一周 罪人乃服 而臣無勞可紀 無德可珍 豈宜上貪天功 虛受恩命 不獨人言之可畏 抑亦鬼責之堪虞 重念臣衣冠遠孫 寒素單族 少而孤賤 常恐未免於飢寒 壯則猖狂 不敢妄期於富貴 因緣資序 過竊寵榮
雖叨將相之大名 猶有生平之舊態 頑愚無恥 儉陋自居 將何迎使指之光華 得以副恩章之蕃庶 固非獲已 罔敢好名 牢讓不誣 兪音尙阻 伏望天光委照 聖德包容 臣期止足 以自安 察臣非矯激以爲詐 哀矜微懇 收復明綸 則犬馬之力旣疲 固難堪於驅策 葵藿之誠猶在 豈敢怠於傾依(『東文選』 권42, 『東人之文四六』 권12)

再辭表

昨具表章陳讓恩命 伏蒙內降教書不允者 俯躬聞命 肆極褒嘉 省己循涯 固難稱副 未免再三之瀆 上兢咫尺之威 (中謝) 臣質本迂疎 才惟蹇淺 行猖狂而可

笑 志愚直以自持 聖考誤知 屢加器使 陛下過記 特欲登庸 不疑臣於績毁之中 乃置臣於三事之地 期國士之報 雖欲激昻 無王佐之才 未有裨補 昨者妖人妄作 近臣詭隨 久而無成 反以爲亂 下駭輿人之聽 上貽聖慮之憂 臣於倉卒之時 遽辱徂征之命 軍旅之事 未之嘗聞 忠義之心 豈可苟免 乃不辭而徑往 固莫知其所爲 伏遇陛下悔過責躬 畏天修德 神祇享誠而陰助 士卒臨難而直前 故得未踰二朞 乃克元惡 陪京城闕 原廟衣冠 確爾不移 儼然猶在 此皆聖德之致人和所然 而臣無微勞之足稱 受厚賞而奚可 況念臣小始安於貧賤 不以高華自期 仕寢幸於遭逢 過叨宰輔之職 滿招損則聖人之訓 寵若驚亦道家之言 常恐辱殆之尤 內懷止足之計 矧以大名而增秩 又令華使以臨門 顧臣孤陋之姿 何以克堪其事 是用瀝懇 必冀回天 伏望貞日月之明 廓乾坤之度 愍臣以衰老而猒事 察臣非飾讓以徼名 勿顧反汗之嫌 追還出綸之制(『東文選』 권42, 『東人之文四六』 권12)

三辭表(集無)

螻蟻賤微 冒陳誠款 乾坤廣大 尙阻矜從 荐承詔旨之殊 曲示眷懷之厚 自顧無狀 不知所圖 (中謝) 臣性本顓蒙 學又淺近 厥初干祿 只迫飢寒 未始有心 妄期富貴 因緣幸會 忝竊寵靈 侍從高華 登庸過越 執鈞當軸 自知斷斷以無他 授鉞卽戎 孰謂多多而益辦 徒以夙夜勤瘁 中外驅馳 訖無毫髮之功能 但荷丘山之渥澤 而以滿溢難守 亢窮卽災 理之必然 臣豈不戒 矧今陰陽乖戾 風俗凌夷 黎民窮困而流亡 是誰之過也 隣敵倔强而跋扈 宜有以待之 事繫國家之安危 責在公輔之賢否 而臣未有嘉謀而告后 又無膏澤以及民 論罰則當 何賞之有 而況崇高之秩 希闊之恩 惟我素心 固非所望 揆之行事 又非所宜 是故瀝方寸以固辭 至再三而無已 伏望俯憐愚懇 特降兪音 則埳井之蛙 期入休於缺甃 江湖之鳥 免眩視於大牢 區區之誠 期於得請(『東文選』 권42, 『東人之文四六』 권12)

人宋謝差接伴表(徽宗政和六年 睿土内申謝恩進奉李資諒等行)

陪臣某等言 昨於九月五日 到泊明州定海縣 伏蒙聖慈 差降朝請大夫試少府監清河縣開國男食邑三百戶賜紫金魚袋傅墨卿武德大夫兼閤門宣贊舍人長安縣門國男食邑三百戶宋良哲 爲臣等接伴者 遠介來朝 仰天威之咫尺 近臣逆勞 屈星節之光華 祗對恩輝 不勝震越 臣某等誠惶誠懼頓首頓首 竊以夫子之論孝理 不遺小國之臣 周官之命行人 以待四方之使 曾聞斯語 今見其眞 伏念臣等 俱乏使才 忝持邦貢 挾寡君之忠信 賴上國之威靈 乘木道之危 訖濟風波之險 望天衢之近 欣瞻日月之明 豈謂聖慈 猥令卿迓 如待大賓之異數 實非小己之所堪 此盖伏遇皇帝陛下信及豚魚 德被草木 謂柔遠而能邇 故一視而同仁 入周庭而永觀 則臣豈敢 免塗山之後至 爲幸實多 臣等無任感天荷聖激切屛營之至 謹奉稱謝以聞(『東文選』 권34, 『東人之文四六』 권9)

謝郊迎表

陪臣某言 今月七日伏蒙聖慈以臣初屆郊亭 差降中亮大夫貴州防禦使充樞密院使承旨知客省事同館伴范訥押賜御宴 兼賜帶來三節人酒食者 王事靡監 式遄周濕之行 天威不違 已沐需雲之渥 失風波之枯槁 覺徒馭之光輝 (中謝) 臣非膚使之才 辱寡君之命 不憚逶遲之役 鼎來衆大之都 魏闕在瞻 已慰子牟之戀 甘泉入侍 願郊呼韓之朝 豈謂宸慈 遽霑犒飮 此盖伏遇法道善貸體神曲成 特推字小之仁 以示包荒之德 進於中國 免貶絶於春秋 如彼南山 但詠歌於天保(『東文選』 권34, 『東人之文四六』 권9)

謝天寧節垂拱殿赴御宴表

陪臣某等言 今月十日天寧節 伏蒙聖慈許今臣等詣垂拱殿隨班上壽 仍賜叅赴御宴者 帝出乎震 茂對嘉辰 雲上於天 溥霑需飮 惟是介鱗之賤 亦叅魚藻之歡 進退周章 俯仰慙懼 (中謝) 恭惟皇帝 應千齡而接統 御六辨以無辰 琴瑟改

張 誕布惟新之政 土茸以理 已成不朽之功 擁純福以如山 暢餘波而漸海 屬此流虹之旦 霈然湛露之恩 會九賓而在庭 稱萬歲以獻壽 眷言遠介 俶抵欒郊 指日計程 欲望丘壇之祀 自天有命 屢催驛路之行 及玆難得之時 獲覩非常之慶 諸侯畢集 想宗周方岳之朝 九奏正聲 迷簡子鈞天之夢 況又上心申眷 中貴傳宣 昇大角之天庭 瞻華盖之帝座 退思奇遇 實幸平生 賦魚麗之詩 竊自嘉於備禮 詠鹿鳴之叶 恨難效於盡心 感戴兢惶 倍萬常品(『東文選』 권34, 『東人之文四六』 권9)

謝睿謨殿侍宴表

陪臣某等言 今月二十三日入朝崇政殿次伏蒙聖恩忝赴睿謨殿御宴者 負展法宮 旣畢覲朝之禮 肆筵秘殿 特推折俎之慈 叨榮遇之非常 撫蒙襟而失次(中謝) 恭惟皇帝 體道御辨 法天持盈 明陶唐之德以時雍 盡文王之勤而終逸 雲天成象 實惟燕樂之時 鹿野將誠 尤盛忠嘉之會 香橙鮮鯉 出自禁園 妙舞淸歌 選之金屋 多矣大平之物 燦然相接之文 列在周行 不可勝數 趨陪密席 會無幾人 臣賤有司阿下執事 顧惟何幸 竊此殊恩 跼影彤闈 股慄而汗出 擡顔玉宇 目眩而意迷 非四照之英姿 餬八珍之嘉味 龍光至渥 臨履靡寧 彼簡子帝所之游 空傳恍惚 晉武華林之樂 未免諠譁 今日之榮 前古無比 非但曾臣之寵 實增小固之光 雨露霑濡 草芥微賤 無處謝榮 感戴難堪 涕洟交下(『東文選』 권34, 『東人之文四六』 권9)

謝宣示御製詩仍令和進表

陪臣某等言 今月二日館伴所傳下勅旨 伏蒙聖慈宣示睿謨殿御製詩一首 仍令臣等和進者 游於鈞天 退惟帝所之樂 倬彼雲漢 仰覩宸章之高 捧玩知榮 震兢失措 (中謝) 恭惟皇帝 聰明體舜 智勇兼湯 煥乎文章 固難名於盛德 終於逸樂 能備禮於大平 旣推湛露之恩 遂著白雲之詠 英辭炳於日月 精義幽於風

騷 遽辱寵宣 猥令屬和 强求音而叩寂 顧游聖以難言 庶事康哉 但美明良之作 時雨降矣 自慙浸灌之勞 謹當鑽仰忘疲 緘縢至密 傳之海域 俾瞻奎壁之餘光 藏彼名山 若寶丘墳之大訓(『東文選』 권34, 『東人之文四六』 권9)

謝法服叅從三大禮表

陪臣某等言 日者 伏蒙聖慈 賜以法服 叅從景靈宮大廟及南南郊祀禮者 拜命殊尤 寵假服章之盛 綴行密邇 親瞻禋祀之嚴 退省僭踰 伏深戰懼 (中謝) 臣等誤將使指 來獻表章 從容館舍之居 渥洽朝廷之眷 及玉鷺之親饗 許法服以趨陪 觀淸廟之肅雝 望圓壇之帖妥 昔者呼韓邪之朝漢 宣帝待以羈縻 頡利發之入唐 呂尙諫其親近 豈臣蒙鄙 有此遭逢 齒於從官 不以戎索 此盖伏遇歛時五福 奄有四方 威之所加 震以防風之戮 義有可進 賁然儀父之褒 至於微臣 被以華寵 介鱗之賤 旣已預於衣裳 草木之微 何以酬於雨露(『東文選』 권34, 『東人之文四六』 권9)

謝冬祀大禮別賜表

陪臣某等言 今月十四日中使某官某至奉傳勅旨 伏蒙聖慈賜臣等各 衣著一襲 金二十兩 銀一百兩 絹一百疋 兼賜上中節 各銀一十兩 絹二十疋者 膚使厚辭 俯加褒寵 積金腆幣 尤極匪頒 祇荷靡勝 震驚自失 (中謝) 伏惟皇帝 純孝同於虞舜 至誠過於文王 尊禮配天 旣講郊丘之禮 赦過宥罪 肆推雷雨之仁 歡然萬國之心 蔑矣一人之獄 兼行大賚周及百官 顧念賤臣 來從絶域 各以其職 雖微助祭之勤 永觀厥成 獲齒在庭之列 自幸遭逢之異 遽蒙錫予之多 將意承筐 仰戴周家之德 假人以器 退慙魯史之言 在疎逖以何酬 但兢銘而不已(『東文選』 권34, 『東人之文四六』 권9)

謝許謁大明殿御容表

陪臣某言　十一月二十六日西景靈宮隨駕次伏蒙聖慈許令臣等進謁大明殿御容者 扈從勝游 目眩雲龍之盛 仰瞻館御 心驚天日之淸 揆寵踰涯 捫襟積懼 (中謝) 竊念析津之域 舊惟箕子之封 上自新羅 臣屬大漢 至於本國 服事皇朝 禮義文章 庶幾夏道 衣冠制度 又慕華風 雖慙鴃舌於南蠻 冀變鴞音於泮水 顧以被山戎之侵軼 困疆埸之繹騷 闕修貢儀 屢換年所 及裕陵御辨 推道化以東漸 文王占風 貢至誠而上達 沔水之朝不息 蓼蕭之澤浸深 故令荒落無知之人 不敢斯須輒忘其德 豈期今日 親覩晬容 此盖伏遇體不可知之神 行若稽古之政 聖能饗帝 奠圭幣於圓丘 仁不遺親 奉衣冠於原廟 許忝侍從 得謁聖眞 不唯賤介竦瞻 哀榮殞涕 抑亦寡君聳聽 感激增懷 仰惟字小之至仁 誓堅事大之一節(『東文選』 권34, 『東人之文四六』 권9)

謝宣慶表(是年　回謝使　崔濡宋勤)
元功至德獨超古今膚使厚辭誕告中外□嘉□措望闕傾心 (中謝) 恭惟皇帝體舜仁明　兼湯勇智存香敎於逢艾遠□不容□□□之熊羆次無與敵舍爵淸廟出綸庶邦人哉神聖之有爲信矣　乾坤返冥□伏念臣偏方□國綿力薄方聽詔有之丁寧□嗟歎之不足荷恩靈之渥縟寶殞越以靡遑欲報稱以誠難但銘藏而不已(『東人之文四六』 권3)

謝樞密院副使御史大夫表
千載一時 何幸非常之遇 淸資顯秩 濫叨兼委之榮 牢讓無階 凌兢就列 (中謝) 臣天機拙訥 俗狀迂踈 道自信於直前 未嘗枉己 學雖博而寡要 難以適時 但恃孤忠 久塵膴仕 徒速曠官之誚 蔑聞報國之能 敢期睿眷之豊 擢置宰司之貳 此盖勤儉爲德 聰明好文 布政在於惟新 用人先於任舊 敢不寵至益懼 誓堅頂踵之誠 知無不爲 少輔公家之利(『東文選』 권34, 『東人之文四六』 권11)

代謝及第表

伏覩禮部貢院放牓 伏蒙聖慈賜臣等及第者 射策重闈 共恨猥弁之論 第名中禁 並叅俊造之游 仰沐寵靈 退深震悸 (中謝) 竊以理世之道 得人爲先 大漢揭賢良之科 李唐嚴詞律之選 皆所以光華文物 黼藻典章 凝德政於大中 格聲名於無外 洪惟景範 允屬良辰 聖上內聖外王 體元居正 沈機先物 遂獨化於陶鈞 通變適時 乃更張於琴瑟 深惟善俗之術 實繫能官之方 在彼中阿 旣育材之有地 于此菑畝 亦采芑之無方 於是鄕老獻其賢書 宗伯論其秀士 宜有方聞之傑 來符虛佇之懷 臣等性本下中 識慙孤陋 幸仰陶於文敎 久佋事於師模 適丁泛駕之求 獲預粉袍之藉 並趨明試 載奉巨題 顧刻鵠以難工 況注金而愈拙 揮毫落紙 僅得於終篇 飮墨脫刀 尙虞於報罷 洎于奏御 辱賜備觀 聖鑒至精 纖瑕盡露 仁心特厚 介善兼收 振拔泥塗 跨騰雲路 此盖務求籲俊 道廣包荒 憫狂簡以成章 容輪囷而爲器 謹當激昂素志 奮勵雄圖 不徒章句之是攻 亦以忠廉而自許 庶幾糜粉 少答生成(『東文選』 권34, 『東人之文四六』 권12)

謝門下侍中表

臣於丙辰年三月自西京復命 伏蒙敎書除授臣輸忠定難靖國功臣守太尉門下侍中判尙書吏部事監脩國史上柱國兼太子傅 恩命殊異 非臣所堪 不敢虛受 遜讓至今 又蒙聖慈累遣近臣敦促拜命者 詔旨丁寧 不容辭遜 恩榮過越 祗益兢慙 (中謝) 平地寒門 凡材俗學 妄意周孔之道 不讀孫吳之書 謬登槐鼎之司 又摠干戈之事 師尹之德 不合於民瞻 衛靑之功 只由於天幸 陛下不以罪責 申之褒嘉 荒虛無實而名益浮 齷齪無能而任愈重 恐顚躋而不就 非屑退以自高 迺臣荐來 溫諭屢促 叨榮冒進 雖不可安 聞命久淹 則非所敢 强顏卽寵 撫己增憂 惟犬馬之年 已當退老 徒荷乾坤之施 何以報酬 唯餘忠義之初心 更誓始終之一節(『東文選』 권34, 『東人之文四六』 권11)

謝御筆指揮朝辭日表

陪臣某等言 今月二十一日 中使某至 奉傳勅旨 伏蒙聖慈 以臣等陳乞辭退 特降御筆指揮 許令二月下旬朝辭 三月初進發者 需封仰愬 方懷殞越之憂 渙汗俯臨 猥示丁寧之訓 拜嘉之辱 撫已以驚 (中謝) 臣遠造京華 反安館穀 帝居甚樂 縱偃仰以忘歸 使事畢修 欲淹留而無計 不能自止 唯號斯言 仰兢天日之威 若蹈冰淵之險 豈謂薰慈從欲 聰鑒聽卑 不加斧鉞之誅 特沛絲綸之旨 蒼黃承命 感激交懷 顧秋燕之未歸 尙依大厦 念疲駑之將退 增戀君軒 始終之恩 生死奚報(『東文選』 권35, 『東人之文四六』 권9)

謝二學聽講兼觀大晟樂表

陪臣等言 昨奉勅旨 伏蒙聖恩詣辟雍大學謁大成殿 仍聽講經義 兼觀大晟雅樂者 濟濟衣冠之集獲覩虞庠 洋洋雅頌之音 兼聞周樂 退省殊常之遇 伏增越分之羞 (中謝) 竊以天下之才 待敎育而后用 聖人之說 須講習而乃明 故先王立學以作人 而四海承風而遷善 去聖逾遠 逮德下衰 書焚於秦 道雜於漢 虛無之說盛於晋宋 聲律之文煽於隋唐 方術幾至於淪胥 習俗久恬於卑近 至于我宋 復振斯文 恭惟皇帝 挺神聖之姿 述祖宗之志 興百年之禮樂 復三代之泮廱 在彼中阿 樂育才之有道 于此菑畝 欣采芑之無方 見多士之彙征 肆小子之宇造 絃歌之詠周徧四方 學校之修若無前古 在於中夏實希闊而難逢 況若遠人 豈僥倖而可覩 獨緣至幸 叨此殊榮 納履橋門 類互鄕之與進 摳衣講席 同子貢之不聞 復遊簨簴之場 杳若韶鈞之奏 昔者淮夷來獻 季禮請觀 此皆未登天子之庭 只見邦君之事 比臣所遇 彼不足云 逃楊墨必歸 雖慙於善學 在夷狄則進 厚荷於至仁 感抃兢銘 倍萬常品(『東文選』 권35, 『東人之文四六』 권9)

謝宣示大平睿覽圖表

陪臣某等言 今月十一日 伏蒙聖慈宣示宣和殿大平睿覽圖二冊 及成平曲宴

圖 仙山金闕圖 蓬萊瑞靄圖 姑射圖 奇峯散綺圖 村民慶歲圖 夫子杏壇圖 春郊耕牧圖 玉淸和陽宮慶雲圖 筠莊縱鶴圖 秋成欣樂圖 白玉樓圖 唐十八學士圖 夏景豊稔圖 太上度開圖 各一卷者 北宸恩眷 沛爾淪肌 東壁圖書 爛其溢目 省遭逢之尤異 肆震越以靡寧 (中謝) 恭惟皇帝 逍遙穆淸 出入神聖 日新盛德 持盈而守成 天縱多能 依仁而游藝 或興懷於物景 或寓意於杳冥 裂素繪形 發精華於五彩 繫辭題跋 掩文曜於三辰 旣煥乎而有章 信作者之謂聖 宜帝宮之秘玩 豈俗眼之可觀 惟是遠人 厚蒙誤寵 皇華密命 交午道塗 寶翰珍篇 光輝羈旅 靑天有象 雖容側管之窺 大海無涯 但有望洋之愧 兢榮感刻 不知所圖(『東文選』 권34, 『東人之文四六』 권9)

謝赴集英殿春宴表

陪臣某等言 二月二十九日 伏蒙聖慈特令臣等及三節人衆赴集英殿春宴者 需于酒食 易言君子之光 燕爾忠嘉 詩有聖人之雅 示慈良渥 爲寵則多 (中謝) 臣等饗千載之休辰 輸一方之陋貢 介鱗之賤 叨厠於鴛鸞 葵藿之微 幸依於天日 使蕃周賚 猒飫漢酺 況今屬星鳥之正時 會雲龍而同樂 昇于密座 俯同在藻之歡 侑以金觴 愈極晞陽之澤 循涯甚越 在昔實希 此蓋伏遇盛德幷容 大明旁燭 柔遠能邇 旣行三代之風 一視同仁 不謂九夷之陋 勿遺下使 被以殊恩 雖冒昧不貲 顧難勝於感激 而幽荒無賴 愧莫效於論酬(『東文選』 권35, 『東人之文四六』 권9)

謝回儀表(使行副使又賜給四千四百三十疋)

陪臣某言 今月某日 伏蒙聖慈以臣進奉土宜回賜絹五千七百三十匹兼給上中節員有差者 寵章繁夥 精爽震兢 (中謝) 竊以易言束帛以賁園 蓋尊高逸 詩載實幣而杼意 特厚忠嘉 豈宜疎逖之徒 過辱便蕃之貺 伏念臣明庭修聘 傳舍偸安 厚禮殊恩 靡勝感激 愚誠卑款 不自忖量 謂蘊藻之可羞 以縷綦而爲

奉 退惟煩黷 上懼德威 豈謂神聖推慈 匪頒加等 載省多藏之戒 俯慙稛載之譏 此盖伏遇道極帝先 仁漸海外 有容乃大 未始拒來 善貸且成 故令厚往 致玆渥澤 沛及賤微 天地父母之恩 終始不替 蛇雀犬馬之報 生死難期(『東文選』 권35, 『東人之文四六』 권9)

謝奬諭表(使行)

陪臣某言 今月十日中使某至奉傳勑旨伏蒙聖慈以臣馬一匹納萬壽觀祝聖壽萬年事特降詔書奬諭者 眷愛殊深 俯賜絲綸之詔 褒嘉至渥 實踰袞黻之華 拜命兢惶 撫躬震越 (中謝) 伏念臣占雲萬里 濫吹九賓 恩深周雅之爲龍 賞僭羲經之錫馬 雖乾坤覆載 草木皆被其榮 而山海高深 塵涓豈有所益 思乞靈於福地 效申祝於華封 不圖一介之誠 上徹九重之聽 賜之寶訓 示以至懷 雲漢高明 沐餘光而知幸 江湖悠遠 藏一札以爲榮 仰省寵私 不勝感涕(『東文選』 권35, 『東人之文四六』 권9)

謝遣使弔慰表(仁癸卯)

海隅纏釁 諒積悲哀 宸極軫憐 特垂慰藉 (中謝) 伏念臣 藐居冲幼 奄遘閔凶 雖從易月之權 迺抱終天之痛 嬛然號慕 缺爾告稱 豈謂遣以使臣 諭之德意 詔辭溫厚 禮物便蕃 旣拜命以凌兢 但撫懷而感咽(『東文選』 권35, 『東人之文四六』 권2)

謝賜犀帶表

臣某言 昨以奏對詣明仁門幕次內侍兵部員外郎裴景誠奉傳聖旨以臣入內殿講周易 特賜紅鞓金鑻班犀腰帶一條金鍍銀匣盛紅印紋羅夾蝮全者 具臣得對 仰瞻咫尺之威 近侍傳宣 特有寵光之詩 傴僂承命 兢惶失圖 (中謝) 伏念臣 世係平微 材資拳曲 少嘗慕道 樂從闕里之遊 老不損書 動被掄人之誚 業勤矣而不聞於世 仕久焉而無補於時 遽沐異恩 進陪閒燕 顧匪桓榮之稽古

曷同穎達之講經 技已竭於黔驢 望徒勞於河伯 豈謂宸衷之矣 缺 爰頒御府之珍 人以爲榮 臣知自愧 此盖伏遇云云 聰明天縱 德業日新 求先王之多聞 謂愚者之一得 遂察胸中之 缺 又加分外之榮 仰惟此恩 何以爲報 騏驥云老 雖莫爭於駑駘 朽壤無能 或可出於芝菌 庶幾盡瘁 不負生成(『東文選』 권35)

謝酒食表

右臣某言 今月十一日夜 直次入內侍某官某 奉傳旨特賜臣酒食者 祗承寵伏切震惶 (中謝) 器淺斗筲 榮忝槐鼎 若酒維麴 曾無殷相之賢 不畋胡貆 但被魏人之刺 常愧君恩之難報 意壺餽之有加 伏遇云云 薰然慈仁 純是正直 愛勞臣則推食以接韓信 尊高士則設醴以待穆生 兼容不才 致此奇遇 既醉既飽 豈不感於爲光 如山如陵 切自期於歸美(『東文選』 권35)

代請赴試表

伏以乾坤之德 至大而有容 螻蟻之誠 雖微而可達 敢披悃愊 仰瀆高明 退省僭踰 伏深震懼 (中謝) 臣材惟拳曲 性本倥侗 少追甫掖之流 久服序庠之敎 呻吟之學 非止於三年 混沌之姿 未穿於七竅 資蔭爲吏 折腰事人 觀朶頤而拾靈龜 自知其賤 下喬木而入幽谷 人指爲愚 遂激初心 願酬素志 今伏遇國家急求秀士 申命至公 窮漢水之濱 精搜照乘 剖荊山之璞 必得連城 臣不揆庸才 欲趨明試 操力必割 恐失於良時 被羽先登 庶幾於勇士 伏望道優善貸 化極曲成 體大易之包荒 示互鄉之與進 則論功漢殿 雖非韓信之無雙 授簡梁園 庶效相如之未至(『東文選』 권41, 『東人之文四六』 권12)

誓表(戊申)

天會六年十二月二十四日報諭使司右德副使韓昉等至 親授語錄承樞密院箚字准奉聖旨意謂貴國 必能祗率舊章 遵奉王室 故朝廷不愛其地 特行割賜

尒後數歲 尙未進納誓表 果能推誠享上 則納誓表 皎然自明 朝廷亦當回賜誓詔 一切務從寬大 誠長久之計者 使節賁來 訓辭密諭 俯僂聞命 凌兢失圖 (中謝) 竊以周官司盟 掌其盟約之法 盟邦國之不協 與萬民之犯命 而詛其不信而已 至於衰季春秋之時 列國交相猜疑 不能必於誠信 而唯盟誓之爲先 故詩人譏其屢盟 而夫子與其胥命 伏惟皇帝 至德高於帝先 大信孚於天下 光開一統 奄有四方 大邦震其威 小邦懷其德 惟是小邑 介在方隅 聞眞人之作興 先諸域而朝賀 故得免防風之罪 辱儀父之褒 略諸細故 待以殊札 錫之邊鄙之地 諭之貢輸之式 朝廷更無於他故 屬國敢有於異心 而嚴命荐至 敢不祗承 謹當誓以君臣之義 世脩藩屛之職 忠信之心 有如皎日 苟或渝變 神其極之 (『東文選』 권39, 『東人之文四六』 권3)

讓寶文閣直學士御書檢討官表

龍光之施 優渥自天 駑猥之才 震惶無地 (中謝) 臣襟懷顆闇 學術庸虛 因緣難得之時 叨竊非常之寵 超資越序 屢經淸要之官 積月累年 未有毫毛之益 宜在譴訶之域 遽蒙拔擢之私 聞命靡遑 以榮爲懼 伏望聖上 回日月之照 鑑蟲蟻之誠 改命有孚 勿嫌於反汗 用人猶器 無至於敗官 非敢爲誣 期於得請(『東文選』 권43, 『東人之文四六』 권11)

讓西北面兵馬使判中軍兵馬事表

軍旅之事 非書生之所知 將帥之謀 豈儒者之能預 聞命之辱 旣驚且憂 (中謝) 臣樗櫟散材 斗筲小器 壯而從仕 旣未效於長才 老矣無能 又何堪於大用 倫榮竊位 靡所贊襄 省己知難 但思老退 況今黎民貧殘而財力俱屈 隣國橫恣而形勢自强 非因循姑息之時 實奮勵有爲之日 宜得一時之傑 萬夫所望 委以閫外之權 符於師中之吉 然後禍難不作 安平可期 如臣之愚 無用而可 伏望修身而無逸 謀國以稽疑 願得橫行 恐樊噲之生事 莫如自理 取杜牧之論兵 急於愼簡

以得人 使之好謀而防患 有能俾乂 期寢致於其昌 自知者明 得以安於乃分(『東文選』 권43, 『東人之文四六』 권11)

讓叅知政事判戶部事表

高位重爵 本以待賢 儒夫小臣 曷能稱職 俯仰慚懼 不知所圖 (中謝) 臣世系單平 天資魯鈍 刳心學道 自慊子夏之儒 操翰爲文 未入相如之室 因緣仕路 汙衊宰司 鐵石心腹 誓事君之直道 斗筲器局 迷經國之遠圖 當軸秉鈞 孰云其可 投閑置散 皆謂之宜 遽沐異恩 進叅大政 官高則責必重 名過則毁亦多 旣施命於外庭 方見彈於憲府 風聞似實 言之則謂當然 浪說構虛 訴者何其甚也 雖聖明判其曲直 而物議處其嫌疑 只宜收拙以避賢 豈可偸安而懷寵 伏望至仁天覆 雄斷雷行 調琴瑟以不膠 反絲綸於如綍 大厦之構 須揀用於棟梁 駑馬旣疲 恐不勝其鞭策 倘蒙器使 免辱哲知(『東文選』 권43, 『東人之文四六』 권11)

平西京獻捷表

臣富軾等言 去乙卯歲春正月 西京謀叛 臣等伏奉制命出征 以地險城固 久不能平 自冬十月 於其城西南隅 積土木爲山 列砲車其上飛大石 所當皆潰 繼以大攻城門 陴屋摧破 至今年二月十九日昧爽 潛師入侵 賊奔敗不能拒 逆縛僞元帥崔永副元帥趙匡死屍 相率出降 臣等入城 迅掃城闕 安撫軍民者 王者之師 有征無戰 天威所被 已日乃孚 中賀 臣聞光武之征隗囂 三年乃定 德宗之討希烈 四載而平 蠢爾姦兇 據我城邑 罪已浮於梟獍 惡亦積於丘山 惟睿算之無遺 至朞年而斯剋 衡枚踰堞 列兵攻門 士纔交鋒 賊已褫氣 步騎奮而霆擊 呼譟進而濤崩 雲方會雷車 直斬鯨鯢之鬣 風聲鶴唳 渾爲金革之音 鼎魚環走以求生 林鳥驚翔而迸散 其罪重而自知不免者 斮產息以燒亡 其志劫而不能引決者 甘鼎鑊以見俘 積日之憂 一朝頓釋 於是入淮西而宣布上意 如解倒懸 復長安而撫綏遺黎 蓋云歸處 豈特市廛之不改 巍乎城闕之固存 毒螫旣除

腥膻已滌 遂掃離宮之氛祲 聿瞻原廟之衣冠 黼座儼然 仍凡如舊 父老士女漁樵芻蕘 誦躍爭前 讙呼相詡 謂不圖於今日 乃復得爲王人 此乃伏遇聖上陛下體天地之常生 用神武而不殺 三靈薦祉 四海輸誠 電掣風驅 肆捷一戎之定 川渟岳峙 允恢萬世之安 臣等親承睿謀 出管師律 賴聖神之造 惟以斷成 非將帥之才 婢無拙速 忻喜抃舞 倍萬常倫(『東文選』 권44, 『東人之文四六』 권10)

進三國史記表(非四六)

某言 古之列國 亦各置史官以記事 故孟子曰 晋之乘楚之檮抗魯之春秋一也 惟此海東三國 歷年長久 宜其事實 著在方策 乃命老臣 俾之編集 自顧缺爾 不知所爲 (中謝) 伏惟聖上陛下 性唐堯之文思 體夏禹之勤儉 宵旰餘閒 博覽前古 以謂今之學士大夫 其於五經諸子之書 秦漢歷代之史 或有淹通而詳說之者 至於吾邦之事 却茫然不知其始末 甚可歎也 況惟新羅氏高句麗氏百濟氏開基鼎峙 能以禮通於中國 故范曄漢書 宋祁唐書 皆有列傳而詳內略外 不以具載 又其古記 文字蕪拙 事迹闕亡 是以君后之善惡 臣子之忠邪 邦業之安危 人民之理亂 皆不得發露 以垂勸戒 宜得三長之才 克成一家之史 胎之萬世 炳若日星 如臣者 本匪長才 又無奧識 洎至遲暮 日益昏蒙 讀書雖勤 掩卷卽忘 操筆無力 臨紙難下 臣之學術 蹇淺如此 而前言往事 幽昧如彼 是故疲精竭力 僅得成編 訖無可觀 祇自媿耳 伏望聖上陛下 諒狂簡之裁 赦妄作之罪 雖不足藏之名山 庶無使墁之醬瓿 區區妄意 天日照臨(『東文選』 권44, 『東人之文四六』 권10)

入金起居表(仁丙午進奉使鄭應文李侯進責去 始稱臣也)

平壤封疆 恪守朱蒙之故國 塗山玉帛 未參夏禹之諸侯(『東文選』 권44, 『東人之文四六』 권3)

進奉表

大人乘統 震耀四方 異國入朝 梯航萬里 况接境之伊邇 諒馳誠之克勤 (中謝) 伏惟皇帝陛下 天縱英明 日新德業 渙號一發 群黎無不悅隨 威聲所加 隣敵莫能枝梧 實帝王之高致 宜天地之冥扶 臣瘠土小邦 眇躬凉德 聞非常之功烈 久已極於傾虔 惟不腆之包苴 可以伸其忠信 雖媿蘋蘩之薦 切期山藪之藏 (『東文選』 권44, 『東人之文四六』 권3)

物狀

造庭修聘 永觀厥成 載贄展儀 各以所寶 前件物等 風儀極陋 物品至卑 享上之誠 不因非廢 包荒之度 無以遐遺(『東文選』 권45, 『東人之文四六』 권3)

謝魏樞密稱譽啓(繼廷)

右某 昨於內庫副使李某處 伏聞相公 謂某有才能 再三稱道者 仲尼之褒 寵踰華衮 季布之諾 貴比黃金 載思知憐 彌集榮感 伏念某 少好學問 粗攻簡編 當役役於時文 雕蟲篆刻 實悵悵於大道 擿埴索塗 洎乎鈍根少開 養性內照 知學求爲君子 不敢沽名 恥道不如古人 居常責已 誓無反聖 擬不隨流 獨以飢寒之憂 難抛名利之學 翻然背馳聖人之趣 斐然狂簡小子之裁 適値國家嚴甲乙之科 取雄傑之士 拔出寒地 置之靑雲 去辱得榮 積時累月 日加慵惰 時復趨馳 舊學忽忘 初心缺落 括囊誰譽 弊箒自憐 但懼沒世無稱 豈望在家必達 伏惟樞密相公 經綸之寄 宰相之才 高歷前賢 傑立當世 故自立揚之始 常居淸要之班 爲朝庭之羽儀 作文章之宗匠 申甫就列 周政幾於中興 韓柳揮毫 唐文至於三變 天下想望其風彩 士流鄭重其品題 詆訶一開 白日若無光景 眄睞所指 寒谷變爲陽和 奈何行能 得此推許 昔智伯遇豫讓以國士 叔向賢鬷蔑以一言 此皆觸焉而始知 試焉而後譽 如某者 文卷未嘗瀆明公之鑒 議論未嘗發明公之前 今此之言 從何而出 柳子厚之言曰 古之知己者 不待來求而後施德

擧能而已 其受德者 不待成身而後拜賜 感知而已 昔讀其文 今見其實 自顧不肖 何克承當 謹當箠策駑慵 琢磨頑鈍 自强文學之務 無辱吹噓之恩 過此以還 未知所措(『東文選』 권45, 『東人之文四六』 권14)

上致仕孫叅政賀年狀(繼廷)

舜璣觀象 方知七政之和 堯曆授時 共愛三陽之泰 恭惟致政相國 天民先覺 本朝老成 若濟大川 早施舟楫之用 猶弃弊屣 遽謝軒裳之榮 獨游無何 永錫難老 矧履彙征之吉 益延大有之祥 某等官守所拘 展謁無路(『東文選』 권48)

上樂浪侯賀冬狀

璿璣觀象 知日躔之在牛 寶曆授時 喜天正之立子 恭惟大師令公 親賢並極 德行雙豊 作藩屛於王家 藹聲華於宗室 履一陽之來復 迓萬慶於交叢 某等限守官箴 阻趨賓席(『東文選』 권48)

上致仕林平章同前狀

純陰氣休 方喜一陽之復 君子道泰 合膺萬福之來 恭惟致仕相公 儉節淸風 耆謀舊德 盡瘁以仕 匪躬之節逾堅 告老而歸 知足之情可尙 茂對履長之旦 更延難老之祺 某等僻守江湖 阻登門館(『東文選』 권48)

賀年兩府狀(安西大都護賀致仕林平章)

璇穹載周 正月初吉 畫三陽而爲泰 法五始以書元 伏惟致政相國閤下 將相四朝 始終一節 知止不殆 特高老子之心 俾熾而昌 永錫魯侯之壽 况臨令旦 休有嘉祥 某等限守麾符 阻趨閥閱(『東文選』 권48, 『東人之文四六』 권13)

又(崔平章)

仰觀天文 驗龍躔之易舍 俯授時令 重鳳曆之發端 慶洽人神 春還草木 伏惟太師令公 乾坤正氣 巖廟偉人 君陳之嘉猷嘉謀 贊襄帝道 山甫之令儀令色 竦動民瞻茂對三陽 倍延萬福 某等魚符有限 鸞賀無緣(『東文選』 권48, 『東人之文四六』 권13)

與南北朝臣交通狀附 與宋太師蔡國公狀

表東海之地偏 玆焉守職 節南山之望峻久矣 嚮風伏惟 太師國公 九德渾圓五福純備 國人之宜 鄭伯 又改爲於緇衣 王室之留周公 尙自安於赤舃 行藏惟其用捨 進退係於重輕 曾是遐陬 阻依巨蔭 冀加保衛 以副瞻祈 所有微儀具如別福(『東文選』 권48, 『東人之文四六』 권4)

回宋使遠狀

揭節出疆 有光華之可望 揚舲涉海 仗忠信以無虞 方塡館以攀迎 遽貽書而爲禮 永言感極 豈易指陳(『東文選』 권48, 『東人之文四六』 권4)

賀冬兩府狀(安西賀金平章)

剝後七日 知陰道之上窮 坎中一陽 應天時而初復 伏惟某官 風節淸直 德履端方 汲黯在朝 敵國無敢妄動 孔戣請老 議臣不欲遽歸 茂對嘉辰 益綏休祉某顧有簡書之畏 阻瞻舃履之光(『東文選』 권48, 『東人之文四六』 권13)

又(崔相國)

一陽初生 萬寶皆蕩 登魯臺而望物 理高曆以授時 伏惟某官 奧學眞才 淸風儉節 帝賚良弼 以爲大旱之霖 民具爾瞻 屹若南山之石 應時納祐 與國同休某等出守江湖 阻叅閥閱(『東文選』 권48, 『東人之文四六』 권13)

又(李叅政)

日行白道 陽動黃宮 高曆授其人時 魯史書其雲物 伏惟某官 道高當世 職簉宰庭 忠不私營 家無衣帛之妾 動爲世法 時有墊巾之人 履兹慶辰 叢厥景福 某等守官有限 賀虞無緣(『東文選』 권48, 『東人之文四六』 권13)

又(柳副樞)

陰剝而窮 陽潛以復 魯史謹書於日至 周家恭用於天正 伏惟某官 奧識鄰幾 宏材拔萃 謀猷密物 久司帷幄之籌 德業崇高 行據廟堂之位 茂對三微之統 翕臻百福之祥 某等伏限守符 無階望履(『東文選』 권48, 『東人之文四六』 권13)

入宋使臣上引件使狀

右伏以寡君纂服 職是守封 上國馳誠 禮當稱嗣 嗟滄溟之阻闊 加邊鄙之繹騷 未抗表章 已經年所 兹膺使指 底貢宸庭 揭節戒塗 已涉風波之險 艤舟向岸 佇瞻天日之光 竊承逆勞之勤 知有攀依之幸 其爲竦企 曷盡敷宣(『東文選』 권48, 『東人之文四六』 권13)

杭州

越海來王遡河詣闕屬經大府煩爲導於候人汴近高閎願聞名於擯者誠之所切言不能宣(『東人之文四六』 권13)

回次南京

乘浮海已入覲於天庭衣錦還鄉再經由六日旬佇期望履預極傾心(『東人之文四六』 권13)

宿州

入朝魏闕已承華袞之褒退復故鄉行耀錦衣之寵方問途於雄壤期布謁於賓

閔欣抃寔深敷陳曷整(『東人之文四六』 권13)

泗州

永叅王會還泛使舟元及此通津方假途於關尹瞻言盛府期請見於問人欣悚之誠名言莫展(『東人之文四六』 권13)

楚州

使者戒道式遄舟楫之行候人在疆竊喜門墻之便佇諧觀止倍極言(『東人之文四六』 권13)

高郵軍

夙掛使帆將乘風而破浪荐經候館佇坡霧以覩天瞻望欣愉精魂飛越(『東人之文四六』 권13)

揚州

肅將使事已叅觀國之賓還及名邦復見荷戈之候披承孔邇瞻仰何勝(『東人之文四六』 권13)

潤州

越百舍以來王已瞻天日指三韓復命□及郊泂晤語可期歡悰倍極(『東人之文四六』 권13)

常州

柢奉王言見九重之龍袞薄還使舸指不里之鯨波道出郡郊行趨門館玆爲欣幸難以布陳(『東人之文四六』 권13)

蘇州

徒馭侁□方催行色帆檣衮□甫及樂郊冀諧覲止之私寔副願言之幸惟玆卑懇無以具陳(『東人之文四六』 권13)

秀州

乘查絶海已遂觀光抏節戒途方催返命假郊坰而由出期墻仞之是瞻欣抃之懷言書莫盡(『東人之文四六』 권13)

越州

觀光帝國已事天庭將返命於三韓復取途於百越卽諧見止倍極欣然(『東人之文四六』 권13)

明州

將使事以駿奔入瞻帝座尋海壖而信辺甫邇郡封卽遂趨承不勝慶幸(『東人之文四六』 권13)

謝舘伴廻儀狀

北宸曄穆甫遂來朝東道仁賢猥煩詔相敢玆毅幣姑用達誠辱紆稠疊之辭兼貺便蕃之品(『東人之文四六』 권13)

謝潤州宴

奉琛來聘已事言旋出入名邦甫展兮庭之禮從容密席又陪折俎之歡徒激丹悰難宣鈍華(『東人之文四六』 권13)

謝杭州回儀狀

前謁公門聊將末幣雜佩以報玆辱於多儀梱載而歸不縢於厚賄其爲感恧盡言書(『東人之文四六』 권13)

4) 銘·贊·記·議

兜率院鍾銘(幷序)

兜率院者 崇敎寺住持僧統弘闡與門下侍中邵台輔同發願所創立也 院既成門人慈尙隨發願募三百五十斤 鑄置洪鍾 工既畢功 屬余爲銘 勤請難拒 略爲之言 此非敢自是也 盖不得己耳 銘曰

眈眈精舍 于水之津 云誰居之 惟衆侁侁 或食或講 或夜或晨 不可戶告 景鍾乃陳 大簴雙植 洪槌傍橫 不繫則已 繫則振鳴 山橋海蕩 鬼蹶神驚 非雪非霆 段其大聲(『東文選』 권49)

興天寺鍾銘(幷序)

興天寺鍾薄且弇 其聲不妙 近聞主公重鑄 居士金某爲之銘曰

廻祿扇火 飛廉掀風 唯金從革 出此景鍾 置之寂默 叩則雍容 無聲之聲 遍滿虛空(『東文選』 권49)

贊

和諍國師影贊

恢恢一道 落落其音 聞自異大小淺深 如三舟月 如萬竅風 至人大鑒 卽異而同 瑜伽名相 方廣圓融 自我觀之 無往不通 百川共海 萬像一天 廣矣大矣 莫得名焉(『東文選』 권50)

記

惠陰寺新創記

峯城縣南二十許里 有一小寺 弛廢已久 而鄕人猶稱其地爲石寺洞 自東南百郡趣京都 與夫自上流而下者 無不取道於此 故人磨肩馬接跡 憧憧然未嘗絶 而山丘幽遠 草木蒙翳 虎狼類聚 自以爲安室利處 潛伏而傍睨 時出而爲害 非止此而已 間或有寇賊攷攘之徒 便其地荒而易隱 人畏而易劫 爰來爰處 以濟其姧二邊行者 躊躇莫之敢前 相戒以盛徒侶挾兵刃而後過焉 而猶或不免以死焉者 歲數百人 先王睿王在宥十五年己亥秋八月 近臣少千奉使南地 廻 上問若此行也 有所聞民之疾苦乎 則以是聞之 上惻然哀之曰 如之何可以除害而安人 奏曰殿下幸聽臣 臣有一計 不費國財 不勞民力 但募淨圖人 新其廢寺 以集淸衆 又爲之屋廬於其側 以著閒民 則禽獸盜賊之害自遠 行路之難平矣 上曰可 汝其圖之 於是以公事抵妙香山寺 告於衆中曰 某所有巨害 上不忍動民以土木營造之事 先師見遘難者 必施無畏 疇克從我 有事於彼乎 寺主比丘惠觀隨喜之 其徒欲從者一百人 惠觀老不能行 擇勤恪有技能者證如等十六人 資送之 以冬十一月到其所 作草舍以次之 上命比丘應濟 主典其事 弟子敏淸副之 利器械鳩材瓦 經始於庚子春二月 至壬寅春二月 工旣告畢 齋祠息宿 以至廚庫 咸各有所 又謂若乘輿南巡則不可知 其不一幸而駐蹕於此 宜其有以待之 遂營別院一區 此亦嘉麗可觀 至今上卽位 賜額爲惠陰寺 噫變深榛爲精舍 化畏途爲平路 其於利也 不其博哉 又侍以米穀 擧之取利 設粥以施行人 至今幾於息焉 少千意欲繼之於無窮 精誠有感 檀施荐來 上聞之惠捨頗厚 王妃任氏亦聞而悅之曰 凡其施事 我其尸之 增其委積之將盡者 補其什物之就缺者 然後事無不備者矣 或曰孟子言堯之時 洪水橫流 使禹治之 鳥獸之害人者消 然後人得平土而居之 使益烈山澤而焚之 鳥獸逃匿 周公相武王驅虎豹犀象而遠之 天下大悅 其或春秋時鄭國多盜 取人於萑符之澤 子大叔除之 漢時渤海民飢 弄兵於潢池之中 龔遂安之 其他以盜賊課寄名於史傳者 無代無之 則逐虎豹除盜賊 亦公鄕大夫之任也 而少千下官也 應濟敏淸開士也 非所謂官治其職 人憂其事 乃無所陵者也 其可記之 以話於後乎

又釋氏之施貴於無住相 莊周亦云施於人而不忘 非天布也 則區區小惠 亦宜若不足書 答王不然 唐貞元季年夏大水 人物蔽流而東 若木柹然 有僧愀焉援溺救沉 致之生地者數十百 劉夢得志之 宋熙寧中 陳述古知杭州 問民之所病 皆曰六井不治 民不給於水 乃命僧仲文子珪辨其事 蘇子瞻記之 君子樂道人之善如此 豈可以廢乎 而又人之爲善 自忘可也 不有傳者 何以勸善 其經論所言 不可縷敍 至若唐僧代病 作施食道場 前後八會 通慧師載之僧傳 至於儒書亦有之 如禮記云闔公叔文子爲粥 與國之餓者 不亦惠乎 則此又不可不書者也 少千姓李氏 父晟 善屬文登科 爲左拾遺知制誥卒 少千仕至七品官 公事餘間 事佛尤謹 今則麻衣蔬食 自號爲居士 勤苦其行 爲上所知 故有所立如此 應濟住持曰淺 敏淸繼之 訖用有成 可謂能矣 其所資用 皆信出於上所賜及諸施 其名目具如陰記云爾 時甲子春二月日記(『東文選』 권64)

法興寺記

金富軾記 法興古寺 但不知創之之時 或云昔有僧名法興者 肇基之是以號焉 厥後道第 而園荒垣夷而盈圯人莫得而居之 山僧澄悟好學識道理 名高乎當世者也 欲重修詣闕下 願奏請而不能自達 於是臣上書 以聞時近臣鄭襲明從事西京 則敎曰 向者此京人爲妖僧妙淸所詿誤 負固不服 于周官之法 以臣召君犯春秋之義 遂命元戎攻城致討 不唯兇徒 自投羅網抑我士卒殞命矢石 積日累月 逝川寢遠 猶恐浮魂落魄 受苦長夜 擬憑佛事以資津濟可與澄悟相地宜作新之 以稱我哀矜之意 襲明承制官給 其費命下官執事 移古寺址十步許地 經營之始於癸卯年 春三月 至乙巳年 春工旣訖功 自佛堂僧寢以至庖廚庫廐 凡八十間 繚垣無慮長一百五十餘丈 上送齋文香物 俾梵唄重修十日以落之 昔唐太宗皇帝詔於擧義已來 交兵之處 立寺刹 仍命虞世南楮遂良等七學士爲碑銘 以紀功德則今玆之事 亦太宗皇帝之用心也 宜備書之以示厥後云云(『新增東國輿地勝覽』 권52, 順安縣 佛宇條 法興寺)

妙香山普賢寺之記(皇統二年壬戌十一月日內降御筆題額)[23]

高麗國延州妙香山普賢寺記

開府儀同三司檢校太師守太尉門下侍中集賢殿大學士判尙書

吏禮部事兼　太子太師監修國史上柱國臣金富軾奉　宣撰

文林郎試尙書兵部侍郎兼　東宮侍講學士　賜紫金魚袋臣文

公裕奉　宣書

妙香山普賢寺探密宏廓二師之所始作也探密本姓金氏黃州龍興郡人年二十五出家刻意苦行一衲一鉢非

大寒則不履日一食一確乎戒勤乎學就名師傳華嚴敎觀於契丹太平八年戊辰歲入延州山營蘭若以□居之宏廓

探密之猶子以重熙七年戊寅歲來而爲弟子志一而氣合德充而聲宏學者聞風輻輳地不足容以重熙十一年壬

午歲於東南隅一百許步擇地創精舍凡二百四十三間名其山曰妙香其寺曰普賢自後召集淸衆三百餘人念

佛繙經日夜無休時二師沒弟子相續住持其爲　佛事無不承權輿　咸雍三年丁未歲□□□聖祖文王

聞而嘉之命有司錫土田又敎若主者闕焉則門人於衆中簡經明行修能紹祖師之道者奏差之下左右街傳□

告三剛行之勿替至是道人暢先覺隣勝聰惠雙性覺等慮歲月移易文墨漫滅祖師行事□□□先王詔旨晦而失

明欲刻之石以爲來者之觀遂聯名奏請令臣書其事敎可之臣不敢辭乃曰孔子叙逸民先伯夷叔齊而後柳下

惠孟子叙三聖人亦以伯夷居伊尹柳下惠之前司馬遷作七十列傳特以伯夷

23) 『朝鮮金石總攬』(상), 1919과 허흥식, 『韓國金石全文』 中世上, 1984의 판독을 저본으로 정리하였다.

爲之首故楊子法言曰古者高餓
顯下祿隱而孔子曰我則異於是無可無不可夫聖人之行如珠之走盤縱橫斜正千變萬化而要不出於盤故孔
子曰縱心所欲不踰　莊周亦曰猖狂妄行蹈乎大方則餓顯也祿隱也其高下不可必也然則孔子之逸民孟子
之三聖人其次序同而揚子高下之文如此者將以進高士退貪夫以爲天下萬世之敎者也况聞□□佛氏之說
如來歷三刦修萬行以至於成道福慧具足依正莊嚴而其化於世也則跣足持鉢乞食以自資豈所謂知其榮守
其辱者耶則爲其徒也可不思乎今之人種種貪惡無不爲已其善於此者或貪吝以多藏凡諸資其與世俗無異
其後靡則遏之然猶以不足擧物以取利於窮民剝肉刻骨死而後已者往往有之設□□□佛後生必不能容
則如探密宏廓者豈可不尊而進之歟則　聖祖褒嘉之甚渥　明上命記之示後亦宜聞師之平生
多靈異如見　佛得舍利放神光感山精具於李角所述行狀故今略之但錄創寺之歲月與師之德行爲人之
所□□□焉時
大金皇統元年歲次辛酉秋七月十一日記
住持比丘臣釋覺隣等立石王輪寺大師惠參刊定
(陰記 생략)[24]

---

24) 陰記는 금 희종의 연호인 統元 원년(1141)에 새긴 것으로, “高麗國延州妙香山普賢寺探密宏廓二祖師記後錄如左”로 시작되며 이어 역대 주지를 비롯한 소속 승려들의 이름이 명기되어 있다. ‘文林郎試尙書兵部侍郎兼東宮侍講學士’인 文公裕가 쓰고 王輪寺의 慧參이 새긴 것으로 되어 있다.

議

待外祖議

漢高祖初定天下 五日一朝太公太公家令 說太公曰 外無二日 土無二王 皇帝雖子人主也 太公雖父人臣也 柰何今人主拜人臣 高祖善家令言 詔曰人之至親 莫親於父子 故父有天下 傳歸於子 子有天下 尊歸於父 此人道之極也 今王侯卿大夫 已尊朕爲皇帝 而太公未有號 今上尊太公曰太上皇 以此論之 雖天子之父 若無尊號 則不可令人主拜也 不其侯伏完 獻皇帝后父也 鄭玄議曰不其侯在京師 禮事出入 宜從臣禮 若后息離宮及歸寧父母 則從子禮 故伏完祖賀公庭 如衆臣 及皇后在宮 后拜如子 又東晉群臣議穆帝母褚太后見父之禮 紛紜不一 博士徐禪 依鄭玄議曰 王庭 正君臣之禮 私覿 全父子之親 是大順之道也 又魏帝父燕王宇 上表稱臣 雖父子至親 禮數尙如此 況外祖乎 按儀禮五服制度 母之父母 服小功五月而已 與己父母尊親相遠 豈得與上抗禮 宜令上表稱臣 在王庭則行君臣之禮 宮闈之內則以家人禮相見 如此則公義私恩兩相順矣 宰輔以聞 王遣近臣問資 謙資謙奏曰 臣雖無和 今觀富軾議 實天下之公論 微斯人 群公幾陷老臣於不義 願從其議勿疑 詔可(『東文選』 권106)

5) 疏 · 靑詞 · 祝文 · 社稷 · 釋奠二丁 · 籍田

興王寺弘教院華嚴會疏

玆者伏見興王寺者 文宗仁孝大王 發願刱造 莊嚴佛事大覺國師 宣敭教理作大利益 厥後近三十年 教義浸衰 莫有能繼 弟子虔尋遺志 思有以重興 請國師高第弟子戒膺及學徒一百六十人 於弘教院 始自今月某日起 約三七日修設華嚴法會 仍令長年 聚會演說無盡海藏 以此功德仰祝 法輪常轉 國祚增長風雨調順 人民利樂者 右伏以一眞玄妙 實惟萬法之源 三聖圓融 卽示大經之義 色空交暎 理事相明 比帝網之重重 如海印之歷歷 非其人則二乘上德 瞠若而莫前 稱其性則十信初心 胳然而相攝 苟非王者以至誠崇奉 師哉以明智宣

揚 孰能出經卷於微塵 耀日輪於大地 追惟文宗仁孝大王 視政事則若無全牛 信佛乘則如味甘露 金園寶刹 克成大壯之功 齋室法筵 永矢華嚴之會 大覺國師 脫世榮於王室 從禪悅於空門 遊方之勤 叅善知識 體道之極 爲大宗師 以先知覺後知 以正見破邪見 栴檀圍繞 凡木莫能相干 獅子嚬呻 諸獸靡不自伏 非止副先君之志 亦足酬古佛之恩 嗟川逝以不留 嘆山頹而安仰 弟子恭承餘慶 嗣履丕基 德不能柔 明無所燭 人旣勞心 政將奈何 危若抱火於積薪 懍乎朽索之御馬 惟冀與民而祈福 莫如依佛以乞靈 況景陵之誓願尙存 而弘教之化儀可舉 起高弟於嘉遯 俾主盟於講堂 四事莊嚴 多而益辦 六時禮念 勤而無疲 洎道場期限之甫周 尙學者莊修之不退 善旣行而不已 應必見於將來 伏願慧澤霑濡 梵雲覆幬 福如川至 德以日新 俾躬處休 享天年之有永 與國同慶 置神器於不傾 格洪範之休徵 滅春秋之災異 三農足食 驗小雅之夢魚 史海消兵 見武成之歸馬 近從九族 廣及三塗 免淪阿鼻之苦幸 皆得毗盧之身土(『東文選』 권110, 『東人之文四六』 권8)

轉大藏經道場疏

特爲社稷靈長 人民殷富 謹准前規於闕內會慶殿 自今月某日起始 約幾日夜開設精嚴道場 供養本師釋迦文佛爲首一會聖賢 兼請名師轉讀大藏經殊勝功德者 右伏以圓音一演 無二三大小之乘 衆解萬殊 有半滿偏圓之教 故經律論雖分乎三藏 而戒定慧皆本乎一沈 光明爲無盡之燈 珍寶若甚深之海 思量修習 必超衆妙之門 信受奉行 卽得恒沙之福 弟子叨聖人之大寶 昧王者之遠猷 深淵薄冰 不敢遑寧於夙夜 慈雲甘露 庶幾饒益於自他 祇率貽謀 特嚴像設 香華四事 備蒲塞之眞儀 鍾梵六時 演貝多之秘記 冀下誠之上格 副他鑒之潛通 伏願自天降休 與國同慶 斂箕疇之五福 保周雅之萬年 中宮無險詖之心 東禁有元良之德 群官翼戴 共輸陶契之忠 庶類榮懷 一變成康之俗 陰陽順而京坻積 戎狄和而金革銷 燕及蒼生 同霑利澤(『東文選』 권110, 『東人之文四六』 권8)

金光明經道場疏

右伏以三身本有權化 顯于靈山 萬德圓成光明 周于沙界 談空論壽而理無不備 施藥流水而德無不加 在和平之時 尙披誠而致敬 況災患之際 盍歸命以求哀 言念眇躬 叨臨寶位 智不足以周萬物 明不能以燭四方 切理安之念而未知其方 躬聽斷之勤而無益於事 紀綱不振 風俗日衰 士無守官 因循怠惰而至于貪墨 民不安業 窮困流移而皆有怨咨 感傷一氣之和 逆亂四時之候 在秋冬而常燠 當春夏而反寒 天文錯行 山石崩落 魯史所書之災異 洪範所謂之咎徵 一見猶疑 荐臻可懼 況今自早春而小雨 涉五月以恒陽 雲欲合而還開 澤雖霑而未足 我心如結 望雲漢以徒勞 民命可哀 塡溝壑而必盡 緣君臣之不類 致邦國之多艱 宜投彼佛之至仁 可濟吾人之同患 酒淸秘殿 祇展法筵 禮玉相之粹淸 演金言之微妙 率宰樞兩府曁文虎百寮 四體盡禮拜之勤 衆誠表吁嗟之禱 仰惟慧鑑 俯諒悃衷 伏願憫以慈心 借以神化 銷除旱魃 無爲赤地之災 鼓舞雨師 周洽自天之渥 無災不滅 有利皆興 民歸富壽之塗 國有京坻之積(『東文選』 권110, 『東人之文四六』 권8)

消災道場疏

乾道高明 默示非常之變 佛慈深厚 能施無畏之權 宜磬熏修 以資美利 顧惟凉德 叨據丕基 不能體春秋之一元 以養萬物 不能用洪範之五事 以調庶徵 夙夜思惟 淵冰恐懼 況又日官有諗 天象可驚 赤祲偃蹇以干霄 白暈輪囷而逼日 不識今玆之異 終爲何所之災 數有未通 疑誰能決 欲豫防於厄會 須仰託於法門 式展妙科 祇陳香供 禮金仙之睟相 繙寶藏之微言 冀此精誠 通于覺照 伏願萬靈保護 百福來成 遂令眇末之驅 永保康寧之吉 椒闈集慶 銅禁凝休 保王業於南山 措國風於東戶 黎元輯睦 皆歸富壽之塗 邊鄙安平 不見戰爭之事 風雨不迷於舜麓 京坻屢積於周家(『東文選』 권110, 『東人之文四六』 권8)

俗離寺占察會疏

三界唯心 同一眞之淸淨 衆生不覺 困六道之漂沉 無有出期 備嘗苦患 惟佛以圓鏡而普照 憫人有寶藏而自窮 缺 設諸懺悔之軌儀 示之發起之方便 普賢之願 具宣說於華嚴 眞表之勤 終感通於彌勒 教行永世 澤洽恒沙 言念沖人 叨臨大位 承列后艱之業 遇多年積幣之餘 深淵薄冰 懼予心而方恐 慈雲甘露 冀佛德之是依 遽爾遘災 玆焉寢疾 訪巫醫之術 固非一焉 乞神聖之靈 亦已多矣 尙微效驗 愈極憂思 竊恐自肅祖有爲之年 及李氏用事之際 誅流人物 擾動幽明 憤氣鬱陻 冤對封執 今欲載其營魄 安其遊魂 不作彭生之夭 長消伯有之癘 更無他道 須托眞乘 遣暬御於名藍 峙法壇於寶殿 香花森列 梵唄熏勤 抽集精神 使之見佛而聞法 發露業障 期於離苦而生天 慧鑑悉照於悃誠 幽塗必失其熱惱 伏願無功用威德 不思議慈悲 攝其異生 頓悟苦空之理 杜其靈響 皆從寂滅之遊 彼旣絶通 朕其蒙利 俾躬免厄 永符福履之綏 與國咸休 久有榮懷之慶(『東文選』 권110)

乾德殿醮禮靑詞

强名爲道 妙物曰神 藏用窈冥 不與聖人之患 闡幽造化 若有眞宰之功 動不屈以施爲 感遂通而降格 眷言凉德 嗣守丕基 雖欲體春秋之一元 以貞王道 未能用洪範之五事 以奉天時 民業未至於永康 歲望屢乖於大有 思惟不德 恐懼靡遑 庶幾受祉於神明 得以保和於邦域 遂據科式 灑淸闕庭 薦酌彼之潢汙 望泠然之仙馭 伏望至誠上達 沖鑒俯臨 使予一人 永享康寧之吉 及我元子 允宜福履之綏田野稔而盜賊消 戎狄懷而干戈戢 普推餘澤 燕及蒼生(『東文選』 권115, 『東人之文四六』 권7)

又

眞常之極 非可道而可名 恍惚之中 若有物而有象 固難意致 宜以誠求 伏念臣

邈然幼冲 職是司牧 撫躬自戒 曾無滿假之心 臨事不明 莫適榮懷之慶 萬民胥怨 一氣屢乖 災變之興 殆無虛日 兢危之慮 凜若涉淵 按寶籙之妙科 潔玄壇之淨醮 伏望悃衷上格 道蔭丞臨 調精祲於二儀 協陰陽於四序 兵其不試 民無金革之憂 農用有年 家有京坻之積(『東文選』 권115, 『東人之文四六』 권7)

又

道非常道 蓋自古以固存 神之又神 於其中而有象 包含衆妙 統制群生 念惟眇躬 夙恭洪造 奄有一國 于玆三年 顧無善政遺風 曷副三靈之望 恐有寃刑濫賞致傷二氣之和 或天辰失常 或山石告異 軍民懷艱食之患 夷狄有住兵之謀 不德所招 何心自處 雖禍福之應 倚伏無常 而禳禬之文 科儀具在 虔遵道法 載潔醮筵 潦水澗毛 苟有信誠而可薦 天心地意 豈以菲薄而不應 冀妙眷之丞臨 借靈光而旁燭 蕩諸災變 介以吉祥 富壽康寧 施作吾人之利 兵凶疾疫 免爲我國之憂 仰望聖神 俯垂照鑒(『東文選』 권115, 『東人之文四六』 권7)

祝文

冬享

盛陰用事良月紀事追慕威容伏增悽愴恭脩時祀以達孝誠(『東人之文四六』 권7)

五祀

律中應鍾時維陽月式遵典故祗薦吉蠲(『東人之文四六』 권7)

社稷

臘大社

德兼博厚道著宜方萬物焉 依巨穀以遂聿因冬季祗擧典章(『東人之文四六』 권7)

后土

時惟季冬祀有常祀惟神功宣水土澤洽古今從祀明靈實惟舊典(『東人之文四六』 권7)

大稷

播生百穀粒此萬民德厚難名澤流無極惟冬之季厥祀有常(『東人之文四六』 권7)

后稷

恭對季冬聿脩嘉祀惟神功高稼穡道濟珉黎式擧舊章用嚴從祀(『東人之文四六』 권7)

釋尊二丁

先聖

道尊三代言滿六經聲非雷霆萬古不息光揭日月四海共瞻苗宇載嚴威儀有赫聿遵典故祗薦馨香(『東人之文四六』 권7)

先師

服膺師範高步聖門德冠四科名垂萬古惟春之仲厥祀有常(『東人之文四六』 권7)

籍田

雨師

利澤溥霑羣生咸賴化功不測祀典有常用率彛儀祗申嘉薦(『東人之文四六』 권7)

6) 碑銘

靈通寺大覺國師碑銘[25)]

贈謚大覺國師碑銘

高麗國 五冠山 大華嚴靈通寺 贈謚大覺國師碑銘竝序

金紫光祿大夫 檢校太尉 守司徒 中書侍郎 同中書門下平章事 判尙書禮部事 修國史 上柱國 臣 金富軾 奉宣撰

朝散郞 尙書工部侍郎 賜紫金魚袋 臣吳彦侔 宣書幷篆額

上嗣位之四年乙巳秋七月庚午 大覺國師門人 都僧統澄儼等 具師之行事 以聞曰吾先師 卽世久矣 而碑銘未著 常懼其德業 有所磨滅而不記 惟上哀憐之使之裒 撰以示久遠 上曰 於呼 師於余爲從祖而遺功餘烈 炳然可觀 其可盖而不章乎 遂授臣富軾 以行狀曰 汝其銘之 臣讓不獲命 退而叙曰 以臣觀之師於聖人之道 可謂性得而生知者也 何以知其然哉 自少知學不爲紛華盛麗之所移 及其出家 當道衰學廢之時 獨能背馳於時態 追古聖賢而祖述之 不幸短命而其所樹立如此 子思有言 自[26]誠而明者 其是類乎 師諱釋煦 俗姓王氏 字義天 後以名犯哲宗諱以字行 我太祖大王四世孫 而文王第四子也 母仁睿太后李氏 夜夢 若有龍入懷而有身焉 至乙未秋九月 二十八日 生於宮中 時有香氣郁然 久而後歇 師少超悟讀書 屬辭精敏 若宿習 兄弟皆有賢行 而師傑然出鋒穎 上一日 謂諸子曰 孰能爲僧 作福田利益乎 師起曰 臣有出世志 惟上所使上曰善 母后以前夢貴徵 竊惜之而業已受 君命叵如之何 乙巳五月十四日

---

25) 이 碑는 京畿道 開豊郡 嶺南面 玄化里 靈通寺址에 남아 있으나, 『朝鮮金石總覽』을 만들 당시에는 이미 훼손된 부분이 있어 판독 불가능한 글자가 많았다. 그러나 다행스럽게도 이 碑銘은 현재 해인사 寺刊板 중에 남아 있는 『大覺國師外集』 권12에 수록되어 있어 어느 정도 완전한 내용을 판독할 수 있다. 이를 저본으로 판독을 시도한 것으로 許興植 편, 『韓國金石全文』, 아세아문화사, 1976과 『韓國佛敎全書』 4책, 동국대출판부, 1982 등이 있고, 『韓國金石全文』을 저본으로 교감을 시도한 李智冠, 『校勘譯註 歷代高僧碑文-高麗篇 3』이 있다. 그리고 『大覺國師外集』 영인본으로는 『韓國高僧集-高麗時代 1』, 경인문화사, 1974이 비교적 선명한 편이다. 본고는 기존의 판독을 참조하여 새로이 판독을 시도해 보았다.

26) 『韓國佛敎全書』 4책, 590쪽에는 因으로 되어 있으나, 문맥상 맞지 않다.

徵景德國師 於內殿剃髮 上再拜之 許隨師出居靈通寺 冬十月就佛日寺[27] 戒壇受具 時春秋十一歲而學問不息 已能成人 嘗夢人傳澄觀法師書 自是慧解日進 至年甫壯益 自勤苦 早夜矻矻 務博覽强記 而無常師道之所存 則從而學之 自賢首教觀及頓漸 大小乘經律論章疏 無不探索 又餘力外學 見聞淵博 自仲尼老聃之書 子史集錄 百家之說 亦嘗玩其菁華 而尋其根柢故 議論縱橫馳騁 衮衮無津涯 雖老師宿德 皆自以爲不及聲名流聞 時謂法門有宗[28]匠矣 丁未七月乙酉 教書裒爲祐世僧統 師嘗有志 如宋問道 聞晉水淨源法師以慧行爲學者 師託舶賈 致書以修禮 源公知師非常人 卽復書相招 由是欲往滋甚 至宣王在位第二年 是宋元豊七年春正月 入內誠請 上會群臣議 皆以爲不可 師於上前 與群臣言 聖賢忘軀慕道 如玄奘往西域 義想入中國 苟安安而不務求師 非所以出家本意 其言懇切繼之以泣 上感激意許之而群臣 議確依違而罷 至明年四月庚午 夜留書上王及太后 率弟子壽介[29] 微服至貞州 寓商客船發 上聞之驚 差遣官僚與弟子樂眞慧宣道隣從之 五月甲午 至大宋板橋鎭 知密州朝奉郎范鍔迎勞 卽附表具陳 所以來朝之意 皇帝命主客員外郎蘇注廷導之 秋七月入京師啓聖寺 以中書舍人范百祿爲主 數日見垂拱殿 待以客禮 寵數渥縟 明日表乞承師受業 優詔從之 遂見華嚴有誠法師 先此皇帝聞僧統之來 詔兩街預選高才碩學 堪爲師範者 兩街推薦誠師 至是 僧統摳衣下風 欲行弟子之禮 誠師三辭而後受之 乃進曰某甲海外之鄙人也 虛襟求道之日久 未有所得 願師慈愍 開我迷雲 答古佛刳心而爲法 至有求一文一句而捨轉輪王位 今上人能行之 可謂難矣 願同志一乘 同修萬行 以遊花藏海者吾之願也 於是 僧統請問云云 嘆曰 辭旨婉 切善啓重關[30] 非法王[31]之眞子

27) 『朝鮮金石總覽』에는 告로 되어 있으나, 맞지 않다.

28) 『韓國佛敎全書』 4책, 591쪽에는 宋으로 되어 있으나, 내용상 맞지 않다.

29) 위의 책, 591쪽에는 分으로 되어 있으나, 잘못된 판독이다.

30) 위의 책, 591쪽에는 開로 되어 있으나, 잘못된 판독이다.

31) 『朝鮮金石總覽』에는 當으로 되어 있으나, 잘못된 판독이다.

卽義想之後身 復承朝旨 與主客員外郞楊傑 出京師沿汴達淮泗侵尋 以至餘杭 詣大中祥符寺 謁源公 如見誠公之禮 源公儼然而坐 僧統進曰 某甲仰慕道誼 以日爲歲 不憚險艱 百舍來謁 願開金口玉音 以卒[32)]覺悟 源公曰 昔慧思一見智顗 卽知靈山之舊 今僧統之來 焉知非夙緣耶 不須膝行爲禮 請講以所聞於是 誠投道應 如芥就鍼 有問有答 盡其春容 源公因知州蒲公宗孟之請 入南山慧因院 開講周譯經 僧統施錢營齋以延 學徒甚衆 源公 於前所居三處 各置賢首敎藏幷祖師像 至此 又欲辦焉而未能 楊公知其意 與知州及諸僚力營之僧統亦捨銀 置敎藏七千五百餘卷 及還國 又以金書大經三本 歸之以祝聖壽慧因 本禪院改爲講院 特免租稅 朝廷爲僧統故也 會國王 上表乞令歸國 遂詔趣赴京請 源公同舟 講學不輟 以元祐元年 後二月十三日 入京再見 淹五日朝辭至秀州眞如寺 見楞嚴疏主塔亭傾圮 慨然歎之 以金屬寺僧修葺 楊公曰璿公今日始遇知音 吳興章衡記 其事云 僧統可謂篤厚好學君子矣 夏四月復入慧因院 源公傳道訖 正坐焚香云 願僧統歸廣作佛事 傳一燈 使百千燈相續而無窮 遂授經書爐拂 以爲信 非特僧統 資源公而道益進 源公名所以益高 以僧統揚之也 禮辭源公 行至天台 登定光佛隴 觀智者 親筆願文 禮於塔前誓傳敎于東土 楊公志之 沙門中立 立石 始自密至京 以及吳越往來 凡十有四月 所至名山勝境 諸有聖迹 無不瞻禮 所遇高僧[33)]五十餘人 亦皆咨問法要若源公雅所望 以爲 (50여자 缺落) 慧林 善淵 戒律則擇基元照 梵學則天吉祥紹德 此皆卓然可尙故 資其所長者 已及將歸 禪講宗師 各率徒 學之悉備此眞重法大菩薩者也 然非是始學 欲以己所得 與諸師相試故來耳 故其所贈詩 有孰若祐世師 (59자 缺落)[34)] 三韓王子西求法 鑿齒彌天兩勍敵 其爲時賢推尊類 皆然也 夏五月二十日 隨本國朝賀回使放洋 二十九日 (48자 缺落)[35)]

---

32) 『歷代高僧碑文』, 120쪽에는 來로 되어 있으나, 잘못된 판독이다.

33) 『大覺國師外集』 권12에는 “僧五十 … 辛未”까지 250여 자가 결락되어 있다. 이는 이미 『朝鮮金石總覽』에 의거하여 보완한 판독을 참고하였다.

34) 『歷代高僧碑文』, 121쪽 참조.

上及左右 無不感動 皇帝所贈金繒 國王太后寄送財寶 以巨萬計 擧施諸道場及所聞法 諸師無少 (51자 缺落)[36] 師誕年肇基旣成多歷年 國家每議其主而難其人 至是宣演教理 盡妙窮神 學者海會 得未曾有 上及群臣 (48자 결락)[37] 怠不講故 官滕私褚亡散幾盡 遂重購求書於中國 以及契丹日本 又於辛未春南遊搜索所得書 無慮四千卷 皆塵昏蟫斷 編簡壞舛 俱收並拾包匭以歸 請置教藏司於興王寺 召名流刊正[38]謬缺 使上之鉛槧 不幾稔閒 文藉大備 學者忻賴 甲戌春二月 初入洪圓寺 其教學如故 居興王初 順王寢痾 召師言 寡人嘗願作大伽藍 額號洪圓 今病篤殆不自濟 若嗣君不相忘 師其同心 以終吾願 師涕泣曰 臣敢盡心力 死生不易 至於旣成 乃命住持焉 夏五月 退居海印寺 溪山自適浩然 有終焉之志 獻王再徵不能致 乙亥冬十月八日 肅祖卽位 數遣近臣齎[39]書迎之 固辭 又教曰 不穀之望師 可謂切矣 非止高山景行 寤寐增想而鶺鴒在原 義重匪他 雖不能往屢 以誠請拂衣高蹈 曾不我顧 古之達者 非夷非惠與時卷舒 冀或一來 副我意焉 師翻然曰 備禮厚辭 義不可拒 乃赴都復居興王寺 教學如初 丁丑夏五月 住持國淸寺 初講天台敎 是敎舊已東漸而中廢 師自問道於錢塘 立盟於佛隴 思有以振起之 未曾一日忘於心 仁睿大后 聞而悅之經始此寺 肅祖繼之 以畢厥功 師於此之時 依文而顯理 究理而盡心 止觀圓明語默自在 拔盡信書之守 破惡取空之執 一時學者 瞻望聖涯 捨舊而自來 幾一千人 盛矣哉 世之議台宗者 謂師百世不遷之宗 渠不信哉 戊寅夏四月庚寅上命第五子 侍之師 手落其髮 今都僧統是也 辛巳春二月 上以洪圓寺九祖堂成 請師熏修而落之 前世爲祖譜不一 今以馬鳴龍樹天親佛陁光統帝心雲華

---

35) 위의 책, 122쪽 참조.

36) 위의 책, 122쪽 참조.

37) 위의 책, 122쪽 참조.

38) 위의 책, 122쪽에는 校定으로 판독하였으나, 『大覺國師外集』 권12에 의하면 판독상 어려움 없이 刊正으로 읽을 수 있다.

39) 위의 책, 122쪽에는 齋로 판독하고, 『韓國佛教全書』 4책, 592쪽에는 齎로 판독하여 애매하나, 문맥상 후자가 맞는 것 같다.

賢首淸凉 爲九祖師所定也 秋八月 遘疾 隱几而坐 或觀心 或持經 不以疲憊自止門人 請修佛事 曰事佛久矣 上遣中使問體 名醫處方 俵寶衣名 昌[40]於諸寺爲之請福疾革 親來慰問曰 恐有不可諱 願聞其所欲言者曰 所願重興正道而病奪其志 伏望 至誠外護 以副如來遺敎 則死且不朽 冬十月五日壬辰 右脇而化 享年四十七 僧臘三十六 是前或夢 寶幢崩摧于地 上聞之慟 命有司賵賻有加冊爲國師 謚曰大覺 十六日癸卯 茶毗收遺骨 以十一月四日辛酉 安措於五冠山 靈通寺之震方 從本敎也 佛法以梁大通元年丁未 肇入新羅後一百餘年 義想元曉作 是二師者 以聖種性 爲大宗師 末光所燭 餘波所加 皆得以出其黮闇 而造其高明 及去聖云 遠法隨而弛世 所謂名士者 心蕩乎名 智昏乎利學[41]益浮淺 涉獵典籍 磔裂文句 置之齒牙閒 哤哤以自好 後來者 承誤襲謬往而不返 師於是疾習俗之蔽蒙也 道德之鬱滯也 激昻奮勵 以明道求蔽爲已任黜其曲[42]學 示之妙蘊 剖發幽覆 扶起窳惰[43] 雷霆而震動之 雨露以溥灌[44]之閒 雖有心服而悅 隨者而群邪疾正 謗毁沸騰 以道自處 恬不動心 終而翕然寖變於正 異時僻見妄執者 革面遷慮 務爲根本之學 亦嘗言曰 禪家所謂不藉筌蹄 以心傳心 則上上根智者也 脫或卜士 以口耳之學 認得一法 自以爲足指三藏十二分敎 蒭狗也 糟粕也 又烏足觀者 不亦誤乎 乃勸學楞伽起信等經論 又天性至孝善父母不怠 及其亡則 窮思畢情 以營功德 至自燒臂 後値諱日亦如之 又鑑識洞然 樂善不倦 每與搢紳先生 燕見應對 其言論 不出聖人之道又其文辭 平澹而有味故 士大夫承風而披靡稍厭 彫琢而趣雅正焉 至於俗吏虎臣 不以文學自業 及他道異術 相背如仇讎者 一見其貌 聞其言則莫不竦然

40) 『韓國佛敎全書』 4책, 593쪽에는 昌으로 판독하고, 『歷代高僧碑文』, 123쪽에는 佮으로 판독하였으나, 전자를 따른다.

41) 『韓國佛敎全書』 4책, 593쪽에는 高로 추정하고 있으나, 學이 맞는 것 같다.

42) 『歷代高僧碑文』, 124쪽에는 典으로 판독하였으나, 『大覺國師外集』 권12에 의하면 어려움 없이 曲으로 읽을 수 있다.

43) 『韓國佛敎全書』 4책, 593쪽에는 情으로 판독하고 있으나, 잘못된 것 같다.

44) 위의 책, 593쪽에는 濩으로 판독하고 있으나, 잘못된 것 같다.

自服 恨相値之晩 後睿考覩畵像 徘徊感慕 親製讚詞二百字 師適宋時 泗上禮僧伽塔 上有光明如燈火 天竺寺禮觀音 放素光赫赫然 又在海印寺講經堂宇忽動有驚起者 睿考在東宮 被疾詣師 爲讀金剛般若經 至乙夜光自口出 燭於戶牖 傳所謂神異感通者 豈是歟 又不忘興福 或告永新前路 是百郡之所出入舊有館院而壞亡 卽指授門人作新之名 館曰指南 院曰兼濟 至睿考 錫以土田始師之幼 大后謂言 吾願於興王內 別開一院 爲若異日行道之所 伻來卜地至後營構 號之薦福 其他所成佛像經文 亦不能盡書 師旣爲一國尊親 有大政事 必款密諮決故 所與上論列國家事甚多 而有陰德於人民 亦厚世莫得.而盡知 師欲立言以垂 不腐而志 莫之遂 嘗以群言汗漫 撮其精要 類別部分 名曰圓宗文類 又欲會古今文章 有補於敎 以爲釋苑詞林 而未及叅定 至後乃成故去取失當 門人集所著詩文 殘篇斷藁 存者無幾紬次爲二十卷 此皆卒爾落筆非將以貽後也 故於生前有以其文寫而刻之者 取其板焚之 當時北遼天佑帝聞其名 送大藏及諸宗 疏鈔六千九百餘卷 其文書藥物金帛 至不可勝計 燕京法師雲諝 高昌國阿闍梨尸羅嚩底 亦皆尊嚮 以策書法服爲問 遼人來使者皆請見以土物 藉手以拜 吾使入遼則必問師之安否 最後日本人求文書於我其目有大覺國師碑誌 其名現四方 爲異國所尊 又如此師 嘗召臣先兄釋玄湛與之遊 甚歡 相知之分 非啻期牙臣 由是得以一謁容色 睟凊 若覩靑天白日辱賜之坐語 自晝窮夜 試[45]問易老莊一二大義 臣偶能言之 他日數稱之曰湛師弟亦才士也 居無何 師入滅 噫 士爲知己者用 假令死而可作 雖布髮而藉足亦所忻慕焉 況以文字 挂名於碑石之下 豈不爲榮幸也哉 而學術固陋 辭語澁吶 不能發幽德之潛光 以示來裔 是所恨焉 其銘曰

義想西學 傳佛圓音 元曉獨見 窮幽極深
或出或處 脗然同心 香熏霧潤 學者林林
道與世喪 日薄月渝 有狂東走 無知北遊

45) 위의 책, 594쪽에는 說로 판독하고 있으나, 잘못된 것 같다.

迷不知復 放不知求 邪熾正滅[46] 不塞不流
否終則傾 異人挺生 不留富貴 而趣高明
誰謂宋遠 水[47]道乃行 索焉而獲 爲焉而成
理無不盡 事無不融 遊觀自在 浩不可窮
攝諸利海 於一毛中 不動一步 周行虛空
橫流湯湯 獨爲之防 道其百派 東至于洋
始則不信 狺狺衆狂 終隨而革 磨淬發光
惟君之哲 其尊其師 問道之要 謀事之疑
陰毗密贊 幾格淸夷 飄然遠擧 則挽留之
其道之大 如天如地 淵源之深 固不敢議
其出於時 土苴而已 如膚寸雲 澤彌萬里
厥徒叩閽 稽首敷臆 冀書之碑 以揚宏則
上曰其然 乃命臣軾 臣拜獻辭 詒厥罔極

46) 위의 책, 594쪽에는 域으로 판독하고 있으나, 잘못된 것 같다.

47) 위의 책, 594쪽에는 示로,『朝鮮金石總覽』에는 木으로 되어 있으나,『歷代高僧碑文』, 127쪽에는 水로 보고 있다. 문맥상 水가 맞는 것 같다.

『拙藁千百』 解題

위은숙 | 영남대 민족문화연구원 상임연구원

1. 『졸고천백』의 간행

崔瀣의 문집인 『拙藁千百』[1]은 현재 국내에서는 원본을 찾아볼 수 없고, 일본의 前田家의 尊經閣에 수장되어 있는 것이 전해지고 있을 따름이다. 이 尊經閣本을 일본의 德育財團에서 1930년에 영인하여 간행하였는데 우리나라에서 영인된 것도 이것을 저본으로 한 것이다.[2]

『졸고천백』은 저음에 최해 사후인 고려말기에 전라도와 경상도에서 각각 간행된 것으로 보인다. 전자는 李齊賢의 『益齋亂藁』 권4의 「送金海府使鄭尙書國俓得時字」라는 詩에서 알 수 있다. 이 시는 문집에 실려 있는 순서상 至正 18年 戊戌(공민왕 7년, 1358)에 지은 것으로 생각된다. 시의 말미에 있는 註에 의하면 이제현과 최해와 가까웠던 及菴 閔思平이 최해의 『東人之文』과 『졸고천백』을 당시 전라도안렴사로 있던 鄭國俓에 의뢰하여 개판하였다 한다.[3] 민사평이 최해의 문집 간행에 힘을 기울인 것은 최해와

1) 『拙藁千百』에 대한 기왕의 해제는 다음과 같다.
今西龍, 「尊經閣叢刊 『拙藁千百』に就きて」, 『高麗史硏究』, 1944 ; 任鍾淳, 「拙藁千百 解題」, 『拙藁千百』, 亞世亞文化社, 1972 ; 李春熙, 「拙藁千百 解題」, 『高麗名賢集』 2, 成均館大學校 大東文化硏究院, 1973.

2) 1972년에 아세아문화사에서, 1973년에 성균관대 대동문화연구원에서 『高麗名賢集』의 일부로 영인하였다.

의 특별한 친분 때문이었을 것으로 짐작되는데, 최해는 민사평의 조부인 閔宗儒의 墓誌銘과 부친인 閔頔의 行狀을 지었다. 鄭國俓이 개판에 관련된 것도 최해와 각별한 관계였기 때문이었을 것인데, 바로 최해의 行狀을 정국경이 지었다 한다.[4] 이 전라도 개판본은 현존하지 않기 때문에 개판의 정확한 연대는 알 수가 없다.

그런데 간행을 부탁한 장본인인 민사평의 문집인 『及菴集』의 「送鄭諫議之官金海得見字」라는 시에 의하면,[5] 崔瀣의 歿後 10년이나 서가에 보관되어 있던 『東人之文』을 김해부사인 鄭國俓이 전라도안렴사로 봉직시 간행하여 京師로 보내주었다 하여 그에게 치하의 뜻을 표하고 있다. 최해가 사망한 것은 충혜왕 후원년(1340)이므로[6] 10년 후면 대략 충정왕 연간(1349~1351)일 것이다.

이 무렵 민사평은 충정왕을 시종하고 入元하였다가 귀국하여 즉위함에 미쳐서는 그 공로로 都僉議參理에 除拜되고 輸誠秉義協贊功臣號를 特賜받았으며, 이어 都僉議贊成事 進賢館大提學 春秋館事 그리고 師傅로서 商議會議都監事에 除授될 정도로 權運이 혁혁하였다.[7] 그러한 위치에 있었으므로 그의 각별한 부탁은 곧 실천으로 옮겨질 수 있었던 것 같다. 시에는 『東人之文』만 언급되고 있으나 『익재난고』의 내용으로 보아 『졸고천백』도 같은 시기에 간행되었을 것이다.

후자는 존경각본의 말미에 있는 開板記를 통해서 알 수 있듯이 경상도안렴사 郭忠守 등에 의해 至正 14년(공민왕 3년, 1354) 8월에 진주에서 개판되었다. 현재 우리가 볼 수 있는 것은 바로 이 판본이다. 진주에서의 개판은

---

3) 『益齋亂藁』 권4, 「送金海府使鄭尙書國俓得時字」, "鄭嘗爲全羅道按廉使時 及菴閔相授以崔拙翁東人文及拙藁 鄭皆刻梓以傳".

4) 『慶州崔氏大同譜』 권2, 35쪽.

5) 『及菴先生詩集』 권1.

6) 『高麗史』 권109, 崔瀣傳.

7) 『高麗史』 권37, 忠定王 2年 春 正月條 ; 『高麗史』 권108, 閔思平傳.

牧使였던 崔龍生에게 민사평이 간행하도록 주선하여 이루어진 것으로 보인다. 안동에서 『東人之文四六』을 간행한 崔宰는 민사평의 外孫女壻의 父親이며, 최용생은 최재의 從侄이었다.[8)]

조선시대에 들어와서는 宣祖 1년에 간행된 『攷事撮要』의 八道程途 陜川 冊板條에 『拙藁』가 나타나고 있는 것으로 보아[9)] 임난 이전에 중간된 것이 확실하나 실물은 역시 전해지고 있지 않다. 존경각본도 임난 이전의 판본일 가능성이 크다고 한다.[10)]

또한 『졸고천백』과 『東人之文四六』은 간행에 있어 밀접한 연관을 가지는 것으로 보인다. 공민왕 3년(1354)에 간행된 『졸고천백』 진주판본의 간기에 따르면, 안렴사 郭忠守, 목사 崔龍生, 판관 李臣傑 등이 간행을 주관하여 지정 14년 갑오(1354) 8월 진주목에서 개판하였다고 되어 있다. 또한 흑어미에 '行', '正', '高' 등이 음각되어 있는데, 이는 각각 간기에 나오는 각수의 이름인 行明, 正連, 高淸烈을 의미한다.

『동인지문사육』의 경우는 간기가 전하지 않으나, 7권의 말미에 '晋州牧開板'이라는 글자가 보이므로 진주판으로 판단할 수 있다. 이 진주판본 『동인지문사육』은 판식이 진주판본 『졸고천백』과 거의 일치하며, 『졸고천백』과 마찬가지로 흑어미에 '正', '高'라는 각수의 이름이 확인된다. 이를 통해 『졸고천백』과 『동인지문사육』의 진주판본은 같은 시기에 같은 주체에 의해 판각되었을 가능성이 크다고 생각된다.[11)]

---

8) 尹炳泰, 「崔瀣와 그의 「東人之文四六」」, 『東洋文化硏究』5, 1978, 207~210쪽.

9) 金致雨, 『攷事撮要의 冊板目錄 硏究』, 1983 참조. 이외에 『世宗實錄』 권52, 13年 5月 乙酉條에 『益齋集』과 더불어 『東人文』을 간행할 것을 주청하는 기사가 있고, 宣祖 1년의 乙亥字本 『攷事撮要』 八道程途 醴泉冊板本에도 『東人文』이 나오는데 이 『東人文』 중에 『拙藁千百』이 포함되었을 가능성이 있지 않나 한다.

10) 今西龍, 앞의 논문, 251쪽.

11) 최채기 역, 『국역 졸고천백』, 민족문화추진회, 2006, 해제 6~7쪽 ; 이종문, 「계명대학교 동산도서관 소장 『東人之文四六』 해제」, 『東人之文四六』, 계명대학교, 2013.

그리고 현전하는 『동인지문사육』의 판각 지역에 대한 분석을 통해, 동인지문이 진주·복주·전라도에서 각각 전질이 간행된 것이 아니라 1질을 여러 지역에서 分刊했을 가능성이 제시되기도 했다.[12)]

『高麗史』 열전에 의하면,[13)] 최해의 저서로는 『졸고천백』 2권 외에 『東人之文』 25권이 있다고 한다. 이 밖에 成俔의 『慵齋叢話』에는 『農隱集』이 그의 저술이라 하고 있으나[14)] 현재 남아있지 않으므로 확실하지 않다. 그런데 『졸고천백』에는 최해의 文만이 실려 있고 詩가 빠져 있다. 『東文選』에서는 그의 시 33수가 확인되는데 『農隱集』이 만약 그의 문집이라면 시는 모두 그곳에 수록되었을 것이다.

2. 『졸고천백』의 체제와 내용

존경각본의 제1권 冒頭에는 "鷄林後學崔氏彦明父"라 되어 있고 권말에는 "至正十四年甲午八月日晋州牧開板"이 있다. 제2권에는 署名 없이 권말에 다음과 같은 개판기가 있다.

> 至正十四年甲午八月日晋州開板
> 色戶長 正朝 鄭吉
> 刻手 正連 行明 思遠 高淸烈

12) 최채기 역, 『국역 졸고천백』, 민족문화추진회, 2006, 해제 10~11쪽.

13) 『高麗史』 권109, 崔瀣傳.

14) 『慵齋叢話』 권8. 『慵齋叢話』에서는 『東人文』 몇십 권은 崔滋가 편찬한 것으로, 『三韓龜監』 一帙은 崔瀣가 편찬하였다고 하나 그것은 成俔의 오류인 것 같다. 『東人之文』은 최해가 편찬한 것이며, 『三韓詩龜鑑』은 趙云仡이 『東人之文五七』에서 정선하여 최해의 批點을 보탠 詩選集이라고 한다.(『三韓詩龜鑑』에 대해서는 李炳疇, 「三韓詩龜鑑 紹介」, 『東岳語文論集』 15, 1981 ; 金乾坤, 「三韓詩龜鑑 硏究」, 『정신문화연구』 31, 1986 참조).

司錄參軍事兼掌書記通仕郎典校寺校勘 金乙珍
判官通直郎版圖正郎兼勸農使 李臣傑
牧使中正大夫典校令兼管內勸農使 崔龍生
按廉使奉善大夫內書舍人藝文應敎知製敎兼春秋館編修官 郭忠守

본서에는 개판기 외에 序, 目錄, 跋 등이 없다.[15] 43개의 文도 종류에 관계없이 대체로 저술된 연대순으로 수록되어 있다. 이것은 다른 문집에서는 볼 수 없는 특이한 점이다.

그런 특이한 면은 문집의 명칭인 『졸고천백』에서도 엿볼 수 있다. 대체로 문집명은 저자의 號에 文集이란 글자를 부가하여 제목으로 하는 것이 통례이기 때문에 『졸고천백』이라는 명칭은 색다르다고 할 수 있다. 그런데 '졸고'는 아마도 그의 호가 拙翁이기 때문에 그에 유래한 것으로 보이고, 千百은 詩가 포함되어 있지 않고 文만을 撰하였기 때문으로 추측된다. 그 근거로 『동인지문』의 序에 '詩 약간 首를 뽑아 題를 五七이라 하고, 文 약간 首를 뽑아 題를 千百이라 하고, 騈儷之文 약간 首를 뽑아 題를 四六이라 한다'[16]는 구절이 있는데 여기에서 그 제목을 얻은 것 같다.[17]

수록된 43개의 文은 대체로 연대순으로 편집되어 있다. 다만 「上三書皆藝文應敎所製追錄」이라고 특별히 단서가 붙은 (32)(33)(34)는 泰定年間(1324~1327)에 만들어진 것이다. 보통의 경우 追錄되는 것은 문집의 마지막에 넣는 것이 상례이나 이 경우에는 後至元 三年(충숙왕 후6년, 1337) 작인 (31)과 (35) 사이에 있다. 아마도 처음에는 (31)까지를 편집하여 (32) 이하 세 편을 추록한 후에, 다시 새롭게 (35) 이하를 순차로 追附한 것으로 보인다. 그러므로 (34)까지는 최해가 스스로 선택하여 편집한 것이고, (35)

15) 今西龍은 序는 원래 있었을 것이지만 분실되었을 것이라고 한다(앞의 논문, 255쪽).
16) 『拙藁千百』 권1, 東人之文序, "凡名家者得詩若干首題曰五七 文若干首題曰千百 騈儷之文若干首題曰四六".
17) 任鍾淳, 앞의 논문, 6~7쪽.

이하는 後人이 追附하지 않았나 추측된다.[18]

충렬왕 29년(1303) 17세로 급제한 그는 成均學官으로 初仕하여 순탄치 않은 관직생활을 거쳐 檢校成均大司成으로 치사하였다. 예문응교로 泰定 乙丑 丙寅年(1325~1326) 사이에 지은 글(32·33·34)이 있는 것으로 보면 檢校成均大司成으로 치사한 것은 그 이후 대략 충혜왕 원년경(1330)이 아니었을까 한다. 왜냐하면 (43)에 의하면 충혜왕 원년 경에 참소를 받아 궁지에 몰려 있었는데 참소가 풀리지는 못하였으나 이때 최안도의 도움을 받았다고 되어있기 때문이다. 그러므로 『졸고천백』의 글들은 반 이상이 관직에서 은퇴하고 난 후에 만들어진 것임을 알 수 있다.

『졸고천백』에 수록된 43개의 文 중에 『동문선』에 수록된 것은 32개이고 나머지 11개는 수록되어 있지 않다. 수록되어 있지 않은 文은 (6), (8), (9), (11), (14), (15), (17), (18), (23), (26), (41)이다. 『졸고천백』은 두 권으로 되어 있는데, (1)~(21)까지가 권1에, (22)~(43)까지가 권2에 실려 있다.

그러면 다음은 수록된 글들이 어떠한 내용의 것인지 간략하게 살펴보고자 한다.

1) 送安梁州序

『동문선』 권84와 『新增東國輿地勝覽』 권22, 梁山郡 風俗條에도 실려 있다. 작성 연대는 나타나 있지 않으나 延祐年間(1314~1320)일 것이다. 安益之가 梁州 수령으로 나아갈 때 지어준 글이다. 安益之는 安于器의 아들인 安牧(?~1360)이다. 안우기는 안향의 아들이다.

梁州는 경상도 梁山으로 저습지대이기 때문에 농사가 어려워 일반농민들은 竹手工業에 경제를 의존할 정도로 어려운 실정임을 알려주고, 전임자였던 李元尹이 저습지를 개간한 사례를 들어 수령으로서 勸農에 유념할

18) 今西龍, 앞의 논문, 259~260쪽.

것을 부탁하고 있다.

14세기 전반 주자성리학을 받아들인 유교지식인들은 주자학의 민본사상과 관련하여 민에 대한 책임의식, 경세의식을 갖게 되었다. 그리고 그들은 유교지식에 철저한 大人, 君子가 관리(수령)가 되어야 한다는 입장을 견지하였다.[19] 본 서문에 "仁人, 君子는 작은 벼슬이라도 얕잡아 보지 아니하고 몸으로 백성의 일에 솔선하는 것을 볼 수 있었으며, 양주 백성의 가난한 것은 단지 양주 백성의 허물이 아니라 위정자의 부지런하고 게으름에도 달려있다는 것을 알게 되었다."라는 구절에서 14세기 전반 유교지식인의 한 사람인 최해의 수령관을 알 수 있다.

2) 海東後耆老會序

『동문선』 권84에도 수록되어 있다. 序의 말미에 "延祐庚申三月旣望藝文春秋館注簿崔某序"라 기록되는 있는 것을 보면 延祐 7년(충숙왕 7년, 1320) 3월에 최해가 예문춘추관주부였을 때 東庵 李瑱의 부탁을 받아 쓴 것이다.

東庵 李瑱이 唐 會昌 年間에 白樂天이 太子少傅로 致仕한 후 洛陽의 履道里 자택에서 어질고 壽한 자를 모아 잔치를 베풀었던 洛中九老會, 宋 元豊年間의 文潞公 彦博이 耆英과 더불어 만든 眞率會, 또한 고려 神宗때에 崔靖安公이 雙明齋를 靈昌里에 짓고 늙어서 致仕한 사대부들을 모아 즐기던 그러한 故事에 따라 모임을 가진 海東後耆老會에 대한 서문이다.

李瑱은 최해와 각별한 친분이 있었던 益齋 李齊賢의 부친이다. 연우 7년은 최해가 원의 제과에 합격하기 전이었으나 海東後耆老會의 서문을 썼다는 것은 이미 그가 당대 耆老들의 인정과 평가를 받았음을 의미한다.[20]

---

19) 도현철, 「14세기 전반 유교지식인의 현실인식」, 『14세기 고려의 정치와 사회』, 1994, 562~571쪽.

20) 高惠玲, 「崔瀣(1287~1340)의 생애와 사상」, 『李基白先生古稀紀念韓國史學論叢』, 上, 1994, 885쪽.

3) 頭陀山看藏菴重營記

『동문선』 권68에도 수록되어 있으며 『動安居士集』 雜著 1에도 거의 비슷한 내용의 「看藏庵重創記」가 실려 있다.

至治 3년(충숙왕 10년, 1323) 가을에 李承休의 아들인 李德孺의 부탁을 받아 쓴 글이다. 記文의 내용에 의하면 動安居士 李承休는 충렬왕의 뜻을 거슬러 파면된 후 外家가 있었던 三陟으로 내려와서 容安堂이라는 별채를 지어 은거하면서 불경을 공부하고 帝王韻記 內典錄을 저술하였다 한다.[21] 뒤에 용안당을 三和寺의 승려에게 희사하고 편액을 바꾸어 看藏菴이라 하고 토지를 기증하여 常住의 자본으로 삼게 하였다 한다. 그후 이승휴 사후 24년만에 그의 둘째아들로 출가하였던 曇昱의 주도하에 허물어져 있던 看藏菴을 당시 關東을 진무하고 있던 藝文 辛蕆의 도움을 받아 重營하였다.

李德孺의 이름은 衍宗으로 최해와 같은 해인 충렬왕 29년(1303)에 과거에 급제하였으며 충숙왕 7년(1320)에도 安軸, 최해와 더불어 元의 制科에 응시한 同門友였다.[22] 그런 인연으로 이 글을 쓰게 된 것 같다.

그런데 이 記文의 내용 중에는 최해의 불교관이 나타나고 있는데, 불교를 성리학과 대립되는 것으로는 보지 않고 있으며, 다만 불교의 혹신으로 인한 폐단과 권문세가와 유착되어 백성에게 해독을 끼치는 부분에 대해서는 비난하고 있다.[23]

4) 李益齋後西征錄序

---

21) 『高麗史』 권106, 李承休傳.

22) 『高麗史』 권106, 李承休傳 附 衍宗條.

23) 高惠玲, 앞의 논문, 887~891쪽에 의하면 고려후기에 불교에 의한 사회적 폐단을 직시하고 이를 적극적으로 비난하는 것은 사대부들 가운데 최해로부터 비롯되는 것이라 한다.

『동문선』 권84에도 수록되어 있다. 「後西征錄」은 이제현의 詩篇으로, 충선왕이 참소를 입어 西蕃으로 유배되어 있을 때인 至治 3년(충숙왕 10년, 1323)에 가서 배알하였는데 그때 지은 것으로 충성과 의분이 넘쳐흐르는 것이었다.[24] 序文도 같은 해에 최해가 쓴 것이다.

이제현은 「後西征錄」에 앞서, 본 서문에 의하면 延祐初期에 사명을 받들고 峨眉山에 降香하러 갈 때 「西征錄」을 지어 楚僧 可茅屋이 서문을 붙였다고 한다. 그런데 이색이 지은 이제현의 묘지명과 『고려사』의 李齊賢列傳을 종합하면 연우 6년(충숙왕 6년, 1319)에 충선왕이 降香使로 강남에 갔을 때 이제현은 權漢功과 함께 동행하였다고 하는데 「西征錄」은 그때 지은 것 같다.

「後西征錄」과 「西征錄」은 이제현의 『益齋亂藁』에 따로 명기되어 있지는 않으나, 『익재난고』 권2에 「至治癸亥四月二十日發京師」라는 詩에는 細註로 "上王時在西蕃將往拜"라고 되어 있는데 아마도 이하의 詩들이 「後西征錄」이라고 생각된다. 또한 『익재난고』 권1의 詩들이 西征錄에 해당되는 것 같다.

본 서문에서는 최해의 문학관을 살필 수 있다.[25] 그는 詞와 義의 양면을 논하고 있는데 詞를 말함에는 '淫言漫語'가 없을 것을 요구하였고, 義를 말함에는 간결하면서도 정밀할 것을 요구하고 있다. 뿐만 아니라 뒤의 「安當之關東錄後題」(17)에서는 詞義가 精妙하고 남들이 말하지 못하는 새로운 경지의 의미를 가질 것을 요구하고 있다.

5) 送盤龍如大師序

『동문선』 권84에도 수록되어 있다. 如大師는 李瑱의 둘째아들이자 李齊

---

24) 『高麗史』 권110, 李齊賢傳 및 『牧隱文藁』 권16, 「鷄林府院君謚文忠李公墓誌銘」.
25) 鄭景柱, 「拙翁 崔瀣 文學의 역사적 성격」, 『韓國文學論叢』 11, 1990, 20~21쪽.

賢의 형이며 法名은 體元이다.[26] 泰定初(충숙왕 11년, 1324)에 화엄종단의 청에 의하여 如大師가 盤龍寺에 主法으로 추천되어 떠나려 할 때 일행 중에서 그에게 贈呈한 詩에 최해가 서문을 붙인 것이다. 서문에 의하면 盤龍寺는 李眉叟 즉 李仁老의 大叔인 闍梨 즉 寥一이 개설한 사찰이라 한다. 반룡사는 경북 고령에 위치하고 있으며 14세기 초반에 화엄종단의 대표적 사찰의 하나였다.

이 서문에서도 최해의 불교관을 살필 수 있는데 불교의 윤리관 즉 人倫을 저버리는 것을 비판하고 있다. 그러나 如大師는 승려임에도 太尉上王(충선왕)의 총애를 받아 僧秩이 높아지고 名刹의 주지직을 제수받았으나 노부모를 봉양하기 위하여 그것을 거절하였고, 또한 형제간에도 우애가 깊었음을 칭송하고 있다.

그런데 최해의 궁극적인 불교관에 대한 사상 경향은 (3)에서도 나타나듯이 완전히 부정적이라고는 할 수 없다. 곧 "儒만 알고 불을 알지 못하면 부처가 되는 길을 말할 수 없고, 불만 알고 유를 알지 못하면 능히 부처가 되지 못한다."라 하고 있다.

6) 有元高麗國故重大匡僉議贊成事上護軍判摠部事致仕諡忠順閔公墓誌

閔宗儒의 묘지명으로 泰定 원년(충숙왕 11년, 1324)의 作이다. 閔宗儒는 閔思平의 조부로, 민사평과 최해의 친분관계에 대해서는 앞에서도 언급한 바 있다.

본 묘지명에서는 驪興閔氏의 가계와 閔宗儒의 官歷 등이 수록되어 있다. 여흥 민씨는 당시의 권문세족이었는데 민종유는 閔令謨의 현손이며 兪千遇의 사위였다. 이 비문에서는 충숙왕 연간에 權漢功 등에 의해 자행되었던

26) 體元에 대해서는 다음의 논문이 참고된다. 蔡尙植, 「體元의 저술과 사상적 경향」, 『高麗後期佛敎史硏究』, 1991 ; 정병삼, 「고려후기 體元의 관음신앙의 특성」, 『불교연구』 30, 2009.

瀋王 暠의 추대획책에 참여하지 않았음을 칭송하고 있다.27) 또한 그가 19세 때 淸道郡監務로 파견되어 공정하게 일을 처리하였음을 언급하고 있는데, 이 사례는 당시 읍세가 강하였던 청도군 같은 곳은 지역토호인 大姓이 많아 官秩이 낮은 監務가 제대로 일을 하기가 어려웠던 점을 짐작케 한다.

7) 皇元高麗故通憲大夫知密直司事右常侍上護軍崔公墓誌銘

『동문선』 권123에도 수록되어 있다. 崔雲의 묘지명으로, 泰定 乙丑(충숙왕 12년, 1325) 8월의 作이다. 崔雲의 後娶夫人인 任綏의 딸 晋陽郡夫人이 최해에게는 이모가 되었다.

묘지명에는 鐵原崔氏의 가계와 崔雲의 官歷 외에 권문세가의 자제였던 그가 충렬왕 연간에 都魯花로 瑞興侯 琠을 따라 원나라에서 숙위하는 과정에서 충렬, 충선, 충숙왕대의 왕위계승을 둘러싼 혼란에 휩쓸리지 않고 초연하게 대처하였음을 언급하고 있다.

8) 問擧業諸生策二道

泰定 丙寅(충숙왕 13년, 1326) 작이다. 뒤에 藝文應敎로서 지은 泰定 乙丑(1325)에서 丙寅年까지의 글이 수록되어 있는 것을 보면 이 책문도 최해가 예문응교로 있을 때 지은 것으로 생각된다. 특히 이 策問에서는 최해의 유교관과 정치의식을 엿볼 수 있다.

첫째, 그는 천하의 이치는 하나임에도 사대부들조차 유교가 아닌 '異端의 道'를 지나치게 신봉하고 있음을 비판하고 있다. 그는 유교가 아닌 것을 異端으로 규정하고 있는데 유자로서 척불의 규범을 이룬 韓愈의 입장을 지지하고 있다. 그러나 이 글에서는 도를 반드시 불교만을 지칭한 것으로

27) 이에 대해서는 『高麗史』 권108, 閔宗儒傳 및 『高麗史』 권125, 權漢功傳 참조.

단정할 수 있을지는 의문이다.[28] 불교와 도교를 포함한 것이 아닐까한다. 둘째, 그는 修己治人의 학문을 닦은 儒者로서 현실의 난국을 타개하기 위한 해결책을 묻고 있다. 그가 생각한 현실문제는 국가재정의 부족, 백성의 유망, 관료의 녹봉 부족, 선비의 不修와 세가의 토지겸병, 풍속의 문란으로 인한 민심의 이반, 쟁송의 不治 등으로 사회경제 전반에 관한 것이었다.

9) 慶氏詩卷後題

찬술 연대는 정확히 밝혀져 있지 않으나 泰定 3년과 4년(1326~1327) 사이에 지은 것이다. 『慶氏詩卷』은 어려서 명성을 얻은 慶氏 아들의 작품으로 최해가 題를 붙인 것이다. 慶氏가 누구인지는 명확하지 않다.

10) 故司憲持平金君墓誌銘

『동문선』 권123에도 수록되어 있다. 金開物의 묘지명으로 泰定 4년(충숙왕 14년, 1327)에 지은 것이다. 그의 아들 金銛이 최해의 제자였다.

金開物은 福州 義城縣인으로 金晅의 아들이었다. 본 묘지명에는 그가 충선왕과 충숙왕 12년(1325)의 개혁정치기에 등용되었으나 두 번 다 참소를 당해 관직을 물러난 과정이 언급되어 있다.[29]

특히 본 묘지명에 "대저 선비가 이 세상에 나면 때를 잘 만나는 사람도 있고 만나지 못하는 사람도 있는데, 잘 만나면 그 道가 행하여 은혜를 입는 자가 많으며, 만나지 못하면 그 몸이 물러나서 스스로 얻는 것이 온전하게 되는 것이다. 그렇다면 세상을 잘 만나고 못 만나는 것은 다른 사람들에게 있어서 다행과 불행이 되는 것이지, 내게 있어서야 무엇이 손해가 되고 이익이 될 것이랴"라고 한 구절과, 명문에 "가능한 것은 학문이

---

28) 高惠玲은 여기서의 道를 불교라고 단정하고 불교를 이단이라고 규정한 용어는 당시의 사대부들 가운데 그가 처음 사용하고 있다고 하였다(앞의 논문, 888쪽).

29) 이에 대해서는 『高麗史』 권106, 金晅 附 金開物傳 참조.

요 행실이며, 불가능한 것은 지위요 수명이다. 군자인 연후에야 가능한 것을 취하여 힘써 행하며, 불가능한 것을 버리고 하늘에 맡기는 것이다"라고 한 것은 최해의 사대부로서의 자긍심을 가늠할 수 있는 대목이다.

11) 跋先書

泰定 丁卯年(충숙왕 14년, 1327) 8월의 작이다. 최해의 부친이었던 崔伯倫이 元貞(1295~1297), 大德(1297~1307) 연간에 尙州通判이었을 때 周公梓와 교환한 書簡을 보고, 周公梓의 아들인 周臣烈의 부탁으로 쓴 것이다.

12) 禪源寺齋僧記

『동문선』 권68에 수록되어 있으며, 致和 원년(충숙왕 15년, 1328) 7월 작이다. 松坡 崔誠之가 禪源寺에 米 150석을 희사하여 常住寶로 삼아 기일마다 亡媲 卞韓夫人 金氏와 죽은 아들 헌부의랑 崔文進의 명복을 빌기 위한 齋를 올리고, 또한 자신의 복을 빌기 위하여 飯僧하였는데 그에 대한 記文이다. 崔誠之의 아들 崔文度는 최해와 친분이 있었다.

선원사는 崔怡가 창건한 선종사찰로 崔怡의 眞殿寺院이다.[30] 기문 중에 충숙왕 연간에도 여전히 번성하여 동방의 제2 총림이라 한 구절은 주목된다.

13) 送僧禪智遊金剛山序

『동문선』 권84에 수록되어 있으며, 天曆 己巳(충숙왕16, 1329) 3월 甲申에 僧 禪智가 금강산에 들어갈 때 지어준 것이다.

본 서문에서 최해는 불교를 비판하고 있는데, 승려의 본분은 고행을 통하여 중생을 구제하는 것임에도 당시 승려들과 사찰의 세속적 타락을 지적하고 있다. 또한 普德菴 승려가 지은 「金剛山記」에 한국에 불교가

30) 『高麗史』 권129, 崔忠獻傳.

전래된 시기를 중국보다 앞선 漢 平帝 元始 4年(A.D.4)으로 잡고 있는 것을 비판하고, 梁 武帝 大通 元年 즉 法興王 14年(527)에 시작되었다 하여 신라에서의 불교공인을 중심으로 이해하고 있다.

최해는 도교에 대해서도 "나와 저들의 도가 다르므로 또한 심히 따지려고 하지 않는다."라고 하고 있는데, 그는 불교와 마찬가지로 도교에 대해서도 완전히 부정한 것은 아니었다. 곧 그는 유학만을 강조하는 배타성은 크지 않았던 것으로 보인다.

14) 大元故征東都鎭撫高麗匡請大夫檢校僉議評理元公墓誌銘

昭信 元善之의 묘지명으로, 至順 元年(충숙왕 17년, 1330) 작이다. 『海東金石苑』 권6과 『韓國金石文追補』 등에도 실려 있다.

元善之의 가계와 관력 등이 기록되어 있다. 특히 충선왕의 고려 귀국을 도모하다 파직된 일과, 충선왕이 吐蕃으로 유배되고 충숙왕과 瀋王 暠간의 갈등으로 정치적 혼란이 있었을 때도 동요하지 않았음을 칭송하고 있다.[31]

15) 金文正公墓誌

快軒 金台鉉의 묘지명으로, 至順 元年(충숙왕 17년, 1330)의 작이다. 『光山金氏文簡公派世譜』에도 실려 있다. 최해는 자신을 金台鉉의 門人이라 하고 있는데 충렬왕 29년(1303)에 최해가 과거에 급제할 때 그가 지공거였으므로[32] 그들은 바로 좌주와 문생의 관계였기 때문일 것이다.

본 묘지명에는 김태현의 가계와 관력 등이 기록되어 있는데 특히 그의 부친 金須가 知靈光郡으로 삼별초와 싸운 내용이 상세히 언급되어 있다.[33] 또한 그가 충렬, 충선, 충숙왕대를 거치는 정치적 혼란 속에서 대체로

---

31) 『高麗史』 권107, 元傅 附 元善之傳.

32) 『高麗史』 권73, 選擧志1 忠烈王 29年 6月條.

33) 『高麗史』 권110, 金台鉉傳에는 간략하게 나와 있다.

공정한 처신을 하였음을 칭송하고 있다.

김태현은 東人의 글을 모아 『東國文鑑』을 편집하였다고 하는데 전해지지 않아 전모는 알 수 없다. 특히 최해의 『東人之文』은 최해와 김태현의 관계로 보아 『東國文鑑』의 영향을 받았을 가능성이 있다. 徐居正이 지은 『東文選』 序에도 『東文選』 이전의 總集으로 『東國文鑑』과 『東人之文』을 들고 있고,[34] 金宗直의 『靑丘風雅』 序에도 前代의 三大文選集으로 金快軒, 崔猊山, 趙石磵의 選集을 들고 있는 것을 보아[35] 文選集으로서의 『東國文鑑』의 위치를 알 수 있다.

16) 故相安竹屋像贊 爲其子益之作

『동문선』 권51에 수록되어 있다. 작성 연대는 나타나 있지 않지만 1330년과 1331년 사이일 것이다. 앞서 (1)에서도 언급하였지만 竹屋은 안향의 아들인 안우기이며, 최해의 친우이다. 최해가 죽옥의 아들 益之 安牧을 위해 竹屋의 생전 모습을 적고 있다. 그런데 "黃豫章은 속세를 떠나 있으면서도 머리를 깎지 않았고 謝康樂은 成佛하고도 집에 있었다"라는 구절에서 죽옥도 불교에 심취하였음을 짐작케 한다.

17) 安當之關東錄後題

當之는 安軸의 字이다. 至順 辛未年(충혜왕 원년, 1331)에 安軸의 문집인 『關東瓦注』에 題를 붙인 것이다. 『關東瓦注』의 서문은 李齊賢이 썼다. 『謹齋集』 권1에도 실려 있다.

---

34) "(中略) 奈何 金台鉉作文鑑 失之疎略 崔瀣著東人文 散逸尙多 豈不爲文獻之一大慨也哉".

35) "近世金快軒 崔猊山 趙石磵 三老各有選集 石磵以快軒雜猊山之編 最有得體 然而合乎己之權度者 然後收之故多遺焉 此三老所選 皆忠烈以前之作 厥後諸作無有繼 而蒐輯者 宗直 輒不自揆 欲叢粹爲一編 以便覽閱久矣".

안축은 비록 처음에는 낙방하였으나 최해와 더불어 元 制科에 응시하였고, 충숙왕 11년(1324) 제과에 합격한 뒤 최해의 뒤를 이어 遼陽路蓋州判官도 역임하였던 친우였다.[36] 그는 충혜왕이 즉위한 해인 天曆 3년(1330) 5월에 江陵道存撫使로 나가게 되었는데 『關東瓦注』는 그때 지은 것이다.

18) 永嘉郡夫人權氏墓誌銘

至順 3년(충혜왕 2년, 1332) 4월 작으로 이제현의 첫 번째 부인이었던 永嘉郡夫人權氏의 묘지명이다. 益齋와 오랜 친분관계로 인해 지은 것이다. 永嘉郡夫人權氏의 부친은 權溥이며, 외조부는 柳璥의 子인 柳陞으로 전형적인 권문에서 至元 戊子年(충렬왕 14년, 1288)에 태어나 至順 3年(1332)에 졸하였는데 15세에 익재와 결혼하여 2男 4女를 두었다.

19) 春軒壺記

『동문선』 권68에도 수록되어 있다. 至順 癸酉年(충숙왕 후2년, 1333) 5月 庚申 작으로 春軒이 구입한 投壺에 대한 記文이다. 春軒은 崔誠之의 아들인 崔文度의 號로 최해와 친우였다. 投壺는 본 기문에 의하면 최해가 至治 辛酉年(충숙왕 8년, 1321)에 元 制科에 합격하여 元에 들어갔을 때 배운 것으로 보이는데 바로 사대부들의 유희였다.

崔文度는 본 기문에도 程朱氏의 책을 널리 구하여 강습하였다고 하며, 『高麗史』 권108, 崔誠之 附 崔文度傳에서도 濂洛性理之書 보기를 즐겼다고 한 것을 보아 성리학에 상당한 조예가 있었음을 알 수 있다.[37] 益齋 李齊賢과

---

36) 『高麗史』 권109, 安軸傳.

37) 이 외에 崔文度가 성리학에 조예가 깊었다는 것은 다음의 글에서도 알 수 있다. 『益齋亂藁』 권7, 「有元高麗國匡靖大夫都僉議參理上護軍春軒先生崔良敬公墓誌銘」, “是宜富驕 而於格物致知修己理人之道 莫得其門而入焉 顧能出則手弓劍 入則目簡編 濂溪二程晦菴之書 皆彙而觀之”;『陽村先生文集』 권35, 「東賢史略」 崔參理諱文度, “濂溪二程晦庵之書 皆彙而觀之 (中略) 又好學問 格物致知修己治人之道 乃得其門而入”.

謹齋 安軸이 이 投壺에 대해 銘과 賦를 지었다는 것은 이들이 최문도, 최해와 친우였음을 입증한다.

20) 軍簿司重新廳事記

『동문선』 권68에도 실려 있다. 元統 二年(충숙왕 후3년, 1334) 二月 甲子의 作이다. 軍簿司의 新廳舍을 重建한 것에 대한 기문이다. 기문에 의하면 원래 廳舍는 왕궁의 동쪽에 있었는데 강화도로 천도한 후 황폐되었다가 至元 庚午年(원종 11년, 1270) 개경으로 환도한 후 貳官인 奇洪碩에 의해 영건되었다 한다. 그러나 그뒤 수리하지 않아 허물어져 가는 것을 天曆 己巳年(충숙왕 16년, 1329)에 金就起가 군부사의 이관으로 부임한 후 좌랑이었던 金玩에게 명하여 중건케 하였는데 至順 庚午年(충숙왕 17년, 1330) 2월에 공사를 시작하여 5월에 준공하였다 한다.

그런데 본 기문에서는 軍簿司는 원래 尙書兵部로 원간섭기 이후인 至元 12년(충렬왕 원년, 1275)에 원의 압력에 의해 명칭이 바뀌었다가 至大 2년(충선왕 원년, 1309)에 摠部로 고쳤다가 泰定 3년(충숙왕 13년, 1326)에 다시 군부사로 바뀌었다고 하는데 이러한 내용은 『高麗史』의 기록과는 약간의 차이가 있다.[38]

21) 送盧教授西歸序 欽

『동문선』 권84에도 수록되어 있다. 元統 甲戌(충숙왕 후3년, 1334) 2月 辛未 작이다. 儒學教授로 고려에 와 있던 盧伯敬이 자기 나라로 돌아갈 때 서로 교유가 있던 최해가 서문을 지어 위로한 것이다. 본 서문에 의하면 盧伯敬은 瀋陽節推 盧達齋의 아들이며, 故 河東山西廉訪知事 盧東庵의

---

38) 『高麗史』 권76, 百官志1 兵曹에 의하면 충렬왕 원년에 상서병부를 군부사로 고치고, 충렬왕 24년에 충선왕이 다시 병조로 고쳤으며, 충렬왕 34년에는 충선왕이 군부사를 선부에 병합시키고 총부로 고쳤다가 또 다시 군부사로 불렀다고 한다.

손자로, 조부인 노동암으로부터 성리학을 배운 것으로 보인다. 고려에 벼슬하러 온 중국인들이 대개 자신을 드러내는 것을 즐거워하는 무리로 처음에는 꼬리를 흔들며 받아들여지지 않을 것을 두려워하나 제 배가 부르면 도리어 배반하는 일이 왕왕 있는데 盧伯敬은 그러한 인물이 아님을 강조하고 있다.

특히 본 서문의 첫머리에 "천자께서 우리 동국이 제일 먼저 귀화한 것으로 해서 공주와 결혼하는 것을 허락하고 왕에게 행성의 권임을 맡기고 그 幕屬은 모두 다 왕이 배치하는 것을 따르도록 하니 (원의) 조정에서 뽑아서 제수하는 것은 아니다."라고 하여 고려의 정치적 독자성을 강조하고 있는 대목이 주목된다.

22) 送鄭仲孚書狀官序

『동문선』 권84에도 수록되어 있다. 元統 2年(충숙왕 후3년, 1334) 3月 작이다. 鄭誧가 天壽節의 사신으로 書狀官이 되어 원으로 들어가는 것을 축하하여 쓴 것이다. 본 서문에서는 최해 자신을 老友라 하고 있으나 정포는 최해의 제자였으며 崔文度의 사위였다.[39]

본 서문에 "삼한이 예로부터 중국과 상통하여 문물이 일찍이 동일하지 않은 것이 없었지만, 그 朝聘은 歲時에만 그치지 않았다. 따라서 짐짓 보통 다른 外夷보다 대함이 나은 것은 대개 먼 곳에서 오는 사람이라서 그러하였겠는가?"라고 하는 구절은 최해가 가진 문화적 자부심을 짐작할 수 있다.

23) 平原郡夫人元氏墓誌

---

39) 『東文選』 권85, 「雪谷詩序」, "雪谷鄭仲孚 崔春軒子壻而學於崔拙翁". 이 서문은 李齊賢이 지은 것인데 鄭誧의 문집인 雪谷集에 대한 序이다. 鄭誧의 아들인 鄭樞가 李齊賢의 門生이었다.

至元 乙亥(충숙왕 후4년, 1335) 2월 작이다. 平原郡夫人元氏의 큰 사위가 최해와 同年友인 洪義孫이며, 넷째 딸은 李齊賢의 後娶夫人이었다. 平原郡夫人元氏의 夫는 朴恒의 孫인 朴正尹이며, 父는 元瓘, 外祖父는 金信이다. 남매간인 元忠과 사촌인 元善之의 묘지명도 최해가 지었다. 또 다른 자매는 閔頔의 後娶夫人이었는데, 閔頔의 행장도 최해가 지었다.

24) 送奉使李中父還朝序

『동문선』 권84에도 수록되어 있으며, 『稼亭集』의 권말에 있는 「稼亭雜錄」에도 수록되어 있다. 元統 乙亥(충숙왕 후4년, 1335) 3월 작이다.

稼亭 李穀이 충숙왕 후원년(1332)에 征東省 鄕試에 제1등으로 합격하고 동왕 후 2년에 원의 制科에 뽑혀 원의 翰林國史院檢閱官에 제수되었다가, 동왕 후3년에 興學의 조서를 받고 고려에 사신으로 왔다가 이듬해(1335) 3월 원으로 돌아갔다. 본 서문은 이곡의 원 제과 합격과 원으로부터의 관직 제수를 치하하고자 바로 이때 지은 것이다. 이곡과 최해가 절친한 관계였다는 것은 이곡이 최해의 비문을 지었다는 것에서도 알 수 있다.[40]

25) 壽寧翁主金氏墓誌

『동문선』 권123에도 있으며, 『朝鮮金石總覽』上에 「大元高麗國故壽寧翁主金氏墓誌銘」이라는 제목으로 실려 있다. 誌石이 개성에서 발견되었다. 元統 3年(충숙왕 후4년, 1335) 9월 작이다. 壽寧翁主는 현종의 넷째 아들이자 문종의 同母弟인 平壤公 基의 10대손인 藥城府院大君 王昷의 부인이며, 부친은 신라 경순왕의 후예인 金信이고, 외조부는 判大府監 尹璠인 고려의 귀족이었다. 수녕옹주가 사망하게 된 것은 딸인 靖安翁主가 延祐, 至治年間

40) 『東文選』 권124, 「大元故將仕郎遼陽路蓋州判官高麗國正順大夫檢校成均館大司成藝文館提學同知春秋館事崔君墓誌」.

에 종실의 딸로 원에 뽑혀 河南等處行中書省左丞 室烈問에 출가한 후 근심이 깊어 병이 든 것이 원인이었다.

童女의 求索은 원종 15년(1274) 3월 南宋 襄陽府 군인들의 妻室로 여자를 보내라는 원의 요구에 의해 결혼도감을 두면서부터 시작되어 겨우 원나라 순제 때 2차에 걸친 금령을 내림으로써 폐지되었다. 그러나 위로는 귀족으로부터 아래로는 평민에 이르기까지 많은 여자들이 끌려가 그 폐단이 컸다. 이 비문에서는 그러한 童女求索으로 통한이 골수에 사무쳐 병들어 죽은 자가 한 둘이 아니었다 하여 그 참혹함을 말하고 있다.[41]

최해가 이 비문을 지은 동기는 그가 수녕옹주의 맏아들 淮安府院君 王珣의 오랜 객이었기 때문이라고 한다.

26) 故密直宰相閔公行狀

後 至元 2年(충숙왕 후5년, 1336) 戊寅 작으로 閔思平의 부친인 閔頔의 行狀이다. 앞에서도 언급하였지만 최해는 민사평과 각별한 친분관계에 있었기 때문에 조부인 閔宗儒墓誌銘과 더불어 민적의 행장도 지은 것으로 보인다.

이 행장에는 閔頔의 8대조 이래의 驪興 閔氏의 家系와 그의 官歷에 대해 소상히 기록하였다.[42] 민적의 부친은 민종유이며, 외조부는 兪千遇로 당시의 권문세족이었다. 그의 두 부인도 당시의 대표적 권문이었던 金方慶의 아들 金昕의 딸, 元瓘의 딸이었다. 至元 22年(충렬왕 11년, 1285)에 진사에 급제한 뒤 대체로 순탄한 관직 생활을 한 것으로 보인다.

특히 민적은 용모가 아름다워 충렬왕이 國仙으로 지목했다 하는데, 신라의 제도를 본뜬 것으로 생각할 수 있다.

---

41) 童女求索의 실상에 대해서는 李穀이 동녀를 파할 것을 상소한 글에 잘 나타나 있다(『高麗史』 권109, 李穀傳).

42) 閔頔에 대해서는 『高麗史』 권108, 閔宗儒 附 閔頔傳 참조.

27) 東人之文序

『東文選』 권84에도 수록되어 있다. 작성의 정확한 연대는 밝혀져 있지 않으나 (26)과 (28)이 1336년의 기록이므로 이것도 1336년 작으로 추측된다.

崔瀣가 『東人之文』[43]을 편찬하기 시작한 것은 본문 중의 기록으로 보아 중국에서 귀국하여 10년이 지난 후였던 것으로 보인다. 그는 충숙왕 8년(1321)에 원에서 제과에 합격하고 盖州에서 判官으로 있다가 병을 핑계로 5개월 만에 사직하고 그해 돌아왔다. 그러므로 실물이 남아있지 않아 확언할 수 없지만 본문의 내용에 의거할 것 같으면 편집은 귀국한지 10년 후인 1331년경에 착수하여 충숙왕 후5년(1336)에 成書시킨 것으로 된다.

그가 元의 과거에 합격하고 그곳의 文士들과 교류하였을 때 우리나라 詩文의 類書가 없는데서 당한 수치가 『동인지문』을 만들게 된 직접적 동기였다. 그러나 무엇보다도 그의 자국 문화에 대한 긍지가 이러한 작업을 가능하게 하였던 것이다. 그는 先人들의 글을 모으는데 그친 것이 아니라 異本이 있으면 이를 서로 대조하여 校勘까지 하는 등 철저하게 편집에 임하였다. 편집한 시대적 범위는 신라 崔致遠으로부터 고려 忠烈王대까지 이며, 모은 글을 크게 詩는 五七, 文은 千百, 騈儷文은 四六으로 나누어 편찬하였다고 한다.

그러나 (37)의 '東人四六序'에서는 後至元 戊寅年(충숙왕 후7년, 1338) 여름에 『東人之文四六』의 집성이 완료되었다고 밝히고 있다. 그러므로 1336년 成書된 『동인지문』과 1338년 집성이 완료된 『동인지문사육』과의 관련성을 어떻게 볼 것인가 하는 문제가 생긴다. 이에 대해 初編의 『동인지문』 四六編이 소략하여 다시 增編하였을 것이라 유추되기도 하지만[44] 『동인지문』 실물이

---

43) 『東人之文』에 대해서는 다음의 논문이 참고된다.
尹炳泰, 「崔瀣와 그의 『東人之文四六』」, 『東洋文化研究』 5, 1978 ; 千惠鳳, 「麗刻本 東人之文四六에 대하여」, 『大東文化研究』 14, 1981.

44) 千惠鳳, 위의 논문, 138쪽.

발견되지 않는 이상 자세한 것은 알 수 없다.

현재『동인지문』은 전문이 전해지지 않고『東人之文四六』의 전문과『東人之文五七』의 일부가 발견되었다.[45] 이중 1990년에 발견된『동인지문오칠』은 제7권에서 제9권까지의 3권 1책만의 殘本이며 전문이 아니다.[46] 그러나 최해의『동인지문오칠』로부터 趙云仡이 精選하여 편집한 것으로 보이는『三韓詩龜鑑』과 비교해 본 결과『동인지문오칠』은 총 규모가 9권 3책이었을 것이라고 추정되고 있다.[47] 그리고 崔致遠으로부터 洪侃에 이르기까지 60여 명 내외의 인물의 시를 수록하고 있었던 것으로 보여진다.『동인지문오칠』의 구성은 인물별로 간략한 전기가 나오고 다음에 五言古詩, 七言古詩, 五言排律, 七言排律, 五言絶句, 七言絶句의 순으로 싣고 있다. 시문선집은 文體別로 彙集되는 것이 일반적인 현상인데 비하여『동인지문오칠』이 시대별, 인물별로 彙集된 것은 분명 특징적이라 볼 수 있으며, 이는『동인지문사육』이 문체별로 나누고 그 아래에 시대별로 편집된 것과는 대조적이다.

특히 주목되는 것은 시인의 표제 하에 싣고 있는 각 인물의 小傳이다. 시문 선집에 이러한 작자의 소전을 붙이는 것은 다른 곳에서 볼 수 없는 특징이다. 소전은 작자의 계보나 가계와 관련된 기록이 매우 충실하며 무엇보다 과거 급제와 관련된 서술이 매우 충실하다. 비록『고려사』의 기록보다 소략한 경우도 많지만 급제한 연도 같은 것은『고려사』열전에 빠진 사실을 보충할 수 있는 내용이 적지 않아 사료적 가치가 높다.[48]

그런데 여러 사료에서『동인지문』은 25권이라 하나[49] 현재 밝혀진 바에

---

45)『東人之文五七』에 대해서는 다음의 논문이 참고된다.
辛承云,「麗刻本「東人之文五七」殘本(卷7~卷9)에 對하여」,『圖書館學』20, 1991 ; 許興植,「『東人之文五七』의 殘卷과『高麗史』의 補完」,『季刊 書誌學報』13, 1994.

46) 千惠鳳,『韓國典籍印刷史』, 1990, 128쪽.

47) 이하 辛承云, 앞의 논문 참조.

48) 許興植, 앞의 논문 참조.

의하면 『동인지문사육』이 15권, 『동인지문오칠』이 9권이므로 나머지 1권을 『東人之文千百』으로 보기는 힘들기 때문에 애초에 千百은 없었을 것이라는 추정도 나오고 있다.[50] 실물이 발견되지 않는 이상 어디까지나 추정에 불과하다.

28) 唐城郡夫人洪氏墓誌

『동문선』 권123과 『竹山朴氏大司憲公派譜』에 실려 있다. 後至元 2年(충숙왕 후5년, 1336) 11월 작이다.

당성군부인 홍씨는 충선왕 개혁정치기의 4학사의 한사람인 朴全之의 아들인 朴遠의 부인이며 洪子藩의 손녀로 역시 권문세족이었다. 부인의 아들인 朴文琉가 최해의 제자인 鄭誧를 통해 묘지명을 부탁하였다고 하는데, 최해와 그의 부친인 朴遠, 外叔이 또한 친분이 있었음을 알 수 있다. 그의 외숙은 洪承緖, 洪承演이 있는데 최해와 친분이 있었던 이가 누구인지 분명하지 않다.

29) 故紀城君尹公墓誌

『동문선』 권123에도 실려 있다. 後至元 3年(충숙왕 후6년, 1337) 3月에 지은 것으로 尹莘傑의 墓誌銘이다. 부인 朱氏는 朱悅의 딸이다. 조카인 朱暉와의 친분으로 지은 것이다.

윤신걸의 집안은 慶州 杞溪縣人으로 고려후기에 과거로 성장한 사대부 가문이었으며, 주열의 집안도 원래는 綾城縣吏로써 과거를 통해 성장한

---

49) 『稼亭集』 권11, 「大元故將仕郞遼陽路盖州判官高麗國正順大夫檢校成均館大司成藝文館提學同知春秋館事崔君墓誌銘」; 『陽村集』 권35, 東賢事略 ; 『高麗史』 권109, 崔瀣傳.

50) 辛承云, 앞의 논문, 482쪽. 그러나 千惠鳳의 주장처럼 1338년 편찬한 『東人之文四六』이 초편 『東人之文』을 증편한 것이라면 원래 『東人之文』에는 당연히 千百도 들어있었을 것이다.

가문이었다.[51)]

윤신걸은 충렬왕대에 과거에 급제한 후 충렬, 충선, 충숙왕대를 거치며 관직을 역임하였는데 오랜 동안 銓選을 주관하였으나 사사로이 일을 처리하지 않았으므로 사람들이 칭찬하였다 한다. 그런데 본 비문에서는 충선·충숙 두 왕을 잘 섬겼다고 하고 있으나, 사실 이 두 부자간의 갈등으로 그는 충선왕에 의해 강직되기도 하고 충숙왕에 의해 파면되기도 하는 등 곤욕을 치렀던 것으로 보인다.[52)]

30) 有元故武德將軍西京等處水手軍萬戶兼提調征東行中書省都鎭撫司事高麗宰相元公墓誌

『동문선』 권123에도 실려 있다. 後至元 丁丑年(충숙왕 후6년, 1337) 作으로 元忠의 묘지명이다. 元忠은 元瓘의 아들로, 외조부는 金信이며, 부인은 洪奎의 딸로, 공민왕의 모친이자, 충숙왕비인 明德太后의 언니였다.

본 묘지명에서는 門蔭으로 8세에 관직에 올라 後 至元 2년(충숙왕 후5년, 1336)에 이르기까지의 관력을 소상히 적고 있다. 특히 그가 충선왕이 吐蕃으로 유배가고 瀋王 暠를 고려왕에 추대하려는 책동에 동조하지 않고 충숙왕을 받들었음을 칭송하고 있다.

31) 故密直副使致仕朴公墓誌

『동문선』 권123에도 실려 있다. 後至元 3年(충숙왕 후6년, 1337) 작으로 朴華의 묘지명이다. 朴華의 次子 朴仁祉가 최해와 함께 大德 6年(충렬왕 28年, 1302)에 사마시에서 동년급제한 인연으로 묘지명을 지은 것으로 보인다.

---

51) 『高麗史』 권106, 朱悅傳.

52) 『高麗史』 권109, 尹莘傑傳.

朴華는 密城郡 출신으로 선대도 同正職이나 檢校職을 제수받은데 그치고 있으며, 자신도 현달하지 못하였으나 아들인 朴仁幹이 충선왕의 토번 유배시 끝까지 시종한 까닭으로 朴仁幹뿐 아니라 그 자신도 말년에 높은 벼슬을 얻을 수 있었다.

최해가 지은 행장이나 묘지명 등에서 공통적으로 보이는 바와 같이 이 묘지명에서도 朴華가 경상도안렴사로써 강직했음과 그 아들 朴仁幹이 충선왕에 충성하였음을 칭송하고 있다.

32) 國王與中書省請刷流民書

『동문선』 권62에도 실려 있다. 泰定 乙丑(충숙왕 12년, 1325) 作이다. (32), (33), (34)는 최해가 藝文應敎로서 文翰을 맡고 있을 때 지은 것으로, 본 표문은 충숙왕이 元의 中書省에 瀋陽과 開元 등지로 흘러들어간 고려유민들을 刷還해 줄 것을 요청하는 글이다.

고려의 유민들이 만주, 요동 등지로 흘러나가기 시작한 것은 여러 차례의 몽고침입으로 인해 전란을 피하기 위한 것이었으나, 전쟁이 끝난 이후에도 수취체제의 문란 등으로 수탈이 심해지자 그것을 피해 국외로 유망하게 되었다.[53] 만주, 요동 등지는 토지가 비옥하고 아직 개간되지 않은 곳이 많이 있었으며 무엇보다 고려 본국에 비해 수취가 가벼웠던 것으로 보인다. 원의 입장에서도 이들 지역이 잇따른 전란으로 황폐해졌고 그곳에서 농경에 종사하던 漢族 토착인이 격감하였으므로 이 지역의 농경과 개간을 맡아줄 고려인을 필요로 하였다.

한편 원의 세력이 고려에 미치자 서북면 일대의 大小土豪들이 고려를

53) 이하 다음의 논문을 참고하였다.
梁元錫, 「麗末의 流民問題」, 『李丙燾博士華甲紀念論叢』, 1956 ; 金九鎭, 「元代遼東地方의 高麗軍民」, 『李元淳敎授華甲紀念史學論叢』, 1986 ; 김순자, 「원간섭기 민의 동향」, 『역사와 현실』 7, 1992.

배반하고 몽고에 투항하였는데 洪福源, 崔坦 등에 의해 서북면 일대의 주민들이 대거 요양, 심양 등지로 이주하게 되었다. 그러므로 원은 경제적 필요성 이외에도 정치적으로 고려의 분열을 유도하고, 遼瀋지방에 고려의 유민으로 이루어진 정권을 만들어 고려를 견제하고자 하였다.

이와 같이 원으로의 농민유망은 고려의 입장에서는 정치경제적으로 대단히 미묘한 문제였으므로 강화가 성립된 직후부터 누차에 걸쳐 고려민호의 추쇄를 원 조정에 요청하였다. 가장 많이 유민추쇄를 요구하고 있는 것은 충렬왕 때였다.[54] 충숙왕의 경우 유민추쇄를 요구했다는 사실이 『고려사』, 『고려사절요』에는 전혀 나타나지 않는 것을 보면 이것이 유일한 사료로 보인다.

충숙왕 12년은 충숙왕이 4년여에 걸친 원 억류에서 풀려나 고려로 환국하여 본격적인 개혁정치를 실시한 해였다.[55] 같은 해에 이루어진 원에 대한 유민추쇄 요청도 그러한 개혁정치의 일환이 아니었을까 한다.

33) 又謝不立行省書

『동문선』 권62에도 실려 있다. 泰定 乙丑年(충숙왕 12년, 1325)에 지은 것으로, 충숙왕 10년(1323)에 柳淸臣, 吳潛 등에 의해 제기되었던 立省논의를 元에서 이 해에 전면 중지하도록 한 것에 대해 감사하는 글이다.

충숙왕 10년에는 두 차례에 걸친 입성논의가 있었다.[56] 10년 정월의

---

54) 梁元錫, 앞의 논문, 293~294쪽, 참조.

55) 이에 대해서는 金光哲, 「高麗 忠肅王 12年의 改革案과 그 性格」, 『考古歷史學志』 5·6합집, 1990 참조.

56) 이에 대해서는 다음의 글이 참고된다.
高柄翊, 「麗代 征東行省의 硏究」, 『東亞交涉史의 硏究』, 1970 ; 北村秀人, 「高麗に於ける征東行省について」, 『朝鮮學報』 32, 1964 ; 張東翼, 「征東行省의 置廢와 그 運營 實態」, 『高麗後期外交史硏究』, 1994 ; 김혜원, 「원 간섭기 立省論과 그 성격」, 『14세기 고려의 정치와 사회』, 1994.

입성론은 충선왕의 측근세력이었던 柳淸臣, 吳潛 등이 충숙왕 7년 12월 충선왕이 吐蕃으로 유배되고 이것을 기화로 충숙왕이 권한을 강화하여 자신들의 정치적 입지가 크게 약화되자 이에 불만을 품고 원의 중서성에 제의한 것이었다. 그들은 당시 원 영종의 총애를 받고 있던 瀋王 暠를 지지하여 그를 고려왕으로 즉위시키려는 책동을 벌였는데 이때의 입성론은 그것의 연장선상에 있었던 것이다. 이때의 입성론은 원의 중신이었던 丞相 拜住, 王約, 回回, 王觀 등의 강력한 반대로 저지되었다.

두 번째는 동년 8월에 원 영종과 그를 지지하던 승상 배주가 살해되고 태정제가 즉위하자 다시 입성론이 제기되었다. 심왕 고는 태정제의 조카사위였고, 충숙왕 또한 아직 완전히 정치적으로 복권이 이루어지지 않고 있었기 때문이었다. 유청신, 오잠 등은 이러한 상황 하에서 고려에 새로운 행성을 세우고 심왕 고를 그 책임자로 세움으로써 자신들의 정치적 입지를 다지려 한 것으로 보인다. 이 두 번째의 제의는 태정제가 적지 않은 관심을 나타내었고, 당시 좌상이던 倒剌沙도 적극 입성을 주장하였기 때문에 1년여를 끌었으나 결국 方臣祐의 건의를 받아들인 태정왕후에 의해 충숙왕 12년 윤 정월에 입성 논의가 중지되었다.

고려측에서는 李齊賢이 도당에 입성을 반대하는 글을 올리고 있으며, 이외에도 金怡, 全英甫, 全彦, 尹碩, 李凌幹, 朴仲仁, 尹莘係, 崔安道, 孫守卿, 崔誠之, 崔有渰, 方臣祐 등의 노력으로 입성을 저지한 바 있다.

34) 又與翰林爲太尉王請謚書

『동문선』 권62에도 실려 있다. 泰定 丙寅年(충숙왕 13년, 1326) 作으로 충선왕이 승하한 것은 충숙왕 12년(1325) 5월 辛酉였으나 그때까지 元에서 謚號를 내리지 않아 이를 정해줄 것을 요청하는 글이다. 그런데 원에서 忠宣이라는 시호를 내린 것은 충혜왕 후5년(1344)이었다.

35) 代權一齋祭母文

『동문선』 권109에도 실려 있다. 權漢功을 대신하여 그 母親의 祭文을 쓴 것으로, 1337년 작으로 추정된다.

권한공은 충선왕의 寵臣으로 연경에서 충선왕을 시종하면서 崔誠之 등과 더불어 銓選을 주관하여 부정을 저질렀으며, 심왕 고를 고려왕으로 옹립하려는 책동을 주동하여 정국을 어지럽히고 충숙왕을 궁지로 몰아넣기도 하였기 때문에 충숙왕에 의해 내침을 당하기도 하였다.[57] 그러나 본 제문에 의하면 충숙왕 후6년(1337)인 이때에도 여전히 74세로 재상의 지위에 있었던 것으로 보인다.

36) 送張雲龍國琛而歸序

『동문선』 권84에도 실려 있다. 충숙왕 후 6년(1337) 作으로 추정된다. 그 해 7월에 고려에 왔던 張國琛이 다시 元으로 돌아가는 것을 아쉬워하며 쓴 것이다.

최해는 관직에서 물러난 후 답답한 심회를 풀기 위해 중국에서 사람이 오면 가서 만나 교유했던 것으로 보인다. 張國琛은 유학과 몽고어에 능통하였고 術數에도 밝았으며, 특히 천하를 유람하여 名山, 勝境은 가보지 않은 곳이 없을 정도였다고 한다. 최해는 젊어서 사방을 유람할 뜻을 가지고 있었으나 이룰 수 없었는데 張國琛의 그러한 점을 부러워하고 있다.

37) 東人四六序

『동문선』 권84에도 수록되어 있다. 충숙왕 후7년(1338) 여름에 『동인지문사육』의 集成을 끝내면서 지은 것이다.

본 서문에서는 國朝가 중국의 책봉을 받고 事大하면서도 국왕의 칭호,

---

57) 『高麗史』 권125, 權漢功傳.

명령 등의 용어를 비롯한 署置, 官屬 등을 모두 중국에서 본떠 대등하게 사용해 왔으나, 원의 지배하에 들어간 후부터는 용어를 고쳐 감히 사용하지 않게 되었는데, 集定한 四六文은 臣服하기 이전의 저술이므로 그러한 용어를 그대로 쓰고 있다고 일러두고 있다. 실제 『동인지문사육』을 쓰게 된 배경이 생략된 것은 2년 전에 엮은 「東人之文序」에서 이미 언급하였기 때문일 것이다.

현재까지 알려진 『동인지문사육』의 麗刻板은 전체 15권으로 福州板과 晋州板이 남아 있다.[58] 진주판은 정확한 개판시기를 알려주는 기록은 없으나 진주목 개판의 『졸고천백』과 글씨체가 꼭 같으며, 正建, 高淸烈 등의 각수명이 이 판각에도 새겨져 있는 것 등으로 보아 공민왕 3년(1354) 『졸고천백』과 거의 동시에 간행된 것으로 보인다.

복주판은 권12 終張에 아래와 같은 간기가 남아 있다.

至正十五年乙未正月 日 福州官開板
司錄參軍司兼掌書記通仕郎典校校勘 金君濟
判官
(牧)使中正大夫典校令管勾學事兼管內勸農使崔宰
按廉副使通直郎版圖正郎 安宋源

또 권15 終張에도 아래와 같은 간기가 남아 있다.

至正十五年乙未八月 日 福州開板
書成均進士 金成富
司錄
判官通直郎圖正郎兼勸農使 宋有忠

58) 尹炳泰, 앞의 논문, 205~211쪽 및 千惠鳳, 앞의 논문, 145~150쪽 참조.

牧使中正大夫典校令管句學事兼管內勸農使 崔宰
按廉副使兼監倉安集勸農防禦使轉輸提點刑獄公事通直郎版圖正郎鄭光複(?)

이 간기에 의하면 복주판은 제12권이 至正十五年(공민왕 4년, 1355) 정월에, 그리고 종권인 제15권이 그해 8월에 개판되었음을 알 수 있다. 그렇다면 초권인 제1권은 적어도 전년도인 공민왕 3년(1354) 경에 개판되었을 것으로 짐작된다. 이 복주판은 당시 목사였던 崔宰의 주도로 간행된 것이 아닌가 한다. 앞에서도 언급하였지만 崔宰는 崔瀣와도 각별한 사이였으며 그의 아들인 崔有慶의 妻外祖父가 及庵 閔思平이었으므로 그의 영향에 의한 것으로 짐작된다.

『동인지문사육』에는 신라 최치원에서 시작하여 고려 충렬왕조에 이르기까지 모두 77인의 四六文을 文體別로 수록하고 있다. 수록된 四六文의 目錄은 다음과 같다.

권1 事大表狀	권9 表狀 陪臣
권2 事大表狀	권10 表
권3 事大表狀	권11 表
권4 事大表狀	권12 表
권5 冊文 制誥	권13 牋 狀 啓
권6 敎書	권14 啓
권7 敎書 批答 祭祝 詞疏	권15 啓 詞疏 致語
권8 詞疏 樂語 上梁文	

위의 각 문체에 수록된 글의 총수는 한 찬자가 쓴 한 제목 아래의 細目을 계산에 넣지 않더라도 무려 664종에 이른다. 그 중 『동문선』에도 수록되지 않은 것이 108종이나 되므로 사료적인 이용가치가 크다고 하겠다.[59] 특히

『동문선』에는 본문만 수록하였으나 『동인지문사육』에는 表狀의 製述年代, 製述의 경위와 관련 인물 등을 세주로 설명하고 있다.

38) 猊山隱者傳

이것은 崔瀣의 자서전에 해당한다. 『동문선』 권100에도 수록되어 있지만 『고려사』 최해전에도 수록되어 있다. 猊山隱者傳은 형식적으로는 최해가 자신을 가탁하여 저술한 託傳이다.[60] 저술한 연대는 정확하게 나타나 있지 않으나 『졸고천백』이 연대순으로 배열되어 있다는 점을 감안한다면 (37)이 後至元 戊寅年(충숙왕 후7년, 1338) 夏에 편집을 끝내고 지은 것이고, (39)가 戊寅 10월에 죽어 同年 섣달 丁酉에 장례를 치른 이언충의 묘지명이므로 그 사이 즉 崔瀣가 죽기 2년 전인 戊寅 여름에서 겨울 사이에 찬술되었을 것이다.

만년에 자신의 생애에 대한 냉철한 반성을 해학적으로 표현하고 있다. 일정한 재능을 가지고 있었으나 세상에 쓰이지 못한 자신의 처지를 성격적인 결점에서 말미암은 것으로 단정하고, 佛家를 싫어하면서도 만년에 獅子岬寺의 승려에게서 전답을 빌어 佃戶로서 살아야 하였던 불우한 처지를 자조적으로 읊고 있다.

39) 故政堂文學李公墓誌

『동문선』 권123에도 실려 있다. 後至元 4年(충숙왕 후7년, 1338)의 作으로 癸酉年(원종 14년, 1273)에 태어나 戊寅年(1338)에 죽은 李彦冲의 묘지명이다. 이언충은 淸州 全義縣人으로 조부는 李仟, 부친은 李子蔍이며, 李混[61]의

---

59) 『東文選』 未收文에 대해서는 千惠鳳, 앞의 논문, 140~143쪽 참조.

60) 猊山隱者傳에 대해서는 다음의 논문이 참고된다.
呂增東, 「崔拙翁과 猊山隱者傳攷」, 『杏丁李商憲先生回甲紀念論文集』, 1968 ; 朴熙秉, 「高麗後期~鮮初의 人物傳 硏究」, 『釜山漢文學硏究』 2, 1987.

조카였다. 충렬, 충선, 충숙, 충혜왕을 섬겼다.

이 묘지명에서는 최해의 死生觀이 잘 나타나 있다. 곧 그는 "사람은 음과 양의 정기를 타고 나와 그 氣가 모이면 生이고 氣가 흩어지면 死라 하고 있다. 그러므로 生死 사이의 窮達, 得喪, 脩短, 遲疾은 타고 난 것이나 그렇다고 수련하지 않으면 초목과 같이 썩어 영원히 알려지지 않을 것이다. 그러나 德과 功이 있으면 죽어도 죽지 않으며, 천년 후에라도 이름을 떨칠 것이니 어찌 평소 出處의 險易를 가지고 논할 것인가."라고 하고 있다.

40) 全柏軒墓誌

『동문선』 권123에도 실려 있다. 後至元 己卯年(충숙왕 후8년, 1339) 作으로 全信의 묘지명이다. 天安府人으로 증조부는 全世柱, 조부는 全仁亮, 부친은 全昇이며, 모친은 崔滋의 손녀였다. 前娶부인은 李昌祐의 女이고 後娶부인은 金孝進의 女였다.

全信은 충렬왕에서 충혜왕대에 이르기까지 관직을 역임하였는데 특히 "정사의 업적은 밖에 많이 있었다."라고 한 것을 보면 지방관으로서 많은 치적이 있었던 것으로 보인다. 그는 安東府判官, 金海知府, 成安知府, 水原知府, 鷄林府尹, 福州牧使 등의 지방관을 역임하였다.

全信은 彝齋 白頤正, 竹軒 金倫,[62] 益齋 李齊賢 및 최해 등과 친분이 두터웠고 최해가 비문을 지은 것도 그러한 연유에서 였을 것이다.

41) 永州梨旨銀所陞爲縣碑 代權一齋作

權漢功을 대신하여 永州 梨旨銀所가 縣으로 승격된 사정의 전말을 기록

---

61) 『高麗史』 권108, 李混傳 참조.

62) 최해가 盖州判官의 자리를 버리고 고려로 돌아와 벼슬을 얻지 못하고 가난에 찌들어 있을 때 장계를 올려 그를 관직에 임명하게 한 것은 金倫이었다(『益齋亂稿』 권4, 「後儒仙歌爲崔拙翁作示及菴」).

한 것이다. 『新增東國輿地勝覽』 권27, 慶尙道 新寧縣과 河陽縣 古跡 梨旨廢縣條에도 본 비문이 실려 있다. 後至元 5年(충숙왕 후8년, 1339) 작이다. 영주 梨旨銀所는 고려 말에 梨旨縣으로 승격되어 永州에 속했다가 조선 태조 때 新寧縣에 移屬되었다.[63]

본 비문에 의하면 永州 利旨銀所는 원래는 縣이었는데 그 縣人 중에서 國命을 어긴 사람이 생긴 까닭에 所로 강등되어 白金을 稅로 바치는 銀所가 되었다고 한다. 그런데 後至元 元年(충숙왕 후4년, 1335)에 利旨銀所 출신인 那壽, 也先不花 등이 內僚로서 공이 있어 그들의 鄕貫을 승격하여 縣으로 삼았다. 다음해인 後至元 2년(1336)에 那壽가 향리로 돌아와 縣司를 약간 옮기고, 後至元 5年(1339)에 也先不花가 귀향함에 또 옮겼다 한다.

고려후기에 들어와 여러 가지 요인으로 군현의 승강과 통폐합이 이루어지면서 고려전기의 군현제가 해체되어 가고 있었다.[64] 특히 소는 과중한 역 부담과 국가에 의한 수탈 등으로 12세기 이후 소민의 유망이 이어지면서 소 제도는 점차 폐지되어 갔다.[65] 그중 銀所는 고려후기 이래의 은 유통의 확대로 인한 은 수요의 급증 등으로 기존의 은소 제도에 의한 생산방식으로는 수요량을 충당할 수 없어 군현제적 지배를 통한 생산방식으로 변화되면서 은소는 소멸되어 갔다.[66]

---

63) 梨旨銀所에 대해서는 다음의 사료들이 참고된다.
『慶尙道地理志』 梨旨縣, "在三國時 梨旨所 在高麗時 升爲梨旨縣 屬永州任內 本朝太祖代歲在甲戌 移屬新寧縣" ; 『世宗實錄地理志』 慶尙道 新寧縣, "屬縣一 梨旨銀所 本屬永州 高麗末 陞爲梨旨縣 仍屬永州 本朝太祖甲戌 來屬" ; 『新增東國輿地勝覽』 권27, 新寧縣 古跡, "梨旨廢縣 在新寧縣西二十里 本永州梨旨銀所 高麗末 陞爲縣 仍屬永州 本朝太祖時來屬".
梨旨所가 삼국시대의 것이라고 하는 『慶尙道地理志』의 기록은 착오일 가능성이 크다(朴宗基, 『高麗時代 部曲制硏究』, 1990, 237쪽).

64) 박종기, 「14세기 군현구조의 변동과 향촌사회」, 『14세기 고려의 정치와 사회』, 1994.

65) 北村秀人, 「高麗時代の「所」制度について」, 『朝鮮學報』 50, 1969.

66) 田炳武, 「高麗時代 銀流通과 銀所」, 『韓國史硏究』 78, 1992.

이지은소도 그러한 시대적 변화 속에서 정치적 요인에 의해 현으로 승격이 이루어져 주현화되었음을 알 수 있다. 이지은소와 유사한 경우인 道乃山銀所도 그 所民인 伯顔夫介가 원에서 공을 세워 그 연유로 龍安縣으로 승격되었다.[67)]

그러나 이지은소의 승격은 그 자체 경제적 여건 등이 성숙되어 主縣化된 것이 아니었으므로 조선에 들어와 곧 廢縣되고 新寧縣에 통합되었다.

42) 崔御史爲大人慶八十序

『동문선』 권84에도 실려 있다. 後至元 己卯年(충숙왕 후8년, 1339) 12月 작이다. 監察御史 崔大中의 부친은 재상의 지위에 올랐고 아들이 귀해짐으로 인하여 東陵郡侯로 봉해졌는데 春秋가 80이었다. 이 해에 최대중이 요동에 사신으로 가게 되어 자신의 부친을 모시고 獻壽宴을 열었는데 同宗의 義로 부탁받아 지은 것이다.

43) 崔大監墓誌

『동문선』 권123에도 실려 있다. 崔安道의 묘지명으로 後至元 6年(충혜왕 후원년, 1340) 5월의 작이다. 최해는 이해 6월에 卒去하였으므로 마지막 작품일 가능성이 크다.

최안도는 충선, 충숙, 충혜왕대의 內僚로서 嬖幸이었다. 최해는 10년 전인 충혜왕 즉위년경(1330)에 宮隷의 참소를 받아 한때 상당히 궁지에 몰렸던 것 같은데, 이때 비록 참소에서 풀리지는 못하였으나 밀직사로 있던 최안도의 도움을 받게 되어 그러한 인연으로 계속 교류가 있었던 것으로 보인다. 본 묘지명에서는 최안도의 가계와 관력 등이 소개되어 있고, 특히 연경에서 충선왕을 섬긴 일, 충숙왕이 瀋王 暠 등의 모함을

67) 『高麗史』 권57, 地理志2 全羅道 全州牧 咸悅縣.

받아 원에 체류할 때도 변함없이 모신 일, 泰定初에 柳淸臣 등의 입성책동 때 金怡 등과 더불어 책동을 저지한 일 등이 기록되어 있고 국내뿐 아니라 원 조정의 벼슬에도 제수되었음을 밝히고 있다.

그러나 최안도의 父系는 海州人으로 龍州로 옮겨가 선대에는 龍州의 副戶長 출신으로 조부 때부터 관직에 나갔으나 모친은 宮婢로서 賤系였으며, 그는 폐행으로서 많은 부정을 저질렀다.[68]

68) 이에 대해서는 『高麗史』 권124, 崔安道傳 참조.

譯註와 原文

『졸고천백』 권1 계림후학 최씨언명부
拙藁千百卷之一雞林後學崔氏彦明父[1)]

1. 안익지[2)]를 양주로 보내는 서

양주(梁州)[3)]는 나의 고향인 계림(雞林)[4)]과 백여 리 떨어져 있다. 금년 여름에 나는 상복(喪服)을 벗고 고향에서 (개경으로) 오고 있었는데, 마침 죽옥(竹屋) 상공(相公)[5)]이 합포(合浦)[6)]를 지키고 있으므로 공을 뵙고 가기로 하였다. 이에 헌양(巘陽)[7)]을 지나 양주에 유숙하려 했는데, 때는 바야흐로

---

1) 『고려사』 권109, 崔瀣傳 「崔瀣字彦明父 一字壽翁」.

2) 安益之 : 益之는 安牧(?~1360)의 字이다.

3) 梁州는 신라 문무왕대에 歃良州라 했고, 경덕왕대는 良州라 했다. 태조 23년에 지금의 이름으로 고쳤으며 현종 9년에 방어사를 두고 그후 密州에 합병되었다가 다시 충렬왕 30년에 復號되었다(『고려사』 권57, 지리2, 경상도).

4) 경상북도 慶州를 가리킨다.

5) 죽옥은 安于器(?~1329)의 호로 보인다. 그는 安珦의 아들로 본관은 순흥이다. 『고려사』 권105, 안향 부 안우기전에 그가 합포에서 군대를 지휘했다는 기록과 본 자료를 연결시켜 보면 그의 호가 죽옥임을 짐작할 수 있다. 그의 묘지명(金龍善 편, 『高麗墓誌銘集成』, 「安于器墓誌銘」, 1993)과 다른 기록들에 '죽옥'이 그의 호임을 밝힌 기록이 없다. 본 자료가 유일한 셈이다.

6) 본래 신라 骨浦縣으로 경덕왕대에 合浦로 고쳐 義安郡에 예속시켰다. 고려 현종 9년(1028)에 의안, 합포를 합쳐 金州에 예속시켰다가 후에 감무를 각각 설치하였고 충렬왕 8년(1282)에 會原으로 고쳐 현령을 두었다. 조선 태종대에 이르러 昌原에 예속시켰다(『新增東國輿地勝覽』 권32, 창원도호부).

7) 巘陽은 彦陽縣을 가리킨다. 본래 신라의 居知火縣으로 경덕왕대에 헌양현으로 고쳐 良州의 영현으로 삼았다. 고려 현종대에 蔚州에 예속시켰고, 인종대에는 감무를 두었고, 후에 언양으로 개칭하였다(『新增東國輿地勝覽』 권23, 언양현).

무덥고 또한 비가 내리므로, 길 가는 사람이 이르기를, “만약 비가 하룻밤이라도 더 내리면 양하(梁河)[8]가 넘쳐서 수일 동안 건너지 못합니다.”라고 하였다. 나는 고할 기간이 다 되었으므로 행리(行李)를 늦출 수가 없어 양주에 들어가 유숙하지 못하고 바로 양하를 건너 서쪽을 바라보니, 관사와 민가가 죽림(竹林)이 우거진 사이에서 어른거리는데, 사람들이 양주라고 일러주므로, 그 풍속을 물어 한두 가지를 알게 되었다.

그 지역은 좁고, 그 민은 경박하며 방자하였고, 그 전토(田土)는 대개 낮고 습하여 가문 해는 벼가 잘 여물고, 비가 오면 수해를 입으니 그 풍흉이 다른 주와 다르다. 대개 가뭄은 해마다 있는 것이 아닌데, 하늘이 어찌 양주 한 고을의 민을 위하여 항상 비를 내리지 않게 하겠는가. 이런 까닭에 풍년은 유독 적고 흉년은 서로 이으니, 땅이 그렇기 때문이다. 집집마다 남녀를 가리지 않고 대나무를 다루어 용구를 만들어 다른 물건과 교환하므로 의식(衣食)·조부(租賦)는 오직 대나무에 의지할 뿐이며, 또 거상(鉅商)이나 부민(富民)에게 의뢰하여 취급할 만한 것도 없으니, 그 사행의 왕래에도 관(館)의 대우가 역시 초라하다. 일을 감당하기 어려우면 지응(支應)[9]하는 자들이 곧 모두 대숲으로 도망하여 숨으니 마치 놀란 노루와 사슴과 같았다. 그러므로 동남의 여러 주에서 이 주가 가장 빈곤하여 평소에 다스리기 어려운 곳으로 불려졌다.

그런데 이원윤(李元尹)[10]이 폄직(貶職)되어 이곳을 관장하게 되었다. 먼저 토전(土田)을 가려 그 구혈(溝洫)[11]을 깊게 하고, 사람들로 하여금 반드시 황전(荒田) 몇 무(畝)를 경작하게 하고 이에 힘을 쏟는 데에 따라 보상하였다. 또 오랜 습속이 농사에 게을러 모두 늦게 나오고 일찍 마치므로

---

8) 낙동강을 가리킨다.
9) 支應 : 버티고 감당하는 것을 말한다.
10) 李元尹 : 그가 어떤 인물인지 알 수 없다.
11) 溝血 : 전답 사이의 용수로를 이른다.

그 지분에 따라 사람에 차이를 두어 과역을 권하였다. 매양 사람 10명으로 보(保)를 삼고, 각 보마다 대쪽 하나를 만들어 먼저 온 자가 그것을 받고, 다음에 온 자에게 넘겨주어 차례차례로 서로 주니, 최후에 온 자는 주는 바가 없어 대쪽을 지니고 일을 할 수밖에 없었다. 일을 마침에 이르러 대쪽을 가진 자를 나오게 하여 늦게 온 죄를 벌주었다. 무릇 날이 밝지도 않았는데, 공은 이미 밭 사이에 나와 있었다. 10일을 이렇게 하니 사람들이 다투어 먼저 오려고 하였으며, 양주의 황전은 거의 다 개간되었고, 대쪽도 역시 사용하지 않게 되었다.

반년이 되지 못하여 공이 소환되니, 이때는 공의 은혜가 깊이 드러나지 못하고 사람들은 옛 습관에 젖어 전에 개간된 것은 씨를 뿌리지 않았고, 종자조차 키우지 못했다. 내가 양주를 지날 때는 이공이 출발한 지 겨우 한 달 남짓 되었다. 나는 이로써 인인(仁人)과 군자(君子)는 작은 관직이라도 하찮게 여기지 않으며, 몸소 백성의 일에 솔선하는 것을 보았으며, 양주 백성이 가난한 것은 단지 양주 백성의 허물만이 아니라 위정자의 부지런함과 게으름에 있다고 하는 것을 알게 되었다.

지금 죽옥의 아들 익지(益之)가 양주를 다스리라는 명을 받았으므로 내가 양주에서 들은 바를 기록하여 일러 주고, 또한 격려하여 이르기를, "그대가 다만 이공의 정사를 들어 양주를 작다고 하여 (소홀히) 여기지 아니하면 어찌 가히 양주 백성을 다스릴 수 없다고 근심할 것이며, 양주 백성의 가난도 부유하게 할 수 없게 하겠는가. 모름지기 부유하게 하고 교화하는 수단과 같은 것은 그대가 이미 이러한 학문에 종사하였으니 어찌 나의 말을 기다리겠는가. 소년의 독서한 공용(功用)이로다. 나는 양주 백성이 그대에 의해 교화되는 것에서 (그 공용을) 보게 되기를 기대한다."고 하였다.

送安梁州序

梁之州距予雞林故里百有餘里 今年夏 予既除服 自故里迴 適竹屋相公出鎭合浦 爲謁公往 於是 道過巘陽欲宿梁 時方盛暑天且雨 路人言若雨一夕 梁河漲數日不可濟 予念告限將滿 行李不可緩 不果入梁宿 直過河而西 望見官舍民居 隱見於竹林叢薄之間 人指爲州 因訪風俗 得其一二者焉 厥地俠 厥民輕以肆 厥田皆下濕 歲旱則禾熟 雨則水爲害 其豊儉與他州異 大抵 旱不年有 而天豈爲一梁之民 恒不雨哉 是故 豊年獨少 而凶年相仍 地然也 家無男女 治竹爲用具 貿易他物 衣食租賦 惟竹是仰 而又無鉅商富民 賴以取給者 其於使華之往來 館待亦草草 事有不堪 支應者卽皆竄 匿竹林中 若驚麏駭鹿 然東南諸州 此州最貧 素稱難治 及李元尹之貶守于此也 公知其弊 先相土田 深其溝洫 而使人必治荒田幾畝 仍出力轉償 又以故俗 不閑於農 皆晩出早罷 隨其地分 差人勸課 每人十爲保 每保作一簡 先至者受之 授次至者 次次相授 最後者無所授 帶簡而作 至罷出帶簡者罰之 以後至之罪 方其時也 日未辨色 公已在田間 如是十日 人爭爲之先 梁之荒田 闢之幾盡 而簡亦不用之矣 未及半年 而公召還 此時 公惠未甚著 而人安舊習 向之耕者便不種 而種者亦不樹也 予之過梁也 李公發軔纔月餘矣 予於此 有以見仁人君子不卑小官 而以身先民事 而知梁民之貧 不獨梁民之過 而在爲政者之勤惰也 今竹屋之子益之 得梁之命 因記予所聞於梁者告之 且勉之曰 子第擧李公之政 而勿以梁爲小 則何患乎梁民之不可治 而梁民之貧 不可以致富哉 若夫富而敎之之術 則子旣從事於斯學者 奚待予言哉 少年讀書功用 予見梁民之化於子也

2. 해동의 후기로회(後耆老會)에 대한 서

당(唐)의 회창(會昌)[12] 중에 백낙천(白樂天)[13]이 태자소부(太子少傳)[14]로 치사(致仕)하고 낙양(洛陽)에 머무를 때에 어질고 장수한 자 6인과 더불어 이도리댁(履道里宅)에서 잔치를 열고 상치회(尙齒會)[15]를 가졌다. 호고(胡杲)는 전(前) 회주사마(懷州司馬)로 춘추(春秋)는 89세요, 길민(吉旼)은 위위경(衛尉卿)으로 치사(致仕)했는데 춘추는 86세요, 정거(鄭據)는 전(前) 용호군장사(龍虎軍長史)로 춘추는 84세이며, 유정(劉貞)은 전(前) 자주자사(慈州刺史)이고, 노진(盧眞)은 전(前) 시어사(侍御史)로 춘추는 모두 82세이며, 장혼(張渾)은 전(前) 영주자사(永州刺史)로 백낙천과 더불어 춘추는 모두 74세이며, 비서감(秘書監) 적겸모(狄兼謨)와 하남윤(河南尹) 노정(盧貞)은 70세 아래여서 모임에는 참여하나 대열에는 미치지 못했다. 백낙천이 시를 지어 이 일을 기술하니 후세에 낙중구로회(洛中九老會)로 전해졌다.

송(宋)의 원풍(元豊)[16] 중에 이르러 낙양의 유수(留守)인 문로공(文潞公)이 역시 그곳의 기영(耆英)[17]과 더불어 진솔회(眞率會)를 만들기로 약속하고, 묘각사(妙覺寺)에 그들의 형상을 그렸는데 무릇 13인이었다. 한공(韓公) 부필(富弼)은 79세이며, 노공(潞公) 문언박(文彦博) 및 낭중(郎中) 석여언(席汝言)은 77세이며, 조의(朝議) 왕상공(王尙恭)은 76세이며, 태상(太常) 조병

---

12) 會昌은 당 무종대의 연호이며, 신라 문성왕 3년(841)에서 8년(846)까지이다.

13) 白樂天(772~846)은 중국 唐代의 대표적인 시인이자 정치가이다. 그의 본명은 居易이며 낙천은 자이며, 호는 향산거사이다. 현전하는 3,000여 수의 그의 시는 당대 다작시인으로 유명하며 새로운 新樂府運動(시로써 부패한 사회를 비판하는 것)의 일익을 담당하였다.

14) 太子少傅 : 태자를 훈도하고 보좌하는 관직인 三太三少인 太保太師太傅・少保少師少傅 중의 하나이다. 『舊唐書』 백관지에 따르면 少傅는 종2품의 관직이다.

15) 尙齒會 : 노인을 모아 나이 차례로 앉고 시가를 지어 즐겁게 노는 모임이다.

16) 元豊은 송나라 신종대의 연호이며, 문종 32년(1078)에서 선종 2년(1085)까지이다.

17) 耆英 : 덕망이 있는 노인들을 말한다.

(趙丙), 비감(秘監) 유궤(劉几), 방어(防禦) 풍행기(馮行己) 등 3인은 모두 75세이며, 대제(待制) 초건중(楚建中)은 73세이며, 조의(朝議) 왕신언(王愼言)[18]은 72세이며, 선휘(宣徽) 왕공진(王拱辰)은 71세이며, 태중(太中) 장문(張問), 용학(張龍學) 장도(張燾)[19]는 모두 70세이며, 오직 사마온공(司馬溫公)[20]만은 무릇 64세인데 노정과 적겸모의 예에 따라 참여하게 되었으며, 온공이 그 서문을 지었다.

해동은 나라가 4백년을 태평하여 인물과 풍류가 대개 중화에 비할 만하였다. 신왕(神王) 무오년(戊午年)[21]에 최정안공(崔靖安公)[22]이 비로소 관직에 해임되자 영창리(靈昌里)에 쌍명재(雙明齋)를 개설하였다. 계해년(癸亥年)[23]에 사대부로 늙어 스스로 안일하는 이들을 모아 날마다 시, 술, 가야금, 바둑으로써 서로 즐기니, 호사자(好事者)들이 그림을 그려 「해동기로회도(海東耆老會圖)」를 만들었다.[24] 조통(趙通)[25] 역락(亦樂)이 이 일을 기록하였다. 병인년(丙寅年)[26]에 이르러 정안공의 아우 문의공(文懿公)[27]이 나이

---

18) '王塡言'은 '王愼言'으로 바로 잡았다.

19) '張壽'는 '張燾'로 바로 잡았다.

20) 司馬光(1019~1086)을 가리킨다.

21) 戊午年은 신종 원년(1198)이다.

22) 崔讜(1135~1211)을 가리킨다. 시호는 靖安이며, 崔惟淸의 아들이다. 어려서부터 총명하고 글을 잘 지었으며, 명종 초에 正言에 오른 후 신종 때 수태위 문하시랑 동중서문하평장사에 이르러 치사했다. 만년에 벼슬에서 물러난 여러 선비들과 모임을 만들어 기로회라 이름짓고 즐겁고 한가한 세월을 즐기니 당시 사람들이 地上仙이라 했다(『고려사』 권99, 최유청 부 최당전).

23) 癸亥年은 신종 6년(1203)이다.

24) 기로회에 대한 연구는 다음과 같다. 李鍾殷, 「竹林七賢과 竹高七賢의 대비적 고찰」, 『한국학논집』 17, 한양대 한국학연구소, 1990 ; 박종진, 「고려시기 해동기로회(海東耆老會)의 결성과 활동」, 『역사와 현실』 66, 2007 ; 채웅석, 「고려 중・후기 기로회(耆老會)와 개경(開京) 사대부(士大夫) 사회」, 『역사와 현실』 79, 2011.

25) 趙通은 신종 때의 학자로 자는 亦樂이며 玉果縣人이다(『고려사』 권102, 이인로 부 조통전).

26) 丙寅年은 희종 2년(1206)이다.

가 70에 접어들자 장소를 올려 정사를 그만두고 역시 이 모임에 참여하니, 곧 그 상(像)을 기로회도에 첨가하고 소경(少卿) 박인석(朴仁碩)[28]이 지를 지었다. 태복경 보문각직학사(太僕卿寶文閣直學士)로 치사한 장자목(張自牧)[29]이 첫째로 나이 78세이며, 태위평장 집현전대학사(太尉平章集賢殿大學士)로 치사한 최당(崔讜)이 둘째로 나이 77세이며, 사공좌복야(司空左僕射)로 치사한 이준창(李俊昌)[30]은 셋째로 최태위와 더불어 동년이며, 판비성한림학사(判秘省翰林學士)로 치사한 백광신(白光臣)은[31] 넷째로 나이 74세이며, 예빈경 춘궁시독학사(禮賓卿春宮侍讀學士)로 치사한 고형중(高瑩中)은 다섯째로 백광신과 더불어 동년이며, 사공좌복야 보문각직학사(司空左僕射寶門閣直學士)로 치사한 이세장(李世長)[32]은 여섯째로 나이 71세이며, 호부상서(戶部尚書)로 치사한 현덕수는 일곱째로 이세장과 동년이며, 태사평장수문전대학사(太師平章修文殿大學士)로 치사한 최선(崔詵)은 여덟째로 나이 69세이며, 군기감(軍器監) 조통(趙通)은 아홉째로 나이 64세인데, 모두 합하면 9명이다. 그 때에 이미수(李眉叟)[33] 한림(翰林)이 노정,

---

27) 崔詵을 가리킨다. 崔惟淸의 아들이다(『고려사』 권99, 최유청전 부 최선).

28) 朴仁碩(1143~1212)은 자는 壽山, 호는 檜谷이다. 그에 대해서는 류창규, 「高麗 무인정권시대의 문인 朴仁碩 : 고문 존중·계승과 관련하여」, 『동아연구』 17, 서강대 동아연구소, 1989 참고.

29) 張自牧은 張允文(1139~1211)을 가리킨다. 자목은 그의 자이다. 그의 묘지명이 전한다(金龍善, 앞의 책, 「張允文墓誌銘」, 1993).

30) 李俊昌은 명종 때 刑部侍郎을 지내고 太僕卿을 제수받았고 관직이 樞密院使에 이르러 졸하였다(『고려사』 권100, 이준창전).

31) 선종 3년에 白光臣을 지공거에 임명하여 과거를 관장하게 하였다(『고려사』 권73, 선거1)는 것과 최충헌이 老儒인 백관신을 불러 섬겼다는 자료가 보인다(『고려사』 권129, 최충헌전).

32) 李世長에 대한 기록은 거의 나오지 않는다. 다만 명종 21년에 金이 사신을 보내어 황태후의 喪을 알리니 司僕 李世長이 가서 致祭했다고 한다는 기사가 보인다(『고려사』 권20, 명종 21년 2월조).

33) 李仁老(1152~1220)는 자는 眉叟이고 호는 雙明齋이고 본관은 仁川이다. 어려서부터 총명하여 문장과 글씨에 능하였다. 그의 저서로는 『銀臺集』 20권, 『後集』

적겸모, 사마온공의 고사에 따라 일찍이 제로(諸老) 사이에 끼어 시문 백여 수를 지었다. 일회의 승사(勝事)를 상세히 형용하였으며, 『쌍명재집(雙明齋集)』이 사림에 전하고 있다.

지금은 원나라가 위에 있어 지극한 인과 성덕으로써 천하를 다스리자, 우리나라는 제일 먼저 귀부하였기에 대대로 (원의 공주와) 혼인하는 영광을 누려왔다. 이에 따라 제후의 법도를 각별하게 지켜 상하가 서로 좋은 관계를 유지함으로써 변경 지역에 작은 분쟁도 없고 해마다 풍년이 이어졌으니, 실로 태평성대요, 천년에 한번 만날 좋은 시대라 할 만하다. 이에 주상[34]께서 바야흐로 정신을 가다듬어 학문에 기울이며, 어진 이를 좋아하고 착한 것을 즐기며, 대령군(大寧君)[35] 이하 방신(厖臣)[36] 석보(碩輔)[37]들이 국가의 원구(元龜)로서 모두 나이가 백세에 이르지 않음이 없으니 일을 사양하고 한거하면서 함께 안락한 영화를 누리니, 비록 그것이 우연한 모임일지라도 청담(淸談)[38]과 아소(雅笑)[39]는 일대의 모범이 아닐 수 없다. 어찌 특히 평생의 훌륭한 절개와 대단한 명망을 족히 우리나라 사람만이 경모할 따름이겠는가.

어느 날 동암(東菴) 노선생[40]이 신진 소생을 불러 말씀하시기를, "근래에

4권, 『雙明齋集』 3권, 『破閑集』 3권이 있었으나, 현재 『破閑集』만이 전해진다(『고려사』 권102, 이인로전).

34) 충숙왕을 가리킨다.

35) 崔有渰(1239~1331)은 본관은 海州. 중서령 冲의 후손으로, 아버지는 평장사 滋이다. 시호는 忠憲이다(『고려사』 권110, 최유엄전).

36) 厖臣 : 후덕한 신하를 말한다.

37) 碩輔 : 賢良한 신하를 말한다.

38) 淸淡 : 속되지 아니한 이야기를 말한다. 魏晋時代에 老莊學派에 속하는 高節·達識의 선비들이 정계에 실망을 느껴 世事를 버리고 산림에 은거하여 淸淨無爲의 說을 담론하던 일로 竹林七賢의 청담이 가장 유명하다.

39) 雅笑 : 아름다운 미소를 말한다.

40) 李瑱(1244~1321)을 가리킨다. 그는 고려 충숙왕 때의 충신으로 초명은 方衍이고, 자는 溫古, 호는 東庵, 시호는 文定公이다. 이제현이 그의 아들이다.

여러 늙은이가 모여 낙사, 쌍명의 고사를 따르고자 하니, 자네는 여러 늙은이를 위해 서를 지으라"고 하므로, 나는 나이도 어리고 천학(賤學)이기에 여러 상공의 뜻을 족히 받들지 못한다고 사양하였다. 선생이 웃으며 이르기를, "옛날 미수가 쌍명의 여러 공에 거두어진 것이 역시 어찌 나이나 지위로 논해진 것이겠는가. 자네는 사양할 수 없다."고 하였다. 나는 그 뜻을 거역하지 못하고 물러나 생각하기를, "아, 여러 상공의 공덕의 성함이 사직에 머물고 공론에 펴져 있으니 나의 비루한 학식으로 감히 발양할 바가 아니나 고금의 모임이 된 전말에 이르러 기술하지 아니할 수 없으므로 이로써 삼가 쓰는 바이다."라 하였다. 연우(延祐) 경신(庚申)[41] 3월 기망(既望)에 예문관 춘추관 주부(藝文館春秋館注簿) 최모가 서하다.

海東後耆老會序

唐會昌中 白樂天既以太子少傅 致仕居洛 與賢而壽者六人 同讌履道里宅 爲尚齒之會 曰胡杲 前懷州司馬 春秋八十九 曰吉旼 衛尉卿致仕 春秋八十六 曰鄭據 前龍虎軍長史 春秋八十四 曰劉貞 前慈州刺史 曰盧眞 前侍御史 春秋皆八十二 曰張渾 前永州刺史 與樂天春秋並七十四 秘書監狄[42]兼謨 河南尹盧貞 下於七十 與會而不及列 樂天爲詩紀之 後世傳爲洛中九老會 至宋元豊中 文潞公守洛 亦與耆英 約爲眞率會 繪形妙覺僧舍 凡一十三人 富韓公弼 七十九歲 文潞公彦博 及席郎中汝言 七十七歲 王朝議尚恭 七十六歲 趙大常丙 劉秘監几 馮防禦行已三人 俱七十五歲 楚待制建中 七十三歲 王朝議塡[43]言 七十二歲

41) 庚申은 충숙왕 7년(1320)이다.
42) '狄'은 판본에는 '狄'으로 잘못 표기되어 있다.

王宣徽拱辰 七十一歲 張大中問 張龍學壽[44] 皆七十歲 獨司馬溫公方六十四歲 而用盧狄例預焉 溫公爲之序 海東有國承平四百年 人物風流 蓋侔于中華 神王戊午 崔靖安公 始解珪組 開雙明齋 於靈昌里中癸亥 集士大夫老而自逸者 日以詩酒琴碁相娛 好事者傳畵爲海東耆老會圖 趙通亦樂誌之 及丙寅 靖安公之弟文懿公 年俯七旬 上章納政亦預斯會 卽添入其像于圖中 朴少卿仁碩誌之 大僕卿寶文閣直學士致仕張自牧 其一也 年七十八 大尉平章集賢殿大學士致仕崔讜 其二也年七十七 司空左僕射致仕李俊昌 其三也 與大尉同年 判秘省翰林學士致仕白光臣 其四也 年七十四 禮賓卿春宮侍讀學士致仕高塋中 其五也與白同年 司空左僕射寶文閤[45]學士致仕李世長 其六也 年七十一 戶部尙書致仕玄德秀 其七也 與司空同年 太師平章修文殿大學士致仕崔詵其八也 年六十九 軍器監趙通 其九也 年六十四 通共九人 時李眉叟翰林 依盧狄司馬故事 嘗從容諸老間 著詩文百有餘首 形容一會 勝事詳矣 有雙明齋集 傳于士林 今則皇元宅上 以至仁盛德 涵養天下 而王國由首出歸明 世蒙釐降 恪遵侯度 上下胥悅 而三邊無小警 連歲有大穰實可謂休明治安 千載一時矣 於是 主上方礪精嚮學 好賢樂善 而有若大寧君而下厖臣碩輔 爲國元龜 而莫不年至期頤 謝事閑居 共享安榮雖其偶會 清談雅笑 無非一代規模 豈特平生完節大名 足使三韓傾慕而已哉 一日東菴老先生 呼新進小生某與語之曰 近會諸老 欲講洛社雙明故事 爾爲諸老序之 某辭以齒少而賤 不足承當 諸相公意如何 先生笑曰 昔眉叟之見收雙明諸公 亦豈以齒位論也 爾不可辭也 某不獲命 退而念曰 噫 諸相公功德之盛 留於社稷 布在公論 非某陋學 所敢發揚

43) '塡'은 '愼'의 오자이다.

44) '壽'는 '燾'를 缺劃한 것이다. 곧 충숙왕의 휘인 '燾'를 피한 것이다.

45) '閤'이 『東文選』 권84에는 '閣'으로 되어 있다. '閣'이 타당하다.

至如古今爲會之顚末 不可不述 是用謹書之 延祐庚申三月旣望 藝文春秋館注簿 崔某序

3. 두타산 간장암 중영기[46)]

지치(至治) 3년[47)] 가을에 이덕유(李德孺)[48)]가 나에게 와서 말하기를 "선친(先親) 동안(動安)선생[49)]은 지원(至元) 연간[50)]에 충렬왕을 섬겨 간관

46) 본「頭陀山看藏庵重營記」와 거의 같은 내용의 글이 李承休의 문집인『動安居士集』雜著一部에도 수록되어 있다(李承休,「看藏庵重創記」,『動安居士集』雜著一部). 이 두 記文은 세부적인 내용에서는 다소 차이가 있으나 그 줄거리는 거의 같으므로, 본 기문을 이해하는 데 참조된다. 崔瀣의 글과 동일한 내용의 글이『動安居士集』에도 실리게 된 것은, 李承休의 아들인 李衍宗이 崔瀣와 禮部試 동기였으므로 李衍宗이 崔瀣에게 자신의 부친이 중창한 看藏庵에 관한 사실을 기록한 글을 청했고, 李承休의 사후에『動安居士集』을 간행하면서 자세한 내용을 확인하지 않고서 崔瀣가 쓴「頭陀山看藏庵重營記」을『動安居士集』에 그대로 수록했기 때문이었을 것이다.

47) 至治는 원 영종의 연호이며, 지치 3년은 충숙왕 10년(1323)이다.

48) 본 기문의 말미에 의하면 李德孺의 이름은 衍宗이라는 사실을 알 수 있다. 그는 이 글을 쓴 崔瀣와 '同門友'이다(『動安居士集』雜著一部「看藏庵重創記」). 그는 충렬왕 29년 7월에 과거에 급제했는데, 이때 같이 등제한 인물로는 朴理, 崔瀣, 許冠 등이 있다. 이후 司憲糾正, 全羅道 察訪, 右司議·軍簿判書 등을 역임하고, 충정왕대 초반에 監察大夫가 되었다(『고려사』 권106, 이승휴 부 연종전). 충숙왕 7년에 安軸·崔瀣와 함께 元의 制科에 응시했다(『고려사』 권35, 충숙왕 7년 10월조). 충숙왕 12년 中道提察使로 재임할 때 膺坊과 內乘의 讒禍를 입어 行宮에서 杖을 맞는다(『고려사』 권35, 충숙왕 12년 9월조). 충목왕 즉위년에는 右司議로서 書筵에 侍讀하였고(『고려사』 권37, 충목왕 즉위년 6월조), 충목왕 4년에는 軍簿判書에서 吏學都監判事로 轉任되었으며(『고려사』 권37, 충목왕 4년 3월조), 공민왕 즉위년(1351)에는 判密直司事에서 密直使兼監察大夫로 승진하였다(『고려사』 권38, 공민왕 즉위년 11월조). 이후 공민왕대에 그와 정치적 입장이 같은 趙日新이 탄핵되자 피해를 입지 않기 위해 70세가 넘은 몸으로 향리로 은거하였다(『고려사』 권106, 이승휴 부 연종전).

49) 動安은 李承休(1224~1300)의 호이며, 그의 자는 休休이고 본관은 嘉利縣이다.『고려사』 권106, 이승휴전을 중심으로 그의 생애를 정리하면 다음과 같다. 고종 11년에 출생, 고종 39년(1252)에 과거에 합격한 이후, 頭陀山 龜洞에서 몸소 농사지으면서 10여 년간 어머니를 모셨다. 원종대에 策文을 올렸는데, 그 내용은 밝혀지지 않으며 왕이 兩府에 의논하게 했으나 '依違不行'하였다. 또한 이때 軍須가 지급되지 않고 내외의 橫斂과 토목공사의 폐단이 일자, 글을 올려 극론하였으나 파직되었다. 이때 마침 順安公 悰이 원에 사신으로 갈 때 書狀官으로 수행하였다. 원종의

(諫官)이 되셨는데, 상소가 받아들여지지 않자 그 직책을 버리고[51] 평소에 외가인 삼척현(三陟縣)의 풍토를 사랑하여 마침내 두타산(頭陀山) 밑의 땅을 골라 일생을 마치셨습니다. 선생께서는 어려서부터 유학을 공부하셨는데 학문에 대개 궁구하지 않은 것이 없고, 성품은 부처를 좋아하여 만년에는 섬기기를 더욱 삼가하셨습니다. 이에 별장[墅][52]을 따로 두어 용안당(容安堂)이라 이름하여 거처하시면서, (두타)산의 삼화사(三和寺)[53]에 가서

사후에도 원 사행에 書狀官으로 동행하였으며 귀국해서는 閤門祗候가 되었다. 이후 監察御史・右正言을 역임하면서 15조의 封事文을 올렸으며, 右司諫을 거쳐 楊廣・忠淸道의 按察使로 파견되었을 때 그곳의 贓吏 7인을 탄핵하고 가산을 몰수했으나 그 후유증 때문에 東州副使로 좌천되었다. 충렬왕 6년에는 殿中侍史가 되어 10개의 조목을 상소했으나 받아들여지지 않고 다시 파직되었다. 다시 龜洞에 은거하여 容安堂을 짓고 佛書를 읽는 생활 속에서 『帝王韻記』, 『內典錄』 등을 짓는다. 이 무렵의 상황에 대해서는 본 기문에서도 간단히 언급하고 있다. 충선왕이 즉위하면서 그를 다시 등용하려 했으나, 그는 '老病'을 이유로 사양했다. 왕이 다시 글을 내려 詞林侍讀學士・左諫議大夫를 제수하고 史館修撰官知製誥에 보했으며, 이어 判秘書事・同僉資政院事・崇文館學士에 임명하였다. 그해 8월에 密直副使・監察大夫・詞林侍讀學士로 致仕했으며, 충렬왕 26년에 77세의 나이로 졸하였다. 그에 대해서는 다음의 연구가 참고된다. 劉璟娥, 「李承休의 生涯와 歷史認識 : 《帝王韻紀》를 中心으로」, 『高麗史의 諸問題』, 1986 ; 秦星圭・金慶洙 편, 『李承休硏究論叢』, 삼척군, 1994 ; 채웅석, 「『제왕운기(帝王韻紀)』로 본 李承休의 국가의식과 유교관료정치론」, 『국학연구』 21, 한국국학진흥원, 2012.

50) 至元은 원 세조의 연호이며, 원종 5년(1264)에서 충렬왕 20년(1294)까지이다.

51) 『고려사』 권29, 충렬왕 6년 3월조에 '감찰사에서 왕에게 진언하여 당시의 정사에 대하여 논박하였더니 왕이 크게 성을 내어 승문관에서 시사 심양을 문초하고 잡단 진척과 시사 문응을 해도에 귀양 보냈으며 전중시사 이승휴를 파면시켰다'라는 기록이 있다. 여기서 당시 왕에게 진언한 정사의 내용은 『고려사』 권106, 심양조에 기록되어 있다.

52) 이에 관한 연구는 다음 글이 참고된다. 李正浩, 「高麗後期 別墅의 조성과 기능」, 『韓國史學報』 27, 2007.

53) 『新增東國輿地勝覽』 편찬 당시 頭陀山에 있는 佛宇로서는 본 기문에 나타나는 看藏庵 이외에도 中臺寺와 함께 三和寺를 들고 있다. 그런데 看藏庵에 관한 기록을 살펴보면, 본 기문의 앞 부분을 축약하고서 安軸이 쓴 것으로 밝히고 있다. 이는 安軸의 문집 『謹齋先生集』 권3, 「看藏庵記」를 참고하여 작성한 것으로 생각된다. 추측컨대 安軸의 「看藏庵記」는 李承休의 「看藏庵重創記」와 본 기문을 演述한

부도장경(浮屠藏經)을 빌려 날마다 열람하여 10년만에 다 마쳤습니다. 뒤에 별장을 스님에게 주고 편액(扁額)을 바꾸어 간장암(看藏庵)이라 하고, 곧 근처의 밭 약간을 주어 상주(常住)의 자산으로 삼게 하였습니다. 선생께서 돌아가신 지가 이제 24년인데 내가 낮은 벼슬이나마 왕경에 붙어살면서 고인이 남기신 뜻을 생각하면 어찌 자나 깨나 잊을 수가 있겠습니까. 저의 중형(仲兄)이 출가하여 불도를 배우다가 작년에 어머니를 뵈려 고향에 이르렀다가 암자가 여러 해 동안 썩고 허물어진 것을 보고 탄식하여 말하기를 '이것은 우리 선친께서 뜻을 두어 지으신 것인데 다행히 내가 중이 되었으니 허물어진 것을 차마 볼 수 있겠는가' 하고 곧 장형(長兄)에게 중수(重修)하기를 청하고 도제(徒弟)를 이끌고 몸소 축조하였습니다. 예문(藝文) 신천(辛蕆)[54]은 평소에 일을 좋아하는 편이었는데 때마침 관동(關東)을 진무(鎭撫)하고 있었습니다. (그는) 역사(役事)를 일으켰다는 말을 듣고 본현(本縣 : 三陟縣)에 문서를 내려서 힘에 부치는 일을 돕게 하여 1년이 채 못되어 공사가 끝났습니다. 처음에 선생의 뜻이 돈독하고 순박함을 좋아하여 일을 꾸미려 하지 않았기 때문에, 그 구조도 대충 비바람을 막게 하고 도연명(陶淵明)의 '용슬이안(容膝易安)'의 뜻을 취하여 이름하였습니다.[55] 이때 두 형님께서 말씀하시기를 '선친께서 비록 검소한 덕으로써

것으로 보인다.

54) 원문의 '辛候蕆'은 『動安居士集』 雜著一部 「看藏庵重創記」에서는 '辛公蕆'으로 기록되어 있는 점으로 보아, 이 가운데 나타나는 '公', '候'는 경칭어로서 그의 정확한 이름은 辛蕆일 것이다. 그에 관한 『고려사』 기록으로서는 충숙왕 원년에 選部直郎이 되었고(『고려사』 권34, 충숙왕 원년 윤3월조), 안향을 문묘에 종사하도록 하였으며(『고려사』 권105, 안향전), 충혜왕 2년 12월에 졸하였다는 기록만이 있을 뿐이며(『고려사』 권36, 충혜왕 2년 12월조), 본 기문에서 보이는 '藝文'이나 '關東을 鎭撫하는 직위'와 관련한 부분은 전혀 나타나지 않는다.

55) '용슬이안'이라는 것은 도연명의 시인 「歸去來辭」의 일부인 '審容膝之易安'에서 인용한 글귀이다. '容膝'은 장소가 비좁아 무릎을 겨우 움직일 수 있는 상태를 말하며, '용슬이안'이란 '무릎 하나 들일 만한 작은 집이지만 이 얼마나 편한가'라는 뜻이다. 이승휴 자신이 거주하는 집의 초라함을 스스로 위로한 것으로 보인다.

자처하셨으나, 지금은 이미 인사(仁祠)[56]가 되었으니 어찌 증축하여 (그 뜻을) 높이지 않겠는가' 하고 이에 서로 같이 제도(制度)를 확장하여 마루와 기둥을 넓히고 단청을 영롱하게 하니 예전에 비해 사치스러워졌습니다. 낙성일에 두 형님께서 기뻐 말씀하기를 '암자가 이미 새로워졌으니 마땅히 글을 걸어 알게 해야 하겠다' 하여 저에게 편지로 부탁하기를 '자네는 이미 멀리 떠돌아다녀서 우리 두 사람과 더불어 여기에 종사하지는 못했지만, 자네는 당대의 문인에게 청하여 한 글귀를 얻어 선친께서 (암자를) 지으신 까닭과 우리들이 이어받은 뜻을 드러내어서 오랫동안 없어지지 않게끔 한다면 이것은 자네가 부형(父兄)을 저버리지 않는 것이니 자네는 그것을 꾀하도록 하라'고 하셨습니다. 내가 선친의 일을 생각하면 기록하지 않을 수 없으며, 또한 형님들의 명을 소홀히 할 수 있겠는가. 그대가 나와 함께 사귀어 선친의 일을 자세히 알고 있으니 나를 위해 기록해 주게" 라고 하였다.

내가 가만히 생각해 보건대, 천하 사람이 부처 받들기를 너무 지나치게 하여 배와 수레가 닿는 곳마다 탑묘(塔廟)가 서로 바라보게 되었고, 그 무리들이 모두 권문(權門)에 빌붙어 부를 마음대로 하며 백성에 해독을 끼치고 선비[士夫]를 종처럼 여기는 까닭에 우리 유자(儒者)로서는 취할 바가 못 되지만 이것이 어찌 부처의 허물이겠는가. 모름지기 부처는 선(善)을 좋아하고 선하지 아니한 것을 좋아하지 않으며, 그 '명심견성(明心見性)'의 말을 취해 보면 마치 우리 유자를 본받아서 하는 것과 같고, 달인(達人)과 군자(君子)가 그 도에 맛을 들여서 즐거워하고 버리지 못하는 것도 역시 까닭이 있는 것이다. 널리 생각하건대, 선생의 행실과 업적은 집에 전기(傳記)가 있고 나라에는 사기(史記)가 있으며, 또한 여러 사람의 입에 퍼져 있으니 그 출처의 대강을 이미 스스로 알 수 있다. 은퇴함에 이르러서는

56) 仁祠는 사찰을 가리킨다.

암자에 거처하면서도 한시도 임금을 잊지 못하고, 부름을 받아 조정에 들어가서는 모름지기 직위에 안주하지 않았으며, 향하는 바가 진실로 의로운 것이라면 용감하기가 대적할 이가 없고, 사리(私利)라고 생각하면 물러나서 할 수 없는 것처럼 처신했다. 독실한 행적이 끝내 변하지 않아, 꾸미고 가식하며 스스로 높이고 이름을 구하며 무리를 현혹시키는 자는 바랄 수 없는 것이다. 아! 그가 등용되었다면 우리 백성의 해로움이 제거되고 그 복을 이룰 수 있었을 것이다. 등용되지 않았더라도 선인(先人)의 유풍(流風)과 여운(餘韻)이 오히려 족히 부박(浮薄)한 사람을 돈독하게 하고 나약한 사람을 일으켜 세울 것이니, 인륜의 가르침에 공이 있음을 어찌 얕다고만 하겠는가. 이로써 논한다면 지금 든 것은 특히 한가한 가운데 일어난 한때의 일이므로 대단한 것은 못된다. 비록 그러하지만 군자가 어버이를 생각하는 것은 가을 서리와 봄 이슬을 밟고도 상심하거늘, 하물며 그 거처가 (선친의) 뜻이 어려 있는 곳인데 홀로 허물어졌으니 고치지 않겠는가. 마땅히 두 분이 중수함에 있어서 부지런하고 그 아우가 글을 청하기를 더욱 간절하게 하였으니, 이는 가히 글을 쓸 만하다.

선생의 휘(諱)는 승휴(承休)요 자는 휴휴(休休)이고, 동안(動安)은 그 분의 호(號)이다. 대덕(大德)[57] 초에 부름을 받아 벼슬길에 올랐는데, 산으로 돌아가기를 간절히 구하여 봉익대부(奉翊大夫)・밀직부사(密直副使)로서 치사(致仕)하셨다. 맏아들은 임종(林宗)인데 과거에 등제하여 벼슬길에 나아가 가는 곳마다 청렴하며 유능하다고 칭송받았으며, 관직이 헌부산랑(獻部散郎)[58]에 이르러 벼슬을 사임하고 고향에서 어머니를 모시고 있다. 둘째 아들은 출가하여 이름이 담욱(曇昱)[59]인데, 조계종의 승선(僧選)에

57) 大德은 원 성종의 연호이며, 충렬왕 23년(1297)에서 충렬왕 33년(1307)까지이다.

58) 이 부분은 『動安居士集』 雜著一部 「看藏庵重創記」에 나타난 것처럼 '讞部散郎'이 정확한 것이다. 讞部는 충선왕 즉위년에 刑曹를 개칭한 것이고, 散郎은 員外郎이 바뀐 것이다(『고려사』 권76, 百官1, 刑曹).

응시하여 상상과(上上科)에 합격했으며, 마침내 선문의 종사(宗師)가 되었다. 덕유(德孺)는 막내로서 이름이 연종(衍宗)이며 일찍이 나와 함께 계묘년(癸卯年)[60]의 과거에 올라 지금은 좌사보지제교(左思補知製敎)가 되었으며 사람들이 그 가문의 학문에 탄복한다고 한다. 유선후인(儒仙後人)[61] 최모(崔某)가 쓴다.[62]

頭陀山看藏庵重營記

至治三年秋 李君德孺造于僕曰 先動安先生 在至元間 事忠烈王 爲諫官 以言事不入 去其職 素愛外家三陟縣之風土 遂往卜頭陀山下 以終焉 先生自幼業儒 於學 盖無不究 性好佛 晩年事之愈謹 於是 別置墅 命曰容安堂以居 就山之三和寺 借浮屠藏經 日繙閱其中 十年而畢 後以墅施僧 易扁曰看藏庵 仍捨近田若干頃 歸爲常住資 先生歿玆二十有四年 予以薄宦僑寓王京 想念先躅 寤寐何志[63] 予仲兄 有出家學空者 去年省母到故里 見菴宇 閱年久 腐且傾圮 歎曰 斯吾先子所留意而葺者 而吾幸爲僧 其可忍視 因請長兄 謀以重新 率其徒弟 躬自經營 而藝文辛候蕆 雅稱好

---

59) 『고려사』 권106, 이승휴전에 의하면 이승휴의 아들은 林宗과 衍宗의 2명만이 있는 것으로 나타나고, 衍宗(德孺)의 仲兄인 曇昱에 대해서는 기록이 없다. 한편 曇昱의 僧選 합격시기를 충렬왕대로 추정한 것은 許興植, 「高麗時代의 僧科制度와 그 機能」, 『歷史敎育』 19, 1976/ 『고려의 과거제도』, 일조각, 2005, 230쪽 참조.

60) 여기서 癸卯年은 충렬왕 29년이고, 이때의 과거란 禮部試를 말한다(허흥식, 위의 책, 513쪽 참조).

61) 최해가 崔致遠의 후예임을 밝힌 표현이다.

62) 『動安居士集』 雜著一部 「看藏庵重創記」에는 이 부분이 "是年冬十月日 勅授將仕郞 · 遼陽路盖州判官兼本國通直郞 · 成均館承藝文應敎知製敎 鷄林崔瀣壽翁記"로 나타난다.

63) '志'는 '忘'의 오기로 보인다.

事 適鎭關東 聞役之興 符下本縣 助其不逮 未朞而功告訖 初先生志尙敦朴 事不欲文 故其結構粗禦風雨 取陶淵明容膝易安之意 名焉 及是二兄以謂 先子雖以儉德自居 今則旣爲仁祠 盍增崇之 迺相與張大制度 軒檻[64]閎豁 丹碧玲瓏 比舊而侈 落成之日 二兄喜且曰 菴已新矣 宜揭文以識之 以書屬予曰 汝旣遠游 不克與吾二人從事於斯 汝其謁當代文人 如淂一字 有以發先子所以作之 而吾等所以述之之意 使久而不泯 則是汝不負父兄 汝其圖之 予念先事 不可無撰 又兄之命其可忽 諸子與予游知先事爲詳 試爲予記之 僕竊見 天下奉佛大過 舟車所至 塔廟相望 其徒皆拊權擅富 蠱毒斯民而奴視士夫 故爲吾儒所不取焉 是豈佛之過歟 夫佛好爲善 不好爲不善 就其明心見性之說而觀之 似亦祖吾儒而爲者 達人君子 有味其道 樂而不捨者 亦有以夫 洪惟先生行業 家有傳 國有史又布諸人口 其出處大節已自審矣 至其屛居岩穴 食息不忘君 徵入朝端斯須不安位 所趨苟義也 勇敢固無敵 所見苟利也 退怯如不能 篤實之履終始不渝 則又非矯飾自高 干名惑衆者可冀 噫 使淂其用 吾民之害可除而其福可致 如其不用 流風餘韻 尙足以敦薄起懦 其有功於名敎 豈淺淺哉 由此而論 今之所擧 特其閑中一時餘事 未足多也 雖然君子思親 秋霜春露 履之愴惕 矧其居處之久 志意所安 獨使夷廢 而不治也耶 宜乎二子勤於修營 而其弟之謁 又[65]勤勤也 是可書已 先生諱承休 字休休 動安其號也 大德初 召至 懇乞歸山 以奉翊大夫密直副使 致仕 長子曰林宗 登科筮仕 所至以廉能稱 官至獻部散郎 謝官 侍母故里 次出家 名曇昱 赴曹溪僧選 中上上科 遂爲禪門宗師 德孺其季也 名衍宗 嘗與僕同癸卯科 今爲左思補知製敎 人服其家學云 儒仙後人崔某記

64) ‘檻’이 『東文選』 권68에는 ‘楹’으로 되어 있다. ‘楹’이 타당한 것 같다.
65) ‘又’가 『東文選』 권68에는 ‘文’으로 되어 있다. ‘文’이 타당한 것 같다.

4. 이익재[66]의 『후서정록』에 대한 서[67]

익재(益齋) 선생은 연우(延祐) 초[68]에 사신이 되어 아미산(峩眉山)[69]에 갔을 때[70] 「서정록(西征錄)」을 지었고 초승(楚僧) 가모옥(可茅屋)이 서문을

66) 李益齋 : 이제현(1287~1367)을 가리킨다. 그는 호가 益齋, 자는 仲思, 초명은 之公이며, 본관이 경주이다. 충렬왕 13년(1287)에 檢校政丞 瑱과 載陵直 朴仁育의 딸인 辰韓國大夫人의 둘째 아들로 출생하여 공민왕 16년(1367)에 졸하였다. 충렬왕 27년에 성균시에 급제하였고, 이어 병과에 급제하였다. 예문춘추관, 규정, 내부부령을 역임했다. 충숙왕 원년(1314) 충선왕은 왕위를 충숙왕에게 물려주고 '以太尉留燕邸 構萬卷堂書史 自娛'하여 말하기를 '京師文學之士 皆天下之選 吾府中未有其人 吾羞也 召齊賢至都'라고 하자 원에 가서 원의 학자들과 교유하였다. 『櫟翁稗說』을 지었고, 『孝行錄』, 『金鏡錄』, 『紀年傳志』 등을 찬하였다(『고려사』 권110, 이제현전). 이제현에 대한 논문은 다음과 같다. 李淑京, 「李齊賢勢力의 形成과 그 役割 恭愍王 前期(1351~1365) 改革政治의 推進과 관련하여」, 『한국사연구』 64, 1989 ; 吳煥一, 「麗末 李齊賢의 改革運動」, 『사학연구』 49, 1995 ; 申千湜, 「李齊賢의 學文과 思想」, 『明知史論』 9, 1998 ; 金仁昊, 『高麗後期 士大夫의 經世論 硏究』, 혜안, 1999 ; 馬宗樂, 「元 干涉期 益齋 李齊賢의 儒學思想」, 『한국중세사연구』 8, 2000 ; 이익주, 「14세기 전반 성리학 수용과 이제현의 정치활동」, 『전농사론』 7, 2001 ; 민현구, 「13~14세기 東아시아世界 市民으로서의 李齊賢」, 『高麗政治史論』, 고려대출판부, 2004 ; 장동익, 「李齊賢, 權漢功 그리고 朱德潤－고려후기 성리학 수용기의 인물에 대한 새로운 이해－」, 『퇴계학과 유교문화』 49, 2011.

67) 「後西征錄」과 「西征錄」은 이제현의 『益齋亂藁』에 따로 명기되어 있지 않다. 다만 『益齋亂藁』 권2에 '至治癸亥四月二十日發京師'라는 詩에는 細註로 '上王時在西蕃將往拜'라고 되어 있는데 아마도 이하의 詩들이 「後西征錄」이라고 생각된다. 따라서 『益齋亂藁』 권1의 詩들은 「西征錄」에 해당되는 것 같다.

68) 延祐는 원 인종의 연호이며, 연우 초는 연우 3년으로 충숙왕 3년(1316)년을 말한다.

69) 중국 사천성에 있는 산 이름이다. 이제현의 시 가운데 이 아미산을 묘사한 시 한 수가 전해지고 있다. 이는 다음과 같다. '蒼雲浮地面 白日轉山腰 萬像歸無極 長空自寂寥'(『益齋亂藁』 권1, 登蛾眉山).

70) 이제현은 세 번에 걸쳐 중국을 여행하였는데, 그 첫 번째가 충숙왕 3년(1316) 30세 때 이루어졌다. 이제현은 충선왕을 대신하여 멀리 서촉의 명산 아미산에 致祭하기 위해 긴 여로에 올랐다. 연경을 출발하여 산서・하남을 거쳐 섬서로 가서 대산관을 지나 棧道의 험로를 통과하고 劍門山을 넘어 성도에 도착한 다음, 배편으로 양자강을 거슬러 올라가기를 7일 만에 아미산에 도착할 수 있었다(민현구, 「13~14세기 東아시아世界 市民으로서의 李齊賢」, 『高麗政治史論』, 고려대출

지었다. (그는) 지치(至治) 말[71]에 또 태위왕(太尉王)[72]을 맞이하러 갔는데,[73] 임조(臨洮)[74]를 지나 하주(河州)[75]에 이르러서 「후서정록(後西征錄)」을 지었고, (그것을) 나에게 내보이며 서문을 짓게 하였다. 나는 아직 만리의 땅을 가보지 않았고, 만권의 서적도 읽어보지 않았으며, 두보(杜甫)[76]의 시를 보지 않았기 때문에 (이러한) 나의 천박하고 편협된 지식으로 편(編)을 채우는 것은 그 참람함이 두렵거늘 서문을 지으라는 명은 감당키 어렵다.

그러나 반복하여 읽을수록 사의(詞義)가 (마음에) 와 닿는다. 본래 충의가 가슴속에 충만하면 사물에 접촉할 때마다 발현한다. 본시 형세는 그렇게 되지 않을 수 없는 것이다. 요언(謠言)[77]과 만어(嫚語)[78]는 대개 한 구절도 없으며 지나간 옛 일을 생각함에 이르러서는 뜻이 또한 정미(定微)하여 전배(前輩)의 가려운 곳을 긁은 데가 많았다.

회암부자(晦庵夫子)[79]가 일찍이 구양수(歐陽修)[80]의 시 한 연(聯)을 칭찬

판부, 2004 참조).

71) 至治는 원나라 영종의 연호이며, 지치 말은 지치 2년인 충숙왕 10년(1323)을 말한다.

72) 태위왕은 충선왕을 가리킨다.

73) 당시 이제현의 중국여행은 충숙왕 10년(1323), 37세 때에 있었다. 멀리 감숙성의 朶思麻로 향하였던 여행은 유배되어 있는 충선왕을 뵈러 가는 것이었다. 원 제실의 우대를 받았던 충선왕은 원의 인종이 세상을 떠나자 고려 출신 환관 任伯顔禿古思의 모함으로 연경에서 1만 5천 리 떨어진 吐藩의 撒思吉로 유배되었다가(1320), 이제현 등의 노력으로 좀 더 나은 곳으로 移配되어 가는 중이었다.

74) 臨洮 : 중국 감숙성에 있는 현의 이름이다. 몽고가 장성을 쌓을 때 이곳을 기점으로 요동까지 쌓았다.

75) 河州 : 지금의 중국 감숙성 臨夏市를 가리킨다.

76) 杜甫(712~770)는 당나라 때의 시인으로 자는 子美, 호는 小陵이다. 이백과 함께 그 이름을 나란히 하여 李杜라고 한다. 『杜公部集』 20권의 저술이 있다.

77) 謠言 : 조롱하는 말을 가리킨다.

78) 嫚語 : 교만한 말을 가리킨다.

79) 晦庵夫子는 朱熹(1130~1200)를 가리킨다.

80) 歐陽修(1007~1072)는 宋 廬陵의 사람이고, 觀의 아들로 자는 永叔, 호는 醉翁, 시호는 문충이다. 王安石의 신법을 반대하여 향리로 은거했으나 지기가 자약하였

하여 이르기를 '시로 말하면 이는 제일등의 시요. 의논(議論)으로 말해도 이는 제일등이다.'라 하였는데 나도 이에 역시 동감하는 바 있어 짐짓 써서 명에 이을 따름이다.

李益齋後西征錄序

益齋先生 在延祐初 奉使降香峨眉山 有西征錄 楚僧可茅屋序矣 至至治末 又迎大尉王 行過臨洮 至河洲 有後西征錄 出示予俾序焉 予惟不行万里地 不讀万卷書 不可看杜詩 以予寡淺 寓目盛編 尙懼其僭 題辭之命 所不敢當 然伏讀數過 詞義沉玩 本乎忠義充中 遇物而發 故勢有不淂不然者 其嬿言嫚語 盖無一句 至其懷古感事 意又造微 爬著前輩癢處多矣 晦菴夫子嘗稱歐公一聯云 以詩言之 是第一等詩 以議論言之 是第一等議論 予於此亦有所感 姑書以賡命云

다. 당송 팔대가의 한사람으로 극렬한 배불론자이다.

5. 반룡사 여대사[81]를 보내며 쓴 글

반룡정사(盤龍精舍)[82]는 내가 보지 못했다. 젊어서 이미수(李眉叟)[83] 시를 뒤져보니, 시(집) 가운데 (그의) 큰 숙부 사리(闍梨)[84]와 더불어 주고받은 작품이 있었으며 아름답지 않은 것이 없었다. 이 시들은 (이미수가) 능히 거두어 수록한 것으로 칭송할만하다. 처음에 사리가 어떤 사람인지 알 수 없었다. 다만 몸을 맡겨 승려가 되었고 행의가 독실하여 사대부가 미치지 못하는 인물 정도로 생각했다.

뒤에 이씨의 인척을 만나 물으니 (사리는) 실로 반룡사를 개창한 승통 일공(一公)[85]이었으며, 사(社)는 부처를 배우는 자가 자포자기에 빠져있음을 불쌍히 여겨 (그들을) 격려하기 위해 세운 것이라 하니, 또 (사리가) 배움에 힘을 기울인 것이 적지 않음을 알았다. 그 문도들이 대대로 법을 지키고 타락하지 않아 (반룡사는) 지금까지 동방의 화엄대도량이 되었다.

---

81) 呂大師 : 반룡여대사는 충숙왕~충혜왕대에 활약한 화엄종 승려인 體元임이 밝혀진 바 있다(蔡尙植, 「體元의 저술과 사상적 경향」, 『高麗後期佛教史硏究』, 일조각, 1991). 그의 연구에 의하면 여대사의 법명은 체원, 법호는 木庵, 向如라고도 했으며 覺海大師라는 시호를 받았다고 한다. 여대사는 본관이 경주인 李瑱의 둘째아들이며 李齊賢의 바로 위 家兄이었다. 체원에 대해서는 다음 연구가 참고된다. 정병삼, 「고려후기 體元의 관음신앙의 특성」, 『불교연구』 30, 2009.

82) 반룡정사 : 경북 고령군 쌍림면 용리 미숭산 기슭에 있는 사찰로 신라 애장왕 3년(802) 해인사와 함께 창건된 것으로 전한다. 현재의 반룡사는 최근에 복원한 것이다.

83) 眉叟는 李仁老(1152~1220)의 자이다. 『고려사』 권102, 李仁老傳 참조.

84) 闍梨는 阿闍梨의 준말로 비구계를 받고 5년 이상 착실히 수행하면 받는 칭호이다. 여기서 大叔 闍梨는 이인로의 대숙인 僧統 寥一을 가리킨다.

85) 一公은 이인로의 大叔인 화엄종 승려 寥一을 가리킨다. 요일의 생몰연대는 알 수 없으나 그의 활동상황으로 보아 1200년대 전반으로 추정된다. 『고려사』 권129, 최충헌전에 의하면 요일은 興王寺 僧統으로서 中書令 杜景升과 함께 최충헌을 모해하려고 했다는 혐의를 받기도 하였다. 그의 작품으로 7언율시가 『東文選』 권13에 보인다.

태정(泰定)[86] 초 원전현수교관(元傳賢首敎觀)[87] 대사문(大沙門)의 여러 강주(講主)는 사(社)에 주법할 이가 없었으므로 덕망있는 이들의 청에 따라 법수당두(法水堂頭)[88] 각해여공(覺海如公)을 추천하고 또한 도첨의사사(都僉議使司)[89]에 고하니 첨의도 허락하였다. 이에 여공도 굳이 거절할 수 없어서 장차 날을 정해 가기로 하였으므로 나는 (그와) 이별을 하러 갔다. 손님 가운데 운(韻)을 나누어 시를 지어 증정하는 자가 있었는데 먼저 나에게 서(序)를 짓도록 부탁하였다.

나는 일찍이 말하기를, "유(儒)를 알고 불(佛)을 모르면 부처가 되는 길을 말할 수 없고, 불을 알고 유를 모르면 능히 부처가 될 수 없다"고 하였다.[90] 그러나 세상에서 부처를 말하는 자는 "부처가 되려면 먼저 모름지기 (부모와의) 친애를 끊어야 한다"고 하였다. 무릇 인간의 도리는 부모를 친애하는데서 근원하였으니 부모와 인연을 끊으면 사람이 아닌데 누가 불자(佛者)가 되겠으며, 이로써 불(佛)을 구한들 저으기 깨닫는 바가 없을 것이다. 이에 일공이 외로운 몸으로 마침내 그 문(門)을 크게 일으켰으니[91] 과연 (친한 마음을) 끊은 것이겠는가. 부모를 친애하는 마음은 모든

---

86) 泰定은 원 진종의 연호이며, 충숙왕 11년(1324)에서 충숙왕 14년(1327)까지이다.

87) 元傳賢首敎觀 : 화엄종을 가리킨다.

88) 法水堂頭는 화엄종 사찰인 法水寺의 우두머리를 가리킨다. 법수사는 현재 경북 성주군 수륜면 가야산 기슭에 사지가 남아 있다.

89) 都僉議使司 : 원래 문하부였던 것을 몇 차례의 개정에 의해 충렬왕 19년 도첨의사사로 고치고 종2품으로 하였다. 문하부는 백관의 서무를 관장한다. 그 郎舍는 간쟁과 봉박을 담당하였다. 국초에 내의성이라 불렸다가 성종 원년에 내사문하성으로 고치고 문종 15년에 중서문하성으로 고쳤다. 충렬왕 원년에는 상서성과 합하여 첨의부라고 하였다. 충렬왕 19년에 도첨의사사로 고쳤다가 공민왕 5년에 다시 중서문하성으로 고치고 상서성을 따로 두었다. 11년에 도첨의부로 다시 고치고 18년에 문하부로 고쳤다(『고려사』 권76, 백관1, 문하부).

90) 본문에 "余嘗謂 知儒而不知佛 不害爲佛"이라 한 것 중 '害'는 『東文選』 권84에는 '言'으로 되어 있다. 문맥상 『東文選』의 기록이 타당하다고 생각한다.

91) 『東文選』 권84에는 "奇"로 되어 있다. 문맥상 "奇"가 타당하다고 본다.

행위의 바탕이라, 따르고 행하면 유교나 불교나 무슨 차이가 있겠는가. 생각건대 사(社)를 맺고 무리를 모아 진승(眞乘)을[92] 천명한 지 더욱이 오래되고 큰 것은 이를 연유로 하지 않음이 없다.

여공은 어려서 머리를 깎고 선불장(選佛場[93])에 좋은 성적으로 들어가서 태위상왕[94]에 알려져 승직을 높이고 명찰을 제수받았으나, 부모가 늙어 차마 옆을 떠나지 못하였다. 탕약은 반드시 먼저 맛을 보았으며, 부모가 돌아가신 뒤에는 형제간의 우애를 다하였으니 대개 효제(孝悌)는 천성에서 발현하는 것이다. 비록 그가 부처를 배웠지만 나아가고 머무름에 선후가 있음을 알았으니 지금 일공(一公)의 도량에서 향화를 더욱 새롭게 하고 법뢰를 크게 떨치는 자는 그가 아니면 누구이겠는가. 많은 사람들이 여공을 추대하니 다른 말이 없을 만하다. 나는 이른바 불교를 알고 유교를 아는 사람은 두 분일 것으로 생각한다.[95] 그러므로 내 뜻을 글로 써서 서(序)를 만들었으니 미치지 못한 바는 다른 사람이 지을 것이다. 사(師)는 동암(東菴) 이문정공(李文定公[96])의 둘째 아들이며 지금 왕부단사관 국상(王府斷事官國相[97]) 익재공(益齋公)의 형이다. 친교 맺기를 좋아하여 당대 이름난 귀공자인 회안군(淮安君)과 그 아우 창원군(昌原君[98])같은 이도 모두 사(師)를

---

92) 眞乘은 불교를 가리킨다.

93) 選佛場은 僧科의 최종고시를 말한다. 여기에 합격되면 최하위의 승계인 大德을 제수받고 住持로 파견된다. 선불장이라는 용어 외에도 大選, 國試 僧選 등이 사용되었다(허흥식, 「고려의 승과제도와 그 기능」, 『고려의 과거제도』, 2005).

94) 태위상왕 : 충선왕을 가리킨다.

95) 李眉叟와 寥一을 가리킨다.

96) 동암은 文定公 李瑱(1244~1321)을 가리킨다. 『고려사』 권109, 이진전 참조.

97) 王府斷事官國相 : 몽고의 관직명으로 元 이후 中書省, 樞密院, 御史臺를 제외한 모든 관서에 설치되어 관할 행정 전반에 결정권을 가지고 있었던 관직이다. 이에 관한 논문은 다음이 참고된다. 안병우, 「高麗 王府 斷事官과 高麗-元 관계」, 『역대 중국의 판도 형성과 변강』, 한신대 출판부, 2008.

98) 회안대군과 창원군은 평양공 王基의 후손으로 각각 王珣과 王瑀를 가리킨다. 이들에 대해서는 전거가 보이지 않지만 왕순과 왕우의 할아버지인 王溦은 大方公

경애하였다.

送盤龍如大師序

盤龍精舍予未之見 少閱李眉叟詩 詩中有與大叔闍梨往復之作 無卷無之 稱其能收撫 至有成立 始未之闍梨是何人 第奇身爲浮屠 行誼之篤士夫有不可及者 後遇李氏宗人問之 實盤龍開社僧統一公也 社憫學佛者 安於自暴 欲加策勵而作也 又知用力於其學爲不少也 其徒世守法不墜 迄今爲東方華嚴大道場 泰定初元傳賢首敎觀大沙門 諸講主 因耆宿請 咸以社無主法 推出法水堂頭覺海如公 且諗都僉議使司 而僉議亦允於是 師不能峧辭 將戒日以行 予往與別 客有分韻爲詩以贈者 先屬予爲序 予嘗謂知儒而不知佛 不害[99]爲佛 知佛而不知儒 則不能爲佛 而世之說佛者 曰 爲佛先須弃絶親愛 夫人道原於親親 滅親無人 誰爲佛者 以是求佛 竊所未喩 若一公之字[100]孤 卒大其門 果其弃絶乎 親親之心 百行資始 推而行之 於儒於佛 亦何有哉 顧其結社聚徒 以闡眞乘愈久愈大者 罔不由乎此矣 如公妙年披剃 高步選佛場 見知大尉上王崇緇秩授名利 而以親老 不忍去左右 湯藥必先嘗 至于其歿 尤友愛弟兄間 盖孝悌發於性 雖其學佛 趣[101]舍之間 知有先後 則今於一公道場重新香火 大振法雷者 非師而誰 宜乎 衆議 推師 而無有異言也 予所謂

으로 충렬왕 원년 원의 독로화가 되었다. 충렬왕은 그에게 景靈殿 五室의 백기를 줄 만큼 총애하였다(『고려사』 권90, 평양공 왕기전).

99) '害'가 『東文選』 권84에는 '言'으로 되어 있다. '言'이 타당한 것으로 보인다.
100) '字'가 『東文選』 권84에는 '奇'로 되어 있다. '奇'가 타당한 것으로 보인다.
101) '趣'가 『東文選』 권84에는 '取'로 되어 있다. '取'가 타당한 것으로 보인다.

知佛知儒者 二師庶幾矣 故書予志而爲序 其所未及 有諸公之作焉 師東菴李文定公次子 今王府斷事官國相益齋公之兄 善結交 當代名勝貴公子如淮安君其弟昌原公 皆敬愛師云

6. 유원고려국고중대광첨의찬성사상호군판총부사로 치사한 시호가 충순인 민공 묘지

나라가 당말(唐末)에 일어나서 비로소 동방에 자리를 잡고 인덕을 쌓으니 해가 갈수록 더욱 빛나 지금까지 무릇 400여 년이나 되었다. 사대부는 모두 세록을 받으며 예에 따라 서로 존숭한다. 여흥 민씨는 일찍이 명망이 빼어나서 명신의 가문으로 불리어졌고 영모(令謨)[102]에 이르러 명종을 보좌하여 태사평장(太師平章)[103]이 되었으며 시호가 문경(文景)인 이 분이 공의 고조할아버지이다. 증조할아버지는 휘가 공규(公珪)[104]이고 태보평장(太保平章)[105]으로 시호가 정의(定懿)이다. 할아버지는 휘가 인균(仁鈞)[106]으로 한림학사(翰林學士)이며, 아버지는 휘가 황(滉)으로 호부시랑(戶部侍郎)이었다. 호부공인 부친은 부인을 맞았는데 창원최씨로 창원군부인(昌原郡夫人)에 봉해졌으며 (그녀는) 평장(平章)을 지냈으며 시호가 문경(文景)인 린(璘)[107]의 딸로 공의 모친이다.

---

102) 閔令謨(1112~1194)에 대해서는 『고려사』 권101, 민영모전 참조.

103) 太師는 三師의 하나로 정1품직이며, 평장은 平章事를 지칭하는 것으로 성종 때 內史侍郎平章事와 門下侍郎平章事를 두었으며 문종 때에는 문하시랑평장사와 중서시랑평장사 각 1인을 정하였다. 또한 중서문하에 평장사를 두고 정2품으로 하였다. 그뒤 몇 차례의 관직명의 변화를 거치면서 贊成事라는 명칭으로 불리어졌다(『고려사』 권76, 백관1, 贊成事).

104) 閔公珪에 대해서는 『고려사』 권101, 민영모전에 附傳되어 있다.

105) 太保는 정1품의 명예직인 삼사의 하나로 태사, 태부의 다음 관직이다.

106) 민인균의 생몰연대를 알 수 없으나 『고려사』에서 그의 활동을 일부 살필 수 있다. 그는 고종 29년 大司成으로 詩賦 시험에서 權玥, 10韻詩 시험에서 劉勃忠 등 74명, 명경시험에서 2명을 뽑았다(권74, 선거2 과목2). 고종 35년 3월 지공거인 樞密院使 洪鈞과 함께 동지공거로서 金均 등 33인을 급제시켰다(권73, 선거1 과목1).

107) 崔璘(?~1256)은 崔惟清의 玄孫으로 본관은 昌原이고 시호는 文景이다. 이에 대해서는 『고려사』 권99, 최린전 참조.

공은 충헌왕(忠憲王)[108] 을사년(乙巳年)[109]에 내어났다. 어려서부터 총민하고 지혜로워서 외조부는 그를 사랑하여 그냥 내버려두지 않으면서 항상 말하기를 "뛰어난 인재로다"라고 하였다. 겨우 11세에 학문에 나아가 대의(大義)를 통달하여 음서로서 왕자시양부학우(王子始陽府學友)[110]로 뽑혔다. 19세에 청도군(淸道郡) 감무(監務)[111]로 뽑히니 실로 충경왕(忠敬王)[112] 계해년(癸亥年)[113] 황원(皇元) 중통(中統) 4년이다. 청도읍은 대성(大姓)이 많아서 보통 직책이 낮은 감무(監務)로서는 모두들 원래의 의례로써는 다스리기가 어렵다고 보통 말하기도 하였다. 공은 나이가 어리고 일을 해 보지 않아, 사람들이 처음에는 쉽게 여겼다. (공은) 임무를 맡아 청탁을 받지 않고 일체 법대로 하니 감히 저항하지 못하였다. 잘 통괄한다고 알려져서 감무를 마치고 도병마녹사(都兵馬祿事)[114]에 보임되었다. 오래지 않아 내시(內侍)로 적을 옮겨 도염서승(都染署丞)[115]에 제수되었다. 관직이 무반직으로 바뀌어 흥위위별장(興威衛別將)[116]으로 견룡행수(牽龍行首)에 차출되었다.

---

108) 忠憲王은 고종을 가리킨다.

109) 乙巳年은 고종 32년(1245)이다.

110) 왕자들은 府를 두게 되어 있는데 시양부는 왕족인 始陽侯의 府로 생각된다.

111) 監務는 예종 때부터 속현 등에 파견하여 농민의 유망을 방지하고 효과적인 대민통제와 원활한 수취를 위한 역할을 하였다. 『고려사』 권77, 백관2, 외직조에 의하면 예종 3년에 小縣에 감무를 파견한 것으로 되어 있으나, 世家에 의하면 예종 원년부터 속현에 대규모 파견한 것으로 나타난다.

112) 忠敬王은 원종을 가리킨다.

113) 癸亥年은 원종 4년(1263)이다.

114) 都兵馬祿事 : 都兵馬 소속의 權務職이다. 문종대 判事, 使, 副使, 判官과 함께 8인의 錄事를 두었는데 권무직으로 정하였다.

115) 都染署丞 : 도염서는 각종 염료를 제조하고 염색작업을 담당하였던 기관을, 都染署丞은 9품직이다.

116) 興威衛 : 고려의 京軍인 2군 6위 가운데 六衛의 하나로서 左右衛・神號衛와 함께 육위의 핵심 부대이다. 이 3위는 개경의 수비는 물론 변방 警戍의 임무까지 지고 있었던 것으로 생각된다.

충렬왕이 황제의 딸 제국공주에게 장가들면서 특별히 응선부(膺善府)를 만들었다. 을해년(乙亥年)[117]에 응선부 견룡행수(膺善府牽龍行首)로 옮기고 좌우위낭장(左右衛郎將)의 직을 받았다가, 우지유(右指諭)로 옮겨 흥위위장군(興威衛將軍)에 차수(借授)되었다. 계미년(癸未年)[118]에 문반직으로 복구되어 조현대부(朝顯大夫)[119]로서 시소부윤(試少府尹)[120]이 되었다가 자금어대(紫金魚袋)를 받고 충주목부사(忠州牧副使)로 나아갔다. 무자년(戊子年)[121]에 전법총랑[122] 지통례문사(典法摠郎知通禮門事)[123]로서 동계안집사(東界安集使)[124]가 되었다가 다시 전리총랑(典理摠郎)에 제수되었다. 기축년(己丑年)[125]에 충청도 안렴사(忠淸道按廉使)[126]가 되었다

117) 을해년은 충렬왕 1년(1275)이다.

118) 계미년은 충렬왕 9년(1283)이다.

119) 朝顯大夫 : 文散階로서 충렬왕 24년 이후, 34년 이전의 어느 시기에 榮列, 正獻, 朝顯大夫라는 官階가 있었다(『고려사』 권77, 백관2, 문산계).

120) 試少府尹 : 보물과 공예품을 맡아보는 관청인 少府寺 소속의 종 3품직이다. 문종 관제에서는 정4품의 少府監이었으나, 충렬왕 24년에 監을 종3품으로 올렸다. 監이 尹으로 고쳐진 시기는 알 수 없으나, 충혜왕 원년에 尹으로 나타난다. 그 이후에 몇 차례의 변화가 있었다.

121) 무자년은 충렬왕 14년(1288)이다.

122) 典法摠郎 : 법률 소송 및 중죄인에 대한 평의 결단 등을 관장하는 典法司의 정4품직. 원래 刑曹였던 것을 충렬왕 원년에 전법사로 고쳤는데, 이때 종래의 侍郎을 摠郎으로 고쳤다.

123) 知通禮門事 : 의회와 儀禮를 맡아 보던 관청인 통례문 소속의 겸임 관인이다.

124) 안집사의 설치 유래 및 기능에 관해서는 정확하게 알 수 없다. 그러나 안집사의 용례가 高宗朝 무렵부터 나오는 것으로 보아(『고려사』 권106, 이승휴전), 몽고의 침입기에 흩어진 민을 모으려는 의도와 관련된 것으로 생각된다. 충렬왕 4년 3월에는 금주령을 내리면서, 지방에서는 안렴, 안집이 날을 정하여 술을 금하게 하고 누룩은 관청에 바치되 관청에서 값을 쳐주고 右倉으로 보내도록 하였다(『고려사』 권85, 형법2)는 것으로 보아 지방행정에 일정한 역할을 담당하고 있음을 알 수 있다.

125) 기축년은 충렬왕 15년(1289)이다.

126) 안렴사는 지방을 감찰하는 기능을 가진 관리로서 국초의 절도사 직임에 해당한다(『고려사』 권77, 백관2, 외직). 안렴사의 명칭은 충렬왕 이후에 사용되었으며

가 대부대복윤(大府大僕尹)으로 옮겼다. 임진년(壬辰年)[127]에 동경 부유수(東京副留守)로 나갔다가 얼마 후 예빈윤(禮賓尹)[128]으로 부름을 받고 다시 삼사우윤 겸 세자궁문령(三司右尹兼世子宮門令)으로 제수되었다. 여러 차례 옮겨 판통례문 선군별감사(判通禮門選軍別監使)가 되고, 품계가 다섯 번 옮겨 정헌대부(正獻大夫)[129]에 이르러 밀직지신사 지전리감찰사사(密直知申事知典理監察司事)에 제수되었다. 무술년(戊戌年)[130]에 승진하여 봉익대부 밀직부사(奉翊大夫密直副使)를 제수받았다. 다음해에 구차하게 하지 않아 면직되었다.[131] 정미년(丁未年)[132]에 다시 판밀직사(判密直司)에 제수되고 감찰대부(監察大夫)로 옮겼다가 광정대부(匡靖大夫)에 올랐다. 얼마 있다가 (원에 있던) 충선왕으로부터 찬성사(贊成事)에 제수되었다가 태위왕(太尉王) 원년[133]에 첨의찬성사(僉議贊成事)로 치사했다. 지금의 왕 기미년(己未年)[134]에 중대광(重大匡)을 제수받고 복흥군(復興君)[135]에 봉해졌다. 지치(至治) 신유년(辛酉年)[136]에 왕씨(王氏)가 아닌 경우도 군(君)이라 한 제도를 없애자 이에 따라 복흥군의 작위를 거두었으며 다시 첨의찬성사 상호군 판총부사(僉議贊成事上護軍判摠部事)로 치사하였다. 태정(泰

按察使, 提察使, 都觀察黜陟使 등으로 불리기도 하였다.

127) 임진년은 충렬왕 18년(1292)이다.

128) 禮賓尹은 외국의 사신을 접대하며 연회를 베풀어 주는 사업을 맡은 禮賓寺 소속의 종3품직이다.

129) 正獻大夫 : 文散階로서 충렬왕 24년 이후, 34년 이전의 어느 시기에 榮列, 正獻, 朝顯大夫라는 官階가 있었다(『고려사』 권77, 백관2, 문산계).

130) 무술년은 충렬왕 24년(1298)이다.

131) 『고려사』 세가와 열전에는 민종유가 이때 밀직부사 직이 파면되었다고 되어 있지만 파면 이유에 대해서는 기술하지 않고 있다.

132) 정미년은 충렬왕 33년(1307)이다.

133) 기유년은 충선왕 후1년(1309)이다.

134) 지금의 왕은 충숙왕을 가리키며, 충숙왕 원년은 1314년이다.

135) '復興君'은 『고려사』 권108, 민종유전에는 '福興君'으로 되어 있다.

136) 신유년은 충숙왕 8년(1321)이다.

定) 개원(改元) 갑자(甲子)[137] 5월 5일 집에서 운명하니 향년 80이다.

공의 휘는 종유(宗儒)이다. 자질은 장중하고 아름다운 풍도가 있었으며 예문에 밝아 실무에도 뛰어났다. 안으로는 형조(刑曹)와 헌부(憲府), 밖으로는 안부(按部)와 목민(牧民)을 역임하니 이르는 곳마다 모두 그의 재능을 칭찬하였다. 빈찬(賓贊)[138]을 주관하고 후설(喉舌)[139]에 임명되면 겸손으로 대하고 임금의 뜻에 많이 부합하니 당시의 무리들은 스스로 (그에) 미치지 못할 것으로 여겼다.

공은 이미 명문가의 자제로서 최문경공(崔文景公)[140]에게 길러졌고, 자라서는 유문도공(兪文度公)[141]의 딸과 혼인하여 (장인의) 훈도를 받은 바가 많았으므로 무슨 일을 당하여도 마치 스스로 이룬 듯 여유가 있었다. 전후로 이부(二府)에 있으면서 비록 오래지는 않았지만 마침내 능력은 군(君)의 반열에 들어 이름을 온전히 보존하고 장수를 누려 생애를 아름답게 맞이했으니, 만약 (공으로) 정무를 오랫동안 전념하게 했다면 그 베푼 바는 어떠했을까.

평생 타인과 더불어 교유함에 망령되지 않았고, 종족(宗族)에게 돈독하고 형제와 자매에게도 은혜를 베풀었다. 처음 벼슬에 나아가 재상에 보임되어 관직을 물러나기까지 귀가해서는 사람들과 어울리는 것이 적었으며, (스스로) 집안을 가꾸면서 정결함에 힘써 항상 집안을 청소하여 먼지하나 남기지 않을 정도였다. 말을 좋아하는 성품이 있어 다른 사람이 좋은 말을 가지고 있다는 이야기를 들으면 반드시 구입하여 뜻을 이루었으며 항상 당하(堂下)에 매어두고 조석으로 감상하며 지겨운 일을 잊었다. 늙어서는 더욱 음악을

137) 갑자년은 충숙왕 11년(1324)이다.

138) 빈객과 찬선으로 각종 의례를 주관함을 가리킨다.

139) 왕명의 출납과 숙위, 軍機의 업무를 담당하는 중추원의 承宣에 대한 별칭이다.

140) 민종유의 외조부인 崔璘(?~1256)을 가리킨다.

141) 민종유의 장인인 兪千遇(1209~1276)를 가리킨다.

좋아하여 사는 곳에 여러 가지 꽃과 나무를 심고 날마다 그 속에서 음악을 즐기며[142] 늙어가는 것을 몰랐다. 점차 세월이 지나 칠십에 들어서는 등산을 즐겨하여 건강을 중히 여기고 정신을 맑게 하여 늙어가는 것을 몰랐다.

지치(至治)[143] 중에 왕이 원에 입조하여 오랫동안 머무니, 일 꾸미는 것을 좋아하는 자들이 무리를 모아 다른 사람을 핍박하며 상소문에 서명하게 하고 나라를 위태롭게 하기를 도모하였다.[144] 모든 사람들은 세가 두려워 끌리어 부합하거나 오로지 후환을 두려워하였고 간혹 비방하고 피하면서도 배척하는 말을 하지 못하였다. 나쁜 자들이 종이를 가지고 문에 와서 공에게 넌지시 서명하라고 하니 공은 꾸짖어 말하기를 "신하가 임금을 위해 (허물을) 덮어주면 충직함이 그중에 있거늘 거짓말을 꾸며내기에 이르니 이를 가히 참을 수 있겠는가? 나는 이미 늙어서 팔아버리는 것만 같지 못하니 서명하지 않겠다."라고 하니 그 사람들은 속으로 부끄럽게 여기며 물러갔다. 이것은 가히 늙을수록 더욱 강해지는 것이라고 할 만하다.

나라의 풍속으로 단옷날에 선조께 제사를 지내는데, 공은 이날에도 일찍 일어나 목욕을 하고 평상처럼 제사를 지냈다. 일을 마치고 피곤하여 잠깐 자는 것 같았다. 집안사람들은 오랫동안 깨지 않은 것을 이상히 여겨 살펴보니 이미 숨을 거둔 뒤였다.

(공은) 장사군부인(長沙郡夫人) 유씨(兪氏)를 배필로 맞았다. (그녀는) 태위평장(太尉平長)을 역임하고[145] 시호가 문도(文度)인 천우(千遇)[146]의 딸이다. 처음에 문도공은 도병마사(都兵馬使)였고 공은 녹사(祿事)였는데, (문도공이) 공을 보고 그릇이라 여겨 마침내 (장사군)부인을 배필로 주었다.

---

142) '絲竹'은 음악을 가리킨다.

143) 至治는 원 영종의 연호이며, 충숙왕 8년(1321)에서 충숙왕 10년(1323)까지이다.

144) 일을 꾸미는 자는 權漢功 등을 가리키며, 이때 상소문은 고려를 원의 하나의 성으로 만들려는 立省에 관한 내용이다.

145) 원문은 '大尉'로 되어 있다.

146) 『고려사』 권105, 유천우전.

아들 둘과 딸 하나를 낳았는데, 첫아들은 적(頔)이라 하였고 지원(至元) 을유년(乙酉年)에 등제하여[147] 지금 통헌대부(通憲大夫)로서 동지밀직사사(同知密直司事)를 지냈다. 차남은 서(舒)라 하고 검교신호위낭장(檢校神虎衛郎將)이다. 딸은 승봉랑(承奉郎)으로 전교서승(典校署丞)을 지낸 국담(鞠譚)에게 시집갔다. 손자는 5명으로 서(舒)가 낳은 1남을 제외하면 나머지는 모두 통헌공이 낳은 소생이다. 평(平)은 흥위위별장(興威衛別將)을 지냈으며 연우(延祐) 을묘년(乙卯年)[148]에 급제하였다.[149] (나머지는) 곡출독·금강·망기독이다. 서(舒)의 아들은 어려서 아직 이름을 알 수 없다.

공이 죽은 지 5일 만에 내가 통헌공에게 가서 조문을 하였는데, 조문을 마치자, 묘문(墓文)을 지어주도록 나에게 부탁했다. (나는) 비루하고 부족하여 먼저 사양하여 명을 받지 않았다. 공이 바야흐로 슬퍼하였고, (나는) 거듭 공을 슬프게 할 수 없어 다만 물러나 있었다. 그 뒤 수일 만에 공은 아들 평으로 하여금 역임한 관직의 전말을 적어서 (나에게) 명(銘)을 받아오게 하였다. 다시 생각해 보니 나의 선친[150]께서 일찍부터 통헌공과 교유가 있었고 나도 평(平)과 절친하니, 의리상 저버릴 수 없었기 때문에 삼가

---

147) 을유년은 충렬왕 11년(1285)이다. 허흥식, 『고려의 과거제도』「부록2 고려예부시동년록」, 일조각, 2005, 509쪽에 충렬왕 11년에 閔頔이 등과한 기록이 보인다.

148) 을묘년은 충숙왕 2년(1315)이다.

149) 허흥식, 앞의 책, 「부록2 고려예부시동년록」, 514쪽에 충숙왕 2년에 閔思平이 등과한 기록이 있다. 이것으로 平은 민사평을 가리킨 것으로 생각된다. 그의 자는 坦夫인데 어려서부터 궁량이 컸다. 金倫이 그를 사위로 삼았다. 학문이 날로 발전하여 처음에 散員別將試補가 되었는데 그는 무관에 종사하는 것을 즐기지 않고 더욱 독서에 노력하여 충숙왕 때에 과거에 급제하여 藝文春秋修撰으로 임명되었다가 藝文應敎, 成均大司成, 監察大夫 등을 역임하고 驪興君의 봉호를 받았다. 일찍이 충정왕을 따라 원에 갔었는데 그가 즉위하자 그 공로로 僉議參理로 임명되어 輸誠秉義協贊功臣 칭호를 받았고 다음에 贊成事商議會議都監事로 진급하였다. 공민왕 8년에 죽으니 나이 65세이었으며 시호는 文溫이다(『고려사』 권108, 민종유 부 민사평전).

150) 先君子는 최해의 부친인 崔伯倫을 가리킨다.

조아리고 글을 받아 명을 지었다. 장례는 이 해 6월 6일 경신(庚申)에 지내고 묘는 모산(某山)의 언덕에 모시니 개경과는 약간 떨어진 거리이다. 유사(有司)가 옛일에 의거하여 시호를 충순(忠順)이라 하였다.

비명에 이르기를 "관직과 작위는 높은 반열에 이르렀고 그대 나이 팔순(八旬)이로다. 벼슬을 하고 늙어서 물러나 즐겁게 살았구나. 그대 행실을 생각하니 남에게 부끄럽지 않았다. 새로이 잠들 곳을 살펴서 그 언덕을 높게 세웠다. 공은 영원히 잠들어 후대에 복을 남기소서. 묘지명을 새겨 넣어 오래도록 전하리라.

有元高麗國故重大匡僉議贊成事上護軍判摠部事致仕謚忠順閔公墓誌

王國興於唐季 始奠東方 累仁積德 歷世愈光 至今凡四百有餘年 士大夫皆世祿 率以禮相尙焉 驪興閔氏夙著其望 號爲名臣之門 至諱令謨相明王爲大師平章 謚文景 是爲公高大父也 其曾大父諱公珪 故大保平章 謚定懿 大父諱仁鈞 故翰林學士 父諱滉 故戶部侍郎 戶部公受室昌原崔氏封昌原郡夫人 故平章謚文景諱璘之女 爲公母也 公生於忠憲王乙巳 幼敏慧 外大父愛之不置 常曰令器 甫十一就學通大義 以門地選爲王子始陽府學友 十九調淸道郡監務 實忠敬王癸亥而皇元中統四年也 淸道邑多大姓 而監務秩卑 俱與之亢禮 素號難治 而公少年未更事 人始易之 及其莅任 不受請謁 一切繩以法 而無敢枝梧 以克治聞 罷秩補都兵馬錄事 未幾 移籍內侍 除都染署丞 尋換武資以興威衛別將差御牽龍行首 忠烈王尙帝女齊國公主 特立膺善府 乙亥徙爲膺善府牽龍行首 拜左右衛郎將 轉右指諭 尋借興威衛將軍 癸未復文資 爲朝顯

大夫試少府尹 賜紫金魚袋 出副忠州牧 戊子以典法摠郞知通禮門事 爲東界安集使 改典理摠郞 己丑爲忠淸道按廉使 遷大府大僕尹 壬辰又出副東京留守 尋以禮賓尹召改三司右尹兼世子宮門令 累遷判通禮門選軍別監使 階五轉 至正獻大夫 拜密直知申事知典理監察司事 戊戌進授奉翊大夫密直副使 明年以不苟合免 丁未起授判密直司 改監察大夫陞匡靖大夫 遙授贊成事 太尉王元年 以僉議贊成事致仕 今王己未授重大匡封復興君 至治辛酉 省非王氏而君者 隨例去復興爵 復以僉議贊成事上護軍判摠部事致仕 至泰定改元甲子五月五日己丑 卒于家 享年八十 公諱宗儒 資莊重美風度 明識禮文 優於吏幹 內而刑曹憲府 外而按部牧民 所至咸稱其能 至如主賓 贊任喉舌則揖讓應對 多副上旨 而時輩自以不及 蓋公旣以名家子 爲崔文景所養 長又托姻 兪文度多有所聞熏 故遇事優閑 若自成者 前後處二府雖不久 卒能位列諸君 完名保壽以令其終 使之任政 淂專且久 則所施爲當何如也 平生不妄與人交 而篤於宗族 其於弟妹俱有恩 自始仕登輔相退公 便歸家 少于諂媚於人治宅舍務淨潔 常灑掃庭戶 不留一塵 性好馬 聞人有良馬 必購致之每繫置堂下 朝夕愛賞忘倦 晩年尤喜音 所居雜蓺花木 日以絲竹 自娛於其間 不知老之 將至年及耆艾 登降尙健 精爽不少衰 至治中 王朝元久留 而喜事者 聚黨逼人 署名白狀 謀在傾危國 卿士庶畏勢延合 惟恐爲後 間或詭避 無敢斥言 不是者有挾紙至門 諷公署名 則公叱曰 臣爲君隱 直在其中 至如欺言罔 是可忍歟 吾生已老 不爲若賣 卻而不署其人內媿而退 是則可謂老而益强者矣 國俗以端午日祭其先 公至是日早起 與浴致祭如常 事畢若困而假寐 家人怪久不寤 視之已卒矣 配長沙郡夫人兪氏 故大尉平章謚文度諱千遇之女也 初文度公爲都兵馬使公爲錄事 見而器之 遂以夫人歸焉 生子男二女一 男曰頔 登至元乙酉

第 今爲通憲大夫前同知密直司事 次曰舒 檢校神虎衛郎將 女適承奉郎前典校署丞鞠譚 孫男五人 除舒生一男 餘皆通憲公所生 曰平 前興威衛別將 登延祐乙卯科 曰曲出篤 曰金剛 曰忙奇篤 舒生幼未名 公卒之五日 予往吊通憲公 則受吊畢 以墓文見屬 予以卑陋不足 發先德辭不獲命 則以公方哀毁 重傷公 第唯而退 後數日 公令男平錄其歷官顚末來徵銘 復念先君子嘗游 通憲公而予又與平善義 不可負 故謹拜受敍而銘之 葬用是年六月六日庚申 墓在某山之原 距京有若干里 有司依故事 諡曰忠順 銘曰 爵列諸君齒八旬 壯仕老退樂終身 考之行實不媿人卜淂新兆崇其阜 公藏百世慶流後 鐫石納窆詔未久

7. 황원고려고통헌대부지밀직사사우상시상호군인 최공 묘지명

공은 휘가 운(雲)이고 자는 몽수(蒙叟)이며 그 선대는 동주(東州) 창원현인(昌原縣人)이다.[151] 십세조 휘 준옹(俊邕)[152]은 국초에 벼슬하였는데 공이 있어 태사삼중대광(太師三重大匡)이 되었다. (후대로) 내려와 증손인 휘 석(奭)[153]에 이르러서는 개부의동삼사(開府儀同三司)가 되고 시호는 예숙(譽肅)이다. 예숙은 금자광록대부(金紫光祿大夫) 휘 유청(惟淸)[154]을 낳았

---

151) 『고려사』 권58, 지리3, 東州條에 의하면 東州는 鐵原으로 성종 때 별호를 昌原으로 하였다.

152) 『고려사』 권99, 최유청전에는 다음과 같이 기록되어 있다. '六世祖 俊邕 佐太祖爲功臣'.

153) 崔奭은 처음에는 이름이 錫이었다. 문종 5년에 魁科에 뽑혀 左拾遺, 刑部侍郎, 左諫議大夫 등을 역임하고 문종 34년에는 東蕃의 작란을 평정하였다. 文·順·宣의 三朝를 섬겨 관직이 守太保門下侍郎同中書門下平章事判吏禮部事에 이르렀다 한다(『고려사』 권99, 최유청전).

154) 崔惟淸(1095~1174)은 자는 直哉이고 숙종 10년에 10세로 父蔭으로 입사하여 將仕郎軍器主簿同正이 되었다. 예종 8년에 進士로 급제하여 예종 11년에 直翰林院에 천거되었다. 인종 때 이자겸에 의해 실직되었으나 이자겸이 패한 뒤 內侍가 되었다가 累遷하여 左司諫, 尙州牧副使가 되었다. 인종 20년에 임금의 뜻에 거슬려 殿中小監으로 좌천되었으나, 諫議大夫로 金에 갔다가 戶部侍郎을 배수받았다. 그뒤 東北面兵馬副使로 되었다가 承宣에 임명되었다. 의종 원년 12월에 御史大夫同知樞密院事, 의종 2년 3월에 知樞密院事判三司事, 의종 2년 12월에 兵部尙書, 의종 3년 12월에 參知政事判尙書刑部事, 의종 4년 12월에 中書侍郎平章事, 의종 5년 4월에 判兵部事가 되었다. 의종조에 처남인 鄭敍가 大寧候와 결탁하니 이에 연좌되어 귀양갔는데 崔惟淸은 대간의 탄핵을 받아 南京留守使로 폄직되었으며, 이어 忠·廣二州牧使로 폄출되었다가 守司空左僕射로 致仕하였다. 명종 즉위초 中書侍郎平章事가 되었다. 명종 2년 6월에 守司空集賢殿大學士判禮部事로 삼고 致仕하였으며 명종 4년에 졸하였다. 崔惟淸에 대해서는 다음의 글이 참고된다. 朴漢男, 「崔惟淸의 生涯와 詩文分析 ; 《東人之文四六》 등에 수록된 詩文을 중심으로」, 『국사관논총』 24, 국사편찬위원회, 1991 ; 이구의, 『高麗漢詩硏究』, 아세아문화사, 2001.

는데 시호는 문숙(文淑)이다. 문숙은 문하평장(門下平章) 휘 선(詵)[155]을 낳았는데 시호는 문의(文懿)이다. 문의는 상서좌복야(尙書左僕射) 휘 종재(宗梓)[156]를 낳고 복야는 중서평장(中書平章) 휘 온(昷)[157]을 낳았는데 시호는 문신(文信)이다. 문신은 봉익대부(奉翊大夫) 휘 문립(文立)을 낳고 봉익공은 추부(樞副) 홍공(洪公) 휘 진(縉)[158]의 딸과 혼인하여 공을 낳았다. 대대로 충성으로서 알려지고 귀한 벼슬이 연속되었으니 가문의 명망이 성하였다. 공의 나이 15세에 사마시(司馬試)에 합격하니 실로 지원(至元)[159] 기축년(己丑年)[160]이다. 원정(元貞)[161] 병신(丙申)[162]년에 도재고판관(都齋庫判官)에 보임되어 그 적이 내시[163]에 속하였다. 대덕(大德)[164] 기해년(己亥年)[165]

---

155) 崔詵의 주요 행적은 다음과 같다. 恭睿太后가 乳瘇을 앓으니 명종이 아우 僧沖曦를 불러 侍病케 하였는데 충희가 많은 궁녀를 난행하고 더욱이 공주를 간통하기에 이르자, 崔詵이 右司諫으로서 충희를 쫓아내기를 상소하니 이로 인해 도리어 파면을 당하였다. 명종 22년에 判秘書省事가 되어 吏部尙書 鄭國儉 등과 더불어 『增續資治通鑑』, 『太平御覽』 등을 교정, 간행하였다. 신종 즉위초에 知樞密院事太子少師로 되고 누천하여 參知政事가 되었다. 신종 4년에는 開府儀同三司上柱國에 임명되었다가 희종 5년에 졸하니 熙宗廟廷에 배향되었다.

156) 崔宗梓에 관한 주요 기록을 들면 다음과 같다. 『고려사』 권23, 고종 23년 12월조, '宋允 崔宗梓 爲左右僕射' ; 『고려사』 권73, 선거1, 고종 12년 3월조, '衛尉卿崔宗梓同知貢擧 取進士'.

157) 崔昷에 관한 주요 기록을 들면 다음과 같다. 그는 고종조에 등제하였다. 고종 45년에 金俊이 崔誼를 죽임에 미쳐 崔昷의 아들인 崔文本이 崔誼에게 그 사실을 통고한 것이 발각되어 崔文本이 섬으로 귀양갔다. 崔昷이 그것을 불평하니 金俊에 의해 흑산도로 귀양갔다가 다음해에 돌아왔다. 원종년간에 樞密院使, 守司空左僕射, 判工部事, 守太傅 中書侍郎平章事를 역임하였다. 원종 9年 正月에 졸하였다.

158) 洪縉은 고종, 원종대에 활동하였으며 역임한 관직은 中書舍人, 尙書左右僕射, 兵部尙書, 同知貢擧, 知貢擧 등이다.

159) 至元은 원 세조의 연호이며, 원종 5년(1264)에서 충렬왕 20년(1294)까지이다.

160) 기축년은 충렬왕 15년(1289)이다.

161) 元貞은 원 성종의 연호이며, 충렬왕 21년(1295)에서 충렬왕 23년(1297) 1월까지이다.

162) 병신년은 충렬왕 22년(1296)이다.

163) 고려의 內侍는 원칙적으로 世籍에 결함이 없는 世族 출신의 子弟 또는 儒士들의 出仕路였으며 文武官이 兼屬하는 榮職이었다. 그러나 인종·의종 이후 宦者 賤隸

에 무반직으로 바꾸어 신호위별장(神虎衛別將)[166]이 되고 별도로 견룡행수(牽龍行首)[167]에 임명되었다. 경자(庚子)[168]에 좌우위장군(左右衛將軍)에 배수되고 임인(壬寅)[169]에 다시 문반직에 회복되어 조현대부군부총랑(朝顯大夫軍簿摠郞)을 제수받고 금자(金紫)를 하사받았다. 얼마후 전리총랑판사영서사(典理摠郞判司盈署事)로 직책이 바뀌었다. 지대(至大)[170] 무신(戊申)[171]에 또 무반직으로 바뀌어 좌우위대호군(左右衛大護軍)을 배수받았다. 기유(己酉)[172]에 나주목사(羅州牧使)로 나갔다. 황경(皇慶)[173] 임자(壬子)[174]에 철원부(鐵原府)의 지부사를 맡았다. 연우(延祐)[175] 갑인(甲寅)[176]에 공주(公州)의 지주사(知州事)로 옮겼다. 가을에 다시 철원부의 지부사(知府事)가 되었다가 곧 면직되었다. 병진(丙辰)[177]에 관직이 회복되어 정윤(正

출신자들이 출사하기 시작하여 고려말에 와서는 宦官職으로 개정되었던 것이다. 金昌洙, 「麗代 內侍의 身分」, 『東國史學』 11, 1969 ; 張熙興, 「高麗後期 宦官制의 定着過程과 地位變動」, 『史學研究』 83, 한국사학회, 2006 참조.

164) 大德은 원 성종의 연호이며, 충렬왕 23년(1297) 2월에서 충렬왕 33년(1307)까지이다.

165) 기해년은 충렬왕 25년(1299)이다.

166) 神虎衛는 중앙군인 2군 6위 중의 하나이다. 別將은 관계가 정7품이다.

167) 牽龍軍은 近衛軍의 하나인데 이들이 2군 내지 6위와 어떻게 관련이 있는지 분명하지 않다. 李基白은 控鶴軍은 응양군에 牽龍軍은 용호군에 비견시키는 반면(『한국사』 5, 「군사조직」, 98쪽), 周藤吉之는 巡檢軍은 金吾衛와 牽龍軍은 千牛衛와 관련이 있을 것이라고 한다(『高麗朝官僚制の研究』, 511~531쪽).

168) 경자년은 충렬왕 26년(1300)이다.

169) 임인년은 충렬왕 28년(1302)이다.

170) 至大는 원 무종의 연호이며, 충렬왕 34년(충선왕 즉위년, 1308)에서 충선왕 3년(1311)까지이다.

171) 무신년은 충렬왕 34년(1308)이다.

172) 기유년은 충선왕 후원년(1309)이다.

173) 皇慶은 원 인종의 연호이며, 충선왕 후4년(1312)에서 충선왕 후5년(충숙왕 즉위년, 1313)까지이다.

174) 임자년은 충선왕 후4년(1312)이다.

175) 延祐는 원 인종의 연호이며, 충숙왕 원년(1314)에서 충숙왕 7년(1320)까지이다.

176) 갑인년은 충숙왕 원년(1314)이다.

177) 병진년은 충숙왕 3년(1316)이다.

尹)[178]을 배수받고 승격하여 원윤(元尹)[179]이 되었다. 지치(至治)[180] 신유(辛酉)[181]에 불필요한 관직을 없애는 예에 따라 파직되었다. 태정(泰定)[182] 을축(乙丑)[183] 4월에 다시 통헌대부 지밀직사사 우상시 상호군(通憲大夫知密直司事右常侍上護軍)을 제수받았다. 7월 경오에 이르러 병으로 세상을 마치니 춘추 51세였다.

공의 풍채는 대단히 크고 성격은 곧고 또 성실하였다. 평생을 부처를 섬기고 불경과 불보살의 명호를 외우기를 날마다 하였으며, 일찍이 다른 이유로써 잠시도 그만두는 일이 없었다. 집에 거처할 때는 엄숙하여 사람이 감히 범접치 못하고 관에 나아가 백성을 대할 때에도 집에 거처하듯이 하였다.

대덕(大德) 계묘(癸卯)[184]에 세가의 자손으로 왕전(王琠)[185]을 따라가 궐정에서 숙위하였는데 이름하여 독로화(都魯花)[186]라 하였다. 전(琠)은 태위왕이 오래도록 참소를 당하자 왕위를 엿보는 어긋나는 마음이 있었는데,[187] 정미(丁未)[188] 봄에 이르러 일이 발생하여 전(琠)과 그 무리가 모두

---

178) 正尹 : 종친에게 주는 작위로서 충렬왕 24년 관제를 고칠 때 정윤은 종2품으로 정하였다.

179) 元尹 : 종친에게 주는 작위로서 정2품이다.

180) 至治는 원 영종의 연호이며, 충숙왕 8년(1321)에서 충숙왕 10년(1323)까지이다.

181) 신유년은 충숙왕 8년(1321)이다.

182) 泰定은 원 진종의 연호이며, 충숙왕 11년(1324)에서 충숙왕 15년(1328) 1월까지이다.

183) 을축년은 충숙왕 12년(1325)이다.

184) 계묘년은 충렬왕 29년(1303)이다.

185) 王琠은 神宗의 아들 襄陽公 恕의 후손으로 瑞興君에 책봉되었는데 충렬왕 때에 禿魯花로서 원에 가 있었다. 王惟紹 宋邦英 등이 충선왕을 폐위시키고 王琠에게 공주를 改嫁시켜 그를 충렬왕의 후계자로 삼으려고 하였다. 王惟紹 등이 처단될 때 충선왕은 그를 살려 주려고 하였으나 신료들이 불가하다고 하여 왕유소 등과 더불어 처단되었다(『고려사』 권91, 서흥후 전).

186) 독로화 : 인질이란 뜻으로 몽고에서는 화의교섭을 진행시켜 갈 때 왕족이나 귀족의 자제를 인질로 요구하였다. 여몽간에 화친이 확립되는 충렬왕 초년까지 몇 차례에 걸쳐 실행에 옮겨지기도 했다. 그러나 뒤에는 유명무실해졌다.

죽음을 당하거나 귀양갔다. 그러나 공은 홀로 따르지 않아 대호군(大護軍)을 배수받았다. 지치(至治)[189]연간에 환란을 일삼는 무리들이 우리나라의 사직을 어지럽힐 것을 도모하니[190] 경사(卿士)들이 그 세력을 두려워하여 바람처럼 다 따라갔으나 공은 또 더불어 하지 않았다. (공에게) 밀직으로 배수한다는 명이 내리자 사람들이 다 그 적임자를 얻었다고 하였다. 그러나 관에 배수된 지 수개월만에 병으로 능히 일어나지 못하니 오호라 어찌 천명이 아니라고 하겠는가.

공은 작고한 첨의재상(僉議宰相) 송공(宋公) 휘 분(玢)[191]의 딸과 혼인하

---

187) 태위왕은 충선왕을 가리킨다. 충렬왕과 충선왕은 불화가 몹시 심하였고 충선왕은 그의 왕비인 寶塔實憐公主(薊國公主)와도 사이가 나빴다. 충렬왕 측근인 王維紹, 宋邦英 등이 공주를 瑞興侯 琠과 재혼시키고 서흥후 전을 세자로 삼아 왕위를 계승시키려는 음모를 하다가 충렬왕 33년 충선왕이 지지하던 원 무종이 즉위함에 따라 실권을 장악한 충선왕이 그 일파를 숙청하였다. 金光哲, 「洪子藩硏究」, 『慶南史學』 창간호, 1984 ; 金烔秀, 「忠宣王의 復位와 復位敎書의 性格」, 『大丘史學』 56, 大丘史學會, 1998 참조.

188) 정미년은 충렬왕 33년(1307)이다

189) 至治는 원 영종의 연호이며, 충숙왕 8년(1321)에서 충숙왕 10년(1323)까지이다.

190) 충선왕은 왕위를 아들 충숙왕에게 물려주고 瀋王位는 조카인 暠에게 물려주고 上王으로서 元都에 머물러 있었는데 충선왕의 후원자였던 원의 인종이 세상을 떠남으로 인해 배후세력을 잃게 되어 마침내 모함을 받아서 유배를 당하게 된다. 이때 瀋王 暠는 자신의 세력을 넓혀 왕위를 찬탈하려는 음모를 꾸미게 되었고, 이에 충숙왕은 원에 불려가 王印을 빼앗기는 수모를 당하기까지 하였다(高柄翊, 「麗代 征東行省의 硏究」(上)·(下), 『歷史學報』 14·19, 1961·1962).

191) 宋玢의 주요 행적은 다음과 같다. 그는 礪良縣人으로 中贊致仕인 貞烈公 松禮의 아들이다. 송송례가 林惟茂를 죽일 때에 玢이 衛士長으로 참여하여 공로가 있었으므로 누천하여 尙書左丞이 되었다. 충렬왕대에 慶尙道造船都指揮使가 되어 백성을 거두기에 힘쓰고 크게 공역을 일으키기도 했으나, 邊卒을 시켜 쌀을 운수하여 여진과 더불어 무역하다가 東界安集使의 탄핵한 바가 되어 충렬왕 18년 7월에 면직되었다가 이어 贊成事로 기용되었다. 충렬왕 18년 11월에는 처녀를 뽑기 위해 혼가를 금하였는데 그가 금령을 어겼으므로 해도에 유배되기도 하였다. 충렬왕 26년에는 推誠贊化安社功臣號를 받았다. 충렬왕 28년에 壁上三韓三重大匡의 칭호를 더하고 樂浪公의 爵을 받았다. 충렬왕 33년에 瑞興侯 琠을 왕위에 옹립시키려던 宋邦英, 王惟紹, 玢의 아들 璘 등이 죽음을 당하자 玢도 집을 적몰당하

였는데 일찍 죽었다. (뒤에) 대호군(大護軍) 임공(任公) 휘 수(綬)의 딸과 혼인하였는데 진양군부인(晉陽郡夫人)에 봉해졌다. 이해 8월 갑신에 성 동쪽 대덕산(大德山)의 동북쪽 땅에 장사지냈다. 공은 아들이 없었다. 임부인은 나에게 이모가 되고 일찍이 (그에게) 은혜를 입었다. 장사지내는데 명문이 빠지면 안 되기에 마침내 공적을 모아서 명문을 짓는다. 명문에 이르기를,

선을 쌓으면 복이 두텁고 근원이 깊으면 물의 흐름이 길다네
뛰어나고 위대하니 그 향기가 크게 널리 전해지리라
어찌하여 그 소임 오래지 않아 그 공업 빛내지 못하였는가
어찌하여 그 덕 잇지를 못해 그 복록 창성하지 못하였는가
누가 그 일을 주장하겠는가, 유유한 하늘이여
붓을 적셔 장사에 임하니 눈물만이 흐르네

皇元高麗故通憲大夫知密直司事右常侍上護軍崔公墓誌銘

公諱雲 字蒙叟 其先東州昌原縣人也 十世祖 諱俊邕 仕國初有功 爲大師三重大匡 傳至 曾孫諱奭 爲開府儀同三司 謚曰譽肅 譽肅生金紫光祿大夫諱惟淸 謚曰文淑 文淑生門下平章諱詵 謚曰文懿 文懿生尙書左僕射諱宗梓 僕射生中書平章諱昷 謚曰文信 文信生奉翊大夫 諱文立 奉翊公娶樞副洪公諱縉之女 是生公 世以忠顯 珪組蟬聯 門望藹然 公生十五歲 擧中司馬試 實至元己丑也 元貞丙申 補都齋庫判官 屬籍內侍 大德己亥 換武資 以神虎衛別將 別差牽龍行首 庚子 拜左右衛將軍

고 귀양갔다. 충숙왕 5년 6월에 졸하니 시호를 良毅라 하였다.

壬寅 復文資 授朝顯大夫軍簿摠郎 賜金紫 俄改典理摠郎判司盈署事 至大戊申 又換武 拜左右衛大護軍 己酉出爲羅州牧使 皇慶壬子 徙知鐵原府 延祐甲寅 移知公州 秋復知鐵原府 尋免 丙辰 復官拜正尹 陞元尹 至治辛酉 省冗官隨例罷 泰定乙丑四月 起授通憲大夫知密直司事右常侍上護軍 至七月庚午 以疾卒 春秋五十一 公儀表甚偉 性直且愿 平生事佛 謹念佛經佛菩薩名號 日有常課 未嘗以他故蹔廢 處家嚴肅 人莫有敢犯 及其居官臨民 若處家然 大德癸卯 以世家子 隨王琠宿衛闕庭 號都魯花 而琠因太尉王久遭讒疊 有非覬心 至丁未春 事發 琠及黨與皆誅竄 而公獨以不附 拜大護軍 至治中 樂禍之徒 謀擾東社 卿士畏勢 從風而靡 公又不與焉 及下密直之命 人咸以擧淂其人 然拜官數月 病不能興 嗚嘑 豈非命也哉 公娶故僉議宰相宋公諱玢之女 早卒 後娶大護軍任公諱綏之女 封晉陽郡夫人 以是年八月甲申 葬于城東大德山之艮原 公無子 任夫人於予爲姨母 因嘗受恩 葬不可闕文 遂最績而銘之 銘曰 善積福厚 源深流長 魁然而偉 克傳芳兮 何任不久 厥施未光 何德不紹 祚不昌兮 孰尸此責 悠悠上蒼 濆筆臨窆 涕滂滂兮

8. 과거에 응시한 학생들에게 책문[192] 두 가지를 묻는다

태정병인[193]

묻는다. (생각건대) 하늘이 민(民)을 낳고 민은 상도(常道)를 굳게 지키니 천하의 이치는 하나일 뿐이다. 달리 도(道)를 구한다면 실로 이단이라고 할 수 있다. 지금 무릇 도로써 동방에서 사람을 가르치는 자가 이르기를 유(儒)는 외(外)가 되니 어찌 함께 버리지 않겠는가 하였다. 이 말이 한번 나오니 화답하는 자가 날로 많아 그 무리만 좇아서 믿을 뿐 아니라 스스로 유로써 이름하는 자에 이르기까지 좇아서 미혹되었다.

옛적에 진(秦)나라가 어리석은 백성을 법에 맡겼는데 먼저 유생을 없애고, 이른바 도(道)라고 하는 자들도 또한 우리[儒]를 공격하였다. 그러나 장차 내(內)가 되는 바만 배운다면 즉 강상(綱常)이 땅에 떨어지고 천하에는

---

192) 고려의 관인등용 제도인 科擧에서 실시되었던 策問 2가지를 말한다. 고려는 光宗 9년에 최초로 과거를 실시하였는데 여기에는 製述業에 詩・賦・頌・時務策을 시험하였고 그후 목종대에는 頌을 제외시키고 禮經이 포함되는 등 약간의 가감이 있었다. 策은 현종대에는 일시 출제에서 제외되었다가 예종대에 이르러 다시 출제되었으며, 인종대에는 論으로 대치되었다가 의종대에 다시 생겨나 이후 계속 유지되었다. 策은 시정의 득실을 열거하고 그 해결책을 제시하는 것으로써 정치적 경륜을 나타내는 실용적인 것이었다. 이 策問을 출제하는 것은 응시자의 답안을 정치 수행상 참조하려는 의도도 있었던 것이라 하겠다. 전기에는 時務策, 후기에는 策問이라 하였는데 이 양자는 모두 비슷한 것이지만 시무책은 문제에 제한을 두지 않는 시정개혁 상소문의 형식이고 책문은 문제에 따라 개혁안을 작성하는 것으로 약간의 차이가 있었다. 충숙왕 당시에는 과거의 初場 中場 終場의 3場 가운데 종장에서 책문을 시험하고 있어서 책문이 가장 중시되고 있었음을 알 수 있다.

193) 泰定丙寅 : 泰定은 원 진종의 연호이며, 병인년은 충숙왕 13년(1326)을 말한다. 이 해에는 權準, 朴瑗이 시취하여 崔元遇, 鄭誧, 李挺, 金臺卿, 李仁復, 李達衷 등이 급제하였다. 과거의 시행과 급제자에 대해서는 다음의 논문이 참고된다. 허흥식, 앞의 책, 2005 ; 朴龍雲, 「科試 設行과 製述科 及第者」, 『高麗時代 蔭敍制와 科擧制硏究』, 일지사, 1990.

백성이 없게 된다. 한자(韓子)가[194] 말하기를 군자는 행함에 있어서 우러러 하늘에 부끄러움이 없고 굽어 사람에 부끄러움이 없으며, 안으로는 마음에 부끄러움이 없다고 하였으니[195] 어찌 스스로 그 도를 훼손할 수 있겠는가. 사악함을 따라서 좇아 믿는 자는 진실로 말할 것까지도 없는데 혹하고 있는 자는 오직 무슨 마음에서 그러하겠는가. 뛰어난 식견이 한자(韓子)를 뛰어 넘겠는가. 아니면 도를 믿는 것이 돈독치 못하여 보는 것이 적은가는 아직 알 수 없다. 제군들은 책을 읽어서 강명함이 많으니, 다음날 주상께서 이 일을 물을 때 장차 어떻게 대답하겠는가? 그 답을 묻는다.

묻는다. 무릇 수기치인(修己治人)하여 집안(家)에서 나라로 나아가는 것은 유자의 학문이다. 맹자가 이르기를 "어려서는 배우고 자라서는 이를 행하고자 하는 것이다"[196]고 하였으니 장차 다스리는 데 먼저 힘쓸 것은 가까운 것으로부터 시작해야 한다. 제군들은 과거의 업에 모두 힘을 쏟는 것은 장차 대과에 응하려는 것이며 그 뜻은 또한 그 배운 바를 행하고자 하는 것이다. 뜻은 천하 국가에 있는데 어찌 한때의 이름을 취하여 일신의 영예만을 도모할 뿐이겠는가.

우리나라는 성원(聖元)이 천명(天命)에 응하여 나라를 세운 뒤로 먼저 왕사를 받들어 요나라 적을 평정하고, 결맹으로 인하여 해마다 평안했다. 지금까지 토적을 물리친 것이 백여 년이 되었다. 그러므로 과분한 은혜를 입어 원의 공주와 혼인한 왕이 또한 세 차례나 되었다.[197] (몽고는) 왕이

---

194) 韓愈(768~824)는 唐의 문인으로 당송 8대가의 하나로 꼽히며 古文의 대가이다. 산문의 문체개혁에 공적을 남겼고, 유가의 사상을 존중하고 도교 불교를 배격하였으며, 송대 이후 성리학의 선구적 인물이 되었다.

195) 韓愈의 글 중에 「與孟尙書書」라는 글에서 나오는 문구이다. 전문은 다음과 같다. '孔子云 丘之禱久矣 凡君子行己立身 自有法度 聖賢事業 具在方冊 可效可師 仰不愧天 俯不愧人 內不愧心'(『韓昌黎文集』 권18).

196) 『孟子』 梁惠王下, '夫人幼而學之 壯而欲行之'.

197) 충렬왕비 齊國大長公主 忽都魯揭里迷失, 충선왕비 薊國大長公主 寶塔實憐, 충숙왕비 濮國長公主 亦憐眞八剌 등 세 사람의 원 공주가 시집온 것을 말한다.

관료들을 직접 임명하고 나라 안의 풍속 모두가 그 옛 풍습을 바꾸지 않도록 함을 허락하였다. 천하의 여러 나라에서도 백성이 있고 사직이 있는 것은 오직 삼한 하나뿐이다. 또한 사방의 변방에 경계할 것이 없으니 사람은 늙어가고 전쟁은 그쳤으니 성덕이 광대하여 천지에 비길 데가 없다.

그러나 근년에는 토전이 모두 개간되었으나 국가에 들어오는 것은 없고 새로 태어나는 인구는 더욱 많아졌으나 백성은 안정된 거처는 없으며 창고에는 재산이 다하였고 관리의 봉급이 부족하였다. 선비들은 염치를 닦는 이가 적고 집집마다 겸병을 다툰다. 풍속은 뒤섞여 구별이 없고 사람들은 원한을 품고 있다. 비록 억울함이 있어도 풀어줄 곳이 없다. 이때에 비록 능력 있는 자로 하여금 힘써 하게 하여도 조석(朝夕)에 바로잡아질 수 없을 것이다. 그러니 누가 그 허물을 책임져야 하는가? 이러한 폐단을 끝내 구할 수 없단 말인가? 이를 구하는데 방법이 있다면 어찌하면 되겠는가?

지금 황급히 일어나서 이 폐단을 구제하고자 한다면 아마 육식을 비루하게 여긴다는 혐의를 받을 것이며, 만약 오랫동안 태연하게 좌시한다면 형수가 물에 빠졌는데도 (손으로 끌어올려) 구하지 않는 고지식함[198]과 같을 것이다. 이는 진실로 어진이의 마음이 아니다.

제군들은 바야흐로 경제에 뜻을 두었으니 두 가지 가운데 어떻게 처신할 것인지 그 뜻의 소재를 보여주기 바란다.

問學業諸生策二道 泰定丙寅

問 惟天生民 民有秉彝 天下之理 一而已矣 歧而求道 寔曰異端 今夫以

198)『孟子』離婁上에 나오는 내용이다(최채기 옮김,『국역 졸고천백』, 2006, 30~31쪽).

道 教人於東方者 謂儒爲外 盍共捨諸 斯言一出 和者日衆 不唯其徒趣信 至如自名以儒者 從而惑焉 昔秦任法愚民 先去儒生 道其所道者亦攻之爾 然而將學 其所以爲內者 則綱常墜地 天下無民矣 韓子謂君子行已 仰不媿天 俯不女鬼人 內不女鬼心 安淂自毁其道 以從於邪趣而信者 固不足言 從而惑焉者 獨何心哉 其有達識過於韓子乎 抑信道未篤 而見者小乎 未可知也 諸君讀書 多所講明 異日主上 諮及是事將如何對之 請問其說

問 夫修己治人 自家而國 儒者之學也 孟子曰 幼而學之 壯而欲行之也將責治效先 自近者始 諸君咸治擧業 將應大科 意者亦欲行其所學 而志在天下國家 安能竊取一時之名 以圖一已之榮而已哉 本國自聖元應天啓祚 首迎王師 剗[199]平遼賊 因結盟好歲 述土賊 于今 百有餘年 故淂恭荷 累朝聖奬 至蒙釐降 亦且三世矣 許王自署官僚 國中風俗 一切不革其舊 天下多方 有民有社者 唯一三韓 而又四邊無警 人老止戈 聖德廣大 天地莫喩 然而比年土田盡闢 而國無加入 生齒漸繁 而民無定居府竭其財 官不足俸 士罕修於廉恥 家爭效於兼并 俗歸混淆 人懷怨讟雖有其寃 伸之無處 以時觀之 雖使能者力爲之 似不可朝夕矯正也 然則任其咎者誰歟 其卒莫救之歟 救之有術 如何則可 今欲遽起而謀之恐處鄙其肉食之嫌 若久安然坐視 則同傁[200]溺不援之固 且非仁人之心 諸君方銳意於經濟者 二者之間 何以處之 願觀其志之所在

199) 원문에서 잘 판독이 되지 않는데, 여기서는 剗으로 보았다.

200) ‘傁’는 ‘嫂’자의 오자로 보인다.

9. 경씨(慶氏) 시권에 대한 후제

이 시권은 천동(天東)에서 일시에 명성을 얻은 경씨 아들의 작품이다. 경씨 문호(門戶)는 이미 대단하여 자식이 성동(成童)[201]이 되지 않아도 글을 읽을 수 있으므로 훗날에 큰 그릇이[202] 됨을 가히 알 수 있다. 제공(諸公)이 칭찬하는 것이 지나치지 않으니 (그 칭찬을 그대는) 또한 어찌 사양하겠는가.

그러나 사람에게는 장유의 분별이 있고 배움에는 선후의 순서가 있음을 오로지 알지 않으면 안 된다. 지금 자식이 이미 명예를 이루어 제공이 모두 성인을 대하듯 하고 있으니, 앞으로 그 아들이 장성하게 되면 더 이상 보탤 것이 없을 것이다.

오호라 옛날 사람들은 명성이 없음을 근심하지 않고, 너무 일찍 명성이 나는 것을 두려워하였으며, 누군들 시작이 없겠냐마는 끝맺음을 잘하는 사람은 드물다. 자식이 또 새벽에 닭이 우는 것처럼 힘써서 배우지 않은 것을 청하여 배우고, 익히지 않은 바를 익혀서 행동함에 이르러서는 생각하지 않는 것이 없어야만, 그런 연후에 바야흐로 자식이 제공의 칭찬을 저버리지 않았다고 할 수 있을 것이다. 대저 높은 관직[203]의 영예와 훌륭한 교육[204]을 받은 것처럼 그대 집안 대대로 전해진 보물[205]이 있으니 염려할 것이 없다. 이러한 뜻을 다시 부연하여 사(辭)를 지으니 더욱 힘쓰기 바란다.

---

201) 成童 : 8세 이상의 소년 혹은 15세 이상의 소년을 지칭한다. 『禮記』 內則, '成童舞象學射御'란 문구가 있다.

202) 『後漢書』 권40上, 班彪列傳, '崇簡其人 就成德器'에서 나오는 말로 덕과 재능을 가졌다는 뜻이다.

203) 軒冕 : 官爵이 존귀한 것, 귀한 官位, 高位高官을 가리키는 것이다.

204) 鍾鼎은 宋의 上猶人으로 자는 文昭이다. 鍾鼎이 范仲淹을 모방하여 조카 日新과 더불어 義莊을 만들고 書院을 건립해서 스승을 초빙하여 鄕族의 자제를 교육시켰다는 고사를 의미한다.

205) 靑氈 : 푸른 모직물로 전하여 집의 보물을 말한다.

나무의 번성은 심는데 있고 싹이 커야 많은 수확을 기대할 수 있듯이, 사람이 어려서 배우지 않으면 자라서 행실을 닦을 길 없어라. 거룩하고 지혜로운 분들 멀리 본받아, 너무 빨리 이루는 것을 경계하고, 내실을 다지는 것을 귀하게 여길 뿐이지 어찌 이름이 없음을 근심하리오.

오호라 경씨의 자식은 아직 어려서 오히려 젖내가 나는데도, 먹고 노는 것에는 관심이 없고 오직 학문에만 힘쓴다네. 좋은 평판이 사방에 알려지고 빛나는 재주는 날로 빼어났도다. 내가 일러 주건대 어릴 때 배운 것을 마땅히 반복하도록 하여라. 자신을 위한 배움이 있을 뿐이니, 빠뜨리기 쉬운 것은 때로 배우고 또 배워서 한밤중에도 생각해야 한다. 천작(天爵)은 이미 섰으니 인작(人爵)[206]은 그것을 따를 뿐이다. 오호라 경씨의 자식이여 이 말을 명심하도록 하여라.

慶氏詩卷後題

右卷 是天東一時名勝 爲慶氏子作也 慶氏門戶旣大 而子未成童 迺能讀書 可知異日 爲德器矣 諸公奬與 不是過當受之 亦何讓乎 然人有長幼之分 學有先後之序 獨不可不知也 今子已有成譽 諸公咸以成人期之 子及壯 將無以復加矣 於虖 古人不患無名 惟懼大早 孰不有始鮮能厥終 子且雞鳴孜孜 請所不請 習所不習 至於行無不究 然後方謂子無負諸公之奬 若夫軒冕之榮 鍾鼎之養 此迺家靑氈 不是慮也 復演是意爲之辭 以勉之曰 木榮在植 苗願望收 人不幼學 長無以修 聖智燭遠 嘗戒

206)『孟子』告者上에 나오는 말로, '天爵'은 자연히 세상 사람에게 존경을 받는, 날 때부터 갖추고 나온 덕을 말하며, '人爵'은 官位 또는 爵位를 일컫는다(최채기 옮김, 『국역 졸고천백』, 2006, 33쪽).

速成 但責有實 何患無名 猗歟慶子 口尙乳臭 不飽以嬉 惟學之懋 聲價四馳 才華日茂 吾語小學 爾宜反復 學在爲已 易失者時 習而又習 中夜以思 天爵旣立 人爵隨之 於虖慶子 念玆在玆

10. 고 사헌지평 김군 묘지명

우리나라 사람들은 성질이 매우 느슨하며 또 힘써 기(氣)를 기르지 않는다. 그래서 시세에 따라 입신하여 처자식을 배부르게 먹이고 따뜻하게 입히는 것을 도모한다.[207] 용렬한 사람은 그렇게 하는데 군자의 도리에는 괴리되는 것이다. 의리와 사리를 밝히고 출처를 살피는데 있어서도 다른 사람의 시비로 그 영욕을 생각하지 않는 자는 대개 없다. 하물며 쇠퇴한 말세에 이르러서는 선비가 정의도 없이 복을 따르고 화를 막으며, 들어 와서는 주인노릇하고 나가서는 종노릇을 한다. 이때 중용의 도리를 행하여 오직 다시 개연히 처신할 수 있게 된다면 청렴한 선비라 하지 않겠는가? 우계(愚溪) 김군(金君)이 이에 가까운 사람이다. 군은 근래의 이름난 학사(學士) 둔촌공(鈍村公)[208]의 막내아들이다. 처음에 태위왕(太尉王)[209]이 세자로 있을 때 둔촌은 (그의) 스승이 되었는데, 두 아들을 모두 (태위왕에게) 알현케 하였다. 왕은 특히 군을 사랑하여 대하는데 남다른 예가 있었다.

후에 왕위를 이어 받고 (군을) 감찰사(監察史)[210]에 발탁하였다가 전부시승(典符寺丞)으로 옮기게 했다. 그때 군이 (왕과) 가까운 신하이고 또한 현명하여 모두 크게 쓰일 것을 기약했는데, 마침 내수(內竪)의 간악함에 거슬리는 일로써 해도(海島)에 내쫓겼다.[211] 매년 곤궁하여 상황은 견디기

---

207) 飽煖은 飽食暖衣의 준말로 그 뜻은 배부르게 먹고 따뜻이 입히는 것으로, 傳하여 의식주에 전혀 어려움이 없음을 의미한다.

208) 鈍村公은 金晅을 가리킨다. 김훤은 『고려사』 권106, 김훤전 참조.

209) 太位王은 충선왕을 가리킨다(『고려사』 권34, 충숙왕 3년 3월조).

210) 충선왕대 직제개편으로 감찰어사를 감찰사로 고쳤다(『고려사』 권76, 백관1, 사헌부조).

211) 충선왕 때에 金開物은 典符寺丞으로 있었는데 그때 內府令 姜融이 金開物에게 무엇을 요구하다가 거절당하자 그를 구타하였다. 이에 金開物은 강융이 노비출신으로 사족을 모욕한다고 꾸짖으니 강융이 노해 그를 송가도에 귀양보내었다. 그후 그는 합주에 수령으로 임명되었으나 부임하지 않으니, 자연도에 다시 귀양갔

어려웠지만 군은 편안히[212] 달갑게 여기는 듯하였다.[213] 돌아와서는 가원에 물러나 거처하고 때때로 빈객이 있어 이르면 술을 내고 가야금을 타고 시를 지어 스스로 즐기고 다시는 명예와 벼슬자리를 생각하지 않았다. 이렇게 한 지가 거의 15년이다. 태정(泰定) 을축(乙丑)[214]에 이르러 지금 왕[215]이 중국으로부터 돌아와 대단히 분개하여 반정(反正)[216]하려는 뜻이 있어[217] 군에게 통직랑사헌지평(通直郎司憲持平)[218]을 수여하고 강제로 나오게 하여 몇 개월 동안 일을 보게 하였다. (이에) 사림이 숙청하기를 소망하였다. 마침 염객(炎客)이라는 자가[219] 중앙에 있으면서 권세를 마음대로 부려 우리나라의 선비를 무시하고 사헌부를 제멋대로 내쫓아 옥에 가두기에 이르렀다. 군이 궁중에서 맞서서 쟁론을 벌이니 말이 심히 격렬하

다(『고려사』 권106, 김훤 부 김개물전).

212) 夷然 : 편안한 모양을 가리킨다.

213) 甘心 : 마음으로 만족히 여기거나 달갑게 여기는 것을 말한다.

214) 泰定은 원 진종의 연호이며, 을축년은 충숙왕 12년(1325)이다.

215) 충숙왕을 말한다.

216) 反正 : 그릇된 일을 바로 잡는 것을 말한다.

217) 충숙왕이 이 해 5월에 원에서 귀국하여 10월에 개혁적인 조서를 내린 것을 말한다. 조서의 내용은 『고려사』 권35, 충숙왕 12년 10월조 참조.

218) 通直郎은 文散階로 종6품을 가리키고(『고려사』 권77, 백관2, 문산계조), 司憲持平은 충선왕이 復改하기를 殿中侍御史를 持平으로 고치고 정5품으로 승격시켰다는 기록이 나온다(『고려사』 권76, 백관1, 사헌부조).

219) 여기서 炎客이라는 것은 王三錫을 말한다. 炎은 방향으로 남쪽을 가리키는 것이므로 염객은 남쪽에서 온 손님을 의미한다. 왕삼석은 南蠻 사람이다. 충숙왕이 원에 있을 때에 왕삼석은 행신(幸臣)의 안내로 왕을 접견하여 드디어 왕의 근시가 되어 사헌부를 농단했다(『고려사』 권124, 왕삼석전). 당시 산원 張世가 소윤 林俊卿의 말을 강탈하였기에 사헌부에서 그것을 추궁하였다. 장세는 金開物의 집에 와서 검을 빼어 들고 자기 자신을 찌르면서 큰 소리로 부르짖으므로 사헌부에서 장세를 옥에 가두고 죄를 줄 것을 청하였다. 장세의 매부 王三錫이 궁중에서 이를 저지하려다가 뜻을 이루지 못하자 지팡이로 김개물을 때리고 또 제멋대로 장세를 석방시켜 주었다. 이에 김개물은 병을 핑계로 출근하지 않았다. 사람들이 그가 떠나는 것을 애석하게 여겼다(『고려사』 권106, 김훤 부 김개물전).

여 도리어 공격받는 바가 되었다. 드디어 병을 핑계하여 사직하여 나가지 않고 집에 거처하기를 처음과 같이 하였다. 이에 굴욕을 받은 자는 그 원통함을 풀 수가 없으니 군자는 마음속으로 그가 물러나는 것을 탄식했다.

작년 가을 뜻밖에 병환을 만나 약으로 치료하는 것을 잊고도 나았는데 지난 달에 질병이 다시 나서 하루만에 죽었다.

오호 슬프도다. 군의 성품과 자질이 강직하고 바르고 시와 글씨와 그림이 모두 가법(家法)이 있었으며 남과 더불어 사귀는데 믿음으로써 한결 같으니 오래 되어도 더욱 가볍게 대할 수가 없었다. 사람들은 군이 품은 뜻이 크고 높아서 능히 조금도 낮출 수 없어서 이에 이르렀다고 했다. (이는) 속세 사람들이 스스로 논한 것이고 군이 있는 자리에서 논한 바는 아니다.

대저 선비는 이 세상에 나서 (때를) 잘 만나는 사람도 있고 잘 만나지 못하는 경우도 있다. 잘 만나면 그 도를 행하여 널리 은혜를 베풀고, 잘 만나지 못하면 물러나 스스로 만족하며 그러할 뿐이다. 그런즉 잘 만나는 것과 잘 만나지 못하는 것은 다른 사람에게는 행・불행이지만 어찌 나에게는 손익이 있겠는가.

군의 자는 원구(元龜)이고 휘는 서정(瑞庭)인데 후에 고쳐서 개물(開物)이라고 하였다. 일찍이 진사과를 보았는데 등제하지 못하니 스스로 우계(愚溪)라고 하였다. 그 선대는 복주(福州) 의성현(義城縣)[220]인이고 할아버지의 휘는 굉(閎)이고 관직이 감찰어사(監察御史)[221]에 이르렀고 아버지는 둔촌공(鈍村公)으로 휘는 훤(晅)이며 관직은 정당문학(政堂文學)[222]에 이르렀으

220) 福州 의성현은 본래 소문국인데 신라가 취하여 경덕왕 때 문소군이라 하고 고려초에 의성부로 승격시켰다. 신종 2년에 강등하여 감무를 두었고 충렬왕 때 대구에 병합하고 이에 다시 복구하였다(『고려사』 권57, 지리2, 안동도호부조).

221) 사헌부의 직제로 문종 때에 감찰어사 10인을 두고 이들의 관계는 종6품이다(『고려사』 권76, 백관1, 사헌부조).

222) 정당문학은 문종 때 1인을 정하고 종2품으로 하고 충렬왕 때는 첨문학사로 고치고 16년에 다시 예전대로 했다(『고려사』 권76, 백관1).

며 어머니 이씨는 어사(御史) 휘 방순(方眴)의 딸이다.

군은 재취하여 1남 5녀를 낳았는데 아들 섬(銛)은 권지전교시교감(權知典校寺校勘)[223]이고 큰딸은 모관(某官) 모(某)에 시집갔고 차녀는 모(某)에 시집갔고 셋째도 모(某)에 시집갔으며 둘은 아직 어려서 시집가지 않았다.

군은 지원(至元) 계유(癸酉)[224] 10월 경술(庚戌)에 나서 태정(泰定) 정묘(丁卯)[225] 2월 무술(戊戌)에 죽어 이해 3월 임인(壬寅)에 모산(某山) 언덕에 장사지냈다.

군은 나를 속된 선비로 대우하지 않아 그 아들에게 나에게 와서 배우도록 명하였다. 이에 삼가 그를 위해 기명을 짓는다. 비명에 이르기를, 가능한 것은 학문이요 행실이며, 불가능한 것은 지위요 수명이다. 오직 군자는 연후에 가능한 것을 취하여 힘써 이루고 불가능한 것은 버리고 하늘에 맡기는 것이다. 오호 우계여 오히려 무엇이 마음에 차지 않는가?

故司憲持平金君墓誌銘

東方人性多慢 又不力學以養氣 故或圖隨世立身 飽煖妻孥 庸人是之 而有乖於君子之論 至如明義利 審出處 不以人之是非 爲其榮辱者 盖無之也 矧屬衰季 士無定議 順福逆禍 入主出奴之際 迺能中行 獨復介然自處 則不曰廉士哉 若愚溪金君 其近之矣 君近代名學士鈍村公季子也 初大尉王爲世子 鈍村爲傅 以其二子俱見 王特愛君 待之有殊禮

223) 典校寺는 경적축소를 맡아보는데 충선왕 때 강등하여 전교서라고 하고 예문관 예속하에 두었다. 그 직제 중에 교감 1인을 두었는데 정9품이고 또 권지교감은 12인을 두었다(『고려사』 권76, 백관1).

224) 至元은 원 세조의 연호이며, 계유년은 원종 14년(1273)이다.

225) 정묘년은 충숙왕 14년(1327)이다.

後嗣位 擢任監察史 轉典符寺丞 時以君舊臣且賢 咸期大用 適以事觸忤內竪之黠者 因貶海島 連年困躓 勢不克堪 而君夷然若甘心焉 及歸屛處家園 時有賓客至 則置酒鼓琴賦詩自娛 不復以名宦爲慮 如是者殆十五年 至泰定乙丑 今王回自都 慨然有意反正 授君通直郎司憲持平强起之 視事數月 士林有望肅淸焉 適有炎客居中弄權 蔑視東士 至擅放憲府 牢禁 君對辨於王門 語甚激烈 反爲所擊 遂移病不出 家居如初於是 受屈者不淂伸其寃 而君子竊嘆其去矣 去年秋 忽遇疾患 忘藥治之平 至前月疾復作 一日而卒 嗚呼哀哉 君性資剛正 詩與字畵俱有家法 與人交一以信 愈久而愈不可褻也 人以君抱志太高 不能小貶 迺至於此 是俗子自論 非所論於君也 夫士生斯世 有遇有不遇 遇則其道行蒙施博 不遇則其身退 自得者全然 則遇不遇 迺在於人之幸不幸爾 胡有損益於我哉 君字元龜 諱瑞庭 後改爲開物 嘗擧進士不第 自號愚溪其先福州義城縣人 祖諱閎官至監察御史 考則鈍村公 諱晅 官至政堂文學 妣李氏御史諱方响之女也 君再娶生一男五女 男銛權知典校寺校勘女適某官某 次適某 次適某 二幼未有歸 君生以至元癸酉十月庚戌 卒以太定丁卯二月戊戌 葬以是年三月壬寅 卜兆于某山之原 君不以俗士待我 而命其子 來學於余 故謹爲之銘 銘曰 可能者學也行也 不可能者位也年也 惟君子然後 取可能者 而力爲之 舍不可能者 而付之天也嗚呼 愚溪 尙何慊焉

11. 발선서

이 세 편지는 선대부(先大夫) 선생[226]과 주소감(周少監)이 주고받은 것이다.

원정(元貞) 대덕(大德) 연간에[227] 선생은 상주목의 통판(通判)[228]이었는데 읍인(邑人)이 관여하는 바가 적어 나로 하여금 일찍이 어린 서기[兒記]로 삼았다.

주(周)라는 성을 가진 노인 한 사람이 지팡이를 쥐고 왕래하니 선생이 특별히 공경하는 빛을 띠고 업신여기지 않으니 소감이 곧 이 사람이었다.

태정(泰定) 정묘(丁卯)[229] 8월에 객(客)[230]으로 상산(商山)[231]에 들렀다. 소감의 아들 신열(臣烈)이 이것을 쥐고 나에게 보여주었다. 내가 이것을 공경하게 읽었는데 이는 선생이 거임(去任)한 후의 글이었다. 그 글에 11월 23일은 대덕(大德)[232] 무술(戊戌)[233] 겨울을 말하는 것이고, 2월 13일은 명년 기해(己亥)[234] 봄을 말하는 것이며, 8월 27일은 대덕 5년 신축(辛丑)[235]

---

226) 崔瀣의 父인 崔伯倫을 가리킨다.

227) 元貞은 원 성종의 연호이며, 충렬왕 21년(1295)에서 충렬왕 23년(1297) 1월까지이다. 그리고 大德은 원 성종의 연호이며, 충렬왕 23년(1297) 2월에서 충렬왕 33년(1307)까지이다.

228) 『고려사』 권75, 선거3 및 『고려사』 권77, 百官2에 보면 '睿宗 11년에 大都護牧判官을 고쳐 通判이라 했다'고 되어 있다.

229) 泰定은 원 진종의 연호이며, 충숙왕 11년(1324)에서 충숙왕 15년(1328) 1월까지이다.

230) 여기서 客은 崔瀣를 가리키는 것이다.

231) 『고려사』 권57, 지리2에 '顯宗5년에 安東大都護府를 고쳐 尙州安撫使라고 하고 9년에는 牧이라 하여 8牧 중의 하나가 되었다. 別號로 上洛이라 하고 또는 商山이라 불렀다'라 기록되어 있다.

232) 大德은 원 성종의 연호이며, 충렬왕 23년(1297) 2월에서 충렬왕 33년(1307)까지이다.

233) 무술년은 충렬왕 24년(1298)이다.

234) 기해년은 충렬왕 25년(1299)이다.

235) 신축년은 충렬왕 27년(1301)이다.

가을을 말하는 것이다.

세월이 오래되어 양가자제가 다 기록되어 있지 않음을 염려하여 이에 삼가 기록하여 신열(臣烈)에게 주어 간직하게 하였다.

소감의 휘(諱)는 공재(公梓)로 자식이 다섯이었는데, 신열은 순서로 두 번째였으며 사람됨이 강개하고 아버지 같은 풍채가 있었다고 한다.

이달 27일에 장남 모(某)[236]가 여행 중에 머문 곳인 불로정(不勞亭)에서 글을 썼다.

跋先書

此書三紙 先大夫先生與周少監所往復也 元貞大德間 先生通判尙牧 邑人少所與許 予尙爲兒記 周老一人 扶杖往來 先生特有敬色而不褻 少監卽此人也 泰定丁卯八月 客過商山 少監之男臣烈 持此示予 予敬讀之 是先生去任後書也 其曰十一月卄三 則大德武戌冬也 曰二月十三日 明年己亥春也 曰八月卄七日 五年辛丑秋也 世久 恐兩家子弟俱不記 於是 敬識而付臣烈藏之 少監諱公梓 有五子 臣烈於行二 爲人慷慨 有父風云 是月卄七日 長男某書于旅次不勞亭

236) 長男 某는 崔瀣를 가리킨다. 최백륜의 長男인 崔瀣가 尙州에 객으로 들러 세 통의 편지에 대해 跋先書를 적은 것이다.

12. 선원사[237] 재승[238]기

대개 천지(天地)에 태어나서 혈기(血氣)가 있는 자는 모두 먹는 것을 바라며 삶을 유지하니, 비록 성현이라도 역시 보통 사람과 다르지 않다. 먹는 것은 본디 농사에서 나오지만 농사를 짓지 않고 먹는 자도 또한 각각 그 마음을 수고하여 힘써 서로 기르니 서로 미워하지 않는 것이다.

불법(佛法)이 중국(中國)에 행한 지가 이미 1264년[239]이다. 그 무리가 대개 사민(四民)보다 배가 되는데, 이르는 곳마다 사람들이 다투어 보시하기를 좋아하고 부르지 않아도 스스로 모이는 까닭으로 능히 무리를 지어 살고 편안히 먹는 것이다. 진실로 천하에 크게 음덕이 있지 않으면 누가 능히 이와 같이 하겠는가. 선원사(禪源寺)는 동방에 있는 제2총림(叢林)[240]인데 식지(食指)가 항상 수천, 수만 이하로 되지 않는다. 근래에 송파(松坡) 상군(相君)[241]이 150섬을 희사하여 영구히 상주보(常住寶)에 충당하였는

---

237) 禪源寺 : 선원사는 崔瑀가 고종 32년(1245)에 강화도에 세운 사찰이다. 재조대장경 판목을 보관하던 곳이다.

238) 齋僧 : 齋를 지내고 승려들에게 음식을 공양하는 것을 의미한다. 飯僧, 施僧이라고도 한다.

239) 중국 後漢 明帝 영평 8년(65)에 불교가 전해진 것으로 본 연수이다. 통설로는 그 2년 뒤에(67년) 전해진 것으로 본다.

240) 叢林은 승려들이 수행하는 곳을 이른다. 특히 선종의 사원을 가리키므로 禪林 또는 禪苑이라고도 한다. 많은 수행승들이 한곳에 머무는 것을 나무가 우거져 숲을 이루는 모양에 비유했다. 또는 승려들이 화합하여 한곳에 머무는 것이 수목처럼 고요하다고 비유하며, 일반적으로 禪僧이 좌선을 수행하는 도량을 가리킨다.

241) 松坡相君은 崔誠之(1265~1330)를 가리킨다. 최성지의 字는 純夫이며 이름은 阜, 瑠, 琇, 實, 誠之 등이다. 평장사 崔甫淳의 4세손이며 父 毗一은 贊成事를 역임하였다. 그는 어려서 등제하여 鷄林管記가 되었다가 史翰에 보하여 東宮의 요속이 되었다. 충선왕을 따라 원에 들어가 충선왕의 무종 옹립 후 그 공으로 知監察司事를 받고 귀국하였다. 충렬왕이 돌아가자 執義로 임명되었고 다시 同知密直司事 大司憲으로 옮기고 僉議評理로 전출하여 찬성사에 나아가 推誠亮節功臣號를 하사받고 光陽君에 봉해졌다. 충숙왕 7년(1320)에 원이 충선왕을 토번의 살사결에 유배하였

데, 해마다 그 이자를 늘려 셋으로 나누어 매양 7월 3일 죽은 부인(婦人) 변한부인(卞韓夫人) 김씨의 제삿날과 정월 1일 망자(亡子)인 헌부의랑(讞部議郞) 문진(文進)의 제삿날에 번번이 한 재를 올려 명복을 빌고 또 정월 19일 공의 생일 아침에 반승(飯僧)[242]하여 복을 베푼다. 나를 불러 글을 지어서 후대에 알림으로써 오래도록 (명망이) 떨어지지 않도록 하였다. 내가 생각하건대 불교는 망매하여(망망하고 흐려) 사람이 볼 수 없는 것이나 진실로 마음을 다하여 보시하면 아름다운 과보를 명명(冥冥)[243]한데서 얻게 되니 (그) 이치가 의심할 것이 없다. 송파(松坡)는 추성량절공신중대광광양군(推誠亮節功臣重大匡光陽君)이 스스로 지은 호이니, 이름은 성지이며 성은 최씨이다. 또한 일찍이 돌아가신 부모를 위하여 천화선사(天和禪寺)[244]를 수리하고 대도량을 지었으니, 그 근본을 갚고 멀어진 것을 추모하는데 있어서 힘을 다하지 않음이 없다. 만약 부처님의 말씀으로 본다면 이른바 재관(宰官)의 몸[245]으로 현신하여 몸소 보살도를 행한 것이다. 때는 치화(致和) 원년(元年)[246] 7월 초하룻날 아침이다.

는데 그가 도망하여 보이지 않으므로 당시 사람들이 '성지는 대신이면서 임금이 욕을 보아도 은혜를 잊고 몸을 생각하여 피신하니 군신의 의가 땅에 떨어졌도다.'라고 하였다. 충숙왕 11년(1324)에 물러나 광양군으로서 집에 있으며 청담 아소로 인간사를 묻지 않는 탈속적인 생활을 하였다. 충숙왕 17년(1331)에 66세로 졸하였고 시호는 文簡이며 성품이 강직하여 망언을 하지 않고 서법이 개정하고 시에 볼만한 것이 있으며, 특히 陰陽推步法에 조예가 있었으며, 충선왕의 명으로 授時曆術(원대의 역)을 배워 그 학문을 전했다(『고려사』 권108, 최성지전). 그에 대해서는 다음의 논문이 참고된다. 고혜령, 「원 간섭기 성리학 수용의 일 단면－崔文度를 중심으로－」, 『한국중세사연구』 18, 2005.

242) 飯僧 : 승려에게 공양을 제공하는 것을 말한다.

243) 冥冥 : 드러나지 않고 隱微한 모양을 말한다.

244) 天和禪寺 : 황해도 장단도호부의 天和寺인 듯하다(『新增東國輿地勝覽』 권12, 長湍都護府 古跡條).

245) 관세음보살의 화신을 가리킨다.

246) 致和는 원의 천순제 문종의 연호이며, 충숙왕 15년(1328)이다.

禪源寺齋僧記

夫命於天地 而有血氣者 皆仰食以爲生 雖聖賢且不異於人也 食固出於農 其不農而食者 又各勞其心 力交相養 而無相厲也 佛氏之法 行乎中國 已一千二百六十有四年矣 其徒盖倍於四民 而所至人爭好施 有不召而自集者 故能群居而暇食 苟非大有陰德於天下 疇克如是耶 禪源在東方爲第二叢林 食指常不下數千万 近者松坡相君 捨粇米壹佰伍拾苫 永充常住 歲滋其利分爲三 每以七月三日 亡嬪卞韓夫人金氏之忌 正月一日 亡子讞部議郎 文進之忌 輒修一齊[247] 以賁冥禧 又以正月十九日 爲公生朝飯僧資福 徵予爲文 以詔後來俾久勿墜 予惟佛敎芒乎昧乎 人所不睹 然苟以誠心樂施 其淂美報於冥冥 理無疑也 松坡推誠亮節功臣重大匡光陽君 自號也 名誠之 姓崔氏 亦嘗爲考妣葺天和禪寺 作大道場 其於報本追遠無有不盡 若以佛語 觀之 所謂現宰官身 行菩薩道矣 時致和 紀元七月朔旦

---

247) ‘齊’는『東文選』권68에는 ‘齋’로 되어 있다. ‘齋’가 타당하다.

13. 금강산을 유람하러 가는 승 선지를 보내는 서[248)]

심산궁곡(深山窮谷)은 사람의 자취가 드물기 때문에 본디 마땅히 진기한 물건이 이에 모이게 되는 것이다. 그러므로 장도릉(張道陵)[249)]에게 배웠던 자[250)]는 모산(某山)으로서 제 몇의 동천(洞天)[251)]이라고 하고 '이 모(某)는 진군(眞君)이 다스리는 곳이다'라고 한다. 이에 道를 흠모하여 세속을 싫어하고, 단련하고 수양하며 곡식을 먹지 않는 자들이 때때로 그 가운데 살면서 (세속을) 잊고 살고자 한다.

나는 비록 인정에 벗어나는 행동을 미워하지만 나와 저들이 다르므로 또한 심히 이들과 더불어 쟁론하지 않겠다. 하늘의 동쪽 끝의 바닷가에 산이 있는데 속세에서는 풍악산(楓岳山)이라 하며 승도(僧徒)들은 금강산이라고 한다. 그 설은 여러 본의 『화엄경』에 근본하였다고 하는데 서(書)에 '해동보살(海東菩薩)이 머물던 곳의 이름이 금강산이다'[252)]라는 문구가 있다는 것이다. 나는 일찍이 이 글을 읽지 않아서 그 산이 과연 이 산이었던가는 알 수 없다.

---

248) 이 글은 충숙왕 16년(1329)에 최해가 승려 禪智를 금강산으로 보내면서 지은 것이다.

249) 張道陵은 後漢 沛國의 사람으로 본명은 陵, 子房의 8世孫이다. 永平(後漢 明帝, 58~75) 중에 江州令에 임명되었으나 관을 버리고 洛陽의 北邙山에 은거하고, 章和(後漢 長帝~和帝, 87~88년) 중에 여러 번 불렀으나 나오지 아니하고 龍虎山에 遊하여 道術을 수련하여 이루고, 蜀에 들어가서 符水禁呪의 술법을 행하였다. 從學者로부터 사례로서 米 5斗를 징수하였기 때문에 그 道를 五斗米道라고도 부른다. 또 그 무리들이 道陵을 天師라고 칭한다. 후세의 소위 張天師는 그의 후예이다(『大漢和辭典』 권4).

250) 張道陵에게 배웠던 張天師는 張宗演이다. 그는 元의 사람으로 후한 장도릉의 36대손으로 대대로 信州 龍虎山에 居했다. 원의 세조가 강남을 평정하고 召致하여 容禮를 다하고 명하여 강남의 道敎를 주관케 하였다.

251) 洞天 : 神仙이 居하는 곳으로 16洞天, 36洞天이 있다.

252) 『화엄경』(80권) 권45, '諸菩薩住處品 第三十二'에 法起菩薩이 금강산에 머문다고 되어 있다.

근자에 보덕암(普德菴)[253] 중이 지었다는 「금강산기」를 가져와서 나에게 보여주는 자가 있어 이를 읽어보니 모두 도리에 어긋나는 터무니없는 설이고 하나도 믿을 만한 것이 없다. 그 가운데 '불금상 53신구[254]가 서역으로부터 바다에 떠서 한(漢) 평제(平帝) 원시(元始) 4년[255] 갑자(甲子)에 이 산에 이르니 그로 인해 절을 세웠다'고 하는 설이 있다.[256] 무릇 불법이 동으로 흘러온 것은 한 명제(明帝) 영평(永平) 8년[257] 을축(乙丑)을 그 시초로 하고, 우리나라에 전해진 것은 또한 양(梁) 무제(武帝) 대통(大通) 원년(元年)[258] 정미(丁未)가 시초이므로 (이는) 을축에서 401년의 오랜 기간이 뒤진다.[259] (따라서) 진실로 저 설을 믿는다면 중원에서도 조용하여 부처가 있는지도 모르던 62년 이전[260]에 우리나라 사람들이 이미 부처를 위하여

---

253) 普德菴은 강원도 회양군 내금강면 장연리 금강산에 있는 절, 곧 普德窟이다. 보덕굴은 진평왕 49년(627)에 보덕이 창건한 것이다. 의종 10년(1115) 懷正이 중창하였고, 중종 36년(1540)에 나라에서 중수하였다가 순조 8년(1808)에 율봉이 중수하였다. 표훈사에 딸린 암자이다.

254) 불금상 53신구 : 53불의 이름을 부르면 가는 곳마다 十方의 여러 부처님을 만날 수 있고 지극한 마음으로 예배하면 4重 5逆罪가 없어지고 깨끗이 된다고 한다. 우리나라에는 금강산 楡岾寺에 53불상이 봉안되어 있다. 이는 신라 남해왕 1년(4)에 인도에서 조성한 53불이 神龍에 의하여 월지국을 경유하여 안창현 포구에 도착한 것을 그 고을 군수 노춘이 이상하게 여겨 왕께 고하고 창건하였는데 중국의 백마사보다 60여 년 전이었다고 한다.

255) 元始는 한나라 평제의 연호이며, 원시 4년은 기원후 4년을 말한다.

256) 이때 세운 절은 楡岾寺일 것으로 추측된다.

257) 永平은 한나라 명제의 연호이다.

258) 大通은 중국 양 무제의 연호이며, 대통 원년은 법흥왕 14년(527)이다.

259) 본문의 최해의 설에 의하면 중국에 불법이 전해진 해는 65년(한 명제 영평 8년)이고 우리나라에 전해진 해는 527년(양 무제 대통 원년)이므로, 우리나라는 중국보다 462년이 뒤지게 된다. 그런데 최해는 401년이 지난 뒤라고 하고 있기 때문에 60년의 오차가 생긴다. 이는 아마 최해가 丁未의 해를 착각하여 467년으로 보고 계산하지 않았나 생각된다.

260) 중국에 불법이 유입된 것이 한 명제 영평 8년(65)이고, 53불이 우리나라에 들어온 것이 한 평제 원시 4년(4)이므로 61년이 된다.

사당(廟)을 세운 것이 되니, 그것은 심히 웃음거리가 될 만하다. 다른 것도 이와 같다. 그러나 비록 옛이야기를 듣고 공(空)을 배우는 사람은 이 산중에 들어가서 지행(志行)을 부지런히 힘써서 그 도를 증득(證得)한 자가 자주 있었다.

대개 처음에는 이 산이 인간의 경계와 거리가 수백 리나 떨어졌을 뿐만 아니라 암장(巖嶂)[261]이 벽립(壁立)[262]하여서 이르는 곳마다 전부 높고 깊은 낭떠러지와 험한 골짜기뿐이다. 암자 하나도 가히 몸을 의지할 만한 것이 없으며, 일석지(一席地)[263]도 채소를 심어 먹을 만한 것이 없다. 이곳에 살자면 감두(嵌竇)[264]에 몸을 감추거나, 나무 꼭대기에 보금자리를 짓고서, 조수(鳥獸)와 섞여서 살고 초목으로 굶주림을 채우는 자가 아니고서는 능히 하루라도 머물 수가 없다. 석씨(釋氏)의 법[265]은 그 도를 닦게 하려면 반드시 노고(勞苦)를 인내하는 것을 시험하여 그런 연후에 깨침이 있게 된다.

그러므로 사(師)[266]가 설산(雪山)[267]에서 6년의 고행(苦行)이[268] 있었던 것이다. 그렇다면 만약 이 법을 배우기 위하여 근수(勤修)[269]에 뜻이 있는 자는 산에 들어가지 않고서는 또한 아무것도 이룰 수가 없다. 요사이는 그렇지 아니하여 산중의 암자도 해마다 불어나 또한 백이나 된다.

---

261) 巖嶂 : 바위로 이루어진 봉우리로 아주 험한 산을 가리킨다.
262) 壁立 : 절벽같은 것이 벽 모양으로 서 있는 것을 말한다.
263) 一席地 : 극히 협소한 지역을 지칭한다.
264) 嵌竇 : 땅이나 바위를 깊이 판 곳을 가리킨다.
265) 釋氏의 법은 불교를 가리킨다.
266) 師는 釋迦牟尼를 가리킨다.
267) 雪山은 인도의 북쪽에 있는 큰 산인데 산꼭대기에 언제나 눈이 있으므로 이렇게 불렀다. 히말라야산의 옛 이름이다. 석가모니불이 과거세에 동자로 있으면서 설산에 들어가서 불도를 수행함을 말한다.
268) 6년의 苦行 : 석가가 출가한 뒤 성도하기까지 겪은 고행을 말한다.
269) 勤修 : 승려가 열심히 수행함을 말한다.

큰 절로는 보덕(報德),[270] 표훈(表訓),[271] 장안(長安)[272] 등이 있으며, 모두 관의 힘을 얻어서 운영하였다. 전각(殿閣)이 궁융(穹窿)[273]하고 산골짜기에 널리 분포하며 금벽(金碧)[274]이 휘황(輝煌)하여 사람의 눈을 현혹시킨다. 상주(常住)의 경비에 이르러서는 재물을 담당하는 창고가 있고 보물을 맡은 관이 있고 부곽양전(負郭良田)[275]이 주군(州郡)에 두루 미쳐있었다. 또 강릉・회양 2도의 일년 조세가 관에 바로 들어가야 하는데 모두 억지로 산으로 수송케하여, 비록 흉년이 들어도 조세 등의 일부분을 면제해주는 것이 없으며, 매양 사람들을 보내서 해마다 의복과 양식, 기름과 소금 등을 지출하게 하는데 반드시 빠짐이 없도록 하였다.

그 중은 대체로 종속되지 않아 역을 피하고 민도 요(徭)를 피하여 항상 수천만인이 편안히 앉아 저 먹을 것만을 기다리니, 한사람도 설산에서 수행하여 득도를 했다는 말을 들은 적이 없다. 더욱 심한 것은 사람을 광유(誑誘)[276]하여 말하기를 '한번 이 산을 보게 되면 죽어서도 악도(惡道)[277]에 떨어지지 않는다'고 하는 것이다.

그리하여 위로는 공경(公卿)으로부터 아래로는 사서(士庶)에 이르기까지

---

270) 報德寺 : 강원도 영월군 영오사리에 있는 절로 신라 때 의상이 창건한 절이다.

271) 表訓寺 : 강원도 회양군 내금강면 장연리 금강산에 있는 절이다. 신라 진평왕 20년(598) 백제의 관륵이 융운과 함께 창건하였는데 정양사라 이름하였다. 문무왕 15년(675) 신림, 표훈, 능인 등이 중수하여 신림사라 고쳤다가 3년 뒤 표훈사로 다시 고쳤다.

272) 長安寺 : 강원도 회양군 내금강면 장연리 금강산에 있는 절이다. 신라 진흥왕 12년(551)에 혜량이 창건하였고, 고려시기에 회정이 중창하였고(982) 조선시기에는 일청(1483), 윤사국(1671), 조만영(1842), 진허 윤담(1869) 등이 중수하였다.

273) 穹窿 : 활 모양으로 되어 가운데가 높은 모양을 말한다.

274) 金碧 : 노란・푸른빛, 고운 색채의 단청을 가리킨다.

275) 負郭良田 : 성곽을 등진 전지라는 뜻으로 성 근처의 비옥한 전지를 의미한다.

276) 誑誘 : 속여서 꾐을 일컫는다.

277) 惡道 : 현세에서 지은 악업의 과보로 받게 되는 고통의 세계 곧 地獄道, 餓鬼道, 畜生道, 修羅道 등이다.

처자를 거느리고 다투어 예를 올리니 (겨울철의) 심한 눈보라와 여름철에 장마로 길이 막히는 것을 제외하고는 산으로 가는 사람들이 길에 죽 늘어서서 끊어지지 않았다. 아울러 과부와 처녀가 따라와서 산중에 자고 가는 일도 있어서 추한 소문이 때때로 들리지만 사람들은 해괴하게 여기지 않았다.

혹은 근시(近侍)가 명령을 받들고 역말을 달려서 강향(降香)[278]하는 것이 해마다 끊이지 아니하니, 관리들은 그 세력이 두려워 분주하게 명을 기다리고, 공억(供億)[279]의 비용이 자칫하면 만으로써 헤아리게 되니, 산 근처에 사는 백성들이 이들을 접대하기에 시달린 나머지 화가 치밀어 욕하면서 말하기를 "이 산은 어찌하여 다른 고을에 있지 않을까"라고 하는 자까지도 있었다.

아 사람이 이 산을 사랑하는 것은 보살이 여기에 머문 때문이며, 보살을 공경하는 것은 능히 드러나지 않으면서 사람을 복되게 해주기 때문이다. 그러나 그 명명지복(冥冥之福)은 이미 알 길이 없으니 머리 깎은 자들이 자랑하여 이 산을 팔아서 자신의 배를 불리고 따뜻하게 입을 것만을 도모하여 백성이 그 해를 받게 되었으니 오히려 무슨 말을 하겠는가.

이런 까닭으로 나는 사대부로 산에 가는 자를 보면, 비록 힘껏 이를 말리지는 못하나, 마음속으로는 그윽이 이를 비천하게 여긴다.

지금 불자 선지대사(禪智大師)가 이 산으로 가게 되었기에, (그로) 인하여 내가 평소 가슴 속에 품고 있으면서 입 밖에 내어 말하지 못했던 것을 써서 그에게 준다. 대사는 이미 부처가 되었는데 어찌하여 (금강산) 입산이 어찌 이리 늦었는가. 산중에서 만약 사람을 만나거든, 나를 대신하여 말을 전해주길 바란다. 반드시 나의 말을 수긍하는 사람이 있을 것이다.

---

278) 降香 : 향을 내림을 일컫는다.

279) 供億 : 어려운 사람에게 물건을 주어 안심시키는 것을 가리킨다.

천력(天曆)[280] 기사(己巳) 삼월(三月) 갑신(甲申)에 쓰다.

送僧禪智遊金剛山序

深山窮谷 人迹罕淂至 固宜有異物 於玆萃焉 故爲張道陵之學者 以某山爲第幾洞天 是某眞君所治 於是 慕道厭世鍊養 而不粒食者 往往栖息其中 以忘反[281]焉 予雖惡其不近情也 以有我爾之殊 亦不甚與之辨也 極天之東 濱海有山 俗號楓岳 僧徒謂之金剛山 其說本諸華嚴之書 書有海東菩薩住處名金剛山之文 予未嘗讀是書 未知其果此山耶 近有以普德菴僧所撰金剛山記來示予者 就讀之 則皆不經誕說 無一足信者 於中云 佛金像五十三軀 自西域浮海 以漢平元始四年甲子 至山因而立寺 夫佛法東流 始於漢明永平八年乙丑 而行東國 又始梁武大通元年丁未 其後乙丑 有四百一年之久 苟信彼說 是中原廖廖未知有佛六十二年以前 東人已爲佛立廟 其寂可笑者 他如是也 雖然聞古學空之人 入此山中 勤勵志行 而證其道者 比比有之 盖始此山 距人境不啻數百里之遠 而岩嶂壁立 所至皆千万仞懸崖絶壑 無菴廬可以庇身 無一席之土可以蒔菜果而食 其居此 則非竄嵌竇巢樹顚 與鳥獸雜處 草木充飢者 不能一日留也 釋氏之法 使修其道 必試之忍勞耐苦 然後有淂焉 故其師有雪山六年之行 然則若學是法 有志勤修者 不入于山 亦無以有爲也 邇年不然 山中菴居歲增且百 其大寺 則有報德表訓長安等寺 皆淂官爲營葺 殿閣[282]穹窿 彌漫山谷 金碧輝煌 眩奪人目 至如常住經費 與財有

280) 天曆은 원 명종의 연호이며, 기사년은 충숙왕 16년(1329)이다.
281) '反'이 『東文選』 권84에는 '返'으로 되어 있다. '返'이 타당한 것으로 보인다.
282) '閤'이 『東文選』 권84에는 '閣'으로 되어 있다. '閣'이 타당하다.

庫 典寶有官 負郭良田 遍于州郡 又以江陵淮陽二道年租 入直于官 盡勒輸山 雖値凶荒 未見蠲減 每遣使人 歲支衣粮油鹽之具 必視無闕 其僧 大抵不隷逃其役 民避其徭 常有數千万人 安坐待哺 而未聞一人 有如雪山勤修而淂成道者 復有甚者 誑誘人云一覩是山 死不墮惡道 上自公卿 下至士庶 携妻挈子 爭往禮之 除氷雪沍寒夏潦滔溢 路爲之 阻 遊山之徒 絡繹於道 兼有寡婦處女 從而往者 信宿山中 醜聲時聞 人不知怪 或有近侍 函命馳驛降香歲時不絶 而官吏畏勢 奔走竢命 供 億之費 動以万計 山居民 困於應接 至有怒且詈曰 山胡不在他境者 噫 人之愛此山者 爲菩薩住此也 而敬菩薩者 爲能福人於冥冥也 其冥 冥之福 旣不可識 而髡首者衒 粥是山 自圖溫飽 而民受其害 尙何言哉 是故 予見士夫有遊山者 雖力不能止之 心竊鄙之 今佛者禪智師有是山 之行 因書予素畜胸中 而未吐者贈之 師旣爲浮屠 何入山之晩耶 山中 如有人 爲予謝之 當必有是吾言者矣 天曆己巳三月甲申

14. 대원고정동도진무고려광정대부검교점의평리 원공 묘지명

지순(至順) 원년(元年)[283] 윤칠월(閏七月) 병술에 정동도진무(征東都鎭撫) 원소신(元昭信)은 나이 50에 병으로 죽었다. 장차 9월 갑신에 장사를 지내려고 하는데 장례에는 지가 없을 수 없으니 아들과 사위 등이 부인의 명으로써 계림(雞林) 최모에게 글을 부탁하였다.

오호 동방고사에 벼슬이 이부(二府)에 오른 자의 장례에는 모두 명(銘)이 있는데 하물며 공은 행실이 단정하고 방정하며 우아하여 무리 중에 으뜸이니 모(某)가 감히 유묘(諛墓)[284]하여 글을 짓는 것을 승낙하지 않겠는가.

원씨는 옛 북원우족(北原右族)[285]으로서 휘가 극유(克猷)[286]라는 자가 있었는데 신성왕(神聖王)[287]을 도와 삼한을 평정하여 공신의 호를 얻고 관이 정의대부(正議大夫)에 이르렀으며 그 후에도 더욱 더 높아져서 대대로 영문(令聞)[288]이 있었다. 정의는 좌복야(左僕射)인 징연(徵演)을 낳고, 복야는 병부상서(兵部尙書) 영(穎)을 낳고, 상서는 합문지후(閤門祗候) 우경(禹卿)을 낳고, 합문은 검교소보(檢校少保) 덕(德)을 낳고, 소보는 감찰어사 심부(深夫)를 낳고, 어사는 상의봉어(尙衣奉御) 예(禮)를 낳고, 봉어는 좌사간(左司諫) 승윤(承胤)을 낳고, 사간은 증직인 좌복야 진(晉)을 낳고, 복야는

283) 至順 원년은 충혜왕 즉위년(1330)이다.

284) 諛墓 : 묘비와 誌銘을 지어 죽은 사람을 과분하게 칭찬하는 일을 말한다.

285) 北原 : 北原京을 가리키는 것으로 본래 고구려의 平原郡이다. 신라 문무왕은 北原小京을 두었고 고려 태조 때 지금의 原州로 고쳤다(『新增東國輿地勝覽』 권46, 원주목).

286) 『고려사』 권107, 元傅傳에 의하면 '九世克猷佐太祖 有功號三韓功臣 官至兵部令'으로 기록되어 있는 것으로 보아 元克猷는 元傅의 8대조이다.

287) 神聖王 : 고려 태조를 가리킨다.

288) 令聞 : 명예나 영예를 가리킨다.

첨의중찬(僉議中贊) 부(傅)를 낳고, 중찬은 동지밀직사사 경(卿)을 낳았는데 비로소 선명(宣命)을 받아 금부(金符)를 두르고 무략장군정동행중서성도진무(武略將軍征東行中書省都鎭撫)가 되었다. 무략공은 지첨의부(知僉議府) 홍공(洪公) 녹준(祿遵)의 딸에게 장가들었고 (그 아내는) 개령군부인(開寧郡夫人)으로 봉해졌다. 그가 바로 공의 어머니다.

공의 휘는 선지(善之)[289]이며 자라서 7세에 부임(父任)[290]으로써 서면도감판관(西面都監判官)이 되고 17세에 무직(武職)으로 바꾸어 산원(散員)이 되었다. 27세에 낭장(郎將)에 임명되고 28세에 섭좌우위호군(攝左右衛護軍)으로서 봉선대부(奉善大夫)가 되었다. 다음해 덕릉(德陵)[291]이 불러서 대도(大都)에 이르니 크게 후대하여 갑자기 중현대부 밀직사 우부대언 사복정 지삼사사(中顯大夫密直司右副代言司僕正知三司事)를 제수받고 또 부직(父職)도 이어 받아 소신교위정동도진무(昭信校尉征東都鎭撫)를 제수받았다. 이때 덕릉이 원에 들어가 성조(聖朝)를 모신 지 오래되어 그다지 고려로 돌아갈 마음이 없자 국인이 황황(遑遑)하여 나갈 바를 알지 못했다.

황경(皇慶) 계축(癸丑)[292]에 공이 지금의 정승 화평군(化平君)[293]과 더불어 조정에 고하여 덕릉을 받들고 나라로 돌아가고자 하였으나, 덕릉의 뜻을 거슬러 화평은 임조(臨洮)[294]에 유배되고[295] 공은 파면되어 돌아왔다.

---

289) 원선지는 『고려사』 권107, 元傅傳 附 善之傳에도 입전되어 있다. 본 묘지명의 기록들은 원선지의 열전에 기록되어 있는 내용과 유사하다.

290) 父陰은 고려시대의 음서를 말한다.

291) 德陵은 충선왕을 가리킨다.

292) 계축년은 충선왕 5년(1313)이다.

293) 化平君은 『고려사』 권104, 金周鼎傳 附 金深傳에 의하면 金深을 가리킨다. 그는 文肅 金周鼎의 외아들이다. 그는 '忠烈朝以禿魯花入元 爲郎將 又以弓箭陪如元 累遷密直副使 襲父万戶職 尋加同知'라고 기록되어 있다.

294) 臨洮 : 감숙성에 있는 현의 이름으로, 만리장성의 기점이다.

295) 『고려사』 권104, 金深傳에도 이에 관한 역사적 사실이 기록되어 있다.

연우(延祐) 갑인(甲寅)[296]에 관직이 강등되어 통직랑(通直郎)으로서 면주(沔州)[297]의 지주사로 나갔다가 얼마 안 있어 돌아왔다. 지치(至治) 신유(辛酉)[298]에 다시 선공시(繕工寺)의 판사에서 통헌대부(通憲大夫)를 제수받고 다시 대사헌이 되었다가, 전의시(典儀寺)의 판사로 옮겼다. 이해 덕릉이 서쪽으로 토번(吐蕃)에 귀양갔고[299] 상왕(上王)[300]이 입조하여 머무르자 동인(東人)이 분조(分曹)해서 유언(流言)[301]을 많이 하고 궤수(詭隨)[302]함이 있었으나, 공은 정도를 지키고 흔들리지 않으니 사대부들이 이를 옳게 여겼다.

태정(泰定) 갑자년(甲子年)[303]에 이르러 밀직(密直)에 들어가 부사가 되었고, 동지사사(同知司事)로 옮겨져서 겨우 1년만에 그만 두고 광정대부검교첨의평리상호군(匡靖大夫檢校僉議評理上護軍)이 되었다. 집에 있은 지 6년 만에 죽었다. 공은 두루 능통함이 많고 일을 처리할 때는 신중하고 꼼꼼해서 밝히지 않은 것이 없었다. 거문고와 바둑도 그 시대에 뛰어났다. 일찍이 의술로써 가히 사람을 이롭게 하려고 널리 좋은 재료를 사서 법제에 따라서 적절히 조제하니 약을 구하는 자가 날마다 문앞에 이르렀다. (이들을) 대하면서 싫은 기색을 보이지 않으니 사람들이 회복된다는 것을 믿었다.

부인은 언양군부인(彦陽郡夫人) 김씨인데, 국상(國相) 문신공(文愼公)

---

296) 갑인년은 충숙왕 1년(1314)이다.

297) 沔州 : 충청도 당진이다.

298) 신유년은 충숙왕 8년(1321)이다.

299) 『고려사』 권35, 충숙왕 7년 12월조에 의하면 '황제의 명에 의해 토번 살사결 지방으로 귀양갔다'고 기록하고 있다. 『고려사』 권35, 충숙왕 8년 7월과 11월에 각각 충선왕은 '최유엄 · 권부 · 허유전 · 조간 · 배정 · 이진 · 김거 등에게 토번에 잘 도착하였다는 편지를 보내었다'고 기록되어 있다.

300) 上王은 충숙왕이다.

301) 流言은 근거없는 소문을 의미한다.

302) 詭隨은 시비를 가리지 않고 남을 따름, 곧 맹종함을 의미한다.

303) 갑자년은 충숙왕 11년(1324)이다.

휘 변(賆)의 딸이다. 자식을 낳았는데 아들 구수(龜壽)는 복두점녹사(幞頭店錄事)이며, 송수(松壽)는 아직 어리고, 큰딸은 신호위장군(神虎衛將軍) 유보발(柳寶鉢)에게 시집갔고, 차녀는 제위보판관(濟危寶判官) 안정(安靖)에게 시집갔다. 명(銘)은 다음과 같다. '오호, 착한 일을 하는 자는 복을 받고 어진 자는 장수를 누려야 하거늘, 어찌하여 복을 받아야 할 사람이 받지 못하고 장수해야 할 사람이 오래 살지 못하는가? 저 푸른 하늘이여, 어찌 나의 뜻을 저버린단 말인가. 앞에서 굽혔으면 뒤에서 펴지는 법, 하늘이 끝내 인색하지 않고 사람이 함부로 받는 일은 없으리니, 그대 자손에게 고하여 선인의 사업을 지키도록 하여라'.[304) 대원 지순 원년(충혜왕 즉위년, 1330년) 9월에 전 통직랑도관직랑 송한이 글씨를 쓰다.

大元故征東都鎭撫高麗匡請[305)]大夫檢校僉議評理元公墓誌銘

至順元年閏七月丙戌 征東都鎭撫元昭信 年五十以病卒 將以九月甲申葬 葬不可無誌 子壻等 以夫人之命 索文於雞林崔某 嗚呼 東方故事位登二府者 葬皆淂銘 矧公行實端方 雅爲衆允 某敢以諛墓 爲辭而不諾耶 元氏故爲北原右族 有諱克猷者 佐神聖王定三韓 號功臣 官至正議大夫 厥後益大 代有令聞 正議生左僕射諱徵演 僕射生兵部尚書諱頴尚書生閤門祗候諱禹卿 閤門生檢校少保諱德 少保生監察御史諱深夫御史生尙衣奉御諱禮 奉御生左司諫諱承胤 司諫生贈左僕射諱瑨 僕射

304) 최채기 옮김, 『국역 졸고천백』, 2006, 47쪽 참고.

305) 金龍善 편, 『高麗墓誌銘集成』, 한림대학교 아시아문화연구소, 1993, 468쪽에는 '請'이 '靖'으로 되어 있다. '靖'이 타당하다.

生僉議中贊諱傳 中贊生同知密直司事諱卿 始受宣命帶金符 爲武略將軍征東行中書省都鎭撫 武畧公娶知僉議府洪公祿遵之女 封開寧郡夫人 是爲公考妣也 公諱善之 生七歲以父任 爲西面都監判官 十七換武職爲散員 卄七拜郞將 卄八攝左右衛護軍帶奉善大夫 明年 德陵召至大都 大見眷遇蹤拜中顯大夫密直司右副代言司僕正知三司事 又襲父職宣授昭信校尉征東都鎭撫 是時 德陵入侍聖朝久 殊無東歸意 國人遑遑罔知所出 皇慶癸丑 公與今政丞化平君 告朝廷欲奉德陵就國 忤德陵旨化平有臨洮之行 而公罷歸 延祐甲寅 貶官以通直郞出知沔州 未幾還至治辛酉 起判繕工寺拜通憲大夫 尋改大司憲 移判典儀寺 是年 德陵西往吐蕃 而上王入朝見留 東人分曹流言多有詭隨 而公守正不撓 士論是之 及泰定甲子 入密直爲副使 遷同知司事 纔一年罷 爲匡靖大夫檢校僉議評理上護軍 家居六年而歿 公通多能 處事徐詳 無不辨者 琴與棊妙絶一時 嘗以醫可利人 廣市良材 依法修合 丐藥者 日踵門 待之無惰容 人多賴以活者 娶彦陽郡夫人金氏 故國相文愼公諱賆之女 生子 男龜壽爲幞頭店錄事 松壽尙幼 女適神虎衛郞將柳寶鉢 次適濟危寶判官安靖 系曰[306] 嗚呼 爲善者福而仁者壽 孰以宜福而不厚 宜壽而不久耶 彼蒼者天 此其何負吾意 屈於前者伸其後 天不終靳 人無妄受 告而子孫 惟先人之業是守

大元至順元年庚午九月 日前通直郞都官直郞宋翰書

306) '系曰'은 명을 시작하는 구절이다. 명의 내용은 생략되어 있으나, 金龍善 편, 위의 책, 470쪽에 소개된 것을 보충하였다.

15. 김문정공 묘지

공의 휘(諱)는 태현(台鉉)이며[307] 자(字)는 불기(不器)이다.[308] 김씨는 본디 광주(光州)의 망족(望族)으로 국초이래로 이미 입사(入仕)하여 대대로 인물이 끊이지 않고 있다. 증조부(曾祖父) 신호위중랑장(神虎衛中郎將)[309]은 휘가 광세(光世)로 상서좌복야(尙書左僕射)[310]에 추증되었고, 조부(祖父) 금오위대장군(金吾衛大將軍)[311]은 휘가 경(鏡)[312]으로 문하평장사(門下平章事)[313]에 추증되었으며, 부(父) 감찰어사(監察御史)는 휘가 수(須)로

---

307) 원문은 두자가 결락되어 있다. 『고려사』 권110, 김태현전을 참고하면 '台鉉'임을 알 수 있다.

308) 『고려사』 권110, 김태현전 참조.

309) 神虎衛는 태조 2년에 설치된 六衛 가운데 하나이며 神虎衛中郎將은 정5품의 벼슬이다(『고려사』 권77, 백관2, 서반조).

310) 尙書省은 태조 때 泰封의 관제를 모방하여 廣評省 → 御事都省(성종 1년) → 尙書都省(성종 14년) → 尙書省(공민왕 5년 : 三司혁파) → 三司(공민왕 11년 : 尙書省 혁파)로 명칭이 변천하였으며, 그 역할은 백관을 총관하는 것이다. 尙書左僕射는 정2품이다(『고려사』 권76, 백관1).

311) 金吾衛는 태조 2년에 설치된 六衛 가운데 하나이며, 金吾衛大將軍은 종3품이다(『고려사』 권77, 백관2).

312) 金台鉉(1261~1330)의 조부 金鏡은 이름이 金鏡亮으로, 父 金須는 이름이 金須元으로 표기된 경우도 있다(『牧隱文稿』 권17, 「松堂先生金公墓誌銘」, '司空佑太祖有功 其裔孫諱匡瑞中郎將 中郎將生諱偉三司使 三司使生諱鏡亮大將軍 大將軍生監察御史 諱須元'). 또한 증조부 이상의 先系가 조금 다르게 나타나고 있다. 그러나 이색이 찬술한 松堂先生의 묘지명은 김태현의 三男 光載의 묘지명으로 시기적으로는 최해가 찬술한 김태현의 묘지명보다 후대의 것이니 신빙성은 최해의 것이 더 높다고 할 수 있다. 한편 정몽주가 찬술한 김태현의 차녀 곧 朴允文의 妻인 「海陽郡大夫人金氏墓誌銘」, 『圃隱集』 속권1에도 '大將軍鏡亮 於夫人 爲曾祖'라고 표기되어 있다.

313) 門下府는 百揆의 庶務를 관장. 郎舍는 諫諍과 封駁을 관장. 그 명칭은 內議省(국초) → 內史門下省(성종 1년) → 中書門下省(문종 15년) → 僉議府(충렬왕 1년, 상서성과 합쳐짐) → 中書門下省(공민왕 5년, 상서성은 따로 세워짐) → 都僉議府(공민왕 11년) → 門下府(공민왕 18년)으로 변천, 門下平章事는 정2품이다(『고려사』 권76, 백관1).

문하시중(門下侍中)[314]에 누증되었다.

시중(侍中)은 일찍이 충헌왕(忠憲王)[315] 을묘년(乙卯年)[316]에 진사과(進士科)에 급제하였다. 성품과 외모는 뛰어나고 아름다웠으며 담략도 남들보다 컸다. 중앙과 외직에 종사할 때는 청렴하여 칭찬을 받았다.

지원(至元) 기사년(己巳年)[317]에 어사(御史)에서 영광군(靈光郡)의 지군사(知郡事)[318]로 나아갔다. 다음해에 삼별초가 반란하여 강화도의 사람과 재물을 약탈하고 배로 남하하니 그 뜻은 먼저 탐라를 점거하는 데에 있었다. 본국에서는 장군 고여림(高汝霖)[319]을 보내어 삼별초를 추격하여 토벌하게 하였다. 또 첩(牒)을 전라도에 내려서 평소 사람들이 믿고 따르는 자를 정관(正官)으로 뽑아서 군사들을 이끌고 함께 나아가게 하니 시중도 당연히 선발되어 집안만을 지키고 있을 수는 없었다. 마침내 초군(抄軍)을 이끌고 급히 탐라에서 여림을 만나니 (삼별초는) 오히려 진도를 지키고 (탐라에는)

---

314) 門下侍中은 종1품으로, 門下侍中(성종) → 僉議中贊(충렬왕 1년 : 좌우 각1인) → 都僉議侍中(충렬왕 24년 : 충선왕) → 中贊 → 政丞(충렬왕 34 : 충선왕) → 中贊(충숙왕 17년, 충혜왕 복위) → 政丞(좌.우) → 侍中(공민왕 3년) → 政丞(좌.우) → 門下侍中.守侍中(공민왕 5년) → 僉議政丞(공민왕 11년 : 좌.우) → 僉議侍中(공민왕 12년 : 좌.우) → 門下侍中(공민왕 18년 : 좌.우) → 侍中.守侍中(신창)으로 바뀌었다.

315) 忠憲王은 고종을 가리킨다.

316) 을묘년은 고종 42년(1255)이다.

317) 至元은 원 세조의 연호이며, 을사년은 원종 10년(1269)이다.

318) 『新增東國輿地勝覽』 권36, 靈光郡 名宦條에 '金須以知郡 從將軍高汝霖 討三別抄 先登沒陳不還'라고 되어 있다. 그러나 김수 및 고여림은 『고려사』에 입전되어 있지는 않고 다만 '삼별초 진압과정'에 관련되어 「세가」 및 「열전」에 부분적으로 기록되어 있다. 『고려사』 세가에서는 삼별초 진압시 김수의 관직명은 靈光副使로 기재되어 있어 다소 차이가 난다. 또한 지역명도 「열전」 및 『고려사절요』에는 靈巖으로 기재되어 있으나 『新增東國輿地勝覽』 권35, 靈巖郡의 名宦에는 나타나지 않는 것으로 보아 '靈光'이 더 타당한 것으로 생각된다.

319) 『고려사』에서 고여림의 행적은 단편적으로 보인다. 그는 임연이 김준을 죽일 때 야별초 지유로서 김준을 적극적으로 지키지 않았고, 후에 삼별초의 난 때 제주도를 사수하다가 전사한 인물로 그리고 있다.

이르지 않았다. 이에 (토벌군은) 주야로 보를 쌓고 책을 설치하여 (탐라로) 오는 길을 막아 (삼별초로) 하여금 들어올 수 없게 하여 (탐라를) 지킬 것을 도모하였다. 그러나 (탐라의) 토착민들은 '쥐가 의심이 많아서 머리를 내놓고 관망하는' 자세로 힘을 다하지 않으니 적(삼별초)이 다른 길을 경유하여 탐라에 이르러도 깨닫지 못하였다.

시중은 평소 대의(大義)로써 사졸들을 독려하니, 많은 사람들이 매우 감격하여 힘쓰는 바가 있었는데, "용감히 싸우자"하고 다투어 나아가서 적을 죽였다. (적의) 선봉이 거의 다 죽었으나 토착민들이 적을 도와주어 중과부적이었다. 마침내 고장군(高將軍)과 함께 죽어서 진에 돌아오지 못하니 사람들이 이를 원통히 여기는 것이 지금까지 이르고 있다.

공은 나이 10세에 고아가 되었다. 대부인(大夫人)[320]은 고(故) 예빈경(禮賓卿)[321] 고공(高公) 정(挺)[322]의 딸이다. 영광에서 고아를 데리고 돌아와서 공을 가르치니 법도가 있어 공은 자기를 굽히고 의지를 꺾으며 책을 읽었다. 겨우 14세에 숙부(叔父)인 고(故) 재상 문숙공(文肅公)[323]을 좇아 공부를 하게 되었는데 문숙공이 그의 사(詞)·부(賦)를 보고 기이하게 여겨 말하기를, "우리 집안을 크게 일으킬 사람은 너로구나! 우리 형은 죽지 않았구나" 라고 하였다. 15세 때 한번만에 사마시(司馬試)에 합격하니 과연 (문숙공의) 생각이 적중하였다. 다음해[324]에 또 예위(禮闈)[325]에 나아가 진사과에

---

320) 大夫人은 남의 어머니에 대한 존칭으로, 김태현(1261~1330)의 母를 가리킨다.

321) 禮賓卿은 禮賓寺 소속의 종3품 벼슬이다(『고려사』 권76, 백관1).

322) 『牧隱文藁』 권17, 「松堂先生金公墓誌銘」을 보면 挺은 夢卿으로 표기되어 있다. 高公挺에서 公은 존칭어로 김태현의 外祖이자 김수의 妻父名은 高挺이다.

323) 文肅公은 金周鼎(?~1290)을 가리킨다(『고려사』 권110, 김태현전, '叔父 金周鼎見詞賦'). 김주정은 光州人이며, 음직으로 관직에 진출하였다. 그는 몽고 침입에 잘 조치하여 칭송을 받아 순문사 韓統의 천거로 權知都兵馬錄事에 임명되었다. 원종 5년(1264)에 등제한 뒤 海陽府錄事에 보임된 후 大府卿 左司諫大夫, 吏部侍郎이 되었다(『고려사』 권104, 김주정전).

324) 다음해는 충렬왕 2년(1276)이다.

급제하였다.

정축년(丁丑年)[326]에 녹원사(錄苑事)가 된 뒤에 바로 강음[327]목감(江陰牧監)이 되었다가 얼마 안 되어 녹첨사부사(錄詹事府事)가 되었다. 경진년(庚辰年)[328] 여름에 전시(殿試)에 합격하여 좌우위참군 겸 직문한서(左右衛叅軍兼直文翰署)에 제수되었다가 이로부터 7년 동안 무릇 세 번이나 옮기어 관이 7품에 이르렀다.

무자년(戊子年)[329]에 밀직당후관(密直堂後官)을 거쳐 권지통례문지후(權知通禮門祗候)로 있다가 얼마 후에 우정언 지제고(右正言知制誥)에 제수되었다. 우사간(右司諫)을 역임하여 은비(銀緋)를 입다가 감찰시사(監察侍史)로 옮겨 금자(金紫)를 하사받았다. 다시 기거랑(起居郎)에 옮겼다가 기거주(起居注)를 거쳐서 첨의사인(僉議舍人)에 임명되었고 또 전법총랑(典法摠郎)으로 바꾸어 관계(官階)는 조현대부(朝顯大夫)가 되었다.

대덕(大德) 무술년(戊戌年)[330] 봄에 덕릉(德陵)이 내양(內讓)하여 왕위를 잇자[331] 공은 그의 잘못으로써 면직되었다. 가을에 덕릉은 궐정(闕庭)에 입시하고 충렬왕이 복위하니 다시 판도총랑(版圖摠郎)이 되었다.[332] 또 다시 전중윤(殿中尹)으로 옮기었다가 여러 번 승진하여 밀직 우승지 판사재

325) 예부에서 주관한 과거를 가리킨다.

326) 정축년은 충렬왕 3년(1277)이다.

327) 江陰縣은 본래 고구려 屈押縣이고 신라 경덕왕 때 고쳐서 송악군의 영현이 되었고, 현종 9년(1018) 개성현 속현이 되었다. 인종 21년에 감무를 두었다.

328) 경진년은 충렬왕 6년(1280)이다.

329) 무자년은 충렬왕 14년(1288)이다.

330) 大德은 원 성종의 연호이며, 무술년은 충렬왕 24년(1298)이다.

331) 충선왕이 즉위한 것을 말한다.

332) 충선왕이 충렬왕 24년에 즉위하자 김태현은 면직되었다. 그 이유에 대해서는 알 수 없다. 그 해 충렬왕이 다시 복위되자 충선왕에 의해 배제되었던 宋玢, 韓希愈, 김태현, 金富允, 鄭仁卿 등이 다시 기용되고 있다. 이에 대해서는 다음이 참고된다. 이익주,『고려・원관계의 구조와 고려후기 정치체제』, 서울대학교 박사학위논문, 1996, 122쪽.

시 문한시독 사관수찬 지제고 지군부감찰사(密直右承旨判司宰寺文翰侍讀史館修撰知制誥知軍簿監察司)에 이르렀으며 조봉(朝奉)·중렬(中列) 두 대부가 더해졌다. 경자년(庚子年)에[333] 봉익대부 밀직부사 겸 감찰대부(奉翊大夫密直副使兼監察大夫)에 임명되었다.

신축년(辛丑年)[334]에 왕명을 받들어 천수성절(天壽聖節)[335]을 축하하러 원에 들어가 상도(上都)에 이르렀는데, 마침 성종이 삭방[336]에 행행(幸行)하고, 유수성(留守省)[337]이 칙명(勅命)을 내려 "제로(諸路)의 사신들은 군사적인 긴요한 사항을 제외하고는 모두 (상도에) 머물도록 하라"고 하였다. 공은 성에 이르러 말하기를, "하국(下國)이 대국을 섬긴 이래로 우리 조정에서는 해마다 천수성절의 축하를 일찍이 빠진 적이 없었는데 지금 상도에 머물러 나아가지 못한다면 실로 심히 황공하옵니다"라고 하니 마침내 허락하였다. 상도를 떠나 북쪽으로 11개의 역참(驛站)을 지나서 행재소(行在所)에 이르니 (마침) 성절일에 도착하게 되었다. 포(袍)와 홀(笏)을 모두 갖추고 의례로써 절을 하며 축하하였다. 이에 원 황제가 궁궐에 장막을 치고 연회를 베풀어 멀리에서 온 것에 대해 특별히 음식을 하사하고 문정공을 총애하였다.

이때에 거가(車駕)가 친히 정벌하여 적을 물리치니[338] 공이 먼저 이 기쁜 소식을 받들고 돌아오니 모두 기뻐하였다. 동지지사사(同知知司事)에 옮겼다가 문한승지(文翰承旨)를 겸하였다. 또 왕명(王命)을 받들어 승무랑 정동행중서성좌우사낭중(承務郎征東行中書省左右司郎中)에 제수되었다

333) 경자년은 충렬왕 26년(1300)이다.
334) 신축년은 충렬왕 27년(1301)이다.
335) 원의 천자의 생일을 가리킨다.
336) 『고려사』 권110, 김태현전에는 '甘肅'으로 되어 있다.
337) 『고려사』 권110, 김태현전에는 '中書省'으로 되어 있다.
338) 원의 成宗이 오고타이칸국을 복속시킨 사건이다(田村實造, 『中國征服王朝の研究(中)』, 中西印刷株式會社, 1971).

가 밀직사사(密直司使)로 옮겨 대보문(大寶文)을 겸하고 광정대부(匡靖大夫)로 옮겼다. 을사년(乙巳年)에[339] 첨의부(僉議府)에 들어가 지사사(知司使)가 되었다. 병오년(丙午年)에[340] 또 천수절(天壽節)을 축하하러 갔다가 돌아왔다. 이때 충렬왕이 천자를 배알하면서 상도에 있었다.[341]

무술년(戊戌年)[342] (충렬왕) 복위 이후부터 나라의 사람들이 분조하여 부자(충렬왕과 충선왕)의 정이 통하지 않게 되었다. 문정공이 그 사이를 오고가며 오로지 공정하게 하니 사람들이 다른 말을 하지 못하였다.

정미년(丁未年)[343] 봄에 이르러 덕릉이 인종(仁宗)을 받들어 내란을 평정하니 공(功)이 천하에 높았다. 본국의 신하 가운데 왕에게 두 마음을 품은 자는 모두 제거되니 위로는 이부(二府)로부터 아래로는 서료(庶僚)에 이르기까지 혹은 주살되고 혹은 유배되어 거의 다 혁파되고 또 없어졌으나 유독 공(公)만은 남아 지밀직사(知密直司)에 복직되었다. 여름에 밀직(密直)을 그만두고 자의찬성사(咨議贊成事)가 되었다.

지대(至大) 무신년(戊申年)[344]에 충렬왕이 승하하고 덕릉이 즉위하자 대신들을 각 도(道)에 나누어 보내어서 민호(民戶)를 점검하고 청적(靑籍)을 만들고자 하였다.[345] 문정공을 양광(楊廣)・수길도(水吉道)의 계점사 행수

---

339) 을사년은 충렬왕 31년(1305)이다.

340) 병오년은 충렬왕 32년(1306)이다.

341) 원 성종이 병으로 정무를 돌볼 수 없어 卜魯罕 황후와 재상 哈剌哈孫이 원의 정권을 장악하고 있었고, 이 상황에서 충렬왕이 다시 왕권을 회복할 수 있었다(충렬왕은 복위된 이후에도 항상 성종과 충선왕의 견제를 받고 있었다). 이에 원에서 충렬왕에게 친조를 요구함에 충렬왕은 원으로 들어갔다. 이때 충렬왕의 친조는 충렬왕 29년에 충렬왕이 충선왕을 배제하기 위하여 직접 친조를 요청했으나 원에서 이를 즉각 거절했던 상황과는 상당히 반전된 모습이라 할 수 있다(이익주, 앞의 논문, 130~131쪽).

342) 무술년은 충렬왕 24년(1298)이다.

343) 정미년은 충렬왕 33년(1307)이다.

344) 至大는 원 무종의 연호이며, 戊申年은 충선왕 복위년(1308)이다.

345) 원간섭기 국왕들의 田制정비를 위한 노력의 결과물이 충숙왕 원년에 마련된

주목사(計點使行水州牧使)로 삼았다. 제도(諸道)가 첨의사로 첩보하면 이어 조칙과 계획을 이어 받는데 첨의사는 헤아려서 바로 잡아주는 바도 없이 글을 돌려보내고 매번 말하기를, "마땅히 양광·수길 한 도에서 체(體)를 정하여 시행하는데에 의거하라" 하였다. 그런 까닭에 (諸道는) 모두 관리를 (양광·수길도에) 보내어 그 법을 취해갔다.

기유년(己酉年)[346] 여름에 판삼사사(判三司事)에 다시 임명되어 2년간을 지내다가 삼사(三司)를 그만두고 대광상의찬성사(大匡商議贊成事)가 되었다. 신해년(辛亥年)[347]에 또 상의(商議)를 깎이고 관직은 예(例)에 따라 파면되었다. 이로부터 한가롭게 지낸 지 10년인 신유년(辛酉年)[348]에 다시 첨의평리(僉議評理)가 되었다가 뒤에 판삼사사가 되니 관계는 중대광(重大匡)이었다.

연우(延祐) 말년에 덕릉은 토번으로 귀양을 가고 지치(至治) 초년(初年)[349]에 상왕[충선왕]은 입조(入朝)하여 머물러 있으니 국내에서는 당론이 일어났다. 이때에 총재는 왕이 있는 곳으로 따라 갔으므로 문정공이 이부(二府)에서는 우두머리에 있었으나 아래에 있는 자가 도리어 국권을 쥐고 (공과) 더불어 한 마음이 되지 않은 까닭으로 정사에 모두 틈이 생겼다.[350] 그러나 끝내 나라를 그르치는 데까지 이르지 않은 것은 문정공이 있었기

甲寅柱案이다. 갑인주안의 형성은 특히 충선왕대에도 많이 이루어졌는데 그는 복원 원년에 전국적인 양전을 실시하여 古制의 회복을 통해 국가재정 용도를 위한 수조지의 확보를 우선하였다. 甲寅柱案에 대해서는 다음이 참고된다. 朴京安, 『高麗後期 土地制度硏究』, 혜안, 1996.

346) 기유년은 충선왕 후원년(1309)이다.

347) 신해년은 충선왕 후3년(1311)이다.

348) 신유년은 충숙왕 8년(1321)이다.

349) 至治는 원 영종의 연호이며, 지치 초년은 충선왕이 토번에서 돌아온 충숙왕 8년을 말한다.

350) 이 시기에도 입성책동이 일어나 국내외적으로 많은 분열이 일어났다. 당시 여원관계에 관한 최근의 성과로는 다음의 논문이 참고된다. 이명미, 『고려-몽골 관계와 고려국왕 위상의 변화』, 서울대학교 국사학과 박사논문, 2012.

때문이었다.

태정(泰定) 갑자년(甲子年)[351]에 상왕이 다시 정사를 돌봄에[352] 고쳐진 것이 많아 공을 파직코자 하니 왕(충숙왕)이 말하기를 "이 노인은 시종 다른 뜻을 품은 적이 없으니 마땅히 파직할 수 없다"고 하였으나 집정 가운데 찬성하는 사람이 없어 마침내 파직되었다. 다음해 충숙왕이 귀국하니[353] 첨의정승(僉議政丞)으로 치사하였다. 이해 대부인(大夫人)의 연세가 100세인지라 늠세(廩歲) 30석을 내렸다.

정묘년(丁卯年)[354]에 다시 관호를 고치니 (공은) 삼중대광 첨의중찬 수문관대제학감 춘추관사 상호군 판전리사사(三重大匡僉議重讚修文館大提學監春秋館事上護軍判典理司事)로 치사(致仕)하였다.[355] 이때 대부인이 102세로 돌아가시니 특별히 변한국대부인(卞韓國大夫人)을 특증(特贈)하였다.

지순(至順) 경오년(庚午年)[356] 봄에 국왕(충혜왕)이 사봉(嗣封)의 명을 받으니 (元의) 조정에서 객성사(客省使) 칠십견(七十堅)을 보내어 금인(金印)을 거두고 공으로 하여금 행성의 일을 관장케 하였다.[357] 공은 그 명을

---

351) 갑자년은 충숙왕 11년(1324)이다.

352) 충선왕을 말한다. 이때 충선왕은 귀양지인 토번에서 돌아와 원에 머물고 있었지만 다음 해에 사망하였다.

353) 충숙왕은 충선왕이 충숙왕 5년에 토번에 유배되고 난 이후 친정의지를 가지고 국정개혁을 단행하고자 했다. 그러나 이때 심왕세력이 대두하여 고려왕위를 둘러싼 대결이 벌어지게 되어 충숙왕 8년 4월에 충숙왕도 원에 소환되어 국왕인을 빼앗긴 채 억류당했다. 심왕옹립운동 곧 입성책동은 이 시기에 가장 치열하게 전개되었는데, 원의 정세와 고려의 격렬한 반대로 이루어지지 못하였다. 이후 충선왕이 충숙왕 10년에 유배에서 풀려나게 되고 충숙왕도 충숙왕 12년 11월에 국왕인을 돌려받고 왕위를 회복하고 고려로 돌아올 수 있었다.

354) 정묘년은 충숙왕 14년(1327)이다.

355) 충숙왕은 시종 관료에 대한 공신 책봉을 자주했는데, 충숙왕 14년에는 일등 26명, 이등 79명에 달하는 많은 사람들이 공신에 책봉되었다(『고려사』 권35, 충숙왕 14년 11월조). 이때 공신책봉은 충숙왕이 친정체제를 강화하고 난 뒤 불과 3년 만에 시종 신료들이 재추직을 대다수 차지할 정도로 빠르게 성장하였다.

356) 경오년은 충숙왕 17년(1330)이다.

거듭 거절하다가 (끝내) 일을 맡으니 조사(朝使)가 2월 2일에 돌아가 29일에 도착하였다. 이때 재상이 순마소(巡軍所)에 모여 전왕(충숙왕)의 명으로 공을 불러 (순군소에) 도착하니 승상인(丞相印)을 거두었다.[358]

쫓겨나는 명을 받고[359] 집으로 돌아와 몇 개월을 소일(消日)하다가 4월에 가족을 데리고 동쪽으로 금강산에 유람하였는데 대개 혐의를 피하고자 함이었다. 5월에 왕사(王使)가 상도에서 도착하여 승상(丞相)의 인(印)을 마음대로 거두어들인 재상을 문책하여 그 좌우사관(左右司官)을 파직하고 모두 월봉(月俸)을 중단하였다. 왕명을 받은 관리 한사람을 산에 이르러 명을 전하게 하니 공은 역마(驛馬)를 타고 개성으로 돌아와서 다시 성의 일을 맡으니 좋아하지 않았다. 7월 병색이 있어 약으로 다스렸으나 효험을 보지 못하고, 10월 6일 계축(癸丑)에 집에서 돌아가시니 향년 70세였다.

공의 성품은 본디 청렴(淸廉)·공평하며, 의표가 단정하고 모범적이어서 언행이 예법(禮法)에 어긋나지 않아 사람들이 이를 존경하니 이에 (누구도)

---

357) 『고려사』 권36, 충혜왕 즉위년 2월조, '丁未 帝御圭章閣 授王國人 王命丞相致仕 金台鉉 權征東行省事'.

358) 충혜왕의 즉위를 가리킨다. 충숙왕은 친정 이후 개혁의 의지를 보였지만 그것이 잘 이루어지지 않게 되었다. 이에 충숙왕은 15년이 되던 해인 1328년 무렵부터 정치에 대한 의지가 상당히 약화되고 이것은 원에서 사신을 보내와 충숙왕에게 심왕문제에 대해 직접 신문하기에 이르게 되었다. 이것이 원에서 충혜왕을 즉위하게 된 계기가 된 것이다. 이는 다음의 논문이 참고된다. 金光哲, 「고려 충혜왕의 왕위계승」, 『부산사학』 28, 부산사학회, 1995 ; 金炯秀, 「忠肅王 後 8年(1338) 監察司 榜과 忠惠王의 復位」, 『한국중세사연구』 11, 한국중세사학회, 2001.

359) 당시 상황에 대해서는 『고려사』 권110, 김태현전에 잘 나타나 있다. 충숙왕은 김태현에게 세자(충혜왕)에게 양위할 것을 전하였다. 원에서 사신을 보내 국왕인을 회수하고 김태현에게 행성의 직무를 대리하라고 하였다. 원 사신이 돌아가자 재상이 충숙왕의 명령으로써 김태현을 불러다가 행성의 인을 빼앗은 다음 김태현 등을 가두고 정방길에게 행성의 직무를 대리하게 하였다. 그러나 이때 충숙왕의 충혜왕으로의 전위는 실제 평화롭게 이루어진 것은 아니라고 본다. 김태현이 충숙왕의 측근인 정방길에 의해 감금된 사실이 그것을 보여준 것이라 할 수 있다.

감히 함부로 대할 수 없었다. 또 기세를 한 번 접하면 또 온화하고 화목하여 그가 함께 있음을 알지 못했다. 대부인(大夫人)을 효로써 섬기고, 부인에게는 예로써 대하였다. 자손을 양육함에는 절도가 있었고 친척과는 매우 화목하여 무언(無言)으로 교화하였으며 사람과 더불어 사귈 때도 함부로 하지 않아 원수를 만들지 않았다.

이부(二府)에 재직한 뒤 물러나 한거(閑居)할 때도 빈객의 왕래는 변함이 없었고 평생 특별한 사건 없이 지냈다. (집에 거처할 때) 반드시 아침 일찍 일어나 밤늦게 잠자리에 들었고 대낮에는 자리에 눕지 않고 더워도 웃저고리를 벗지 않았다. 비록 발을 (내려친) 누각에 거처할 때도 옷매무시를 단정히 하여 정좌하고 조용할 따름이었다. 무릇 어린 나이에 내시(內侍)에 들어가 감창시(監倉寺)에 명을 받아 번다한 일도 능숙하게 처결하니 일을 오래 본 자도 가히 미칠 수가 없었다. 대간(臺諫)에 참석하여 진술할 때도 모두 원대한 일들을 진언하였다. 나아가 충청도, 경상도를 안찰(按察)하고 동계(東界)의 옥송(獄訟)을 안집(安集)함에 공평하게 하였다. (그는) 이익을 흥하게 하고 해악을 제거하는 것을 즐겨함으로써 당시에 이미 경세제민(經世濟民)하는 인물로 기대하였다.

세 분의 왕을 역대로 섬기면서 나아가고 물러남에 예로써 행하고 일찍이 조그마한 실수도 없었다. 역대의 전례(典例)와 고사(故事)를 말하는 것이 명백하여 마치 어제 일처럼 하니 매번 나라에 큰 의혹이 생기면 나아가 물어서 이를 바로 잡았다.

그가 저술한 사(詞)와 교(敎)는 요체를 이루었고 시(詩)는 맑고 고와서 가히 즐길 만하였다. 또 동인(東人)의 글을 모아 『동국문감(東國文鑑)』이라 하니 『문선(文選)』과 『문수(文粹)』에 필적할 만하였다.[360] 스스로 호를 쾌헌(快軒)이라 하고 만년에는 또 호를 설암(雪庵)이라 하였다. 일찍이

---

360) 『文選』은 梁의 昭明太子, 『文粹』는 宋의 姚鉉이 편찬한 책이다.

성균시(成均試)를 주관하여 이천(李蒨) 등 70인을 선발하였고[361] 예부에 나아가 박리(朴理) 등 30여 인을 얻으니,[362] 일시에 선비가 많이 선발되었다고 들었다.

공은 좌우위낭장(左右衛郎將) 김의(金儀)의 딸과 혼인하였으나 일찍 죽었고, 다시 신호위낭장(神護衛郎將) 왕단(王旦)의 딸과 혼인하였는데 (이 부인은) 개성군대부인(開城君大夫人)에 봉해졌다. (부인은) 성품이 어질고 집안을 잘 이끌어 공을 힘들게 하지는 않았다. 세 자녀가 모두 등과(登科)하니 국름(國廩)을 해마다 20석씩 받았다. 공은 아들 넷과 딸 둘을 두었는데 선부인이 아들 하나를 낳았고, 나머지는 모두 후부인(後夫人)이 낳았다.

광식(光軾)은 갑오과(甲午科)에 등과(登科)하여 관직이 총부의랑(摠部議郎)에 이르렀으나 일찍 죽어서 자식이 없다. 광철(光轍)은 을사과(乙巳科)에 등과하여 지금 군부총랑 진현직제학(軍簿摠郎進賢直提學)이 되었다. 광재(光載)는 계축과(癸丑科)에 등과하여 지금 도관정랑(都官正郎)이고, 광로(光輅)는 정사과(丁巳科)에 등과하여 결혼하지 않고 일찍 죽어 관직이 가안부녹사(嘉安府錄事)에 그쳤다. 첫딸은 전교령예문직제학(典敎令藝文直提學) 안목(安牧)에게 시집가서 익양군부인(翼陽郡夫人)에 봉해졌고, 둘째 딸은 예문공봉(禮文供奉) 박윤문(朴允文)에게 시집갔다. 손자는 둘이 있었는데 첫째는 모직(某職)의 별장(別將)이고, 다음은 이름을 모른다.

국왕이 어려서부터 평소 공의 명망을 듣고 즉위 초에 성권(省權)의 직임을 맡겨 다시 재상으로 기용할 뜻이 있었다. (왕이) 취국(取國)함에 미쳐 공이 이미 병들어 있었다. (그가) 죽었다는 소식을 듣고 이를 애석하게 여겨 조부(弔賻)를 후하게 내리고 시호를 문정(文正)으로 하였다. 다시 유사에게 명하여 11월 18일 갑신에 옛 덕수현 동쪽의 수풀 많은 동산에

361) 『고려사』 권74, 선거지2, 國子試, 충렬왕 25년(1299) 9월조.
362) 『고려사』 권73, 선거지1, 選場, 충렬왕 29년(1303) 6월조.

장사 지내게 했다. 두 아들이 유명(遺命)을 받들어 문인(門人) 최모(崔某)에게 그 묘지명을 부탁하니 최모는 공을 섬긴 지 30년인지라 항상 닮지 못함을 송구하게 여기고 지혜로 대함에 (모자람이 있어) 부담이 있는데 불후의 덕을 찬양함에 이르니 마땅히 능히 사양해야 하나 공의 치적에 사양할 수가 없어 삼가 백배 읍하고 그 명문을 짓는다.

명에 이르기를

오호라 문정공은 진실로 나라의 원로이시다
지금 홀연히 세상을 저버리니 어디에 (중대사를) 물으리오
산과 들보가 무너지고 철인이 병드니[363] 사(賜)[364]만이 홀로 공자를 감동시킨 것은 아니로다.

金文正公墓誌

公諱□□[365] 字不器 金氏本光之望族 自國初 已入仕 代不絶人 大王父

---

363) 이 문장은 『禮記』 檀弓 上에 나오는 문구를 축약한 것이다. 전문을 소개하면 다음과 같다. '孔子騷作 負手曳杖 消搖於門 歌曰 泰山其頹乎 梁木其壞乎 哲人其萎乎 旣歌而入 當戶而坐 子貢聞之曰 泰山其頹 則吾將安仰 梁木其壞 哲人其萎 則吾將安放 夫子殆將病也 遂趨而入'.

364) 賜는 子貢을 가리킨다. 자공은 춘추전국시기의 위나라 사람으로 姓은 端木이고 名은 賜이고 字는 子貢이다. 공자의 제자로 口才가 있어 모든 일을 잘 처리하였다. 또 貨殖를 잘하여 累千金을 이루었다고 한다. 諸侯에 초빙되어 가는 곳마다 존경을 받았고 후에 齊에서 죽었다. 그가 찬한 『子貢詩傳』이 있다. 자공의 시의 수준에 대해서는 『論語』 學而 第一에 보이는 다음의 구절이 주목된다. '子貢曰 詩云如切如磋 如琢如磨 其斯之謂與 子曰賜也 始可與言詩已矣 告諸往而知來者'.

365) 金龍善 편, 앞의 책에 수록된 자료로 보아 '台鉉'임을 알 수 있다.

神虎衛中郎將 諱光世 贈尙書左僕射 王父金吾衛大將軍 諱鏡 贈門下平章事 父監察御史 諱須 累贈門下侍中 侍中嘗於忠憲王乙卯歲 登進士第 質貌偉麗 膽略過人 從事中外 以廉能稱 至元己巳 自御史出知靈光郡 明年三別抄叛掠江都人物 舟而南下 志在先據耽羅 本國遣將軍高汝霖追討 又牒下全羅道 選正官 雅爲人所信服者 領軍偕進 侍中當其選 不宿家 遂行抄軍 亟會汝霖于耽羅 則賊猶保珍島未至 於是晝夜築堡設械 謀斷來道 使無淂入而守 土者首鼠不爲力 賊由他道至不覺侍中素以大義勵士卒 人多感激 有百其勇奮呼 爭登殺賊 先鋒殆盡 然而土人資敵 衆寡不侔[366] 竟與高將軍 歿陣不還 人寃之至今 公年十歲而孤 大夫人故禮賓卿高公諱挺之女也 自靈光挈孤以歸 敎之有法度而公能折節讀書 甫十四 從叔父故相文肅公 學擧業 文肅見其詞賦 奇之曰 大吾門者汝乎 吾兄爲不亡矣 十五一擧司馬試 果中魁 明年又赴禮闈第進士 丁丑錄苑事後直江陰牧監 俄錄詹事府事 庚辰夏 中殿試除左右衛叅軍 兼直文翰署 自此七年 凡三更 官至七品 戊子由密直堂後官 權知通禮門祗候 尋除右正言知制誥 歷右司諫服銀緋 遷監察侍史賜金紫 改起居郎 由起居注 拜僉議舍人 改典法摠郎 階朝顯大夫 大德戊戌春 德陵受內讓嗣王位 以公過免 秋德陵入侍闕庭 忠烈王復位 起爲版圖摠郎 轉殿中尹 累遷至密直右承旨 判司宰寺 文翰侍讀史館修撰知制誥 知軍簿監察司 加朝奉中列二大夫 庚子拜奉翊大夫 密直副使兼監察大夫 辛丑奉王命 入賀天壽聖節 行至上都 適成宗幸朔方 留守省 奉勅 諸路使臣 除軍情閑緊一切停住 公詣省云 下國自事大來 朝賀年節 未嘗有闕 今留不進 實深恐懼 遂淂許 北去上都 過一十[367]一站

---

366) ‘侔’가 金龍善 편, 위의 책에는 ‘侯’로 되어 있다. ‘侯’가 타당하다.
367) ‘十’이 金龍善 편, 위의 책에는 ‘年’으로 되어 있다. ‘年’이 타당하다.

達行在 値聖節 具袍笏 拜賀如儀 起宴帳殿 上以遠至 特賜御食 以寵之時車駕親征却敵 公先奉喜音而回 所至皆慶 遷同知知司事 帶文翰承旨又欽受宣命 授承務郞 征東行中書省左右司郎中 遷密直司使 帶大寶文轉匡靖大夫 乙巳入僉議 爲知司事 丙午 又入賀天壽節而回 是時忠烈朝覲在都 自戊戌復位之後 國人分曹 至使父子之情 有所不通 公周旋其間 一以公正 人無異言 及丁未春 德陵奉仁宗 掃淸內難 功高天下而本國之臣 有懷貳于王者 皆去之 上自二府 下逮庶僚 或誅或流 釐革且盡 獨留公 復知密直司 夏罷密直 爲咨議贊成事 至大戊申 忠烈上昇德陵卽位 分遣大臣諸道 計點民居[368] 欲成靑籍 以公爲楊廣水吉道計點使 行水州牧使 諸道牒報僉議司 承受條畫 僉議無所定擬回文 每曰當依楊廣水吉一道 定體施行 故皆遣僚佐來取法焉 己酉夏 復命判三司事 居二年 罷三司 爲大匡商議贊成事 辛亥又刪商議 官隨例罷 自是閑居者十年 辛酉 起爲僉議評理 尋判三司 階重大匡 延祐末 德陵有吐蕃之行 至治初 上王入朝見留 國中黨論起 時冢宰從于王所 而公首居二府 在下者反執國權 不與一心 故事皆杆格 然終不至誤國者由有公也泰定甲子 上王淂復政 多所更改 而欲罷公 王曰 此老終始無他 不宜去執政罔有贊者 卒見罷 明年 王歸國 以僉議政丞 致仕 是年 大夫人年百歲 賜廩歲三十碩 丁卯 更革官号 就以三重大匡僉議中贊修文館大提學監春秋館事上護軍判典理司事 仍致仕 及是太夫人卒 年百二歲 特贈卞韓國大夫人 至順庚午春 國王受嗣封之命 朝廷遣客省使七十堅來 取金印 而命公權行省事 公重違其命 且起署事 朝使以二月二日而回 至卄九日 時宰會坐巡軍所 以前王命召公 至則收丞相印于省府 出令听命

---

368) 『고려사』 권110, 김태현전에는 '民居'가 '民戶'로 되어 있다. '民戶'가 타당하다고 본다.

歸家數月 別無行遣 四月 挈家東游金剛山 蓋避嫌也 五月 王使至自都 責時宰以擅收丞相印事 而罷其左右司官 皆停月俸 遣宣使一人 到山傳命 公乘驛還京 復署省事 非其好也 七月 氣疾作 藥治不效 至十月六日 癸丑 卒于家 享年七十 公性資廉平 儀表秀整 言語擧止動循禮法 人望之 若不可犯 及乎 一接聲氣 又溫然而和 莫知其有也 其事大夫人孝 待夫人以禮 教養子孫有方 親媦克睦不言而化 與人無妄交 亦無與爲仇 怨者 其居二府 至罷閑居 賓客往來 不爲之增減也 平生無事 必夙興夜寐 晝不偃臥 署不袒裸 雖處簾閣 整襟危坐 肅肅如也 方其年少入內侍 奉命監倉寺 務繁愈辨 老事者 以爲不可及 至叅臺諫所陳 皆遠謀 其出 按忠淸慶尙二道 安集東界獄訟歸于平 興除利害 若嗜欲然 當時已以經濟期之 歷事三王 進退由禮 未嘗有絲毫之失 言歷代典故 班班如昨日 事 每國有大疑 就訪而是正焉 其所著述詞教得体 詩淸豔可愛 又手集 東人之文 號東國文鑑 以擬配選粹 自號快軒 晩年又號雪庵 嘗主成均 試 得李蒨等七十人 闢禮闈 得朴理等三十餘人 一時聞士多入選中 公 娶左右衛郎將金仅之女 早逝 又娶神虎衛郎將王旦之女 封開城郡大夫 人 賢而能家 不以有無溷于公 以三子 皆登科 食國廩歲二十石 公子男 四人女二人 先夫人生一男 餘皆後夫人生也 光軾登甲午科 官至摠部議 郎 先卒無子 光轍登乙巳科 今爲軍簿摠郎 進賢直提學 光載登癸丑科 今爲都官正郎 光輅登丁巳科 未娶而夭 官止嘉安府錄事 女適典校令藝 文直提學安牧 封翼陽郡夫人 次適藝文供奉朴允文 孫男二人 曰某職爲 別將 次未名 國王自幼素聞重名 在初受封 即以省權任之 蓋有復相意 及就國 公已病 聞其卒 爲之不懌 吊賻加厚 贈諡曰文正 更命有司 用十 月八日甲申[369] 葬于古德水縣東 多草之原 二孤 以遺命屬門人崔某銘

---

369) '十月八日'이 金龍善, 앞의 책에는 '十一月十八日'로 되어 있다. '十一月十八日'이

其墓 某事公近三十年 常懼無似 有負知待 至如譔德垂之不朽 宜讓能者 然公之治命 不可辭也 謹百拜泣 而銘之 銘曰 嗚呼 文正 實國元龜 今而忽喪 于何質疑 山頹梁毁 哲人其萎 匪獨賜也 有感宣尼

타당한 듯하다.

16. 고 재상 안죽옥[370]상에 대한 찬 그 아들 익지[371]를 위해 짓다

의관은 정숙하고 얼굴은 엄숙하며 단정하였다. 몸을 단속함에는 검소하여 사치함이 없었고 일에 임해서는 부지런하여 서두름이 없었다. 나아가서는 국사를 의논하는 자리에서 족히 삼한(三韓)을 복되게 하였고, 물러나 공적의 땅[372]에 쉴 때도 역시 일세를 높이니 황예장(黃豫章)[373]은 속세를 떠나 있으면서도 삭발하지 않았고 사강락(謝康樂)[374]은 성불(成佛)하고도 집에 거처하였다.

사람들이 말하기를 공의 풍도가 부친[375]을 닮았다고 하지만, 나는 공의 풍도를 이야기하며 그 아들을 보노라.

故相安竹屋像贊

爲其子益之作

衣冠整肅 狀貌端嚴 律身寧儉而毋華 臨事有勤而不迫 進處論思之地 足以福三韓 退休空寂之鄉 亦自高一世 黃豫章離塵有髮 謝康樂 成佛在家 人言風度肖先公 我道典刑觀後嗣

370) 安竹屋 : 竹屋은 安于器(?~1329)의 호이다. 그는 安珦의 아들로 본관은 순흥이다.

371) 益之는 安牧(?~1360)의 字이다.

372) 空寂의 땅 : 적적하고 쓸쓸한 땅을 말한다.

373) 황예장은 宋의 黃庭堅(1045~1105)을 가리킨다.

374) 謝康樂은 본명은 謝澋運이며, 南宋 陽夏人으로 玄의 孫子이다. 학문을 좋아하고 서화에 뛰어났다. 문장은 江左 제일 康樂公을 襲爵하여 사강락이라 불렸다. 武帝때 太尉參軍, 太子左衛率, 少帝 때 泳嘉太守를 지냈다.

375) 죽옥의 父인 安珦(1243~1306)을 가리킨다.

17. 안당지[376]의 『관동록』에 대한 후제

근래에 『김무적집(金無迹集)』을 열람하였더니 그 속에 관동(關東) 기행에 관한 내용이 많이 있거늘, 나는 등림지부(登臨之賦)[377]가 빼어났다고 생각하였다. 지금 당지(當之)의 이 『관동록(關東錄)』을 살펴 보건대 문장의 의미가 정묘하여 스스로 일가(一家)를 이루었으니 모두 무적(無迹)이 따를 수 없을 정도다. 내가 또한 이 책에 부권(拊卷)하여 감탄하며 칭찬한 것이 오래되었다. 지순(至順) 신미(辛未)[378] 맹동(孟冬)[379]에 졸옹이 제(題)를 단다.

安當之關東錄後題

近閱金無迹集 集多關東紀行 予謂登臨之賦 備極無餘 今觀當之此錄 詞意精妙 自成一家 皆無迹所未道也 予又拊卷 歎賞者久之 至順辛未 孟冬拙翁題

---

376) 安當之 : 安當之는 安軸(1282~1348)의 호이다. 안축은 福州 興寧縣 사람으로 충숙왕 11년에 元의 制科에 합격하여 遼陽路 蓋州判官을 역임했다. 관직은 司憲糾正, 成均樂正, 右司議大夫에 이르렀으며, 충혜왕 때 江陵道의 安廉使로 부임하여 『關東瓦注』를 지었다. 그뒤 충렬왕, 충선왕, 충숙왕의 實錄을 편찬했다(『고려사』 권109, 안축전).

377) '登臨'은 높은 곳에서 아래를 내려다본다는 뜻과 황제의 자리에 올라서 백성을 다스린다는 뜻이 있다.

378) 至順은 원 문종의 연호이며, 신미년은 충혜왕 1년(1331)이다.

379) 孟冬은 음력 10월을 말한다.

18. 영가군[380]부인 권씨의 묘지명

지순(至順) 3년[381] 3월에 고려국(高麗國) 광정대부(匡靖大夫) 전 정당문학(政堂文學) 이공(李公) 제현(齊賢)[382]의 처(妻)인 영가군 부인(永嘉郡夫人) 권씨가 질병으로 이 달 28일 정유(丁酉)에 양제방(楊堤坊)[383]의 집에서 세상을 떠났다. 이에 장사지낼 것을 도모하여 좋은 날을 가려 뽑았는데, 4월 기미(己未)의 길일(吉日)을 얻었다. 묘자리는 옛 임진현(臨津縣)[384]의 북쪽에 있는 장화사(章和寺)의 남쪽 들판으로 하였는데 또한 길지(吉地)였다.

이때 이공이 읍(泣)하면서 같은 군(郡) 사람인 최모(崔某)에게 일러 말하기를 "슬프도다. 내가 불행하여 어진 아내의 상을 당했도다. 돌이켜 생각해보니 그 혼(魂)을 위자(慰藉)할 수 없구나. 자네가 나를 아는 것이 가장 오래되었고, 또한 자세하니 어찌 나를 위하여 묘지명(墓地銘)을 짓지 않겠는가"라고 하였다. 모(某)가 감히 사퇴하지 못하고 여러 가지 사실을 모아서 기록하여 말하였다.

부인은 지원(至元) 무자(戊子)[385]에 태어나서 지금 임신년(壬申年)[386]에 45세이다. 증대부(曾大父)의 휘(諱)는 위(韙)인데 예전에 한림학사(翰林學士)였다. 대부(大父)는 휘가 단(呾)으로 예전에 첨의정승(僉議政丞)을 지냈으며, 시호가 문청공(文淸公)이다. 부(父)는 이름이 부(溥)인데 지금 삼중대광 영가부원군(三重大匡永嘉府院君)이다. 군이 아내를 맞이하였는데 시영

380) 永嘉郡은 현재 경북 안동의 옛 이름이다.

381) 至順은 원 문종의 연호이며, 지순 3년은 충숙왕 복위년(1332)이다.

382) 李齊賢(1287~1367)은 자는 仲思, 호는 益齋・櫟翁, 본관은 경주이다.

383) 楊堤坊은 당시 수도였던 松都를 구성하는 행정 구역의 명칭 중 하나이다.

384) 臨津縣 : 개성부 관할하에 있던 縣이다(『고려사』 권56, 지리1, 왕경개성부조).

385) 至元은 원 세조대의 연호이며, 무자년은 충렬왕 14년(1288)이다.

386) 임신년 : 충숙왕 복위년(1332)이다.

유씨(始寧柳氏)로 변한국부인(卞韓國夫人)으로 봉해졌고 예전의 지첨의(知僉議)인 휘(諱) 승(陞)의 딸이다. 이 부인[柳氏]이 부인(夫人) 권씨(權氏)를 낳았다. 실로 권씨는 영가(永嘉)의 명망을 얻었을 뿐만 아니라 일가 친족 중에서 여러 사람이 이미 존귀하게 되었고 또한 성공하였다. 부인은 시집가기 전에 온화하고 총혜가 있어 부모의 지극한 사랑을 받았는데, 나이 15세에 시집갈 것을 택하여 이씨 가문으로 출가하였다.

이공(李公)은 연우(延祐)[387] 초부터 태위선왕(太尉先王)[388]을 좇아 왕도(王都)에 머무르면서 (원을) 왕래하였는데, 집에 있지 아니한 지가 10여 년이 넘었다. 부인(夫人)이 부가(夫家)를 섬김에 있어 부도(婦道)를 다하니 시부모님의 임종에 미쳐서는 심히 환심을 얻었다. 윗사람을 받들고 아랫사람을 거느리며 자용(資用)을 주관하고 빈객(賓客)을 맞이함에 있어서 반드시 몸과 마음을 삼갔다. 모든 일을 행함에 상법(常法)에 따르니 평생 무고(無故)하였다. 발이 당(堂)에 이르지 않고 합중(閤中)에 처함에 있어 일찍이 하루라도 일을 잊고 놀며 지낸 적이 없었다. 또한 일가 친족을 맞이함에 있어 비록 지극히 돈독하고 화목한 사이라 할지라도 서로 더불어 함부로 함이 없었다. 뿐만 아니라 규문(閨門)을 가려서 내외의 구별을 엄격히 하였는데 스스로 이를 받아들이게 하였으며 강요하지는 않았다.

이공은 소년시절부터 벼슬길에 올라 정부(政府)에 머물렀는데, 가사를 돌보지 않고 오로지 학문에만 힘써 나라의 명신(名臣)이 된 것은 내조(內助)에 말미암은 따름이다. 슬프도다. 선한 자는 반드시 복을 받지 못하고 악한 자에게는 반드시 화가 미치지 아니하니 하늘이 그 책임을 져야 할 것이다. 누가 부인의 영년(令年)을 영원토록 하지 않고 이에 그치게 하였는

387) 延祐는 원 인종의 연호이며, 충숙왕 1년(1314)에서 충숙왕 7년(1320)까지이다.

388) 太尉先王은 충선왕을 말한다. 충선왕과 이제현의 관계에 대해서는 민현구, 「13~14세기 東아시아世界 市民으로서의 李齊賢」, 『高麗政治史論』, 고려대출판부, 2004 참조.

가. 이를 알 수가 없구나.

무릇 세 명의 아들을 두었는데 장남의 이름은 서종(瑞種)으로 통직랑(通直郎) 전(前) 홍복도감 판관(弘福都監判官)이다. 차남의 이름은 달존(達尊)으로 승복랑 봉거서령(承奉郎 奉車署令)이다. 막내아들은 태어난 지 한 해도 되기 전에 부인의 병으로 유포(乳哺)가 제대로 이루어지지 않은 지 10일 뒤에 죽었다. 딸은 네 명이 있는데 장녀는 좌우위호군(左右衛護軍) 임덕수(任德秀)에게 시집가고 나머지 세 명은 아직 처녀로 남아 있으며 또한 어리다.

명(銘)하여 말한다. 성족(盛族)에서 태어나 명가(名家)의 배필이 되고 세덕(世德)을 쌓으며 규문(閨門)을 바로잡고 예법(禮法)이 있어 여칙(女則)에 순종하도다. 애달프구나, 부인이여, 오직 지나간 세월이 아쉽도다. 이제 찾아도 소용이 없으니, 오직 막연할 따름이다.

永嘉郡夫人權氏墓誌銘

至順三年三月 高麗國匡靖大夫 前政堂文學 李公齊賢之妻 永嘉郡夫人權氏 感疾 以是月廿八日丁酉卒于楊堤坊之第 謀所以藏卜日 得四月己未 吉其兆 古臨津縣北 章和寺之南原 又吉 於是 李公泣謂同郡人崔某曰 嗟 予不幸遽喪良媲 顧無以慰藉其魂 子知予家久且詳 盍爲我銘其藏 某不敢辭退 摭其實而敍之曰 夫人生於至元戊子 至今壬申年四十有五 曾大父諱韙 故翰林學士 大父諱呾 故僉議政丞 謚文清公 父名溥今三重大匡永嘉府院君 君受室 始寧柳氏封卞韓國夫人 故知僉議諱陞之女也 是生夫人 權氏實永嘉之望 親婣列位 既貴且盛 夫人在室以柔婉聰慧 爲父母所鍾愛 年十五擇其歸 適李氏 李公自延祐初 從大尉先

王 居都下往來 不在家者 有十餘年之久 而夫人事夫家 盡婦道 逮舅姑之終 甚得其懽心焉 其承上御下 制資用奉賓客 必謹必飭 俱有常法平生無故足不至堂處於閤中 未嘗一日 捨紅而嬉 其待宗戚 雖克敦雍睦亦不與之相狎 盖其閨門嚴內外之別 自有受之 非强之也 李公自少年從仕 至登政府 不以家事爲累 專其學問爲國名臣者 由內助致之焉耳 嗚呼 爲善者 未必受福 爲惡者 不必及禍 天之任此 責其有矣 孰以夫人之令 年不克永 而止於此耶 其不可知也 已凡生子男三人 長曰瑞種 通直郎前弘福都監判官 次曰達尊 承奉郎奉車署令 季未周歲夫人病乳哺失節後十日而亡 女四人 一適左右衛護軍任德秀 三處且幼 銘曰 生盛族配名家 積世德 薰閨門 有禮法 順女則 嗟 若夫人兮 獨靳年討之無所兮惟漠然

19. 춘헌[389] 호기

나는 어린 시절 비로소 경전(經傳)을 읽어서 투호(投壺)의 예(禮)를 알았다. (이는) 군자(君子)가 손님과 주인을 즐겁게 하기 위하여 만든 것으로 아직 그 제도는 다 헤아리지 못하였다. 그 후 사마(司馬) 문정공(文正公)[390]의 도서(圖序)를 보게 되어 비록 그 대강은 파악할 수 있었으나 또한 사우(師友)가 없어서 가히 물어볼 수가 없었다. 그러므로 항상 해동(海東)[391]에서 생장하여 중원(中原)의 사대부와 서로 만나 화살을 들고 몸에 익히도록 청할 수 없음을 한스럽게 생각하였다.

지치(至治) 신유년(辛酉年)[392] 봄에 내가 외람되게 계해(計偕)[393]에 참여하여 황제가 있는 수도에 조회하러 명정(明廷)[394]에 입대(入對)하였는데,[395] 조칙(詔勅)이 아직 내려지지 않았다. 이때에 요양(遼陽) 홍중의(洪仲宜)의 무리와 더불어 문명(文明)[396]의 동저(東邸)에 머물렀다. 한가로이 기거하면서 소일할 것이 없으면 중의의 족부(族父) 집에서 호(壺)와 화살을 빌어 시험해 보고 이를 해보고 나는 마음속으로 매우 즐거웠다.

내가 조칙을 받아 가지고 동쪽으로 돌아와 개모(盖牟)[397]에 관원으로

---

389) 春軒 : 춘헌은 崔文度(?~1345)의 호이다. 그는 全州人으로 父는 贊成事 誠之이며 일찍이 원에 가서 宿衛하고 귀국 후 벼슬이 典法判書를 거쳐 僉議參理에 이르렀다. 최문도에 대해서는 다음의 논문이 참고된다. 고혜령,「원 간섭기 성리학 수용의 일 단면－崔文度를 중심으로」,『한국중세사연구』 18, 2005.

390) 文正公은 金台鉉(1261~1330)의 시호이다. 그는 東人의 글을 수집하여『東國文鑑』을 남겼다.

391) 海隅 : 海東 곧 우리나라를 가리킨다.

392) 신유년은 충숙왕 8년(1321)이다.

393) 計偕 : 조정으로부터 부름을 받는 것을 말한다.

394) 明廷 : 明君이 있는 朝廷을 말한다.

395) 최해가 원의 制科에 합격한 것을 말한다.

396) 文明 : 문채가 있고 빛이 밝은 상태. 德과 교양이 있어 훌륭한 상태. 여기서는 明君의 朝廷을 의미한다.

부임한 뒤로는 사소한 일들로 분주하여 (투호에) 마음을 둘 여유가 없었다.[398] 지금 내가 병으로 집에 은퇴한 지가 10여 년이나 오래되었는데, (본디) 성품이 장기와 바둑을 좋아하지 않고 또한 거문고나 비파도 알지 못하는 지라, 글을 보는 여가에 묵묵히 다른 기예를 공부하여 보았으나 족히 즐거운 것이 없었다. 오직 이 투호(投壺)의 일만이 항상 내 가슴 속에 오고가지 않는 날이 없으니, 어찌 마음을 다스리고 덕을 이루는데 집중하려고 해도 (이것을) 가히 없애지 아니할 수 있겠는가. 그러나 집에는 이미 투호(投壺)가 없고 국중의 선비가 또한 이를 갖고 있는 자가 없으니 내가 비록 이를 좋아하지만 능히 행할 수가 없었다.

춘헌(春軒) 최후(崔侯)는 옛것을 배우고 효제(孝悌)하는 사람인지라 자제들이 학업을 넓게 하였는데도 스승이 없어 이를 바로 잡아 주지 못함을 가슴 아프게 생각하였다. (이에 따라) 널리 정주(程朱)[399]의 서적들을 수집하여 더불어 강습하였다. 또한 (자제들이 학업에 열중하여) 긴장만 하고 해이하지 않아 (마음을 풀어) 휴식함이 없을까 두려워하여 투호(投壺)가 있어야 한다고 여겨 (투호를) 먼 곳에서 구입하여 두고, 때때로 배우기를 원하지만 능하지 못한 자를 불러 그림을 참고하여 가르치니, 그 온화한 자태가 정원의 봄바람 같고, 기수(沂水)[400]가의 기품이 있었다. (투호를) 좋아하기를 독실히 하고 구하기를 부지런히 아니하였다면 능히 이와 같을 수 있으리오. 훗날 동방의 후진들이 열심히 배우고 (또한) 휴식하면서

397) 盖牟 : 城의 명칭. 원래 漢의 西盖馬縣이었는데 뒤에 고구려에 편입되었으며, 지금의 만주 요령성 盖平縣이다.

398) 최해는 충숙왕 8년(1321)에 元의 制科에 합격하여 遼陽路盖州判官에 임용된다(『고려사』 권74, 선거2, 충숙왕 8년조). 그 후 5개월 만에 사직을 하는데 사직의 이유로 '地僻職冗'을 들고 있지만 제과의 성적이 낮아 벽지에 임명된 것에 대한 불만으로 사직을 한 것으로 보인다(『拙藁千百』 권2, 送張雲龍國琛而歸序).

399) 주자학을 말한다.

400) 沂水는 중국 산동성에서 발원하여 泗水로 들어가는 강을 가리킨다.

날마다 미흡한 바를 익혀 왕성하게 면목을 일신하는 자가 있다면 반드시 우리 최후(崔侯)로 말미암아 감화되지 않을 수 없음을 알 것이다. 아아 이 어찌 아름답지 않을 수 있겠는가. 익재(益齋) 이상(李相)[401]과 근재(謹齋) 안군(安君)[402]이 이에 명(銘)과 부(賦)를 지었으니, 내가 다시 거기에 무슨 말을 더하겠는가. 부족하나마 내가 투호(投壺)를 좋아하는 뜻과 최후(崔侯)가 투호를 둔 사유를 글로 써서 기록하여 둔다.

지순(至順) 계유년(癸酉年)[403] 5월 경신일(庚申日)

春軒壺記

予少時始讀經傳 則知投壺之禮 君子所以節賓主之樂而作之者 而未究其制焉 及見司馬文正公圖序 則雖淂其大槩 又無師友可以問而質之 每恨生長海隅 不淂與中原士夫相接 而擁矢請益身習之也 在至治辛酉春 予濫與計偕 朝于帝京 入對明廷 勑且未下 時與遼陽洪仲宜輩 同寓文明之東邸 閑居無以消日 則從仲宜族父家 借壺矢而試爲之 予心甚樂也 自受勑東歸 赴官盖牟 奔走屑屑 未暇及也 今予病退于家 有十餘年之久 性不喜博奕 又不解琴瑟 看書之餘 嘿課他藝 無足爲悅者 唯此壺事 未嘗不日往來於胸中 豈其庶幾治心觀德 而不可以廢哉 然家旣無壺 而國中之士 又未有畜之者 則予雖好之 無能爲已 春軒崔侯 學古孝悌

---

401) 益齋는 李齊賢의 호이다. 이제현은 慶州人으로 충렬왕 27년(1301)에 급제하여 成均樂正, 密直司事, 政堂文學 등을 역임했다. 충선왕 때 원에 가서 원의 명사들과 교유하여 학문의 깊이를 더했다고 한다. 저서로는 『益齋亂藁』, 『櫟翁稗說』 등이 있다(『고려사』 권110, 이제현전).

402) 謹齋는 安軸(1282~1348)의 호이다.

403) 계유년은 충숙왕 후2년(1333)이다.

人也 病子弟汎學 無師未有以正之者 則廣收程朱氏之書 與之講習焉 又懼其張而不弛 無以休焉 則以壺不可無遠購而置之 時召願學 而未能者按圖而教之 藹然庭院有春風 沂上之氣象 非好之之篤 求之之勤 其得如是乎 異日見東方後進莊脩 游息 日習其所未習 而有蔚然豹變者 則知未必不由吾崔侯化之矣 於戲可不美之哉 益齋李相與謹齋安君 既銘而賦之矣 予復措何辭於其間耶 聊書予有好壺之意 而崔侯置壺之由而爲之記 至順癸酉五月庚申

20. 군부사(軍簿司)의 신청을 새로 짓는 일에 대한 글

본국이 옛날부터 일찍이 중국을 높일 줄 알아 관청 부서의 편액에서도 중국을 모방하여 만든 것이 많았지만 꺼리지는 않았다. 지금 군부사(軍簿司)는 실로 상서병부(尙書兵部)이고 주(周)나라 관직으로[404] 대사마(大司馬)의 직책이니, 그 역시 모방하여 설치한 것이다. 이어서 황원(皇元)이 천명을 받자 가장 먼저 신하로 나아가 지원(至元) 12년[405]에 비로소 원조의 제도를 피하고 지금의 이름으로 바꿨다.[406] 지대(至大) 2년[407]에 (이를) 고쳐 총부(摠部)로 하고 태정(泰定) 3년[408]에 회복하였는데, 소위 판서(判書), 총랑(摠郎), 정랑(正郎), 좌랑(佐郎) 등의 관직은 또한 상서(尙書), 시랑(侍郎), 낭중(郎中), 원외랑(員外郎)에서 바뀐 것이다. 옛날에 나라의 재상은 육조(六曹)를 나누어 맡아 대재(大宰)는 동조(東曹)를 주관하고 아상(亞相)은 서조(西曹)를 주관하였는데, 서조는 실로 무선(武選)을 맡았다. 후에 무인을 중용함에 있어서 반드시 그 장을 이관으로 삼아 다스리게 하는 방식을 택했는데, (그 방식을) 지금에 이르러서도 바꾸지 않았으니, 대개 그 권한을 중시한 것이다.

---

404) 『周官』: 經書의 하나로 周公旦이 찬했다. 6篇, 360官이다. 天地春夏秋冬으로 官制를 만들어 그 職掌을 세분했다. 天官, 地官, 春官, 夏官 秋官, 冬官으로 나누었기 때문에 六典이라고도 한다. 그 장관으로 각각 冢宰, 大司徒, 大宗伯, 大司馬, 大司寇가 있고 그 밑에 60인의 屬官이 있다(『大漢和辭典』 권4).

405) 至元은 원 세조대의 연호이며, 지원 12년은 충렬왕 1년(1275)이다.

406) 원은 중국적인 명분론에 입각하여 고려에서 원의 제도와 상등하는 관제와 칭호를 사용하는 것을 참월하다고 하여 이를 강등하기를 요구하였다. 이에 지원 12년(고려 충렬왕 원년)에 이르러 관제를 개정하게 되었다. 곧 중서문하성과 상서성을 합하여 첨의부라 하고 상서이부에 예부를 합하여 전리사로 하고 병부를 군부사로, 호부를 판도사로, 형부를 전법사로 각각 고쳤던 것이다. 이와 함께 호칭과 직제도 전반적으로 강등시켰다.

407) 至大는 원 무종대의 연호이며, 지대 2년은 충선왕 후 원년(1309)이다.

408) 泰定은 원 진종대의 연호이며, 태정 3년은 충숙왕 13년(1326)이다.

대개 군교(軍校)의 명부와 병위(兵衛), 기장(器仗)과 장수를 임명하고 군사를 내는 일이 모두 이에 속하였다. 삼군(三軍)·육위(六衛)·42도부(都府)가 날마다 와서 명령을 듣게 되니, 그 공아(公衙)가 또한 굉장하지 않으면 진압할 수 없는 것이다. 옛날에는 관청이 왕궁의 동쪽에 있었는데, 권신이 주상을 옹위하여 강화도로 들어간 이후로 궁실과 관사가 모두 자갈더미와 풀숲의 빈터가 된 것이 39년이었다. 지원(至元) 경오년(庚午年)[409]에 황제의 위령에 의거하여 옛 서울을 회복하게 되었는데, 그때에 부의 이관인 기홍석(奇洪碩)[410]공이 그 옛터를 고쳐 거듭 영조하였다. 이로부터 천력(天曆) 기사년(己巳年)[411]에 이르기까지 또 60년의 오랜 기간을 지냈는데, 그 사이에 계속해서 능히 수리한 것이 없었으니 기둥, 서까래, 처마, 도리가 어찌 썩고 꺾여서 날마다 기울어지고 허물어지지 않겠는가. 응양군 상장군(鷹揚軍上將軍) 김취기(金就起)[412]가 마침 군부사의 이관(貳官)이 되어 처음 부임하는 날에 낭서의 관리[413]와 군위의 장사(將士)[414]들이 차례로 나와 하례하고 물러나니, 후가 다시 나오게 하여 청사를 돌아보고 탄식하여 낭서에게 이르기를, "제군들이 여기에 이른 지 각각 몇 년이 되었는가.

---

409) 경오년은 원종 11년(1270)이다.

410) 奇洪碩에 대한 자료는 『고려사』에서 간략하게 언급되어 있으며, 주로 충렬왕대에 고위 무신으로서 활동했던 것으로 파악된다. 충렬왕 원년 12월 경신에 軍簿判書鷹揚軍上將軍으로 임명되고, 동왕 4년 2월 정묘에 密直副使로, 충렬왕 5년 2월 병오에 同知密直事로 임명되었다(『고려사』 권28, 충렬왕 원년, 4년, 5년조 참조). 또한 김미를 최이의 양자로 삼기를 주청한 장군 가운데 기홍석이 보이며, 이 일로 후에 유배갔던 기록이 있다. 이로 보아 그는 최씨정권기에 무반직으로 출세했음을 알 수 있다(『고려사』 권101, 金敉傳 참조).

411) 기사년은 충숙왕 16년(1329)이다.

412) 金就起는 충렬왕대의 공신인 金富允의 아들이다. 자세한 행적은 보이지 않으며, 『고려사』를 통해 충렬왕 32년에 護軍으로, 충숙왕 15년에 軍簿判書鷹揚軍上將軍이 되었다(『고려사』 권32, 충렬왕 32, 권35, 충숙왕 15년, 권107, 金富允傳).

413) 군부사의 실무 관원으로서 郎官, 곧 摠郎, 正郎, 佐郎 등을 가리킨다.

414) 상장군 이하 대장군, 장군, 중랑장, 낭장, 별장 등을 가리킨다.

공우(公宇)의 책임은 누가 맡았는가" 하고 또 군위에게 이르기를, "이는 너희들이 날마다 모여서 호령을 받는 곳이 아닌가. 쓰러지고 무너진 것이 이에 이르렀는데, 너희들은 어찌 부끄럽지 않는가. 여러 사람들이 진실로 거부하지 않는다면 어찌 거두어 고치지 못하겠는가" 하였다.

낭관과 장사들이 모두 얼굴이 붉어지고 등에 땀이 나 말하기를, "후의 명령대로 하겠습니다" 하였다. 이에 명령을 내려 새롭게 하고, 이에 좌랑 김완(金玩)에게 위임하여 그 역사를 감독하게 하였다. 김군이 이에 공고(公庫)의 남은 재물을 내어 먼저 목재와 기와를 사들이고, 무릇 계획하는 바가 모두 성의를 다하는 것에서 나왔으므로 군졸들이 즐거이 (일을) 맡아, 독려하지 않아도 스스로 힘썼다. 다음해 경오년(庚午年)[415] 2월에 시작하여 5월에 이르러 그 일이 끝났는데, 당우(堂宇)가 예전에 비해 자못 헌창하여 높이고 낮추고 덜고 보태고 한 것이 모두 제도가 있어 영구히 보존할 만 하였다. 김군이 나의 글을 청하여 기록하려 하였으나, 내가 게을러서 이럭저럭 미루다가 갑자기 응낙하지 못하였더니 군이 얼마 후에 파하여 돌아갔다. 그 뒤 2년 만에 군이 다시 들어와 정랑이 되었다. (군이) 전의 일을 글로 남기지 않은 것이 한이 되어 또 와서 두 번이나 청하였으므로 내가 끝내 사양하지 못하고 마침내 고하여 말하기를, "지금 명성을 기르는데 안주하여 그 벼슬을 벼슬로 여기지 않는 것은 우리나라의 경대부가 모두 그러하니, 유독 전에 군부의 한 사(司)를 맡았던 자만이 아니다. 김후(金侯)와 군(君)은 부름이 있으면 화합하여 여러 해 동안 사람들이 생각하지도 않던 것을 거두어, 이 거대하고 장려한 것을 이루어 고치게 하였으니, 가히 능하다 할 만하다. 관에서 중간에 폐하여 거두지 못한 것이 한 가지 일뿐이 아닌데, 군은 이미 닦고 고친 것이다. 또 마땅히 차례차례로 거두어야 할 것을 생각해 내어, 허물어지면 고치고 하는 것도 역시 이 해우(廨宇)를

415) 경오년은 충혜왕 즉위년(1330)이다.

경영하는 것과 같이 하면 사람들이 어찌 벼슬을 병들게 한다고 꾸짖겠는가." 이에 고하여 돌아가게 하고 이를 글로 써서 보는 자의 법규로 삼는다. 공사비의 많고 적은 것은 사에 반드시 장부가 있을 것이니, 여기에 갖추어 기술하지 않는다. 원통(元統) 2년[416] 갑술(甲戌) 2월 갑자(甲子)

軍簿司重新廳事記

本國越自古 昔知尊中國 然於官府署額 多倣中國而爲之 未嘗有嫌也 今夫軍簿司者 寔尙書兵部 而周官大司馬之職也 其亦倣而置焉 逮于皇元受命 首出臣之 至元十二年 始避朝制 易之以今名 至大二年 改爲摠部 泰定三年 復之 所謂判書摠郎正郎佐郎等官 又因尙書侍郎郎中員外郎而易之者也 昔者國相 分判六曹 而大宰主東曹 亞相主西曹 西曹實掌武選 在後尊用武人 必以其長爲貳而領之 式至今不替 蓋重其權也 凡軍校名籍兵衛器仗命將出師之事皆隸 而三軍六衛四十二都府 日趨而聽命焉 則其公衙 且非宏壯 無以鎭壓之也 舊有廨宇在王宮之東 自權臣擁主 卷入江華以後 宮室官廬 同爲瓦礫蓁莽之墟者三十有九年 至元庚午 克仗皇靈 獲復舊京 時有部貳奇公洪碩 治其故地 而重營之 自此至天曆己巳 又閱六十年之久 其間未有紹繼而能繕理者 則棟榱欄楹 胡得不腐敗摧折而日就傾圮哉 鷹揚上將金侯就起 適貳于司 始莅之日 郎署官吏軍衛將士 以次進賀而退 侯復進之 顧視廳事而喟然謂郎署曰 諸君到此 各有幾年 公宇有責 誰任之者 又謂軍衛曰 此非若輩日聚會稟號令之所乎 頹壞至此 若輩豈不羞耶 諸人苟不拒者 盍撤而改爲之

416) 元統은 원 순제의 연호이며, 원통 2년은 충숙왕 후 3년(1334)이다.

乎 郎及將士皆面赧背汗而言曰 惟侯命 於是出令新之 仍委佐郎金君玩董其役 金君乃出公庫羡財 先市材瓦 凡所指畫 皆出至誠 故軍卒樂其赴 不督而自辦 經始於翌年庚午二月 至五月而功告訖 堂宇比舊頗寬敞崇庳損益 俱有制度 可以永久 金君謁予文欲記之 予嬾因循 不遽喏而君俄罷去 後二年 君再入爲正郎 恨前事未見書 又來請之者再 故予未果辭 遂告之曰 今之安於養望 不官其官者 東方卿大夫皆然 不獨前任軍簿一司者而已 如金侯與君 有唱斯和 擧多年人所不以意者 而成此巨麗 令其改觀 可謂能矣 然官中廢而不擧者 非止一事 君旣脩已擧者矣 又當次次而思得其可擧者 隨毁隨治 亦若廨宇之營 則人豈以瘝官譏之哉 旣告之俾歸 書以爲觀者之規 若夫工費之多少 司必置簿 此不具述焉 元統二年 歲在甲戌 二月甲子

21. 서쪽으로 돌아가는 노흠 교수[417]를 보내며 주는 글

천자께서 동국(東國)이 제일 먼저 좇아 귀화하니 대대로 상주(尙主)[418]가 됨을 허락하고, 왕성(王省)[419]의 권력을 맡겨 그 막료는 모두 왕의 뜻에 따라 두도록 하였으니 (중국)조정에서 선발하여 제수한 것은 아니었다. 그러므로 중원의 자제들은 이로 말미암아 관직에 나아가지 않고 또 평소에 은거하고 있는 곳을 꾸며 애써 나아가지 않는 자가 어찌 농락할 수 있겠는가. 무릇 이곳에서 벼슬살이하는 자는 모두 스스로 드러내는 무리이다. 처음에는 꼬리를 흔들며 (주인에게) 용납되지 못할 것을 두려워하다가 끝에는 마음이 들떠 까불면서 오히려 그 주인을 미워하는 자가 종종 있었다. 이로써 동국의 사람이 손님을 맞이하는 데는 비록 겉모습은 공경스러워도 그 마음이 반드시 같은 바가 있는 것은 아니다. 대녕(大寧) 노백경(盧伯敬)은 왕경학관(王京學官)[420]으로 처음 왔을 때, 나는 병으로 물러나서 비록 마을사람과도 거의 교통하지 않았기 때문에 백경(伯敬)이 왔다는 것을 또 오랜 뒤에 들었다. 뜻은 한번 가고자 하였으나 아직 만나지 못하였는데 백경이 먼저 욕되게 나를 방문하였다. 나는 깜짝 놀라 황급히 그를 맞아들여 더불어 이야기하였는데, 말이 부드럽고 얼굴색이 평화로워서 그 (이야기

---

417) 教授 : 교수는 漢代 博士官을 말하는 것으로, 諸生의 교육을 담당하였다. 역대 왕조는 漢制를 모방하였지만, 唐代에 이르러 중앙과 지방에 모두 博士官을 두고 학생의 교육을 담당하던 관을 교수라고 칭하였다. 송대에는 각 路, 州, 郡 등에 학교를 설치하고 교수의 관을 배정하였다. 원, 명, 청대는 모두 宋制를 모방하였다(日中民族科學硏究所編, 『中國歷代職官辭典』, 國書刊行會, 1980 참조).

418) 尙主는 천자의 딸을 아내로 삼는다는 뜻으로 중국의 부마국이 되었음을 의미한다.

419) 省은 원대 지방행정상의 구획인데, 왕성이라는 존재는 보이지 않으나, 당시 고려가 원의 간섭을 받고 있었으므로 저자가 마치 중국의 한 군현인 것처럼 표현한 것으로 생각된다.

420) 王京學官은 儒學提擧司로 秩從五品이다. 각 行省이 있는 곳에 一司씩 있다(『元史』 권91, 백관7, 儒學提擧使).

하는) 사이에 마음에 즐겁고 편안하니 가히 스스로 자부하여도 구차함이 없는 사람이라고 말할 수 있다. 이때부터 여러 차례 서로 만났는데, 그 가계를 물으니 지금 심양절추(瀋陽節推)[421]인 달재군(達齋君)의 아들이며, 고(故) 하동산서염방지사(河東山西廉訪知事)였던 동암공(東菴公)의 손자라고 한다. 내가 듣건대 노동암(盧東菴)은 북방 학자의 종사(宗師)라고 하였으니, 백경(伯敬)은 선생을 좇아 섬겨 학문을 얻음에 유래가 있다 할 만하다. 나는 동방의 학정(學政)이 해이해져 닦지 않은 것이 오래되었는데, 다행히 백경이 왔으니 반드시 능히 거느리고 격려하여 (학문을) 힘써 떨쳐 일으킬 것으로 생각하였다. (그러나) 얼마 있지 못하여 백경이 임기가 만료됨에 미쳐 돌아갈 것을 고하니 그 제생(諸生)들은 끝내 스스로 포기하는데 익숙하여 도(道)에 나아가지 못했다. 오직 제생들만이 이러한 것은 아니었다. 백경이 이곳에 있은 지 일 년이 차지 않아 그 학문이 대강으로도 효과를 보지 못하였다. 우리나라 사람들이 어찌 모두 백경이 진실로 유학의 참된 스승임을 알았겠는가? 그러나 나아가기는 어려워도 물러서기는 쉽다는 것은 진실로 군자의 기질이다. 백경에 있어서는 스스로 능히 머물 곳을 찾는 것은 무슨 손익이 있겠는가? 다만 한스러운 것은 능히 자사(子思)를 편안하게 하여 그로 하여금 돌아가지 못하게 할 이가 한 사람도 없다는 것이다. 이미 머물게 할 수 없게 되었으니 유학으로 맺은 인연으로써 차마 묵묵히 있을 수 없어 서로 알고 지낸 사람들에게 청하여 각기 시를 지어 위로하려고 한다. 두려운 것은 백경을 알지 못하는 사람들이 대개 손님으로서 대접할까 하여, 먼저 스스로 뽐내는 무리에 대한 글로써 백경이 우리 유자이며 명가의 자제임을 알리는 것이다. (이는) 그 무리로 말할 바가 아니다. 원통(元統) 갑술(甲戌)[422] 이월(二月) 신미(辛未)

---

421) 절추는 節度推官의 약칭이다. 곧 절도사의 屬官으로 刑獄의 심문을 담당하는 관리이다.

422) 갑술년은 충숙왕 후3년(1334)이다.

『졸고천백』 권1

지정 14년 갑오(공민왕 3년, 1354) 8월 일에 진주목에서 개판(開板)하다.

送盧教授西歸序 欽

天子以東國首先嚮化 世許尙主 委王省權 而其幕屬皆從辟置 非自朝廷選授之也 然則中原子弟 末由致之 而又素賁丘園 不肯屑就者 其可得而籠絡哉 凡仕於此者 率是自衒之輩 始焉搖尾 懼不見容 終則飽颺反憎其主者 比比有之 是以東人見客 雖貌相敬 其心未必有所同也 大寧盧伯敬以王京學官始至 予自病退 雖里人少與之通 伯敬之來 又久而後聞之 意欲一往未見 而伯敬先辱訪予 予驚遽延[423]之與語 詞溫色和其中樂易 可謂自任而不苟者也 自此屢相過從 問其家世 則爲今瀋陽節椎達齋君之子 而故河東山西廉訪知事東菴公之孫 予聞盧東菴爲北方學者所宗師 伯敬逮事先生 故於學淂之爲有來矣 予以東方學政弛 而不脩者久矣 幸伯敬之至 必能率勵而振起之也 未幾 伯敬迫於改秩 詞滿告歸 則其諸生終安自暴 而無以進於道矣 非惟諸生如是 伯敬在此且未一朞 其學盖晷不見效 東人豈盡知伯敬眞師儒者哉 雖然 進難退易 固是君子之幾 而自能審處 在於伯敬 有何損益乎 第恨未有一人能安子思而使之無歸焉 旣不淂留 則以斯文之契 未果嘿然 欲請所相識者 各爲詩以寵慰之 恐未知伯敬者 汎以客待之 故先之以自衒者之說 而俾知伯敬吾儒且名家子 非其輩云爾 元統甲戌二月辛未

---

423) '延'이 『東文選』 권84에 '迎'으로 되어 있다. '迎'이 타당한 것으로 보인다.

拙藁千百卷之一

至正十四年甲午八月 日　　晉州牧開板

『졸고천백』 권2
拙藁千百卷之二

22. 서장관 정중부(鄭仲孚)를 보내는 서

삼한이 예로부터 중국과 상통하여 문물이 일찍이 동일하지 않은 것이 없었지만, 그 조빙(朝聘)은 세시(歲時)에만 그치지 않았다. 따라서 짐짓 보통 다른 외이(外夷)보다 대함이 나은 것은 대개 먼 곳에서 오는 사람이라서 그러하였겠는가? 매양 사신을 보낼 적에는 반드시 스스로 관속을 신중히 뽑아서 그 동행이 혹은 3~5백 명에 달하였으며 적어도 백 명은 내려가지 않았다.

사신이 비로소 중국 땅에 이르면 조관(朝官)을 보내어 경상(境上)에서 영접하며, 주(州)나 부(府)를 지날 때마다 번번이 천자의 명(命)으로써 대접해 주며 교정(郊亭)에 이르면 또 맞아서 위로하고 관(館)에 당도하면 노고를 물었다. 날로 지급하는 풍부한 선물을 제외하고도 참배에서 하직까지 내전(內殿)에서 잔치를 베풀고 음식을 마련하여 빈례(賓禮)로 대접하며 어찰(御札)을 특별히 내려 다향(茶香), 주과(酒果), 의복(衣服), 기완(器玩), 안마(鞍馬) 등을 하사하여 예물이 풍부하고 끊임이 없었다. 일마다 모두 표(表)나 장계로서 배신(陪臣)이라 칭하며 감사를 올리고 사사로이 재상들을 보게 될 때도 또한 주고받는 계(啓)와 차(箚)[424]가 많았다.

---

424) 啓와 箚 : 하관이 상관에게 올리는 공문서를 啓라고 하고, 상관이 하관에게 보내는 공문서를 箚라고 한다.

서기(書記)의 소임이 두루 재주가 있는 사람이 아니고서는 감당하기 어렵다고 한다. 중고(中古)의 국상(國相)으로 박인량(朴寅亮),[425] 김부식(金富軾)[426] 같은 이들이 다 일찍이 이 소임을 지냈는데 중국에서는 도자(道者)라 칭해졌다.

원(元)에 신하의 나라로 부속된 이래로는 구생(舅甥)의 호의[427]로 일가(一家)로 여겨 일은 실정에 돈독하고 예식은 사치스러운 것을 줄이고 군이 품달할 일이 있으면 사신이 역마를 타고 곧장 황제의 처소로 도달하니 해마다 빠지는 달이 없었다. 그러므로 (사신을 보낼 때에도)다시 사람을 가리지 않은 것은 은혜가 지극히 두터운 까닭이다. 유독 연절(年節)에는 의례 표(表)를 올려 하례하고, 또 예물을 바치므로 국경(國卿)이 그 정사(正使)와 부사(副使)에 충임되어 약간 옛날의 면모를 갖출 뿐이며, 서기의 이름도 역시 명색만 있고 그 문필에 대해서는 책임지는 바가 없었다.

이러한 까닭으로 근년에는 요행만 바라는 염치없는 자들이 왕왕 이익을 탐내어 자리를 다투기 때문에 수행인과 장교(將校)가 청망(淸望)으로써 내접받시 못하는 지경에 이르렀다. 서기의 소임이 비록 쓸모없는 때는 되었으나 그 이름만은 아직 남아 있거늘, 어찌 그런 사람들이 함부로 처신하겠으며, 그런 무리들이 (그 일을) 가볍게 볼 수 있겠는가?

---

425) 朴寅亮(?~1096)은 고려 초기의 학자로 字는 代天, 號는 小華이다. 본관은 竹州, 혹은 平州人이라고도 한다. 시호는 文烈이며 문종 때에 문과 급제하였고 임금 5代를 섬겨 右僕射參知政事에 이르렀다. 문장이 우아하고 아름다워 중국에 보내는 문서를 집필했고 『古今錄』 10권을 편찬했다. 송에도 전해져 찬탄을 받았다.

426) 金富軾(1075~1151)은 본관은 慶州이며, 字는 立之, 號는 雷川, 시호는 文烈이다. 左諫議大夫 覲의 아들이다. 富弼, 富佾, 富軾, 富儀 4형제 모두 송에까지 알려질 정도로 문장이 뛰어났다. 김부식에 대해서는 다음의 논문이 참고된다. 김병인, 「高麗 睿宗·仁宗代 政治勢力 비교연구」, 『全南史學』 17, 全南史學會, 2001 ; 정구복, 「김부식의 생애와 업적」, 『정신문화연구』 82, 2001 ; 어강석, 「『삼국사기』 「열전」의 서술과 김부식 문장의 재조명」, 『정신문화연구』 130, 2013.

427) 舅甥 : 장인과 장모를 일컫는 말인데, 원지배기에 원의 공주를 왕비로 맞아들였기 때문에 구생의 호의라 했다.

금년 4월 17일은 황제의 탄신일[428]인지라 낭연히 사신을 보내어 들어가 축하해야 하므로, 왕은 친히 관직에 있는 자를 선발하였다. 채밀직(蔡密直)[429]에게 사신의 임무를 맡기고 또 서기로서는 근년에 적당한 사람이 없으므로 밀직에게 명하여 스스로 거용하게 하였는데 전의시(典儀寺)[430] 직장(直長) 중부(仲孚) 정포(鄭誧)[431]가 이에 발탁되었다.

중부는 곧 행장을 꾸려 길을 떠나려 하는데, 내가 노우(老友)의 반열에 있다 하여[432] 찾아와서 사행을 고하였다. 나는 말하기를, "선비로 태어나면 나무로 만든 활과 화살[弧矢]을 쓰거늘, '먹지 못할 시렁에 걸려 있는 바가지처럼 쓸데없는 사람이 되는 것[匏繫不食]'[433] 또한 군자의 뜻이 아니다. 하물며 (원이) 지금 천하를 통일하여 내외를 다스리니 '아주 먼 곳[梯險航深]'에서부터 '서울로 모여 드는 것[輻湊輦下]'은 자기 나라 임금의 명을 받들어 밝은 조정의 성대한 예식에 참가하는 것이니, 선비의 경행(慶幸)이 이보다 더 큰 것이 어디에 있겠는가."

옛날 소영빈(蘇穎濱)[434]이 백가의 서적을 읽고도 족히 그 지기(志氣)를

---

428) 이 글이 쓰인 元統 2년(1334)은 충숙왕 후3년에 해당되는데 『고려사』 권35, 충숙왕 후3년조에는 아무런 기록이 없고 다만 元 順帝 치세인 충혜왕 때의 성절 하례기록이 몇 개 보인다.

429) 『고려사』 권35, 충숙왕 후원년 6월조에 '六月 以蔡河中爲密直使'의 기록으로 보아 채밀직은 蔡河中을 가리킨다.

430) 고려 때 祭祀와 贈諡를 맡아보던 관청이다. 원래 목종 때 太常이라는 명칭으로 설치한 것을 문종 때 太常府라 하였다가 충렬왕 24년(1298) 원의 요구에 따라 奉常寺로, 충렬왕 34년(1308)에 典儀寺로, 공민왕 5년(1356)에 太常寺로 하였다가, 공민왕 11년(1362)에 전의시로 복구하였다가 공민왕 18년(1369)에 다시 태상시로, 공민왕 21년(1372)에 전의시로 다시 개칭하였다.

431) 鄭誧(1309~1345)는 자는 仲孚, 호는 雪谷로 淸州人으로 贊成事 瑎의 손자이다(『고려사』 권106, 정포전 참조).

432) 이 글에서는 스승인 최해가 자신을 낮추어 老友라 하고 있으나 실제는 鄭誧는 최해의 제자이다(『東文選』 권5, 雪谷詩序).

433) '匏繫不食'은 『論語』 陽貨 第十七에 나온 말이다.

434) 蘇穎濱(蘇洵)은 송의 학자이며 문장가로 자는 明允이며, 호는 老泉이다. 아들

떨치지 못하여 (책을) 버리고 서울로 가서 궁궐(宮闕)·창름(倉廩)·부고(府庫)·성지(城池)·원유(苑囿)의 큰 것을 구경하고 구양공(毆陽公)[435]을 알현하여 웅대한 변설을 듣고, 또 한태위(韓太尉)[436]를 만나 그 지혜를 계승하기를 원하여 천하를 두루 살피는 것을 다하고서야 유감이 없었다. 중부가 곧 (원의) 궁궐에 조회하게 되었으니, 그 크고 화려한 구경은 마땅히 소영빈에게 양보하지 않을 것이다. 다만 지금의 호걸 위인 중에 한태위, 구양공 같은 이가 있어, 뵙고 격발(激發)하여 성취될 것이 있을지 알 수 없다.

훗날 돌아오면 반드시 오늘날 보는 것과 다름이 있을 것이니, 선비가 작별하고 3일만이면 괄목상대(刮目相待)한다는 말이 어찌 빈 말이겠는가? 그 서기의 책임이 옛날과 같지 않으므로 또한 내가 중부에게 족히 말할 거리가 되지 못한다. 비록 그러하지만 나 역시 중부가 아니면 이 말을 내지 못할 것이니, 중부는 어찌 소홀히 여길 수 있으랴.

원통(元統) 2년 3월 16일

軾, 轍과 함께 唐宋 8대가의 한사람이다. 나이 27세에 비로소 發憤하여 책을 읽기 시작하였는데, 마침내 六經 百家의 說에 통하고, 붓을 들면 잠시 동안에 수천 言을 내리 쓰게 되었다. 가우 연간에 아들을 데리고 상경하여 歐陽修에게 지은 책을 보이자 賈誼만 못지않다고 賞讚을 받았다고 한다.

435) 歐陽修는 송의 학자이며 자는 永叔, 호는 醉翁 또는 六一居士이다. 과거에 급제하여 仁宗朝 慶曆 이후 翰林院 侍讀學士, 樞密府使, 參知政事 등을 역임하였는데 그 동안 누차 群小輩의 참소를 입어 罷黜당하였으나 氣色이 태연하였다. 群書에 널리 통하고 詩文으로 천하에 이름을 날려 당송팔대가의 한 사람으로 꼽힌다. 저서에 『新唐書』, 『新五代史』 기타 詩文集 등이 있다.

436) 韓太尉는 北宋의 名臣 韓琦(1008~1075)를 이른다. 相州 安陽 사람이며 賢相으로 范仲淹과 竝稱된다. 자는 稚圭로, 仁宗朝에 재상이 되어 魏國公에 被封되었다. 시호는 忠獻이다. 저서에 『安陽集』, 『韓魏公集』 등이 있다.

送鄭仲孚書狀官序

三韓古與中國通 文軌未嘗不同 然其朝聘不以歲時 故寵待有出於常夷 盖所以來遠人也 每遣人使 必自愼簡官屬 其帶行或至三五百人 少亦不下於一百 使始至中國 遣朝官接之境上 所經州府 輒以天子之命致禮餼 至郊亭又迎勞 到館撫問 除日支豊腆 自參至辭 錫讌內殿 設食禮賓 御札特賜 茶香酒杲[437]衣襲器玩鞍馬 禮物便蕃不絶 而隨事皆以表若狀 稱陪臣伸謝 而其私覿宰執 又多啓箚往復 故書記之任 非通才號難能 中古國相若朴寅亮金富軾輩 皆嘗經此任 而爲中國所稱道者 自臣附皇元以來 以舅甥之好 視同一家 事敦情實 禮省節文 苟有奏稟 一个乘傳 直達帝所 歲無虛月 故使不復擇人 恩至渥也 獨於年節 例以表賀 而且有貢獻 故國卿充其使副 而粗如舊貫焉 書記之名 亦苟存其而[438]翰墨無所責也 是以邇年僥倖無耻者 往往冒利而爭爲之 故行人將校至不以淸望待之噫 書記之任 雖無時用 而其名猶在 豈若人所妄處而若輩所輕視哉 今年四月十七日 爲天壽聖節 當遣使入賀 而王親選在僚任蔡密直以使事 又以書記近非其人 命密直自擧 乃以典儀寺直長鄭誧仲孚應焉 仲孚於是騰裝將就道 以予爲老友見過 且告以行 予語之曰 士生用弧矢 匏繫不食 又非君子之志 矧今天下一姓 薄海內外 梯險航深 輻湊輦下 而奉邦君之命 叅盛禮於明廷 士之慶幸 孰大於此 昔蘇穎濱 讀百氏之書 不足激其志氣 捨去遊京師 觀宮闕倉廩府庫城池苑囿之大見 歐陽公 聽議論之宏辯 而又見韓大尉 願承光耀 以盡天下之大觀而無憾也 仲孚旣朝京闕 其巨麗之觀 當不讓於穎濱矣 第未知渇謁今之

437) '杲'는 『東文選』 권84에는 '果'로 되어 있다. '果'가 타당하다.

438) '其而'가 『東文選』 권84에는 '而其'로 되어 있다. 문맥상 '而其'가 타당한 듯하다.

豪傑偉人 如韓歐二公者 有以激發而成就之乎 他日歸來 必有異於今日所見矣 士別三日 刮目相待 豈虛言也哉 其書記之責 與古昔不同 又不足爲吾仲孚道也 雖然予非仲孚 亦不能發斯言矣 仲孚其忽諸

元統 二年 三月 旣望

23. 평원군부인 원씨 묘지

고려에 대신(大臣)으로서 휘(諱)가 항(恒)인 자가 있었는데, 세조황제(世祖皇帝)[439] 때 태사(太師)로서 충렬왕(忠烈王)을 보좌하였다. 성은 박씨(朴氏)이고, 위(位)는 첨의찬성사(僉議贊成事)이며 시호는 문의(文懿)이다.[440] 아들이 있었는데, 이름은 광정(光挺)으로, 처음에 본국자제(本國子弟)로서 선발되어 궁궐을 숙위하였다. 천자(天子)의 명을 받아 금부(金符)를 두르고서 소신교위[441] 고려서경등처수수군부만호 겸 광정대부평양부윤(昭信校尉高麗西京等處水手軍副万戶兼匡靖大夫平壤府尹)이 되었다가 죽었다. 그의 아들 정윤(正尹) 거실(居實), 손자 독만(禿滿)은 능히 그 직을 세습하니 직계가 전부 소신교위가 되었다.

고인(故人) 평원군부인(平原郡夫人) 원씨(元氏)는 바로 정윤공(正尹公)의 처이며, 독만에게는 어머니이다. 그 11대조는 휘가 극유(克猷)이며 국초(國初)에 벼슬하여 정의대부(正議大夫)가 되었는데, 자제들이 계속해서 지위가 더욱 높아져 크게 되었다. 조(祖)는 휘가 부(傅)이며 첨의중찬(僉議中贊)이었고 시호는 문순(文純)이다. 부(父)는 휘가 관(瓘)이고 첨의찬성사(僉議贊成事)였다.[442] 모(母) 김씨(金氏)는 낙랑군대부인(樂浪郡大夫人)에 봉해졌는

---

439) 원 세조의 재위기간은 원종 원년(1260)~충렬왕 20년(1294)이다.

440) 朴恒(1227~1281)은 자가 革之이고 이름은 東甫이다. 고종 때 급제하여 翰林院·忠州牧使·右正言에 임명되었고, 충렬왕 때는 承宣이 되어 銓注를 주관했고, 同知密直司事로 王을 따라 원에 갔다. 또한 원 세조가 일본을 정벌하기 위해 군기·군량·군비를 징발할 때, 左丞相으로서 원 감독자들의 횡포를 견제하기도 하였다(『고려사』 권106, 박항전).

441) 昭信校尉는 명대의 武官位名으로 정3품의 위계이다. 원대에는 大將軍이라 칭해졌다(日中民族科學硏究所編, 『中國歷代職官辭典』 참조).

442) 元克猷는 太祖를 보좌하여 공로가 있었기 때문에 三韓功臣의 칭호를 받았고, 兵部令에까지 이르렀다. 元傅(?~1287)는 原州人인데, 과거에 급제하여 直史館으로 있었으며, 원종 때에 樞密院副使로 임명되었고, 이후 中書侍郎平章事가 되었다. 충렬왕 초에 贊成事와 判軍簿修國史를 겸임하였는데, 柳璥·金坵와 함께 『高宗實

데, 밀직승지(密直承旨)로서 휘가 신(信)인 자의 딸이다.

자녀는 2남 5녀를 두었는데, 장남은 독만(禿滿)이고 차남은 장명(長命)인데 아직 벼슬을 하지 못하였다. 첫째 딸은 중정원장사(中政院長史)[443]인 심양(瀋陽)의 홍의손(洪義孫)에게 시집갔는데, 먼저 죽었다. 둘째 딸은 흥위위낭장(興威衛郎將) 김지경(金之庚)에게 시집갔고, 셋째 딸은 중대광낙랑군(中大匡樂浪君) 왕수(王琇)에게 시집갔는데, 나라와 더불어 종실이다. 넷째 딸은 선수왕부단사관 광정대부 전정당문학(宣授王府斷事官匡靖大夫前政堂文學) 이제현(李齊賢)[444]에게 시집갔다.

부인은 나면서부터 고운 모습을 가지고 있었고, 성질이 유순하고 지혜로워 부모가 아꼈다. 13세 때 간택되어, 박씨(朴氏)의 배필이 되었다. 문중에 들어가 시아버지와 시어머니를 모시기를 그의 부모같이 받들었는데, 예로써 대함이 지나칠 정도였다. 얼마 있지 않아 광정공(匡靖公)이 죽고 시어머니 정씨(鄭氏)가 본당에 있었는데, 정윤공(正尹公)은 부(父)를 대신하여 숙위(宿衛)에 충원되어 서울에 거주하므로, 부인이 좌우에서 정씨를 봉양하였다. (부인은) 그릇됨 없이 (정씨를) 잘 섬겨서 임종을 맞이하게 하였다. 후에 정윤공이 또한 죽었는데, 성인이 안된 자녀 5인이 있었다. 부인이 가계를 주관한 지 9년이 채 못 되어, 그 배우자를 모두 갖추고 선택하여 시집, 장가를 보내었다. 원가(元家) 아들·딸들은 모두 귀현(貴顯)하고, 태부인(太夫人)은 아직 병이 없어 일가친척은 날로 번성하였다. 부인은 일찍이 과부가

錄』을 편찬하였다. 아들은 元瓘과 元卿이 있는데, 원관은 관직이 찬성사에 이르렀고 그의 아들이 元忠이다(『고려사』 권107, 元傅傳).

443) 中政院은 중국 원대의 관청으로 中宮의 財務, 營造, 供給 등을 담당하던 기관이다. 그리고 長史라는 직위는 중정원의 예속관으로 丞相과 太尉의 속관이다. 원대에는 內史로 칭해졌다(『中國歷代職官辭典』, 中國國書刊會, 日中民族科學硏究所編 참조).

444) 李齊賢(1287~1367)은 자가 仲思, 初名은 之公, 시호는 文忠, 본관은 慶州이다(『고려사』 권110, 이제현전 및 『益齋集』 참조).

되어 처신하면서 웃어른의 뜻을 받들고 손님을 맞아 접대함에 있어 공경을 다하고 예로써 한집안을 지켜 집안이 옛처럼 모두 칭찬하는 가문으로 여유가 있었다. 정윤공에게 묻지 않고도 부인이 (가문을) 통괄하였는데, 법도가 있었다. 잘 다루면서 통괄하는 노복의 수가 또한 수백 명이었는데, 한 마디 원망하는 자가 있다고 들어보지 못했다.

원통(元統) 2년[445] 갑술 12월 갑술일에 병으로 죽으므로, 나이는 47세였다. 오호라 부인은 어질어도 장수는 하지 못하는구나! 자서(子壻)들이 상을 치루고 다음해 을해 2월 기미일에 모 땅에 장사지냈다. 나에게 명문(銘文)을 문의함에 나는 홍장사(洪長史)[446]와 동년 친구이고 또한 이광정(李匡靖)[447]과는 얕지 않은 사이인데, 어찌 감히 명문을 거절할 수 있겠는가! 명문에 이르기를,

"딸로서는 부모를 받들고 아내로서는 믿음을 가다듬고 어머니로서는 자식에게 자애롭도다. 때를 잘 맞추고 고르게 처신하였구나. 어질어도 목숨을 이기지 못하도다. 오 부인이여!"

平原郡夫人元氏墓誌

高麗有大臣 諱恒者在 世祖皇帝時 相太師忠烈王 姓朴氏位僉議贊成事 謚曰文懿 有子曰光挺 始以本國子弟被選 宿衛闕庭 受天子之命 帶金符 爲昭信校尉高麗西京等處水手軍副万戶 兼匡靖大夫平壤府尹而卒 其子正尹居實 孫禿滿 能世襲其職階皆昭信 故平原郡夫人元氏 實正尹

445) 元統은 원 순제의 연호이며, 원통 2년은 충숙왕 후3년(1334)이다.

446) 洪長史는 元氏夫人의 첫째 사위인 洪義孫을 가리킨다.

447) 李匡靖은 元氏夫人의 넷째 사위인 李齊賢을 가리킨다.

公之妻 於禿滿爲母 其十一代祖 諱克猷 仕國初 爲正議大夫 華胄蟬聯益顯以大 祖諱傅 故僉議中贊 謚文純 父諱瓘 故僉議贊成事 母金氏 封樂浪郡大夫人 故密直承旨 諱信之女也 其子男二人女五人 男長卽禿滿 次長命未仕 女適中政院長史瀋陽洪義孫 先歿 次適興威衛郎將金之庚 次適重大匡樂浪君王琇 與國同宗 次適宣授王府斷事官匡靖大夫前政堂文學李齊賢 夫人生有淑質 性柔且慧 父母愛之 年十三擇所從配朴氏 入門承舅姑愛如其父母 而禮待過之 未幾匡靖公下世 姑鄭氏在堂 正尹公替父充宿衛仕輦下 而夫人左右鄭氏 奉養無違 以善事 得其終焉 後正尹公又逝 男女未冠笄者有五人 夫人主家未九年 俱選其對以昏嫁之 元家弟妹皆貴顯 太夫人尙無恙 宗姻日盛 而夫人早寡 處於其間所以奉承 接遇盡其恭順 而以禮自守一門 多稱之 家故足貲 正尹公不以爲問 夫人制之有法度 撫御婢僕且數百 不聞有人出一言以負且怨者 元統二年甲戌十二月甲戌以疾卒 年四十又七 嗚呼 夫人其賢而不壽者乎 子壻治喪 卜以明年乙亥二月己未 葬于某地之原 問銘於予 予於洪長史爲同年友 又受知李匡靖爲不淺 銘其敢拒而已耶 銘曰 女承而親 婦信而身 母慈而子 維時維均 賢不克壽 嗟嗟夫人

24. 환조(還朝)하는 봉사 이중보[448]를 보내는 서

한림(翰林)[449] 이중보가 정동성(征東省)[450]에 사신으로 왔다가 일을 마치고 장차 돌아가려고 할 때 나에게 들러서 작별을 고하기에 이로 인하여 내가 말한다. 진사[451]로 사람을 뽑는 것은 본래 당 장경(長慶)[452] 초에 성하였는데, 김운경(金雲卿)[453]이라는 자가 있어 처음으로 신라의 빈공(賓

---

448) 李中父 : 中父는 稼亭 李穀(1298~1351)의 자이다. 그의 생애에 대해서는 『고려사』 권109, 이곡전, 그의 문집인 『稼亭集』 등을 참고할 수 있다. 충숙왕 4년(1317)에 거자시에 합격하고 동왕 7년에 등제하여 福州(安東)司錄叅軍에 임명되었다. 충숙왕 후원년(1332)에 征東省 鄕試의 제1명에 합격하여 동왕 2년에 원의 제과에 뽑혀 원의 翰林國史院 檢閱官에 제수되었다. 동왕 후3년(1334)에 興學의 조서를 받고 고려에 사신으로 왔다가 동왕 후4년(1335)에 奉善大夫典儀副令直寶文閣에 제수되었다. 충숙왕 후5년(1336)에 儒林 徽政院管句에 제수되고 동왕 후6년에는 征東行中書省左右司員外郎에 옮겼다가, 이해에 본국으로 돌아와서 中顯大夫 成均祭酒禮文館知製敎에 임명되었다. 충혜왕 후2년에 하개원표를 가지고 원에 갔다가 머무르게 되고, 충목왕 2년(1346)에 正朔 반포의 일로 고려에 돌아왔다. 이후 이제현 등과 더불어 『編年綱目』 등을 증수하였고, 『三朝實錄』 편찬에도 참여하게 된다. 충정왕 2년에 원의 奉善大夫 征東行中書省左右史郎中에 제수되었다가 이듬해 죽었다. 시호를 文孝라고 한다. 이곡에 대해서는 다음의 논문이 참고된다. 金宗鎭, 「李穀의 對元 意識」, 『泰東古典硏究』 1, 1984 ; 李成珪, 「高麗와 元의 官僚 李穀(1298~1351) 年譜稿」, 『東아시아 歷史의 還流』, 지식산업사, 2000.

449) 翰林은 당대에 처음 설치된 것으로, 天子의 乘輿가 있는 곳에는 반드시 文學, 技藝, 占卦, 醫術에 이르기까지 供奉하는 자가 모시는데, 그 관명을 翰林待詔 또 翰林俸奉이라 했다. 당 현종대에는 翰林供奉이었다가 이후 學士院을 신설하여, 翰林學士로 이름을 바꾸었다가 원대에는 國史院에 합치되어, 당·송대와는 달랐다.

450) 征東省은 원이 충렬왕 6년(1280)에 일본을 원정하기 위해 처음 설치한 이후 충렬왕 25년(1299)부터는 고려에 대한 통제, 간섭을 담당하는 매개체인 征東行省을 지칭한다.

451) 進士는 당대의 관리채용법으로 禮部에서 주관하여 각 지방의 사인을 시험 치르게 하는 鄕貢의 과목 중의 하나이다. 秀才·明經·進士·明法·明字·明算·道學·童子 등 8과가 있다.

452) 長慶은 당 목종의 연호이며, 신라 헌덕왕 13년(821)에서 헌덕왕 16년(824)까지이다.

453) 김운경이 당의 빈공과에 급제한 사실은 『三國史記』 권11, 문성왕 3년 7월조,

貢)으로서 두사례(杜師禮)의 방에 이름을 올렸다. 이로 말미암아 천우(天祐)[454] 말년에 이르기까지 무릇 빈공과(賓貢科)[455]에 오른 자는 58인이며, 오대(五代)[456]의 후량(後梁)·후당(後唐)에서도 또 32인이 있었다. 대개 발해인 십수 인(人)을 제외하고 나머지는 모두 동사(東士)[457]의 선비이다.

우리 고려에 이르러서도 역시 일찍부터 송에 공사(貢士)[458]가 있었는데, 순화(淳化)[459] 연간 손하(孫何)의 방에 왕빈(王彬)·최한(崔罕)이 있고,[460] 함평(咸平)[461] 연간 손근(孫僅)[462]의 방에 김성적(金成績)[463]이 있으며, 경우(景祐)[464] 연간 장당경(張唐卿)의 방에 강무민(康撫民)이 있으며, 정화(正和)[465] 중에는 또한 황제가 친히 시험하여 권적(權適)·김단(金端) 등 4인[466]에게 특별히 상사(上舍)[467] 급제를 하사하였다. 이런 사실을 통해서

'唐武宗勅歸國新羅官前入新羅宣尉副使 充兗州都督府司馬 賜緋魚袋金雲卿可淄州長史 仍爲使'의 기록에서 알 수 있다. 그는 문성왕에 대한 책봉 칙서를 가지고 귀국하였다.

454) 天祐는 당 애제의 연호이며, 신라 효공왕 8년(904)에서 효공왕 11년(907)까지이다.

455) 賓貢科는 당 과거제의 하나이다. 외국인을 위한 것으로서 당시 신라인이 많이 응시하여 급제하였다.

456) 오대는 당말 朱全忠에 의해 당이 멸망하고(907), 이후 趙匡胤에 의해 송을 통일하기까지(960)의 약 54년 동안 後梁, 後唐, 後晉, 後漢, 後周 등의 5왕조를 말한다.

457) 東士 : 신라의 선비를 말한다.

458) 貢士 : 才學이 있는 인물을 제후로부터 중앙정부에 천거하는 일 또는 그 사람을 지칭한다.

459) 淳化는 송 太宗의 연호이며, 성종 9년(990)에서 성종 13년(994)까지이다.

460) 최한과 왕빈이 급제한 사실은 『고려사』 권74, 선거2, 성종 5년, '遣崔罕王琳 如宋入學'과 同王 11년 '罕琳登賓貢科 授秘書郎'의 기록에서 알 수 있다.

461) 咸平은 송 진종의 연호이며, 목종 1년(998)에서 목종 6년(1003)까지이다.

462) 孫僅은 孫加의 동생으로 자는 隣幾, 함평 연간의 進士이다. 관직은 大中祥符(송 진종의 연호, 1008~1016) 중엽에 給士中에 나아갔다. 유학에 독실하고 문집이 있다.

463) 『고려사』 권74, 선거2, 制科, '穆宗元年 金成績入宋登第'라고 기록되어 있다.

464) 景祐는 송 인종의 연호이며, 정종 즉위년(1034)에서 정종 3년(1037)까지이다.

465) 正和는 송 휘종의 연호이며, 예종 6년(1111)에서 예종 12년(1117)까지이다.

466) 권적(1094~1146)과 김단이 상사에 급제한 기록은 다음에 보인다. 『고려사』 권14,

동방에는 대대로 인재가 끊어지지 않았음을 가히 알 수 있나. 그러나 소위 빈공과라는 것은 매양 별시(別試)로부터 시작해서 방의 말미에 이름을 붙이므로 여러 사람과 더불어 동열에 서서 비유할 수 없으며, 제수되는 바도 비관(卑官), 용관(冗官)이 많았으며, 혹은 곧 고국으로 돌려보내기도 하였다.

원(元)[468]만이 차별 없이 똑같이 사랑하여 어진 인재를 뽑는데 구별이 없다. 그러므로 고려의 선비도 중원(中原)의 재주와 슬기가 뛰어난 자들과 더불어 금방(金牓)[469]에 이름을 올린 자가 이미 6인이나 되었다.

중보(中父)는 비록 뒤에 나아갔으나, 처음으로 고과(高科)에 발탁되어 금성(禁省)[470]의 벼슬을 제수받고[471] 시혜가 부모에게 미쳐서 모두 은혜로운 명을 입었다. 영광스럽게 조서를 받들고 고국에 사신으로 와서 어머니를 고당(高堂)에서 뵙고 선농(先壟)[472]에 분향(焚香)[473]하여 집안을 영광되게 하였다. 뜻을 이루어 고향에 돌아온 것이 유독 장경(長卿)[474] 옹자(翁子)[475]

예종 10년 7월, '戊子遣吏部尙書王字之 戶部侍郎文公美如宋 謝恩兼進奉 仍遣進士 金端·甄惟底·趙奭·康就正·權適等五人赴大學' 및 같은 책, 권14, 睿宗 12년 5월, '丁巳李資諒還自宋 進士權適·趙奭·金端等偕資諒還 帝初親策試 適等于集英殿 賜適等四人上舍及第'.

467) 上舍 : 송대 대학으로 삼사의 하나. 송대 관리시험을 위한 3개의 학사(外舍·內舍·上舍)의 하나이다.

468) 聖元은 원나라를 가리킨다.

469) 金牓 : 과거에 급제한 사람의 이름을 게시하는 방을 가리킨다.

470) 禁省 : 금중이라고도 하는데 대궐에 있는 관아를 가리킨다.

471) 李穀이 翰林國史院檢閱官의 관직을 띠고 고려에 사신 온 것을 말한다.

472) 先壟 : 先塋, 先山, 조상의 무덤이 있는 곳을 가리킨다.

473) 焚香 : 墓 앞에서 행하는 예인데, 品官을 얻으면 黃紙로써 지은 制書를 사용해서 家廟에 祭告하고 이를 焚却하기 때문이다.

474) 長卿 : 前漢의 文人인 司馬相如의 字이다. 武帝 때 郞으로서 西南夷와의 외교에 공이 컸다. 辭賦에 능하여 漢魏六朝 문인의 모범이 되었다.

475) 翁子 : 한나라 朱買臣의 자이다. 처음에는 집이 가난하여 땔감나무를 팔아서 자급했으나 무제의 신임을 얻어 고향인 會稽太守가 되고 丞相長史에 올랐다.

가 촉·월에서 뽐낸 것만은 아니다.

우리 집안의 문창공(文昌公)[476]은 나이 12세에 서쪽에 유학가서, 18세인 함통(咸通) 15년[477] 과거에 합격하여, 중산위(中山尉)[478]를 지내고 회남(淮南)의 고시중(高侍中)[479]을 보좌하여 막료가 되었으며, 관은 시어사(侍御史) 내공봉(內供奉)에 이르렀다. 28세에 조서를 받들어 귀국하니 사람들에게 지금까지 전하여 미담(美談)이 되었다. 이는 당말로서 사해(四海)에서 병란이 일어났다. 공은 타국에 우거하는 외로운 몸으로서 번진(藩鎭)에서 식객 노릇을 하였다. 비록 헌질(憲秩)은 받았으나 관직은 실직이 아니었다. 신라에 돌아옴에 미쳐서는 나라가 크게 어지러워 길이 막혀서 복명(復命)할 수가 없었다. 그 평생을 논한다면 부지런히 일하였으나 영광된 것은 족히 많은 것이 없다고 하겠다.

(어찌하여) 우리 중보는 밝은 세상을 만나서 몸이 귀한 직에 이르렀으며, 또한 나이는 바야흐로 젊고 혈기 왕성하며 뜻은 더욱 더 자신을 낮추어서

---

476) 文昌公은 崔致遠(857~?)의 시호이다. 헌안왕 원년(857)에 왕경 사량부에서 출생하여 본문에 서술하고 있는대로 12세에 중국으로 건너가 禮部侍郎 裵瓚 하에서 賓貢科에 급제하였다. 당에서 관직을 역임한 이후 신라 헌강왕 11년(885)에 귀국하여 侍讀兼翰林學士守兵部侍郎知瑞書院監事에 임명되었다. 진성왕 8년(894)에 始務十條를 올렸으나 수용되지 아니하였다. 이후 관직에서 면직되자 전국에 유랑하였고, 특히 가야산 해인사에서 많은 세월을 보내었다. 이 기간 중에 신라 화엄종 승려들인 義湘이나 해인사 창건에 관련된 順應·利貞 등의 전기를 지은 바 있다. 그리고 그의 저서로는 『桂苑筆耕』과 『帝王年代曆』 등이 있으며, 사망 연대에 대해서는 정확하게 알 수 없다. 최치원에 대해서는 다음이 참고된다. 장일규, 『최치원의 사회사상 연구』, 신서원, 2008 ; 郭丞勳, 『최치원의 중국사 탐구와 사산비명 찬술』, 『韓國史學』, 2005 ; 장일규, 「『계원필경집』과 최치원의 교유관계」, 『민족문화』 34, 한국고전번역원, 2010.

477) 咸通은 당 의종의 연호이며, 헌안왕 4년(860)에서 경문왕 13년(873)까지이다. 함통 15년은 경문왕 14년(874)이다.

478) 中山尉는 江小省 담수현의 남쪽에 있는데, 당 희종 3년(876) 최치원이 潭水縣尉에 임명된 것을 말한다. 이곳에는 품질이 좋은 붓이 산출되기로 유명한 곳이다.

479) 高侍中은 淮南節度使 高駢을 가리키며 그는 당 희종 2년에 황소의 난이 발생하자, 이 반란 진압의 책임자로 諸道行營兵馬都統에 임명되었다.

그 덕을 나타내게 하니, 그 전도(前途)를 헤아리기 쉽지 않은 즉 입신(立身)하여 나라와 집안을 영광되게 하는 것이 이 일시에만 그치겠는가. 반드시 부귀가 그득 다가와, 공명이 천하에 가득하여 화금당(畫錦堂)[480]이 장차 동한(東韓)[481]에 크게 지어지게 될 것이니, 후세 사람들이 중보를 보기를 옛날 동인(東人)[482]과 비교하여 어떠했다고 할지 모르겠다. 다시 기억하건대 지치(至治) 원년[483]에 역시 나 자신도 외람되게 조정의 부름을 받았는데 이 해[484]에 과거 합격자가 오히려 정액에 차지 못하여 좌방(左牓)[485]에 오른 자가 겨우 43인이었다. 나는 다행히 제 21등에 뽑혀서, 개모별가(盖牟別駕)[486]에 제수되었으나 관에 부임한 지 수개월 만에 병으로써 면직을 요청하고 지금은 이에 물러나서 고향에 안주한 지 13년이 되었다. 웅대한 뜻은 날로 없어져서, 더 이상 비등할 기세가 없어졌다.

근래에 중보를 보니, 내가 스스로를 돌보지 않았고 이룬 것도 없음을 더욱 깨달았다. 천자의 고명한 덕을 저버린 것이 부끄러우니 또 어찌 말을 더하겠는가. 중보는 더욱 면려를 더하여라. 그리하여 한 삼태기의 흙을 나르는 것을 그침으로 인하여, 구인(九仞)의 높이를 이지러지게 하는 일이

---

480) 畫錦堂은 송나라 韓琦의 故宅이다. 한기는 재상겸 武康軍節度使로서 향리인 相州의 知로 되었기 때문에, 낮에 비단옷을 입고 고향에 돌아온다는 뜻으로 사용된 말이다. 앞의 원문은 書로 보이나 畫로 해석하는 것이 옳을 것이다.

481) 東韓은 고려를 가리킨다.

482) 여기서 東人은 崔致遠을 말한다.

483) 至治는 원 영종의 연호이며, 지치 원년은 충숙왕 8년이다.

484) 『고려사』 권74, 선거2, 제과, 충숙왕 7년 7월조, '遣安軸·崔瀣·李衍宗應擧'에 시험에 응시토록 안축 등의 3인이 파견되었고, 동왕 8년 '瀣中制科 勅授遼陽盖州判官'란 구절이 나오고 있다. 따라서 이 해는 충숙왕 8년(1321)을 가리킨다.

485) 左牓 : 원대에 과거에 합격한 擧人·進士의 이름을 게재하는 좌측의 게시판으로 몽고·색목인은 우측에, 고려·남인 등은 좌측에 게시한다.

486) '盖牟'는 지명이다. 처음에는 한의 西蓋馬縣이었다가 뒤에 고구려에 편입되었는데, 현 만주 遼寧省 蓋平縣이다. 최해가 원의 과거에 급제한 후 遼陽路 盖州判官에 제수된 것을 말한다.

없도록 하라.[487] 나는 중보와 더불어 친밀하므로, 이미 그 행실을 아름답게 여기고 또 나의 졸렬함을 드러내어 재차 힘써 일하도록 권장하고자 한다.

원통(元統)[488] 을해 삼월 초하루에 쓰다.

送奉使李中父還朝序

翰林李中父奉使征東 已事將還 過辭予 因語之曰 進士取人 本盛於唐長慶初 有金雲卿者 始以新羅賓貢 題名杜師禮牓 由此以至天祐終 凡登賓貢科者 五十有八人 五代梁唐又三十有二人 盖除渤海十數人 餘盡東士 逮我高麗亦嘗貢士於宋 淳化孫何牓有王彬崔罕 咸平孫僅牓有金成績 景祐張唐卿牓有康撫民 政和中又親試權適金端等四人 特賜上舍及第 擧是可見東方代不乏才矣 然所謂賓貢科者 每自別試附名牓尾不得與諸人齒 所除多卑冗 或便放歸 欽惟聖元一視同仁 立賢無方 東士故與中原俊秀竝擧 列名金牓 已有六人焉 中父雖後出 迺擢高科 除官禁省 施及二親 俱霑恩命 光捧詔書 來使故國 謁母高堂 焚黃先壟爲存歿榮 得志還鄕 不獨長卿翁子 夸于蜀越矣 吾家文昌公年十二西游十八登咸通十五年第 歷尉中山 佐淮南高侍中幕 官至侍御史內供奉二十八奉使歸國 鄕人至今傳以爲美談 當是時也 屬於唐季 四海兵興而公以覊旅孤跡 寄食于藩鎭 雖授憲秩 職非其眞 及乎東歸 國又大亂道梗不果復命 論其平生 可謂勞勤 而其榮無足多者 曷若吾中父遇世休

---

487) 『論語』 子罕 第九에 '산을 쌓는데 마지막 한 삼태기의 흙을 붓지 않아 산을 못 이루고서 중지하는 것도 내 자신이 중지하는 것과 같다'는 뜻으로 한 번의 실수로 허사로 돌아감을 경계한 것이다.

488) 元統은 順帝의 연호이며, 원통 을해라고 하는 것은 실제로 至元 1년인 충숙왕 후4년(1335)이다.

明 致身華近 而且年方强壯 志愈謙光 具前途有未易量者 則顯榮家國豈止此一時 必見富貴苦逼 功名滿天下 晝綿之堂 將大作於東韓 未識後來視中父與昔東人爲何如也 復記在至治元年 亦自猥濫與計而偕 是年擧子尙未滿額 登左牓者纔四十三人 予幸忝第二十一名 拜盖牟別駕赴官數月 以病求免 今玆退安里巷十有三年 壯志日消 無復飛騰之勢矣比見中父 益知予之 終於自棄 而無成也 慚負聖明 又奚言哉 中父尙勉旃[489] 毋以一簣進止 而虧九仞之高也 予與中父厚旣美其行 且訟予拙而復勖之云 元統乙亥 三月初吉

489) 『東文選』 권84에 '中父尙勉旃'으로 되어 있다.

25. 수녕옹주 김씨 묘지

김씨는 귀족인데 대개 신라가 일어난 처음부터 그러하였다. 민간에 전하기를 "금궤가 하늘에서 내려왔는데 이로써 취하여 성으로 삼았다"고 한다. 또 말하기를 "스스로 소호금천씨(少昊金天氏)[490]의 후예로서 인하여 씨(氏)로 삼았다"고 한다. 자손이 나라를 향유(享有)하여 재위한 지가 오래되었는데, 경순왕(敬順王) 부(傅)에 이르러 본국의 신성왕(神聖王)[491]이 세상에 나와 일어나니, 천명이 (그에게로) 돌아가고 있음을 알고 땅을 바쳐 스스로 좇아 따랐다. (이후로) 그 일가가 많이 서울로 옮겨와 살면서 임금의 은혜를 입어 관직에 임명되었는데, 대대로 충성스럽고 근실함이 현저하였다. (세월이) 가면 갈수록 더욱 커져 성함이 있었다.

가까이로는 국상(國相) 봉모(鳳毛)[492]가 있는데 문하평장이었고, 그는 문하평장 태서(台瑞)[493]를 낳았고, 평장은 추밀원부사(樞密院副使) 경손(慶

---

490) 少昊金天氏 : 중국 상고시대의 임금으로, 성은 金天氏이며, 이름은 玄囂 또는 摯로써, 帝摯이라고 부른다. 黃帝의 아들이며, 어머니는 嫘祖이다. 太昊伏羲氏의 法을 배웠기 때문에 小昊라고 부른다. 그가 즉위한 때에 鳳鳥가 나타나서 官名에 鳥名을 사용하였다. 또 金德을 써서 왕이 되었기에 후세 가을을 주재하는 神이 되었다. 窮桑에 도읍을 정하였기 때문에 窮桑氏라 하기도 하고, 靑陽에 나라를 세워서 靑陽氏라 하기도 하며, 雲陽에 장사를 지내어 雲陽氏라고 부르기도 한다. 『劉恕外紀』에는 曲阜(山東省)에 도읍을 정하였으며, 재위는 84년이며 壽는 100세라고 되어 있다(『漢和大辭典』 권4 참조).

491) 神聖王 : 고려 태조의 시호이다.

492) 金鳳毛(?~1209)는 胡語와 漢語를 잘하여 金나라 사신이 오면 접대원으로 임명되었다. 벼슬이 문하시랑평장사에 이르렀고 靖平이라는 시호를 받았다(『고려사』 권101, 金台瑞傳 참조).

493) 金台瑞는 과거에 급제한 후 명종 이후 고종대까지 5대 왕에 걸쳐 벼슬하여 직위가 守太保門下侍郎平章事에 이르렀으며 연로하여 치사하였다. 그는 유교를 숭상하였으나 글을 좋아하지 않았고 탐욕스럽고 비루하며 사치하였다. 그는 남의 토지를 강탈하였으므로 매양 출입하는 도중에 사람들이 길을 막고 호소하기를 "당신은 왜 우리들의 밥통을 강탈하는가?"라고 하였다. 그러나 그의 아들 김약선이 崔怡의 사위가 되었기 때문에 관리들도 감히 그를 탄핵하지 못하였다. 그러다가 吳承績

孫)[494]을 낳았으며, 추밀원부사는 밀직승지(密直承旨) 신(信)을 낳았다. 신(信)은 윤씨의 딸을 맞아들였는데, 그녀의 아버지의 휘(諱)는 번(璠)으로 판대부감(判大府監)을 지냈다. 돌아가신 수녕옹주(壽寧翁主)는 신의 막내 딸이다. 나이 14세에, 지체가 좋은 가문 출신으로 현명하여 예성부원대군(蘂城府院大君) 왕온(王昷)에게 시집갔다. (그는) 현종의 넷째 아들이자 문종의 친동생인 평양공(平壤公) 기(基)[495]의 10세손이며 대대로 (왕실과) 가까운 일가로서 공후(公候)의 작위를 이었다. 백부 대방공(帶方公) 징(澂)[496]은 (원) 세조 때에 나라의 자제들을 거느리고 궐내에서 숙위하였는데 천자가 그 노고를 가상히 여기고 총애하여 물건을 내린 것이 일 년에 백여 가지에 이르렀다.

(수녕)옹주는 30이 안되어 과부가 되었는데, 세 아들과 딸 한 명이 모두 어렸다. 이에 모두 가르치고 길러서 성인이 되게 하고, 손자를 안기에 이르렀다. 맏아들 순(珣)은 회안부원군(淮安府院君)이요, 둘째 우(瑀)는 창

사건에 연좌되어 가산을 몰수당하였으며 죽은 후 文莊이란 시호를 받았다(『고려사』 권101, 김태서전).

494) 金慶孫(?~1251)은 1231년 靜州分道將軍이 되었는데, 그때 몽고군이 정주에 침입하자 힘써 싸웠으나 이기지 못하고 龜州(지금의 평안북도 龜城)에 가서 박서와 합세하여 성을 굳게 지켜 적을 물리쳤다. 1233년 대장군 지어사대사가 되었다. 1237년 전라도지휘사가 되어 담양·해양 등지를 휩쓸던 초적 李延年 형제를 나주에서 무찔러 평정하였다. 1249년 최항은 그가 인망을 얻고 있는 것을 시기하여 백령도에 귀양보냈다. 1251년 최항이 계모 대씨를 죽이고 대씨의 前夫의 아들 吳承績을 죽였는데, 김경손이 오승적의 인척이 된다고 하여 사람을 배소에 보내어 바다 속에 던져 죽였다. 전라도의 原栗·潭陽에서 李延年이 중심이 되어 일어난 백제부흥운동과 김경손의 관계에 대해서는 金潤坤, 「抗蒙戰에 參與한 草賊에 對하여」, 『東洋文化』 19, 1979 및 尹龍爀, 「高麗 對蒙抗爭期의 民亂에 대하여」, 『史叢』 30, 1986 참조.

495) 王基(1021~1069)는 현종의 아들로 母가 元惠王后 金氏이다(『고려사』 권90, 평양공 기전).

496) 여기서는 왕징과 왕온과의 관계를 백질지간으로 보았는데, 『고려사』 권90, 평양공 기전에는 이들 관계가 父子로 나온다.

원부원대군(昌原府院大君)이며, 셋째 수(琇)는 낙랑군(樂浪君)이다. 손자는 8명이 있는데, 증(証)은 보령군(保寧君)이요, 당(讜)과 서(諝)는 정윤(正尹)이 되었고, 동(詷)과 정(頲) 나머지는 모두 어리다.

연우(延祐)[497]와 지치(至治)[498] 연간에 왕씨의 여자를 찾는다는 교지(敎旨)가 있어 딸이 그 뽑힘에 들었는데, 지금은 하남등처행중서성좌승(河南等處行中書省左丞) 실열문(室烈門)에게 출가하여 정안옹주(靖安翁主)로 봉해졌다. 이에 지극히 사랑하던 딸을 멀리 보내게 되자 걱정하고 번민하여 병이 났는데, 이후로 때로 (병이) 나았다가 때로 심해지기도 하였다. 원통(元統)[499] 3년에 이르러 병이 더해져서 약이 효험이 없었다. 9월 을유에 돌아가시니 나이는 55세였다.

이에 앞서 동국의 자녀들이 서쪽으로 간 것이 거르는 해가 없었는데, 비록 왕실 친족의 귀함으로도 감출 수가 없었다. 어머니와 자식이 한번 헤어지면 까마득히 만날 기약이 없어 고통이 골수에 사무쳐 병이 들어 죽음에 이르는 자가 한둘이 아니었다. 천하에 어떤 지극한 원망이 있어 이것보다 지나치겠는가. 지금 천자께서 어사(御史)의 말을 듣고 제(制)를 내려 그것을 금하게 하니, 어느 곳의 늙은이와 젊은이가 그 어질고 밝은 덕에 기뻐하여 손발이 춤추는 것을 알지 못하였다. 오직 한스러운 것은 옹주가 그 기쁨에 미치지 못하고 이 지경에 이르게 되었으니, 오호라! 슬프도다.

이달 갑진(甲辰)일에 대덕(大德)의 언덕에 장사지내고 대군(大君)과 합장하였다. 그 장례를 치르는 일은 왕이 해당 관청에게 명령하여 관에서 돕도록 하였고, 회안·창원군이 예절에 따라 상을 집행하도록 하였다. 그 막내는

---

497) 延祐는 원 인종의 연호이며, 충숙왕 1년(1314)에서 충숙왕 7년(1320)까지이다.
498) 至治는 원 영종의 연호이며, 충숙왕 8년(1321)에서 충숙왕 10년(1323)까지이다.
499) 元統은 원 순제의 연호이며, 원통 연간은 2년까지밖에 없다. 여기서 元統 3년은 다음 해인 至元 1년인 충숙왕 후4년(1335)이다.

원나라에 있어 참여하지 못하였다. 이군(二君)은 책읽기를 좋아하고 문객을 사랑하여 태평한 시절의 귀공자의 풍모가 있었다. 또 나라와 가문의 예문전고(禮文典故)를 익혀 왕씨로서 종법(宗法)을 행하려고 하는 자는 그들에게 의지하니 어찌 어머니의 가르침에 방도가 있음이 아니었으면 여기에 이를 수 있었겠는가.

황경(皇慶)[500] 2년 (충숙)왕이 비로소 책봉되어 즉위하던 날에 회안군은 곁에서 배석하여 모시는데 예절에 어긋남이 없었으므로, (임금이) 은혜를 베푸는 것이 (그) 어버이에까지 미쳤다. 이에 '수녕(壽寧)'이라는 호를 내려주고, 왕명을 받들어 달마다 음식을 공양하는 것을 큰 옹주와 같이 대우하였으니, 모두 특별한 은총을 내린 것이다. 선비들이 이야기하기를 "김씨가 이미 대군의 배우자가 되었는데도 그 칭호가 왕실의 여자와 같이 하는 것은 부당하니, 반드시 능히 그것을 말하는 사람이 있을 것이다"라고 하였다. 내가 큰 아들의 문객이 된 지 오래되었고, 성질이 또 미련하나, 그 명문을 구하는데 감히 사양할 수 없기에 씨족의 전말과 선비들의 의논에 이르기까지 숨기지 않고 바로 서술하였다.

명문에 이르기를 "산도 장한 그 터요 물도 아름다운 그 물가로다. 길하기로 한 그 터에 무덤 있어 고이 모셨네. 뉘 무덤에 누구를 합장했는가. 옹주요, 대군이라네. 천년 지난 뒷날에도 이 글 살펴보리라." 하였다.

壽寧翁主金氏墓誌

金氏爲貴族 盖起新羅之初 俗傳 金櫝降之自天 取以爲姓 又言 自以小昊金天之後 因氏焉 子孫享國久 至敬順王傅 遇本國神聖王誕興 知天

500) 皇慶은 원 인종의 연호이며, 충선왕 후4년(1312)에서 충숙왕 즉위년(1313)까지이다.

命有歸 納土自附 其宗屬多內徙 蒙恩被位 代著忠勤 愈遠而愈大以盛 近有國相諱鳳毛 門下平章生門下平章諱台瑞 平章生樞密副使諱慶孫 樞副生密直承旨諱信 承旨受尹氏女 父諱璠判大府監 故壽寧翁主 其季女也 年十四 以右姓而賢 媲于王氏諱昷 故藥城府院大君 寔顯王第四子 文王之母弟 平壤公諱基 十世孫也 世附近屬 克襲公候 伯父帶方公諱澂 在世祖皇帝時 率國子弟宿衛于內 天子嘉其勞 寵賚歲至累百 翁主年未三十已寡 而三子一女 稚且幼 既皆教育成立 至于抱孫 長珣淮安府院君 次瑀 昌原府院大君 次琇 樂浪君 孫有八人 曰証爲保寧君 曰讜曰諝爲正尹 曰詷曰頲餘俱幼 延祐至治間 有旨 索王氏女 而女入其選 今適河南等處行中書省左丞室烈門 封靖安翁主 迺所鍾愛 當其遠送 憂懣成疾 自後時已時作 至元統三年 病殆藥不效 越九月乙酉卒 年五十五 先此 東人子女被刮西去 無虛年 雖王親之貴 不得匿 母子一離 杳無會期 痛入骨髓 至於感疾隕謝者 非止一二 天下 孰有至寃 過是哉 今天子 用御史言 制禁之 一方老幼 喜際仁明 不知手舞足蹈者 獨恨翁主未及 而至於斯也 嗚呼悲夫 用是月甲辰 葬大德原 祔大君也 其襄事 王命有司 官庀之 而淮安昌原二君 執喪如禮 其季在都下 不及焉 二君 好書愛客 有承平貴公子之風 且習家國禮文典故 王氏取宗法者歸之 豈非慈訓有方而致之然耶 皇慶二年 王始受封 卽位之日 淮安君陪侍左右 禮無違者 覃恩及親 於是 錫壽寧之號 繼命趁月 供支視長翁主 亦特恩也 士議 金氏既媲大君 其稱謂不宜與宗女同 其必有能辨之者 予客長君久 而性又魯 於其徵銘 無敢辭 直敍氏族顚末 而及其士議無有隱也 銘曰 山壯其址 水美其瀆 有吉者兆 有安者墳 孰藏孰祔 維主維君 千載之下 尙考斯文

26. 고 밀직재상 민공 행장

증조 인균(仁鈞)은 정의대부 한림학사 사관수찬 지제고(正議大夫翰林學士史館修撰知制誥)[501]였다. 증조할머니는 군부인에 봉해졌다. 조부 황(滉)은 조산대부 호부시랑(朝散大夫戶部侍郎)이며, 할머니 최씨는 창원군부인(昌原郡夫人)에 봉해졌다. 부 종유(宗儒)[502]는 중대광 첨의찬성사 상호군(重大匡僉議贊成事上護軍)으로 치사(致仕)했다. 어머니 유씨는 장사군부인(長沙郡夫人)에 봉해졌다.

공의 휘(諱)는 적(頔),[503] 자는 낙전(樂田), 성은 민씨이며 선대는 충주 관내 황려군(黃驪郡) 사람이다. 대개 국초부터 입사(入仕)하였는데 9대 이상은 집안의 보첩(譜牒)을 분실하여 살필 수 없고, 그 8대조 칭도(稱道)는 벼슬이 상의봉어(尙衣奉御)[504]에 이르렀고, 봉어는 감찰어사(監察御史)인 세형(世衡)을 낳고, 어사는 호부원외랑(戶部員外郞)인 경(憼)을 낳았다. 호부는 태사 문하평장 감수국사(太師門下平章監修國史)인 영모(令謨)[505]를 낳았다. 영모는 실로 명왕(明王)을 도와 중흥을 도모하였으며, 나이 80에 죽자 시호를 문경(文景)이라 하였다. 문경은 또 태보평장 대집현(太保平章大集賢)이며 시호가 정의(定懿)인 공규(公珪)[506]를 낳았는데, 공의 고조가

501) 正議大夫翰林學士史館修撰知制誥 : 고려 때 왕에게 詔書·敎書 따위의 글을 지어 바치는 일을 맡은 벼슬. 翰林院·寶文閣의 관원이 이를 겸직할 경우에는 내지제고, 다른 관청의 관원이 겸직할 경우에는 외지제고라 한다.

502) 閔宗儒에 대해서는 『고려사』 권108, 민종유전과 앞의 민종유의 묘지명인 「有元高麗國故重大匡僉議贊成事上護軍判摠部事致仕謚忠順閔公墓誌」를 참고하기 바란다.

503) 민적(1269~1335)은 『고려사』 권108, 閔宗儒 附 閔頔傳 참조.

504) 尙衣局 : 임금의 의복 및 대궐 안의 재물과 보물 일체의 간수를 맡아보는 관청. 掌服署로 개칭되었다가 다시 상의국으로, 다시 장복서로 바뀜. 奉御는 상승국·상식국·상약국·상의국·중상국 등에 둔 정6품의 벼슬이다.

505) 『고려사』 권101, 閔令謨傳 참조. 인종 때에 과거에 급제하였다. 명종이 즉위한 이후 樞密院副使·判兵部事·中書侍郎平章事·判吏部事·太子 太師 등을 역임하였다. 그의 아들은 閔湜과 閔公珪 두 명이었다.

된다. 대대로 글이 고상하고 벼슬이 높아 동국 세족의 제일이 되었다.

공은 지원(至元) 7년[507] 경오(庚午)에 태어났다. 태어나면서부터 용모가 범인과 달랐다. 외조부 천우(千遇)[508]는 재상에 올랐으며 시호가 문도(文度)였다. (지인)을 부르니 (그가) 보고 기이하게 여겨 '아이는 후에 귀하게 될 것이다'라고 말했다. 이모부(姨夫)인 재상 김균(金頵)이 이 말을 듣고 거듭 그를 키울 것을 청하여 그 집에서 기르게 되었다.[509]

동방의 옛 풍속에 남자는 반드시 유년에 승려를 따라 글을 배웠는데, 용모가 뛰어난 남자가 있으면 승속(僧俗)이 모두 이를 받들어 선랑(仙郎)이라 불렀다. 모인 무리가 백천(百千)에 이르렀으며, 그 풍류는 신라에서 비롯된 것이었다. 공이 10세 때 승사(僧舍)에 나가 배웠는데 성품이 총명하여 책을 받으면 곧 깨쳤다. 용모가 그림과 같이 뛰어나고 모습이 빼어나게 우아하여 보는 사람들은 모두 그를 좋아하였으며, (그가) 이르는 곳에는 뛰어난 인물들이 모여들었다. 충렬왕이 이것을 듣고 궁중에 불러 국선(國仙)이라 지목하고, 또한 한 나라의 호걸과 같이 국사(國士)라 칭했다.

지원(至元) 22년[510]에 진사에 급제하였다. 이때 태위왕(太尉王 : 忠宣王)이 세자가 되자, 뽑혀 속관이 되었다. 임시로 비서교서(秘書校書)에서 보문각교감(寶文閣校勘)으로 옮겼다. 거듭 옮겨서 첨의주서(僉議注書)가 되고 예빈승권통례문지후(禮賓承權通禮門祗候)에서 다시 비서랑(秘書郎)이 되었다. 대덕(大德) 원년[511]에 군부정랑(軍簿正郎)의 시직(試職)에 옮겨 은비

---

506) 『고려사』 권101, 閔令謨傳에 의하면 閔公珪는 관직이 門下平章事修文殿太學事判兵部事에 이르렀다.

507) 至元은 원 세조의 연호이며, 지원 7년은 원종 11년(1270)이다.

508) 兪千遇 : 『고려사』 권105, 兪千遇傳 참조.

509) 이와 비슷한 내용은 『고려사』 권108, 민종유전에 보인다. 김균의 행적에 대해서는 『고려사』에 단편적인 기록만 보이는데, 전법판서와 부지밀직사사를 역임한 것으로 되어 있다.

510) 至元은 원 세조의 연호이며, 지원 22년은 충렬왕 11년(1285)이다.

511) 大德은 원 성종의 연호이며, 대덕 원년은 忠烈王 23년(1297)이다.

(銀緋)의 복색을 하사받았다. 조금 후에 판도 겸 세자궁문랑(版圖兼世子宮門郎)이 되니 또 금자(金紫)의 복색을 하사받았다. 대덕 2년[512]에 태위왕이 왕위를 계승하자 조산대부 비서소윤 지제고(朝散大夫秘書少尹知製誥)에 제수되었다. 가을에 왕[忠烈王]이 불러 입궐하니[513] 조정의 예에 따라 면직되었다.[514]

이듬해에 (원의) 수도에 가서 왕저(王邸)를 지켰다. 대덕 4년에 돌아와 이때부터 한거한 것이 무릇 5년이었다. (대덕) 11년[515] 정미(丁未)에 이르러 나주목사(羅州牧使)가 되었다. 지대(至大) 원년[516]에 충렬왕이 죽고, 태위왕이 또 왕위를 잇자, 그를 봉상대부 전의부령(奉常大夫典儀副令)으로 삼았다가 선부의랑 지제교(選部議郎知製敎)로 바꾸었다. 이듬해에 봉순대부 밀직우승지 전의령 겸 사헌집의 지선부사(奉順大夫密直右承旨典儀令兼司憲執義知選部事)를 제수받았다. 겨울에 평양윤(平壤尹)으로 나갔다가 오래지 않아 파면되었다. 통헌대부검교대사헌(通憲大夫檢校大司憲)으로 집에 있은 지 또 4년이었다.

지금 왕[忠肅王]이 새로이 왕위를 계승하자 선부전서(選部典書)에 제수되었다. 얼마 후에 다시 헌부전서(讞部典書)[517]가 되었으며, 모두 보문각제학(寶文閣提學)을 겸대하였다. 헌부는 옛 정위(廷尉)인데 사송(詞訟)이 번잡

512) 大德은 원 성종의 연호이며, 대덕 2년은 忠烈王 24년(1298)이다.

513) 충선왕이 충렬왕 24년에 즉위했다가 얼마 뒤 충렬왕이 다시 복위한 사건이다(『고려사』 권31, 충렬왕 24년조).

514) 민적은 충렬왕의 부름을 받아 궁에 들어가게 되었고 뒤에 과거에 급제하여 東宮僚屬으로 임명되고 여러 관직을 거쳐서 僉議注書로 되었다가 秘書郎으로 전임되고 다시 옮겨서 軍簿正郎으로 되었으며 銀緋를 받았다. 후에 版圖正郎 겸 世子宮門郎이 되어 金紫의 하사가 있었다. 충선왕이 왕위를 물려받은 후 秘書少尹이 되었다가 충렬왕이 복위하자 예에 따라 면직되고 충선왕을 따라 북경 저택에서 4년 동안 지냈다(『고려사』 권108, 민종유 부 민적전).

515) 大德은 원 성종의 연호이며, 대덕 11년은 충렬왕 33년(1307)이다.

516) 至大는 원 무종대의 연호이며, 지대 원년은 충렬왕 34년(1308)이다.

517) 헌부는 刑曹를 충렬왕 34년(1308)부터 공민왕 5년(1356)까지 일컫던 이름이다.

함에도 불구하고 사람들은 그가 공평하다고 칭송했다.

연우(延祐) 3년[518]에 밀직에 들어가 부사가 되고 다시 민부전서 대사헌(民部典書大司憲)이 되었는데 모두 동지밀직사사(同知密直司事)를 겸대했다. 연우 5년[519]에 신년 하례사로 원이 갔는데 대궐에서 예를 잃지 않았다. 이 때 태위왕은 그곳에 있었는데 공을 옛 신료로서 대접함이 다른 사신 일행에 비할 바가 아니었다. 지치(至治) 원년[520]에 파면되어 태정(泰定) 4년[521]에 이르러 여흥군(驪興郡)에 봉해졌으며, 위계는 중대광(重大匡)이었다. 지순(至順) 2년[522]에 광정대부 밀직사사 진현관 대제학 지춘추관사 상호군(匡靖大夫密直司使進賢館大提學知春秋館事上護軍)에 다시 제수되었는데 임신년(壬申年)[523]에 다시 파면되었다.

원통(元統) 원년[524] 계유(癸酉)에 갑자기 병환을 앓았는데 풍질이 더욱 심해 사람들이 능히 치료되지 않을까 걱정하였는데 다음 해에 회복되다, 걱정했던 사람들이 모두 기뻐하였다. 후 지원(至元) 을해년(乙亥年)[525] 겨울에 또 다른 병을 앓고 병자년(丙子年)[526] 정월 22일 기사(己巳)에 이르러 졸하였는데 나이는 67세였다.

공은 두 번 결혼하였는데, 처음 부인 김씨는 영가군(永嘉郡)에 봉해졌으며, 선수진국상장군(宣授鎭國上將軍)으로 고려군만호(高麗軍万戶)를 관할하고 본국 중대광 상락군(本國重大匡上洛君)인 흔(昕)[527]의 딸이다. 아들

518) 延祐는 원 인종의 연호이며, 연우 3년은 충숙왕 3년(1316)이다.
519) 延祐는 원 인종의 연호이며, 연우 5년은 충숙왕 5년(1318)이다.
520) 至治는 원 영종의 연호이며, 지치 원년은 충숙왕 8년(1321)이다.
521) 泰定은 원 진종대의 연호이며, 태정 4년은 충숙왕 14년(1327)이다.
522) 至順은 원 문종의 연호이며, 지순 2년은 충혜왕 1년(1331)이다.
523) 임신년은 지순 3년으로 충숙왕 복위년(1332)이다.
524) 元統은 원 순제의 연호이며, 원통 원년은 충숙왕 2년(1333)이다.
525) 至元은 원 세조의 연호이며, 지원 을해년은 충숙왕 후4년(1335)이다.
526) 병자년은 충숙왕 후5년(1336)이다.
527) 金昕은 『고려사』 등의 관찬사서에 의하면 忻이라 기록되어 있으므로 忻의 오자라고

자이(子夷)를 낳았는데 그는 무사히 을묘과(乙卯科)에 급제하여 시금 봉선대부 위위소윤 지제교(奉善大夫衛尉小尹知製敎)에 올랐다. 다음 부인 원씨는 평원군(平原郡)에 봉해졌으며 첨의찬성사(僉議贊成事)였던 관(瓘)[528]의 딸이다. 3남 3녀를 낳았는데, 유(愉)는 좌우위별장(左右衛別將)이고, 변(抃)은 유와 함께 신미과(辛未科)에 급제하였고, 환(渙)은 사온령동정(司醞令同正)이다. 큰 딸은 통직랑 판도정랑(通直郎版圖正郎) 박인룡(朴仁龍)에게 시집갔다. 둘째 딸은 중현대부(中顯大夫)로 비순위 대호군(備巡衛大護軍)이었던 윤계종(尹繼宗)에 시집갔고, 셋째 딸은 영동정(令同正) 유윤길(劉允吉)에 시집갔다. 손자 둘은 모두 어리다.

공은 성품과 외모가 모두 훌륭하여, 신인(神人)처럼 자리에 앉아 있다고 할 정도로 언동(言動)은 잘못됨이 없어, 보고 듣는 자가 모두 그 품성에 감동받았다. 온화하고 순수한 기질이 마음속에서 밖으로 드러나므로 스스로 힘써 기다리지 않아도 다른 사람이 모두 그를 따랐다. 그의 학문은 세업(世業)으로 인해 닦았고 또 어릴 적부터 더불어 교유한 자가 모두 노성인(老成人)이니, 점차 감화되어 쌓인 바 있어 이로써 조결(早結)했다. 군주가 갖추어야 할 바를 알아 요직을 역임하고 관직은 우부(右府)에 올랐고 작위는 제군(諸君)에 이르렀으니 실로 가히 한 사람의 현대부(賢大夫)라 하겠다. 안타까운 것은 지위가 다하지 않았고 수명이 다하지 않았는데 여기에서 갑자기 멈추게 된 것이다. (이에) 가히 탄식하지 않을 수 있겠는가! 일찍이 왕경(王京)에서 살 곳을 골라 동남간에 저택을 만들었다. 원림(園林)은 깊고 조용하여 재실(齋室)에 우거하는 것을 좋아 할 만하였다. 그 재의

생각된다. 그에 대해서는 『고려사』 권104, 金方慶傳 附 金忻傳 참조.

528) 元瓘은 본관은 원주이며, 元傅(?~1287)의 아들이다. 충렬왕 24년(1298) 11월에 知密直事司·版圖判書에 임명되었고, 충선왕 즉위년(1308) 10월에 원관이 왕을 위해 壽寧宮에서 향연을 베풀기도 하였다. 그리고 충선왕 후1년에 密直使가 되었다. 원관에 대해서는 다음의 논문이 참고된다. 金成煥, 「高麗時期 墓誌銘 新例－元瓘墓誌銘－」, 『韓國文化』 25, 서울대 韓國文化研究所, 2000.

이름을 어짐과 착함을 좋아하는 것에서 따왔다. 또 정성스런 마음을 내어 고독하고 가난한 이(선비)를 기다리니 해질 무렵에 가면 더욱 인정과 예가 있었다. 매년 꽃이 필 무렵에 객을 불러 술을 장만하고 시구(詩句)를 서로 짓는 것을 즐거움으로 삼았다.

나는 그의 아들 자이(子夷)[529]와 서로 돈독한 바 있고, 나의 선친은 공과 친구 관계이다. 공은 나이 차도 잊고서 나를 대해주었으므로[530] 이에 따라 공의 지낸 행적에 대해 친숙하게 되었다. 지금 장사를 지낼 날짜를 정한다 하니, 감히 세가(世家), 역임과 행적의 대략을 적어 당대에 알린다. 붓을 잡아 신중하게 시도하니 빛이 묘도에 비추어 이로써 나는 삼가 책임을 다했다. 삼가 지원(至元) 2년[531] 병자(丙子) 2월 무인(戊寅) 초하루에 짓는다.

故密直宰相閔公行狀

曾祖仁鈞 故正議大夫翰林學士史館修撰知制誥 妣氏 封郡夫人 祖湜 故朝散大夫戶部侍郎 妣崔氏 封昌原郡夫人 父宗儒 故重大匡僉議贊成事上護軍致仕 妣兪氏 封長沙郡夫人 公諱頔 字樂全 姓閔氏 其先忠州黃驪郡人 盖自國初入仕 九代而上 家失譜牒 不可考 其八代祖諱稱道 仕至尙衣奉御 奉御生監察御史諱世衡 御史生戶部員外郎諱懋 戶部生大師門下平章監修國史諱令謨 實相明王以致中興 年八十卒 謚曰文景 文景又生太保平章大集賢 謚定懿諱公珪 爲公高祖也 代以文雅致位高顯 爲東國世族之冠 公以至元七年庚午生 生而相不類凡 外大父諱千遇

529) 子夷는 閔思平(1295~1359)의 다른 이름이다.

530) 최채기 옮김, 『국역 졸고천백』, 2006, 91쪽에 원문 중 '蒙許□年之契'의 판독이 불가능한 한 글자를 '忘' 자로 보고 있는데, 이를 따른다.

531) 至元 2년은 충숙왕 후5년(1336)이다.

位宰相諡文度 號知人 見而奇之曰 兒他日貴矣 姨夫故相金公䫨聞其言固請養之 故長其家 東方故俗 男子幼年 必從僧習句讀 有首面姸好者僧與俗皆奉之 號曰仙郎 聚徒或至於百千 其風流起自新羅 時公十歲出就僧舍學 性敏悟 受書旋通其義 眉宇如畫 風儀秀雅 見者皆愛之馬首所至 鶴盖成陰 忠烈王聞之 引見宮中 目爲國仙 亦猶一邦豪傑稱國士焉 至元廿二年擧進士及第 時太尉王爲世子 選以爲屬 俄權秘書校書 移寶文閣校勘 累轉僉議注書 以禮賓丞權通禮門祗候 改秘書郎 大德元年 試軍簿正郎 賜服銀緋 尋改版圖兼世子宮門郎 又賜金紫服 二年大尉王受封嗣國 除朝散大夫秘書少尹知製誥 秋王召入闕庭 隨例免明年赴都留衛王邸 四年而歸 自是閑居凡五年 至十一年丁未 起爲羅州牧 至大元年忠烈王薨 大尉王又襲位 以奉常大夫典儀副令 召改選部議郎知製教 明年拜奉順大夫密直右承旨典儀令兼司憲執義知選部事 冬出行平壤尹 未幾見罷 以通憲大夫檢校大司憲 家居者又四年 今王新嗣位 除選部典書 尋改讞部典書 皆帶寶文閣提學 讞部古廷尉 詞訟且繁而人稱其平 延祐三年入密直爲副使 改民部典書 大司憲 皆同知密直司事 五年奉使賀年 宸所不失禮 時大尉王在都以公舊僚待遇 非他使比至治元年罷 至泰定四年封驪興郡 階重大匡 至順二年改授匡靖大夫密直司使 進賢館大提學知春秋館事上護軍 壬申復罷 元統元年癸酉忽患 風疾轉劇 人懼其不能興 逾年乃平 懼者皆喜 後至元乙亥冬 又遘他疾 至丙子正月廿二日己巳卒 年六十有七 公兩娶 先夫人金氏 封永嘉郡 故宣授鎭國上將軍管高麗軍万户 本國重大匡上洛君 諱昕之女 生一男 子夷登乙卯科 今爲奉善大夫 衛尉少尹知製教 後夫人元氏 封平原郡 故僉議贊成事 諱瓘之女 生三男三女 曰愉 爲左右衛別將 曰抃 與愉同登辛未科 曰渙 司醞令同正 女適通直郎版圖正郎朴仁龍 次適中顯大

夫前備巡衛大護軍尹繼宗 次適令同正劉允吉 孫二人皆幼 公質貌俱美望 若神人 坐立言動無不可 觀聽者盖其所稟淂全 冲粹之氣 浹中發外故不待自强 而人已服之矣 其學因其世業而修之 且自少與游者皆老成人 積有漸化 用是早結 君主之知備 歷華要官登右府 爵至諸君 實可謂一方賢大夫矣 所恨位未究 而壽未極遽止於此 其可不歡息也哉 嘗卜地王京巽隅作宅 園林邃静 可愛以去齋寓 其號其好賢樂善 又出誠心待孤寒 晩進尤有情禮 每花時召客 置酒聯詩句 以爲樂 某與子夷相厚 而先子又爲公 故人蒙許□年之契 故淂公平生爲熟 今卜葬有日 敢述 世家歷任行迹之大略 以告當代 秉筆者圖 有以光于隧道 而因致 予勤焉 謹狀至元二年丙子二月戊寅朔

27. 『동인지문』의 서문

동방은 멀리 기자(箕子)로부터 비로소 주(周)나라의 봉함을 받아 사람들이 중국의 존엄함이 있음을 알게 되었다. 옛날 신라의 전성기에는 항상 자제들을 당나라에 보내어 숙위원(宿衛院)에 두고 학업을 익히게 하였다. 그런 까닭에 당나라의 진사(進士) 빈공과(賓貢科)[532]의 방에는 이름이 빠진 적이 없었고, 신성(神聖)[533]께서 나라를 열어 삼한이 하나가 됨에 미쳐서도 의관과 전례는 참으로 신라의 옛 풍습을 이어 받았다. 16, 17대의 왕[534]에 이르기까지 이를 전하였으니 대대로 인의를 닦고 더욱 중화의 풍교를 사모하여, 서쪽으로는 송(宋)나라에 조회하며 북으로는 요(遼), 금(金)나라를 섬겼다. (이에) 그의 훈김을 쐬고, 그 물에 젖어[535] 인재가 날로 창성하고 문장이 찬란하여 모두 볼만한 것이 있었다. 그러나 풍속이 순박함을 숭상하여 무릇 가집(家集)이 있었으나 손으로 베낀 것이 많고 판본으로 유행한 것이 적었으므로 오래되면 될수록 더욱 유실되어 널리 전하기 어려웠다. 또 중엽에 이르러서는 무인(武人)에게 실어(失御)하여[536] 변란이 소홀한데서 일어나니, 곤강(崑岡)의 옥과 돌이 갑자기 모두 불태워지는 화를 입게 되었다.[537] 그 후 3, 4세에 비록 중흥되었다고 일컬었지만 예문(禮文)이 부족하였고, 이어서 권신(權臣)이 국사를 천단하여 임금을 협박하고 백성을 기망하여 도성(都城)을 포기하고 도서(島嶼)에 달아나 숨게 되니,[538] 서로

---

532) 賓貢科는 唐에서 외국인들을 대상으로 실시하였던 科擧를 말한다.

533) 神聖大王은 고려 태조 王建의 시호이다.

534) 고려의 16대 왕인 예종(1105~1122)과 17대 왕인 인종(1122~1146)을 말한다.

535) 熏陶漸漬는 연기가 깊이 스며들듯이 사람을 감화시킨다는 의미이다.

536) 失御는 失馭와 같은 뜻으로 국가의 통어를 잘못하였다는 말이다.

537) 『書經』, 胤征, '火炎崑岡 玉石俱焚'이라고 한다. 좋은 글과 나쁜 글이 모두 사라지게 됨을 의미한다. 곤강(곤륜산)이 옥의 산지로 유명한 것에 대해서는 『千字文』에서도 '玉出崑岡'이라는 구절이 있다.

국가를 보존할 겨를이 없었고, 서적은 흙탕에 내던지어 수습할 길이 없었다. 이 화를 겪은 이래로 학자는 그들 사우(師友)의 연원을 잃게 되고, 또 중국과 더불어 동떨어져 서로 통하지 못하므로 모두 과문(寡聞)에 막히고 부망(浮妄)에 흘렀다. 당시에도 어찌 붓을 잡는 자가 없으리오 마는 그 오래도록 태평하던 시대의 작자들에 견주어보면 대개 규모가 서로 짝이 되지 못할 정도였다. 다행히 하늘이 황원(皇元)[539]을 열어 열성(列聖)이[540] 서로 계승하여 천하를 문명으로 이끌었고, 과거(科擧)를 마련하여 선비를 뽑은 것도 벌써 7번이나 되었다.[541] 덕화가 크게 미치고 문궤(文軌)가 다르지 않은지라 비록 나 같은 소천(疏淺)함으로도 역시 일찍이 외람되이 이름을 금방(金牓)에 걸고[542] 중원의 빼어난 선비들과 더불어 서로 접촉할 기회를 얻었던 것이다. 간혹 동인(東人)의 문자를 보기를 원하는 자가 있으면 나는 곧장 아직 책으로 만들어진 것이 없노라고 대답하고는 물러났으나 한편으로는 부끄러워하였다. 이에 비로소 유서(類書)를 편찬할 뜻을 두고 동으로 돌아와서 10년을 두고 일찍이 잊은 적이 없었다.

지금 집안에 간직되어 있던 문집을 찾아내고, 본가에 없는 것은 두루 남에게 빌리어 모두 모아서 채집하여 그 다르고 같음을 교정하였다. 신라 최고운(崔孤雲)에서 시작하여, 충렬왕 때에 이르기까지 무릇 명가(名家)라고 일컫는 사람들의 시 몇 편씩을 모아 제목을 오칠(五七)이라 하고, 문장 몇 편을 모아 제목을 천백(千百)이라 하고, 병려문 몇 편을 모아 제목을

538) 몽고의 침입에 대항하기 위해 강화도로 천도한 것을 의미한다. 여기서 권신이란 최우를 가리킨다.

539) 당시는 원의 간섭기에 해당하는 충렬왕 때이므로 皇元으로 원을 높이어 표현하고 있다.

540) 원의 역대 황제들을 이른다.

541) 원은 延祐 2년(충숙왕 2년, 1315)에 처음으로 과거를 실시하여, 지정 26년(공민왕 15년, 1366)까지 모두 16회가 시행되었다.

542) 최해는 至治 원년인 충숙왕 8년(1321)에 원의 과거에 급제하였다.

사육(四六)이라 하고, 총괄하여 제목을 『동인지문(東人之文)』이라고 하였다.

아, 이 편찬은 본시 병란에 불타다 남은 것과 좀먹은 초록(抄錄)의 나머지에서 얻은 것이니 감히 집성된 서적이라고 말할 수는 없을 것이다. 그러나 동방의 작문체제를 보려고 한다면, 가히 이를 버리고 다른 것을 구할 수가 없다. 또한 나는 일찍이 말하기를 "말이 입에서 나와 글이 이루어지는 것인데 중국 사람의 학문은 그들의 고유함으로 인하여 나아가므로 정신을 많이 허비하지 않아도 세상에 뛰어난 인재들은 앉아서 해낼 수가 있지만, 우리 동방의 사람들은 언어가 이미 화이(華夷)의 구별이 있으니, 타고난 자질이 참으로 명민한 자가 아니라면 천백배의 힘을 기울여 그 학문에 임하여도 어찌 성공함을 얻겠는가. 오히려 일심(一心)의 묘(妙)에 의지하여 천지사방에 통한다면 털끝만큼도 차이가 없으니, 그 뜻을 얻음에 이르러서는 어찌 스스로 굽히어 그들에게 많이 양보하겠는가. 이 책을 보는 자는 먼저 이와 같은 점을 알아야 할 것이다."라고 하였다.

東人之文序

東方遠自箕子始受封于周 人知有中國之尊 在昔新羅全盛時 恒遣子弟于唐 置宿衛院以隷[543]業焉 故唐進士有賓貢科牓無闕名 以逮神聖開國 三韓歸一 衣冠典禮 寔襲新羅之舊 傳之十六七王 世修仁義 益慕華風 西朝于宋 北事遼金 熏陶漸漬 人才日盛 粲然文章 咸有可觀者焉 然而俗尙淳庬 凡有家集 多自手寫 少以板行 愈久愈失 難於傳廣 而又中葉失御武人 變起所忽 昆岡玉石 遽及俱焚之禍 爾後三四世 雖號中

543) '隷'는 『東文選』 권84에는 '肄'로 되어 있다. 내용상 '肄'가 타당하다.

興 禮文不足 因而繼有權臣擅國 脅君惘[544]民 曠弃城居 竄匿島嶼 不暇相保 國家書籍 委諸泥塗 無能收之 由玆已降 學者失其師友淵源 又與中國絶不相通 皆泥寡聞 流于浮妄 當時豈曰無秉筆者 其視承平作者規模盖不相侔矣 幸遇天啓皇元 列聖繼作 天下文明 設科取士 已七擧矣 德化丕冒 文軌不異 顧以予之疎淺[545] 亦嘗濫竊 掛名金牓 而與中原俊士 得相接也 間有求見東人文字者 予直以未有成書對 退且耻焉 於是始有撰類書集之志 東歸十年 未嘗忘也 今則搜出家藏文集 其所無者偏[546]從人借 裒會採掇 校厥異同 起於新羅崔孤雲 以至忠烈王時 凡名家者 得詩若干首 題曰五七 文若干首 題曰千百 騈儷之文若干首 題曰四六 摠而題其目 曰東人之文 於戱是編 本自得之兵塵煨燼之末 蠹簡抄錄之餘 未敢自謂集成之書 然欲觀東方作文體製 不可捨此而他求也 又嘗語之曰 言出乎口而成其文 華人之學 因其固有而進之 不至多費精神 而其高世之才 可坐數也 若吾東人 言語旣有華夷之別 天資苟非明銳 而致力千百 其於學也 胡得有成乎 尙賴一心之妙 通乎天地四方 無毫末之差 至其得意 尙何自屈而多讓乎彼哉 觀此書者 先知其如是而已

---

544) '惘'이 『東文選』 권84에는 '罔'으로 되어 있다. '罔'이 타당한 듯하다.
545) '淺'이 『東文選』 권84에는 '賤'으로 되어 있다. '賤'이 타당한 듯하다.
546) '偏'이 『東文選』 권84에는 '徧'으로 되어 있다. 내용상 '徧'이 타당하다.

28. 당성군부인 홍씨 묘지[547]

작고한 연흥군(延興君) 행산(杏山) 노선생(老先生)[548]에게 손자가 있는데 이름은 문보(文琺)이다. 그 문객인 서원(西原)[549] 정보(鄭誧)[550]를 통하여 선부인(先夫人)의 행적을 가지고 와서 울며 말하기를, "선생은 일찍이 우리 부친과 외숙과 더불어 모두 오랜 기간 교류가 있었습니다. 우리 어머니의 무덤에 명문이 없을 수가 없으니 선생이 아니면 누가 글을 짓겠습니까?" 라고 하였다. 내가 말하기를, "아! 그러한가. 보잘 것 없는 글이지만 어찌 족히 아낄 수가 있겠는가!"라고 하였다.

생각하건대, 당성 홍씨(唐城洪氏)는 동방의 이름난 집안이다. 조부 휘(諱) 자번(子藩)[551]은 충렬왕을 도와 나라의 큰 재신이 된 지 15년 만에 지위가 첨의중찬(僉議中贊)에 이르렀으며, 부친 휘 경(敬)은 선친의 업적을 이어

---

547) 『竹山朴氏大司憲公派譜』(全2冊) 上에 朴遠과 그의 부인 洪氏의 묘지명이 수록되어 있다. 派譜를 보면 부인의 장지가 三郞山이라고 구체적으로 밝혀져 있으며, 그 날짜도 甲戌이 甲辰으로 표기되어 있고, 최해가 묘지명을 작성한 연대도 병자 십일월로 명시되어 있다.

548) 노선생은 朴全之(1250~1325)를 가리킨다. 그는 朴奇悟의 13세손으로 父는 朴暉煇이며 母는 李藏用의 女이다. 崔恬의 女인 卞韓國夫人 崔氏와 혼인하여 그 슬하에 一男二女를 두었는데 一男인 瑗(후에 遠으로 개명)은 洪敬의 女와 혼인하고 二女는 각각 鄭倬, 李稷과 혼인하였다(『고려사』 권109, 朴全之傳, 『竹山朴氏派譜』(全4冊) 「上護軍延興君墓誌銘幷序」 참조).

549) 서원은 청주(淸州)의 옛 이름이다.

550) 鄭誧(1309~1345)의 자는 仲孚이며 호는 雪谷으로, 崔瀣의 영향을 많이 받았던 인물이다. 문집으로 『雪谷集』이 있다.

551) 洪子藩(1237~1306)의 자는 雲之인데 左僕射 洪曜의 후손이다. 그에게는 아들이 둘 있었는데 洪敬과 洪順이다. 홍경은 관직이 僉議贊成事에 이르렀고 시호는 良順이었으며 홍순은 僉議評理를 지냈다(『고려사』 권105, 洪子藩傳 참조). 그에 대한 연구성과로는 金光哲, 「洪子藩硏究」, 『경남사학』 1, 1984 ; 盧鏞弼, 「洪子藩의 「便民十八事」에 대한 연구」, 『역사학보』 102, 1984 ; 이정호, 「원간섭기 勸農政策의 추진방향－충렬왕대와 충선왕대를 중심으로」, 『民族文化論叢』 28, 嶺南大民族文化硏究所, 2003 등이 있다.

관직이 찬성사(贊成事)에 이르렀다.

부인은 나이 13세에 박씨에게 시집가서 행산(杏山)의 맏며느리가 되었으며, 실로 광정대부(匡靖大夫) 전(前) 정당문학(政堂文學) 원(遠)[552]의 아내로 당성군부인(唐城郡夫人)에 봉해졌다.

장자 인룡(仁龍)은 작고하였는데 판도정랑(版圖正郞)[553]을 지냈으며, 차자는 곧 문보인데 전의시승(典儀侍丞)[554]이며, 다음 덕룡(德龍)은 동부부령(東部副令)[555]이요, 다음 수룡(壽龍)은 천우위별장(千牛衛別將)[556]이요, 다음 천룡(天龍)은 수릉직(綏陵直)[557]이다. 딸은 왕연(王璉)의 배필이 되어 익흥군부인(益興君夫人)이 되었으며, 차녀는 사족(士族)에게 출가하여 산원(散員) 허령(許齡)[558]의 아내가 되었다.

부인은 지원(至元) 무자년(戊子年)[559]에 태어나서 후지원(後至元) 병자년

---

552) 朴遠(1274~1341)은 처음 이름이 瑗이었는데, 이후 遠으로 개명하였다. 그는 과거에 급제하여 벼슬이 政堂文學에 이르렀고 충숙왕의 총애를 받아 오랫동안 정권을 잡았었다(『고려사』 권109, 朴全之傳 참조). 『竹山朴氏大司憲公派譜』에 부인 홍씨의 묘지명과 함께 전・후반부의 일부가 결실된 채 수록되어 있는데, 부인 당성 홍씨는 홍자번의 손녀이며, 후 부인은 철원부사 柳湜의 女였다. 장지는 선영인 三郎山이며, 묘지명은 鄭誧가 찬하였다.

553) 版圖司는 충렬왕 원년에 戶部(호구와 부세를 담당)를 개칭한 것이다. 판도정랑은 판도사의 정5품직이다(『고려사』 권76, 백관1, 호조).

554) 典儀寺(제사와 시호를 짓는 업무담당)는 충렬왕 24년 충선왕이 太常府를 奉常寺로 개칭하였다가 충선왕이 복위한 후 전의시로 개칭했다. 典儀寺丞은 정5품직인데 종5품직으로 낮아졌다(『고려사』 권76, 백관1, 전의시).

555) 東部副令 : 5부(東, 西, 南, 北, 中)의 하나인 東府의 副令을 말하는데, 충렬왕 13년에 副使가 副令으로 바뀌었으며 종6품직이다(『고려사』 권77, 백관2, 오부).

556) 千牛衛別將 : 6위의 하나인 천우위 관직 중 정7품직이다(『고려사』 권77, 백관2, 西班).

557) 綏陵은 예종의 비인 慈靖文敬王后 李氏의 능이다. 문경왕후는 이자겸의 둘째딸로서 인종의 母이기도 하다(『고려사』 권77, 백관2, 제사도감각색).

558) 충목왕이 즉위한 후 '書筵을 설치하고 司藝 허령 등에게 왕을 시독하고 가르치게 하였다'라는 기록이 허령에 대한 유일한 기록이다(『고려사』 권37, 충목왕 즉위년 6월조 참조).

(丙子年)[560]에 이르러 춘추 49세로 병이 나서 (이 해) 7월 신유일(辛酉日)에 죽으니 11월 갑술일(甲戌日)에 모산(某山)에 장사를 지냈다. (장사를 지낼 때) 인룡은 이미 죽었고 정당공(政堂公)[561]은 연하(輦下)[562]에 가서 미처 돌아오지 못해 임종을 보지 못했으니 슬픈 일이로다.

명문에 이르기를, "옛날부터 홍씨 집안 귀한 명성이 하늘 동쪽에 퍼졌네. 쌓은 공이 아니고 후한 덕이 아니면 어찌 이리 번창하고 풍족하겠는가. 문관에서, 무관에서 덕이 있고 공이 있으니 힘써 청사(靑社)[563]를 도와서 대대로 충성하였도다. 큰 재신(宰臣)의 손녀로 부인은 뛰어남이 있었으니, 어려서는 부모를 봉양하며 형제 중에서 제일 귀여움을 받았도다.

이에 따를 바를 택하여 박씨에게 출가하였으니, 그 문중으로 들어가면서부터 시부모님께서는 기뻐하였도다. 이미 여범(女範)이 돈독하였고, 또 아내의 도리를 잘 하여 바른말과 친애함으로써 남편을 받들었도다. 집안을 다스리는 때는 준비가 있고 빠짐이 없었으며, 또한 많은 경사를 누려 2녀 5남을 두었도다.

일컬어 말하기를, 부인의 누릴 복은 아직 남았으며 그 몸은 사려 깊게 처신하였으나, 어찌 나이는 미치지 못했구나. 부군께서는 출유(出游)하였는데, 돌아와도 기다릴 사람이 없구나. 황천길은 멀고도 머니 한은 천년도록 남는구나. 아! 슬픈지고."라고 하였다.

---

559) 至元은 원 세조의 연호이며, 지원 무자년은 충렬왕 14년(1288)이다.

560) 後至元은 원 순제의 연호이며, 병자년은 충숙왕 복위5년(1336)이다.

561) 政堂公 : 朴遠을 가리킨다.

562) 輦下는 원의 수도를 의미한다.

563) 靑社는『史記』三王世家에 나오는 말로 齊의 社로 제후국을 뜻한다(『大漢和辭典』 권12).

唐城郡夫人洪氏墓誌

故延興君杏山老先生有孫 名文琉 以其客西原鄭誧狀先夫人之行 來泣而言曰 惟先生嘗與吾父與吾舅 俱有年契 吾母之藏不可無銘 非先生誰謁焉 予曰 嗚嘑其然 鄙文安足惜 按唐城洪氏爲東方望族 祖諱子藩相忠烈王 爲國大宰十五年 位僉義中贊 考諱敬階其先積 官至贊成事 夫人年十三 選歸朴氏 爲杏山冢婦 實匡靖大夫前政堂文學 遠之妻 封唐城郡夫人 長子仁龍 故版啚正郎 次子卽文琉 爲典儀寺丞 次德龍 東部副令 次壽龍 千牛衛別將 次天龍 綏陵直 女配王氏璡 爲益興君夫人 次嫁士族 爲散員許齡妻 夫人之生在至元戊子 至後至元丙子 春秋四十有九而病 卒以七月辛酉 葬以十一月甲戌宅兆某山之原其葬也 仁龍已卒而政堂公赴輦下 不及臨悲哉 銘曰 奥若洪宗 貴擅天東 匪積匪厚曷殷而豊 維文維武 有德有功 力贊靑社 世濟以忠 大宰之孫 有夫人美 㓜奉迺親愛鍾衆子 爰擇所從 適于朴氏 自其入門 舅姑以喜 旣敦女範 又婉婦儀 承事夫子 以箴以親 董治家政 有備無虧 亦克多慶 二女五兒 謂言夫人享祿未艾 胡哲其身 年則不逮 夫子出游 歸也無待 泉路幽幽 留恨千載 嗚嘑哀哉

29. 고 기성군 윤공 묘지

공의 휘는 신걸(莘傑)이요, 자는 이지(伊之)이다.[564] 처음에 문학으로 왕을 강릉부(江陵府)에서 보좌하다가 (충숙왕이) 왕위를 잇게 되자 갑자기 발탁되어 재부(宰府)에 오르게 되니 몸은 옛 신하이요 나이는 72세였다.

후 지원(至元) 정축(丁丑)[565] 2월 24일에 병으로 세상을 떠났다. 부인 주씨(朱氏)는 내가 일찍이 그 조카 휘(暉)[566]와 친구였으므로 휘를 시켜 청하며 말하기를 "첩이 지아비를 섬긴 지 54년인데, 지금 세상을 떠났고 불행히도 아들이 없습니다. 그러나 외로운 장사(獨葬)를 늦출 수가 없으니 장차 길일을 점지하여 3월 13일에 (장사를) 치르기로 하였습니다. 글을 새겨 무덤 속에 넣어서 영구히 전하게 하였으면 하여 그대에게 부탁하는 것입니다"라고 하였다. 나는 휘와 친한 사이인데 어찌 거절할 수 있겠는가. 공의 선대는 계림(雞林) 기계현(杞溪縣) 사람인데, 대개 처음에 향거(鄕擧)를 거쳐서 입사하였다. 증조 양비(良庇)는 검교첨사(檢校詹事)이며, 조부 유정(維楨)은 합문지후(閤門祗候)이고, 아버지인 후(珝)는 감찰사(監察史)였다. 조부와 부는 모두 과거에 급제하였는데, 전 사람들이 그 글을 칭찬하였다.

감찰공이 수성빈씨(壽城賓氏)의 딸에게 장가들어 아들 다섯을 두었는데 공이 장남으로 태어났다. 20세에 사마시(司馬試)를 보아 장원으로 합격하였고, 25세에 예부시(禮部試)에 나아가 을과(乙科)로 뽑혔다. 지원(至元) 31년[567]에 남경유수사록(南京留守司錄)에 임명되었다. (그 뒤에) 그 직책에서 물러나고 국학학유(國學學諭)가 되었다가 사문대학박사(四門大學博士)로

---

564) 尹莘傑(1266~1337)은 충렬왕 때 과거에 급제한 인물로 강릉부 익선으로 충숙왕의 사부가 되었다(『고려사』 권109, 尹莘傑傳). 충숙왕은 잠저시의 이름이 강릉대군이므로 윤신걸은 잠저 때부터 충숙왕을 보좌한 인물로 보인다.

565) 後至元은 원 순제의 연호이며, 후지원 정축년은 충숙왕 후 6년(1337)이다.

566) '朱暉'는 朱悅의 孫子이자 朱印遠의 子이다(『고려사』 권123, 朱印遠傳 참조).

567) 至元은 원 세조의 연호이며, 지원 31년은 충렬왕 20년(1294)이다.

전임되었으며 숭경부승(崇慶府丞)으로 옮겼다. 대덕(大德) 11년[568]에 좌정언 좌사간 좌사랑(左正言左司諫左史郞)에 제수되었는데 모두 지제교(知製敎)를 겸대했다.

지대(至大) 원년(元年)[569]에 관직이 혁파되어[570] 우헌납 강릉부익선 성균악정(右獻納江陵府翊善成均樂正)이 되었는데 관계는 봉선대부(奉善大夫)였다. 황경(皇慶) 원년(元年)[571] 전의부령 선부의랑 지제교(典儀副令選部議郞知製敎)에 전임되었으며 관계는 봉상대부(奉常大夫)였다. 연우(延祐) 원년(元年)[572]에 여러 번 옮기어서 봉선대부 밀직사 우대언 예문제학 지제교 동지춘추관사(奉順大夫密直司右代言藝文提學知製敎同知春秋館事)에 이르렀다. 3년[573] 통헌대부 밀직부사 겸 선부전서(通憲大夫密直副使兼選部典書)에 임명되었는데 동지밀직지밀직밀직사(同知密直知密直密直使)에 옮겼다가 예문대제학 지춘추관(藝文大提學知春秋館)으로 승진하였다. 관계는 광정(匡靖)이었다. 또 순성보공신(純誠輔功臣)의 호를 하사받았다. 태정(泰定) 원년(元年)[574] 대광 삼사사 진현관대제학 상호군(大匡三司使進賢館大提學上護軍)에 임명되었고 겨울에 기성군(杞城君)에 봉해졌으며 관계는 중대광(重大匡)으로 승진하였다.

공은 품성이 엄중하고, 말이 적어서 사람들이 그를 보기를 마치 흙으로 만든 사람 같이 하였으며 그 심중에 무슨 생각이 있는지를 알지 못하였다. 대덕(大德) 연간[575]에 학관(學官)이 되었다. 이 때 집정(執政)이 박사(博士)가

---

568) 大德은 원 성종의 연호이며, 대덕 11년은 충렬왕 33년(1307)이다.

569) 至大는 원 무종대의 연호이며, 지대 원년은 충선왕 복위년(1308)이다.

570) 충선왕 복위교서에 관제에 대한 기록은 다음과 같다. '諸衙門隨時沿革不拘 一體況本國官多虛設 名存實少 今商酌時便或併或省 宜加勤恪名供爾職'(『고려사』 권33, 충선왕 복위년 11월조). 여기에 나오는 右獻納도 右司諫에서 고쳐진 것이다.

571) 皇慶은 원 인종의 연호이며, 황경 원년은 충선왕 후4년(1312)이다.

572) 延祐는 원 인종의 연호이며, 연우 원년은 충숙왕 1년(1314)이다.

573) 延祐는 원 인종의 연호이며, 연우 3년은 충숙왕 3년(1316)이다.

574) 泰定은 원 진종대의 연호이며, 태정 원년은 충숙왕 11년(1324)이다.

단지 한 경서에만 능통하여 적합하지 않는 사람이 많다고 왕에게 아뢰니, 왕은 반드시 육경을 통달한 자를 엄히 선출하여 그 연후에 제수하였다. 그런데 공만이 유독 육경을 모두 통달하고 또한 밝아서 학관에 보임하게 되니 일시에 두드러졌다.[576] 태위선왕(太尉先王, 충선왕)이 천거하여 왕을 가르치게 하였다. 부자(父子) 두 왕을 잘 섬기고 오랫동안 전선(銓選)[577]을 주관하였는데도 자의로 가볍게 평가하지 않았으니 모두들 장자(長者)라고 지목하였다. 관직에서 스스로 물러난 후로는 문을 닫고 빈객을 거절하고 항상 괴연히 홀로 거처하며 바깥일을 묻지 않았다. 이와 같이 하기를 10여 년 만에 세상을 마쳤다. 오호! 공은 대단히 신중한 군자라고 할만하다.

(부인)주씨(朱氏)의 부(父)는 휘가 열(悅)[578]이요, 시호는 문절(文節)이니 충렬왕(忠烈王) 때의 이름난 대부였다. 공의 상사(喪事)에 주씨가 공의 조카 형(衡), 희보(希甫) 2인에게 명하여 주관하게 하고 또 (부인의) 조카 휘(暉)에게 명하여 돕게 하니 이는 모두 순리를 따른 것이다.

명문에 이르기를, "내가 천하의 이치에 대하여 감히 스스로 그 궁구함을 말하지는 못하지만 대개 그것이 이러하다는 것만은 대강 알 뿐이다. 유독 사람에게 아들(자식)이 있고 없는 것은 이치로 미루어서 알 수 없다고 알고 있다. 마땅히 어진 이에게는 후손이 있을 만 하다고 하겠는데 도리어 없으며, 어찌 불효한 자는 자손이 끊어져야 마땅한데도 번성하는 것인가.

---

575) 大德은 원 성종의 연호이다.

576) 윤신걸이 역임한 관직 중 四門大學博士로 전임된 이유는 육경에 통달하였기 때문이었다(『고려사』 권109, 윤신걸전).

577) '銓選'이라는 것은 관리를 선발하는 직책이다. 윤신걸은 충선왕 때는 選部議郎, 충숙왕 때는 選部典書를 지냈다.

578) 朱悅(?~1287)은 자는 而和, 시호는 文節, 綾城人. 慶餘의 아들로 고종 때 급제하였다. 천성이 활달하고 관후하여 가산에 힘쓰지 않고 관직이 높아도 한사와 같이 검소하였으며, 문장에 능하고 글씨 또한 뛰어났다. 鼻皶症이 있어 얼굴이 추하였으나 왕이 항상 그의 賢才를 칭찬하였고 벼슬은 지도첨의부사에 이르렀다(『고려사』 권106, 朱悅傳 참조).

이것은 내가 반복하여 세 번 생각하여도 풀 수가 없는 것이다.

지금 그의 지아비인 윤씨의 상에 나 또한 깨닫지 못하여 하는 말이다. 오호! 공에게 조카가 2인 있으니 또한 어찌 공의 후사가 있지 않다고 하겠는가"라고 하였다.

故杞城君尹公墓誌

公諱莘傑字伊之 初以文學 輔王於江陵府 逮王嗣位躋登宰府 身爲舊臣 年七十二 後至元丁丑二月卄四日病卒 夫人朱氏以予嘗友其姪暉 俾暉來請曰 妾事夫子五十四年 今亡矣 不幸無子 獨葬不可以緩 將卜用三月十三日行事 願刻文納隧 以啚其不朽 惟君之託焉 予與暉厚 安可拒之 公之先雞林杞溪縣人 盖其始由鄕擧而入仕 曾祖良庇故檢校詹事 祖維楨故閤門祗候 考玥故監察史 祖及考皆登科 前輩有稱其文者 監察公娶壽城賓氏女 生子五人 公爲長生 卄歲擧司馬試 中魁 卄五赴禮闈擢乙科 至元卅一年任南京留守司錄 罷秩國學學諭 轉四門大學博士遷崇慶府丞 大德十一年拜左正言左司諫左史郎 皆帶知製敎 至大元年革官爲右獻納 江陵府翊善成均樂正 階奉善大夫 皇慶元年 轉典儀副令選部議郎 知製敎 階奉常 延祐元年 累遷至奉順大夫 密直司右代言藝文提學知製敎 同知春秋館事 三年拜通憲大夫 密直副使兼選部典書遷同知密直知密直密直使 陞藝文大提學知春秋館 階匡靖 又錫號純誠輔理功臣 泰定元年拜大匡三司使 進賢館大提學上護軍 冬封杞城君階陞重大匡 公資嚴重 訥於言 人望之若泥塑 莫知其中何有也 大德間爲學官 時執政以博士只占一經 多非其人聞於王 嚴其選必通六經者

然後除之 公獨以兼明得補 見稱於一時 大尉先王因擧以傅王 善事父子兩王 久主銓選 不以自意輕重之 皆目爲長者 自謝事後 遂閉門杜絶賓客 常塊然獨處 不問外事 如是十餘年而終 嗚噱 公可謂篤愼君子者矣 朱氏考諱悅謚文節 忠烈王時名大夫也 公喪 朱氏命公姪衡希甫二人主焉 又命其姪暉佐之 其皆從理命也歟 銘曰 予於天下之理 未敢自謂其窮 盖亦粗知其如是而已 獨於人之有子與無 其不可理推而知知矣[579] 當謂賢者有後 而却無 何不肖者 宜絶而寔蕃乎 此予所以反覆三思 而未得其辭者也 今夫尹氏之喪 予又不覺有言 嗚呼 公有猶子二人焉 亦豈云公祀之不存

579)『東文選』권123에 '其不可理推而知矣'로 되어 있다.

30. 유원고무덕장군서경등처수수군만호[580]겸제조[581] 정동행중서성도진무사사고려재상 원공 묘지

왕경의 남쪽 성에서 30리 떨어진 곳에 산이 있는데, 길게 연이은 그 모양은 가는 것 같기도 하고 엎드린 것 같기도 하며, 뒤를 돌아보는 듯하다. 물은 북동쪽(艮方)에서 졸졸 흘러 서남쪽(坤方)에 이르러 개천이 되어 큰 강과 합쳐서 바다로 들어가는데, 산을 등지고 물을 마주한 곳에 음택(陰宅)이 그 형세를 얻으니 덕을 쌓을 만한 자리라 하지 않으리오.

이는 작고한 정동만호재상(征東萬戶宰相) 원공(元公)을 장사지낸 곳이며, 후(後) 지원(至元) 정축년[582] 6월 정유일(丁酉日)에 장사지냈다. 그 마을 사람 최모(崔某)[583]가 여러 아들의 청을 받고 감히 거절할 수 없어 바른 대로 공의 행적을 서술하고 또 명시(銘詩)를 지어서 그 아들들의 마음을 위로하였는데 그 서술은 다음과 같다.

공의 휘는 충(忠)[584]이고 자는 정보(正甫)이니 선대는 신라 북원(北原) 사람이나. 11대소 극유(克猷)가 본국에서 처음으로 벼슬하여 정의대부(正議大夫)가 되었다. 조부는 휘가 부(傅)[585]인데 忠烈王을 도와 첨의중찬(僉議中

580) 『고려사』 권77, 백관2, 제사도감각색조 참조. 만호는 무관직의 하나이다. 만호 천호 백호 등은 본래 그 관령하는 민호의 수를 말하는 것으로 이것은 몽고족 군제의 근본이었다. 고려 때에는 원의 제도를 따라했는데, 차차 민호의 수와는 관계없이 鎭將의 품계를 나타내는 것이 되고, 또 육군보다는 수군에 이 명칭이 남아 있다. 萬戶府에 대해서는 崔壹聖, 「高麗末의 萬戶」, 『淸大史林』 44·45합집, 1985 ; 權寧國, 『高麗後期 軍事制度 硏究』, 서울대 박사학위논문, 1995 참고.

581) 공민왕 18년에 순군만호부를 사평순위보로 고치고 여기에 提調를 배속시켰다(『고려사』 권77, 백관2, 제사도감각색조 참조).

582) 後至元은 원 순제의 연호이며, 후지원 정축년은 충숙왕 후6년(1337)이다.

583) 여기서 최모는 崔瀣 자신을 가리킨다.

584) 元忠(1290~1337)의 생애는 『고려사』 권107, 元傅傳 附 元忠傳 참조.

585) 元傅 : 『고려사』 권107, 元傅傳 참조.

贊)이 되었는데 시호는 문순(文純)이다. 아버지의 휘 관(瓘)[586]은 첨의찬성사(僉議贊成事)였고, 대부인 김씨는 낙랑군(樂浪郡)에 봉해졌는데 승지인 신(信)의 딸이다. 공은 지원(至元) 27년 경인년에[587] 출생하였다. 8세에 음관으로 동면도감(東面都監)의 판관(判官)이 되었으며, 18세에 처음으로 명을 받아 태위왕(太尉王, 충선왕)을 섬겼는데, 우선 연경의 저택에서 발탁되어 예빈내급사(禮賓內給事)에 제수되었다. 날로 총애를 받아 왕씨(王氏)로 성을 하사받고 이름을 주(鑄)로 고쳤다. 중문부사(中門副使)로 옮기고 다시 전부령 사복정 농화우사윤(典符令司僕正穠華右司尹)에 전임되었으며 관품은 봉상(奉常)에서 봉순대부(奉順大夫)에 이르렀다. 왕이 그를 더욱 귀여워하고 다르게 대우하여 특별히 밀직대언(密直代言)에 제수하고자 하니 공이 사양하고 이르기를 "신은 나이가 어리고 아는 것도 없으면서 갑자기 3품관에 오르게 된다면 다른 사람들의 비난을 많이 받게 될 것입니다. 무릇 왕명을 출납하는 소임은[588] 고결한 명망에 속하는 일이오니 바라건대 다른 사람을 택하여 주기 바랍니다" 하였다. 왕의 뜻을 거역함으로 인하여 그 성과 이름을 되돌리고 관직을 철주(鐵州)의 지주사(知州事)로 낮추고 재촉하여 길을 떠나게 하니, 이는 지대(至大) 3년[589] 8월의 일이었다.

철주를 다스린 지 4년에 정사가 간략하여 백성이 편히 여겼다. 황경(皇慶) 2년[590]에 왕[충선왕]과 지금 왕[충숙왕]이 본국에 돌아오니 공이 압록강까지 나아가 맞이하였는데, (충선왕이) 처음과 같이 대우하며 자신을 따라 서울로 돌아오게 명하니 전의령 겸 중문부사 밀직대언 세자우사윤 지총부

---

586) 원관은 원부의 큰아들로 충선왕대에 밀직사(고려사』 권33, 충선왕 후원년 4월조), 찬성사(『고려사』 권107, 元傅傳)의 관직을 역임했다.

587) 至元은 원 세조의 연호이며, 지원 경인년은 忠烈王 16년(1290)이다.

588) 喉舌은 모두 말을 하는 중요한 기관이므로 중요한 정무의 비유. 전하여 임금의 말을 기록하는 일을 말한다.

589) 至大는 원 무종대의 연호이며, 지대 3년은 충선왕 후2년(1310)이다.

590) 皇慶은 원 인종의 연호이며, 황경 2년은 충선왕 후5년(1313)이다.

사(典儀令兼中門副使密直代言世子右司尹知惣部事)로 임명하였다. 연우(延祐) 3년[591]에 통헌대부 밀직부사 좌상시상호군(通憲大夫密直副使左常侍上護軍)에 임명되었으며, 연우 7년에[592] 밀직사(密直使)로 승직하니 관품은 광정(匡靖)[593]이었고 조금 있다가 상의평리(商議評理)가 되었다.

지치(至治) 원년[594]에 왕을 따라 천자가 계신 곳에 조회하였다.[595] 이때 태위왕(太尉王)이 토번(西藏)으로 쫓겨나자, 다시 경사(京師)에 머무르게 되었다. 일을 그르치려는 무리가 종사(宗社)를 뒤엎으려고 모의하였는데,[596] 따라간 대신들 또한 모두 마음을 바꾸어서 형세를 예측할 수 없는 지경에 이르렀지만 공은 홀로 왕의 측근에 있으면서 시종 두 마음을 가지지 않았으니 조정의 아는 자들이 그를 칭찬하였다.

태정(泰定) 원년[597]에 이르러 태위왕이 서쪽에서 돌아오고 (충숙)왕은 다시 작위를 다시 회복하니,[598] 공에게 추성좌리공신 중대광 첨의찬성사 판민부사 상호군(推誠佐理功臣重大匡僉議贊成事判民部事上護軍)의 관직을 제수하였다. 다음 해에 왕이 귀국하려하자, 부왕(충선왕)이 작별함에 왕을 보고 이르기를 "원충(元忠)은 대대로 국록을 먹는 옛 가문이요, 또 외척에도 관계되며 근자에는 바로 잡고 구제하는데 힘을 다하였으니, 다른 신하에 비할 것이 아니다. 마땅히 그의 말을 들어야 한다"라고 하였다. 또 공에게 경계하여 이르기를 "나 또한 영원히 너의 마음을 믿을 것이니

591) 延祐는 원 인종의 연호이며, 연우 3년은 충숙왕 3년(1316)이다.

592) 延祐는 원 인종의 연호이며, 연우 7년은 충숙왕 7년(1320)이다.

593) 匡靖은 문산계로 종2품이다. 충렬왕 원년에 금자광록을 광정으로 고쳤다는 기록이 있다(『고려사』 권77, 百官2, 文散階條).

594) 至治는 원 영종의 연호이며, 지치 원년은 충숙왕 8년(1321)이다.

595) 충숙왕 8년에 충선왕의 토번유배와 함께 충숙왕도 王印을 빼앗기고 원에 소환 압류되었다.

596) 立省策動에 관한 것이다.

597) 泰定은 원 진종대의 연호이며, 태정 원년은 충숙왕 11년(1324)이다.

598) 이는 충숙왕이 왕위를 회복하였음을 가리킨다.

왕을 보좌하라"라고 하였다. 그러나 귀국한 후로 참소하는 말이 들어가 5년간 한거(閑居)하였다.

지순(至順) 원년[599]에 전왕(충혜왕)이 뒤를 이으니 공을 다시 임용하여 이전의 관직을 맡겼다. (뒤에) 판군부감찰사사(判軍簿監察司事)에 승진하였으며 지금 왕(충숙왕)이 원에 들어가 조회하니 겨울에 공이 하정표(賀正表)를 받들어 원의 수도로 나아갔다. (지순) 3년[600]에 왕(충숙왕)이 복위하고 전왕(충혜왕)이 들어가 조회하니 그로 인하여 관직이 바뀌어 연경에 머물렀다.[601] 원통(元統) 2년[602]에 황제의 명을 받아 호부(虎符)를 차고 무덕장군 서경등처 수수군만호 겸 제조정동도 진무사사(武德將軍西京等處水手軍萬戶兼提調征東都鎭撫司事)가 되었다.

후(後) 지원(至元) 2년[603]에 이르러 휘정원차사(徽政院差使)[604]를 받들어 말을 타고 동쪽으로 돌아왔으나,[605] 이로부터 어찌할 일이 없게 되어 농촌에서 한가로이 지내려는 생각뿐이었다. 다음해 병이 들어 의원을 불러도 효험이 없다가 5월 기유일(己酉日)에 일어나지 못하니 나이가 48세였다.[606]

공은 천성이 단아하고 진실하여 마음속에 간직한 것이 없지만 일에 따라서는 학문에 도가 있는 것 같았다. 처음에 대언(代言)을 사퇴한 것도

---

599) 至順은 원 문종의 연호이며, 지순 원년은 충숙왕 17년(1330)이다.

600) 至順은 원 문종의 연호이며, 지순 3년은 충숙왕 복위년(1332)이다.

601) 충숙왕이 복위함에 이르러 충혜왕대에 관직에 있었던 인물을 배제하게 됨에 따라 원충도 관직에서 물러나게 되었다. 그뒤 충혜왕과 함께 연경에 그대로 머물러 있었다(고려사』 권107, 元傅傳 附 元忠傳).

602) 元統은 원 순제의 연호이며, 원통 2년은 충숙왕 후3년(1334)이다.

603) 後 至元은 원 순제의 연호이며, 후지원 2년은 충숙왕 후5년(1336)이다.

604) 徽政院은 官署名으로 元 中宮의 侍衛기구이다. 至元 31년(1294)에 詹事院을 고쳐 휘정원이라 하였다(『元史』 권89, 백관지 참조). 여기서 差使는 使者를 말한다.

605) 고려로 귀국했음을 의미한다.

606) 위의 글에는 원충이 졸한 해가 충숙왕 후6년(1337)으로 되어 있으나 『고려사』 권107, 元傅傳 附 元忠傳에는 충숙왕 후5년(1336)으로 되어 있다.

꺼려한 생각 때문이었다. 지치 연간[607]에 왕[충숙왕]을 받들었고 또 변함없는 절개를 가진 것은 성심에서 나왔으니, 모두 가히 본받을 만한 일이었다. 당시 사람들이 모두 "어진 재상이다"라고 하였으나, 한창의 나이에 갑자기 죽으니 오호라 그것이 명(命)이 아니고 무엇이라 하겠는가.

부인 홍씨(洪氏)는 남양군부인(南陽郡夫人)에 봉해졌는데, 아버지는 남양부원군(南陽府院君)인 규(奎)이고, 덕비(德妃)[608]의 여형(女兄)이 된다. 아들이 셋인데 호(顥)[609]는 흥위위호군(興威衛護軍)이었으며, 후(詡)는 순위별장(巡衛別將)이었고, 의(顗)는 아직 벼슬하지 못하였다. 딸이 다섯인데 장녀는 친어군별장(親禦軍別將) 김광리(金光利)에게 출가하고, 다음은 전 좌우위호군(左右衛護軍) 홍유(洪瑜)에게 출가하였으며, 그 다음은 관고려군만호(管高麗軍萬戶) 나영걸(羅英傑)[610]에게 출가하였고, 그 다음은 정윤(正尹) 왕서(王諝)에게 출가하여 종친이 되었다. 막내는 어려서 집에 있다.

---

607) 至治는 원 영종의 연호이다.

608) 충숙왕의 비인 德妃는 남양 사람으로 洪奎의 딸이다. 충혜왕과 공민왕의 母로 明德太后로 책봉되었다(『고려사』 권89, 明德太后傳).

609) 元顥(?~1357)는 18세 때 護軍에 음보되어 아버지 원충의 세력을 믿고 방종하였으며 三司左使에 이르러 충혜왕의 비 德寧公主의 힘으로 合浦를 다스렸다. 그는 공민왕 때 찬성사가 되었는데 원에서 張士城을 토벌하려고 고려에 원군을 청한다는 소문을 듣고 이를 피하려고 양광도 도순문사로 나가기를 청하였다. 왕이 이를 허락하지 않고 成安府院君으로 봉하여 원에 보내었다. 돌아와 판삼사사가 되어 洪彦博의 정권을 빼앗아 대신하려고 홍언박을 중상모략하고 또 韓可貴, 具榮儉 등이 일부러 기철의 일당을 잡지 않았다고 무고하였다. 이 사건으로 3인이 함께 하옥되어 대질하게 되었는데 본래 원호를 미워하던 공민왕은 李蒙古大로 하여금 옥중에 들어가 원호를 죽이게 하여 심복인 낭장 李連孫의 시체와 함께 주교 밖에 버리게 했다(『고려사』 권107, 元傅傳 附 元顥傳 참조).

610) 羅裕(?~1292)는 본관은 나주이고 형부상서 羅得璜의 아들이다. 원수 金方慶을 따라 삼별초를 진도에서 진압하여 공을 세웠다. 김방경이 탐라를 정벌할 때는 대장군으로 종군, 원의 장군 忽敦을 따라 일본을 치고 돌아와 응양군대호군이 된 후 합포에 주둔하였다가 禮에 밝아 부지밀직사사가 되었다. 충렬왕 16년(1290)에 哈丹이 동북 변경을 침범하자 여러 번 싸워 이겨서 지밀직사사에 오르고 원으로부터 懷遠大將軍의 칭호를 받았다(『고려사』 권104, 羅裕傳 참조).

명에 이르기를 “아! 천도의 치우침이 없음이여. 모든 일이 둘 다 온전하기 어렵네. 지위도 얻고 목숨도 얻는 것이 어찌 하늘이 모두 책임지리. 공은 이미 부귀하였으나 부족한 것은 수명이었네. 어찌 천명을 알 수 있으리오. 함께 자연의 이치를 논하리니”라고 하였다.

有元故武德將軍西京等處水手軍万戶兼提調征東行中書省都鎭撫司事高麗宰相元公墓誌

王京之南 距城三十里 有山蜿蜒 若行若伏 若顧而住 水自艮涓涓潛洩至坤流爲溝瀆 合大江入于海 背山面水 宅得其執[611] 不曰蓄德之丘乎茲故征東万戶宰相元公之藏 藏用後至元丁丑六月丁酉 其里人崔某 受諸孤之謁 不敢拒 直敍公且爲銘詩 以慰其孤之心焉 敍曰 公諱忠 字正甫 先世盖新羅北原人 十一代祖克猷 始仕本國爲正議大夫 祖諱傅 相忠烈王爲僉議中贊 謚文純 考諱瓘 故僉議贊成事 大夫人金氏 封樂浪郡 故承旨諱信之女也 公生於至元二十七年庚寅 八歲以蔭補東面都監判官 十八始召入事太尉 先於京師之邸 擢授禮賓內給事 日見寵愛 賜姓王氏 改名曰鑄 遷中門副使 轉典符令司僕正穠華右司尹 階由奉常至奉順大夫 而王益欲貴異之 特除密直代言 公辭曰 臣齒少無知 驟登三品 取譏多矣 若夫喉舌之任 淸望攸屬 願乞擇人 因忤王旨 命復其姓名降職知鐵州 促登之 實至大三年八月也 理鐵四年 政簡而民便之 皇慶二年 王及今王歸國 公迎拜鴨江 上待遇如初 命從歸王京 授典儀令兼中門副使密直代言世子右司尹知惣部事 延祐三年 拜通憲大夫密直副

611) ‘執’은 『東文選』 권123에는 ‘勢’로 되어 있다. ‘勢’가 타당하다.

使左常侍上護軍 七年陞密直使 階匡靖 尋出爲商議評理 至治元年 從王朝天子所 時太尉王 有吐蕃之行 又見留京師 傾危之徒 謀覆宗社 從行大臣 亦皆革面 勢之不測 公獨左右於王 終始無二心 朝廷識者稱之 至泰定元年 太尉王浔西廻 王復爵 授公推誠佐理功臣 重大匡僉議贊成事 判民部事上護軍 明年王就國 父王臨辭目王曰 元忠是世祿舊家 且連外戚 近又盡匡救之力 非他臣比 宜聽其言 又戒公曰 爾亦永肩乃心 以輔於王 然而自歸國後 言入見踈 閑居五年 至順元年 前王嗣封 起公任以前職 陞判軍簿監察司事 而今王入朝 冬公奉賀年表赴都 至三年 王又復位 而前王入朝 因替職留都下 元統二年 欽受宣命 帶虎符 爲武德將軍西京等處水手軍万戶兼提調征東都鎭撫司事 至後至元二年 奉徽政院差使 乘馹東歸 自是見事至無可奈何 而志在求田問舍而已 明年遘疾 召醫無驗 至五月己酉不起 春秋四十有八 公天性端實 胸無堂府 處事之變 若有學然 其始辭代言 意在忌滿 至治戴君 又執不移之節 事出誠心 俱亦可尙 一時之人 皆謂之良宰相 而方强遽止 嗚呼 其不謂之命也而何 媲室洪氏封南陽郡夫人 考故南陽府院君諱奎 於王德妃爲女兄也 男三人 曰顒 前興威衛護軍 曰翊 備巡衛別將 曰顗 未仕 女五人 長適親禦軍別將金光利 次適前左右衛護軍洪瑜 次適管高麗軍万戶羅英傑 次適正尹王諝 爲國宗 季幼在室 銘曰 吁 其道無偏 物難以兩全 浔位又得壽 豈可多責天 公旣貴富矣 所未究在年 安浔知命者 與之論自然

31. 밀직부사로 치사한 고 박공 묘지

공의 휘는 화(華)이고 성은 박씨이며, 선대는 밀성군(密城郡) 출신이다. 증조 기보(奇輔)는 일찍이 중군[612]록사(中軍錄事)로서 나라 일로 죽었는데, 관이 대관전직(大觀殿直)에 이르고 모관(某官)을 증직 받았으며, 조부 홍승(洪升)은 위위주부[613]동정(衛尉注簿同正)으로 위위승(衛尉丞)을 증직 받았다. 부(父)인 함(諴)은 검교군기감(檢校軍器監)[614]으로 예빈윤(禮賓尹)[615]을 증직 받았다. 예빈부군은 음죽 안씨(陰竹安氏)의 딸과 혼인하였는데 (그녀는) 음평군부인(陰平郡夫人)에 봉해졌다. 이에 실로 공을 낳으니 이것이 원조 헌종황제 2년 임자년[616]이다.

지원(至元) 15년[617]에 전리사서원(典理司書員)[618]을 거쳐 전주(全州) 임피현위(臨陂縣尉)[619]에 부임하였고 관직을 그만두고 내시(內侍)에 들어가 여러 해 동안 수고하여 판적요직 공역사온서령 자운방판관(板積窯直供驛

612) 중군은 5군의 하나로 兵陣都指諭, 都將校, 五兵都指諭, 將校 都業師, 神騎都領, 指諭, 左右梗弓都領, 指諭, 左右精弩 都領, 指諭를 두었고 신보 석루, 대각, 철수, 발화, 도랑, 강노에도 각각 도령과 지유를 두었다(『고려사』 권81, 병1).

613) 衛尉寺는 의례 때에 쓰는 기구에 관한 사무를 맡아 보는 곳이다. 注簿는 종7품의 관직이다(『고려사』 권77, 백관2).

614) 軍器寺는 병기를 제작하는 곳을 이른다. 여기에 監, 少監, 丞, 注簿의 관직이 있다(『고려사』 권76, 백관1).

615) 禮賓寺는 외국의 사신을 접대하며 연회를 베풀어 주는 등의 사업을 맡는 곳이다. 윤은 종3품의 벼슬이다(『고려사』 권76, 백관1).

616) 원 헌종 2년 임자년은 고종 39년(1252)이다.

617) 至元은 원 세조의 연호이며, 지원 15년은 충렬왕 4년(1278)이다.

618) 典理司는 충렬왕 원년에 이부와 예부를 통합한 관직이다. 이때 상서를 판서로 고치고 시랑은 총랑으로, 낭중은 정랑으로, 원외랑은 좌랑으로 고쳤으며 공양왕 원년에 가서야 이조라고 고쳤다(『고려사』 권76, 백관1).

619) 臨陂縣은 원래 백제의 屎山郡으로 신라 경덕왕이 지금 명칭으로 고쳐서 군으로 만들었으며 고려에 와서 낮추어서 현으로 만들었다. 남원부에 소속되어 있다(『고려사』 권57, 지리2).

司醞署令紫雲坊判官)을 역임하였다.

지대(至大) 3년[620]에 사헌규정(司憲糾正)에 임명되어 경상도(慶尙道) 안찰사(按察使)로 나아가 여러 주의 가합문권(쌓인 문서)을 조사하였다. 적발함에 숨김이 없자 드러냄을 당한 자가 미워하여 도리어 공격하니 (이에) 면직되었다.

연우(延祐) 3년[621]에 장자 인간(仁幹)[622]이 태위 심왕(瀋王)의 관부에 부름을 받자 (공은) 선부산랑(選部散郎)[623]으로 등용되어 나아가 지경원부사(知慶原府事)가 되었다가 이에 치사하였다.

태정(泰定) 원년[624]에 인간이 태위왕을 따라 토번으로부터 돌아오자 (공은) 이에 또 등용되어 광주목사(廣州牧使)[625]에 임명되었다가 다음해에 통헌대부 밀직부사 상호군(通憲大夫密直副使上護軍)으로 치사하였다. 후지원 2년[626] 정월 12일에 이르러 병으로 죽으니 향년 85세였다. 이어 3월 8일에 왕경의 동쪽 대덕산 감은사의 북쪽 기슭에 장사지냈다.

부인 조씨는 김제군부인(金堤郡夫人)에 봉해졌는데 작고한 정승 문량공인 간(簡)의 누나이고 공보다 4년 일찍 죽었다. 자식은 5남 2녀를 두었는데, 인간은 경자년[627] 과거에 급제하고 또 을묘년 응거시(應擧試)[628]의 장원으

---

620) 至大는 원 무종의 연호이며, 지대 3년은 충선왕 후2년(1310)이다.

621) 延祐는 원 인종의 연호이며, 연우 3년은 충숙왕 3년(1316)이다.

622) 박인간(?~1343)은 『고려사』에 충숙왕 2년에 등과하고 충선왕의 측근세력이면서도 충숙왕을 잘 받들었던 인물로 묘사되어 있다.

623) 충렬왕 34년에 충선왕이 吏部와 兵部와 禮部를 합쳐 選部로 했다(『고려사』 권77, 백관2).

624) 泰定은 원 진종대의 연호이며, 태정 원년은 충숙왕 11년(1324)이다.

625) 廣州牧은 신라 문무왕이 한산주로 하였다가 다시 남한산주로 고쳤고 경덕왕 15년에 한주로 고쳤다. 태조 23년에 지금 명칭으로 고쳤고 성종 2년에 전국에 12개의 목을 설치할 때 그 중의 하나가 되었다. 본 목에 소속된 군이 4개, 현이 3개 있다(『고려사』 권56, 지리지).

626) 後至元은 원 순제의 연호이며, 후지원 2년은 충숙왕 후 5년(1336)이다.

627) 경자년은 충렬왕 26년(1300)이다.

로 합격하였으며, 진성병의익찬공신 광정대부 첨의평리(盡誠秉義翊贊功臣匡靖大夫僉議評理)로 현임 한성부윤(漢城府尹)이다. 인지(仁祉)는 신미년[629]에 과거를 보아 사설서령(司設署令)[630]이 되었고 인기는 좌우위산원(左右衛散員)이며, 인익(仁翊)은 군부좌랑(軍簿佐郎)[631]이며 인우(仁宇)는 을묘년[632]에 과거를 보아 지단양군사(知丹陽郡事)가 되었다. 딸은 중문지후(中門祗候)[633] 유소(柳韶)와 판도좌랑(版圖佐郎)[634] 서평(徐玶)에게 시집보내었다. 손자가 6인이고 손녀가 2인이었다.

공의 성품은 공손하고 근면하여 일에 임해서는 조심스러웠고 나아가 취하는데 있어서는 청렴하였다. 집에서 여러 어린이를 가르치는데 있어서 대개 자상하여 학문을 하도록 권하면서 하는 말이 "사람이 배우지 않으면 입신하지 못 한다"고 하였다. 굳이 과오가 있으면 또 엄히 질책을 가하였기 때문에 다섯 자식이 받들어 감히 태만하지 않아 세 명의 자식이 과거에 합격하기에 이르렀다. 모두 어질고 능한 것으로 칭송되었다. 큰아들은 선왕을 따라서 외국에서 온갖 고생을 함에 몸을 돌보지 않아 마침내 공명을 얻었다. 대개 의로움이 일찍 우러나옴으로 말미암아 이루어진 것이다. (공은) 어려서 벼슬길에 나아가 비록 낮은 벼슬에 머물러 고위직에 이르지도 못하였지만 만년에 자식으로 인해 귀하게 되어 이에 고자후록(高資厚祿)을

628) 應擧試 : 禮部試를 가리킨다.

629) 신미년은 충혜왕 1년(1331)이다.

630) 사설서는 鋪設(왕의 행차 때의 좌석과 음식과 물품을 제공하는 일)을 맡는다. 영은 정5품의 관직이다(『고려사』 권77, 백관2).

631) 무관의 선발, 군무, 의위, 우역에 관계된 정사를 맡아 보던 기관이다. 충렬왕 원년에 병부를 군부사로 고치고 상서는 판서, 시랑은 총랑, 낭중은 정랑, 원외랑은 좌랑으로 고쳤다(『고려사』 권76, 백관1, 병조).

632) 을묘년은 우왕 1년(1375)이다.

633) 中門祗候 : 중문은 충선왕 때 通禮門으로 고쳤고, 주로 조회, 의례에 관한 사무를 맡아 본다(『고려사』 권76, 백관1, 통례문조).

634) 版圖佐郎 : 호구 또는 공물과 부세, 돈과 식량에 관계되는 정사를 맡아본다. 호부를 말한다(『고려사』 권76, 백관1, 호조).

얻어 지내게 되었으며 90에 이르러서야 마침내 죽었으니 오호 더 바랄 것이 있겠는가. 내가 들으니 일로써 죽은 자는 그 후손이 반드시 크게 되고 또 선대의 보답으로 어그러짐이 있을 수 있겠는가.

비명에 이르기를, 오호 공의 둘째 아들 인지는 대덕(大德) 6년[635]에 일찍이 나와 함께 사마시를 보아 진사가 되었는데 지금으로부터 34년이 되었다. 내가 이미 그 자식과 더불어 교유하였으므로 공에게 숙부와 마찬가지로 절하지 않을 수 없다. 그 장자 공의 아우가 나를 친하게 여겼으므로 내가 그 아우를 대하면서 또한 형으로 자처하니 누가 이것을 일러 불가하다 할 것인가. 이에 (나에게) 공의 일문은 부자형제가 죽었거나 살아 있을 때에도 의가 친밀하고 정이 두터운 것이니 이제 흙으로 돌아가시니 명문이 있는 것이 마땅하다. 내가 붓을 드니 오히려 유명에 부끄럽지 않겠는가.

故密直副使致仕朴公墓誌

公諱華姓朴氏 先世密城郡籍 曾祖奇輔 嘗以中軍錄事 死於國事 官至大觀殿直 贈某官 祖洪升 故衛尉注簿同正 贈衛尉丞 父諴 故檢校軍器監 贈禮賓尹 禮賓府君取[636]陰竹安氏女 封陰平郡夫人 是生公 實元朝憲宗皇帝第二年壬子歲也 至元十五年 由典理司書員 任全州臨陂縣尉 罷秩入內侍 積年勞 歷板積窯直供驛司醞署令紫雲坊判官 至大三年 拜司憲糾正 出使慶尙道 照刷諸州架閣文卷 摘發無隱 被劾者 側目反爲所攻 見免 延祐三年 長子仁幹 赴召太尉瀋王邸 起以選部散郎 出知慶原府 尋致仕 泰定元年 仁幹從太尉王 廻自吐蕃 於是 又起任廣州牧

635) 大德은 원 성종의 연호이며, 대덕 6년은 충렬왕 28년(1302)이다.
636) '取'가 『東文選』 권123에는 '娶'로 되어 있다. '娶'가 타당하다.

明年以通憲大夫密直副使上護軍致仕 至後至元二年正月十二日 病卒享年八十有五 越三月八日 葬王京東大德山感恩寺之北麓 夫人趙氏封金堤郡 爲故相文良公諱簡之姉也 先公四年而卒 子男五人女二人 仁幹登庚子科 又中乙卯應擧試魁 盡誠秉義翊贊功臣匡靖大夫僉議評理 見任漢陽府尹 仁祉辛未科司設署令 仁杞左右衛散員 仁翊軍簿佐郎 仁宇乙卯科 知丹陽郡事 女嫁中門祗候柳韶 版圖佐郎徐玶 孫男有六人女二人 公性恭勤 莅事惟謹 而廉於進取其處 家敎諸幼槩以慈祥 必勸之從學曰 人無學無以立 苟有過 則又嚴加切責 故五子奉承不敢怠忽至於三人登科 皆以良能見稱 而其長公從先王於絶域 艱險万狀 主耳忘軀 卒就功名 盖由義方夙激 而成之也 少從仕 官雖低回未達 晩因子貴乃淂高資厚祿以養 年及九秩而終 嗚呼 又多望乎哉 予聞死事者 其後必大 亦其先報不騫也歟 銘曰 嗚呼 公之次子仁祉 在大德六禩 嘗與予同擧司馬試爲進士 距今三十有四年矣 予旣與其子而爲交 則不淂不拜公猶諸父 故其長公弟畜我 我視其弟又自處以兄 其誰曰不可 是以公之一門父子弟昆於歿於存 義密情惇 玆其歸土 宜有銘 我秉其筆 尙無媿于幽明

32. 국왕과 중서성이 유민을 추쇄해 줄 것을 청하는 글

태정을축[637]

가만히 생각하건대, 본국은 태조[638]에게 맡겨져 처음으로 경계를 갈라 만드신 이래 신복(臣服)하였습니다. 당시 거란 유민이 그 주인의 후예 금산(金山)을 받들어[639] 망령되이 관리를 두고 스스로 대요수국왕(大遼收國王)[640]이라 칭하였으며 사람과 물자를 약탈하고 동쪽으로 와서 험한 땅을 점거하여 제멋대로 날뛰며 명을 거슬러 대단히 번거롭게 하니 (원의) 조정에서는 장수 합신(合臣)과 찰랍(扎臘)[641] 등을 파견하여 토벌하기에 이르렀습니다. 우리의 고조이신 태사(太師) 충헌왕(忠憲王)[642]은 크게 음식을 갖추어 군사를 위로하고 앞뒤에서 협격하여[643] 그들을 멸했습니다.

이로부터 나라를 들어 내부(內附)하였는데 삼가 직공(職貢)을 바침이 해마다 빠짐이 없었고 세조(世祖)가 남쪽 정벌로부터 돌아와 장차 보위에 오름에 이르러 우리의 증조이신 대사(大師) 충경왕(忠敬王)이 세자로서

---

637) 泰定乙丑 : 泰定은 元 晋宗대의 연호이며, 태정 을축년은 충숙왕 12년(1325)이다.

638) 몽고를 건국한 칭기즈칸(成吉思汗, 1162~1227)을 가리킨다.

639) 이에 대해서는 『고려사』에 기록이 일부 남아 있다. '거란의 遺種 金山・金始 두 왕자가 장군 鵝兒와 乞奴를 파견하여 수많은 병사를 이끌고 압록강을 건너 寧朔・정융의 지역을 침입하였다'(『고려사』 권22, 고종 3년 8월조 참조).

640) 大遼收國 : 고종 3년(1216) 澄州에서 거란의 遺種 금산・금시왕자, 장군 乞奴와 鵝兒, 靑狗 등이 耶斯不를 추대하여 세운 나라로 건국 한달 만에 부하 청구의 반란으로 예스부는 살해되고 걸노가 추대되어 監國이라 하였다. 그후 몽고의 장군 木華黎의 군에 밀려 동으로 이동하여 고려에 침입해 왔다.

641) 扎臘 : 거란군의 침입시 파견된 장수로 갑작스런 악천후에 군량미가 단절되어 군량을 청하자 高宗이 金就礪・趙沖 등을 보내어 돕고 협력하였는데, 이때의 상황과 관련이 있는 『고려사』 권103, 金就礪傳 및 趙沖傳 등을 보면 哈眞・扎臘・扎剌 등의 장수가 보이는데 바로 이들을 가리킨다.

642) 忠憲王은 고종을 가리킨다.

643) 掎角 : 사슴을 잡을 때 뒤에서는 발을 잡고 앞에서는 뿔을 쥔다는 뜻으로 앞뒤에서 협격하는 것을 말한다.

입조하여 양초(梁楚)644)에서 맞이하여 뵈니645) 성은을 내리시어 기미년(己未年)646) 2월 이후 도망가고 포로가 된 사람을 원래대로 돌아가도록 허락하셨습니다. 그리고 우리의 할아버지 대사(大師) 충렬왕은 황고제국대장공주(皇姑齊國大長公主)647)와 결혼하여 우리 아버지 태위심왕(太尉瀋王)648)을 낳았습니다.

여러 번 조정에서는 사신을 특별히 파견하여 요양성(遼陽省) 및 정동성위관(征東省委官)649)과 더불어 의논하여 그들을 데리고 돌아가게 했으나,

---

644) 梁楚 : 중국의 호북 지역을 가리킨다.

645) 원의 헌종이 죽은 후 세조의 즉위에 반발한 동생 阿里悖哥와 제위를 다투게 되는 과정에서 세조가 이를 평정한 것에 대한 賀禮를 하기 위해서이다(『고려사』 권25, 원종 2년 4월조 참조).

646) 기미년은 고종 46년(1259)이다.

647) 齊國大長公主의 이름은 忽都魯揭里迷失로 원 세조의 딸이며, 어머니는 阿速眞可敦이다. 원종 15년(1274) 충렬왕이 세자로서 원에 있으면서 그녀와 결혼하였다. 충렬왕 원년(1275) 1월 元成公主로 책봉, 충렬왕 원년 9월에 원자(충선왕)를 낳았다. 成宗이 즉위하여 安平公主로 책봉하였으며 동왕 23년(1297) 5월 賢聖寺에서 승하하였다. 충선왕 후원년(1309) 仁明太后로 추존, 동왕 2년(1310) 원 무종이 制를 내려 皇姑齊國大長公主高麗國王妃로 追封하였다(『고려사』 권89, 후비2 참조).

648) 太尉瀋王 : 고려 때 원에서 받은 봉작의 하나로 충렬왕 34년(1308) 원 무종을 제위에 추대한 공으로 고려의 前王인 충선왕이 瀋陽王의 봉작을 받은 것이 시초이다. 심양 즉 지금의 奉天, 遼陽 지역으로 이 지역에 고려인의 전쟁 포로와 유민들이 많이 살면서 특수한 지역을 형성하여 양국간의 교통요지 및 군사 경제상 중요한 요지였기 때문에 이곳을 맡아 다스리게 한 것이다. 충렬왕이 죽자 충선왕이 다시 왕위에 올랐으며 충선왕 후2년(1310) 瀋王으로 改封되어 이후로는 심양왕 대신 심왕으로 일컬어지게 되었다. 이에 관한 논문은 다음과 같다. 丸龜金作, 「元・高麗關係の一齣－瀋王に就いて」, 『青丘學叢』 18, 1934 ; 岡田英弘, 「元の瀋王と遼陽行省」, 『朝鮮學報』 14, 1959 ; 北村秀人, 「高麗時代の瀋王についての一考察」, 『大阪市立大學人文研究』 20-10, 1973 ; 李昇漢, 「高麗 충선왕의 심양왕 被封과 在元 政治活動」, 『全南史學』 2, 1988 ; 金庚來, 「瀋陽王에 대한 一考察」, 『성신사학』 6, 1988.

649) 征東省 : 원 세조가 충렬왕 6년(1280) 일본정벌을 위해 설치했던 것으로 후에는 고려에 대한 간섭기관으로 변모해 70여 년간 존속하다가 원의 쇠퇴와 이에 따른 고려의 국권회수운동으로 끝을 맺는다. 征東行中書省, 征收日本行中書省, 征東行省, 征東省 등으로 불렀다. 이에 대한 논문은 다음과 같다. 池內宏, 「高麗に於ける元

매번 토관(土官)이 자의로 끼고 차지하니 그들이 다 돌아오지 못하였습니다.[650]

또 내가 지치(至治) 원년(元年)[651]에 입조한 이후 5년간 나라 사람이 방어하지 못하여 요양(遼陽)과 심양(瀋陽) 개원(開元) 지방으로 도망하여 들어간 것이 그 수를 헤아릴 수가 없습니다.[652]

이제 삼가 표문(表文)을 갖추어 사람을 파견해 아뢰오니 엎드려 바라건대 위로는 역대 자소(字小)[653]의 본의를 생각하시고 아래로는 소국이 충성을 다하는 왕의 미미한 수고로움을 살펴 왕의 유음(兪音)을 내리시어 뿔뿔이 흩어진 백성으로 하여금 다시 생업에 돌아가도록 인도하시면 우리 소국은 영원히 덮어 기르는 은혜를 받을 것이니 심히 다행스러움을 이길 수 없습니다.

國王與中書省請刷流民書 泰定乙丑

竊念 本國屬太祖 龍興肇造區宇 時有契丹遺民 奉其主後金山 僞署官吏 自號大遼收國王 驅掠人物 東來據險陸梁 逆命重煩 朝廷遣帥臣合臣扎臘等 致討 我高祖太師忠憲王 供偫大犒 掎角而滅之 自是擧國內

の行省」, 『東洋學報』 20-3, 1933 ; 高柄翊, 「麗代 征東行省의 硏究」 上・下, 『역사학보』 14・19, 1961・1962 ; 장동익, 『高麗後期外交史硏究』, 일조각, 1994.

650) 심양 지역과 북방 지역에 대한 추쇄는 충렬왕대 이후 계속적으로 시행되었다.

651) 至治는 원 영종의 연호이며, 지치 원년은 충숙왕 8년(1321)이다.

652) 충숙왕 8년에 충숙왕은 왕인을 원에 빼앗기고 소환되어 구금되어 있는 상태였다. 그후 충숙왕 12년이 되어서야 국왕이 귀국하므로 약 5년 동안 고려 국내는 국왕이 없는 상태에 있었다. 이 시기 고려조정에서는 입성책동이 일어나 상당한 파문이 있었다.

653) 字小 : 작고 연약한 사람을 사랑하여 어루만져 줌을 이른다.

附 恪修職貢 歲無有闕 以至世祖回自征南 將登寶位 我曾祖大師忠敬王 以世子入朝 迎拜於梁楚之郊 欽遇聖恩 許以己未二月以後逃虜人口歸元 而我祖大師忠烈王 湢尙皇姑齊國大長公主 生我父太尉瀋王 累蒙朝廷特遣使臣 與遼陽省及征東委官 會刷歸之 而每緣土官占吝 刷之不悉 又予至治元年入朝 以後五載之間 國人失於防閑 逃入遼瀋開元地面不知其數 今者欽具表文 遣人聞奏 伏望上念累朝字小之本意 下察小國勤王之微勞 導降兪音 使散渙之民 湢令復業 則海隅小邦 永荷覆育不勝幸甚 不宣

33. 또 행성을 두지 않는 것에 대한 감사의 글 시년[654]

엎드려 생각하건대, 저의 나라는 대대로 (중국) 조정의 양육함에 힘입어 나라 안에서 군신을 분별함이 모두 옛날과 같습니다. 뜻밖에도 올해 들어 화를 일으키기 좋아하는 무리들이 중간에 일어나, (원) 조정에서 행성[655]을 두자는 논의가 있기에 이르렀습니다. 백성들은 이 말을 듣고 저마다 마음이 편치 않았는데, 근래 이를 일체 금지하라는 황제의 뜻을 받게 되자, 온 나라의 상하 모두가 참으로 다시 살아남을 얻어 오직 춤출 뿐입니다.

이에 사신[656]을 보내어 표문을 받들고 사례함을 올리니, 엎드려 바라건대 잘 들으셔서 연약한 백성을 사랑하는 어지심을 길이 보이소서. 기쁘고 경사스러움을 억누를 수가 없습니다.

又謝不立行省書 是年

伏念 小邦世荷累朝涵育 國中君臣之分 一皆依舊 不料邇年樂禍[657]之

654) 이 해는 泰定 乙丑, 곧 충숙왕 12년(1325)이다. 충숙왕은 당시 왕위를 회복하여 원에서 귀국하였으며 더 나아가 친정을 행하고자 개혁정치를 시행하였다.

655) 본래 征東行省은 일본정벌을 위해 설립했던 것으로 원 內地의 행성과는 달리 운영되어 독자성을 띠고 있었다. 그러나 당시 立省論은 정동행성 체제를 원 내지와 같은 것으로 바꾸어 고려의 국가적 독립성을 없애고, 원의 지방행정단위로 삼자는 주장이다. 이러한 주장은 충선왕대(1309~1313) 초에 시작되어 충숙왕 10년(1323), 17년(1330), 그리고 충혜왕 후4년(1343) 등 4번에 걸쳐 있었는데 모두 좌절되었다. 본 기술은 충숙왕 10년의 두 번째 논의로, 이에 관한 연구는 다음과 같다. 高炳翊, 『東亞交涉史의 硏究』, 1969 ; 北村秀人, 「高麗末に於ける立省問題について」, 『北海道大學文學紀要』 14-11, 1965 ; 張東翼, 『高麗後期外交史硏究』, 1994 ; 金惠苑, 「元 간섭기 立省論과 그 성격」, 『14세기 고려의 정치와 사회』, 민음사, 1994 ; 金炯秀, 「高麗 忠肅王 12年(1325) 敎書의 再檢討」, 『慶北史學』 24, 慶北史學會, 2001.

656) 小介는 小使와 같은 뜻이라는 의미이며, 고려를 낮추어 소개라는 표현을 했다.

人間起 以致朝廷有議立省 百姓聞之 人不自安 近者欽蒙聖旨一切禁之 擧國上下實獲再生 唯知蹈舞而已 玆遣小介奉表進謝 伏望善爲聞奏 永示字小之仁 不勝忻慶 不宣

657) '咼'는 '禍'의 故字이다.

34. 또 한림원과 더불어 태위왕의 시호를 청하는 글 병인[658]

삼가 (중국) 조정의 공신과 세가는 시호를 추증받는 것이 예인데, 태위 심왕(瀋王)[659]이 돌아가시고 해가 바뀌어도 아직 거행되지 않고 있으므로, 지금 표문을 갖추어 천자께서 들으시도록 아뢰옵니다.

한편 생각하면, 선왕은 대대로 여섯 임금[660]을 섬기면서 실로 많은 수고로움이 쌓여 자주 천자의 칭찬을 들었는데, 이는 대신과 왕실의 가까운 친척들도 모르는 사람이 없습니다. 평생의 행적으로 빛나는 글을 받게 되는 반열에 들어 이를 장래에 보인다면, 선왕은 가히 돌아가셨어도 돌아가시지 않은 것이며 삶과 죽음에 있어서도 영광됨이 대단히 클 것입니다. 엎드려 바라건대 살펴주소서.

위의 세 글[661]은 모두 예문응교로서 지은 것을 추록(追錄)한 것이다.

又與翰林院爲太尉王請謚書 丙寅

伏以聖朝功臣世家 例得贈謚 而先太尉瀋王薨逝逾年 尙未擧行 今具表文 啓省上聞 外念 先王歷事六朝 實多勞績 累被天奬 元臣懿戚 無有不知 若蒙平生行跡 得列華藻 以示將來 則先王可爲死而不死 其於存歿

658) 병인년은 충숙왕 13년(1326)이다.

659) 이때 瀋王은 충선왕이며, 그가 사망한 해는 충숙왕 12년(1325)이다.

660) 여섯 임금은 중국의 세조(1260~1294), 성종(~1307), 무종(~1311), 인종(~1320), 영종(~1323), 태정제(~1328)를 말한다.

661) 여기서 세 글은 앞의 '國王與中書省請刷流民書', '又謝不立行省書'와 본문을 합친 것을 말한다.

爲榮莫大 伏惟照察 不宣

上三書 皆藝文應教所製追錄

35. 권일재[662]를 대신하여 어머니를 기리는 글

모월 모일에 고자(孤子) 아무개(某)는 감히 돌아가신 어머니 영가군대부인(永嘉郡大夫人)의 영전에 고하나이다. 오호! 사람은 죽지 않을 수 없으니 이치상 어찌 장생함이 있으리오. 일찍 죽는 이는 다시 말할 것도 없거니와 다행스럽게 장수함에 이르러도 간혹 병들어 자리에 누워 신음하면서 죽기를 바라더라도 죽을 수 없는 이가 많은데, 우리 어머니께서는 아흔다섯이시지만, 그 평생을 논한다면 다른 사람들과는 다름이 있도다. 바야흐로 나이 십여 세에 우리 가문에 시집와서 22세에 자식을 낳고 결혼을 한 지 50년이 되었도다.

돌이켜 생각건대, 돌아가신 아버지께서 공정하고 근검하니 하늘이 도우신바 되어 일흔다섯에 홀연히 세상을 떠나시니, 이때 어머니의 연세 일흔둘이었다. 이로부터 내 마음이 한편으로는 두렵고 한편으로는 기쁘기도 하였으니, 어찌 내 나이가 일흔넷이 되었음을 알았겠는가. 또 요행스럽게도 재상의 지위에 있으면서 잠시나마 성권(省權)[663]을 받아 부귀가 극하였는데, 어머니는 아직 강녕하시다가 이에 돌아가시었도다. 오호 슬프도다.

실로 훌륭하신 어머니는 일찍이 음덕을 모았기에 큰 복을 받아 오늘에 이르렀으며, 이른바 죽음을 집으로 돌아가듯이 맞이하시니[664] 어찌 마음에

---

662) 權一齋 : 權漢功(?~1349)으로 본관은 安東이고 호는 一齋, 시호는 文坦으로 첨의평리 권적의 아들이다. 충렬왕 때 과거에 급제하고 태자인 충선왕을 따라 원에 갔다. 충선왕 즉위 후 밀직부사 첨의평리를 거쳐 도첨의정승이 되고, 예천부원군에 봉군되었다. 충선왕이 토번으로 귀양을 가자 충숙왕은 권한공을 순군으로 내려 이문소에서 힐문하게 하였다. 탈출하였으나 다시 잡혀 귀양을 가게 되었는데 원 황제의 명령으로 특사되었다. 그후 심왕 고를 세우는 입성책동의 주동자가 되었다. 문집으로는 『一齋集』이 있다(『고려사』 권125, 권한공전 참조). 그에 관한 연구는 다음의 논문이 참고된다. 장동익, 「권한공의 생애와 행적」, 『대구사학』 104, 2011.

663) 權漢功이 충숙왕 복위 7년(1338)에 도평의사사의 두 번째 지위인 도첨의정승에 임명된 사실을 省權이라 하였다.

꺼리는 바가 있겠는가. 다만 내 일신에 형제자매가 없고 젊이시 혼인하여 벼슬하였으나 늦도록 공명(功名)에 빠져 집과 헤어져 나라를 떠난 지 30여 년이라 헛되이 현영(顯榮)함에 기대었으니 이것이 부모를 즐겁게 하는 일이었는가. 부모를 봉양하는 것[665]은 실로 마음에 두고서 꺼리지 않는 것이니 (자신의 행동을) 일러 무어라 하겠습니까. 사람들이 간혹 와서 위로하기를 "죽고 사는 이치는 조석과 같은 것이며 백발[皓首]에 부모상을 당하는 것[666]은 세상에 흔히 볼 수 있는 일이 아니며, '죽은 사람으로서 산 사람을 상하게 하지 말라'는 성현의 경계가 있다"고 하였건만, 아 슬프다. 누가 모자의 정이 늙을수록 더욱 두터워지고 쇠하여 가히 그치지 않음을 알겠는가. 이제 백일을 당하여 용천불사(龍泉佛寺)에 나아가 재를 베풀어 명복을 빌고 삼가 다과시수(茶果時羞)의 전(奠)[667]으로 공경히 영연(靈筵)에 고하나이다. 아 슬프도다. 상향(尙饗)하소서.

영혼사

물결은 휘감으며 동쪽으로 흐르고
땅그림자는 아스라이 서쪽으로 빠져들 때
혼령은 어느 곳에서 돌아오셨는지요,
어느새 눈물이 흘러내려 옷깃을 적십니다.

송혼사

만남이 있어도 보이지 않고

---

664) 죽는 것을 자기 집으로 돌아가는 것으로 생각하는 것을 '視死如歸'라 한다.
665) 아들이 부모를 섬김에 겨울에는 따뜻하게 해드리고 여름에는 시원하게 해드리며 항상 맛있는 음식을 대접하는 지극한 효성을 '溫凊旨甘'이라 한다.
666) 부모의 상을 당함을 '丁憂' 또는 '丁艱'이라 한다.
667) 그 계절에 나오는 차나 과일로 올리는 祭物을 茶果時羞의 奠이라 표현한다.

아무리 들으려 해도 소리가 없구나.
홀연히 문을 나서 망연자실 바라보지만
마침내 어찌 헤아리고 어찌 찾으리오.

代權一齋祭母文

月日孤子某 敢告亡母故永嘉郡大夫人之靈 嗚呼 人無不死 理豈有長生 其短折者 已不復言 幸而至於壽考 間或疾恙纏綿 臥床呻吟乞絶 而不能者多矣 至如吾母九十五歲 論其平昔 其有異於此輩 方年十餘 歸于我氏 至其劬勞二十有二載 調琴瑟餘五十年 追惟先子公正勤儉 天所扶佑 七十有五 忽焉見背 是時母年又七十二 自此私心一懼一喜 豈知兒年七旬又四 而且僥倖身居上相 手假省權 富貴之極 而母尙康寧 淂終于此 嗚呼哀哉 玆實聖善 夙鍾陰德 故受介福 以至今日 所謂視死如歸 胡有歉然於心哉 第余一身 無姊妹弟兄 少從婚 官[668]晩泥功名 離家去國 三十餘年 徒倚顯榮 是爲養志 溫凊旨甘 實負中心 逮于不諱 謂之何哉 人或來慰 死生之理 猶如旦夕 皓首丁憂 世不多見 無以死傷生 聖有明誡 嗚呼 孰知母子之情 方老益篤 而不以衰謝而可已乎 玆値百日 就龍泉佛寺 修齋薦福 謹用茶果時羞之奠 敬告靈筵 嗚呼哀哉 尙饗

迎魂辭

波沄沄而東注 景翳翳以西沈 魂歸來兮何所 淚承睫以霑襟

---

668) '官'이 『東文選』 권109에는 '宦'으로 되어 있다. '宦'이 타당하다.

送魂辭

若有遇而不睹 慨欲聞其無音 忽出門而自失 竟安究而安尋

36. 서방으로 돌아가는 운룡 장국침을 보내며 주는 글

나는 젊었을 적에 글을 읽으면서 비로소 천하가 넓다는 것을 알고 사방을 유람할 뜻이 있었다. 나라에 벼슬하게 되어 이에 직무에 얽매이게 되자 날아서도 계단조차 넘을 수 없다는 한탄을 절실히 품었다. 지치(至治) 연간[669]에 외람되이 빈공(賓貢)에 응하여[670] 천자의 궁정을 구경하게 되어 혹은 소원과 같이 된 것을 기뻐하였으나, 도리어 과거의 성적이 열등함으로 인하여 작은 고을의 수령이 되어 자그마한 일에 바쁘기만 하였다. (이에) 본성에 견딜 수가 없어 병을 핑계하고서 사면하였다.[671]

지금은 (원의) 관직에서 물러나 깊숙한 골짜기로 들어가 시골 마을에 은거하고 있었다. 아득히 중국의 사대부와 더불어 서로 만나지 못한 것이 이미 15년이라는 오랜 세월이 흘렀다. 아! 선비가 한 세상에 나서 마음먹은 일을 성취하지 못하고 몸이 날마다 더욱 쇠해지니 군자의 버림이요, 소인으로 돌아가는 길이라 능히 답답한 마음이 없겠는가? 이런 까닭으로 때때로 중국에서 손님이 왔다는 것을 들으면 문득 가서 만나보고 그 여론(餘論)을 얻어서 평생의 회포를 쏟기를 바랐다. (그러나) 모두 큰 도량이 있어 스스로 도모하기를 잘하며, 마음이 넓어 구차스러움이 없는 자를 나는 아직 보지 못하였다.

예장(豫章) 장국침(張國琛)이 금년 칠월에 왕경에 와서 일람루(一覽樓)에 머문 지가 수개월이었다. 내가 주인에게 들으니 국침은 종일토록 단정히 앉아 말없는 사람처럼 있다가 일로써 물으러 온 사람이 있으면 하나하나 설명해 준다고 한다. 그의 학문은 우리 유학을 근본으로 하고 겸하여 몽고의

---

669) 至治는 충숙왕 8년(1321)에서 충숙왕 10년(1323)까지이다.

670) 최해 자신이 충숙왕 7년(1320)에 원에 파견되어 이듬해 制科에 급제한 것을 가리킨다.

671) 최해가 遼陽路盖州判官으로 있다가 5개월 만에 병을 이유로 귀국한 것을 말한다.

문자와 언어에 통달하였으며 한편으로는 술수에도 밝았다. 스스로 말하기를 "일찍이 강서(江西)의 거자(擧子)가 되어 과거에 급제하였고, 또 조정 귀인의 추천으로 조칙을 가지고 돌아다니는 직책에 거듭 배수되었다. (이에 따라) 천하를 수차 두루 돌아 유람하였는데 연경에서 남으로 유령(庾嶺)[672]에 이르고, 서쪽으로 화봉(華峯)[673]에 이르고, 북쪽으로 화림(和林)[674]에 이르기까지 그 사이에 풍속이 다르고 같은 것을 모두 채집하여 기문(記文)을 만들었으며, 명산승지(名山勝地)는 올라보지 않은 곳이 없다. 작년에 동쪽으로 유람하여 요양(遼陽)을 지나 왕경(王京)에 이르렀는데, 이제 또 서쪽으로 돌아간다"고 하였다. 올 적에도 구하는 것이 없었고 갈 적에도 또한 연연한 바가 없을 정도로 행동하는 것이 자유롭다. 날아서 머무는 곳이 있으나 결코 연못이나 바구니 속에 가두어 기를 수 있는 인물이 아니다. 나는 이미 사방을 유람할 뜻을 이루지 못했으니 사방을 유람한 선비를 얻어 그와 더불어 교류하는 것이 이로써 가하다. 좋아하면서도 따를 수 없어 그 심정을 사(辭)로써 보인다.

그 사(辭)에 이르기를,

아름다운 저 사람이 서쪽에서 길을 떠나 사뿐사뿐 거닐며 구름 밟고 내려올 때, 별과 달을 두르고 무지개로 띠를 매었네.

아름다운 저 사람이 서쪽에서 와 이 송산(松山)[675]을 사랑하여 잠깐 동안 머물더니 갑자기 떠나가매 모실 길이 없네.

---

672) 庾嶺 : 梅花의 명소로 梅嶺, 大庾嶺으로도 불렸다. 江西省 大庾縣에 있는 산이다(『大漢和辭典』 권4).

673) 華峯 : 華山으로 江蘇省에 있는 산이다(『大漢和辭典』 권9).

674) '和林'은 외몽고 庫倫의 서남에 있다. 원의 태조대에 이곳에 도읍이 정해졌다가, 세조대에 도읍이 옮겨졌다. 화림에는 宣慰司가 두어졌는데, 후에 和林等處行中書省이 두어졌다. 皇慶初에 고쳐 嶺北等處行中書省이 되고, 화림로를 고쳐 和寧路가 되었다. 일명 喀喇和林이라고 한다(『大漢和辭典』 권2).

675) 개경의 송악산을 가리킨다.

내 나이 한창일 때 사방에 뜻이 있어 구주(九州)를 돌아보고 고향에 오랬더니, 이제는 몸이 늙어 소원도 허사로세.

이 미인이 아까워서 붙들려고 하지만은 붙들어도 듣지 않고 고개만 흔드니 나는 길가에 홀로 서서 눈물만 흘리네.

送張雲龍國琛而[676]歸序

予在少日 始讀書 盖知有天下之廣 則有四方之志焉 及仕王國 迺爲職縻 切抱飛不越階之歎 至治中 濫應賓興 觀光天子之庭 喜或其如願 顧因科劣 得倅下州 碌碌奔走 非性所堪 移病而免 今玆下喬入幽 跧伏里閭 敻不與天朝士夫相訊 已有十五年之久 於戲 士生一世 有志不就 齒髮日益衰 君子之弃 小人之歸 能無鬱鬱於此乎 是故 時聞有客至自中原 則輒往候之 兾淂餘論 以寫平生之懷焉 咸有偉量 善自爲謀 至如胸襟坦蕩 而無苟然者 予未淂覩也 豫章張國琛以今年七月 至寓王京一覽樓者數月 予徵諸主人 國琛終日危坐 若無言者 有來問以事 則亦一一說之 其學本吾儒 兼通蒙古字語 旁出入術數中 自言嘗爲江西擧子入其選 又爲朝貴薦 祗勑欽宣者再 其遊觀幾遍天下 由都南至庾嶺 西至華峯 北至和林 其間風俗異同 皆採而有記 名山勝境 無不登覽 自去年東遊 歷遼陽抵王京 玆又西歸 其來也無求 其去也亦無所戀 卷舒自由 翔集有所 要之非池籠中可畜養者也 予旣不遂四方之志 則淂四方之士而與之遊斯可矣 愛莫從之 情見于辭 其辭曰

有美斯人兮來從西 翩然散步兮下雲階 星月爲佩兮帶虹霓

有美斯人兮從西來 愛此松山兮乍徘徊 忽然輕擧兮不可陪

---

676) '而'는 『東文選』 권84에는 '西'로 되어 있다. '西'가 맞는 것 같다.

我齒方壯兮志四方 縱觀九州兮歸故鄉 而今身老兮願未償
惜此美人兮我欲留 留不肯住兮却掉頭 獨立道周兮雙淚流

37. 『동인사육』에 대한 서

후 지원(至元) 무인년(戊寅年)[677] 여름에 나는 『동문사육(東文四六)』[678]을 편집하여 끝마쳤다. 가만히 보건대 국조(國祖)께서 이미 중국의 책봉을 받아[679] 대대로 계승하여 하늘을 두려워하며 대국을 섬겨 충성하고 따르는 예를 극진히 아니한 적이 없었으니, 이는 그 장표(章表)가 격식을 얻게 된 것이다. 그러나 제후(諸侯)의 신하[680]가 사사로이 왕을 성상(聖上)이나 황상(皇上)이라 일컬으며, 위로는 요순(堯舜)을 끌어들이고 아래로는 한당(漢唐)에 비유하며, 왕도 간혹 짐(朕)이나 여일인(予一人)[681]이라 자칭하고, 명령을 조(詔)・제(制)라 하고, 국내의 죄수를 풀어주는 것을 대사천하(大赦天下)라 하고 서치(署置)와 관속(官屬)도 모두 중국을 모방했다. 이와 같은 것들은 크게 참람함을 범하여 실로 보고 듣는 자를 놀라게 하지만, 중국에서는 실로 도외시해버렸으니 어찌 혐오함이 있겠는가.

황원(皇元)에 부속되고부터는 한 집안처럼 보아, 성(省)・원(院)・대(臺)・부(部)와 같은 명칭은 진작 버렸으나,[682] 풍속이 구습에 젖어 있어서

---

677) 무인년은 충숙왕 후7년(1338)이다.

678) 『東文四六』의 '東文'은 '東人之文'의 약칭이고, '四六'은 四六駢儷文에서 취한 이름이다. 본서에 수록된 「東人之文序」에 의하면 崔瀣는 崔致遠 이후 충렬왕대까지의 名詩를 뽑아 '五七'로, 명문장을 뽑아 '千百'으로, 駢儷文을 뽑아 '四六'으로 각각 명명하고, 이 셋을 합쳐서 『東人之文』으로 편집한 것임을 알 수 있다.

679) 고려가 중국과 정식 국교관계를 맺고 冊封을 받은 것은 태조 16년(後唐 明宗 長興 4년)이다(『고려사』 권2, 태조 16년 3월조 ; 『新五代史』 권74, 四夷附錄 제3 高麗).

680) 원문의 '陪臣'은 제후의 신하를 뜻한다.

681) '予一人'은 天子의 자칭으로서 '予小子'와 같은 표현이다.

682) 이 부분은 충렬왕 원년(1275)에 단행된 官制 개편을 가리킨다(『고려사』 권28, 충렬왕 원년 10월). 이때 개편의 내용과 변경된 명칭은 『고려사』 권76, 백관1 해당 官府의 연혁에서 알 수 있다. 중요 관부만을 보면, 中書門下省과 尙書省을 합쳐 僉議府로, 吏部와 禮部를 합쳐 典理司로, 兵部를 軍簿司로, 戶部를 版圖司로,

그 병폐가 아직 남아 있었는데, 대덕(大德) 연간[683]에 (원의) 조정에서 평장(平章) 활리길사(闊里吉思)를 보내어 정리한[684] 뒤로는 깨끗이 고쳐져 감히 답습하는 자가 없었다. 지금 편집한 책이 아직 (원에) 신복(臣服)하기 이전의 문자를 많이 취하였기 때문에 처음 보는 사람이 놀라지 않을까 하는 의구심을 가져 그 단서를 이끌어 제(題)한다. 졸옹(拙翁)이 쓴다.

東人四六序

後至元戊寅夏 予集定東文四六訖成 竊審國祖已受冊中朝 奕世相承 莫不畏天 事大盡忠遜之禮 是其章表淂體也 然陪臣私謂王 曰聖上 曰皇上 上引堯舜下譬漢唐 而王或自稱朕予一人 命令曰詔制 肆宥境內 曰大赦天下 署置官屬皆倣天朝 若此等類 大涉譖踰 實駭觀聽 其在中國 固待以度外 其何嫌之有也逮附皇元 視同一家 如省院臺部等號早去 而俗安舊習 玆病尙在 大德間 朝廷遣平章闊里吉思 釐正然後 渙然一革 無敢有蹈襲之者 今所集定 多取未臣服以前文字 恐始寓目者 不淂不有驚疑 故題其端 以引之 拙翁書

刑部를 典法司로, 中樞院을 密直司로, 御史臺를 監察司로, 翰林院을 文翰署로 바꾸었다.

683) 大德은 원 성종의 연호이다.

684) 『元史』에 의하면 元이 闊里吉思를 高麗行省平章政事에 임명한 시기는 충렬왕 25년(1299)이다(『元史』 권208, 外夷1 高麗 成宗 大德 3년 5월조). 이는 『고려사』 권31, 충렬왕 25년 10월조 기사에서 활리길사를 征東行中書省平章事로 임명한 내용과도 부합한다. 하지만 이 두 기록은 당시 고려의 관부 개편작업에서 활리길사가 직접 관여했다는 내용을 전하지는 않는다. 한편 『元史』에 의하면 활리길사가 고려의 관부 개편작업에 관여한 시점은 충렬왕 26년인 것으로 나타나며(『元史』 권208, 外夷1 高麗 成宗 大德 4년 2월조), 『고려사』에서는 활리길사가 아닌 塔察兒와 王泰亨이 충렬왕 27년에 관부 개편을 건의한 것으로 나타나는 것으로 보아(『고려사』 권32, 충렬왕 27년 4월조), 활리길사가 고려 관부의 개편작업에 관여했는지의 여부와 그 시점에 대해서는 엄밀한 자료 비판이 요구된다.

38. 예산은자전[685]

은자(隱者)의 이름은 하계(夏屆) 혹은 하체(下逮)라 하며, 창괴(蒼槐)는 그의 성씨이다.[686] 대대로 용백국(龍伯國)[687]의 사람이다. 본래는 복성(覆姓)이 아닌데, 은자가 우리나라의 음이 느린 것을 이어받아 그 이름과 함께 이렇게 바꾸었다.

은자는 어릴 적[孩提]에도 이미 하늘의 이치를 아는 듯이 흉내 냈으며, 공부함에 미쳐서는 한 귀퉁이에 머물지 않고 겨우 그 취지[688]만을 아는 정도에만 그쳐 어느 하나도 완전하게 마친 것이 없었으니, 그것은 넓게 보기만 하고 깊이 파고들지 않았기 때문이었다. 차츰 장성하게 되자 비장한 각오로 출세에 뜻을 두었으나 세상에서는 그렇게 하도록 허락하지 않았다. 이는 그의 성격이 윗사람을 찾아가 비위를 잘 맞추지 못하며,[689] 또 술을 즐겨 두어 잔만 마시면 남의 좋은 점과 나쁜 점을 이야기하기를 좋아해서 도무지 귀로 들은 것이면 입이 그것을 간직할 줄을 몰랐던 때문이었다. 그러므로 남의 아낌과 중히 여김을 받지 못하였고, 벼슬을 했을 때마다 곧 배척당하여 쫓겨나곤 하였다. 비록 친구들이 애석히 여기어 (그의 성격을) 고쳐주려고, 혹은 권하기도 하고 혹은 책망하기도 하였으나 능히 받아들이지 못했다. 중년에 이르러서는 자못 스스로 뉘우쳤지만, 사람들이 이미 그는 (이에) 얽매여 있을[690] 인물이 아니라고 대하였기 때문에 결국은

685) 「猊山隱者傳」은 崔瀣의 자서전이다. 『고려사』 권109, 최해전에 거의 全文이 수록되어 있어 판독이 어려운 구절은 이를 참고하였다.

686) '夏屆'와 '下逮'에서 첫 글자의 子音 'ㅎ'과 둘째 글자의 母音을 취합하면 '해'에 가까운 음이 되고, 그의 성씨 부분에 관해서도 마찬가지의 방식을 적용하면 '최'가 되므로, 이 부분은 그의 성명을 破字하여 표현한 것임을 알 수 있다.

687) 『列子』에서는 용백국을 고대의 大人國이라고 말하고 있다(『大漢和辭典』 권12 참조).

688) 원문의 '旨歸'는 '趣旨'의 뜻으로 불교 용어이다(『大漢和辭典』 권5, 743쪽).

689) 원문의 '伺候'는 윗사람을 찾아가 안부를 묻는다는 뜻이다.

등용되지 못했다. 은자 스스로도 또한 세상에 나아살 생삭을 다시는 갖시 않았다.

일찍이 (그가) 스스로 말하기를, "나와 서로 내왕하던 사람들은 모두 좋은 사람이었다. 그런데도 (나와) 사이가 좋지 않은 사람들이 많아서, 여러 사람에게 (두루) 인정받기란 진실로 힘든 일이다"라고 하였다. 이것은 그의 단점인 동시에 장점도 되는 것이었다. 늘그막에 사자갑사(師子岬寺)의 중을 좇아 땅을 빌려 경작하고서, 농원(農園)을 열어 '취족(取足)'이라 이름하고 스스로 호를 예산농은(猊山農隱)이라 하였다. 그는 자리 곁에 명(銘)을 지어 이르기를, "너의 땅과 농원은 삼보(三寶)[691]로부터 받은 두터운 은혜이다. 취족(取足)은 어디서 온 것인가를 부디 잊지 말라"라고 하였다. 은자는 평소에 불교를 좋아하지 않으면서도 마침내 그의 전호(佃戶)가 되었으므로, 대개 일찍부터 품은 뜻이 어그러짐을 하소연하여 스스로를 조롱한 것이다.

猊山隱者傳

隱者名夏屆 或稱下逮 蒼槐其氏也 世爲龍伯國人 本非覆姓 至隱者因夷音之緩 併其名而易之 隱者方孩提 已似識天理 及就學 不滯於一隅 纔淂旨歸 便無卒業 其汎而不究也 稍壯慨然 有志於功名 而世莫之許也 是其性不善於伺候 而又好酒 數爵而後喜說人善惡 凡從耳而入者口不解藏 故不爲人所愛重 輒擧輒斥而去 雖親友惜其欲改 或勸或責不能納 中年頗自悔 然人已待以非可牢籠 未果用 而隱者亦不復有意於

---

690) 원문에는 '牢籠'으로 되어 있다. '牢'와 '籠'의 字意를 감안하면, '牢籠'의 뜻은 일정한 규격이나 틀 속에 억지로 밀어 넣는다는 내용을 담고 있다.

691) 불교의 佛·法·僧을 가리킨다. 여기서는 불교를 의미한다.

斯世矣 嘗自言 吾所嘗往來者 皆善人 而其所不與者多 欲得衆允難矣 此其所短 迺其所以爲長也 晩從師子岬寺僧 借田而耕 開園曰取足 自號猊山農隱 其銘座右曰 爾田爾園 三寶重恩 取足奚自 愼勿可諼 隱者素不樂浮屠 而卒爲其佃戶 盖訟夙志之爽 以自戲云

39. 고 정당문학 이공 묘지[692]

사람은 음양(陰陽)을 바탕으로 생겨나는 것이다. 태어남은 기(氣)가 모인 것이요, (기가) 흩어지면 죽는다. 그 사이에 막히거나 통달하고, 얻거나 잃으며, 길거나 짧고, 느리거나 빠른 것은 역시 타고나는 것이니 이상할 것이 없다. (그러나) 진실로 그대로 둔 채로 (인품을) 닦지 않으면 끝내는 초목과 함께 썩어 없어져 버려 (세상에) 알려지지도 않을 것이며 또한 하늘과 땅[693]사이에서 만물 가운데 빼어나다고 이를 수 없다.

옛날부터 몸이 죽어도 영원히 사라지지 않는 것은 덕이 아니면 공(功)이다. (이는) 큰 산이 고요하여 움직이지 않더라도, 사람들은 조그만 움직임[694]을 아는 것과 같은 이치이다. 은택이 사해(四海)에 두루 미치는 것을 일러 덕이라 하고, 기회를 만나 우뢰와 바람이 서로 부딪치는 속에서 백성을 도탄에서 건지고 사직을 이롭게 하는 것을 공(功)이라 한다. 이러면 몸은 죽어도 도(道)는 더욱 드러나고, 기회는 멀어져도 이름은 더욱 빛날 것이며, 천년이 지나서도 해와 달은 빛을 다툴 것이니, 어찌 예나 지금이나 나아가고 머무름과 어렵거나 쉬운 것을 족히 논할 수 있겠는가.

나는 늙어서 본 것이 많다. 바야흐로 불꽃처럼 빛나고 밝은 것을 보면 가히 사랑스럽기도 하고 두렵기도 하나 일찍이 발길을 채 돌리기도 전에 없어져 버려[695] 그 행적을 묻지도 못하니 모두가 슬퍼할 뿐이다. 저 삼한(三

---

692) 李公은 李彦冲(1273~1338)으로 자는 立之, 호는 芸齋이다. 본관은 全義로 충렬왕 때 문과에 급제, 내시에 속했다가 군부 좌랑에 승진했다. 뒤에 대사성, 진현관 제학, 지제고, 선부 전서, 전의령을 지내고 1321년 정조사로 원에 갔으며, 정당문학, 첨의평리, 예문관 대제학, 지춘추관사에 이르렀다. 충렬, 충선, 충숙, 충혜 4왕의 총애를 받았다.

693) 二儀는 하늘과 땅을 의미하며 陰과 陽의 뜻이다.

694) 膚寸은 네 손가락을 붙인 가로 길이로, 짧은 길이를 말한다.

695) '淪謝'는 연달아 이 세상을 떠나는 것이다.

韓) 재상 이공(李公)같은 분은 평소 온 나라에서 칭송하고 숭상하는 분이어서 나도 또한 일찍이 문객(文客)으로 뒤를 따른 자이니 마땅히 수고로움을 다해야 하는데, 그 아들이 묘도(墓道)의 글을 청하니 어찌 감히 자중하고 거절하겠는가.

공의 처음 벼슬은 충렬왕 때이며[696] 태위왕(太尉王)이 얼마 후 그를 속관으로 삼았다. 그리하여 오랫동안 수종하는 수고를 맡았고 벼슬은 고관에 이르렀다. 지금 왕(충혜왕)과 인연을 맺으면서 (왕은 그를) 특별히 정부에 두어 문학으로 대우하며 더불어 다스리는 도리를 의논하였다. 전왕(충숙왕)을 만나서도 다시 그 임무를 다하였다. 무릇 네 왕을 섬기면서 항상 총애를 받음이 전보다 더했다. (그의) 시문과 풍류가 왕을 움직이지 않았더라면 누가 이처럼 할 수 있었겠는가.

공의 휘는 언충(彦冲)이며 자는 입지(立之)이다. 선조는 청주(淸州) 전의현(全義縣) 사람이다. 근래의 명재상인 문장공(文莊公) 혼(混)[697]의 조카이다. 응양군 대장군(鷹揚軍大將軍) 천(仟)과 직문한서(直文翰署)로 대사성(大司成)을 증직받은 자원(子原)은 공의 조부와 부친이다. 검교군기감(檢校軍器監) 김유선(金惟銑)의 딸로서 영가군부인(永嘉郡夫人)으로 봉해진 분이 공의 모친이다. 공은 임진년[698]에 사마시(司馬試)[699]에 장원으로 합격했고,

---

696) 이언충은 충렬왕 18년 6월에 국자감시에 합격했고(『고려사』 권74, 선거2, 국자감시), 충렬왕 33년에 典酒의 관직을 가진 것(『고려사』 권32, 충렬왕 33년 10월)으로 확인된다.

697) 李混(1252~1312)은 자는 去華 또는 太初이다. 원종 때 17세에 과거에 급제하여 廣州參軍으로 벼슬을 시작하여 내직으로 들어가 國學學正이 되었다. 충렬왕 때 여러 관직을 역임하였다. 61세에 죽었으며 시호는 文莊이다. 아들은 李異이며 과거에 급제하여 벼슬이 成均樂正에 이르렀으나 아버지보다 먼저 죽었다(『고려사』 권108, 李混傳).

698) 임진년은 충렬왕 18년(1292)이다.

699) 司馬試는 國子監試와 같은 것으로 조선의 進士科와 관련이 있다. 南宮試라고도 하였고 禮部試의 전 단계 시험이었다(허흥식, 『고려의 과거제도』, 일조각, 2005, 44쪽).

또 갑오년[700] 과거에 합격하였다. (이어) 내시(內侍)인 흥신궁녹사(興信宮錄事)로 들어가 여러 번 옮겨 군부좌랑 정헌대부 대사성 진현관 제학 지제교(軍簿左郎正獻大夫大司成進賢館提學知製敎) 통헌대부 검교선부전서 행전의령(通憲大夫檢校選部典書行典儀令) 평양도존무사 행평양윤(平壤道存撫使行平壤尹) 경상도진변사 행김해목(慶尙道鎭邊使行金海牧)으로 있다가 내직으로 옮겨 개성부윤(開城府尹)으로 옮겼으며, 다시 좌상시 판선공시 밀직부사 상호군 광정대부 정당문학 첨의평리 예문대제학 지춘추관사(左常侍判繕工寺密直副使上護軍匡靖大夫政堂文學僉議評理藝文大提學知春秋館事)가 (되니) 공이 평생 역임한 관직이다. 김씨는 화평군(化平郡)에 봉해진 분으로 첨의평리(僉議評理) 희(禧)[701]의 딸이며, 홍씨는 강녕군(江寧郡)에 봉해진 분으로 왕경등처(王京等處) 순군만호(巡軍萬戶) 수(綏)[702]의 딸인데 (이들은) 공의 두 부인이다. 김씨가 전처이고 홍씨가 뒤를 이었다. 전(前) 신호위중랑장(神虎衛中郎將) 광기(光起)와 전(前) 흥위위낭장(興威衛郎將)[703] 광익(光翊), 전(前) 전의시 주부(典儀寺注簿) 사걸(俟傑), 상원(上元)은 이제 다 자랐으며, 삼보(三寶)는 겨우 10세로, (모두) 공의 아들이다. 현임 첨의찬성사(僉議贊成事) 민상정(閔祥正), 관고려군천호(管高麗軍千戶) 이을년(李乙年), 전(前) 비순위별장(備巡衛別將) 원후(元詡), 창능직(昌陵直) 윤희보(尹希甫)는 공의 사위이다. 또 세 딸이 있는데 아직 어리다.

---

700) 갑오년 과거는 충렬왕 20년(1294) 10월에 있었던 과거로 여기서 이언충은 을과를 차지했다. 安珦이 知貢擧, 閔漬이 同知貢擧였다.

701) 金禧의 자세한 내력은 알 수 없으나, 『고려사』 열전 등에 그에 관한 단편적인 기사가 전한다. 가령 그는 공민왕대 監察大夫 金漢貴의 조카로서 신돈의 평양천도 주장에 따라 평양의 땅을 살피러 가는데 함께 따라가고 있다(『고려사』 권122, 辛旽傳).

702) 『고려사』 열전 등을 통해서 洪綏는 韓希愈의 사위라는 것을 알 수 있다(『고려사』 권104, 韓希愈傳). 한편 그는 攝行征東省事 蔣伯祥이 하옥된 후, 장백상을 대신하여 金深과 함께 權省事가 되기도 하였다(『고려사』 권104, 金周鼎傳).

703) 여기에는 '興威'라는 글자가 없으나 그의 묘지명에는 '흥위'라는 글자가 들어있다.

공은 계유년[704] 정사(丁巳)월 을묘일[705]에 나서 무인년[706] 계해(癸亥)월 경술일에 죽었다. 이 해 을축월 정유일에 장사를 지냈다. 명문에, "군자께서 가시지 않았을 때 신기가 양양하여 복록이 오래 창성하다고 일렀는데, (이제) 군자가 이미 가신 것을 한탄하도다. 하늘을 원망해 무엇하리, 믿어야 하리 인생이란 무상한 것을"이라 하였다.

故政堂文學李公墓誌

人稟陰陽以生 生爲氣聚 散則爲死 其間窮達淂喪脩短遲疾 亦各因其所稟 無可怪者 苟委其然 不加以脩 則其卒與草木同腐泯焉 無聞 又非所謂叅二儀妙万物者矣 古之死而不死者 匪德則功 如大山靜而不動 人知膚寸之興 澤周四海之 謂德 事機之會 雷風相盪 振民塗炭 利在社稷之謂功 是則身幽而道彌著 事 遠而名愈彰 千載之下 日月爭光 尙何平昔出處險易之足論哉 余老矣 所閱者多矣 方見炎炎赫赫 可愛可畏 曾不旋踵 淪謝已盡 未及問其行業 俱可哀已 越若三韓宰相李公 雅爲一國所稱尙 而余又嘗從客後者 宜軫其憚 而其孤謁以隧道之文 則安敢自重而拒之乎 公之始仕 在忠烈王時 太尉王已引以爲屬 因久任羈靮之勞致位高顯 及結今王之知 特置政府 待以文學 與評治道 替遇前王 復仍厥任 凡事四王 每承寵接勝如前日 自非詞采風流有動人主 疇克如是耶 公諱彦冲 字立之 先世淸之全義縣人 爲國近時名宰諱混 謚文莊公猶子也 故鷹揚軍大將軍諱仟 故直文翰署贈大司成諱子蒝 爲公祖考也 故檢

704) 계유년은 원종 14년(1273)이다.

705) 월일은 원문에는 비워져 있으나, 묘지명을 참고하여 보충하였다.

706) 무인년은 충숙왕 후7년(1338)이다.

校軍器監金惟銑之女 封永嘉郡夫人 爲公妣也 公擧壬辰司馬試中魁又登甲午年第 自入內侍興信宮錄事 累轉軍簿佐郎正獻大夫大司成進賢館提學知製敎 通憲大夫檢校選部典書行典儀令 平壤道存撫使行平壤尹 慶尙道鎭邊使行金海牧 內徙開城府尹 改左常侍判繕工寺密直副使上護軍匡靖大夫政堂文學僉議評理藝文大提學知春秋館事 爲公平日所歷官也 金氏封化平郡 故僉議評理諱禧之女 洪氏封江寧郡 今王京等處巡軍万戶綏之女 爲公兩夫人也 金先而洪繼 前神虎衛中郎將光起前衛[707]郎將光翊 前典儀寺注簿侯傑 上元方成童 三寶纔十歲 爲公子也 見任僉議贊成事閔祥正 管高麗軍千戶李乙年 前備巡衛別將元詡昌陵直尹希甫 爲公壻也 又三女處而幼 歲癸酉月日[708] 爲公生也 歲戊寅月癸亥日庚戌爲公卒也 是歲月乙丑日丁酉爲公葬也 銘曰 見君子之未亡 有神氣兮揚揚 謂言福祿久彌昌 恨君子之已亡 討大空兮芒芒 信乎 人生不可常

707) ‘衛’만 되어 있으나, 金龍善 편, 앞의 책에는 ‘興威衛’로 되어 있다.
708) 金龍善 편, 위의 책에는 ‘月丁巳 日乙卯’라고 명시되어 있다.

40. 전백헌[709] 묘지

지원(至元) 대덕(大德) 연간[710]에는 위로는 천자의 밝음이 있어 사해(四海)가 또 평안하여 태사(太師) 충렬왕은 세훈(功)과 외척의 받듦에 힘입어 동방을 다스린 지 35년이 되었다. 이때는 선비의 풍습이 충후(忠厚)하고 권하지 않아도 스스로 닦아 천조(天朝, 元)에 등과(登科)하여 벼슬하는 자는 말할 것도 없지만, 왕국(王國, 高麗)에 와서 벼슬하는 사람 모두가 조심하고 삼가 경박한 것을 부끄럽게 여기는 아름다운 행동이 있었다. 그런데 2·30년 이래로 세속의 풍습이 날로 무너져서 막을 길이 없으며, 간혹 당시의 사정을 들어 거론하는 자가 있으면 비웃고 손가락질 하면서 고루한 것으로 여기지 않는 이가 없다. 그러나 생존한 늙은 분들이 법을 바로 잡는 바가 오히려 있지만 근래에는 또한 서로 이어 세상을 하직하니 풍류가 아주 없어졌도다. 오호 가히 탄식할 일이다.

돌아가신 회의(會議)[711] 재상 전공(全公)은 여러 선왕들을 섬겼으며 근후한 군자이시다. 휘는 신(信)이고 자는 이립(而立)이다. 선대는 천안부(天安府)에 적을 두었으며, 태복소경(太僕少卿) 세주(世柱)와 합문지후(閤門祗候)로 좌복야(左僕射)를 증직받은 인량(仁亮), 밀직사 대보문(密直使大寶文) 승(昇)이 공의 삼세 조부들이다. 돌아가신 어머니 최씨는 대재(大宰) 문청공(文清公)이었던 (최)자(滋)의 손녀로서 제안군(齊安郡)에 봉해졌다. 공은

---

709) 全柏軒 : 全信(1276~1339)을 가리킨다.

710) 至元은 원 세조의 연호로 원종 5년(1264)에서 충렬왕 20년(1294)까지이며, 大德은 원 성종의 연호로 충렬왕 23년(1297)에서 충렬왕 33년(1307)까지이다.

711) 會議는 商議會議都監事를 줄인 명칭이다.『고려사』권76, 백관1, 序에는 충렬왕대 이후 僉議와 密直이 都評議司에 모여 회의를 하게 되어 商議라는 명칭이 생긴 것으로 기록하고 있다. 또『고려사』권77, 백관2, 式目都監에는 충선왕 2년 敎書를 내려 商議式目都監事를 설치하도록 한 기록이 보인다. 이로 보면 商議會議都監事는 都評議使司와 式目都監에 참여하는 종3품의 관직자로 보인다.

처음 벼슬을 음서로 시작하여 대덕 신축년[712]에 내시내의직장(內侍內衣直長)으로 있으면서 예부시에 나아가 등과하였으며,[713] 그 다음해에 숭경부승(崇慶府丞)에 제수되고 이어 정방(政房)에 참여하고 이어 관직은 비서랑(秘書郞)이 되었다. 갑진년[714]에 시국학직강(試國學直講)이 되고 금자복(金紫服)을 하사받았으며, 정미년[715]에 안동부 판관(安東府判官)으로 나가고, 지대(至大) 기유년[716]에 전의부령(典儀副令)으로 부름을 받아 봉상대부(奉常大夫)의 관계가 더해졌으며 세 번 관직이 바뀌어 총부의랑(摠郎[717]議郎)이 되었다. 신해년[718]에 지김해부사(知金海府事)가 되었다가 그 다음해에 성안부(成安府)로 옮기고 또 2년 뒤에는 수원부(水原府)로 옮겼다. 연우(延祐) 갑인년[719]에는 사헌장령(司憲掌令)으로 부름을 받았고 이어 언부(讞部)·선부(選部)의 의랑(議郎)으로 옮겼으며, 정사년[720]에는 보문각[721] 제학 봉순대부 판내부시 숙녕부 우사윤 지제교 지민부제거 유비창 겸선군별감사(寶文閣提學奉順大夫判內府寺肅寧府右司尹知製敎知民部提擧有備倉兼選軍別監使)를 제수받았다. 기미년[722]에는 계림부윤(雞林府尹)으로 나갔다가 신유년[723]에 복주목사(福州牧使)로 옮겼다가 태정(泰定) 갑자

712) 大德 신축년은 충렬왕 27년(1301년)이다.

713) 全信이 충렬왕 27년 5월 예부시에 등과한 것은 허흥식, 앞의 책, 「부록2. 고려 예부시 동년록」, 2005, 512쪽 참조.

714) 갑진년은 충렬왕 30년(1304)이다.

715) 정미년은 충렬왕 33년(1307)이다.

716) 至大 기유년은 충선왕 원년(1309년)이다.

717) '郎'은 『동문선』 권123에도 그렇게 되어 있으나, '部'의 오자로 보인다(최채기 옮김, 『국역 졸고천백』, 128쪽).

718) 신해년은 충선왕 3년(1311)이다.

719) 延祐 갑인년은 충숙왕 원년(1314)이다.

720) 정사년은 충숙왕 4년(1317)이다.

721) '閤'은 『동문선』 권123에는 '閣'으로 되어 있다. '閣'이 타당하다.

722) 기미년은 충숙왕 6년(1319)이다.

723) 신유년은 충숙왕 8년(1321)이다.

년[724]에 면직되었다. 지순(至順) 경오년[725]에 다시 감찰대부 진현관 대제학 상호군(監察大夫進賢舘大提學上護軍)으로 봉익대부(奉翊大夫)에 제수되었다가 다음해 파직되고, (다시) 감찰위동지밀직사사상의회의도감사(監察爲同知密直司事商議會議都監事)가 되었다가 임신년[726]에 다시 파직되었다. (이후) 8년간 한거하다가 돌아가셨는데 이때는 후(後) 지원(至元) 기묘년[727] 7월 7일이며, 나이는 64세였다.

부인 이씨는 상당군부인(上黨郡夫人)으로 봉해졌으며, 판도총랑(版圖摠郞)를 지낸 창우(昌祐)의 딸로서 일찍 돌아가셨으며, 다시 혼인한 김씨는 함창군부인(咸昌郡夫人)에 봉해졌는데 신호위 대호군(神虎衛大護軍)을 지낸 효진(孝進)의 딸이다. 큰 아들 성안(成安)은 사의서성(司儀署丞)이며, 둘째 아들은 출가하여 희찬(希璨)이라는 법명을 가진 조계종 승려이며, 다음 아들 불노(佛奴)는 관직에 들지 않았다.[728] 첫째 사위는 전 종부령(宗簿令)이었던 한대순(韓大淳)이며 다음은 행중서성지인(行中書省知印)인 이충인(李冲仁)이고 다음 딸은 어리고 손자 1명도 역시 어리다.

공의 선친 빌식은 선왕(先王) 때에 왕의 가까이에 있으면서 제품(題品)[729]을 맡았는데, 사람들이 그의 공평함을 칭송했으며 공이 그 자리를 이어 들어가서도 또한 같다고 하여 중히 여겨졌다. 오래지 않아 왕이 친정에 힘쓰니 공은 외관으로 나아갔으며, 후에 자주 관직이 바뀌어 높은 직에 이르렀지만 그의 정치적 행적은 외직에 있을 때가 많았다. (따라서) 민들은

724) 泰定 갑자년은 충숙왕 11년(1324)이다.

725) 至順 경오년은 충숙왕 17년(1330)이다.

726) 임신년은 충숙왕 후원년(1332)이다.

727) 後至元 기묘년은 충숙왕 후8년(1339)이다.

728) 『고려사』 권89, 후비2, '壽妃權氏'에는 壽妃가 처음 密直商議 全信의 아들에게 시집갔으나 충숙왕 후4년에 왕에게 納妃되었음을 기록하고 있다. 수비가 전신의 어느 아들과 혼인하였는지는 알 수 없다. 다만 이 사건이 일어나기 3년 전이긴 하지만 전신이 파직된 것은 이와 관련된 것은 아닌가 한다.

729) 題品 : 高下 優劣을 판정하는 것을 말한다.

(그가) 떠난 뒤에도 더욱 (그를) 생각하였다. 마지막으로 헌부(憲府)를 맡아 주관하면서 노회한 장리(贓吏) 수인을 들추어내고, 하인들이 세력을 믿고 원역(元役)의 적(籍)을 불태워 (역을) 벗어나려는 자를 억제하여 허물어진 기강을 잡는데 차츰 떨치긴 했으나, 1년이 못되어 파직되었다. 공은 무릇 일을 처리함에 힘쓰고 엄중하게 처리하기 때문에 청탁이 행하지 못하게 하였다. (따라서) 그 집안은 가난하였으나 그렇다고 생산하는 일에 뜻을 두지도 않았다.

오호라, 이것이 군자가 된 뜻이다. 만년에 스스로 백헌(柏軒)이라 하니 (이는) "날씨가 추워진 후에야 송백(松柏)이 늦게 시드는 것을 안다"[730]는 뜻일 것이다. 이재(彛齋)・죽헌(竹軒)・익재(益齋) 세 선생[731]과 더불어 친교가 매우 깊었으며, 매번 서로 모일 때마다 나를 비루하다 하지 않고 이끌어 함께 놀았기 때문에 조용히 마주 대할 수 있었다. 성안(成安) 등이 8월 28일로 날을 정하고 장차 서울의 동쪽 선흥사(禪興寺) 뒤 골짜기에 장사지내려 하였는데, 남쪽으로 이씨 부인의 묘와 약간 떨어진 거리이다. 명문(銘文)에 대한 부탁을 어찌 감히 사양할 것인가. 명문에 이르기를, 아 나의 글을 무어라 스스로 감출 것인가. 역시 사람을 위하여 무덤길에 명을 새기기도 하네. (그의) 뜻을 거듭 어기지 않으려는 것이지만 (나의) 글이 어찌 부끄럽지 않으리. 오직 공의 생을 생각하면 의로운 것이 아니면 밟기를 부끄러워하였는데, 재주 없는 글이 다하지 못할까 두렵도다. 황천길 멀고멀지만, 오히려 다르지 아니함을 보여주시라.

---

730) 『論語』 子罕 第九, '子曰 歲寒然後 知松柏之後彫也'에서 따온 말로, 역경 속에서도 끝까지 지조를 바꾸지 않는 것을 의미한다(최채기, 『국역 졸고천백』, 2006, 130쪽).

731) 彛齋는 白頤正(1247~1323), 竹軒은 金倫(1277~1348), 益齋는 李齊賢(1287~1367)을 가리킨다.

全柏軒墓誌

至元大德間 上有天子之明 四海又安 而太師忠烈王 以世勳懿戚之重 坐鎭東方三十有五年 是時 士習忠厚 不勸自修 其登天朝者 已不在論 降而仕於王國 人皆謹飭 恥爲浮薄 雅僻之行 自三二十年來 俗風日潰 無隄可遏 間有擧其當時事者 莫不嗤點 以爲固然 見遺老典刑猶在 近又相繼隕謝 風流頓盡 嗚呼 可勝嘆也哉 故會議宰相全公其逮事先王者 公謹厚君子人也 諱信字而立 先世天安府籍 太僕少卿 諱世柱 閤門祗侯贈左僕射 諱仁亮 密直使大寶文 諱昇 公三世祖父也 先夫人崔氏 大宰文淸公 諱滋之孫 封齊安郡 公之始仕 用父任 大德辛丑 以內侍內衣直長 赴禮闈登科 明年除崇慶府丞 仍預政房 官再轉爲秘書郞 甲辰 試國學直講 賜服金紫 丁未出爲安東府判官 至大己酉 以典儀副令召 階可奉常大夫 三改官爲摠郞議郞 辛亥出知金海府 明年移成安府 又二年 移水原府 延祐甲寅 以司憲掌令召 轉讞部選部議郞 丁巳授寶文閤[732]提學奉順大夫判內府寺肅寧府右司尹知製敎知民部提擧有備倉兼選軍別監使 己未出尹雞林府 辛酉 徙牧福州 至泰定甲子免 至順庚午 起拜監察大夫進賢舘大提學上護軍 階奉翊 明年罷 監察爲同知密直司事商議會議都監事 壬申又罷 閑居八年而歿 實後至元己卯七月七日也 春秋六十有四 夫人李氏封上黨郡 版啚摠郞 諱昌祐之女 先卒 又娶金氏 封咸昌郡 神虎衛大護軍 諱孝進之女 男成安爲司儀署丞 次出家 名希璨 爲曺溪僧 次佛奴未仕 女壻 前宗簿令韓大淳 次壻 行中書省知印李沖仁 次幼 孫一人亦幼 公之先密直 在先王時 處邇密掌題品 人稱其平 及公繼入 又以克肖見重 未幾 王捲親政 公出爲郡 後數更官

732) ‘閤’은 『東文選』 권123에는 ‘閣’으로 되어 있다. ‘閣’이 타당하다.

雖至華顯 而其政迹多在於外 民去益思 寂後主憲府 發老贓數人 抑隷竪擅勢 欲焚其元役之籍 以脫者 稍振頹綱 而未一年罷 公凡莅事 務盡已而以嚴重處之 故請謁不得行 其家貧 又不以生産爲意 嗚呼 此所以爲君子者矣 晩自號柏軒 以寓歲寒後凋之意 與彛齋竹軒益齋三先生 交甚懽 每相會 不以予爲狂鄙 引與游 故得接從容焉 成安等卜用八月二十八日 將擧柩遷 葬京東 禪興寺之後洞 南距夫人李氏之墓若干步 見託以銘 其安敢辭 銘曰 噫予之文 奚以自祕 亦或爲人 刻銘于隧 意在重違詞豈無媿 追惟公生 耻蹈非義 第短於才 書懼未備 泉臺冥冥 尙視不異

41. 영주 이지은소(利旨銀所)를 현으로 승격시키는 비[733] 권일재를 대신해 짓는다

후 지원(至元) 원년[734] 상호군(上護軍) 안자유(安子由) 등이 연경에 조알하고 돌아가면서 천후(天后)의 명으로 부마이신 선왕[735]에게 복명하여 말하기를 "영주(永州) 이지은소(利旨銀所)는 옛날에는 현(縣)이었는데 중간에 읍인(邑人)이 국명을 어겨 (이를) 폐하고 민을 적몰하였습니다. 백금(白金)을 징수하고 은소(銀所)라고 칭했던 것이 오래되었습니다. 지금 (천후가) 그 토인(土人) 나수(那壽)와 야선불화(也先不花)가 어려서부터 (원의) 궁중에서 내시로 공을 쌓았으니 그 공으로 향관을 승격시켜서 다시 현이 되게 하라고 하였습니다." 이에 왕이 유사에게 교(教)하기를 시행하기를 중국 뜻에 꼭 맞게 하라고 했다.

다음해에 나수(那壽)가 사신이 되어 우리나라로 돌아와서 향리를 영예롭게 하니, 옛 곳이 낮고 좁다고 하여 땅을 보고 (현사를) 주의 서쪽에 옮기게 했다. (이 곳은) 먼저 있던 곳에서 몇 발자국 떨어졌고 현사(縣司)와 장리(長吏)를 둔 것이 모두 처음과 같이 했다. 또 5년에 야선불화는 향을 받들어 계속해서 이르러 본현의 흥하고 옮기게 된 전말을 기술하지 않을 수 없다고 하여 왕[736]을 조알하니 이에 (나로 하여금) 비문을 짓게 하였다. 내가 늙었다고 사양할 수는 없어서 모름지기 명문을 써서 보는 사람을 경계하고자 한다.

---

733) 『고려사』 권57, 慶尙道條에는 利旨銀所가 梨旨銀所라고 기록되어 있다. 그리고 이 비문은 『新增東國輿地勝覽』 권27, 慶尙道 河陽縣 및 新寧縣 조에 전문이 그대로 수록되어 있다. 고려시기에는 하양이 영주 곧 지금의 경북 영천에 속해 있었다.

734) 後至元은 원 순제의 연호이며, 원년은 충숙왕 후4년(1335)이다.

735) 충숙왕을 가리킨다.

736) 충혜왕을 가리킨다.

나수(那壽)는 관직이 봉의대부 견용대감(奉議人夫甄用人監)이고 야선불화(也先不花)는 관이 중의대부 중서사승(中議大夫中瑞司丞)으로 성이 모두 이씨(李氏)이다. 본국 또한 나수를 봉하여 신안군(信安君)이라 불렀고 야선불화는 영리군(永利君)으로 불러 삼대에 걸쳐 모두 추봉했고, 그 자식이 귀하게 되어 당연히 다시 (원) 조정의 봉함과 증직을 받을 것이다. 이것은 생략한다.

명(銘)에 이르기를, "우리나라의 선군(先君)이 동쪽의 경계를 정하고 산천에 따라서 세의 대소를 보고 현을 세우고 주를 두었다. 밝게 훈계하여 이르시기를, '조금도 더하고 덜함이 없게 하라'고 하셨으나, 때로는 운명이 스스로를 깎아냈다. 오직 이 이지현(利旨縣)은 영주(永州)에 예속되었는데 전하기를 옛날에 읍인이 스스로 닦지 못하여 현을 들어 전복하니 부끄러움이 누대로 계승되어 폐하여 은호(銀戶)라고 했다. 세월이 오래되었으나 뛰어나지 않으면 누명을 풀어 줄 자는 누구요. 여우도 죽을 때 머리를 고향으로 향하는데 이 뜻이 더욱 두텁도다. 천후의 명령이 이미 돈독하니 국은이 더욱 크도다. 아하! 나는 알았노라. 이치는 실로 크기도 하고 줄기도 하는 것이다. 한 지아비가 지혜롭지 못하면 몇 사람이 굴욕을 받고 오랜 뒤에야 능히 회복되는 것이니 바로 이 이군(二君)에 의지한 것이로세. 오직 사람의 옳고 그름이여, 혁파되기도 하고 그대로 있기도 하는구나. 변하는 것을 잘 보려면 여기에 새긴 글을 보라"고 하였다.

永州利旨銀所陞爲縣碑 代權一齋作

至元後元年 上護軍安子由等 朝京師廻 以天后命 復駙馬先王 若曰 永州利旨銀所古爲縣 中以邑子 違國命 廢而籍民 稅白金稱銀所者久

今其土人那壽也先不花 幼宦禁中 積給使勞 其以功陞鄕貫 復爲縣 於是 王敎有司 行之如中中[737]旨 明年 那壽奉使 東歸爲鄕里榮 以故處庳狹 相地徙居州之西 距故所若干步 置縣司長吏咸若初 又五年 也先不花函香繼至 謂本縣興復遷徙顚末不可無述 謁嗣王 俾書之碑 予不淂以老辭 則爲之銘 有以警夫觀者焉 那壽官奉議大夫甄用大監 也先不花官中議大夫中瑞司丞 姓皆李氏 本國又封那壽號信安君 也先不花號永利君 以逮三代俱得追封 其以子貴 當更受天朝封贈 此在所略 銘曰 若國先君 誕奠東表 隨厥山川 相勢大小 立縣置州 明訓以曉 曰毋減增 命或自剿 維縣利旨 隷永之州 傳昔邑子 有不自修 擧縣顚覆 帶累承羞 廢爲銀戶 世載悠悠 不有挺然 昭雪者孰 狐正首丘 斯義允篤 后命旣優 國恩孔縟 噫嘻 我知 理固盈縮 一夫不慧 受屈幾人 久而能復 賴此二君 惟人善否 惟革惟因 善觀變者 視此刻文

737) '中中'은 '中'으로 수정해야 한다.『新增東國輿地勝覽』권27, 경상도 河陽縣 및 新寧縣, 고적조 참조.

42. 최어사의 대인이 팔십에 이른 것을 경하하는 글[738)]

지금 대개 동방에서 태어나 천자의 조정에서 벼슬하며 청귀한 관직을 역임하고 청렴・근신하는 태도를 지켜, 당대 사람들에게 칭송되는 인물 가운데 첫째가는 분은 감찰어사(監察御史)[739)] 최대중(崔大中)공이시다. 공의 어르신께서는 일찍이 나라에 벼슬하여 재상의 지위에 오르셨고, 아들이 귀해짐으로써 다시 동릉군후(東陵郡侯)[740)]에 봉해졌다. (공의 어르신의) 춘추가 80에 이르니 공이 요양(遼陽)에 사신가면서, 부친을 뵈올 것을[741)] (천자께) 배알하여 아뢰고, 이달 17일 헌수를 기리는 잔치[742)]를 베푸니 친척들이 모두 모이고 왕족까지 모여와 보고 모두 감탄하며, '일찍이 한번도 보지 못한 경사'라고 찬탄하지 않는 이가 없었다. 나라 안의 선비들이 모두 시를 지었는데 나는 공의 집과는 종친으로서의 돈독함이 있으므로 머리글을 부탁받고, 내가 사양할 수가 없어서 일컬어 이르기를, "선비가 태어나서 임금님의 신임을 받고[743)] 관직이 현달하며 봉록이 어버이에 미침은, 이야말로 천하가 모두 바라고 원하는 것이다. 그러나 집을 떠나 멀리 사방 만 리를 떠돌면서 어버이는 막막히 의지할 데가 없고 소식[744)]을

---

738)『東文選』권84에는 '崔御史爲大人慶八十詩序'라는 제목으로 적혀 있다.

739) 監察御史는 御史臺의 관직명이다. 어사대는 백관의 선악을 규찰하고 정치의 득실을 논하는 곳으로서, 고려에서는 종6품, 원에서는 어사대의 察院 소속 정7품직이다.

740) 원문은 東陵郡侯가 아니라 東陵郡矦로 되어 있다.

741) 過庭은 부모를 찾아뵙는 것을 의미한다.『論語』季氏 第十六, '嘗獨立 鯉趨而過庭'이라 하였는데, 鯉은 孔子의 아들이고 자는 伯魚이다. 이후 사람들이 부모를 아침저녁으로 정성껏 모시는 것을 過庭이라 하고, 아버지의 가르침을 '過庭之訓'이라 하였다.

742) '稱觴獻壽'는 上壽로 환갑잔치 등에 장수를 비는 뜻으로 술잔을 올리는 것을 말한다.

743) 遭遇는 임금의 신임을 받는 것을 의미한다.

744) 音耗는 소식, 편지를 뜻한다.

서로 듣지 못하다가, 늦게야 낮은 관직에 임명된들[745] 어찌 족히 평생 (부모를) 저버린 잘못을 보상할 수 있으리오. 형편에 맞게 어버이를 섬기는 즐거움[746]과 비교하여 대개 같다고 말하기 어렵다. 그런데도 오히려 과장하고 자랑하여 스스로 영화로 여기니, 아아 홀로 마음속에 부끄러움이 없을까 보냐.

우리 종가는 그렇지 않다. 군후(郡侯)께는 아들 다섯 명이 있는데 공은 둘째이며, 네 명이 또한 본국에서 벼슬하여 벼슬이 모두 대부(大夫)[747]이고 금자복(金紫服)[748]을 입으셨다. 공은 이미 형제가 어버이를 모시고 좌우에서 뜻을 어김이 없으며, 처음에 벼슬길에 나섬도 천자의 부르심에 근원함이요 자의로 한 것이 아니다. 경사(京師)에서 객지 생활한 것이 비록 오래이나 역인으로 하여금 왕래케 하며 안부를 여쭙는 편지가 한달에 두어 번씩 이르며, 또한 틈틈이 사신 길에 거듭 부모님을 뵙는 영광을 갖게 되니, 대문 밖을 나가지 않고(곁에 모시면서) 때맞춰 추위와 더위를 살펴 부모를 기쁘게 하는 사람과 더불어 족히 차이가 있다 하겠는가. 옛 분들이, '어버이를 섬심에 우선되는 것은 부모님 뜻에 따라 마음을 즐거이 해 드리는 것'이라 하였으니, 공이 가히 꼭 그렇다고 할 수 있다. 게다가 군후께서는 기거하심이 장년과 같으시며 음식 드심이 조금도 줄지 않으시니 하늘이 화락하고 강녕한 복을 내리셨도다. 지금부터 이후로 공의 관작은 더욱

745) 一命은 처음으로 관등을 받고 말단 관리가 되는 것을 말한다. 周의 관계는 一命에서 九命까지 있었는데, 一命은 그 가운데 제일 낮은 관계이다.

746) 叔水之樂은 叔水之歡과 같은 뜻이다. 叔水는 콩과 물인데, 곧 변변치 못한 음식을 말한다. 그리고 叔水之供은 가난한 중에도 부모를 잘 섬기는 일이며, 叔水之歡은 가난하지만 어버이에게 효도를 다하여 기뻐하는 마음을 표현한 것이다.

747) 大夫는 고위 관직자에 주어진 관계이다. 고려에서는 성종이 중국식 文散階를 도입하여 5품 이상의 大夫階와 그 이하의 郎階로 구분하였으며, 충렬왕 34년(1308)에 이를 4품 이상으로 재조정하였다.

748) 金紫服은 紫服과 金魚를 말한다. 고려의 공복제는 의종 연간에 그 골격이 확정되었으며, 문관 4품 이상이면 자복을 입고 금어를 패용할 수 있었다.

높아지고 위계는 더욱 무게를 더하여, 다시 와서 구순을 경축하고 백세를 축하할 것을 생각하니 진실로 (그 복이) 가히 없구나.

우리 종문의 선대에 인물을 키움이 반드시 높고 원대하여 부자(父子)로 하여금 바야흐로 (그 복을) 누리게 하는구나. 무리하게 객지로 나가서 떠돌다가 요행으로 부모를 드러나게 하는 이와 비교해 볼 때 그 어떠한가. 여러 분들께서 칭송하며 시를 지어 노래함이 어찌 이에서 그치리오" 하니 여러 사람들이 자네의 말이 옳다 하였다. 이에 글로 적노라.

지원(至元)[749] 후(後) 기묘(己卯)[750] 12월 일에 지치(至治)년[751] 진사(進士)[752] 전 요양개모별가(遼陽蓋牟別駕)[753] 계림(鷄林) 사람 최모가 쓰다.

崔御史爲大人慶八十序

今夫起迹東方 仕于天子之朝 踐歷清華 以廉謹自持 而爲時論所稱首者 有監察御史崔大中公焉 公之尊公 嘗仕王國 位宰相 而用子貴 再封東陵郡侯 春秋登八十 公使遼陽 因謁告過庭 以今月十七日 稱觴獻壽以

---

749) 後至元은 원 순제의 연호이며, 충숙왕 후4년(1335)에서 충혜왕 후1년(1340)까지이다.

750) 기묘년은 충숙왕 후8년(1339)이다.

751) 至治는 원 영종의 연호이다.

752) 進士는 과거에 합격한 사람에게 주던 칭호의 하나이다. 『元史』 권27, '至治元年春三月 廷試進士達普花・宋本等六十四人'이라 하여 과거시험 사실이 확인되며, 『고려사』 권109, 최해전에는 '忠肅王八年 應擧于元 中制科 授遼陽路蓋州判官'이라 하여 최해의 합격사실이 확인된다.

753) 別駕는 지방관을 보좌하는 관명이다. 『고려사』에는 대개 '遼陽路蓋州判官'으로 기록되어 있다. 별가는 漢의 州 刺使를 보좌하는 관리이며, 판관은 唐나라의 절도사・관찰사・방어사의 佐吏이다. 따라서 별가와 판관은 동일한 직책에 대한 별칭이다.

慶 親婣畢至 國族聚觀 莫不齎咨 歎未曾見 國中冠儒冠者 咸賦詩 而以予於公家 有宗盟之篤 屬以題辭 予不可辭而謂之曰 士生有遭遇 宦達而祿逮親 斯固天下所欲而願者也 然見去家 遠遊四方萬里 而親有藐焉無依 音耗至不相聞 晚或浔霑一命 曾何足償平生所負哉 比諸菽水之樂盖難語以同日 尙且夸衒 自以爲榮 嗚呼 獨無內媿於心乎 吾宗家則不然 郡侯有子五人 公次二 四人亦仕本國 帙[754]皆大夫 被服金紫 公旣兄弟在親側 左右無違 而初出仕 本乎尊命 非有專也 客京師雖久 使驛往來 家書月再至 間又奉使 屢爲榮覲 則與足不越門限 徒以時其寒煖爲親悅者 爲有間矣 古人事親先養志 公可謂克當 而更兼郡侯起居如壯年食飮不少殺 天畀愷悌康寧之福 由玆以往 公爵益崇 位益重 而復來思慶九旬慶百歲 眞未艾也 吾宗先世培植 必高厚悠遠 而俾父子方享之其視世之故倦遊 以僥倖於顯親者 爲何如也 諸公稱道歌詠 豈止此而已乎 衆曰 子之言然矣 於是乎書 至元後己卯十二月日 至治進士 前遼陽盖牟別駕 雞林崔某序

754) ‘帙’은 『東文選』 권84에는 ‘秩’로 되어 있다. ‘秩’이 타당하다.

43. 최대감 묘지

나는 천성이 게으르고 싸우는 데에는 겁이 많다. 생각하면 10년 전[755]에 왕에게 총애 받는 한 예수(隷豎)의 무고(誣告)를 받아 나같이 게으른 사람도 (그에게) 한번 가보지 않을 수 없었는데, 당시 이름난 사대부들이 모두 손님 자리에 있고 그 문은 저자와 같았다. 조금 후에 예수가 나오니 손님들이 오랫동안 절하여 무릎을 굽히는데 혹시라도 뒤질세라 하였다. 나는 선비로서 이렇게 하는 것이 아니라 여기고서 예절에 따라 서로 인사하려 했으나, 예수는 거만하게 보고는 마침내 말에 올라 뒤돌아보지도 않고 가버렸다. 나는 부끄럽기도 하고 한스럽기도 하여 물러나서 말하기를 "일이 그렇게 풀릴 줄은 뜻밖이었으나 비록 해명할 기회가 닿지 않는다 해도 근심할 것이 있겠는가"라 하였다. 들으니 최밀직(崔密直)이 날마다 왕을 접하면서 말하는 것이면 받아들여지지 않는 것이 없어 세상의 칭찬을 듣고 있다고 하므로, 혹시 (그에게) 권하면 (왕을) 뵙고 별도로 아뢸 수 있을 것이라 생각하고, 나는 (그의 집) 문 담장 옆으로 가서 기다렸다. 밀직(密直)이 곧 나를 여러 사람 가운데서 바라보고는, 특별히 차례를 뛰어넘어 먼저 인사하면서 온 까닭을 물으므로 곧 자세히 말하였다. 이때 그 예수의 위세가 한창 성하여 억누르기가 힘들어서 일은 마침내 불문에 부치고 말았다. 그러나 밀직의 자연스러운 태도와 선비를 대하고 받아들이는 품이 옛날 의협(義俠)의 기풍이 있는 데에 감동하였고, 이후로는 가서 볼 때마다 특별한 대우를 받곤 했다. 밀직은 우리나라의 관직으로서 천자의 조정에서 벼슬한다면 품계가 3품이다. (그가) 지금 갑자기 세상을 떠나니 나 홀로 어찌 생각이 없을 것인가. 마땅히 그 아들의 부탁을 받아들여서 그의 행적을 논하여 글로 짓고, 나의 슬픈 생각을 덧붙일까 한다.

---

755) 10년 전은 충숙왕 17년이자 충혜왕 즉위년(1330)이다.

공의 휘(諱)는 안도(安道)요, 성은 최씨이며, 어릴 적 자(字)는 나해(那海)이다. 선조는 해주인(海州人)인데 후에 용주(龍州)로 옮겨 그대로 본적으로 삼았다.[756] 그 선조들은 멀리까지는 상고할 수는 없지만 증조 광(光)은 주(州)의 부호장(副戶長)이었으며, 조부 대부(大富)는 처음으로 벼슬하여 검교대장군(檢校大將軍)을 지냈다. 부 현(玄)은 광정대부 검교첨의평리 상호군(匡靖大夫檢校僉議評理上護軍)이었는데, 공이 귀해지면서 조정에서 조청대부 대도로 동지효기위(朝請大夫大都路同知驍騎尉)를 증직하고 대흥현남작(大興縣男爵)으로 추봉했으며, 어머니 김씨를 대흥현군(大興縣君)으로 추봉하였다.

지대(至大) 원년[757] 공의 나이 15세에 산원(散員)에서 뽑혀 낭장(郎將)이 되었으며, 연우(延祐) 4년[758]에 호군(護軍)에 임명되니 관계(官階)는 봉상대부(奉常大夫)였으며 금자(金紫)의 복색을 하사받았다. 여러 차례 승진하여 대호군(大護軍), 상호군(上護軍)에 올랐으며 관계는 세 번 옮겨 정순대부(正順大夫)에 이르렀다. 태정(泰定) 4년[759]에 응양군(鷹揚軍)을 주관하고 판군부서(判軍簿書)가 되었으며,[760] 지순(至順) 원년[761]에는 부밀직사(副密直司)에 올라 관계는 봉익대부(奉翊大夫)였다. 얼마 후에 감찰대부 동지밀직사사(監察大夫同知密直司事)가 되었으며[762] 협모동덕공신(協謀同德功

756) 본 묘지의 주인공 崔大監은 충선왕・충숙왕대에 內僚로 활동한 崔安道(1294~1340)이다(『고려사』 권124, 崔安道傳 참조).

757) 至大는 원 무종의 연호이며, 지대 원년은 충렬왕 34년(1308)이다.

758) 延祐 4년은 충숙왕 4년(1317)이다.

759) 泰定 4년은 충숙왕 14년(1327)이다.

760) 『고려사』 권35, 충숙왕 14년 11월에 이와 관련하여 당시 鷹揚上護軍이던 崔安道를 일등공신으로 책봉하고 그를 비롯한 공신들에게 '賜田及臧獲 父母妻子爵有差' 했다는 기록이 보인다.

761) 至順은 3년까지만 사용되었다. 또 본 묘지의 문맥상으로나 『고려사』에 있는 崔安道 관련 기록을 대조해 보면, 원문의 至順 九年은 至順 元年의 錯刊인 것으로 보인다. 판각시에 '元' 字와 '九' 字를 착각했을 가능성은 충분히 상정된다.

762) 본 묘지에서는 그 정확한 연도가 나타나지 않지만, 崔安道가 監察大夫가 된

臣)의 칭호를 받았고, 또 (원) 조정의 칙명을 받아 정동행성좌우사원외랑(征東行省左右司員外郎)이 되었다. (지순) 2년에는 어명을 받들어 (원) 조정에 들어가 숙위(宿衛)하였으며, 원통(元統) 원년[763]에는 중상감승관 봉의대부(中尚監承官奉議大夫)에 특별히 제수되었으며, 지원(至元) 2년[764]에는 태부감 소감관 조청대부(太府監少監官朝請大夫)로 옮겼으며, (지대) 6년에는 또 본감(本監 : 太府監) 대감관 중의대부(大監官中議大夫)로 전임되었다.[765] 무릇 (원의) 연경에서 9년 동안 벼슬하면서 관직이 세 번 전임되고 두 번 조서(詔書)를 받들어 본국의 영광이 되었는데, 먼저는 지순(至順) 3년[766]이고 나중은 지원(至元) 5년[767]이었다. 다음 해 봄에 사신 일을 마치고 (원으로) 돌아가려다가 병이 나서 7일 만에 죽으니 나이 47세이며 실로 경진(庚辰)년 3월 27일이었다.

공은 어려서부터 총명하여 (아버지) 조청공(朝請公)을 따라 (원의) 연경에서 태위심왕(太尉瀋王)을 섬겼으므로 세 나라의 말에 통달하였다. 등용되어 선왕[忠肅王]의 관속으로 복종하여 섬기기를 오래하였는데 그 노고에 대해 전(田) 1백결[우리 풍속에 오백무(五百畝)에서 백궁(百弓)을 뺀 것을 결(結)이라 하고 유(斞)에서 일두(一斗)를 제한 것을 점(苫)이라 한다고 문창후(文昌侯)가 말했다.[768]] 노비 10구를 하사받았다. 지치(至治) 연간[769]에는 선왕이

시기는 충혜왕 원년(1331)이다(『고려사』 권36, 충혜왕 원년 2월조).

763) 元統은 원 순제의 연호이며, 원통 원년은 충숙왕 후2년(1333)이다.

764) '至大'는 '至元'의 오자로 보인다. 지원 2년은 충숙왕 후5년(1336)이다.

765) 崔安道가 監察大夫를 역임한 이후의 官歷을 그의 열전에서 찾아보면 다음과 같다. 『고려사』 권124, 崔安道傳, '忠惠初 召拜監察大夫 … 改同知密直司事 賜協謀同德功臣號 元授征東行省左右司員外郎 既而入元宿衛 元授中尚監丞 轉太府太監尋奉詔還國'.

766) 至順은 원 문종의 연호이며, 지순 3년은 충숙왕 후원년(1332)이다.

767) 至元은 원 세조의 연호이며, 지원 원년은 충숙왕 후8년(1339)이다.

768) 李佑成 교역, 『新羅 四山碑銘』, 아세아문화사, 1995, 266쪽에는 '五畝'가 '五百畝'로 되어 있다. '百'자가 빠진 것으로 보인다.

역신들의 모함을 받아 경사(京師)에 머물게 되었는데, 공이 시종하면서 두 마음이 없으므로 전 2백결과 노비 20구를 하사하였다. 태정(泰定)[770] 초에는 (원) 조정에서 역신[771]의 말을 듣고 정동성관(征東省官)을 두어 다른 곳의 경우와 같게 하려는 의논이 있었으므로, 공은 작고한 재상 김이(金怡) 등과 함께 힘껏 변론하여 이를 그만두게 하였으며,[772] 그 공으로 전 1백결과 노비 10구를 하사받았다. 지금 왕[忠惠王]이 나라를 다스리게 되면서부터는 갑자기[773] 밀직(密直)에 제수되어 의지하고 맡김이 그 위에 더할 수가 없었다. 또 지순(至順)[774] 연간에 지금의 임금[775]이 연경에 있을 때에는, 임금에게 필요하여 바치는 것이 그가 사사로이 힘써 나온 것이 많으므로 후에 왕위에 올라 물건을 주심이 매우 후하고, 특별히 친서를 내려 무릇 토전과 산업을 다른 사람이 침탈하지 못하게 하였다. 그가 (원의) 조정에 벼슬한 것은 실로 이를 기반으로 하는 것이다. 아! 이를 보면 대략 그 사람됨을 볼 수 있으니 다른 것은 논할 것이 없다.

아내 구씨(具氏)는 봉익대부(奉翊大夫)였던 예(藝)의 딸로서 역시 공 때문에 귀하게 되어 박릉군군(博陵郡君)에 봉해졌으며 4남 4녀를 낳았다. 장남 유(濡)는 지금 상호군(上護軍)이고, 다음 원(源)은 지금 호군(護軍)이다. 다음은 숙신(淑臣)이고 다음은 문구(文丘)인데 모두 아직 벼슬하지 못했다.

---

769) 至治는 원 영종의 연호이다.

770) 泰定은 원 진종의 연호이다.

771) 원문의 畔人을 逆臣으로 해석하였다. 여기서 '畔'의 字義는 '叛'의 뜻이다. 이때 畔人으로 표현된 인물은 당시 柳淸臣, 吳潛 등과 같은 입성 책동을 주도한 인물이다.

772) 崔安道가 金怡 등과 함께 柳淸臣 등이 주도한 입성 책동을 저지한 사실에 대해서는 『고려사』 권124, 최안도전과 『고려사』 권108, 金怡傳 참조.

773) 원문의 이 부분 글자는 '蹴'로 보이지만 '취'는 '술에 취해서 걷는 것'을 뜻하므로(『大漢和辭典』 권10, 961쪽), 전후의 문맥상 부자연스럽다. 따라서 『東文選』 권123, 「崔太監墓誌」에 의한 곧 '갑자기'의 뜻을 가지고 있는 '驟'자로 보아야 맞다.

774) 至順은 원 문종의 연호이다.

775) 충숙왕을 가리킨다.

맏딸은 전 호군(護軍) 인당(印瑭)에게 시집갔고, 나음은 선 낭상(郎將) 김유온(金有溫)에게 시집갔고, 다음은 전 별장(別將) 임희재(林熙載)에게 시집갔으며, 막내딸은 아직 출가하지 않았다. 이해 오월에 공을 모처에 장사지냈으니 예법에 의한 것이다. 명(銘)하여 이르기를 "본국에 벼슬하면 본국의 신하가 되고, 천자의 조정에 벼슬하면 천자의 신하가 되는데, 어느 것이 가볍고 무거운지는 어찌 이 한 몸이 족히 헤아릴 수 있겠는가. 옛말에 이르기를 '한 나라의 선비도 되고 천하의 선비도 된다'고 했으니 모든 것을 겸한 그 재주 아니면 뉘라서 이렇게 되겠는가. 애석하구나! 생각은 깊고 깊은데 목숨은 어찌 길지 못한가. 믿지 못할 것은 저 푸른 하늘이 아닌가. 저 푸른 하늘이 아닌가"라고 하였다.

崔大監墓誌

予性嬾而怯於鬪 憶在十年時 見誣於一隸豎淂幸於王者 雖予之嬾 不淂不一往見之 則時賢士大夫 咸在客次 其門如市 少頃豎出 客延拜曲膝 猶恐爲後 予謂士不當如是 欲以禮相見 豎漫視之 遂上馬不顧而去 予且媿且恨而退曰 事來既非意 雖無辨奚傷 聞崔密直日接於王 言無不納 克著時譽 或有勸令謁而別白之 予從而候於門墻之側 密直望見予於衆人之中 特降位次 先爲之禮 問所以來意 乃曲爲之地 時豎勢方熾 而抑之甚力 故事終於不直而已 然感密直無爲先容 而接納士流 有古義俠風 自是 每往每見殊禮 密直王國官 其仕天子之朝 位三品 今而遽然 予獨不念之哉 宜受其孤之屬 論次行實而爲之文 以寓予之悲也 公諱安道 姓崔氏 小字那海 先世海州人 後徙龍州 因占籍 其昭穆則遠不可考 曾祖諱光 爲州副戶長 祖諱大富 始仕爲檢校大將軍 考諱玄 爲匡靖大

夫檢校僉議評理上護軍 用公貴 朝廷贈朝請大夫大都路同知驍騎尉 追封大興縣男 妣金氏 追封大興縣君 至大元年 公年十五 以散員 擢爲郎將 延祐四年 拜護軍 階奉常大夫 賜服金紫 陞累大護軍上護軍 階三轉至正順 泰定四年 主鷹揚軍判軍簿書 至順九年 登副密直司 階奉翊 尋改監察大夫同知密直司事 錫協謀同德功臣之號 又受勅于朝 征東行省左右司員外郎 二年 奉旨入朝 克宿衛 元統元年 特除中尚監丞官奉議大夫 至大[776]二年 轉太府監少監官朝請 六年 又轉本監大監官中議 凡宦京師九年 三轉官 再奉詔書 爲鄕國榮 前以至順三年 後以至元五年 明年春 已使事 欲還朝 而感疾七日而卒 年四十有七 實庚辰三月卄七日也 公幼穎隨朝請公 事大尉瀋王于京邸 遂通三國語 紋爲先王官屬而服事久 用其勞 賜田一百結[東俗 以五畝減百弓 爲結 斞除一斗爲苫 文昌侯云[777]] 奴婢一十口 至治中 先王爲不臣所構 留京師 公執靮無二心 賜田二百結 奴婢二十口 泰定初 朝廷採畔人言 議置征東省官 例同天下 而公與故相金怡等 力辨能止之 論其功 賜田一百結 奴婢一十口 以逮嗣王莅國 躐拜密直之除 倚任無居右者 又至順間 今上在海上 供御所需 出私力爲多 後正宸極 錫賚甚厚 蒙降璽書 凡土田産業 人勿淂侵奪 其官于朝 實基於此 烏虖 觀此 槩足見其爲人 他不論也 妻具氏 故奉翊大夫諱藝之女也 亦以公貴 封博陵郡君 生四男四女 長男曰濡今上護軍 次曰源 今護軍 次曰淑臣 次曰文丘 俱未仕 女長適前護軍印瑺 次適前郎將金有溫 次適前別將林熙載 季未有適 是五月 葬公于某地之原禮也 銘曰 仕王國 爲王之臣 仕天子之朝 爲天子之臣 彼輕此重曾何足計乎吾身 古語云 有一國之士 有天下之士 才非有兼人 其孰能

776) '至大'는 '至元'의 오자로 보인다(최채기 옮김, 『국역 졸고천백』, 139쪽).
777) '五畝'는 '五百畝'의 '百'자가 빠진 것 같다.

如此 惜也 慮甚長而年則不長 所未可恃者 其曰不在於蒼蒼 其曰不在
於蒼蒼

44. 개판기[778]

지정(至正) 십사년[779] 갑오(甲午) 팔월 일 진주개판(晋州開板)

색호장(色戶長) 정조(正朝) 정길(鄭吉)

각수(刻手) 정련(正連) 행명(行明) 사원(思遠) 고청렬(高淸烈)

사록참군사 겸 장서기 통사랑 전교시교감(司錄叅軍事兼掌書記通仕郎典校寺校勘) 김을진(金乙珍)

판관 통직랑 판도정랑 겸 권농사(判官通直郎版啚正郎兼勸農使) 이신걸(李臣傑)

목사 중정대부 전교령 겸 관내권농사(牧使中正大夫典校令兼管內勸農使) 최룡생(崔龍生)[780]

안렴사 봉선대부 내서사인 예문응교 지제교 겸 춘추관편수관(按廉使奉善大夫內書舍人藝文應敎知製敎謙春秋館編修官) 곽충수(郭忠守)[781]

---

778) 開板記 : 원문에는 제목이 없으나 간행 일시와 지역 및 관여자의 명단이 일목요연하게 기록되어 있으므로, 편의상 '開板記'로 명명하기로 한다.

779) 至正은 원 순제의 연호이며, 지정 14년은 공민왕 3년(1354)이다.

780) 『고려사』 권37, 충정왕 2년 2월조에 '崔龍生은 충정왕 2년에 持平에서 慶尙道 按廉使로 임명되었다. 이때 그는 宦寺가 원의 비호를 배경으로 고려 인민에게 끼친 해독을 방으로 붙이는 일종의 시위를 감행하였다. 이에 대해 御香使 宦者인 朱完之帖木兒가 忠定王과 公主에게 고하여 金有謙으로 그 직위가 교체된 바가 있었다.'는 기록만 보인다.

781) 『목은시고』 제27권, 「將訪郭同年忠守 累日身不輕快 吟成一首」 및 『목은시고』 제34권, 「李浩然來言 郭忠守判書仙去 已出殯矣 驚呼之餘 哭以短章」에 郭忠守가 나오며, 동일한 인물이 『목은문고』 제4권, 「永慕亭記」에도 등장한다.

開板記

至正十四年甲午八月 日 晋州開板

色戶長 正朝 鄭吉

刻手 正連 行明 思遠 高淸烈

司錄叅軍事兼掌書記通仕郎典校寺校勘 金乙珍

判官通直郎版啚正郎兼勸農使 李臣傑

牧使中正大夫典校令兼管內勸農使 崔龍生

按廉使奉善大夫內書舍人藝文應教知製教兼春秋館編修官 郭忠守

拙藁千百 原文 교감본

拙藁千百卷之一 雞林後學崔氏彦明父[1)]

1. 送安梁州序

梁之州距予雞林故里百有餘里 今年夏 予旣除服 自故里迴 適竹屋相公出鎭合浦 爲謁公往 於是 道過巘陽欲宿梁 時方盛暑天且雨 路人言若雨一夕 梁河漲數日不可濟 予念告限將滿 行李不可緩 不果入梁宿直過河而西 望見官舍民居 隱見於竹林叢薄之間 人指爲州 因訪風俗得其一二者焉 厥地俠 厥民輕以肆 厥田皆下濕 歲旱則禾熟 雨則水爲害 其豊儉與他州異 大抵 旱不年有 而天豈爲一梁之民 恒不雨哉 是故豊年獨少 而凶年相仍 地然也 家無男女 治竹爲用具 貿易他物 衣食租賦 惟竹是仰 而又無鉅商富民 賴以取給者 其於使華之往來 館待亦草草 事有不堪 支應者卽皆竄 匿竹林中 若驚麕駭鹿 然東南諸州 此州最貧 素稱難治 及李元尹之貶守[2)]于此也 公知其弊 先相土田 深其溝洫而使人必治荒田幾畝 仍出力轉償 又以故俗 不閑於農 皆晩出早罷 隨其地分 差人勸課 每人十爲保 每保作一簡 先至者受之 授次至者 次次相授 最後者無所授 帶簡而作 至罷出帶簡者罰之 以後至之罪 方其時也 日未辨色 公已在田間 如是十日 人爭爲之先 梁之荒田 闢之幾盡而簡亦不用之矣 未及半年 而公召還 此時 公惠未甚著 而人安舊習向之耕者便不種 而種者亦不樹也 予之過梁也 李公發軔纔月餘矣 予於

1)『고려사』 권109, 崔瀣傳「崔瀣字彦明父 一字壽翁」.

2)『東文選』 권84에는 ‘守’가 생략되어 있다.

此 有以見仁人君子不卑小官 而以身先民事 而知梁民之貧 不獨梁民之過 而在爲政者之勤惰也 今竹屋之子益之 得梁之命 因記予所聞於梁者告之 且勉之曰 子第擧李公之政 而勿以梁爲小 則何患乎梁民之不可治而梁民之貧 不可以致富哉 若夫富而敎之之術 則子旣從事於斯學者奚待予言哉 少年讀書功用 予見梁民之化於子也

2. 海東後耆老會序

唐會昌中 白樂天旣以太子少傅 致仕居洛 與賢而壽者六人 同讌履道里宅 爲尙齒之會 曰胡杲 前懷州司馬 春秋八十九 曰吉旼 衛尉卿致仕春秋八十六 曰鄭據 前龍虎軍長史 春秋八十四 曰劉貞 前慈州刺史 曰盧眞 前侍御史 春秋皆八十二 曰張渾 前永州刺史 與樂天春秋並七十四 秘書監狄[3]兼謨 河南尹盧貞 下於七十 與會而不及列 樂天爲詩紀之 後世傳爲洛中九老會 至宋元豊中 文潞公守洛 亦與耆英 約爲眞率會 繪形妙覺僧舍 凡一十三人 富韓公弼 七十九歲 文潞公彦博 及席郎中汝言七十七歲 王朝議尙恭 七十六歲 趙大常丙 劉秘監几 馮防禦行已三人俱七十五歲 楚待制建中 七十三歲 王朝議塡[4]言 七十二歲 王宣徽拱辰七十一歲 張大中問 張龍學燾[5] 皆七十歲 獨司馬溫公 方六十四歲 而用盧狄例預焉 溫公爲之序 海東有國承平四百年 人物風流 蓋侔于中華神王戊午 崔靖安公 始解珪組 開雙明齋 於靈昌里中 癸亥 集士大夫老而自逸者 日以詩酒琴碁相娛 好事者傳畵爲海東耆老會圖 趙通亦樂誌之及丙寅 靖安公之弟文懿公 年俯七旬 上章納政 亦預斯會 卽添入其像于

---

3) '狄'은 판본에는 '狄'으로 잘못 표기되어 있다.

4) '塡'은 '愼'의 오자이다.

5) '燾'는 '燾'를 缺劃한 것이다. 곧 충숙왕의 휘인 '燾'를 피한 것이다.

圖中 朴少卿仁碩誌之 大僕卿寶文閣直學士致仕張自牧 其一也 年七十八 大[6]尉平章集賢殿大學士致仕崔讜 其二也 年七十七 司空左僕射致仕李俊昌 其三也 與大[7]尉同年 判秘省翰林學士致仕白光臣 其四也 年七十四 禮賓卿春宮侍讀學士致仕高瑩中 其五也 與白同年 司空左僕射寶文閤[8]學士致仕李世長 其六也 年七十一 戶部尙書致仕玄德秀 其七也 與司空同年 太師平章修文殿大學士致仕崔詵 其八也 年六十九 軍器監趙通 其九也 年六十四 通共九人 時李眉叟翰林 依盧狄司馬故事 嘗從容諸老間 著詩文百有餘首 形容一會 勝事詳矣 有雙明齋集 傳于士林 今則皇元宅上 以至仁盛德 涵養天下 而王國由首出歸明 世蒙釐降 恪遵侯度 上下胥悅 而三邊無小警 連歲有大穰 實可謂休明治安 千載一時矣 於是 主上方礪精嚮學 好賢樂善 而有若大寧君而下庬臣碩輔 爲國元龜 而莫不年至期頤 謝事閑居 共享安榮 雖其偶會 淸談雅笑 無非一代規模 豈特平生完節大名 足使三韓傾慕而已哉 一日東菴老先生 呼新進小生某與語之曰 近會諸老 欲講洛社雙明故事 爾爲諸老序之 某辭以齒少而賤 不足承當 諸相公意如何 先生笑曰 昔眉叟之見收雙明諸公 亦豈以齒位論也 爾不可辭也 某不獲命 退而念曰 噫 諸相公功德之盛 留於社稷 布在公論 非某陋學 所敢發揚 至如古今爲會之顚末 不可不述 是用謹書之 延祐庚申三月旣望 藝文春秋館注簿 崔某序

3. 頭陀山看藏庵重營記

至治三年秋 李君德孺造于僕曰 先動安先生 在至元間 事忠烈王 爲諫

6) '大'가 『東文選』 권84에는 '太'로 되어 있다. '太'가 타당하다.
7) '大'가 『東文選』 권84에는 '太'로 되어 있다. '太'가 타당하다.
8) '閤'이 『東文選』 권84에는 '閣'으로 되어 있다. '閣'이 타당하다.

官 以言事不入 去其職 素愛外家二陟縣之風土 遂往卜頭陀山下 以終焉 先生自幼業儒 於學 盖無不究 性好佛 晩年事之愈謹 於是 別置墅命曰容安堂以居 就山之三和寺 借浮屠藏經 日繙閱其中 十年而畢 後以墅施僧 易扁曰看藏庵 仍捨近田若干頃[9] 歸爲常住資 先生歿玆二十有四年 予以薄宦僑寓王京 想念先躅 寤寐何志[10] 予仲兄 有出家學空者 去年省母到故里 見菴宇 閱年久 腐且傾圮 歎曰 斯吾先子所留意而葺者 而吾幸爲僧 其可忍視 因請長兄 謀以重新 率其徒弟 躬自經營而藝文辛候蕆[11] 雅稱好事 適鎭關東 聞役之興 符下本縣 助其不逮未朞而功告訖 初先生志尙敦朴 事不欲文 故其結構粗禦風雨 取陶淵明容膝易安之意 名焉 及是二兄以謂 先子雖以儉德自居 今則旣爲仁祠盍增崇之 迺相與張大制度 軒檻[12]閎豁 丹碧玲瓏 比舊而侈 落成之日二兄喜且曰 菴已新矣 宜揭文以識之 以書屬予曰 汝旣遠游 不克與吾二人從事於斯 汝其謁當代文人 如淂一字 有以發先子所以作之 而吾等所以述之之意 使久而不泯 則是汝不負父兄 汝其圖之 予念先事 不可無撰 又兄之命其可忽 諸子與予游 知先事爲詳 試爲予記之 僕竊見天下奉佛大過 舟車所至 塔廟相望 其徒皆拊[13]權擅富 蠱毒斯民而奴視士夫 故爲吾儒所不取焉 是豈佛之過歟 夫佛好爲善 不好爲不善 就其明心見性之說而觀之 似亦祖吾儒而爲者 達人君子 有味其道 樂而不捨者 亦有以夫 洪惟先生行業 家有傳 國有史 又布諸人口 其出處大節已自審矣 至其屛居岩穴 食息不忘君 徵入朝端 斯須不安位 所趨苟義也

9) '頃'이 『東文選』 권68에는 생략되어 있다.

10) '志'는 '忘'의 오기로 보인다. 『東文選』 권68과 『動安居士集』에는 '忘'으로 되어 있다.

11) '蕆'이 『東文選』 권68에는 '藏'으로 되어 있다. '蕆'이 타당한 것 같다.

12) '檻'이 『東文選』 권68에는 '楹'으로 되어 있다. '楹'이 타당한 것 같다.

13) '拊'가 『東文選』 권68에는 '附'로 되어 있다. '附'가 타당한 것 같다.

勇敢固無敵 所見苟利也 退怯如不能 篤實之履 終始不渝 則又非矯飾自高 干名惑衆者可冀 噫 使淂其用 吾民之害可除 而其福可致 如其不用 流風餘韻 尙足以敦薄起儒 其有功於名敎 豈淺淺哉 由此而論 今之所擧 特其閑中一時餘事 未足多也 雖然君子思親 秋霜春露 履之愴惕矧其居處之久 志意所安 獨使夷廢 而不治也耶 宜乎二子 勤於修營而其弟之謁 又[14]勤勤也 是可書已 先生諱承休 字休休 動安其號也大德初 召至 墾乞歸山 以奉翊大夫密直副使 致仕 長子曰林宗 登科筮仕 所至以廉能稱 官至獻部散郎 謝官 侍母故里 次出家 名曇昱 赴曹溪僧選 中上上科 遂爲禪門宗師 德孺其季也 名衍宗[15] 嘗與僕同癸卯科今爲左思補知製敎 人服其家學云 儒仙後人崔某記

4. 李益齋後西征錄序

益齋先生 在延祐初 奉使降香峨眉山 有西征錄 楚僧可茅屋序矣 至至治末 又迎大[16]尉王 行過臨洮 至河洲 有後西征錄 出示予俾序焉 予惟不行万里地 不讀万卷書 不可看杜詩 以予寡淺 寓目盛編 尙懼其僭題辭之命 所不敢當 然伏讀數過 詞義沉玩 本乎忠義充中 遇物而發故勢有不淂不然者 其嬉言嫚語 盖無一句 至其懷古感事 意又造微 爬著前輩癢處多矣 晦菴夫子嘗稱歐公一聯云 以詩言之 是第一等詩 以議論言之 是第一等議論 予於此亦有所感 姑書以賡命云

---

14) ‘又’가 『東文選』 권68에는 ‘文’으로 되어 있다. ‘文’이 타당한 것 같다.
15) 『東文選』 권68에는 「名衍宗」이 생략되어 있다.
16) ‘大’가 『東文選』 권84에는 ‘太’로 되어 있다. ‘太’가 타당하다.

5. 送盤龍如大師序

盤龍精舍予未之見 少閱李眉叟詩 詩中有與大叔闍梨往復之作 無卷無之 稱其能收撫 至有成立 始未之闍梨是何人 第奇身爲浮屠 行誼之篤士夫有不可及者 後遇李氏宗人問之 實盤龍開社僧統一公也 社憫學佛者 安於自暴 欲加策勵而作也 又知用力於其學爲不少也 其徒世守法不墜 迄今爲東方華嚴大道場 泰定初元傳賢首教觀大沙門 諸講主 因耆宿請 咸以社無主法 推出法水堂頭覺海如公 且諗都僉議使司 而僉議亦允於是 師不能峧[17]辭 將戒日以行 予往與別 客有分韻爲詩以贈者 先屬予爲序 予嘗謂知儒而不知佛 不害[18]爲佛 知佛而不知儒 則不能爲佛 而世之說佛者 曰 爲佛先須弃絶親愛 夫人道原於親親 滅親無人 誰爲佛者 以是求佛 竊所未喩 若一公之字[19]孤 卒大其門 果其弃絶乎 親親之心 百行資始 推而行之 於儒於佛 亦何有哉 顧其結社聚徒 以闡眞乘 愈久愈大者 罔不由乎此矣 如公妙年披剃 高步選佛場 見知大[20]尉上王 崇緇秩授名刹 而以親老 不忍去左右 湯藥必先嘗 至于其歿 尤友愛弟兄間 盖孝悌發於性 雖其學佛 趣[21]舍之間 知有先後 則今於一公道場 重新香火 大振法雷者 非師而誰 宜乎 衆議 推師 而無有異言也 予所謂知佛知儒者 二師庶幾矣 故書予志而爲序 其所未及 有諸公之作焉[22] 師東菴李文定公次子 今王府斷事官國相益齋公之兄 善結交 當代名勝 貴公子如淮安君其弟昌原公 皆敬愛師云

---

17) '峧'가 『東文選』 권84에는 '峻'으로 되어 있다.
18) '害'가 『東文選』 권84에는 '言'으로 되어 있다. '言'이 타당한 것으로 보인다.
19) '字'가 『東文選』 권84에는 '奇'로 되어 있다. '奇'가 타당한 것으로 보인다.
20) '大'가 『東文選』 권84에는 '太'로 되어 있다. '太'가 타당하다.
21) '趣'가 『東文選』 권84에는 '取'로 되어 있다. '取'가 타당한 것으로 보인다.
22) '焉'이 『東文選』 권84에는 '也'로 되어 있다.

6. 有元高麗國故重大匡僉議贊成事上護軍判摠部事致仕謚忠順閔公墓誌

王國興於唐季 始奠東方 累仁積德 歷世愈光 至今凡四百有餘年 士大夫皆世祿 率以禮相尚焉 驪興閔氏夙著其望 號爲名臣之門 至諱令謨相明王爲大師平章 謚文景 是爲公高大父也 其曾大父諱公珪 故大保平章 謚定懿 大父諱仁鈞 故翰林學士 父諱滉 故戶部侍郎 戶部公受室昌原崔氏封昌原郡夫人 故平章謚文景諱璘之女 爲公母也 公生於忠憲王乙巳 幼敏慧 外大父愛之不置 常曰令器 甫十一就學通大義 以門地選爲王子始陽府學友 十九調清道郡監務 實忠敬王癸亥而皇元中統四年也 清道邑多大姓 而監務秩卑 俱與之亢禮 素號難治 而公少年未更事 人始易之 及其莅任 不受請謁 一切繩以法 而無敢枝梧 以克治聞 罷秩補都兵馬錄事 未幾 移籍內侍 除都染署丞 尋換武資以興威衛別將差御牽龍行首 忠烈王尚帝女齊國公主 特立膺善府 乙亥徙爲膺善府牽龍行首 拜左右衛郎將 轉右指諭 尋借興威衛將軍 癸未復文資 爲朝顯大夫試少府尹 賜紫金魚袋 出副忠州牧 戊子以典法摠郎知通禮門事爲東界安集使 改典理摠郎 己丑爲忠清道按廉使 遷大府大僕尹 壬辰又出副東京留守 尋以禮賓尹召改三司右尹兼世子宮門令 累遷判通禮門選軍別監使 階五轉 至正獻大夫 拜密直知申事知典理監察司事 戊戌進授奉翊大夫密直副使 明年以不苟合免 丁未起授判密直司 改監察大夫陞匡靖大夫 遙授贊成事 太尉王元年 以僉議贊成事致仕 今王己未授重大匡封復興君 至治辛酉 省非王氏而君者 隨例去復興爵 復以僉議贊成事上護軍判摠部事致仕 至泰定改元甲子五月五日己丑 卒于家 享年八十 公諱宗儒 資莊重美風度 明識禮文 優於吏幹 內而刑曹憲府 外而按部牧民 所至咸稱其能 至如主賓 贊任喉舌則揖讓應對 多副上旨 而時

輩自以不及 蓋公旣以名家了 爲崔文景所養 長又托姻 兪文度多有所聞熏 故遇事優閑 若自成者 前後處二府雖不久 卒能位列諸君 完名保壽以令其終 使之任政 淂專且久 則所施爲當何如也 平生不妄與人交 而篤於宗族 其於弟妹俱有恩 自始仕登輔相退公 便歸家 少于謅媚於人治宅舍務淨潔 常灑掃庭戶 不留一塵 性好馬 聞人有良馬 必購致之每繫置堂下 朝夕愛賞忘倦 晩年尤喜音 所居雜蓺花木 日以絲竹 自娛於其間 不知老之 將至年及耆艾 登降尙健 精爽不少衰 至治中 王朝元久留 而喜事者 聚黨逼人 署名白狀 謀在傾危國 卿士庶畏勢延合 惟恐爲後 間或詭避 無敢斥言 不是者有挾紙至門 諷公署名 則公叱曰 臣爲君隱 直在其中 至如欺言罔 是可忍歟 吾生已老 不爲若賣 卻而不署其人內媿而退 是則可謂老而益强者矣 國俗以端午日祭其先 公至是日早起 與浴致祭如常 事畢若困而假寐 家人怪久不寤 視之已卒矣 配長沙郡夫人兪氏 故大尉平章諡文度諱千遇之女也 初文度公爲都兵馬使公爲錄事 見而器之 遂以夫人歸焉 生子男二女一 男曰頔 登至元乙酉第 今爲通憲大夫前同知密直司事 次曰舒 檢校神虎衛郎將 女適承奉郎前典校署丞鞠譚 孫男五人 除舒生一男 餘皆通憲公所生 曰平 前興威衛別將 登延祐乙卯科 曰曲出篤 曰金剛 曰忙奇篤 舒生幼未名 公卒之五日 予往吊通憲公 則受吊畢 以墓文見屬 予以卑陋不足 發先德辭不獲命 則以公方哀毁 重傷公 第唯而退 後數日 公令男平錄其歷官顚末來徵銘 復念先君子嘗游 通憲公而予又與平善義 不可負 故謹拜受敍而銘之 葬用是年六月六日庚申 墓在某山之原 距京有若干里 有司依故事 諡曰忠順 銘曰 爵列諸君齒八旬 壯仕老退樂終身 考之行實不媿人卜淂新兆崇其阜 公藏百世慶流後 鐫石納窆詔未久

7. 皇元高麗故通憲大夫知密直司事右常侍上護軍崔公墓誌銘

公諱雲 字蒙叟 其先東州昌原縣人也 十世祖 諱俊邕 仕國初有功 爲大師三重大匡 傳至 曾孫諱奭 爲開府儀同三司 謚曰譽肅 譽肅生金紫光祿大夫諱惟淸 謚曰文淑 文淑生門下平章諱詵 謚曰文懿 文懿生尙書左僕射諱宗梓 僕射生中書平章諱昷 謚曰文信 文信生奉翊大夫 諱文立 奉翊公娶樞副洪公諱縉之女 是生公 世以忠顯 珪組蟬聯 門望藹然 公生十五歲 擧中司馬試 實至元己丑也 元貞丙申 補都齋庫判官 屬籍內侍 大德己亥 換武資 以神虎衛別將 別差牽龍行首 庚子 拜左右衛將軍 壬寅 復文資 授朝顯大夫軍簿摠郎 賜金紫 俄改典理摠郎判司盈署事 至大戊申 又換武 拜左右衛大護軍 己酉出爲羅州牧使 皇慶壬子 徙知鐵原府 延祐甲寅 移知公州 秋復知鐵原府 尋免 丙辰 復官拜正尹 陞元尹 至治辛酉 省冗官隨例罷 泰定乙丑四月 起授通憲大夫知密直司事右常侍上護軍 至七月庚午 以疾卒 春秋五十一 公儀表甚偉 性直且愿 平生事佛 謹念佛經佛菩薩名號 日有常課 未嘗以他故暫廢 處家嚴肅 人莫有敢犯 及其居官臨民 若處家然 大德癸卯 以世家子 隨王琠宿衛闕庭 號都魯花 而琠因太尉王久遭讒釁 有非覬心 至丁未春 事發 琠及黨與皆誅竄 而公獨以不附 拜大護軍 至治中 樂禍之徒 謀擾東社 卿士畏勢 從風而靡 公又不與焉 及下密直之命 人咸以擧淂其人 然拜官數月 病不能興[23] 嗚噑 豈非命也哉 公娶故僉議宰相宋公諱玢之女 早卒 後娶大護軍任公諱綏之女 封晉陽郡夫人 以是年八月甲申 葬于城東大德山之艮原 公無子 任夫人於予爲姨母 因嘗受恩 葬不可闕文 遂最績而銘之 銘曰 善積福厚 源深流長 魁然而偉 克傳芳兮 何任不久 厥施未

23) 『東文選』 권123에도 '興'으로 되어 있으나, 金龍善 편, 『高麗墓誌銘集成』, 한림대학교 아시아문화연구소, 1993에는 '與'로 되어 있다. '興'이 타당한 것으로 보인다.

光 何德不紹 祚不昌兮 孰尸此責 悠悠上蒼 漬筆臨窆 涕滂滂兮

8. 問學業諸生策二道 泰定丙寅

問 惟天生民 民有秉彛 天下之理 一而已矣 歧而求道 寔曰異端 今夫以道 教人於東方者 謂儒爲外 盍共捨諸 斯言一出 和者日衆 不唯其徒趣信 至如自名以儒者 從而惑焉 昔秦任法愚民 先去儒生 道其所道者亦攻之爾 然而將學 其所以爲內者 則綱常墜地 天下無民矣 韓子謂君子行已 仰不媿天 俯不女鬼人 內不女鬼心 安得自毁其道 以從於邪趣而信者 固不足言 從而惑焉者 獨何心哉 其有達識過於韓子乎 抑信道未篤 而見者小乎 未可知也 諸君讀書 多所講明 異日主上 諮及是事將如何對之 請問其說

問 夫修己治人 自家而國 儒者之學也 孟子曰 幼而學之 壯而欲行之也將責治效先 自近者始 諸君咸治擧業 將應大科 意者亦欲行其所學 而志在天下國家 安能竊取一時之名 以圖一已之榮而已哉 本國自聖元應天啓祚 首迎王師 剗[24]平遼賊 因結盟好歲 逑土賊 于今 百有餘年 故淂恭荷 累朝聖獎 至蒙釐降 亦且三世矣 許王自署官僚 國中風俗 一切不革其舊 天下多方 有民有社者 唯一三韓 而又四邊無警 人老止戈 聖德廣大 天地莫喩 然而比年土田盡闢 而國無加入 生齒漸繁 而民無定居府竭其財 官不足俸 士罕修於廉耻 家爭效於兼幷 俗歸混淆 人懷怨讟雖有其寃 伸之無處 以時觀之 雖使能者力爲之 似不可朝夕矯正也 然則任其咎者誰歟 其卒莫救之歟 救之有術 如何則可 今欲遽起而謀之恐處鄙其肉食之嫌 若久安然坐視 則同傻[25]溺不援之固 且非仁人之心

24) 원문에서 잘 판독이 되지 않는데, 여기서는 剗으로 보았다.
25) '傻'는 '嫂'자의 오자로 보인다.

諸君方銳意於經濟者 二者之間 何以處之 願觀其志之所在

9. 慶氏詩卷後題

右卷 是天東一時名勝 爲慶氏子作也 慶氏門戶旣大 而子未成童 迺能讀書 可知異日 爲德器矣 諸公獎與 不是過當受之 亦何讓乎 然人有長幼之分 學有先後之序 獨不可不知也 今子已有成譽 諸公咸以成人期之子及壯 將無以復加矣 於虖 古人不患無名 惟懼大早 孰不有始鮮能厥終 子且雞鳴孜孜 請所不請 習所不習 至於行無不究 然後方謂子無負諸公之獎 若夫軒冕之榮 鍾鼎之養 此迺家靑氈 不是慮也 復演是意爲之辭 以勉之曰 木榮在植 苗願望收 人不幼學 長無以修 聖智燭遠 嘗戒速成 但責有實 何患無名 猗歟慶子 口尙乳臭 不飽以嬉 惟學之懋 聲價四馳 才華日茂 吾語小學 爾宜反復 學在爲已 易失者時 習而又習 中夜以思 天爵旣立 人爵隨之 於虖慶子 念玆在玆

10. 故司憲持平金君墓誌銘

東方人性多慢 又不力學以養氣 故或圖隨世立身 飽煖妻孥 庸人是之而有乖於君子之論 至如明義利 審出處 不以人之是非 爲其榮辱者 盖無之也 矧屬衰季 士無定議 順福逆禍 入主出奴之際 迺能中行 獨復介然自處 則不曰廉士哉 若愚溪金君 其近之矣 君近代名學士鈍村公季子也 初大[26]尉王爲世子 鈍村爲傅 以其二子俱見 王特愛君 待之有殊禮後嗣位 擢任監察史 轉典符寺丞 時以君舊臣且賢 咸期大用 適以事觸忤內竪之黠者 因貶海島 連年困躓 勢不克堪 而君夷然若甘心焉 及歸

26) '大'가 『東文選』 권123에는 '太'로 되어 있다. '太'가 타당하다.

屏處家園 時有賓客至 則置酒鼓琴賦詩自娛 不復以名宦爲慮 如是者殆十五年 至泰定乙丑 今王回自都 慨然有意反正 授君通直郎司憲持平强起之 視事數月 士林有望肅淸焉 適有[27]炎客居中弄權 蔑視東士 至擅放憲府 牢禁 君對辨於王門 語甚激烈 反爲所擊 遂移病不出 家居如初 於是 受屈者不得伸其寃 而君子竊嘆其去矣 去年秋 忽遇疾患 忘藥治之平 至前月疾復作 一日而卒 嗚呼哀哉 君性資剛正 詩與字畫俱有家法 與人交一以信 愈久而愈不可褻也 人以君抱志太[28]高 不能小貶 迺至於此 是俗子自論 非所論於君也 夫士生斯世 有遇有不遇 遇則其道行 蒙施博[29] 不遇則其身退 自得者全然 則遇不遇 迺在於人之幸不幸爾 胡有損益於我哉 君字元龜 諱瑞庭 後改爲開物 嘗擧進士不第 自號愚溪 其先福州義城縣人 祖諱閦官至監察御史 考則鈍村公 諱晅官至政堂文學 妣李氏御史諱方暆之女也 君再娶生一男五女 男銛權知典校寺校勘 女適某官某 次適某 次適某 二幼未有歸 君生以至元癸酉十月庚戌 卒以太定丁卯二月戊戌 葬以是年三月壬寅 卜兆于某山之原 君不以俗士待我 而命其子 來學於余 故謹爲之銘 銘曰 可能者學也行也 不可能者位也年也 惟君子然後 取可能者 而力爲之 舍不可能者 而付之天也 嗚呼 愚溪 尙何慊焉

11. 跋先書

此書三紙 先大夫先生與周少監所往復也 元貞大德間 先生通判尙牧 邑人少所與許 予尙爲兒記 周老一人 扶杖往來 先生特有敬色而不褻

27) '有'가 『東文選』 권123에는 생략되어 있다.

28) '太'가 『東文選』 권123에는 '大'로 되어 있다.

29) 『東文選』 권123에는 「蒙施者博」으로 되어 있다.

少監卽此人也 泰定丁卯八月 客過商山 少監之男臣烈 持此示予 予敬讀之 是先生去任後書也 其曰十一月卄三 則大德武戌冬也 曰二月十三日 明年己亥春也 曰八月卄七日 五年辛丑秋也 世久 恐兩家子弟俱不記 於是 敬識而付臣烈藏之 少監諱公梓 有五子 臣烈於行二 爲人慷慨有父風云 是月卄七日 長男某書于旅次不勞亭

12. 禪源寺齋僧記

夫命於天地 而有血氣者 皆仰食以爲生 雖聖賢且不異於人也 食固出於農 其不農而食者 又各勞其心 力交相養 而無相厲也 佛氏之法 行乎中國 已一千二百六十有四年矣 其徒盖倍於四民 而所至人爭好施 有不召而自集者 故能群居而暇食 苟非大有陰德於天下 疇克如是耶 禪源在東方爲第二叢林 食指常不下數千万 近者松坡相君 捨粇[30]米壹佰伍拾苫永充常住 歲滋其利分爲三 每以七月三日 亡媲[31]卞韓夫人金氏之忌正月一日 亡子讞部議郞 文進之忌 輒修一齊[32] 以賁冥禧 又以正月十九日爲公生朝飯僧資福 徵予爲文 以詔後來俾久勿墜 予惟佛敎芒乎昧乎 人所不睹 然苟以誠心樂施 其淂美報於冥冥 理無疑也 松坡推誠亮節功臣重大匡光陽君 自號也 名誠之 姓崔氏 亦嘗爲考妣葺天和禪寺作大道場 其於報本追遠無有不盡 若以佛語 觀之 所謂現宰官[33]身 行菩薩道矣 時致和 紀元七月朔旦

30) '粇'이 『東文選』 권68에는 '杭'으로 되어 있다.
31) '亡媲'가 『東文選』 권68에는 '王妃'로 되어 있다.
32) '齊'는 『東文選』 권68에는 '齋'로 되어 있다. '齋'가 타당하다.
33) '官'이 『東文選』 권68에는 '宮'으로 되어 있다. '官'이 타당하다.

13. 送僧禪智遊金剛山序

深山窮谷 人迹[34]罕淂至 固宜有異物 於玆萃焉 故爲張道陵之學者 以某山爲第幾洞天 是某眞君所治 於是 慕道厭世鍊養 而不粒食者 往往栖息其中 以忘反[35]焉 予雖惡其不近情也 以有我爾之殊 亦不甚與之辨也 極天之東 濱海有山 俗號楓岳 僧徒謂之金剛山 其說本諸華嚴之書 書有海東菩薩住處名金剛山之文 予未嘗讀是書 未知其果此山耶 近有以普德菴僧所撰金剛山記來示予者 就讀之 則皆不經誕說 無一足信者於中云 佛金像五十三軀 自西域浮海 以漢平元始四年甲子 至山因而立寺 夫佛法東流 始於漢明永平八年乙丑 而行東國 又始梁武大通元年丁未 其後乙丑 有四百一年之久 苟信彼說 是中原廖廖未知有佛六十二年以前 東人已爲佛立廟 其寂可笑者 他如是也 雖然聞古學空之人 入此山中 勤勵志行 而證其道者 比比有之 盖始此山 距人境不啻數百里之遠 而岩嶂壁立 所至皆千万仞懸崖絶壑 無菴廬可以庇身 無一席之土可以蒔菜果而食 其居此 則非竄嵌竇巢樹顚 與鳥獸雜處 草木充飢者不能一日留也 釋氏之法 使修其道 必試之忍勞耐苦 然後有淂焉 故其師有雪山六年之行 然則若學是法 有志勤修者 不入于山 亦無以有爲也邇年不然 山中菴居歲增且百 其大寺 則有報德表訓長安等寺 皆淂官爲營葺 殿閤[36]穹窿 彌漫山谷 金碧輝煌 眩奪人目 至如常住經費 與[37]財有庫 典寶有官 負郭良田 遍于州郡 又以[38]江陵淮陽二道年租 入直[39]

34) '迹'이 『東文選』 권84에는 '跡'으로 되어 있다.

35) '反'이 『東文選』 권84에는 '返'으로 되어 있다. '返'이 타당한 것으로 보인다.

36) '閤'이 『東文選』 권84에는 '閣'으로 되어 있다. '閣'이 타당하다.

37) 『新增東國輿地勝覽』 권47, 淮陽都護府 山川條에는 '與'가 아닌 '典'으로 되어 있다.

38) 『東文選』 권84에는 '以'가 생략되어 있다.

39) 『新增東國輿地勝覽』 권47, 淮陽都護府 山川條에는 '入直'이 아니고 '直入'으로 되어 있다.

于官 盡勒輸山 雖値凶荒 未見蠲減 每遣使人 歲支衣粮油鹽之具 必視無闕 其僧 大抵不隷逃其役 民避其徭 常有數千万人 安坐待哺 而未聞一人有如雪山勤修而淂成道者 復有甚者 誑誘人云一覩是山 死不墮惡道 上自公卿 下至士庶 携妻挈子 爭往禮之 除氷雪沍寒夏潦溢 路爲之阻 遊山之徒 絡繹於道 兼有寡婦處女 從而往者 信宿山中 醜聲時聞 人不知怪 或有近侍 函命馳驛降香歲時不絶 而官吏畏勢 奔走竢命 供億之費 動以万計 山居民[40] 困於應接 至有怒且詈曰 山胡不在他境者噫 人之愛此山者 爲菩薩住此也 而敬菩薩者 爲能福人於冥冥也 其冥冥之福 旣不可識 而髡首者衒 粥是山 自圖溫飽 而民受其害 尙何言哉是故 予見士夫有遊山者[41] 雖力不能止之 心竊鄙之 今佛者禪智師有是山之行 因書予素畜胸中 而未吐者贈之 師旣爲浮屠 何入山之晩耶 山中如有人 爲予謝之 當必有是吾言者矣 天曆己巳三月甲申

14. 大元故征東都鎭撫高麗匡請[42]大夫檢校僉議評理元公墓誌銘

至順元年閏七月丙戌 征東都鎭撫元昭信 年五十以病卒 將以九月甲申葬 葬不可無誌 子壻等 以夫人之命 索文於雞林崔某 嗚呼 東方故事位登二府者 葬皆淂銘 矧公行實端方 雅爲衆允 某敢以諛墓 爲辭而不諾耶 元氏故爲北原右族 有諱克猷者 佐神聖王定三韓 號功臣 官至正議大夫 厥後益大 代有令聞 正議生左僕射諱徵演 僕射生兵部尙書諱頴

40) 『東文選』 권84에는 '並山居民'으로 되어 있다. '並'자가 빠진 것 같다.

41) 『東文選』 권84에는 '者'가 생략되어 있다.

42) 金龍善 편, 『高麗墓誌銘集成』, 한림대학교 아시아문화연구소, 1993, 468쪽에는 '請'이 '靖'으로 되어 있다. '靖'이 타당하다.

尙書生閤門祗候諱禹卿 閤門生檢校少保諱德 少保生監察御史諱深夫 御史生尙衣奉御諱禮 奉御生左司諫諱承衎 司諫生贈左僕射諱瑨 僕射生僉議中贊諱傅 中贊生同知密直司事諱卿 始受宣命帶金符 爲武畧將軍征東行中書省都鎭撫 武畧公娶知僉議府洪公祿遵之女 封開寧郡夫人 是爲公考妣也 公諱善之 生七歲以父任 爲西面都監判官 十七換武職爲散員 卄七拜郎將 卄八攝左右衛護軍帶奉善大夫 明年 德陵召至大都 大見眷遇 躐拜中顯大夫密直司右副代言司僕正知三司事 又襲父職宣授昭信校尉征東都鎭撫 是時 德陵入侍聖朝久 殊無東歸意 國人遑遑罔知所出 皇慶癸丑 公與今政丞化平君 告朝廷欲奉德陵就國 忤德陵旨化平有臨洮之行 而公罷歸 延祐甲寅 貶官以通直郎出知沔州 未幾還至治辛酉 起判繕工寺拜通憲大夫 尋改大司憲 移判典儀寺 是年 德陵西往吐蕃 而上王入朝見留 東人分曹流言多有詭隨 而公守正不撓 士論是之 及泰定甲子 入密直爲副使 遷同知司事 纔一年罷 爲匡靖大夫檢校僉議評理上護軍 家居六年而歿 公通多能 處事徐詳 無不辨者 琴與棊妙絶一時 嘗以醫可利人 廣市良材 依法修合 丐藥者 日踵門 待之無憻容 人多頼以活者 娩彦陽郡夫人金氏 故國相文愼公諱賆之女 生子 男龜壽爲幞頭店錄事 松壽尙幼 女適神虎衛郎將柳寶鉢 次適濟危寶判官安靖 系曰[43] 嗚呼 爲善者福而仁者壽 孰以宜福而不厚 宜壽而不久耶 彼蒼者天 此其何負吾意 屈於前者伸其後 天不終靳 人無妄受 告而子孫 惟先人之業是守

大元至順元年庚午九月 日前通直郎都官直郎宋翰書

43) '系曰'은 명을 시작하는 구절이다. 명은 생략되어 있으나, 金龍善 편, 위의 책, 470쪽에 소개된 것을 보충하였다.

15. 金文正公墓誌[44)]

公諱□□[45)] 字不器 金氏本光之望族 自國初 已入仕 代不絶人 大王父神虎衛中郎將 諱光世 贈尙書左僕射 王父金吾衛大將軍 諱鏡 贈門下平章事 父監察御史 諱須 累贈門下侍中 侍中嘗於忠憲王乙卯歲 登進士第 質貌偉麗 膽畧過人 從事中外 以廉能稱 至元己巳 自御史出知靈光郡 明年三別抄叛掠江都人物 舟而南下 志在先據耽羅 本國遣將軍高汝霖追討 又牒下全羅道 選正官 雅爲人所信服者 領軍偕進 侍中當其選 不宿家 遂行抄軍 亟會汝霖于耽羅 則賊猶保珍島未至 於是晝夜築堡設械 謀斷來道 使無淂入而守 土者首鼠不爲力 賊由他道至不覺侍中素以大義勵士卒 人多感激 有百其勇奮呼 爭登殺賊 先鋒殆盡 然而土人資敵 衆寡不侔[46)] 竟與高將軍 歿陣不還 人寃之至今 公年十歲而孤 大夫人故禮賓卿高公諱挺之女也 自靈光挈孤以歸 敎之有法度而公能折節讀書 甫十四 從叔父故相文肅公 學擧業 文肅見其詞賦 奇之曰 大吾門者汝乎 吾兄爲不亡矣 十五一擧司馬試 果中魁 明年又赴禮闈第進士 丁丑錄苑事後直江陰牧監 俄錄詹事府事 庚辰夏 中殿試除左右衛叅軍 兼直文翰署 自此七年 凡三更 官至七品 戊子由密直堂後官 權知通禮門祗候 尋除右正言知制誥 歷右司諫服銀緋 遷監察侍史賜金紫 改起居郞 由起居注 拜僉議舍人 改典法摠郞 階朝顯大夫 大德戊戌春 德陵受內讓嗣王位 以公過免 秋德陵入侍闕庭 忠烈王復位 起爲版圖摠郞 轉殿中尹 累遷至密直右承旨 判司宰寺 文翰侍讀史館修撰知制誥 知軍簿監察司 加朝奉中列二大夫 庚子拜奉翊大夫 密直副使

44) 金龍善 편, 위의 책에는 『光山金氏文簡公派世譜』본의 「金台鉉墓誌銘」이 실려 있다.
45) 金龍善 편, 위의 책에 수록된 자료로 보아 '台鉉'임을 알 수 있다.
46) '侔'가 金龍善 편, 위의 책에는 '侯'로 되어 있다. '侯'가 타당하다.

兼監察大夫 辛丑奉王命 入賀天壽聖節 行至上都 適成宗幸朔方 留守省 奉勅 諸路使臣 除軍情閒緊一切停住 公詣省云 下國自事大來 朝賀年節 未嘗有闕 今留不進 實深恐懼 遂淂許 北去上都 過一十[47]一站達行在 値聖節 具袍[48]笏 拜賀如儀 起宴帳殿 上以遠至 特賜御食 以寵之 時車駕親征却敵 公先奉喜音而回 所至皆慶 遷同知知司事 帶文翰承旨 又欽受宣命 授承務郞 征東行中書省左右司郎中 遷密直司使 帶大寶文 轉匡靖大夫 乙巳入僉議 爲知司事 丙午 又入賀天壽節而回 是時忠烈朝覲在都 自戊戌復位之後 國人分曹 至使父子之情 有所不通 公周旋其間 一以公正 人無異言 及丁未春 德陵奉仁宗 掃淸內難 功高天下 而本國之臣 有懷貳于王者 皆去之 上自二府 下逮庶僚 或誅或流釐革且盡 獨留公 復知密直司 夏罷密直 爲咨議贊成事 至大戊申 忠烈上昇 德陵卽位 分遣大臣諸道 計點民居[49] 欲成靑籍 以公爲楊廣水吉道計點使 行水州牧使 諸道牒報僉議司 承受條畫 僉議無所定擬回文每曰 當依楊廣水吉一道 定體施行 故皆遣僚佐來取法焉 己酉夏 復命判三司事 居二年 罷三司 爲大匡商議贊成事 辛亥又刪商議 官隨例罷自是閑居者十年 辛酉 起爲僉議評理 尋判三司 階重大匡 延祐末 德陵有吐蕃之行 至治初 上王入朝見留 國中黨論起 時冡宰從于王所 而公首居二府 在下者反執國權 不與一心 故事皆杆格 然終不至誤國者由有公也 泰定甲子 上王淂復政 多所更改 而欲罷公 王曰 此老終始無他不宜去 執政罔有贊者 卒見罷 明年 王歸國 以僉議政丞 致仕 是年大夫人年百歲 賜廩歲三十碩 丁卯 更革官号 就以三重大匡僉議中贊修

---

47) ‘十’이 金龍善 편, 위의 책에는 ‘年’으로 되어 있다. ‘年’이 타당하다.

48) ‘袍’가 金龍善 편, 위의 책에는 ‘抱’로 되어 있다.

49) 『고려사』 권110, 김태현전에는 ‘民居’가 ‘民戶’로 되어 있다. ‘民戶’가 타당하다고 본다.

文館大提學監春秋館事上護軍判典理司事 仍致仕 及是太夫人卒 年百二歲 特贈卞韓國大夫人 至順庚午春 國王受嗣封之命 朝廷遣客省使七十堅來 取金印 而命公權行省事 公重違其命 且起署事 朝使以二月二日而回 至卄九日 時宰會坐巡軍所 以前王命召公 至則收丞相印于省府出令听命 歸家數月 別無行遣 四月 挈家東游金剛山 蓋避嫌也 五月王使至自都 責時宰以擅收丞相印事 而罷其左右司官 皆停月俸 遣宣使一人 到山傳命 公乘驛還京 復署省事 非其好也 七月 氣疾作 藥治不效至十月六日癸丑 卒于家 享年七十 公性資廉平 儀表秀整 言語擧止動循禮法 人望之 若不可犯 及乎 一接聲氣 又溫然而和 莫知其有也 其事大夫人孝 待夫人以禮 教養子孫有方 親姍克睦不言而化 與人無妄交亦無與爲仇怨者 其居二府 至罷閑居 賓客往來 不爲之增減也 平生無事 必夙興夜寐 晝不偃臥 署不袒裸 雖處簾閣 整襟危坐 肅肅如也 方其年少入內侍 奉命監倉寺 務繁愈辦 老事者 以爲不可及 至叅臺諫所陳皆遠謀 其出按忠淸慶尙二道 安集東界獄訟歸于平 興除利害 若嗜欲然當時已以經濟期之 歷事三王 進退由禮 未嘗有絲毫之失 言歷代典故班班如昨日事 每國有大疑 就訪而是正焉 其所著述詞敎得体 詩淸豔[50)]可愛 又手集東人之文 號東國文鑑 以擬配選粹 自號快軒 晚年又號雪庵 嘗主成均試 得李蕎等七十人 闢禮闈 得朴理等三十餘人 一時聞士多入選中 公娶左右衛郞將金仪[51)]之女 早逝 又娶神虎衛郞將王旦之女封開城郡大夫人 賢而能家 不以有無溷于公 以三子 皆登科 食國廩歲二十石 公子男四人女二人 先夫人生一男 餘皆後夫人生也 光軾登甲午科 官至摠部議郞 先卒無子 光轍登乙巳科 今爲軍簿摠郞 進賢直提學

50) '豔'이 金龍善 편, 앞의 책에는 '艷'으로 되어 있다.
51) '仪'가 金龍善 편, 위의 책에는 '儀'로 되어 있다.

光載登癸丑科 今爲都官正郎 光軺登丁巳科 未娶而夭 官止嘉安府錄事 女適典校令藝文直提學安牧 封翼陽郡夫人 次適藝文供奉朴允文 孫男二人 曰某職爲別將 次未名 國王自幼素聞重名 在初受封 卽以省權任之 蓋有復相意 及就國 公已病 聞其卒 爲之不懌 吊賻加厚 贈謚曰文正 更命有司 用十月八日甲申[52] 葬于古德水縣東 多草之原 二孤 以遺命屬門人崔某銘其墓 某事公近三十年 常懼無似 有負知待 至如譔德垂之不朽 宜讓能者 然公之治命 不可辭也 謹百拜泣 而銘之 銘曰 嗚呼 文正實國元龜 今而忽喪 于何質疑 山頹梁毁 哲人其萎 匪獨賜也 有感宣尼

16. 故相安竹屋像賛

爲其子益之作

衣冠整肅 狀貌端嚴 律身寧儉而毋華 臨事有勤而不迫 進處論思之地 足以福三韓 退休空寂之鄕 亦自高一世 黃豫章離塵有髮 謝康樂 成佛在家 人言風度肖先公 我道典刑觀後嗣

17. 安當之關東錄後題

近閱金無迹集 集多關東紀行 予謂登臨之賦 備極無餘 今觀當之此錄 詞意精妙 自成一家 皆無迹所未道也 予又拊卷 歎賞者久之 至順辛未孟冬拙翁題

18. 永嘉郡夫人權氏墓誌銘

52) '十月八日'이 金龍善, 위의 책에는 '十一月十八日'로 되어 있다. '十一月十八日'이 타당한 듯하다.

至順三年三月 高麗國匡靖大夫 前政堂文學 李公齊賢之妻 永嘉郡夫人 權氏 感疾 以是月廿八日丁酉卒于楊堤坊之第 謀所以藏卜日 得四月己未 吉其兆 古臨津縣北 章和寺之南原 又吉 於是 李公泣謂同郡人崔某曰 嗟 予不幸遽喪良媲 顧無以慰藉其魂 子知予审久且詳 盍爲我銘其藏 某不敢辭退 摭其實而敍之曰 夫人生於至元戊子 至今壬申年四十有五 曾大父諱韙 故翰林學士 大父諱昛 故僉議政丞 謚文清公 父名溥 今三重大匡永嘉府院君 君受室 始寧柳氏封卞韓國夫人 故知僉議諱陞之女也 是生夫人 權氏實永嘉之望 親婣列位 既貴且盛[53] 夫人在室以柔婉聰慧 爲父母所鍾愛 年十五擇其歸 適李氏 李公自延祐初 從大尉先王 居都下往來 不在家者 有十餘年之久 而夫人事夫家 盡婦道 逮舅姑之終 甚得其懽心焉 其承上御下 制資用奉賓客 必謹必飭 俱有常法平生無故足不至堂處於閤中 未嘗一日 捨紅而嬉 其待宗戚 雖克敦雍睦 亦不與之相狎 盖其閨門嚴內外之別 自有受之 非强之也 李公自少年從仕 至登政府 不以家事爲累 專其學問爲國名臣者 由內助致之焉耳 嗚呼 爲善者 未必受福 爲惡者 不必及禍 天之任此 責其有矣 孰以夫人之令 年不克永 而止於此耶 其不可知也 已凡生子男三人 長曰瑞種 通直郎前弘福都監判官 次曰達尊 承奉郎奉車署令 季未周歲夫人病乳哺失節後十日而亡 女四人 一適左右衛護軍任德秀 三處且幼 銘曰 生盛族 配名家 積世德 董閨門 有禮法 順女則 嗟 若夫人兮 獨靳年討之無所兮 惟漠然

19. 春軒壺記

予少時始讀經傳 則知投壺之禮 君子所以節賓主之樂而作之者 而未究

53) '盛'은 金龍善 편, 위의 책에 '或'으로 되어 있다. '盛'이 타당하다.

其制焉 及見司馬文正公圖序 則雖淂其大槩 又無師友可以問而質之 每恨生長海隅 不淂與中原士夫相接 而擁矢請益身習之也 在至治辛酉春 予濫與計偕[54] 朝于帝京 入對明廷 勅且未下 時與遼陽洪仲宜輩同寓文明之東邸 閑居無以消日 則從仲宜族父家 借壺矢而試爲之 予心甚樂也 自受勅東歸 赴官盖牟 奔走屑屑 未暇及也 今予病退于家 有十餘年之久 性不喜博奕 又不解琴瑟 看書之餘 嘿課他藝 無足爲悅者 唯此壺事 未嘗不日往來於胸中 豈其庶幾治心觀德 而不可以廢哉 然家既無壺 而國中之士 又未有畜之者 則予雖好之 無能爲已 春軒崔侯學古孝悌人也 病子弟汎學 無師未有以正之者 則廣收程朱氏之書 與之講習焉 又懼其張而不弛 無以休焉 則以壺不可無遠購而置之 時召願學而未能者按圖而敎之 藹然庭院有春風 沂上之[55]氣象 非好之之篤 求之之勤 其得如是乎 異日見東方後進莊[56]脩 游息 日習其所未習 而有蔚然豹變者 則知未必不由吾崔侯化之矣 於戲可不美之哉 益齋李相與謹齋安君 既銘而賦之矣 予復措何辭於其間耶 聊書予有好壺之意 而崔侯置壺之由 而爲之記 至順癸酉五月庚申

20. 軍簿司重新廳事記

本國越自古 昔知尊中國 然於官府署額 多倣中國而爲之 未嘗有嫌也 今夫軍簿司者 寔尚書兵部 而周官大[57]司馬之職也 其亦倣而置焉 逮于皇元受命 首出臣之 至元十二年 始避朝制 易之以今名 至大二[58]年

54) '偕'가 『東文選』 권68에는 '僚'로 되어 있다. '偕'가 타당한 듯하다.
55) '之'가 『東文選』 권68에는 생략되어 있다.
56) '莊'이 『東文選』 권68에는 '藏'으로 되어 있다. '莊'이 타당한 것으로 보인다.
57) '大'가 『東文選』 권68에 '太'로 되어 있다. '大'가 타당하다.
58) '二'가 『東文選』 권68에는 '十'으로 되어 있다. '二'가 타당한 것으로 보인다.

改爲摠部 泰定三年 復之 所謂判書摠郎正郎佐郎等官 又因尙書侍郎郎中員外郎而易之者也 昔者國相 分判六曹 而大宰主東曹 亞相主西曹 西曹實掌武選 在後尊用武人 必以其長爲貳而領之 式至今不替 蓋重其權也 凡軍校名籍兵衛器仗命將出師之事皆隷 而三軍六衛四十二都府日趨而聽命焉 則其公衙 且非宏壯 無以鎭壓之也 舊有廨宇在王宮之東 自權臣擁主 卷入江華以後 宮室官廬 同爲瓦礫蓁莽之墟者三十有九年 至元庚午 克仗皇靈 獲復舊京 時有部貳奇公洪碩 治其故地 而重營之 自此至天曆己巳 又閱六十年之久 其間未有紹繼而能繕理者 則棟榱櫚楹 胡淂不腐敗摧折而日就傾圮哉 鷹揚上將金侯就起 適貳于司 始莅之日 郎署官吏軍衛將士 以次進賀而退 侯復進之 顧視廳事而喟然謂郎署曰 諸君到此 各有幾年 公宇有責 誰任之者 又謂軍衛曰 此非若輩日聚會稟號令之所乎 頹壞至此 若輩豈不羞耶 諸人苟不拒者 盍撤而改爲之乎 郎及將士皆面赧背汗而言曰 惟侯命 於是出令新之 仍委佐郎金君玩董其役 金君乃出公庫羡財 先市材瓦 凡所指畵 皆出乎誠 故軍卒樂其赴 不督而自辦 經始於翌年庚午二月 至五月而功告訖 堂宇比舊頗寬敞 崇庳損益 俱有制度 可以永久 金君謁予文欲記之 予嬾因循 不遽喏 而君俄罷去 後二年 君再入爲正郎 恨前事未見書 又來請之者再 故予未果辭 遂告之曰 今之安於養望 不官其官者 東方卿大夫皆然 不獨前任軍簿一司者而已 如金侯與君 有唱斯和 擧多年人所不以意者 而成此巨麗 令其改觀 可謂能矣 然[59]官中廢而不擧者 非止一事 君旣脩已擧者矣 又當次次而思得其可擧者 隨毁隨治 亦若廨宇之營 則人豈以瘝官譏之哉 旣告之俾歸 書以爲觀者之規 若夫工費之多少 司必置簿 此不具述焉 元統二年 歲在甲戌 二月甲子

---

59) '然'이 『東文選』 권68에 '而'로 되어 있다.

21. 送盧教授西歸序 欽

天子以東國首先嚮化 世許尙主 委王省權 而其幕屬皆從辟置 非自朝廷選授之也 然則中原子弟 末由致之 而又素賁丘園 不肯屑就者 其可得而籠絡哉 凡仕於此者 率是自衒之輩 始焉搖尾 懼不見容 終則飽颺反憎其主者 比比有之 是以東人見客 雖貌相敬 其心未必有所同也 大寧盧伯敬以王京學官始至 予自病退 雖里人少與之通 伯敬之來 又久而後聞之 意欲一往未[60]見 而伯敬先辱訪予 予驚遽延[61]之與語 詞溫色和 其中樂易 可謂自任而不苟者也 自此屢相過從 問其家世 則爲今瀋陽節榷達齋君之子 而故河東山西廉訪知事東菴公之孫 予聞盧東菴爲北方學者所宗師 伯敬逮事先生 故於學淂之爲有來矣 予以東方學政弛而不脩者久矣 幸伯敬之至 必能率勵而振起之也 未幾 伯敬迫於改秩詞滿告歸 則其諸生終安自暴 而無以進於道矣 非惟諸生如是 伯敬在此且未一朞 其學盖畧不見效 東人豈盡知伯敬眞師儒者哉 雖然 進難退易固是君子之幾 而自能審處 在於伯敬 有何損益乎 第恨未有一人能安子思而使之無歸焉 既不淂留 則以斯文之契 未果嘿然 欲請所相識者 各爲詩以寵慰之 恐未知伯敬者 汎以客待之 故先之以自衒者之說 而俾知伯敬吾儒且名家子 非其輩云爾 元統甲戌二月辛未

拙藁千百卷之一
至正十四年甲午八月 日　　晉州牧開板

60) '未'가 『東文選』 권84에 '求'로 되어 있다. '未'가 타당한 것으로 보인다.
61) '延'이 『東文選』 권84에 '迎'으로 되어 있다. '迎'이 타당한 것으로 보인다.

拙藁千百卷之二

22. 送鄭仲孚書狀官序

三韓古與中國通 文軌未嘗不同 然其朝聘不以歲時 故寵待有出於常夷 盖所以來遠人也 每遣人使 必自愼簡官屬 其帶行或至三五百人 少亦不下於一百 使始至中國 遣朝官接之境上 所經州府 輒以天子之命致禮餼 至郊亭又迎勞 到館撫問 除日支豊腆 自參至辭 錫讌內殿 設食禮賓 御札[62]特賜 茶香酒杲[63]衣襲器玩鞍馬 禮物便蕃不絶 而隨事皆以表若狀 稱陪臣伸謝 而其私覿宰執 又多啓劄往復 故書記之任 非通才號難能 中古國相若朴寅亮金富軾輩 皆嘗經此任 而爲中國所稱道者 自臣附皇元以來 以舅甥之好 視同一家 事敦情實 禮省節文 苟有奏稟 一个乘傳 直達帝所 歲無虛月 故使不復擇人 恩至渥也 獨於年節 例以表賀 而且有貢獻 故國卿充其使副 而粗如舊貫焉 書記之名 亦苟存其而[64]翰墨無所責也 是以邇年僥倖無耻者 往往冒利而爭爲之 故行人將校 至不以淸望待之噫 書記之任 雖無時用 而其名猶在 豈若人所妄處而若輩所輕視哉 今年四月十七日 爲天壽聖節 當遣使入賀 而王親選在僚 任蔡密直以使事 又以書記近非其人 命密直自擧 乃以典儀寺直長鄭誧仲孚應焉 仲孚於是騰裝將就道 以予爲老友見過 且告以行 予語之曰 士生用弧矢 匏繫不食 又非君子之志 矧今天下一姓 薄海內外 梯險航深

62) ‘札’이 『東文選』 권84에는 ‘扎’로 되어 있다. ‘札’이 타당하다.

63) ‘杲’는 『東文選』 권84에는 ‘果’로 되어 있다. ‘果’가 타당하다.

64) ‘其而’가 『東文選』 권84에는 ‘而其’로 되어 있다. 문맥상 ‘而其’가 타당한 듯하다.

輻湊輦下 而奉邦君之命 叅盛禮於明廷 士之慶幸 孰大於此 昔蘇穎濱讀百氏之書 不足激其志氣 捨去遊[65]京師 觀宮闕倉廩府庫城池苑囿之大見 歐陽公 聽議論之宏辯 而又見韓大[66]尉 願承光耀 以盡天下之大觀而無憾也 仲孚既朝京闕 其巨麗之觀 當不讓於穎濱矣 第未知淂謁今之豪傑偉人 如韓歐二公者 有以激發而成就之乎 他日歸來 必有異於今日所見矣 士別三日 刮目相待 豈虛言也哉 其書記之責 與古昔不同又不足爲吾仲孚道也 雖然予非仲孚 亦不能發斯言矣 仲孚其忽諸

元統 二年 三月 既望

23. 平原郡夫人元氏墓誌

高麗有大臣 諱恒者在 世祖皇帝時 相太師忠烈王 姓朴氏位僉議贊成事謚曰文懿 有子曰光挺 始以本國子弟被選 宿衛闕庭 受天子之命 帶金符[67] 爲昭信校尉高麗西京等處水手軍副万戶 兼匡靖大夫平壤府尹而卒 其子正尹居實 孫禿滿 能世襲其職階皆昭信 故平原郡夫人元氏 實正尹公之妻 於禿滿爲母 其十一代祖 諱克猷 仕國初 爲正議大夫 華胄蟬聯 益顯以大 祖諱傅 故僉議中贊 謚文純 父諱瓘 故僉議贊成事 母金氏 封樂浪郡大夫人 故密直承旨 諱信之女也 其子男二人女五人 男長卽禿滿 次長命未仕 女適中政院長史瀋陽洪義孫 先歿 次適興威衛郎將金之庚 次適重大匡樂浪君王琇 與國同宗 次適宣授王府斷事官匡靖大夫前政堂文學李齊賢 夫人生有淑質 性柔且慧 父母愛之 年十三擇所從配朴氏 入門承舅姑愛如其父母 而禮待過之 未幾匡靖公下世 姑鄭氏在

65) 『東文選』 권84에는 ‘遊’가 생략되어 있다.

66) ‘大’가 『東文選』 권84에는 ‘太’로 되어 있다. ‘太’가 타당하다.

67) ‘符’가 金龍善 편, 앞의 책에는 ‘苻’로 되어 있다. ‘符’가 타당하다.

堂 正尹公替父充宿衛住輦下 而夫人左右鄭氏 奉養無違 以善事 得其終焉 後正尹公又逝 男女未冠笄者有五人 夫人主家未九年 俱選其對以昏嫁之 元家弟妹皆貴顯 太夫人尙無恙 宗媚日盛 而夫人早寡 處於其間所以奉承 接遇盡其恭順 而以禮自守一門 多稱之 家故足貲 正尹公不以爲問 夫人制之有法度 撫御婢僕且數百 不聞有人出一言以負且怨者 元統二年甲戌十二月甲戌以疾卒 年四十又七 嗚呼 夫人其賢而不壽者乎 子壻治喪 卜以明年乙亥二月己未 葬于某地之原 問銘於予 予於洪長史爲同年友 又受知李匡靖爲不淺 銘其敢拒而已耶 銘曰 女承而親婦信而身 母慈而子 維時維均 賢不克壽 嗟嗟夫人

24. 送奉使李中父還朝序

翰林李中父奉使征東 已事將還 過辭予 因語之曰 進士取人 本盛於唐長慶初 有金雲卿者 始以新羅賓貢 題名杜師禮牓 由此以至天祐終 凡登賓貢科者 五十有八人 五代梁唐又三十有二人 盖除渤海十數人 餘盡東士 逮我高麗亦嘗貢士於宋 淳化孫何牓有王彬崔罕 咸平孫僅牓有金成績 景祐張唐卿牓有康撫民 政和中又親試權適金端等四人 特賜上舍及第 舉是可見東方代不乏才矣 然所謂賓貢科者 每自別試附名牓尾不得與諸人齒 所除多卑冗 或便放歸 欽惟聖元一視同仁 立賢無方 東士故與中原俊秀竝舉 列名金牓 已有六人焉 中父雖後出 迺擢高科 除官禁省 施及二親 俱霑恩命 光捧詔書 來使故國 謁母高堂 焚黃先壟爲存歿榮 得志還鄉 不獨長卿翁子 夸于蜀越矣 吾家文昌公年十二西游十八登咸通十五年第 歷尉中山 佐淮南高侍中幕 官至侍御史內供奉二十八奉使歸國 鄉人至今傳以爲美談 當是時也 屬於唐季 四海兵興而公以覊旅孤跡[68] 寄食于藩鎭 雖授憲秩 職非其眞 及乎東歸 國又大

亂 道梗不果復命 論其平生 可謂勞勤 而其榮無足多者[69] 曷若吾中父遇世休明 致身華近 而且年方强壯 志愈謙光 其前途有未易量者 則顯榮家國 豈止此一時 必見富貴苦逼 功名滿天下 晝綿之堂 將大作於東韓 未識後來視中父與[70]昔東人爲何如也 復記在至治元年 亦自猥濫與計而偕 是年擧子尙未滿額 登左[71]牓者纔四十三人 予幸忝第二十一名 拜盖牟別駕 赴官數月 以病求免 今玆退安里巷十有三年 壯志日消 無復飛騰之勢矣 比見中父 益知予之 終於自棄 而無成也 慚負聖明[72] 又奚言哉 中父尙勉旃[73] 毋以一簣進止 而虧九仞之高也 予與中父厚旣美其行 且訟予拙 而復勖之云 元統乙亥 三月初吉

25. 壽寧翁主金氏墓誌

金氏爲貴族 盖起新羅之初 俗傳 金樻降之自天 取以爲姓 又言 自以小昊金天之後 因氏焉 子孫享國久 至敬順王傅 遇本國神聖王誕興 知天命有歸 納土自附 其宗屬多內徙 蒙恩被位 代著忠勤 愈遠而愈大以盛 近有國相諱鳳毛 門下平章生門下平章諱台瑞 平章生樞密副使諱慶孫 樞副生密直承旨諱信 承旨受尹氏女 父諱璠判大府監 故壽寧翁主 其季女也 年十四 以右姓而賢 嬪于王氏諱昷 故藥城府院大君 寔顯王第四子 文王之母弟 平壤公諱基 十世孫也 世附近屬 克襲公侯 伯父帶方公諱澂 在世祖皇帝時 率國子弟宿衛于內 天子嘉其勞 寵賚歲至累百 翁

68) '跡'이 『東文選』 권84에 '蹤'으로 되어 있다.
69) 『東文選』 권84에 '而其爲榮無足多者'로 되어 있다.
70) 『東文選』 권84에는 '與'가 생략되어 있다.
71) '左'가 『東文選』 권84에 '龍'으로 되어 있다. '左'가 타당한 듯하다.
72) '明'이 『東文選』 권84에는 '朝'로 되어 있다. '明'이 타당한 듯하다.
73) 『東文選』 권84에 '中父尙勉旃'으로 되어 있다.

主年未三十已寡 而三子一女 穉且幼 旣皆教育成立 至于抱孫 長珣淮安府院君 次瑀 昌原府院大君 次琇 樂浪君 孫有八人 曰証爲保寧君曰讜曰謂爲正尹 曰詗曰頲餘俱幼 延祐至治間 有旨 索王氏女 而女入其選 今適河南等處行中書省左丞室烈問 封靖安翁主 迺所鍾愛 當其遠送 憂懣成疾 自後時已時作 至元統三年 病殆藥不效 越九月乙酉卒年五十五 先此 東人子女被刮西去 無虛年 雖王親之貴 不得匿 母子一離 杳無會期 痛入骨髓 至於感疾隕謝者 非止一二 天下 孰有至寃 過是哉 今天子 用御史言 制禁之 一方老幼 喜際仁明 不知手舞足蹈者 獨恨翁主未及 而至於斯也 嗚呼悲夫 用是月甲辰 葬大德原 祔大君也 其襄事 王命有司 官庀之 而淮安昌原二君 執喪如禮 其季在都下 不及焉二君 好書愛客 有承平貴公子之風 且習家國禮文典故 王氏取宗法者歸之 豈非慈訓有方而致之然耶 皇慶二年 王始受封 卽位之日 淮安君陪侍左右 禮無違者 覃恩及親 於是 錫壽寧之號 繼命趁月 供支視長翁主 亦特恩也 士議 金氏旣媲大君 其稱謂不宜與宗女同 其必有能辨之者 予客長君久 而性又魯 於其徵銘 無敢辭 直敍氏族顚末 而及其士議無有隱也 銘曰 山壯其址 水美其瀆 有吉者兆 有安者墳 孰藏孰祔 維主維君 千載之下 尙考斯文

26. 故密直宰相閔公行狀

曾祖仁鈞 故正議大夫翰林學士史館修撰知制誥 妣氏 封郡夫人 祖湜故朝散大夫戶部侍郎 妣崔氏 封昌原郡夫人 父宗儒 故重大匡僉議贊成事上護軍致仕 妣兪氏 封長沙郡夫人 公諱頔 字樂全 姓閔氏 其先忠州黃驪郡人 盖自國初入仕 九代而上 家失譜牒 不可考 其八代祖諱稱道仕至尙衣奉御 奉御生監察御史諱世衡 御史生戶部員外郞諱慤 戶部生

大師門下平章監修國史諱令謨 實相明王以致中興 年八十卒 謚曰文景 文景又生太保平章大集賢 謚定懿諱公珪 爲公高祖也 代以文雅致位高顯 爲東國世族之冠 公以至元七年庚午生 生而相不類凡 外大父諱千遇位宰相謚文度 號知人 見而奇之曰 兒他日貴矣 姨夫故相金公頵聞其言固請養之 故長其家 東方故俗 男子幼年 必從僧習句讀 有首面姸好者僧與俗皆奉之 號曰仙郎 聚徒或至於百千 其風流起自新羅 時公十歲出就僧舍學 性敏悟 受書旋通其義 眉宇如畫 風儀秀雅 見者皆愛之馬首所至 鶴盖成陰 忠烈王聞之 引見宮中 目爲國仙 亦猶一邦豪傑稱國士焉 至元廿二年擧進士及第 時太尉王爲世子 選以爲屬 俄權秘書校書 移寶文閣校勘 累轉僉議注書 以禮賓丞權通禮門祗候 改秘書郎 大德元年 試軍簿正郎 賜服銀緋 尋改版圖兼世子宮門郎 又賜金紫服 二年大尉王受封嗣國 除朝散大夫秘書少尹知製誥 秋王召入闕庭 隨例免明年赴都留衛王邸 四年而歸 自是閑居凡五年 至十一年丁未 起爲羅州牧 至大元年忠烈王薨 大尉王又襲位 以奉常大夫典儀副令 召改選部議郎知製敎 明年拜奉順大夫密直右承旨典儀令兼司憲執義知選部事 冬出行平壤尹 未幾見罷 以通憲大夫檢校大司憲 家居者又四年 今王新嗣位 除選部典書 尋改讞部典書 皆帶寶文閣提學 讞部古廷尉 詞訟且繁而人稱其平 延祐三年入密直爲副使 改民部典書 大司憲 皆同知密直司事 五年奉使賀年 宸所不失禮 時大尉王在都以公舊僚待遇 非他使比至治元年罷 至泰定四年封驪興郡 階重大匡 至順二年改授匡靖大夫密直司使 進賢館大提學知春秋館事上護軍 壬申復罷 元統元年癸酉忽患 風疾轉劇 人懼其不能興 逾年乃平 懼者皆喜 後至元乙亥冬 又遘他疾 至丙子正月廿二日己巳卒 年六十有七 公兩娶 先夫人金氏 封永嘉郡 故宣授鎭國上將軍管高麗軍万戶 本國重大匡上洛君 諱昕之女 生一

男 子夷登乙卯科 今爲奉善大夫 衛尉少尹知製敎 後夫人元氏 封平原郡 故僉議贊成事 諱瓘之女 生三男三女 曰愉 爲左右衛別將 曰抃 與愉同登辛未科 曰渙 司醞令同正 女適通直郎版圖正郎朴仁龍 次適中顯大夫前備巡衛大護軍尹繼宗 次適令同正劉允吉 孫二人皆幼 公質貌俱美望 若神人 坐立言動無不可 觀聽者盖其所稟淂全 冲粹之氣 浹中發外故不待自强 而人已服之矣 其學因其世業而修之 且自少與游者皆老成人 積有漸化 用是早結 君主之知備 歷華要官登右府 爵至諸君 實可謂一方賢大夫矣 所恨位未究 而壽未極遽止於此 其可不歡息也哉 嘗卜地王京巽隅作宅 園林邃靜 可愛以去齋寓 其號其好賢樂善 又出誠心待孤寒 晩進尤有情禮 每花時召客 置酒聯詩句 以爲樂 某與子夷相厚 而先子又爲公 故人蒙許□年之契 故淂公平生爲熟 今卜葬有日 敢述 世家歷任行迹之大略 以告當代 秉筆者圖 有以光于隧道 而因致 予勤焉 謹狀至元二年丙子二月戊寅朔

27. 東人之文序[74)]

東方遠自箕子始受封于周 人知有中國之尊 在昔新羅全盛時 恒遣子弟于唐 置宿衛院以隸[75)]業焉 故唐進士有賓貢科牓無闕名 以逮神聖開國三韓歸一 衣冠典禮 寔襲新羅之舊 傳之十六七王 世修仁義 益慕華風西朝于宋 北事遼金 熏陶漸漬 人才日盛 粲然文章 咸有可觀者焉 然而俗尙淳庬 凡有家集 多自手寫 少以板行 愈久愈失 難於傳廣 而又中葉失御武人 變起所忽 昆[76)]岡玉石 遽及俱焚之禍 爾後三四世 雖號中興

74) 『東文選』 권84에는 '東人文序'로 되어 있다.
75) '隸'는 『東文選』 권84에는 '肄'로 되어 있다. 내용상 '肄'가 타당하다.
76) '昆'이 『東文選』 권84에는 '崑'으로 되어 있다.

禮文不足 因而繼有權臣擅國 脅君惘[77]民 曠弃城居 竄匿島嶼 不暇相保 國家書籍 委諸泥塗 無能收之 由玆已降 學者失其師友淵源 又與中國絶不相通 皆泥寡聞 流于浮妄 當時豈曰無秉筆者 其視承平作者 規模盖不相侔矣 幸遇天啓皇元 列聖繼作 天下文明 設科取士 已七擧矣 德化丕冒 文軌不異 顧以予之疎淺[78] 亦嘗濫竊 掛名金牓 而與中原俊士 得相接也 間有求見東人文字者 予直以未有成書對 退且耻焉 於是始有撰類書集[79]之志 東歸十年 未嘗忘也 今則搜出家藏文集 其所無者偏[80]從人借 裒會採掇 校厥異同 起於新羅崔孤雲 以至忠烈王時 凡名家者 得詩若干首 題曰五七 文若干首 題曰千百 駢儷之文若干首 題曰四六 摠而題其目 曰東人之文 於戱是編 本自得之兵塵煨燼之末 蠹簡抄錄之餘 未敢自謂集成之書 然欲觀東方作文體製 不可捨此而他求也 又嘗語之曰 言出乎口而成其文 華人之學 因其固有而進之 不至多費精神 而其高世之才 可坐數也 若吾東人 言語旣有華夷之别 天資苟非明銳 而致力千百 其於學也 胡得有成乎 尙賴一心之妙 通乎天地四方無毫末之差[81] 至其得意 尙何自屈而多讓乎彼哉 觀此書者 先知其如是而已

28. 唐城郡夫人洪氏墓誌

故延興君杏山老先生有孫 名文琉 以其客西原鄭誧狀先夫人之行 來泣而言曰 惟先生嘗與吾父與吾舅 俱有年契 吾母之藏不可無銘 非先生誰

77) '惘'이 『東文選』 권84에는 '罔'으로 되어 있다. '罔'이 타당한 듯하다.
78) '淺'이 『東文選』 권84에는 '賤'으로 되어 있다. '賤'이 타당한 듯하다.
79) 『東文選』 권84에는 '集'이 생략되어 있다.
80) '偏'이 『東文選』 권84에는 '徧'으로 되어 있다. 내용상 '徧'이 타당하다.
81) 『東文選』 권84에 '無有毫末之差'로 되어 있다.

謁焉 予曰 嗚嘑[82]其然 鄙文安足惜 按唐城洪氏爲東方望族 祖諱子藩相忠烈王 爲國大[83]宰十五年 位僉義中贊 考諱敬階其先積 官至贊成事 夫人年十三 選歸朴氏 爲杏山冢[84]婦 實匡靖大夫前政堂文學 遠之妻 封唐城郡夫人 長子仁龍 故版啚正郎 次子卽文琉 爲典儀寺丞 次德龍 東部副令 次壽龍 千牛衛別將 次天龍 綏陵直 女配王氏璉 爲益興君夫人 次嫁士族 爲散員許齡妻 夫人之生在至元戊子 至後至元丙子 春秋四十有九而病 卒以七月辛酉 葬以十一月甲戌宅兆某山之原其葬也 仁龍已卒而政堂公赴輦下 不及臨悲哉 銘曰 奧若洪宗 貴擅天東 匪積匪厚 曷殷而豊 維文維武 有德有功 力贊靑社 世濟以忠 大宰之孫 有夫人美 幼奉迺親愛鍾衆子 爰擇所從 適于朴氏 自其入門 舅姑以喜 旣敎女範 又婉婦儀 承事夫子 以箴以規 董治家政 有備無虧 亦克多慶 二女五兒 謂言夫人享祿未艾 胡哲其身 年則不逮 夫子出游 歸也無待[85] 泉路幽幽 留恨千載 嗚嘑[86]哀哉

29. 故杞城君尹公墓誌

公諱莘傑字伊之 初以文學 輔王於江陵府 逮王嗣位躐[87]登宰府 身爲舊臣年七十二 後至元丁丑二月卄四日病卒 夫人朱氏以予嘗友其姪暉 俾暉來請曰 妾事夫子五十四年 今亡矣 不幸無子 獨葬不可以緩 將卜用三月十三日行事 願刻文納隧 以啚其不朽 惟君之託焉 予與暉厚 安可

82)『東文選』 권123에는 ‘嘑’가 ‘呼’로 되어 있다.
83) ‘大’가 金龍善, 앞의 책에는 ‘太’로 되어 있다.
84) ‘冢’이 『東文選』 권123에는 ‘家’로 되어 있다. ‘冢’이 타당하다.
85) ‘待’가 『東文選』 권123에는 ‘侍’로 되어 있다. ‘待’가 타당한 듯하다.
86) ‘嘑’가 『東文選』 권123에는 ‘呼’로 되어 있다.
87) ‘躐’이 『東文選』 권123에는 ‘驟’로 되어 있다.

拒之 公之先雞林杞溪縣人 盖其始由鄕擧而入仕 曾祖良庇故檢校詹事 祖維楨故閤門祗候 考珝故監察史 祖及考皆登科 前輩有稱其文者 監察公娶壽城賓氏女 生子五人 公爲長生 卄歲擧司馬試 中魁 卄五赴禮圍擢乙科 至元卅一年任南京留守司錄 罷秩國學學諭 轉四門大學博士遷崇慶府丞 大德十一年拜左正言左司諫左史郞 皆帶知製敎 至大元年革官爲右獻納 江陵府翊善成均樂正 階奉善大夫 皇慶元年 轉典儀副令選部議郞 知製敎 階奉常 延祐元年 累遷至奉順大夫 密直司右代言藝文提學知製敎 同知春秋館事 三年拜通憲大夫 密直副使兼選部典書遷同知密直知密直密直使 陞藝文大提學知春秋館 階匡靖 又錫號純誠輔理功臣 泰定元年拜大匡三司使 進賢館大提學上護軍 冬封杞城君階陞重大匡 公資嚴重 訥於言 人望之若泥塑 莫知其中何有也 大德間爲學官 時執政以博士只占一經 多非其人聞於王 嚴其選必通六經者然後除之 公獨以兼明得補 見稱於一時 大[88]尉先王因擧以傅王 善事父子兩王 久主銓選 不以自意輕重之 皆目爲長者 自謝事後 遂閉門杜絶賓客 常塊然獨處 不問外事 如是十餘年而終 嗚嘑[89] 公可謂篤愼君子者矣 朱氏考諱悅謚文節 忠烈王時名大夫也 公喪 朱氏命公姪衡希甫二人主焉 又命其姪暉佐之 其皆從理命也歟 銘曰 予於天下之理 未敢自謂其窮 盖亦粗知其如是而已 獨於人之有子與無 其不可理推而知知矣[90] 當謂賢者有後 而却無 何不肖者 宜絶而寔蕃乎 此予所以反覆三思 而未得其辭者也 今夫尹氏之喪 予又不覺有言 嗚呼 公有猶子二人焉 亦豈云公祀之不存

88) '大'가 『東文選』 권123에는 '太'로 되어 있다. '太'가 타당하다.
89) '嘑'가 『東文選』 권123에는 '呼'로 되어 있다.
90) 『東文選』 권123에 '其不可理推而知矣'로 되어 있다.

30. 有元故武德將軍西京等處水手軍万戶兼提調征東行中書省都鎭撫司事高麗宰相元公墓誌

王京之南 距城三十里 有山蜿蜒 若行若伏 若顧而住 水自艮涓涓潛洩 至坤流爲溝瀆 合大江入于海 背山面水 宅得其執[91] 不曰蓄德之丘乎 玆故征東万戶宰相元公之藏 藏用後至元丁丑六月丁酉 其里人崔某 受諸孤之謁 不敢拒 直敍公且爲銘詩 以慰其孤之心焉 敍曰 公諱忠 字正甫 先世盖新羅北原人 十一代祖克猷 始仕本國爲正議大夫 祖諱傅 相忠烈王爲僉議中贊 諡文純 考諱瓘 故僉議贊成事 大夫人金氏 封樂浪郡 故承旨諱信之女也 公生於至元二十七年庚寅 八歲以蔭補東面都監判官 十八始召入事太尉 先於京師之邸 擢授禮賓內給事 日見寵愛 賜姓王氏 改名曰鑄 遷中門副使 轉典符令司僕正穠華右司尹 階由奉常至奉順大夫 而王益欲貴異之 特除密直代言 公辭曰 臣齒少無知 驟登三品 取譏多矣 若夫喉舌之任 淸望攸屬 願乞擇人 因忤王旨 命復其姓名 降職知鐵州 促登之 實至大三年八月也 理鐵四年 政簡而民便之 皇慶二年 王及今王歸國 公迎拜鴨江 上待遇如初 命從歸王京 授典儀令兼中門副使密直代言世子右司尹知惣部事 延祐三年 拜通憲大夫密直副使左常侍上護軍 七年陞密直使 階匡靖 尋出爲商議評理 至治元年 從王朝天子所 時太尉王 有吐蕃之行 又見留京師 傾危之徒 謀覆宗社 從行大臣 亦皆革面 勢之不測 公獨左右於王 終始無二心 朝廷識者稱之 至泰定元年 太尉王淂西廻 王復爵 授公推誠佐理功臣 重大匡僉議贊成事 判民部事上護軍 明年王就國 父王臨辭目王曰 元忠是世祿舊家 且連外戚 近又盡匡救之力 非他臣比 宜聽其言 又戒公曰 爾亦永肩乃心 以輔於王 然而自歸國後 言入見疎 閑居五年 至順元年 前王嗣封

91) '執'은 『東文選』 권123에는 '勢'로 되어 있다. '勢'가 타당하다.

起公任以前職 陞判軍簿監察司事 而今王入朝 冬公奉賀年表赴都 至三年 王又復位 而前王入朝 因替職留都下 元統二年 欽受宣命 帶虎符爲武德將軍西京等處水手軍万戶兼提調征東都鎭撫司事 至後至元二年 奉徽政院差使 乘馹東歸 自是見事至無可奈何 而志在求田問舍而已明年遘疾 召醫無驗 至五月己酉不起 春秋四十有八 公天性端實 胸無堂府 處事之變 若有學然 其始辭代言 意在忌滿 至治戴君 又執不移之節 事出誠心 俱亦可尙 一時之人 皆謂之良宰相 而方强遽止 嗚呼 其不謂之命也而何 媲室洪氏封南陽郡夫人 考故南陽府院君諱奎 於王德妃爲女兄也 男三人 曰顥 前興威衛護軍 曰翊 備巡衛別將 曰顗 未仕女五人 長適親禦軍別將金光利 次適前左右衛護軍洪瑜 次適管高麗軍万戶羅英傑 次適正尹王謂 爲國宗 季幼在室 銘曰 吁 其道無偏 物難以兩全 淂位又得壽 豈可多責天 公旣貴富矣 所未究在年 安淂知命者與之論自然

31. 故密直副使致仕朴公墓誌

公諱華姓朴氏 先世密城郡籍 曾祖奇輔 嘗以中軍錄事 死於國事 官至大觀殿直 贈某官 祖洪升 故衛尉注簿同正 贈衛尉丞 父諴 故檢校軍器監 贈禮賓尹 禮賓府君取[92]陰竹安氏女 封陰平郡夫人 是生公 實元朝憲宗皇帝第二年壬子歲也 至元十五年 由典理司書員 任全州臨陂縣尉罷秩入內侍 積年勞 歷板積窯直供驛司醞署令紫雲坊判官 至大三年拜司憲糾正 出使慶尙道 照刷諸州架閣文卷 摘發無隱 被劾者 側目反爲所攻 見免 延祐三年 長子仁幹 赴召太尉瀋王邸 起以選部散郎 出知

92) '取'가 『東文選』 권123에는 '娶'로 되어 있다. '娶'가 타당하다.

慶原府 尋致仕 泰定元年 仁幹從太尉王 廻自吐蕃 於是 又起任廣州牧 明年以通憲大夫密直副使上護軍致仕 至後至元二年正月十二日 病卒 享年八十有五 越三月八日 葬王京東大德山感恩寺之北麓 夫人趙氏 封金堤郡 爲故相文良公諱簡之姉也 先公四年而卒 子男五人女二人 仁幹登庚子科 又中乙卯應擧試魁 盡誠秉義翊贊功臣匡靖大夫僉議評理 見任漢陽府尹 仁祉辛未科司設署令 仁杞左右衛散員 仁翊軍簿佐郎 仁宇乙卯科 知丹陽郡事 女嫁中門祗候柳韶 版圖佐郎徐玶 孫男有六人 女二人 公性恭勤 莅事惟謹 而廉於進取其處 家敎諸幼槩以慈祥 必勸之從學曰 人無學無以立 苟有過 則又嚴加切責 故五子奉承不敢怠忽 至於三人登科 皆以良能見稱 而其長公從先王於絶域 艱險万狀 主耳忘軀 卒就功名 盖由義方夙激 而成之也 少從仕 官雖低回未達 晩因子貴 乃淂高資厚祿以養 年及九秩而終 嗚呼 又多望乎哉 予聞死事者 其後必大 亦其先報不蹇也歟 銘曰 嗚呼 公之次子仁祉 在大德六禩 甞與予同擧司馬試爲進士 距今三十有四年矣 予旣與其子而爲交[93] 則不淂不拜公猶諸父 故其長公弟畜我 我視其弟又自處以兄 其誰曰不可 是以公之一門父子弟昆於歿於存 義密情惇 玆其歸土 宜有銘 我秉其筆 尙無媿于幽明

32. 國王與中書省請刷流民書 泰定乙丑[94]

竊念 本國屬太祖 龍興肇造區宇 時有契丹遺民 奉其主後金山 僞署官吏 自號大遼收國王 驅掠人物 東來據險陸梁 逆命重煩 朝廷遣帥臣合臣扎臘等 致討 我高祖太師忠憲王 供偫大犒 掎角而滅之 自是擧國內

93) '交'가 『東文選』 권123에는 '友'로 되어 있다.

94) 『東文選』 권62에는 '泰定乙丑'이 빠져 있다.

附 恪修職貢 歲無有闕 以至世祖回自征南 將登寶位 我曾祖大[95]師忠敬王 以世子入朝 迎拜於梁楚之郊 欽遇聖恩 許以己未二月以後逃虜人口歸元 而我祖大師忠烈王 淂尚皇姑齊國大長公主 生我父太尉瀋王累蒙朝廷特遣使臣 與遼陽省及征東委官 會刷歸之 而每緣土官占吝刷之不悉 又予至治元年入朝 以後五載之間 國人失於防閑 逃入遼瀋開元地面 不知其數 今者欽具表文 遣人聞奏 伏望上念累朝字小之本意下察小國勤王之微勞 導降俞音 使散渙之民 淂令復業 則海隅小邦 永荷覆育 不勝幸甚 不宣

33. 又謝不立行省書 是年[96]

伏念 小邦世荷累朝涵育 國中君臣之分 一皆依舊 不料邇年樂旤[97]之人間起 以致朝廷有議立省 百姓聞之 人不自安 近者欽蒙聖旨一切禁之舉國上下實獲再生 唯知蹈舞而已 玆遣小介奉表進謝 伏望善爲聞奏永示字小之仁 不勝忻慶 不宣

34. 又與翰林院爲太尉王請謚書 丙寅[98]

伏以聖朝功臣世家 例淂贈謚 而先太尉瀋王薨逝逾年 尙未擧行 今具表文 啓省上聞 外念 先王歷事六朝 實多勞績 累被天奬 元臣懿戚 無有不知 若蒙平生行跡 淂列華藻 以示將來 則先王可爲死而不死 其於存歿爲榮莫大 伏惟照察[99] 不宣

95) '大'가 『東文選』 권62에는 '太'로 되어 있다. '太'가 타당하다.
96) 『東文選』 권62에는 '是年'이 빠져 있다.
97) '旤'는 '禍'의 故字이다.
98) 『東文選』 권62에는 '丙寅'이 빠져 있다.

上三書 皆藝文應教所製追錄

35. 代權一齋祭母文[100)]

月日孤子某 敢告亡母故永嘉郡大夫人之靈 嗚呼 人無不死 理豈有長生 其短折者 已不復言 幸而至於壽考 間或疾恙纏綿 臥床呻吟乞絶 而不能者多矣 至如吾母九十五歲 論其平昔 其有異於此輩 方年十餘 歸于我氏 至其劬勞二十有二載 調琴瑟餘五十年 追惟先子公正勤儉 天所扶佑 七十有五 忽焉見背 是時母年又七十二 自此私心一懼一喜 豈知兒年七旬又四 而且僥倖身居上相 手假省權 富貴之極 而母尙康寧 淂終于此 嗚呼哀哉 玆實聖善 夙鍾陰德 故受介福 以至今日 所謂視死如歸 胡有歉然於心哉 第余一身 無姉妹弟兄 少從婚 官[101)]晩泥功名 離家去國 三十餘年 徒倚顯榮 是爲養志 溫凊旨甘 實負中心 逮于不諱 謂之何哉 人或來慰 死生之理 猶如旦夕 皓首丁憂 世不多見 無以死傷生 聖有明誡 嗚呼 孰知母子之情 方老益篤 而不以衰謝而可已乎 玆値百日 就龍泉佛寺 修齋薦福 謹用茶果時羞之奠 敬告靈筵 嗚呼哀哉 尙饗

迎魂辭

波沄沄而東注 景翳翳以西沈 魂歸來兮何所 淚承睫以霑襟

送魂辭

若有遇而不睹 慨欲聞其無音 忽出門而自失 竟安究而安尋

---

99) ‘察’이 『東文選』 권62에는 ‘審’으로 되어 있다.

100) 『東文選』 권109에는 ‘迎魂辭’와 ‘送魂辭’ 부분이 빠져 있다.

101) ‘官’이 『東文選』 권109에는 ‘宦’으로 되어 있다. ‘宦’이 타당하다.

36. 送張雲龍國琛而[102]歸序

予在少日 始讀書 盖知有天下之廣 則有四方之志焉 及仕王國 迺爲職縻 切抱飛不越階之歎 至治中 濫應賓興 觀光天子之庭 喜或其如願顧因科劣 得倅下州 碌碌奔走 非性所堪 移病而免 今玆下喬入幽 跧伏里閭 敻不與天朝士夫相訊 已有十五年之久 於戲 士生一世 有志不就齒髮日益衰 君子之弃 小人之歸 能無鬱鬱於此乎 是故 時聞有客至自中原 則輒往候之 冀淂餘論 以寫平生之懷焉 咸有偉量 善自爲謀 至如胸襟坦蕩 而無苟然者 予未淂覩也 豫章張國琛以今年七月 至寓王京一覽樓者數月 予徵諸主人 國琛終日危坐 若無言者 有來問以事 則亦一一說之 其學本吾儒 兼通蒙古字語 旁出入術數中 自言嘗爲江西擧子入其選 又爲朝貴薦 祗勅欽宣者再 其遊觀幾遍天下 由都南至庾嶺 西至華峯 北至和林 其間風俗異同 皆採而有記 名山勝境 無不登覽 自去年東遊 歷遼陽抵王京 玆又西歸 其來也無求 其去也亦無所戀 卷舒自由翔集有所 要之非池籠中可畜養者也 予旣不遂四方之志 則淂四方之士而與之遊斯可矣 愛莫從之 情見于辭 其辭曰

有美斯人兮來從西 翩然散步兮下雲階 星月爲佩兮帶虹霓
有美斯人兮從西來 愛此松山兮乍徘徊 忽然輕擧兮不可陪
我齒方壯兮志四方 縱觀九州兮歸故鄕 而今身老兮願未償
惜此美人兮我欲留 留不肯住兮却掉頭 獨立道周兮雙淚流

37. 東人四六序

後至元戊寅夏 予集定東文四六訖成 竊審國祖已受冊中朝 奕世相承

102) '而'는 『東文選』 권84에는 '西'로 되어 있다. '西'가 맞는 것 같다.

莫不畏天 事大盡忠遜之禮 是其章表浔體也 然陪臣私謂王 曰聖上 曰皇上 上引堯舜 下譬漢唐 而王或自稱朕予一人 命令曰詔制 肆宥境內曰大赦天下 署置官屬 皆倣天朝 若此等類 大涉譖[103)]踰 實駭觀聽 其在中國 固待以度外 其何嫌之有也 逮附皇元 視同一家 如省院臺部等號早去 而俗安舊習 玆病尙在 大德間 朝廷遣平章闊里吉思 釐正然後渙然一革 無敢有蹈襲之者 今所集定 多取未臣服 以前文字 恐始寓目者 不浔不有驚疑 故題其端 以引之 拙翁書

38. 猊山隱者傳

隱者名夏屆 或稱下逮 蒼槐其氏也 世爲龍伯國人 本非覆姓 至隱者因夷音之緩 併其名而易之 隱者方孩提 已似識天理 及就學 不滯於一隅 纔浔旨歸 便無卒業 其汎而不究也 稍壯慨然 有志於功名 而世莫之許也 是其性不善於伺候 而又好酒 數爵而後喜說人善惡 凡從耳而入者口不解藏 故不爲人所愛重 輒擧輒斥而去 雖親友惜其欲改 或勸或責不能納 中年頗自悔 然人已待以非可牢籠 未果[104)]用 而隱者亦不復有意於斯世矣 嘗自言 吾所嘗往來者 皆善人 而其所不與者多 欲浔衆允難矣 此其所短 迺[105)]其所以爲長也 晩從師[106)]子岬寺僧 借田而耕 開園曰取足 自號猊山農隱 其銘座右曰 爾田爾園 三寶重恩 取足奚自 愼勿可諼 隱者素不樂浮屠 而卒爲其佃戶 盖訟夙志之爽 以自戱云[107)]

---

103) '譖'은 『東文選』 권84에는 '僭'으로 되어 있다. '譖'이 타당한 듯하다.
104) '果'는 『고려사』 권109, 최해전에는 '可'로 되어 있다.
105) '迺'는 『고려사』 권109, 최해전에는 '乃'로 되어 있다.
106) '師는 『고려사』 권109, 최해전에는 '獅'로 되어 있다.
107) '云'은 『고려사』 권109, 최해전에는 '耳'로 되어 있다.

39. 故政堂文學李公墓誌

人稟陰陽以生 生爲氣聚 散則爲死 其間窮達淂喪脩短遲疾 亦各因其所稟 無可怪者 苟委其然 不加以脩 則其卒與草木同腐泯焉 無聞 又非所謂叅二儀妙万物者矣 古之死而不死者 匪德則功 如大山靜而不動 人知膚寸之興 澤周四海之 謂德 事機之會 雷風相盪 振民塗炭 利在社稷之謂功 是則身幽而道彌著 事 遠而名愈彰 千載之下 日月爭光 尙何平昔出處險易之足論哉 余老矣 所閱者多矣 方見炎炎赫赫 可愛可畏 曾不旋踵 淪謝已盡 未及問其行業 俱可哀已 越若三韓宰相李公 雅爲一國所稱尙 而余又嘗從客[108]後者 宜軫其憚 而其孤謁以隧道之文 則安敢自重而拒之乎 公之始仕 在忠烈王時 太尉王已引以爲屬 因久任羈靮之勞 致位高顯 及結今王之知 特置政府 待以文學 與評治道 替遇前王復仍厥任 凡事四王 每承寵接勝如前日 自非詞采風流有動人主 疇克如是耶 公諱彦冲 字立之 先世淸之全義縣人 爲國近時名宰諱混 謚文莊公猶子也 故鷹揚軍大將軍諱仟 故直文翰署贈大司成諱子蒝 爲公祖考也 故檢校軍器監金惟銑之女 封永嘉郡夫人 爲公妣也 公擧壬辰司馬試中魁 又登甲午年第 自入內侍興信宮錄事 累轉軍簿佐郎正獻大夫大司成進賢館提學知製敎 通憲大夫檢校選部典書行典儀令 平壤道存撫使行平壤尹 慶尙道鎭邊使行金海牧 內徙開城府尹 改左常侍判繕工寺密直副使上護軍匡靖大夫政堂文學僉議評理藝文大提學知春秋館事 爲公平日所歷官也 金氏封化平郡 故僉議評理諱禧之女 洪氏封江寧郡今王京等處巡軍万戶綏之女 爲公兩夫人也 金先而洪繼 前神虎[109]衛中郎將光起 前衛[110]郎將光翊 前典儀寺注簿俟傑 上元方成童 三寶纔

108) '客'은 『東文選』 권123에는 '容'으로 되어 있다. '客'이 타당하다.
109) '神虎'는 金龍善 편, 앞의 책에는 '左右'로 되어 있다.

十歲 爲公子也 見任僉議贊成事閔祥正 管高麗軍千戶李乙年 前備巡衛別將元翃 昌陵直尹希甫 爲公壻也 又三女處而幼 歲癸酉月日[111] 爲公生也 歲戊寅月癸亥日庚戌爲公卒也 是歲月乙丑日丁酉爲公葬也 銘曰 見君子之未亡 有神氣兮揚揚 謂言福祿久彌昌 恨君子之已亡 討大空兮芒芒 信乎 人生不可常

40. 全柏軒墓誌

至元大德間 上有天子之明 四海乂安 而太師忠烈王 以世勳懿戚之重 坐鎭東方三十有五年 是時 士習忠厚 不勸自修 其登天朝者 已不在論 降而仕於王國 人皆謹飭 恥爲浮薄 雅[112]僻之行 自三二十年來 俗風日潰 無隄可遏 間有擧其當時事者 莫不嗤點 以爲固然 見遺老典刑猶在 近又相繼隕謝 風流頓盡 嗚呼 可勝嘆也哉 故會[113]議宰相全公其逮事先王者 公謹厚君子人也 諱信字而立 先世天安府籍 太僕少卿 諱世柱 閤門祗侯贈左僕射 諱仁亮 密直使大寶文 諱昇 公三世祖父也 先夫人崔氏 大宰文淸公 諱滋之孫 封齊安郡 公之始仕 用父任 大德辛丑 以內侍內衣直長 赴禮闈登科 明年除崇慶府丞 仍預政房 官再轉爲秘書郎 甲辰試國學直講 賜服金紫 丁未出爲安東府判官 至大己酉 以典儀副令召 階可奉常大夫 三改官爲摠郎議郎 辛亥出知金海府 明年移成安府 又二年 移水原府 延祐甲寅 以司憲掌令召 轉讞部選部議郎 丁巳授寶文閤[114]提學奉順大夫判內府寺肅寧府右司尹知製敎知民部提擧有

110) '衛'만 되어 있으나, 金龍善 편, 위의 책에는 '興威衛'로 되어 있다.
111) 金龍善 편, 위의 책에는 '月丁巳日乙卯'라고 명시되어 있다.
112) '雅'는 『東文選』 권123에 '邪'로 되어 있다. '雅'가 타당한 듯하다.
113) '會'는 『東文選』 권123에는 '僉'으로 되어 있다. '會'가 타당한 듯하다.
114) '閤'은 『東文選』 권123에는 '閣'으로 되어 있다. '閣'이 타당하다.

備倉兼選軍別監使 己未出尹雞林府 辛酉 徙牧福州 至泰定甲子免 至順庚午 起拜監察大夫進賢舘大提學上護軍 階奉翊 明年罷 監察爲同知密直司事商議會議都監事 壬申又罷 閑居八年而歿 實後至元己卯七月七日也 春秋六十有四 夫人李氏封上黨郡 版啚摠郎 諱昌祐之女 先卒又娶金氏 封咸昌郡 神虎衛大護軍 諱孝進之女 男成安爲司儀署丞 次出家 名希璨 爲寶溪僧 次佛奴未仕 女壻 前宗簿令韓大淳 次壻 行中書省知印李冲仁 次幼 孫一人亦幼 公之先密直 在先王時 處邇密掌題品人稱其平 及公繼入 又以克肖見重 未幾 王捲[115]親政 公出爲郡 後數更官 雖至華顯 而其政迹多在於外 民去益思 宷後主憲府 發老贓數人 抑隷堅擅勢 欲焚其元役之籍 以脫者 稍振頹綱 而未一年罷 公凡莅事務盡已 而以嚴重處之 故請謁不得行 其家貧 又不以生産爲意 嗚呼此所以爲君子者矣 晩自號柏軒 以寓歲寒後凋之意 與彝齋竹軒益齋三先生 交甚懽 每相會 不以予爲狂鄙 引與游 故得接從容焉 成安等卜用八月二十八日 將擧柩遷 葬京東 禪興寺之後洞 南距夫人李氏之墓若干步 見託以銘 其安敢辭 銘曰 噫予之文 奚以自祕 亦或爲人 刻銘于隧意在重違 詞豈無媿 追惟公生 耻蹈非義 第短於才 書懼未備 泉臺冥冥尙視不異

41. 永州利旨銀所陞爲縣碑 代權一齋作

至元後元年 上護軍安子由等 朝京師廻 以天后命 復駙馬先王 若曰永州利旨銀所古爲縣 中以邑子 違國命 廢而籍民 稅白金稱銀所者久今其土人那壽也先不花 幼宦禁中 積給使勞 其以功陞鄕貫 復爲縣 於

115) '捲'은 『東文選』 권123에는 '倦'으로 되어 있다. '捲'이 타당한 듯하다.

是 王敎有司 行之如中中[116]旨 明年 那壽奉使 東歸爲鄕里榮 以故處庳狹 相地徙居州之西 距故所若干步 置縣司長吏咸若初 又五年 也先不花函香繼至 謂本縣興復遷徙顚末不可無述 謁嗣王 俾書之碑 予不得以老辭 則爲之銘 有以警夫觀者焉 那壽官奉議大夫甄用大監 也先不花官中議大夫中瑞司丞 姓皆李氏 本國又封那壽號信安君 也先不花號永利君 以逮三代俱得追封 其以子貴 當更受天朝封贈 此在所略 銘曰 若國先君 誕奠東表 隨厥山川 相勢大小 立縣置州 明訓以曉 曰毋減增 命或自剿 維縣利旨 隷永之州 傳昔邑子 有不自修 擧縣顚覆 帶累承羞 廢爲銀戶 世載悠悠 不有挺然 昭雪者孰 狐正首丘 斯義允篤 后命旣優 國恩孔縟 噫嘻 我知 理固盈縮 一夫不慧 受屈幾人 久而能復 賴此二君 惟人善否 惟革惟因 善觀變者 視此刻文

42. 崔御史爲大人慶八十序

今夫起迹東方 仕于天子之朝 踐歷淸華 以廉謹自持 而爲時論所稱首者 有監察御史崔大中公焉 公之尊公 嘗仕王國 位宰相 而用子貴 再封東陵郡侯 春秋登八十 公使遼陽 因謁告過庭 以今月十七日 稱觴獻壽以慶 親姻畢至 國族聚觀 莫不齎咨 歎未曾見 國中冠儒冠者 咸賦詩 而以予於公家 有宗盟之篤 屬以題辭 予不可辭而謂之曰 士生有遭遇 宦達而祿逮親 斯固天下所欲而願者也 然見去家 遠遊四方萬里 而親有藐焉無依 音耗至不相聞 晩或淂霑一命 曾何足償平生所負哉 比諸菽水之樂 盖難語以同日 尙且夸衒 自以爲榮 嗚呼 獨無內媿於心乎[117] 吾宗家則

116) '中中'은 '中'으로 수정해야 한다.『新增東國輿地勝覽』권27, 경상도 河陽縣 및 新寧縣, 고적조 참조.

117)『東文選』권84에는 '乎'가 생략되어 있다.

不然 郡侯有子五人 公次二 四人亦仕本國 帙[118]皆大夫 被服金紫 公旣兄弟在親側 左右無違 而初出仕 本乎尊命 非有專也 客京師雖久 使驛往來 家書月再至 間又奉使 屢爲榮覲 則與足不越門限 徒以時其寒煖爲親悅者 爲有間矣 古人事親先養志 公可謂克當 而更兼郡侯起居如壯年 食飮不少殺 天畀愷悌康寧之福 由玆以往 公爵益崇 位益重 而復來思慶九旬慶百歲 眞未艾也 吾宗先世培植 必高厚悠遠 而俾父子方享之其視世之故倦遊 以僥倖於顯親者 爲何如也 諸公稱道歌詠 豈止此而已乎 衆曰 子之言然矣 於是乎書 至元後己卯十二月日 至治進士 前遼陽盖牟別駕 雞林崔某序

43. 崔大監墓誌

予性嬾而怯於鬪 憶在十年時 見誣於一隷豎淂幸於王者 雖予之嬾 不淂不一往見之 則時賢士大夫 咸在客次 其門如市 少頃豎出 客延拜曲膝猶恐爲後 予謂士不當如是 欲以禮相見 豎漫視之 遂上馬不顧而去 予且媿且恨而退曰 事來旣非意 雖無辨奚傷 聞崔密直日接於王 言無不納克著時譽 或有勸令謁而別白之 予從而候於門墻之側 密直望見予於衆人之中 特降位次 先爲之禮 問所以來意 乃曲爲之地 時豎勢方熾 而抑之甚力 故事終於不直而已 然感密直無爲先容 而接納士流 有古義俠風自是 每往每見殊禮 密直王國官 其仕天子之朝 位三品 今而遽然 予獨不念之哉 宜受其孤之屬 論次行實而爲之文 以寓予之悲也 公諱安道姓崔氏 小字那海 先世海州人 後徙龍州 因占籍 其昭穆則遠不可考曾祖諱光 爲州副戶長 祖諱大富 始仕爲檢校大將軍 考諱玄 爲匡靖大

---

118) '帙'은『東文選』권84에는 '秩'로 되어 있다. '秩'이 타당하다.

夫檢校僉議評理上護軍 用公貴 朝廷贈朝請大夫大都路同知驍騎尉 追封大興縣男 妣金氏 追封大興縣君 至大元年 公年十五 以散員 擢爲郎將 延祐四年 拜護軍 階奉常大夫 賜服金紫 陞累大護軍上護軍 階三轉至正順 泰定四年 主鷹揚軍判軍簿書 至順九年 登副密直司 階奉翊尋改監察大夫同知密直司事 錫協[119]謀同德功臣之號 又受勅于朝 征東行省左右司員外郞 二年 奉旨入朝 克宿衛 元統元年 特除中尙監丞官奉議大夫 至大[120]二年 轉太府監少監官朝請 六年 又轉本監大[121]監官中議 凡宦京師九年 三轉官 再奉詔書 爲鄕國榮 前以至順三年 後以至元五年 明年春 已使事 欲還朝 而感疾七日而卒 年四十有七 實庚辰三月廿七日也 公幼穎隨朝請公 事大[122]尉瀋王于京邸 遂通三國語 敍爲先王官屬而服事久 用其勞 賜田一百結[東俗 以五畝減百弓 爲結 斞除一斗爲苫 文昌侯云[123]] 奴婢一十口 至治中 先王爲不臣所構 留京師 公執靮無二心 賜田二百結 奴婢二十口 泰定初 朝廷採畔人言 議置征東省官 例同天下 而公與故相金怡等 力辨能止之 論其功 賜田一百結 奴婢一十口 以逮嗣王莅國 躐[124]拜密直之除 倚任無居右者 又至順間 今上在海上 供御所需 出私力爲多 後正宸極 錫賚甚厚 蒙降璽書 凡土田産業 人勿淂侵奪 其官于朝 實基於此 烏虖 觀此 槩足見其爲人 他不論也 妻具氏 故奉翊大夫諱藝之女也 亦以公貴 封博陵郡君 生四男四女 長男曰濡 今上護軍 次曰源 今護軍 次曰淑臣 次曰文丘 俱未仕

---

119) '愶'은 金龍善 편, 앞의 책에는 '協'으로 되어 있다.

120) '至大'는 '至元'의 오자로 보인다(최채기 옮김, 『국역 졸고천백』, 139쪽).

121) '大'는 『東文選』 권123에는 '太'로 되어 있다. '太'가 타당하다.

122) '大'는 『東文選』 권123과 金龍善 편, 앞의 책에는 '太'로 되어 있다. '太'가 타당하다.

123) 『東文選』 권123에는 '東俗 以五畝減百弓 爲結 斞除一斗爲苫 文昌侯云'이라는 註 부분이 빠져 있다. 그리고 '五畝'는 '五百畝'의 '百'자가 빠진 것 같다.

124) '躐'은 『東文選』 권123에는 '驟'로 되어 있다.

女長適前護軍印璫 次適前郎將金有溫 次適前別將林熙載 季未有適是五月 葬公于某地之原禮也 銘曰 仕王國 爲王之臣 仕天子之朝 爲天子之臣 彼輕此重 曾何足計乎吾身 古語云 有一國之士 有天下之士才非有兼人 其孰能如此 惜也 慮甚長而年則不長 所未可恃者 其曰不在於蒼蒼 其曰不在於蒼蒼

44. 開板記

至正十四年甲午八月 日 晋州開板

色戶長 正朝 鄭吉

刻手 正連 行明 思遠 高淸烈

司錄叅軍事兼掌書記通仕郎典校寺校勘 金乙珍

判官通直郎版啚正郎兼勸農使 李臣傑

牧使中正大夫典校令兼管內勸農使 崔龍生

按廉使奉善大夫內書舍人藝文應敎知製敎兼春秋館編修官 郭忠守

민족문화 번역총서를 내면서

한국학에 대한 관심은 한국은 물론이고 아시아·구미 지역에서도 고조되고 있다. 우리나라의 한국학 연구자도 지금까지의 연구를 기반으로 하여 방법론뿐 아니라, 연구 영역에서도 보다 심도 있는 연구를 진행해야 한다. 우리는 동아시아 속의 한국, 더 나아가 세계 속의 한국이라는 관점에서 민족문화의 주체적 발전과 세계 문화와의 상호 관련성을 중시하는 방향에서 연구를 진행해야 할 것이다.

한국민족문화연구소는 민족문화의 주체적 발전을 위해서 기초 자료의 보존과 보급을 위한 자료총서, 기층문화에 대한 보고서, 민족문화 학술총서 및 정기학술지 등을 간행함으로써 연구소의 본래 기능을 확충시켜 왔다. 이제 이러한 성과를 바탕으로 한글세대와 외국인 연구자를 위한 민족문화 번역총서를 간행하고자 한다.

유구한 역사만큼이나 전통사회의 기록 유산을 정리하고 번역하는 일은 매우 방대한 일이다. 민족문화의 맥을 잇고 발전시키기 위해서 우리 고전에 대한 번역사업은 필요하다. 또한 민족문화의 보편성과 특수성을 이해하기 위해서는 비교문화론적 입장에서 연구해야 하고, 언어 장벽의 극복이 시급하다. 이러한 의미에서 한국학 연구에 종사하는 외국인 연구자를 위한 외국어 번역사업도 필요하다. 한편 외국의 우수한 한국학 연구실적물을 한국어로 번역하는 사업도 필요하다. 한국학 연구의 보편성과 균형된 시각을 견지하기 위해서는 외국의 연구 성과를 적극 수용하는 자세도 필요하다.

민족문화 번역총서는 한글에 익숙한 지금의 세대가 읽어야 할 우리의 소중한 한문기록 유산을 한글로 번역해 내고, 우리의 우수한 고전 및 연구성과를 외국어로 출간해 내고자 한다. 또한 외국에서의 한국학 연구 성과를 한국어로 번역하는 것도 기획해 내고자 하는 것이다.

한국의 전통문화와 한국학 연구의 저변 확대를 위한 번역총서의 간행을 계기로 민족문화의 진흥을 위한 새로운 장이 마련되기를 바란다. 한국학 관련 학문과의 상호 교류의 장이자, 학제간 연구의 중심 기능을 수행함으로써 명실상부한 번역총서로서 자리 잡을 수 있도록 해야 할 것이다.

2007년 6월 15일

부산대학교 한국민족문화연구소

채 상 식

서울대학교 문리과대학 국사학과 졸업. 동 대학원 석사·박사과정 수료. 문학박사.
1979년~1981년 청주사범대학(현 서원대) 역사과 전임강사
1981년~현재 부산대학교 인문대 사학과 교수

민족문화번역총서 3
최해와 역주『졸고천백』
채 상 식 편

2013년 12월 31일 초판 1쇄 발행

펴낸이 · 오일주
펴낸곳 · 도서출판 혜안
등록번호 · 제22-471호
등록일자 · 1993년 7월 30일

주 소 · ㉾ 121-836 서울시 마포구 서교동 326-26번지 102호
전 화 · 3141-3711~2 / 팩시밀리 · 3141-3710
E-Mail · hyeanpub@hanmail.net

ISBN 978-89-8494-499-2 93910

값 34,000 원